藏文古文献《拔协》
文本标注与语法研究

Interlinearized Text and Grammatical
Research of the Old Tibetan Literature *sba bzhed*

龙从军　著

中国社会科学出版社

图书在版编目（CIP）数据

藏文古文献《拔协》文本标注与语法研究 / 龙从军著 . — 北京：中国社会科学出版社，2022.4

ISBN 978-7-5227-0096-0

Ⅰ. ①藏… Ⅱ. ①龙… Ⅲ. ①藏语—古籍研究—中国 Ⅳ. ① G256.1

中国版本图书馆 CIP 数据核字（2022）第 064976 号

出 版 人	赵剑英	
责任编辑	宫京蕾	
特约编辑	乔盖乔	
责任校对	周 昊	
责任印制	李寡寡	

出　　版	中国社会科学出版社	
社　　址	北京鼓楼西大街甲 158 号	
邮　　编	100720	
网　　址	http：// www.csspw.cn	
发 行 部	010-84083685	
门 市 部	010-84029450	
经　　销	新华书店及其他书店	
印刷装订	北京君升印刷有限公司	
版　　次	2022 年 4 月第 1 版	
印　　次	2022 年 4 月第 1 次印刷	
开　　本	710×1000　1/16	
印　　张	30.5	
插　　页	2	
字　　数	531 千字	
定　　价	168.00 元	

凡购买中国社会科学出版社图书，如有质量问题请与本社营销中心联系调换
电话：010-84083683
版权所有　侵权必究

国家社科基金后期资助项目

出版说明

后期资助项目是国家社科基金设立的一类重要项目，旨在鼓励广大社科研究者潜心治学，支持基础研究多出优秀成果。它是经过严格评审，从接近完成的科研成果中遴选立项的。为扩大后期资助项目的影响，更好地推动学术发展，促进成果转化，全国哲学社会科学工作办公室按照"统一设计、统一标识、统一版式、形成系列"的总体要求，组织出版国家社科基金后期资助项目成果。

全国哲学社会科学工作办公室

缩写符号说明

1PL	first person plural	第一人称复数
1SG	first person singular	第一人称单数
2PL	second person plural	第二人称复数
2SG	second person singular	第二人称单数
3PL	third person plural	第三人称复数
3SG	third person singular	第三人称单数
ABL	ablative	从格
AGE	agentive	施事格
ALL	allative	向格
ASP	aspect	体
AUX	auxiliary particle	情态助动词
CAU	causative particle	致使助词
CM	case marker	格标记
COM	concomitant	伴随格标记
COT	comparative	比较格标记
COD	conditional conjunction	条件连词
COO	coordinate conjunction	并列连词
COP	copula verbs	判断动词
DAT	dative	与格
DET	demonstrative	指示词
DUR	durative aspect	持续体
END	sentence end	句终助词
EVI	evidentiality	示证
EXI	existential verbs	存在动词

EXP	experiential aspect	经历体
FUT	future tense	将来时
GEN	genitive	属格
HON	honorific	敬语
IMP	imperative	命令式
INS	instrumental case	工具格
LNK	clause link	小句关联词
LOC	locative	位格
MAN	manner particle	方式助词
MOD	mood	语气
MD	modality	情态
NEG	negative	否定
NML	nominalization	名词化
NMLP	nominalization phrase	名词化短语
NPC	noun phrase+case marker	带格标记名词短语
OBJ	objective	对象格
PL	plural	复数
POS	possessive	领有格
PRS	present tense	现在时
PRT	particle	助词
PST	past tense	过去式
PUR	purpose particle	目的助词
QM	quotation marker	引语标记
QU	question mood	疑问语气词
REA	realis aspect	实现体
RES	resultative particle	结果助词
RSA	resultative aspect	结果体
SER	serial verb phrase particle	序列动词连接助词
SIM	simultaneous particle	同时助词
TOP	topic	话题
VPP	verb phrase+particle	带助词动词短语

目　　录

第一章　文献介绍……………………………………………… 1
　　一　文献分期 ………………………………………………… 1
　　二　版本介绍 ………………………………………………… 2
　　三　语言特点 ………………………………………………… 4

第二章　词汇…………………………………………………… 10
　　一　词汇特点 ………………………………………………… 10
　　二　构词法 …………………………………………………… 16

第三章　语法…………………………………………………… 41
　　一　词类 ……………………………………………………… 41
　　二　体词的语法范畴 ………………………………………… 54
　　三　谓词的语法范畴 ………………………………………… 70
　　四　句法 ……………………………………………………… 82
　　五　复句 ……………………………………………………… 98
　　参考文献 ……………………………………………………… 103

第四章　文本语法标注………………………………………… 105

词汇附录………………………………………………………… 430

后记……………………………………………………………… 478

第一章　文献介绍

一　文献分期

公元7世纪中叶，松赞干布的大臣吞米桑布扎创制了藏文。尽管一些学者对这一事件有不同的看法，但是可以确定吞米桑布扎整理、完善了藏文字符，使之成为吐蕃历史上系统的书写符号这一事实。自此，藏文经历了一千三百多年的发展，系统日臻完善。用藏文书写的文献卷帙浩繁，内容丰富多样。藏文古文献是了解藏族历史文化的钥匙。

学者们从不同角度探讨了藏文文献的分类问题。王尧先生根据文献内容把藏文历史文献分成三大部分：金石铭刻（碑文、摩崖石刻等），书籍卷册（包括编年史、王统史、家族史、教派史、教法史、传记等史传和圣迹志、寺庙志等志书以及年表、大事记等材料）和文契简牍（封文、令旨、契约、书翰以及地下出土的文件残页）。他又根据时间把藏文文献分成三个时期：奴隶制时期、分裂割据时期和封建统一时期。（王尧，1980）后来他进一步把藏语分为5个历史时期：6世纪以前的称上古时期；7世纪到9世纪称中古时期，也称吐蕃时期；10到12世纪称近古时期；13世纪到19世纪末称近代时期；20世纪之后称现代时期。（王尧，1982）

益西从关注藏语语音的演变过程出发，按照音系的特点，把藏语分为5个历史时期：7世纪中叶以前称原始藏语时期；7世纪中叶至10世纪中叶是古藏语时期；10世纪中叶到13世纪末是近古藏语时期；13世纪末叶到18世纪末是近代藏语时期；19世纪之后称现代藏语时期。（益西更多，1993）益西更多和王尧二位先生的分类差距不大。

孙林则从藏学研究史的角度出发把西藏历史划分为6个时期：7至9世纪为吐蕃时期；9至13世纪为分裂割据时期；13至17世纪为元明时期；17至20世纪为清朝时期；1911年至1949年为民国时期；1949年至今为新中国

时期；并简要介绍了这几个时期的文献特点与代表性著作及论述。（孙林，2006）

国外学者以西田龙雄为代表，他把藏语划分为7个时期：原始藏语，无文字记载；7世纪以前为古代藏语；7至9世纪初为中古藏语；9至10世纪为近古藏语；10至17世纪初为中世纪藏语；17—19世纪为近世藏语；20世纪以后为现代藏语。（西田龙雄，1980）

根据不同学者对藏语、藏文文献和藏族史不同阶段的划分可以看出，在藏族历史发展中，10至13世纪是一个重要的时间节点，此阶段的藏族历史社会、政治经济、语言文化经历了巨大变化，藏文书写系统日益完善，历史事件、历史人物的各种活动得到了有效记录，对这些文献的解读和研究具有重要的价值。本书选择这一历史阶段的著名文献《拔协》[①]进行全文隔行对照标注和语法研究，希望对该时段的藏文以及藏语研究提供一定的参考。

二 版本介绍

《拔协》是最重要的藏文历史文献之一，是第一本系统记载佛教传入吐蕃的史书，许多西藏历史文献都引用《拔协》的相关史料。据传《拔协》母本最早成书于8世纪末9世纪初。但是从10世纪开始到14世纪之间，《拔协》母本不断被篡改、删减和增补，衍生出多部《拔协》版本，包括《拔协广本》《拔协中本》《拔协略本》《拔协增补本》等。不同版本内容情节相似，但差异明显。研究不同版本不仅对认识藏族历史有重要的意义，而且对研究藏语言文字的发展也有重要的价值。下面简要介绍《拔协》不同版本的情况。

民族出版社1980年版。民族出版社1980年出版的《拔协》（sba bzhed）以北京民族文化宫版为底版，参考了西藏档案馆手抄本和西藏师范学院彭措次仁收藏的手抄本，由法国藏学家石泰安整理，全名为《拔协增补本》（sba bzhed zhabs btags ma bzhugs so）。该书末尾交代"在书上虽然有多处错误，但和其他两三种比较起来，在意思上没有什么错误"。

[①] 本书依据佟锦华、黄布凡译注的《拔协（增补本）译注》一书中的藏文文本开展语法标注和语法研究，所用例词、例句全部来源于该书，第一章中的《拔协》增补本及在第二至四章中所谈《拔协》特指该书，不再另行说明。藏文拉丁转写规则参见教育部语言文字信息管理司组编《藏文拉丁字母转写方案（草案）信息处理用现代藏语分词规范（草案）信息处理用现代藏语词类标记集规范（草案）》，2015年，北京：商务印书馆。

这个版本与布才波让寺收藏本以及其他三本内容一致，因此，也可证明其正确可信。1990年四川民族出版社出版了汉译本，由佟锦华、黄布凡译注。该版本在记述至赤松德赞的历史后又增补了一部分，增补内容从牟尼赞普开始，一直记述到藏传佛教后弘期佛教重新兴起之时，比民族出版社出版的《拔协》（sba bzhed）本多出一部分。刘凤强认为："增补本最后如此推崇阿底峡而贬低下路弘传，说明作者在撰写史书时有门派之见，据此推断，增补部分的作者应是阿底峡的弟子，或早期噶当派的高僧"。（刘凤强，2018）

拉萨市政协文史资料委员会保存本。巴桑旺堆先生认为这是《拔协》最早的版本。该写本"与现今传世的各种《拔协》写本相比，我们惊喜地发现此写本保留了诸多的原始写本的特点，即吐蕃文史的行文特点和叙事风格，所记述事件与吐蕃时期的金石铭文多有吻合，较为忠实于原著，因而贴近史实，史料价值更大。各种《拔协》写本中津津乐道而又荒诞不经的种种神奇传说和故事在此写本中大为减少。可以肯定此本应该是一本较为接近原始本的写本"。（巴桑旺堆，2011a）他把该版本命名为《韦协》（dbav bzhed bzhugs so），并通过研究完成了译注，于2000年出版了《韦协译注》英文版，2011年在《中国藏学》杂志上分两期发表了《韦协译注》中文版。

拉萨哲蚌寺藏本。今拉萨哲蚌寺藏本《rba bzhed bzhugs so》，简称《rba bzhed》。书中记载的事件时间延续到13世纪末和14世纪初，成书相对较晚。从内容上看，该版本与巴桑旺堆先生译注的版本《dbav bzhed》大体上一致，二者似有前后传承关系，而与民族文化宫版本《sba bzhed》及法藏增补本区别较大。（刘凤强，2018）

《拔协》的成书年代尚未明确认定。在《拔协（增补本）译注》译序中，译者根据《拔协》作者的生卒年代以及内容、语言及书写情况推定，成书于11世纪是"有可能的"，"《拔协》的著作年代当不晚于12世纪"。王尧先生在《藏文古代历史文献述略》一文中写到"看来都在十二世纪左右的作品"。（王尧，1980）罗里赫认为"可能出自于13世纪"；巴桑旺堆先生认为《韦协》的原始母本约成书于8世纪末9世纪初，从10世纪开始至14世纪，不断有人对《韦协》母本进行改动，他认为《拔协》增补本成书于14世纪。（巴桑旺堆，2011a）但刘凤强则认为"《拔协》（rba bzhed）最晚出现，应是参考了《拔协》（dbav bzhed）、《韦协》（bal bzhed）以及《柱间史》、《大史》等其他众多相关史书，做了总结性梳理，所记历史特别是有关佛教发展情况最详细，在体裁上已完全转变为佛教史。"（刘凤强，2018）他的看法与巴桑旺堆先生的看法差距较大。关于《拔协》的成书年代至今还在争论，但是通过全面研究《拔协》各种版本和不同历史时期藏文的特点，寻找《拔协》成书年代的蛛丝马迹是可行的。本书根据词汇、语法等现象推断，《拔协》增补本成书年代应该早于14世纪。

三 语言特点

（一）《拔协》语言学研究价值

作为藏族历史上的一本重要文献，《拔协》的重要性不仅体现在对藏族宗教、历史文化等的研究方面，也体现在对藏语言文字研究方面。语言内部各要素不断地调整以适应语言系统的平衡；同时文字系统和语言系统的相互调节以及社会力量对语言文字的规范化，都会在历史文献中留下痕迹。历史文献中的音译词既能反映源语言的语音面貌，又可以反映目标语言的语音面貌。词汇的发展紧跟时代步伐，词汇的应用具有典型的时代性。新词的产生，旧词的摒弃，词语内涵和外延的变化，一定程度上可以反映成书时代的社会状况。功能词的语法化过程可以揭示藏语语法演化的过程。

《拔协》文本中的词汇具有重要研究价值。正如《拔协》增补本译者指出的"书中的古词语较多，一些虚词的用法，不多见于13世纪以后的藏文文献"，由此可以推断《拔协》增补本的著作年代比较早。又如刘凤强通过阐释《拔协》中的特殊词gtsug"祖"、gtsug lag"祖拉"、lha sras"天神之子"、dgung du gshegs"升遐"和gshegs"走，到"的词义变化，指出《拔协》的撰写"改变了王权独尊的地位""大大提升了僧人的历史地位，王权与佛教并重"，可以看出，在撰写《拔协》时代西藏历史上王权向神权转变的历史趋势。（刘凤强，2016）

《拔协》文本的语法现象具有重要的研究价值。一些学者认为古藏语的动词具有"三时一式"的形态变化。在《拔协》文本及相同时代的藏文历史文献中，尽管动词仍然具有"三时一式"的形态变化，但是由语法化而来的助动词表达时、体范畴的现象已经粗具规模。存在动词、判断动词基本完成了词义虚化的过程，表示存在、判断功能和虚化后作为体、情态范畴的同形形式在文本中并存。这一现象说明在《拔协》成书时代，藏语演化过程中的体标记已经出现，并具有一定的规模。

《拔协》文本还具有其他语言学研究价值。藏文是拼音文字，在创制藏文之时，藏文拼写基本上遵循了特定方言的发音规则，藏文音节拼读音代表了当时特定方言的语音；《拔协》文本中出现的大量人名、地名、佛名等专有名词，尤其是他族人名和西藏之外的地名音译，可以为其他语言研究提供素材，音译词是了解周边各民族语言历史语音的一把重要钥匙，对语言接触研究和历史比较研究提供一定的参考。

（二）《拔协》文本的字形特点

《拔协》原始母本成书较早，后经多次传抄，其间存在谬抄和篡改，现存版本都不是最原始版本。如果《拔协》增补本成书年代大约确定在11世纪至13世纪之间，此时，藏文虽经过第三次厘定，但距厘定时间较近，厘定的效果还不能完全显现，因此这一历史阶段形成的文本还会部分保留厘定前的古字、古词。经对全书使用的字、词形式考察，从语言文字的规范性方面来看，《拔协》文本中的字、词的形式有如下一些特点。

——>音节元音脱落，元音字符丢失。元音e变为a，元音o变为a，例如：

"半夜" nam phyed写作nam phyad

"八郭纳兑" pa dkor na vdod写作pa dkar na vdod

——>音节有无前加字符。例如：

"艾久" 两种形式eg bcu和eg cu

"边远" mthav vkhob和mthav khob

"边远" thang vkhob和thang khob

——>音节有无后加辅音。例如：

"大威德" gshin rje gshed和gshin rjes gshed

"龙促宫" rlung vtshubs和rlung vtshub

"一些" kha cig和khag cig

"腰带" ske rag和ske rags

"乌仁" dbu ring和dbu rings

"松埃" srong nge和srong nges

"寝宫" gzim mal和gzims mal

"甲·梅果" rgya me vgo和rgya mes mgo

"教诫" gdam ngag和gdams ngag

"今后" slad cha和slad chad

"把" khyo和khyor

"佛教" sangs rgya和sangs rgyas

"火祭" sbyin sreg 和 sbyin sregs
"历史" bkav tshig 和 bkav tshigs
"才崩妃" tshe spong bzav 和 tshes spong bzav
"聂·达赞东思" snyer sta btsan ldong gzigs 和 snyer stag btsan ldong gzigs
"聂·达赞东思" snyer sta btsan ldon gzigs 和 snyer stag btsan sdon gzigs

—>音节有无上加字符。例如：
"外道" mu tegs 和 mu stegs
"奥登布山" o tan pu ri 和 o tan spu ri

—>音节有无上加和前加辅音。例如：
"达诺鲁恭" ta ra klu gong 和 stag ra klu kong

—>音节元音不同。例如：
"世界" vjig rten 和 vjig rtin
"奥登布山" o tan pu ri 和 o tan po ri
"经书" po ti 和 pu ti

—>音节有无下加字符 wa。例如：
"占卜者" phya mkhan 和 phywa mkhan

—>音节后加字符 la 和 sa 的区别。例如：
"亥保山" hal po ri 和 has po ri

—>音节前加字符 va 和 ma 的区别。例如：
"甲·梅果" rgya me vgo 和 rgya mes mgo
"枕桑" vgrin bzang 和 mgrin bzang

—>音节后加字符 sa 和 da 的区别。例如：
"节目" ltad mo 和 ltas mo

—>音节后加字符 la 和 nga 的区别。例如：
"拉隆" lha lul 和 lha lung

—>音节后加字符 da 和 na 的区别。例如：
"老人" rgad po 和 rgan po

—>音节后加字符 ga 和 ma 的区别。例如：
"茅草" vjag ma 和 vjam

—>音节有无下加字符 va 的区别。例如：
"毗卢遮那" bree ro tsa na 和 bree ro tsaa na
"卓·玛祖喜日" sgro ma vdzu shri 和 sgro ma vdzu shrii

—>音节前加字符 va 和 da 的区别。例如：

"献"vbul和dbul

——>音节下加字符va和tsha的区别。例如：

"译师"lo tsaa ba和lo tstsha ba

——>音节后加字符la和ma的区别。例如：

"瑜伽"rnal vbyor和rnam vbyor

——>选用不同的音节。例如：

——ba和wa："阿弥陀佛"a mi de ba和a mi de wa

——sba和vbav："拔·赤协桑喜达"sba khri bzher sang shi ta和vbav khri bzher sang shi ta

——rta和stag："达诺"rta ra和stag ra

——ta和stag："达诺鲁恭"ta ra klug gong和stag ra klug kong

——dpyad和spyad："地形"sa dpyad和sa spyad

——ngo和rnga："鼓钹"ngo bshang和rnga bshang

——legs和yags："好"legs mo和yags mo

——dre和tre："骡子"drevu和trevu

——stag和btag和sta："聂·达赞东思"snyer btag btsan ldong gzigs和snyer sta btsan ldong gzigs和snyer stag btsan ldong gzigs

——tshugs和gtsugs："琼保·都促"khyung po dum tshugs和khyung po du gtsugs

——dbu和u："乌仗"dbu rgyan和u rgyan

——lnga和rnga："五"lnga和rnga

——vgan和mgrin："枕桑"vgan bzang和mgrin bzang

——snang和nang："纳囊·甲擦拉囊"：sna nam rgya tsha lha snang和sna nam rgya tsha lha nang

——tsig和tshig和tshigs："历史"bkav tsig和bkav tshig和bkav tshigs

——aa rya和aarya："救度母佛"aa rya pa lo和aarya pa lo

——bsog和bsags："火祭"tshogs bsog和tshogs bsags

——>添加或缩减音节

"珠·耶喜坚珠"grum ye shes rgyal mtshan和grum ye shes o rgyan mtshan

"约·格外琼耐"g·yo dge ba vgyung gnas和g·yo dge bavi vgyung gnas

"世间"vdzam bu gling和vdzam buvi gling

"三惠" shes rab rnam gsum 和 shes rab rnam pa gsum
"弥勒佛洲" byams pa gling 和 byams pavi gling
"罗德古纳巩" lo ste gu gong 和 lo ste gu sna gong
"加持" byin rlabs 和 byin gyis brlab 和 byin gyis brlabs
—>后缀不同
　—有无后缀
　"百" brgya 和 brgya pa
　"苯波" bon 和 bon po
　"臣" blon 和 blon po
　"贵族" lha ris 和 lha ris pa
　"大" chen 和 chen mo 和 chen po
　"大" che 和 che ba
　"多" mang 和 mang ba 和 mang po
　"二" gyis 和 gnyis ka
　"湖" mtsho 和 mtsho mo
　"蓝色" mthing 和 mthing ka
　"魔鬼" vdre 和 vdre mo
　"木匠" shing bzo 和 shing bzo ba
　"纳囊" snam snang 和 snam snang ba
　"泥" vjim 和 vjim pa
　"全" yongs 和 yongs su
　"手" lag 和 lag pa
　"头" mgo 和 mgo bo
　"碗" phor 和 phor pa
　"五" lnga 和 lnga po
　"心" blo 和 blo ba
　"一" gcig 和 gcig pa
　"天竺" rgya dkar 和 rgya dkar po
　"长" nar 和 nar ba
　"主要" gtso 和 gtso bo
　"祖先" mes 和 mes po
　—mo 和 po/bo

"白色" dkar mo和dkar po
"大" chen mo和chen po
"红" dmar mo和dmar po
"大" chen mo和chen po
"王" rgyal mo和rgyal po
——pa和ba
"佛分" skal pa和skal ba
"护法" chos skyong pa和chos skyong ba
"皮条" vbreng pa和vbreng ba
"圣洁" dam pa和dam ba
——po和bo
"尼泊尔" bal po和bal bo
"首先" dang po和dang bo
"赞普" btsan po和btsan bo
——pa和po
"好的" bzang pa和bzang po
"黑色" nag pa和nag po
"老人" rgan pa和rgan po
"罪孽" dzaag pa和dzaag po
——ba和bo
"好" bzang ba和bzang bo

第二章 词汇

一 词汇特点

一种语言的词汇系统包括基本词汇与一般词汇，基本词汇与人们日常生活密切相关，数量不多，具有全民常用、使用稳定、构词能力强等特点。不同语言的基本词汇有共性也有差异，它与语言使用人群的生活环境、风俗习惯和文化传统等有一定的关系。基本词汇通常包括表示自然现象和常见事物的词，如表示生产和生活资料的词，表示亲属关系的词，表示人体器官的词，表示数目的词，表示常见动作行为的词，表示常见性状的词等。

基本词汇以外的词汇统称一般词汇，一般词汇具有数量多、范围广、成分杂、变化快等特点，一般词汇会随社会的发展而变化，具体体现为新词、新义的产生，旧词、旧义的摒弃，借词的引入以及词义内涵的变化等。一般词汇通常包括新词、古词、外来词、行业词、术语、方言土语等。

在研究历史文献文本的词汇系统时，基本词汇和一般词汇的定义与内容表现不同，《拔协》作为一本历史古文献，其词汇有其自身的特点。

（一）一般特点

一般来讲，口语和书面语的词汇系统存在一定的差异。从《拔协》文本的词频来看，其特点是语法功能词的使用频率高，有关宗法、王臣的名词和意义虚化的动作动词及言说动词使用频率较高。

语法功能词是语言组词造句的黏合剂，用来黏联词与词、短语与短语、成分与成分之间的关系。书面藏文文本中的语法功能词词形数量不多但使用频次非常高。从统计数据来看，排在前十的语法功能词有：vi（表领属、连接关系）、la（表位置、对象、方位、并列等关系）、nas（表来源、时序等关系）、pa（表"者"、名词化等）、de（指示、关联关系）、ba（表"者"、名词化）、dang（表连接）、du（表位置、对象、方位等关系）、pas（表连接、因果等关系）、na（表位置、方位、假设等关系）、kyi（表领属、连接关系）等。这些功能词的出现频率都超过300次，其中vi为最高，达到972次。图2—1是对文本全词的词云分析。可以看出凸显的词形主要以虚词为主。

图2—1　《拔协》文本全部词的词云图

图2—2是除去语法功能词之外的实词词云图。从词云图可以看到，意义虚化的动词byas"做"及其变形形式使用频次较高，byas可以和名词、动词和形容词等构成动词短语，表示广义的动作行为；其次是宗法、王臣类词语使用频率较高，如chos"法"、lha"佛"、btsan po"赞普"、rje"王"、rgyal po"国王"等；再次是表示言说的动词、表示判断的系词出现频次高，如zer"说，据说"、gsungs"说"、na re"说"、zhes"说"、yin"是"等。从词频统计数据可以大体了解《拔协》文本的主要内容，词云图显示其内容用一句话来概括，即"吐蕃的王臣关于佛法事务的所做和所说"。

图2—2 《拔协》文本实词词云图

（二）佛教词汇

《拔协》以介绍佛教在吐蕃传入和发展的历史为主，因此与佛教和宗教相关的词汇使用较多，按类别简要列举如下。

1. 有关佛理的词，如：

chos "佛法"	sgom "修行"	lung "佛理"
bhar ma "经"	chos vbyung "法源"	chos lugs "法理"
bkav lung "教诫"	dad "信仰"	chos spyod "法行"
blta ba dag pa "正见"	la nye "征兆"	lha chos "佛法"
blta spyod "见行"	gdams ngag "教诫"	bskal pa "劫"

2. 有关佛名的词，如：

a mi de ba "阿弥陀佛"

kun tu zhal bzhi ngo bo gcig "普见四面一性佛"

aa rya pa lo "观世音菩萨"

ma byon pavi sangs rgyas byams pa "未来佛弥勒"

ha ya ghi wa "马鸣菩萨"

nyavi lha snang ba mthav yas "月中佛无量光"

savi snying po "地藏菩萨"

bcom ldan sems dpav "金刚菩萨"

byams pa "慈悲弥勒佛"

ary pa lo rta mgrin "圣玛鸣菩萨"

dgav bavi dpal "吉祥佛"

rnam par snang mdzad "大日来佛大日如来"
sangs rgyas ma chags pdmavi spyan "无著莲花眼佛"
rgyal ba byams pa "弥勒佛"
snang ba mthav yas "无量光佛"
rin po che sna tshogs "宝焰佛"
vdas pavi sangs rgyas mar me mdzad "过去佛燃灯"

3. 有关经书名的词，如：

bskal pa bzang povi mdo "贤劫经"
drin lan gsob pavi mdo "报恩经"
byang chub ltung bshags "菩提忏悔经"
gang povi rtogs pa brjod pa "撰集百缘经"
dbu ma snang ba "中观明经"
gser vod dam nye vdon "金光明经"
dkon mchog sprin "宝云经"
gtsug na rin po chevi mdo "宝髻菩萨问经"
mdo sde las rnam par vbyed pa "分别经"
mdo sde sa bcu pa "十地经"
mdo sde za ma tog "宝箧经"
phal po che "华严经"
ston pa yum rgyas pa "大般若经"
rdo rje gcod pa "金刚经"
vbum yum chen mo "大般若经十万颂"
zla vod gzhon nu "月光童子经"

4. 有关宗教场所的词，如：

bsgrub khang "修炼房"   dag byed khrus kyi khang pa "清洁沐浴房子"
bsil khang "凉室"   rnam dag khrims khang gling "清净戒律洲"
pur khang "灵堂"   dbu tshal gser khang "乌才金殿"
dri gtsang khang "香殿"   ba so lha khang "象牙神殿"
gtsang khang "佛堂"   ltavi skor khang "转经殿"
gtsug lag khang "佛堂"   sten khang "寺庙"
lha khang "佛堂"   ston khang "顿庙"
rnga khang "鼓室"   vog khang "后殿一层"

rol khang "乐器房"　　　　mgon khang "护法佛房"
sgrub khang "修行殿"　　　skor khang "厢殿"

5. 参与佛法事务的指人名词，如：

bltas mkhan "占卜者"　　　　dge tshul "沙弥"
bon po "苯波教徒"　　　　　dge vdun "僧人"
bsgrub pa po "修行者"　　　 gra ba "沙弥"
btsun ba "僧人"　　　　　　lha bzo "塑像者"
btsun rgyud "戒僧"　　　　　lha bzo ba "塑神匠"
chos skyong ba "护法者"　　 lha ris pa "贵族"
chos skyong pa "护法者"　　 mgon po "怙主"
chos slob pa "学法僧徒"　　 mkhan bu "弟子"
mkhan po "堪布"　　　　　　mkhan rgyud "戒师"
rab tu dbyung "出家人"　　　rnal vbyor pa "瑜伽师"
sbyin bdag "施主"　　　　　 sngags pa "咒师"
ston pa "大师"　　　　　　　yon bdag "施主"

（三）历史人名

gsal snang "赛囊" 这一人名出现频次最高，为27次，《拔协》这本书相传由拔·赛囊编著，作者的名字出现次数最多也是常理。另外，sang shi "桑喜"、pdma "白玛"、zhang ma zhang "尚·玛降" 等人名使用频次相对较高。其他人名举例如下：

nghar tu tsii do "阿都杂多"
sba khri bzher sang shi ta "拔·赤协桑喜达"
a nu sme bag can "阿努瑜伽"
ban chen po dpal gyi yon tan "钵阐布·白吉云登"
sba rgyal tho re "巴·杰脱热"
mchims bzav lha mo btsan "琛木妃拉姆赞"
vbav dpal dbyangs "巴·白央"
gru mer ye shes vbyung gnas "楚麦·耶喜琼耐"
pa dkar na vdod "八郭纳兑"
sngog byang chub vbyung gnas "敖·降秋琼耐"
pa lam rlags "巴拉木腊"
mkhar chen bzav mtsho rgyal "喀钦妃错杰"

spa ral na ma "巴日纳玛"
cog ro smon lam vbar "焦拉·孟拉巴"
sba sgom snang "巴·郭囊"
stag btsan ldong gzig "达赞东思"
vbav khri gzigs "拔·赤思"
sba mang rje lha lod "巴·芒吉拉鲁"
vbav lha gzigs "拔·拉思"
jo mo byang chub rje "觉姆降秋杰"
bum sangs dbang po "布桑旺保"
mgos khri bzang "郭·赤桑"
ka ma la shi la "呷玛拉喜拉"
sku ngas lte chung "古艾德琼"

（四）一词多形

一词多形是指意义完全相同的词有两个或两个以上不同的拼写形式，这类词主要集中于从梵文和汉文来的音译词，尤其是人名、地名。拼写形式的差异可以概括为：前加、上加、下加和再后加字符的有无，音节点位置的不同，辅音送气和不送气的有无以及属格标记（vi）的有无。关于音节拼写方面的差异，本书第一章第三节已有介绍，下面列举部分一词多形的词条。

a mi de ba "阿弥陀佛"　　drang srong srin bu sna "昌松森布纳"
a mi de wa "阿弥陀佛"　　drang srong sring bu sna "昌松森布纳"
aarya pa lo "观世音菩萨"　g·yo dge ba vbyung gnas "约·格外琼耐"
a·rya pa lo "观世音菩萨"　g·yo dge bavi vbyung gnas "约·格外琼耐"
bee ro tsa na "毗卢遮那"　khyung po dum gtsugs "琼保·都促"
bee ro tsaa na "毗卢遮那"　khyung po dum tshugs "琼保·都促"
bho nghi sa twa "菩提萨埵"　byams pa gling "弥勒佛洲"
bho nghi stwa "菩提萨埵"　byams pavi gling "弥勒佛洲"
bho nghis twa "菩提萨埵"
bo nghi sa twa "菩提萨埵"

二 构词法

按照构成词的语素的数量可以把词分成单纯词和合成词两类。单纯词由一个语素构成，合成词由多个语素构成。单纯词和单音节词既有联系又有区别，通常单纯词由一个音节构成，如果两个或两个以上音节表示一个语素时，单纯词也可能有两个或两个以上的音节。合成词由多个语素构成，通常为多音节词。

（一）单纯词

《拔协》文本中单纯词主要为单音节，少量为多音节，出现频率最高的前50个单纯词如表2—1所示。

表2—1　　　　《拔协》文本频次排前50的单音节词

序号	藏文拉丁	意义	序号	藏文拉丁	意义
1	dang	功能词	26	snyan	耳朵
2	kyi	功能词	27	bu	儿子
3	du	功能词	28	las	功能词
4	gyi	功能词	29	do	功能词
5	yin	是	30	lags	是
6	vdi	这	31	bcad	断
7	byed	做	32	mthong	看见
8	med	没有	33	song	去
9	kyis	功能词	34	sngon	先
10	ni	功能词	35	tu	功能词
11	la	功能词	36	thabs	方法
12	spyan	眼睛	37	stsal	给
13	vdra	像	38	go	功能词
14	gis	功能词	39	thugs	心
15	drangs	请	40	sgyur	翻译
16	gyis	功能词	41	gzigs	看见
17	mchis	有	42	no	功能词
18	vong	来	43	shig	功能词
19	ltar	按照	44	sbyar	按照

续表

序号	藏文拉丁	意义	序号	藏文拉丁	意义
20	cig	功能词	45	bon	苯波教
21	bzhin	如	46	vbangs	臣民
22	lnga	五	47	kun	全
23	da	现在	48	rten	所依
24	su	功能词	49	yid	意
25	bgyis	做	50	gtso	主

《拔协》文本的词总数为3363个[①]，其中单纯词大约为1309个，占比约39%。单纯词可以通过内部形态屈折变化构造新词。常见的方式有增加前辅音、增加后辅音、环缀、声韵母交替、韵尾交替等。产生的新词在语义上与词根有一定的联系。张济川认为单纯词可以通过内部屈折方式产生新的词形，如声韵母交替、韵尾交替等。（张济川，2009）通过考察《拔协》词汇，单纯词内部屈折变化方式如下。

1. 增加前辅音。例如：

k(h)a "口" +b→bkav "命令"　　c(h)e "大" +g→gcen "兄"
c(h)ung "小" +g→gcung "弟"　　chad "断" +b→bcad "断"
nga "我" +m→mngav "拥有"　　nod "接受" +s→stod "上部"
ngag "言语" +s→sngags "咒语"　　gang "满" +d→dgang "填满"

2. 增加后辅音。例如：

snyun "病" +g→snyung "病"　　vbag "画像" +s→vbags "面"
vdu "聚集" +r→vdur "聚集"

3. 韵尾变化。例如：

n→r: vdon "取出" →vdor "抛弃"
d→r: tshud "进入" →tshur "过来"
d→n: rgad "老" →rgan "老"
d→m: vchad "决定" →vcham "同意"
v→r: mthav "边境" →mthar "最后"

---

① 分词原则不同会导致词的统计数据存在差异，本书分词参考了信息处理用藏语分词规范的一些概念和原则，因此统计数据只供参考。

v→s：vdav"死"→vdas"过去"

4.元音交替。例如：

a→o：pha"父亲"→pho"男"

a→o：ma"母"→mo"女"

o→u：vkhor"随从"→vkhul"动摇"

5.环缀。例如：

e→a：phebs"到"→vbab"到"

e→a：kheng"充满"→dgang"填满"

u→o：vgul"摇动"→vkhol"沸腾"

单音节词根可以通过环缀方式产生新词，以环缀方式产生的词主要为名词。如前缀s-与后缀-n或-d构成s-n或者s-d格式。这种现象最早由Beyer提出，他认为这类构词形式具有亲属称谓集合性（kinship collective）意义，表示亲属称谓群。（Beyer，1992）例如：phu bo"长兄"、phu mo"长姐"，通过添加环缀和拼读规则构成spun(s-phu-n)"同胞，兄弟姊妹"。同样，khu bo"叔、伯"构成skud po(s-khu-d po)"妻之兄弟、大伯、小叔、连襟"，并类推出skud mo"妻之姊妹"。tsha bo"孙子、侄子"的词根添加环缀也获得集合意义，但是拼读规则上s-不能添加于tsh-或者ts-声母辅音前，只能构成tshan"亲族"，例如khu tshan"堂叔伯"、pha-tshan"父系亲属"。spad是一个非独用语素，仅与pha"父亲"构成复合词pha-spad"父子"，表示父子集合性统称，但现代一般用pha bu表示父子。ma"母亲"也构成ma-smad"母女"，ma-smad现代仍然使用。

（二）合成词

合成词由两个或者两个以上的语素构成。《拔协》文本中的合成词占比约为61%，其中双音节合成词为1390个，占比约41%，三音节合成词307个，占比约9%[①]，四音节及以上合成词193个，占比约6%。合成词的构造方式有复合、派生和重叠。例如：

bkav"命令"+drin"恩情"→bkav drin"恩情"

bkav"命令"+gtsigs"展示"→bkav gtsigs"盟书"

bkra"美丽"+shis"吉祥"→bkra shis"吉祥"

blon"官"+po"男性"→blon po"大臣"

---

① 三音节及以上合成词中有少量人名、地名音译，严格说不属于合成词，本书统计数据没有排除这些词，特此说明。

blta "看" +spyod "行为" →blta spyod "见行"
brag "岩石" +phug "洞" →brag phug "岩洞"
bla "上" +ma "母" →bla ma "出家人"
brtson "勤奋" +vgrus "勤勉" →brtson vgrus "勤奋"
bla "上" +rabs "辈" →bla rabs "贵族"
bkren "贫乏" +phyug "富裕" →bkren phyug "贫富"
bkav "命令" +rtsigs "建立" →bkav rtsigs "誓文"

1. 复合

复合词包括名词性复合词、动词性复合词、形容词性复合词和副词性复合词等。研究复合词语素之间的关系有多种方法，按照句法结构来分析，复合词的语素之间存在主谓、述宾、偏正、联合、述补等句法关系；按照语素之间的语义关系分析，各语素之间存在施事、受事、主事、工具、材料、处所等语义角色关系。考察构成复合词各个语素的语法属性，即语素的性质，可以分析复合词的词性与构成该复合词的语素性质之间的关系，通常把语素分为名词性语素、动词性语素、形容词性语素等。本书采用语素性质和语素之间的语义角色关系分析方法。

构成复合词的语素有些来源于独立的词，有些来源于合成词中的一个语素。带词缀的附加式合成词，在参与构造新词时，通常只使用表示词汇意义的词根，省略后缀或者前缀，如：ser可以与后缀po构成ser po "黄色"，与后缀ka构成ser ka "裂缝"，与后缀ba构成ser ba "冰雹"，但是在构造新的合成词时省略后缀po、ka、ba。因此，在分析复合词的词根语素时，需要考虑它的具体来源，只有这样才能正确地确认复合词中语素的性质。如在ser skyon "雹灾"中的ser来源于ser ba "冰雹"，是名词性的；在ser mdog "黄"中它来源于ser po "黄色"，是形容词性的；在ser gas "裂缝"中它来源于ser ka "裂缝"，是名词性的。

一些复合词中的词根语素在参与构词时，可以用复合词中的某一个词根语素代表原复合词的意义，参与构造新词，如rgyal khab "国家"作为一个整体意义参与构词时，固定使用词根rgyal，而不用khab，构造的新词如phyi rgyal "外国"、rgyal gnyer "国营"、rgyal dar "国旗"、rgyal sa "国都"等。关于从原复合词中取哪个音节，在不同的新词中也有不同的要求。张济川总结了几种模式：（1）固定取其中某个音节；（2）在不同词中取不同的音节；（3）把原词末音节开头的辅音并入前一音节作韵尾；（4）把原词末音节的韵尾并入前一音节做韵尾；（5）把原词的前一音节声母和后一音节韵母结合；(6) 其他类型。因此要分析复合词词根的语法属性必须要了解复合词中各个词根语素的来源。(张济川，2009)

(1) 复合名词

构成复合名词的语素性质有名词性语素（N）、动词性语素（V）、形容词性语素（A）、副词性语素（D）。语素在复合词中的位置按前后顺序标记为1、2、3等，如N1、N2分别表示复合词的第一个名词性语素和第二个名词性语素。名词性复合词主要讨论两个语素构成的名词。名词性复合词的构成类别如下。

① N1+N2，N1和N2意义相同，例如：

　　ser "缝" +kha "口" →ser kha "缝隙"
　　bkav "命令" +drin "恩情" →bkav drin "恩情"
　　tshal "丛" +nags "林木" →tshal nags "森林"
　　dkon "珍宝" +nor "财物" →dkon nor "财物"
　　mthav "边缘" +vkhob "周围" →mthav vkhob "周边"

② N1+N2，N1和N2意义相反，用来表示整体概念，例如：

　　mgo "头" +mjug "尾" →mgo mjug "头脚"
　　bla "上" +vog "下" →bla vog "上下"
　　phyi "外" +nang "里" →phyi nang "内外"

③ N1+N2，N1修饰N2，这是强势构词模式。例如：

　　bdud "精灵" +rtsi "汁" →bdud rtsi "甘露"
　　bla "上" +rabs "辈" →bla rabs "贵族"
　　brag "岩石" +phug "洞" →brag phug "岩洞"
　　btsun "尊者" +gzugs "体" →btsun gzugs "僧衣"
　　chu "水" +khung "洞" →chu khung "水洞"
　　chu "水" +mig "眼睛" →chu mig "泉水"
　　chu "水" +shing "树" →chu shing "芭蕉树"
　　dar "绸子" +gur "帐" →dar gur "绸帐"
　　byi "鼠" +khung "洞" →byi khung "鼠洞"
　　chibs "马" +kha "口" →chibs kha "马首"
　　chos "佛" +gos "衣" →chos gos "佛衣"
　　dkar "光" +khung "洞" →dkar khung "窗子"
　　dmar "红" +thab "战斗" →dmar thab "血战"
　　chos "法" +grwa "院子" →chos grwa "经院"

chos "法" +vkhor "转" →chos vkhor "法轮"
chu "水" +gnyer "乱纹" →chu gnyer "水纹"
gser "金" +chu "水" →gser chu "金水"
ltag "后、反" +khung "孔" →ltag khung "后颈"
byang "北" +thang "平原" →byang thang "羌塘：北方平原"
dar "绸子" +khang "房子" →dar khang "达尔康：凉亭"
dkor "宝物" +mdzod "库房" →dkor mdzod "宝库"
gsang "秘密" +sngags "咒语" →gsang sngags "密咒"

④ N1+N2，N1和N2并列，例如：

bye "沙" +dams "泥" →bye dams "沙泥"
dar "绸子" +phan "幡" →dar phan "旗幡"
rkang "脚" +lag "手" →rkang lag "手脚"
mdav "箭" +gzhu "弓" →mdav gzhu "弓箭"
mtshan "名相" +nyid "性" →mtshan nyid "性相"

N1+N2格式中还有一种常见构词模式，N1是敬语语素，N2是核心语素。常见的敬语语素有：phyag、sku、zhal、gzims、spyan，等等。例如：

phyag "手" +rten "礼物" →phyag rten "礼物"
phyag "手" +rjes "痕迹" →phyag rjes "功勋"
phyag "手" +sbal "藏" →phyag sbal "仓库"
phyag "手" +tshang "家" →phyag tshang "厨师"
phyag "手" +lan "回答" →phyag lan "回答"
sku "身" +tshe "时间" →sku tshe "生命"
sku "身" +nyams "姿态" →sku nyams "高雅"
sku "身" +glud "替代" →sku glud "替身"
sku "身" +rgyab "后" →sku rgyab "后背"
sku "身" +dngos "真实" →sku dngos "亲身"
zhal "口、面" +phyi "外" →zhal phyi "外面"
zhal "口、面" +shar "东" →zhal shar "东边"
gzims "睡" +mal "卧具" →gzims mal "寝宫"
spyan "眼" +sngar "前" →spyan sngar "跟前"
snyan "听" +phra "诽谤" →snyan phra "谗言"
bkav "言" +drin "恩情" →bkav drin "恩情"
bkav "言" +lung "言论" →bkav lung "教诫"

⑤ N+A，A修饰N，例如：

　　bu "男孩" +chung "小" →bu chung "小孩"
　　bya "鸟" +rgod "野" →bya rgod "老鹰"
　　dar "绸子" +dkar "白" →dar dkar "白绸"
　　rin "价值" +chen "大" →rin chen "珍宝"
　　gser "金子" +phye "粉" →gser phye "碎金"
　　ltas "预兆" +ngan "坏" →ltas ngan "凶兆"
　　ngo "面子" +chen "大" →ngo chen "求情"
　　yig "字" +chung "小" →yig chung "小字"
　　theg "承担" +chen "大" →theg chen "大乘"

还有一些专有名词也属于这种类型，包括地名、人名等。例如：

　　zung "双" +dkar "白" →zung dkar "松呷尔"
　　brag "岩石" +chung "小" →brag chung "扎琼"
　　bu "男孩" +chung "小" →bu chung "布琼"
　　gzi "光辉" +chen "大" →gzi chen "思钦"
　　rgya "面积" +dkar "白" →rgya dkar "天竺"
　　skar "星" +chung "小" →skar chung "呷琼"
　　vphrul "变化" +chung "小" →vphrul chung "初琼"

⑥ A1+A2，A1和A2意义相对，例如：

　　bkren "贫乏" +phyug "富裕" →bkren phyug "贫富"
　　dge "好" +sdig "罪" →dge sdig "善恶"
　　gtsang "干净" +sme "斑点" →gtsang sme "静秽"

⑦ N+V，N是V的对象或结果，例如：

　　drin "恩情" +lan "还" →drin lan "报恩"
　　dmag "军" +drangs "引" →dmag drangs "进军"
　　glu "歌" +len "唱" →glu len "唱歌"
　　chos "法" +skyong "保护" →chos skyong "护法"
　　ngan "恶" +song "去" →ngan song "恶趣"
　　ngan "恶" +vgro "走" →ngan vgro "恶趣"
　　ngo "面" +shes "知道" →ngo shes "认识"
　　sems "心" +bskyed "生" →sems bskyed "发心"
　　dkon "庙" +gnyer "管理" →dkon gnyer "庙祝"
　　grub "成就" +thob "获得" →grub thob "成就"

phyi "外" +r（向格标记）+vkhor "转动" →phyir vkhor "反转"[1]

⑧ V+N，N表示V发生的处所或对象，例如：

g·yos "炒" +khang "房子" →g·yos khang "灶房"
gshed "破坏" +mi "人" →gshed mi "刺客"
gsod "杀" +mi "人" →gsod mi "杀手"
vgran "匹敌" +zla "伴侣" →vgran zla "匹敌"
vkhor "转动" +sa "地方" →vkhor sa "转经甬道"

⑨ V1+V2，V1和V2同义，虽然两个语素都是动词性语素，但复合后构成的词主要为名词，在历史文献文本中，有少量可以用作动词。例如：

bkra "闪烁" +hrig "断" →bkra hrig "闪烁"
blta "见" +spyod "行" →blta spyod "见行"
brtson "勤" +vgrus "勤" →brtson vgrus "勤奋"
slob "学" +gnyer "经营" →slob gnyer "求学"
zhig "破" +ral "烂" →zhig ral "败坏"

（2）复合动词

《拔协》文本中的动词以单音节为主，多音节为辅。统计出的少量双音节动词，除个别例子之外，严格地说是动词短语。例如：

bang "跑" +rgyugs "跑" →bang rgyugs "赛跑"
bzo "做" +btug "达到" →bzo btug "雕刻"
bzo "做" +byed "做" →bzo byed "做模型"
g·yon "右" +bskor "转" →g·yon bskor "偏袒"
phan "利益" +gdags "绑" →phan gdags "获利"
kha "口" +log "反" →kha log "抗议"
kha "口" +sprad "给" →kha sprad "对接"
sna "鼻" +blangs "取" →sna blangs "接待"
khas "用口" +len "取" →khas len "接受"
lung "言" +phog "获得" →lung phog "传言"
yid "心" +ches "去" →yid ches "相信"
slob "学习" +gnyer "管理" →slob gnyer "求法"
gnyer "管理" +bcum "调服" →gnyer bcum "款待"
khas "用口" +blang "取" →khas blang "答应"

---

[1] 向格标记r与phyi黏合形成一个音节。

复合动词内部语素包括名词性语素、动词性语素、形容词性语素和副词性语素。双音动词内部语素构成方式有N+V、V1+V2等，动词性语素始终处于双音复合动词的第二语素位置。

①N+V，名词性语素与动词性语素之间可以表示施事、受事、对象、方位、结果等语义关系。例如：

  phan "利益" +gdags "绑" →phan gdags "获利"，N表示V的结果。
  slob "学习" +gnyer "管理" →slob gnyer "求学"，N表示V的对象。
  lung "教言" +phog "碰" →lung phog "传经"，N表示V的对象。
  bar "中间" +chad "断" →bar chad "决断"，N表示V的方位。
  kha "嘴" +sprad "给" →kha sprad "对接"，N表示V的方位。
  khas "用口" +blang "取" →khas blang "答应"，N和V通过格标记连接表凭借的工具。

前文已经提过，有些词的词性难以判断，主要原因是需要确定划分词类的依据，如果把一个词置于上下文环境中去考察，是可以作出判断的。例如：

  ——bang rgyugs "赛跑"

（2-1） dbu rtsevi   thang la bang rgyugs nas
    dbu rtse vi thang la bang rgyugs nas
    头 尖顶 GEN 平坝 LOC 赛跑   LNK
    在主殿庭院中赛跑。

  ——lung phog "传经"

（2-2） rjevi   sku tshe dang chab srid vphel lo.
    rje vi sku tshe dang chab srid vphel lo
    王 GEN 生命 COO 政治 发展:[W] END

    zhes lung phog go
    zhes lung phog go
    说:[W] 传经:[W] END
    才能使王的生命和政权发展。

——yid ches "相信"

（2-3） tshe　phyi ma　yod　par　　　　yid ches　nas
　　　　tshe　phyi ma　yod　pa　r　　yid ches　nas
　　　　生　　来世　　EXI　NML　OBJ　相信:[W]　LNK
　　　　确信有今生来世。

例句（2-1）、（2-2）、（2-3）中，bang rgyugs "赛跑"、lung phog "传经"和yid ches "相信"三个词充当句子的谓语，其动词属性显而易见。

名词性语素与动词性语素还可以构成敬语动词。名词性语素表示敬称，动词语素体现动词的核心意义。表示敬语的名词性语素比较多，如：sku "身体"、zhal "口"、thugs "心"、phyag "手"、spyan "眼睛"等，但放在动词语素前面构成复合动词的敬语语素主要是phyag、spyan。例如：

　　phyag "手"+phebs "到"→phyag phebs "到来"
　　phyag "手"+bzhes "接受"→phyag bzhes "接受"
　　phyag "手"+byas "做"→phyag byas "做"
　　phyag "手"+mdzad "做"→phyag mdzad "做"
　　phyag "手"+phul "献"→phyag phul "献"
　　phyag "手"+vtshal "拜访"→phyag vtshal "膜拜"
　　spyan "眼"+vdren "引"→spyan vdren "迎请"
　　spyan "眼"+drangs "引"→spyan drangs "迎请"
　　spyan "眼"+drongs "引"→spyan drongs "迎请"

——phyag "手:HON"

（2-4） bsam yas　su　　phyag phebs
　　　　bsam yas　su　　phyag phebs
　　　　桑耶　　　LOC　到:[W]
　　　　于是到了桑耶。

——phyag "手:HON"

（2-5）　ston khang　dpe har　du　　phyag phebs　par　　mchi
　　　　ston khang　dpe har　du　　phyag phebs　par　　mchi
　　　　顿庙　　　白哈尔　ALL　到:[W]　　　　SER　去:PRS[23]
　　　　迎接到白哈尔寺庙去。

——spyan "眼睛:HON"

（2-6）　skyel mas　　　　chibs　khrid　　　　nas　　yar
　　　　skyel ma　s　　　chibs　khrid　　　　nas　　yar
　　　　护送者　　AGE　坐骑　带领:PST[1]　LNK　　上
　　　　spyan drangs　pas
　　　　spyan drangs　pas
　　　　请:[W]　　　LNK
　　　　护送的人牵着马往上部送去。

名词性语素和动词性语素有时候不是直接黏合，而是需要通过添加格标记后形成复合动词，即，名词性语素+格标记+动词性语素。名词性语素与格标记可以形成一个整合音节，构成双音节动词。如果不形成黏附音节，则构成三音节。例如：

kha-s "口+INS" +blang "取"→khas blang "答应"
kha-s "口+INS" +len "取"→khas len "接受"
na-r "年+RES" +son "去"→nar son "成年"

khas blang "答应"和khas len "接受"中的-s是工具格标记。nar son "成年"中的-r是结果格标记。它们经历词汇化过程，凝固成一个动词，可以充当句子的谓语。例如：

——khas blang "答应"

（2-7）　rjevi　　zhabs tog　gcig　byed　　　par　　　khas blang
　　　　rje vi　　zhabs tog　gcig　byed　　　pa　r　　khas blang
　　　　王　GEN　供奉　　一　　做:PRS[2]　NML　OBJ　答应:[W]
　　　　我答应做国王的一个替身。

—nar son "成年"

（2-8）
slad kyis	btsan po	sku	nar son	thugs	su	gdon
slad kyis	btsan po	sku	nar son	thugs	su	gdon
后来	赞普	身:HON	成年	心	LOC	邪魔

gsol	bas
gsol	bas
做:[W]	LNK

后来，赞普成年了，被魔鬼迷了心窍。

②V1+V2

V1和V2并列。语义上相似且并列的两个动词性语素构成的复合词通常为名词，也有少量仍然为动词。可以推测双音节动词是藏语历史演化中的一个匆匆过客，这种构词模式没有稳固就迅速被其他强势模式所替代，尤其是大量三音节动词的产生，对它们产生了强烈的冲击，其结果是仍然使用单音节动词或者三音节动词。少量双音节动词是历史发展中的遗留。例如：

bzo "做" +btug "达到" →bzo btug "雕刻"
slob "学" +gnyer "经营" →slob gnyer "求学"
gnyer "管理" +bcum "调服" →gnyer bcum "款待"

—bzo btug "雕刻"

（2-9）
bal po	rdo mkhan	na re	bod	kyi	rdo	la
bal po	rdo mkhan	na re	bod	kyi	rdo	la
尼泊尔	石匠	说:[W]	吐蕃	GEN	石头	LOC

bzo btug①	sam	bltas	mchis	nas
bzo btug	sam	bltas	mchis	nas
做雕刻:[W]	QU	看:PST[1]	RSA	LNK

尼泊尔石匠说：在吐蕃的石头能否雕刻？

—gnyer bcum "款待"

（2-10）
phyag	bya	bavi	gtol	ma	mchis	par
phyag	bya	ba vi	gtol	ma	mchis	par
HON	做:FUT[3]	NML GEN	迟疑	NEG	去:PST[1]	LNK

---

① 这里的bzo也可以理解为名词，表示"样子、样式"。

gsal snang   gnyer bcum.
gsal snang   gnyer bcum
塞囊   款待:[W]
没有迟疑而款待塞囊。

在V1+V2模式中，V2不是复合动词的主要动词，而是表示敬语的动词性语素，V1才是主要动词，可以充当V2的语素有mdzad、stsal和gsol。例如：

vdul "驯服" +mdzad "做" →vdul mdzad "驯服"
gtor "撒" +mdzad "做" →gtor mdzad "撒"
vdums "解决" +mdzad "做" →vdums mdzad "和解"
khrus "洗" +gsol "做" →khrus gsol "洗"
bkav "命令" +stsal "做" →bkav stsal "命令"
skems "干" +gsol "做" →skems gsol "干渴"

有一种V1+V2模式，V1是核心，V2的意义虚化，充当V2的语素主要是byas及其不同时态的变化形式[①]。例如：

skems "干" +gsol "做" →skems gsol "干渴"
chud "刺入" +byas "做" →chud byas "插入"
vtshal "拜访" +byas "做" →vtshal byas "请求"
vchad "断" +byas "做" →vchad byas "决定"
gros "商议" +byas "做" →gros byas "商议"
bshas "杀" +byas "做" →bshas byas "宰杀"
chad "断" +byas "做" →chad byas "决定"
gnang "做" +byas "做" →gnang byas "做"
vdul "驯服" +byed "做" →vdul byed "驯服"
sgom "修习" +byed "做" →sgom byed "修行"

（3）复合形容词

形容词以派生形式为主，复合形容词非常少。《拔协》文本中有少量复合形容词，是词汇化的结果。如rin chen po "贵重"，是偏正关系的名

---

① 这里指动词不同时态的变化形式，传统观点认为古藏语动词有"三时一式"的变化形式，即过去时、现在时、未来时和命令式。byed的过去时、现在时、未来时和命令式分别为byas、byed、bya和byos。

词性短语，中心词rin"价值"受形容词"chen po"修饰，整体有时可用作形容词；gal che"关键大"、ngo mtshar"脸发热"和snying rje"心怜爱"原为主谓结构短语，词汇化后用作谓词性形容词。例如：

rin"价值"+chen po"大"→ring chen po"贵重"
snying"心"+rje"怜爱"→snying rje"可怜"
gal"关键"+che"大"→gal che"重要"
ngo"面"+mtshar"奇异"→ngo mtshar"羞"
sna"种类"+tshogs"聚集"→sna tshogs"各种"

也有一些形容词由相反或相近意义的两个形容词性词根组合，构成的词既可以是形容词，也可以是名词。例如：

che"大"+chung"小"→che chung"大小"
bde"好"+skyid"乐"→bde skyid"幸福"

——sna tshogs"各种"

（2-11）
chags sdang	sna tshogs	spyod	cing	sdig pa
chags sdang	sna tshogs	spyod	cing	sdig pa
爱憎	各种	用:PRS[24]	LNK	罪孽

byas	kying
byas	kying
做:PST[1]	也

也行贪嗔等邪恶行为和集聚罪恶。

——che chung"大小"

（2-12）
de bas na	mdo sde	che chung	zhib	par	bslab
de bas na	mdo sde	che chung	zhib	pa	r	bslab
因此	佛经	大小	细致	NML	RES	学:FUT[3]

因此，仔细学习大小一切经典。

——mdor bsdus"简要"

（2-13）
rgyab	tu	rdo	ring	pdma	can	la	bkav rtsigs	kyi
rgyab	tu	rdo	ring	pdma	can	la	bkav rtsigs	kyi
后背	LOC	石头	长	莲花	者	LOC	誓文	GEN

yi ge　　mdor bsdus　　bskod　　　　pa
yi ge　　mdor bsdus　　bskod　　　　pa
文字　　简要　　　　　刻:PST[1]　　NML

背后的莲花般的石碑上刻着简要的誓文。

　　（2-11）—（2-13）例子中的sna tshogs"各种"、che chung"大小"、mdor bsdus"简要"都作为形容词使用，三个词的分布及功能类似，作为中心名词的后置修饰词。
　　（4）复合副词
　　副词的数量比较少，是典型的封闭词类，只有少量的单音节和多音节单纯词。有一部分形容词可以用作副词。复合副词是词汇化的结果，有些副词经过了几次词汇化过程。如sngar bzhin"如前"中snga意思是"前、早"，时间名词添加格标记r，形成表示时间的副词短语，逐渐凝固形成新的时间名词sngar，完成了第一阶段的词汇化。名词sngar加上bzhin"按照、如"构成sngar bzhin，为副词性短语，后逐渐凝固为副词，完成第二阶段的词汇化过程。类似的复合副词还有ji ltar"怎样"、ci tsug"怎样"等。例如：

ji"什么"+ltar"按照"→ji ltar"怎样"
ci"什么"+tsug"怎样"→ci tsug"怎样"
slar"又"+yang"又"→slar yang"又"
thams"全"+cad"断"→thams cad"全部"

　　（5）复合代词
　　复合代词是词汇化的结果，有些可以作为一个词来看待，有些仍然是短语，是词还是短语，与研究者划分词边界的标准有关。例如：

da"现"+res"次"→da res"这次"
de"那"+tsug"怎样"→de tsug"如此"
de"那"+tsugs"怎样"→de tsugs"这样"
khyed"你"+rang"自己"→khyed rang"你"

　　（6）复合数词
　　数词复合遵循系位组合规则。系指基数词和序数词，位指位数词，位数词包括：bcu"十"、brgya"百"、stong"千"、khri"万"、vbum"十万"、vbul"亿"。
　　位数"十"+基数，例如：

bcu "十" +gnyis "二" —>bcu gnyis "十二"
bcu "十" +gsum "三" —>bcu gsum "十三"
bcu "十" +bzhi "四" —>bcu bzhi "十四"
bco "十" +lnga "五" —>bco lnga "十五"
bcu "十" +drug "六" —>bcu drug "十六"
bcu "十" +bdun "七" —>bcu bdun "十七"
bco "十" +brgyad "八" —>bco brgyad "十八"
bcu "十" +dgu "九" —>bcu dgu "十九"

位数+序数，例如：

bco "十" +brgyad po "第八" —>bco brgyad po "第十八"
bcu "十" +gnyis po "第二" —>bcu gnyis po "第十二"

基数+位数，构成整十、百、千、万等的复合数词，例如：

nyi "二" +shu "十" —>nyi shu "二十"
lnga "五" +bcu "十" —>lnga bcu "五十"
drug "六" +cu "十" —>drug cu "六十"
bdun "七" +cu "十" —>bdun cu "七十"
gsum "三" +brgya "百" —>gsum brgya "三百"
sum "三" +brgya "百" —>sum brgya "三百"
lnga "五" +brgya "百" —>lnga brgya "五百"

系数+位数+助词+基数，例如：

nyi "二" +shu "十" +rtsa "助词" +gcig "一" —>nyi shu rtsa gcig "二十一"
nyi "二" +shu "十" +rtsa "助词" +lnga "五" —>nyi shu rtsa lnga "二十五"
nyi "二" +shu "十" +rtsa "助词" +brgyad "八" —>nyi shu rtsa brgyad "二十八"
bdun "七" +bcu "十" +rtsa "助词" +lnga "五" —>bdun bcu rtsa lnga "七十五"
bdun "七" +cu "十" +don "助词" +drug "六" —>bdun cu don drug "七十六"

百位和十位之间可以用连词dang关联，也有用rtsa关联，还可以同时用dang和rtsa，也有两者都不用的。rtsa还可以用在十位和个位前，例如：

dgu brgya "九百" +dang "和" +dgu bcu "九十" —>dgu brgya dang

dgu bcu "九百九十"

　　sum brgya "三百" +drug cu "六十" —>sum brgya drug cu "三百六十"

　　brgya "百" +rtsa "和" +brgyad "八" —>brgya rtsa brgyad "一百零八"

　　brgya "百" +lnga bcu "五十" —>brgya lnga bcu "一百五十"

　　brgya "百" +rtsa "和" +bcu gnyis "十二" —>brgya rtsa bcu gnyis "一百一十二"

　　stong gcig "一千" +brgyad "八" —>stong gcig brgyad "一千零八"

　　stong "千" +dang rtsa "和" +gnyis "二" —>stong dang rtsa gnyis "一千零二"

　　stong "千" +rtsa "和" +gnyis "二" —>stong rtsa gnyis "一千零二"

　　分数复合词,由基数或者系数+位数+cha构成,例如:

　　gsum "三" +cha "分" —>gsum cha "三分之一"

　　brgyad bcu "八十" +cha "分" —>brgyad bcu cha "百分之八十"

　　(7) 复合量词,有为数不多的借用量词采用了复合方式,如dpag tshad "拔才"、rgyang phrag "冈叉"等。例如:

　　dpag "测量" +tshad "测" —>dpag tshad "拔才"

　　rgyang "远" +phrag "整" —>rgyang phrag "冈叉"

2. 派生

　　派生顾名思义就是词根加上词缀构成的合成词。《拔协》文本中的派生词以词根加后缀为主,只有少量前缀加词根的合成词。派生词的词汇意义来源于词根,一部分词根可以单独成词,独立使用;有些必须和词缀一起使用。派生名词和形容词最多,也有少量派生副词和派生连词,其他类的派生词非常少。

　　(1) 派生名词。派生名词以添加派生后缀最常见,前缀较少。派生后缀有po、bo、pa、ba、bu、mo、can,前缀有a。

　　—前缀a,用于亲属称谓前,表示亲密关系。例如:

　　a "前缀" +pha "爸爸" —>a pha "爸爸"

　　a "前缀" +ma "妈妈" —>a ma "妈妈"

　　—后缀po/bo,添加在名词或动词词根上,可以区分"性别"或者表示"者"之意。例如:

　　btsan "强" +po "男性" —>btsan po "赞普"

　　bgo "头" +bo "者" —>bgo bo "头"

blon "辅助" +po "男性" —>blon po "大臣"
rgyal "征服" +po "男性" —>rgyal po "王"
rgad "老" +po "男性" —>rgad po "老人"
sha "肉" +po "男性" —>sha po "牡鹿"
bon "苯" +po "男性" —>bon po "苯波教徒"
skye "生" +bo "男性" —>skye bo "男子"
dpav "胆子" +bo "男性" —>dpav bo "英雄"
bam "卷" +po "者" —>bam po "部"
nag "黑" +po "者" —>nag po "黑业"
mes "祖宗" +po "者" —>mes po "祖先"
bal "羊毛" +po "者" —>bal po "尼泊尔"
sdig "罪" +po "者" —>sdig po "罪孽"
vgron "客" +po "者" —>vgron po "食客"
spyi "总" +bo "者" —>spyi bo "头顶"
thu "心" +bo "者" —>thu bo "首要"
mkhan "专业" +po "男性" —>mkhan po "堪布"
gtso "关键" +bo "者" —>gtso bo "主要"
ngo "面" +bo "者" —>ngo bo "本质"
bzo "做" +bo "者" —>bzo bo "工匠"
mgon "保护" +po "男性" —>mgon po "怙主"
zhang "舅舅" +po "男性" —>zhang po "舅舅"

—后缀bu，添加在名词词根上，表示小。例如：
byang "北" +bu "小" —>byang bu "牌匾"
sgrom "架子" +bu "小" —>sgrom bu "盒子"
vbras "果" +bu "小" —>vbras bu "果实"
gdang "架子" +bu "小" —>gdang bu "梯级"
yos "兔子" +bu "小" —>yos bu "兔子"
srin "虫" +bu "小" —>srin bu "虫子"
mchan "注解" +bu "小" —>mchan bu "旁注"
dril "铃" +bu "小" —>dril bu "铃子"
mgron "旅客" +bu "小" —>mgron bu "旅客"
bong "驴" +bu "小" —>bong bu "驴"

—后缀pa/ba，添加在动词和名词性词根后，动词词根后的pa具有转指功能，使词性发生变化。例如：

bskal"幸运"+pa—>bskal pa"劫"
bstan"强"+pa—>bstan pa"经典"
dbus"中部"+pa—>dbus pa"卫藏人"
dbyug"棍"+pa—>dbyug pa"棍杖"
dgon"寺庙"+pa—>dgon pa"寺庙"
gnag"黑的"+pa—>gnag pa"黑色"
gom"步伐"+pa—>gom pa"步伐"
lpags"皮肤"+pa—>lpags pa"皮"
phan"利益"+pa—>phan pa"利益"
bug"空的"+pa—>bug pa"洞"
byis"儿童"+pa—>byis pa"孩子"
dgongs"思想"+pa—>dgongs pa"心愿"
dpav"胆子"+pa—>dpav pa"英雄"
dpung"臂"+pa—>dpung pa"肩"
gram"边"+pa—>gram pa"河滩"
blo"心"+ba—>blo ba"心"
btsun"尊者"+ba—>btsun ba"僧人"
khang"部分"+pa—>khang pa"房子"
khron"井"+pa—>khron pa"井"
lte"中心"+ba—>lte ba"主要"
mkhas"专业"+ba—>mkhas ba"学者"
dkar"白的"+ba—>dkar ba"光"
phur"桩"+ba—>phur ba"橛子"
ra"院子"+ba—>ra ba"范围"
mchad"坟地"+pa—>mchad pa"坟地"
vbreng"皮"+ba—>vbreng ba"皮条"
gnod"灾害"+pa—>gnod pa"灾害"
lta"看"+pa—>lta pa"观"
ltag"反"+pa—>ltag pa"后颈"
mngon"显现"+pa—>mngon pa"论藏"
ltog"饿"+pa—>ltog pa"饥饿者"

bya"做"+ba—>bya ba"事情"
vdul"驯服"+ba—>vdul ba"律藏"

一后缀mo，添加在名词和动词性词根之后，有些可以表示"阴性"。例如：
lha"佛"+mo—>lha mo"天女"
nub"西"+mo—>nub mo"夜晚"
nyin"天"+mo—>nyin mo"白天"
rgan"老"+mo—>rgan mo"老婆婆"
sras"公子"+mo—>sras mo"女儿"
dkar"白的"+mo—>dkar mo"白色"
dmar"红的"+mo—>dmar mo"红的"
ltad"节目"+mo—>ltad mo"节目"
ri"山"+mo—>ri mo"绘画"
rol"娱乐"+mo—>rol mo"乐器"
rtse"尖的"+mo—>rtse mo"尖端"
dre"魔"+mo—>dre mo"魔女"
gzhi"基"+mo—>gzhi mo"平地"
mtshan"晚"+mo—>mtshan mo"晚上"
mtsho"湖"+mo—>mtsho mo"湖"
sgo"门"+mo—>sgo mo"门"
spus"膝"+mo—>spus mo"膝盖"
vdre"魔"+mo—>vdre mo"魔女"
bro"跳舞"+mo—>bro mo"舞蹈"
btsun"强的"+mo—>btsun mo"王妃"
mdzub"指"+mo—>mdzub mo"手指头"

一后缀can，一般添加在名词或名词性词根后，表示"者"。《拔协》文本中的用例以多音节词加后缀can构成的派生词居多。例如：
be con"棍棒"+can"者"—>be con can"持杖者"
bre thag"索"+can"者"—>bre thag can"有索网"
g·yung drung"雍仲"+can"者"—>g·yung drung can"雍仲章饰"
gdug pa"凶恶"+can"者"—>gdug pa can"凶恶者"

glang gi mgo "象头"+can "者" —>glang gi mgo can "象头者"
gong ba "衣领"+can "者" —>gong ba can "衣领者"
gtsug phud "发髻顶"+can "者" —>gtsug phud can "留发髻者"
lcags kyi mchu "铁嘴"+can "者" —>lcags kyi mchu can "铁喙"
lo rgyus "历史"+can "者" —>lo rgyus can "历史"
mdangs dgav ba "欢颜"+can "者" —>mdangs dgav ba can "欢颜者"
dad pa "信仰"+can "者" —>dad pa can "信仰者"
dug "毒"+can "者" —>dug can "有毒者"
mngon shes "神通"+can "者" —>mngon shes can "神通者"

（2）派生形容词。派生形容词同样以派生后缀为主，常见的后缀有po/bo、pa、ma、mo、ngu等。

——后缀po/bo。po是最典型的形容词后缀。带po的形容词可以表示属性、颜色、空间维度、评价、形状等。例如：

chen "大"+po—>chen po "大的"
zlum "圆"+po—>zlum po "圆形"
tsam "少"+po—>tsam po "一点"
dmar "红"+po—>dmar po "红的"
dkar "白"+po—>dkar po "白色"
vban "秘密"+po—>vban po "秘密"
nag "黑"+po—>nag po "黑的"
mang "多"+po—>mang po "多"

由后缀bo构成的形容词比较少，在整个文本中，带bo且具有修饰名词功能的形容词只有bzang bo。po和bo本质上没有差别，主要根据词根音节的韵尾来确定，当词根音节的韵尾为-g、-d、-n、-b、-m、-s时，用po，当词根音节韵尾为-ng、-r、-l、-v或没有辅音韵尾时，用bo，但在实际使用中，并不严格遵循。从《拔协》文本材料看，po要比bo多得多，从侧面说明以-ng、-r、-l、-v结尾的词和无辅音韵尾的形容词词根比较少或者可以说明文本没有严格遵循后缀添加规则。

——后缀pa/ba，带pa/ba的形容词可以表达程度加强的意义。例如：

dam "圣洁"+pa—>dam pa "圣洁"
mdzes "美"+pa—>mdzes pa "英俊"

dag "洁净" +pa—>dag pa "正真的"
legs "好" +pa—>legs pa "英俊"

—后缀ma，带ma的形容词通常可以表示"末端、结尾"等意义。例如：
chung "小" +ma—>chung ma "小的"
tha "下、末" +ma—>tha ma "最后"

—后缀mo，mo可以表示阴性，但表"阴性"的语法意义在形容词中并不凸显。例如：
chen "大" +mo—>chen mo "大的"
dkar "白" +mo—>dkar mo "白的"
dmar "红" +mo—>dmar mo "红的"
drag "猛" +mo—>drag mo "非常"
legs "好" +mo—>legs mo "好"
nag "黑" +mo—>nag mo "黑的"

—后缀ngu，带ngu后缀的形容词比较少，具有指小功能。例如：
chung "小" + ngu—> chung ngu "小的"

（3）派生副词

副词派生有两种常见方式，一是形容词+副词化标记，二是名词性词根+格标记，这两种方式产生的副词是语言演化过程中词汇化的结果。

—后缀tu
kun "全" +tu "与位格" —>kun tu "全部地"
rab "好" +tu "与位格" —>rab tu "非常"
lkog "偷" +tu "与位格" —>lkog tu "偷偷地"
zhib "细" +tu "与位格" —>zhib tu "仔细地"
rtag "经常" +tu "与位格" —>rtag tu "经常"
shin "好" +tu "与位格" —>shin tu "非常"
ma thag "不断" +tu "与位格" —>ma thag tu "立即"

—后缀du

vphral"立刻"+du"与位格"—>vphral du"立即"

zhib"细"+du"与位格"—>zhib du"仔细地"

gtan"稳定"+du"与位格"—>gtan du"一定"

rgyun"流"+du"与位格"—>rgyun du"平时"

khyad par"特点"+du"与位格"—>khyad par du"特别地"

myur"迅速"+du"与位格"—>myur du"快速地"

—后缀na

tha"低"+na"与位格"—>tha na"最后"

—后缀su

dngos"物"+su"与位格"—>dngos su"真正地"

yongs"全"+su"与位格"—>yongs su"全部地"

dkyus"长"+su"与位格"—>dkyus su"平常地"

—后缀gyis

lhun"隆起"+gyis"工具格"—>lhun gyis"自然/天造地"

kun"全"+gyis"工具格"—>kun gyis"全部地"

rims"层次"+gyis"工具格"—>rims gyis"逐渐地"

—后缀nas

gzhi"根"+nas"从格"—>gzhi nas"才"

—后缀r

mthav"边"+r"与位格"—>mthar"最后"[1]

phal che"一般"+r"与位格"—>phal cher"大概"

nges pa"一定"+r"与位格"—>nges par"一定"

lhag pa"特殊"+r"与位格"—>lhag par"特别地"

nan che"仔细"+r"与位格"—>nan cher"认真地"

legs pa"好"+r"与位格"—>legs par"好"

---

[1] mthav"边界"加与位格标记r黏合后简写为mthar,实际意义为"在最边界上"。

（4）派生连词

派生连词的后缀主要是格标记，可以加工具格、从格等标记。例如：

de"那"+s"工具格"—>des"因此"（原义为"由于那个原因"）

de"那"+nas"从格"—>de nas"于是"（原义为"从那之后"）

de bas"更加"+na"与位格"—>de bas na"因此"[①]

（5）派生数词

派生数词主要是序数词和概数词，也有复合数再加后缀的。序数词由基数词加后缀pa/ba/po/ka构成。概数词由基数加后缀tsam构成。例如：

gsum"三"+po—>gsum po"第三"

dang"一"+po—>dang po"第一"

gcig"一"+pa—>gcig pa"第一"

bcu gnyis"十二"+po—>bcu gnyis po"第一十二"

gnyis"二"+ka—>gnyis ka"第二"

gsum"三"+ka—>gsum ka"第三"

gsum"三"+tsam—>gsum tsam"大约三（个）"

stong"千"+tsam—>stong tsam"大约一千"

（6）其他词类的派生词非常少，此处从略。

3.重叠

一般来说，口语中的重叠词多于书面语。《拔协》作为一本比较正式的书面语文本，其中的重叠词非常少，词根完全重叠如byil byil"摩抚状"、btab btab"张合"和gzir gzir"逼迫"等。

　　　　—btab btab"张合"

（2-14）　kha　btab btab byed　pa　dang

　　　　kha　btab btab byed　pa　dang

　　　　口　张合:[W]　　　　NML　LNK

　　　　口一张一合。

[①] 这个词经历了两个词汇化阶段，第一阶段指代词de与比较格标记bas词汇化，原意为"与那相比……"，词汇化后义为"更加"；第二阶段de bas和与位格标记na词汇化后表示"因此"。

—gzir gzir"逼迫"

（2-15） bod　　kyi　　btsan po　chos　　mdzad　du　　　mi　　　ster
　　　　 bod　　kyi　　btsan po　chos　　mdzad　du　　　mi　　　ster
　　　　 吐蕃　 GEN　 赞普　　 法　　 做:[W]　CAU　　NEG　　给:[W]
　　　　 ba　　thams cad　skrad　　　　cing　　gzir gzir　　ba　　 dang
　　　　 ba　　thams cad　skrad　　　　cing　　gzir gzir　　ba　　 dang
　　　　 NML　全部　　 驱赶:PST[1]　LNK　　逼迫:[W]　　NML　LNK
　　　　 能驱除一切阻挡赞普推行佛法者（鬼神）。

句（2-14）中的btab btab"张合"表达"短时貌"；句（2-15）中的gzir gzir"逼迫"表达"程度加强"。

还有部分重叠构词形式，它们不是语素的简单叠用，而是按照一定的模式构成固定格式。《拔协》文本中的重叠模式有ABB和ABCB式，例如：

tril li li "紧紧地" —>tril "圆形" + li li（表示状貌）

phar vgro tshur vgro "走来走去" —> phar "那边" +vgro "去" +tshur "这边" +vgro "去"

mi mchi dgu mchi "胡说八道" —>mi "不" +mchi "去、存在" +dgu "九" +mchi "去、存在"

第三章　语法

一　词类

　　文本指书面语言的表现形式，是由一系列词、短语、句子连缀而成的序列。句子由一个个词组成，词是最小的能独立运用的语法单位。研究文本的语法标注，需要从研究词开始，尤其是词的分类，即词类，它是重要的句法范畴。词类能反映词在句子中具有什么样的功能。词的分类有多种标准，包括形式、意义和功能标准。按照功能标准分类最常用，所谓功能分类是指按照词在句子中的句法功能来分类，判断词的类别要考虑词在句子中的分布和功能。一般来说，词类有名词、动词、形容词、助词、副词、代词、数词、量词、感叹词和语气词。名词、动词、形容词、数词、量词、代词等属于实词范畴，在句子中表示事物、动作、行为、变化、性质、处所、时间等。助词、副词、连词、语气词属于虚词，即功能词，在句子中起黏合实词、短语和句子的功能。

　　（一）名词

　　名词表示具体和抽象事物的名称。名词可以分成普通名词、专有名词、时间名词和方位名词①。

　　1.普通名词是用来表达概念名称的词。例如：bang mdzod "仓库"、bog "香"、bum pa "瓶子"、bang so "坟墓"、bu "儿子"、bye "沙子"、drevu "骡子"、chab "河"、khyim "家"、khrag "血"、chu bo "河"、lag pa "手"、khyi "狗"、dgon pa "寺庙"、lham "鞋"。

　　2.专有名词最常见的是人名、地名、佛名、寺庙名等。

---

① 词类分类原则不同学者看法不一，如何分、分多少类通常需要考虑使用领域。总体原则是词类体系具有严格的上下位层级关系。

（1）人名。《拔协》文本中的人名较多，约有370个。一些使用频次相对较高的人名有：gsal snang "塞囊"、dpal gyi rdo rje "白吉多杰"、a ts·rya "阿扎诺雅"、pdma "白玛"、ye shes dbang po "耶喜旺保"、sshkya thub pa "释迦牟尼"、sang shi "桑喜"、khri bzang "赤桑"。

（2）地名。如：byang thang "羌塘"、brag chung "扎琼"、brag phug "扎普"。

（3）山川河流名。如：gal ta la "开达山"、gangs ti se "冈底斯"、glang po sna "象鼻山"、khas su ri "开苏山"、gnggaa "恒河"。

（4）佛名、庙名、经书名。如：ldan sems dpav "金刚菩萨"、khro bo mi g·yo ba "不动忿怒明王"、bcom ldan vdas "释迦牟尼"、vbum yum chen mo "大般若经十万颂"、sa lu ljang pa "佛说稻秆经"。

（5）国家名。如：rgya dkar "天竺"、li yul "李域"等。

3. 时间名词指表示时间概念的名词。如：mtshan mo "晚上"、snga dro "早上"、da ring "今天"、sang "明天"等。

4. 方位名词指表示方向和位置的词。如：vog "下"、mar "下"、gong "前、上"、drung "前"、rgyab "后"等。

（二）动词

传统文法把动词分成tha dad pa和tha mi dad pa，所谓tha dad pa是指"某一事物的动作，不是事物的自然演变，而需要有施动者或原因促使其发生的一类动词"。（胡书津，2000）这类动词不但需要施动者或者原因，而且还需要动作所涉及的直接受动者。tha mi dad pa是指某一事物的动作由事物本身自然进行，不需要另有施动者或者原因促使动作的发生。这两类动词也有叫作外动和内动、他动和自动、自主动词和不自主动词等。按照动词及物与不及物的分类标准来看，tha dad pa等同于及物动词，而tha mi dad pa包括不及物和及物动词两类。本书按动词的句法功能来分类，包括判断动词、存在动词、情态动词、助动词、状态动词、动作动词。其中动作动词包括一般动作动词、心理动词、述说动词等。

1. 判断动词[①]，表示对关涉的事物和概念进行分类、属性说明和判断等。《拔协》中判断动词的词形有：lags和yin，lags的否定形式为ma lags，yin的否定形式为min。例如：

[①] 判断动词详细论述，请参看张军、龙从军的论文《古藏文文献〈拔协〉的判断句》（《民族语文》2020年第5期）。

——yin

（3-1） nga nag povi   rigs yin
nga nag po   vi   rigs yin
1SG 黑色   GEN   类   COP
我是恶类。

——lags

（3-2） nged dad pa chung ba   ma   lags
nged dad pa chung ba   ma   lags
1PL   信仰   小   NML NEG COP
不是我们的信仰小。

2. 领有动词，表示人、处所和事物（现在或将来）拥有某物或者存在某物的一类动词。领有动词又可以分成两个小类：存在类和获得类。

存在类领有动词即通常所说的存在动词，包括yod"有"、vdug"有"、gdav"有"、mngav"有"。否定形式分别为med"没有"、mi vdug"没有"、mi mchis"没有"、mi mngav"没有"。例如：

——med

（3-3） nga la   phyag ris med
nga la   phyag ris med
1SG POS 功勋   EXI:NEG
我还没有功勋。

——mngav

（3-4） jo mo tshe spong bzav me tog sgron la   sras mngav
jo mo tshe spong bzav me tog sgron la   sras mngav
妃子   才崩妃   梅朵准   POS 儿子 EXI
才崩妃梅朵准有儿子。

获得类领有动词有shog"来"、btsas/bltams/ltam"降生"、btsav"生"、skyes"生"、byung"来"、dgos"要"、phog"遭受"等。例如：

—dgos

（3-5） khyed   la   lung bstan   pavi   khungs   dgos
　　　 khyed   la   lung bstan   pa vi   khungs   dgos
　　　 2SG   POS   授记   NML GEN   源头   要:[W]
　　　 你需要有授记的源头（有经典依据）。

—byung

（3-6） mo   rang   la   mdze   byung
　　　 mo   rang   la   mdze   byung
　　　 3SG   自己   POS   麻风病   来:PST[1]
　　　 她自己得了麻风病。

3. 状态动词，表示事物发展变化过程的一类动词。表示状态的如 sdod "待"、bzhugs "待"等，表示变化如人类的老、病、死，日月星辰的出没。《拔协》文本中表示"死"的动词形式较多，有 gshegs "死"、vdas/ vdav "死"、vchi "死"、bskrongs/ skrongs/ bkrogs/ grongs/ "死"、bkum/gum/ skum/ vgum/ grungs "死"、shi "死"。具体来讲，vchi 和 shi 用于指平民百姓的死，vdas/vdav 用于佛祖过世；bskrongs/ grongs/ skrongs/ bkrogs 用于达官贵人的死；而 bkum/gum/ skum/ vgum/ grungs 等多指不正常的死亡。例如：

—gum "死"

（3-7） la las   tsha bas   gum
　　　 la   la   s   tsha ba   s   gum
　　　 一些 AGE   热   INS   死:[W]
　　　 有的（人）中暑死去。

—bzhugs "待"

（3-8） rgya stag ra mo che   na   lha   mi   bzhugs
　　　 rgya stag ra mo che   na   lha   mi   bzhugs
　　　 广虎山羊大（小昭寺）   LOC   佛   NEG   在:[W]
　　　 小昭寺里，神像不在。

4. 情态助动词，置于动词之后，表示需要、能够、会、敢等情态意义的词。情态动词有phod"敢"、rung"可以"、thub"能"、dgos"要"、nus"能"、ran"适合"、tshar"完"、tshal/vtshal"需"、shes"会"、dkav"难"等。所有情态动词也都可以作实义动词。现代藏语的情态动词chog在《拔协》文本中没有作为情态动词的用例。在情态动词之前添加否定标记ma/mi构成否定形式。例如：

—phod"敢"

（3-9） vdam kha gang yang khas len ma phod
vdam kha gang yang khas len ma phod
选择　　　什么　也　　接受:[W]　NEG　AUX
选择什么也不敢接受。

—shes"会"

（3-10） la las smra ma shes
la la s smra ma shes
一些　　AGE　说话:PRS[23]　NEG　AUX
有的学不会语言。

5. 趋向动词，表示动作趋向的方位、处所。趋向动词可以分成两个小类，一类趋向动词不但可以作主动词，表示动作趋向的方位、处所，还可以作辅助动词[①]紧随主动词之后，表示主动词动作趋向的方向。在《拔协》文本中，能够直接附接于主动词后，表示趋向意义的趋向动词有mchis"去"和 byung/vong"来"。没有vgro和song直接附接于主要动词之后作为辅助动词的用例。由此可以看出在《拔协》成书时代vgro、song等词的词义还未虚化，仍然作为实义动词使用，但随着语言的演化，后来慢慢虚化，到现代藏语中，它们已经身兼两职；相反，byung、mchis和vong已经完成词义虚化的过程，作为实义动词和作为虚化后的辅助动词并存于《拔协》文本中。另一类趋向动词自古至今只能作为主要动词，而不作为辅助动词，包括gshegs"去"、byon"达到"、phob/phab"达到"、

---

① 主动词是小句中的核心谓语动词，辅助动词在小句中不是核心谓语动词，而是辅助核心谓语动词表达趋向、体貌、认知情态、示证等语法功能。

bzhud "启程"、vdzul "钻"等。这里所说的趋向动词是指实义动词，不包括词义虚化后的辅助动词。趋向动词一般是不及物动词。例如：

——byung "来"

（3-11） ri nag gi rtse la na bun byung ba dang.
ri nag gi rtse la na bun byung ba dang
日纳　GEN　尖顶　LOC　雾霭　　来:PST[1]　NML　LNK
日纳山尖上雾霭弥漫。

——gshegs "去"

（3-12） lha rnams dus gcig tu nang du gshegs
lha rnams dus gcig tu nang du gshegs
佛　PL　时　一　　LOC　里　ALL　去:[W]
众佛又一起去了里面。

——mchis "去"

（3-13） li spyod pavi rgyal po bod yul du mchis
li spyod pavi rgyal po bod yul du mchis
李·觉白杰布　　　　　吐蕃　地方　ALL　去:PST[1]
李·觉白杰布到吐蕃去了

6. 动作动词，除了上述五类动词之外的其他动词都归为动作动词，动作动词又可以分成不同的小类，比如心理动词、言说动词、变化动词、使动动词等，不同种类的动词都对应不同的句法结构，在第三节中将详细描述，此处不赘述。

（三）形容词

形容词可以分成不同的小类，包括表示事物性质的、表示事物状态的和表示事物颜色的形容词。

表示事物性质的形容词以单音节为主，可以直接充当谓语。性质形容词有grang "冷"、tsha "热"、rgas "老"、che "大"、chung "小"、dog "窄"、bde "好"、skyid "快乐"、nan "认真"、thung "短"、legs "好"、vjam "软"、mtho "高"、bzang "好"、btsan "强"、mtshar "奇异"、sdug "痛苦"、gsal "清晰"、yangs "宽广"、

bden "真实"、zab "深"等，可以充当句子的谓语。例如：

  ——che "大"
（3-14）btsan po dad pa che
    btsan po dad pa che
    赞普   信仰   大
    赞普信仰非常大。

  ——chung "小"
（3-15）bdag skal ba chung
    bdag skal ba chung
    1SG   佛份   小
    我的佛份小。

形容词如果带上后缀，一般只能充当修饰语，不能作谓语。例如：

  ——chen po "大"
（3-16）thams cad theg pa chen po yin
    thams cad theg pa chen po yin
    全部   乘   大   COP
    则全都是大乘。

  ——bzang po "好"
（3-17）pnntti ta bzang po gcig spyan drangs
    pnntti ta bzang po gcig spyan drangs
    班智达   好   一   请:[W]
    迎请优秀的班智达。

颜色类形容词，如dkar mo "白"、ser po "黄"、sngon po "青"、nag po "黑"。状态类形容词以重叠形式为主，如：byil byil "摩挲"等。

（四）副词

副词数量较少，按照功能可以分成程度、范围、频度、状貌等副词。表示程度的副词如ci dgar "尽情地"、nan cher "非常"、te por "极好"；表示范围的有kun"全部"、sha stag"全部"；表示频度的有slar yang"又"、da dung"还"、表示状貌的有ce re"凝视貌"、tril li li"紧紧地"。例如：

——te por"非常"

（3-18） kum　　　　na　　te por　　sdig pa　　che　　mchi
　　　　 kum　　　　na　　te por　　sdig pa　　che　　mchi
　　　　 死:PRS[23]　COD　非常　　罪孽　　　大　　说:PRS[23]
　　　　 说：死了的话，罪孽非常大。

——sha stag"全部"

（3-19） khyod　　chos　　sha stag　　byed
　　　　 khyod　　chos　　sha stag　　byed
　　　　 2SG　　　法　　　全部　　　　做:PRS[2]
　　　　 你完全奉行佛法。

（五）代词

代词包括人称代词、反身代词、指示代词、疑问代词、不定代词。

1. 人称代词。nga"我"，第一人称单数，可以加tsho构成复数；也可以加cag构成复数，cag具有"排除"义，nga cag相当于"咱们"。bdag"我"，自称，不再加复数标记。kho bo"我"，自称，男性，可以加复数标记cag。nged/ nge"我们"，谦称，可以加tsho、cag复数标记。vo cag"我们"，第一人称复数。第二人称代词有：khyod"你"、khyed"您"。第三人称代词有：mo"她"指女性单数；kho"他"指男性单数。例如：

——kho bo"我"

（3-20） kho bovi　　　　tshe　　kyang　　ring por　　　mi　　thub　　ces
　　　　 kho bo　vi　　　tshe　　kyang　　ring po　r　　mi　　thub　　ces
　　　　 1SG　　GEN　　生命　　也　　　长　　　RES　NEG　能　　说:[W]
　　　　 说：我的寿命也不会长久。

——nged"我们"

（3-21）nged　dad pa　chung　ba　ma　lags　te
　　　　nged　dad pa　chung　ba　ma　lags　te
　　　　1PL　 信仰　 小　　NML　NEG　COP　LNK
　　　　不是我们信仰小。

2. 反身代词。《拔协》文本中的反身代词用例较少。反身代词rang可以反指人称代词或名词，如果人称代词有复数标记，反身代词置于复数标记之前。例如：

　　　　—rang "自己"
（3-22）mo　rang　la　mdze　byung
　　　　mo　rang　la　mdze　byung
　　　　3SG　自己　POS　麻风病　来:PST[1]
　　　　她自己得了麻风病。

3. 指示代词。近指代词 vdi "这"、中指代词de/ te/ste "那"和远指代词pha gi "那，对面"。例如：

　　　　—pha gi "那，对面"
（3-23）pha gi　ci　　yin
　　　　pha gi　ci　　yin
　　　　对面　 什么　COP
　　　　那是什么？

4. 疑问代词。ci "什么"、su "谁"、gang "哪里"、cang "什么"、ga "哪"等。例如：

　　　　—su "谁"
（3-24）sus　　　mchod rten　de　　tsam pa　yang　mi　vbyongs
　　　　su　s　 mchod rten　de　　tsam pa　yang　mi　vbyongs
　　　　谁　AGE　供塔　　　DET　点　　　也　　NEG　达到:PST[1]
　　　　谁也无法建造那么高的佛塔。

5. 不定代词。表达不定指某人或某事，有gzhan"别的"、la la"有的"、kha cig/ khag cig"某个、某些"、vgav re"一些"等。例如：

—khag cig"一些"

（3-25） khag cig　ni　　ra slag　dang　gos hrul　phul
　　　　　khag cig　ni　　ra slag　dang　gos hrul　phul
　　　　　一些　　　TOP　羊皮袍　COO　破衣服　　献给:PST[14]
　　　　　有些（人）献上羊皮袍和破烂衣服。

（六）数词

数词：表示数目的词，包括基数词、序数词和概数词。

基数词：计算事物数量的词。如gcig"一"、gnyis和do"二"、gsum"三"、bzhi"四"、lnga"五"、drug cu"六十"、bdun cu"七十"、bdun cu don drug"七十六"、bdun bcu rtsa lnga"七十五"。

序数词：表示事物顺序的词，在基数词上加后缀pa/bo/ka等。例如dang po"第一"、gnyis pa"第二"、brgyad pa"第八"。

概数词：表示不确定的数，由数词带上表示约数的后缀"tsam"等构成，如gsum tsam"大约三"。

分数词：把整体作为一划分成均等的部分，表示部分与整体之间的比例关系，例如brgyad bcu cha"百分之八十"、gsum cha"三分之一"等。

（七）量词

量词包括动量词、名量词和度量词：动量词如lan"回"；度量词如srang"两"、khal"克"、yug"匹"、bre"升"、vdom"庹"；名量词有khyor"把"、ldeb"叠"、vphreng"串"、ya"只"、chag pa"束"、vkhru"肘"、spar pa"把"、snyim pa"捧"、spa ra"把"、bam po"部"、gzhong pa"雄巴"等。还有一些借用量词，如dpag tshad"拔才"、rgyang phrag"冈叉"等。

（八）助词

书面藏文的助词十分丰富，包括格助词、补语助词、使动助词、方式助词、同时助词、停顿助词、引语助词、句终助词等。

1. 格助词。格助词是藏语书面文本的重要组成部分，格助词的使用频率很高，有"无格不成句"的说法。格助词包括施事工具格、与位格、来源格、属格等，在第三章第二节将分类描述。

2. 补语助词。补语助词是对动作行为结果的补充说明，形式主要用la及其变体，通常黏附于形容词及短语之后。补语助词和结果格标记相同，区分格标记和补语助词的标志是考察所附接的词或短语的语法性质，格标记附接于体词性短语，补语助词附接于谓词性短语。但是从语义上看，二者没有明显区别，都是动作行为趋向的目标。例如：

（3-26） ——r
nam mkhav la   vphang   pas   je mthor   song
nam mkhav la   vphang   pas   je mtho r   song
天空   ALL 抛:FUT[3] LNK   越高   RES 去:IMP[4]
抛向空中，越升越高。

3. 使动助词。主要用la及其变体。通常与使动动词连用。动词有bcos"使"、btang"派、让"、gzhug"让"、bcug"使"。例如：

（3-27） ——du
pnntti ta   spyan vdren   du   btang   bas
pnntti ta   spyan vdren   du   btang   bas
班智达   请:[W]   CAU 派:PST[1] LNK
派人去请班智达。

4. 方式助词。主要用la及其变体。方式助词具有副词化功能，有些标记和前面的词词汇化形成副词。如bzhin du"如同"，mnyam du"一起"等。例如：

（3-28） ——bzhin du
haa shang dang dad pa can sprin bzhin du   vdus
haa shang dang dad pa can sprin bzhin du   vdus
和尚   COO   信佛者   云   如 MAN   聚集:PST[14]
和尚和信佛者云集观看。

5. 同时助词。两个动作行为同时发生的助词，形式有zhing/ cing/ shing、kyin、gin等，两个动词之间不是并列关系，前一动词往往是伴随后一动词发生，可以表示动词行为的方式。

　　　　　　—kyin
（3-29） kho　ra　ded　　　　nas　klag[①]　　kyin　song　　bas
　　　　　kho　ra　ded　　　　nas　klag　　 kyin　song　　bas
　　　　　3SG　羊　赶:IMP[4]　LNK　读:IMP[4]　SIM　去:IMP[4]　LNK
　　　　　他赶着羊，边读经书边走。

6. 停顿助词。形式是ni，其功能相当于汉语的话题标记"呢，啊"等，主要表示强调、停顿。例如：

　　　　　　—ni
（3-30） che long　gcig　ni　　zhang blon　rnams　la　　yang dar bar byas
　　　　　che long　gcig　ni　　zhang blon　rnams　la　　yang dar bar byas
　　　　　提要　　　一　TOP　尚论　　　　PL　　DAT　也　　宣布:[W]
　　　　　一份提要给尚和论等宣布。

　　　　　　—ni
（3-31） tshe　vdi　la　　ni　　skyid
　　　　　tshe　vdi　la　　ni　　skyid
　　　　　生　　DET　LOC　TOP　快活:[W]
　　　　　今生呢快活。

7. 引语助词。直接或间接引述人物对话的标记，相当于汉语中的引号，这类助词来源于言说动词的虚化，形式有ces、zhes等。例如：

　　　　　　—ces
（3-32） mchad pa　　gar　　rtsigs　　　　ces　　gleng
　　　　　mchad pa　　gar　　rtsigs　　　　ces　　gleng
　　　　　坟地　　　　哪里　修建:IMP[4]　QM　　谈论:PRS[23]
　　　　　谈论坟墓修在哪里。

―――――――

① 正字法形式为klog。

8. 句终助词。主要放在句子的结尾，标记形式有so、vo、no、mo、do、ro、ngo、po、lo、bo、go、to。这些标记既可以放在主句的结尾，也可以放在嵌套小句的结尾。例如：

—go
（3-33） ngas　　　la nye　brtag　　　go　　gsungs
　　　　nga　s　　la nye　brtag　　　go　　gsungs
　　　　1SG　AGE　征兆　考虑:FUT[3]　END　说:PST[14]
　　　　说：我考察一下地形。

—no
（3-34） btsan pos　　　chos　byas　　pas　lan　　no
　　　　btsan po　s　　chos　byas　　pas　lan　　no
　　　　赞普　　AGE　法　　做:PST[1]　LNK　报应:[W]　END
　　　　赞普奉行佛法后的报应！

（九）连词

1. 并列连词。并列连词分词与词、短语与短语和小句之间的连词。在词、短语之间表示并列关系的连词用dang。两项并列，并列项之间加dang；如果三项并列，并列项之间分别加dang；超过三项并列的，往往前两项之间加dang。

2. 转折连词。表示转折关系的连词，转折连词一般是小句间连词。

3. 承接连词。可以表示递进、条件、原因等关系。表示递进关系的词形有ma zad，只出现1次。在语篇中，有一类承接连词使用频率非常高，主要用于书面文本中，表示动作行为的时间顺序，或者表示叙述未完，还有下文。这类连词通常置于小句的末尾，词形有：bas/pas[①]、te/ste/de和nas。一些句子的起始处有连词短语，部分连词短语词汇化后作为连词使用，如：de bas na"因此"、des"因此"、de nas"于是"、da rung"还"等。

---

① bas和pas是否作为连词有争议，有学者认为ba和pa是名词化标记，—s是工具格表原因。

（十）语气词

语气词包括陈述、疑问、祈使等语气。《拔协》文本中的疑问语气词有gam、dam、bam、nam、ram、sam、ngam、vam、lam等。

（十一）感叹词

表达人物喜悦、悲伤等心情的词。如a pa "啊呀"、kye ma "啊呀"、e "哎"等。

二 体词的语法范畴

（一）数

藏语的名词没有如英语名词一样规整划一的数范畴，但有几个表示双数和多数的语素可以加在代词、名词之后表达复数范畴，相当于"们"，包括rnams/rnam、tsho、dag、cog、rnams（rnam）、dag和cog用于名词及名词短语之后，其中rnams（rnam）使用频次最高。例如：

—rnams "们"

(3-35)　mi　　rnams　pho brang　du　　mchis　　　nas
　　　　mi　　rnams　pho brang　du　　mchis　　　nas
　　　　人　　PL　　 宫殿　　　ALL　 去:PST[1]　LNK
　　　　人们去了王宫。

—rnam "们"

(3-35)　la la　mthav　vdre　rnam　gsum　la　　btug
　　　　la la　mthav　vdre　rnam　gsum　la　　btug
　　　　一些　边地　　魔鬼　PL　　三　　　OBJ　碰上:PST[14]
　　　　有的碰上边荒三鬼而亡。

—tsho "们"

(3-37)　khyed　tshovi　　dpon　gang　yin　dris　　　　pas
　　　　khyed　tsho vi　 dpon　gang　yin　dris　　　　pas
　　　　2SG　　PL　GEN　首领　谁　 COP　问:PST[14]　LNK
　　　　问道：你们的首领是谁？

——cag"们"

(3-38) savi   vog   na   rgyal po   nga   che   de   nged cag
      sa vi   vog   na   rgyal po   nga   che   de   nged cag
      地 GEN   下   LOC   王   1SG   大   LNK   1PL

      grogs po   byas   la
      grogs po   byas   la
      朋友   做:PST[1]   LNK

      大地之下王我最大，咱们交个朋友吧！

——cog"们"

(3-39) nyes po   cog   la   mi   btang   ba med
       nyes po   cog   la   mi   btang   ba med
       危害   PL   OBJ   NEG   派:PST[1]   EXP:NEG

       全部危害没有不戒除的。

复数标记添加在整个名词短语上，例如：

——rnams"们"

(3-40) btsan po   na re   slob dpon   latt   nga   bod   nag po   la
       btsan po   na re   slob dpon   latt   nga   bod   nag po   la
       赞普   说:[W]   大师   HON   1SG   吐蕃 黑业   OBJ

       dgav   ba   rnams   dad pa   skye   re
       dgav   ba   rnams   dad pa   skye   re
       喜欢:[W]   NML   PL   信仰   产生:PRS[23]   希望:[W]

       ba lags   pas
       ba lags   pas
       REA   LNK

       赞普说道：大师，我希望让吐蕃喜欢黑业者，对佛法产生信仰。

句中带复数标记的短语结构如（3-41）所示。

（3-41） bod　　　nag po　　　la　　dgav　　　　ba　　　　rnams
吐蕃　　　黑业　　　OBJ　喜欢:[W]　　NML　　PL
宾语　　　　　　　　CM　谓语　　　　　NML
吐蕃喜欢黑业者。

（二）格

格标记有六种形式，施事工具格标记有gis/gyis/kyis/-s/yis，属格标记有gi/gyi/kyi/vi/yi，与位格标记有la/tu/du/-r/ru/su[①]，从格标记有nas/las，随同格标记为dang，比较格标记有las/bas。根据格的语义功能，可以细分为施事格、工具格、对象格、位格、与格、从格、向格、比较格、结果格、随同格等。

1. 施格

施格标记为gis（gyis、-s、kyis、yis）。当谓语动词为及物性动作动词时，主语需要添加施格标记，表示动作行为的施行者，例如：

—gis

（3-42） zhang　　　gis　　　me long　　la　　bltas　　　　pas
　　　　 zhang　　　gis　　　me long　　la　　bltas　　　　pas
　　　　 降　　　　 AGE　　 镜子　　　 OBJ　看:PST[1]　　LNK
尚·玛降看了镜子。

—gyis

（3-43） slob dpon　　gyis　　mchod pa　　bsham　　du　　gsol　　te
　　　　 slob dpon　　gyis　　mchod pa　　bsham　　du　　gsol　　te
　　　　 大师　　　　AGE　　供养　　　　陈列　　　SER　　献:[W]　LNK
大师摆设了供品，

—s

（3-44） rjes　　　　　pho nya　　　btang　　　　pas
　　　　 rje　s　　　 pho nya　　　btang　　　　pas
　　　　 王　AGE　　使者　　　　　派:PST[1]　　LNK
国王派了使者。

---

① 与位格是通称概念，本书中的与位格标记除了表示与格之外，还可以表示领有格、处所格、方向格等。

——kyis

(3-45) khyod kyis ye shes dbang po spyan drangs na
khyod kyis ye shes dbang po spyan drangs na
2SG AGE 耶喜旺保 请:[W] COD
你请了耶喜旺保来的话。

——yis

(3-46) man ngag kun la yod na mkhas pa su yis byed
man ngag kun la yod na mkhas pa su yis byed
秘诀 全 POS EXI COD 学者 谁 AGE 做:PRS[2]
众人觉知秘诀的话，谁还能当学者。

2. 领有格

由领有动词充当句子的谓语时，主语需要用领有格标记。在第三章第一节中已经把领有动词分成了两类，一是存在动词，二是获得类动词，两类动词构成的句式类似。在《拔协》文本中能充当领有格标记的只有la和na。领有格与领有动词关系密切，例如：

——na与yod"有"

(3-47) so so na yod
so so na yod
各个 POS EXI
各有各的。

——la与med"没有"

(3-48) nga la phyag ris med pa
nga la phyag ris med pa
1SG POS 功勋 EXI:NEG NML
我没有功勋。

——la与vdug"有"

(3-49) mkhar nag gi mtsho vdi la klu btsan drag mo
mkhar nag gi mtsho vdi la klu btsan drag mo
喀纳 GEN 湖 DET POS 龙 凶猛:[W] 非常

vdug
vdug
EXI
喀纳湖里有一条凶猛的龙。

——la与mngav"有"

（3-50） jo mo   tshe spong bzav   me tog sgron   la.   sras   mngav   bas
　　　　 jo mo   tshe spong bzav   me tog sgron   la   sras   mngav   bas
　　　　 妃子   才崩妃   梅朵准   POS   儿子   EXI   LNK
才崩妃梅朵准有儿子。

——la与mchis"有"

（3-51） bod   la   skal pa   ma   mchis
　　　　 bod   la   skal pa   ma   mchis
　　　　 吐蕃   POS   份子   NEG   EXI
吐蕃不存在福分。

——la与dgos"要"

（3-52） khyed   la   lung bstan   pavi   khungs   dgos
　　　　 khyed   la   lung bstan   pa   vi   khungs   dgos
　　　　 2SG   POS   授记   NML   GEN   源头   要:[W]
你需要有经典根据才行。

——la与byung"获得"

（3-53） mo   rang   la   mdze   byung   nas
　　　　 mo   rang   la   mdze   byung   nas
　　　　 3SG   自己   POS   麻风病   来:PST[1]   LNK
她自己得了麻风病。

——la与bltams"诞生"

（3-54） phyis   ong jo   la   yos buvi   lo   la   rgyal bu
　　　　 phyis   ong jo   la   yos bu   vi   lo   la   rgyal bu
　　　　 后来   公主   POS   兔子   GEN   年   LOC   王子

bltams.
bltams
诞生:[W]
后来，在卯年，金城公主生了一位王子。

3. 处所格

处所格标记有na/la/tu/du/r/ru/su。处所格标记加在名词或名词性短语之后，在语义上表示时间和空间位置。例如：

—na

（3-55） snam snang pas   ber   chung re   lag   na   thogs   nas
         snam snang pa s ber   chung re   lag   na   thogs   nas
         纳囊氏   AGE 斗篷 小   每   手   LOC 拿:[W]   LNK
         纳囊氏每人手中拿着一件斗篷。

—du

（3-56） bod   du   mthar   sangs rgyas   kyi   chos   tshugs   sam
         bod   du   mthar   sangs rgyas   kyi   chos   tshugs   sam
         吐蕃 LOC 最后   佛陀   GEN   法   建立:[W] QU
         最后在吐蕃能建立佛法吗？

—la

（3-57） blon po   vgar   gyis   zangs   kyi   byang bu   la
         blon po   vgar   gyis   zangs   kyi   byang bu   la
         臣   噶尔   AGE   铜   GEN   牌匾   LOC
         bris   nas
         bris   nas
         写:PST[14]   LNK
         臣噶尔写在铜的牌匾上。

—su

（3-58） devi　　　　dus　　su　　yul　　ngan　　chen po　　byung　　nas
　　　　 de　vi　　dus　　su　　yul　　ngan　　chen po　　byung　　nas
　　　　 DET GEN　时　　LOC　地方　坏　　　大　　　　来:PST[1]　LNK
　　　　 这时，地方上出现很大的灾难。

—du

（3-59） rang　　gi　　khyim　　du　　nub　　nyal byas　　nas　　bshums
　　　　 rang　　gi　　khyim　　du　　nub　　nyal byas　　nas　　bshums
　　　　 自己　GEN　家　　　　LOC　晚上　　睡觉:[W]　　LNK　　哭:PST[1]
　　　　 在自己的家中，卧床后痛哭。

—r

（3-60） mgos　　na re　　phag rir　　　　byavam
　　　　 mgos　　na re　　phag ri　r　　bya　　　vam
　　　　 郭　　　说:[W]　帕热　　LOC　做:FUT[3]　QU
　　　　 郭·赤桑说：或者修在帕热？

4. 与格

与格标记有la/tu/du/r/ru/su，与格标记添加在名词及名词性短语之后，名词及名词性短语的句法功能等同于间接宾语，这是最典型的与格标记。与格标记语义功能复杂，除了引出间接宾语之外，还可以表示"对、以、用、为"等语义。例如：

—la

（3-61） nga　　la　　byin　　cig
　　　　 nga　　la　　byin　　cig
　　　　 1SG　 DAT　给:PST[1]　PRT
　　　　 请给我吧！

—tu

（3-62） de　　kun　　tu　　mchod pa　　re　　byed　　cing
　　　　 de　　kun　　tu　　mchod pa　　re　　byed　　cing
　　　　 DET　全　　DAT　供养　　　　每　　做:PRS[2]　LNK
　　　　 向每尊佛像献了供养。

　　　　　　　—r
（3-63） der　　　　vkhrugs pa　　chen po　　gcig　　kyang　　vong
　　　　 de　　r　 vkhrugs pa　　chen po　　gcig　　kyang　　vong
　　　　 DET　DAT　乱　　　　　大　　　　一　　　 也　　　来:PRS[23]
　　　　 对此，也发生一次大骚乱。

　　　　　　　—du
（3-64） bod　　　 skad　　 du　　 chos　　 bshad　　　　pas
　　　　 bod　　　 skad　　 du　　 chos　　 bshad　　　　pas
　　　　 吐蕃　　 语言　　 DAT　 佛法　　 说:PST[13]　　LNK
　　　　 于是便用吐蕃语宣讲佛法。

　　一般来说直接宾语不需要添加与格标记。但《拔协》文本中存在直接和间接宾语都添加与格标记的实例，为了区别，本书把直接宾语的格标记标注为OBJ。例如：

　　　　　　　—r
（3-65） de　　 khyod　　 la　　 rngan par　　　　sbyin　　 zer
　　　　 de　　 khyod　　 la　　 rngan pa　r　　sbyin　　 zer
　　　　 DET　 2SG　　　 DAT　 赏赐　　　　OBJ　给:[W]　 说:[W]
　　　　 把这赏赐给你吧！

　　5. 向格

　　向格标记有la/tu/du/r/ru/su。向格可以标记动作趋向的方向、处所和目标。位格、与格、向格、领有格都使用同一套标记符号。文字创造者从差异中高度概括出共同的语义特征——位置语义特征。领有、位置、趋向、对象、结果等不同的语义关系都可以体现为位置关系。相同标记必将导致结构雷同，把格标记与不同语义类别的动词和名词关联起来考察，能够区分结构雷同而语义有差别的结构，把句法结构和语义类别结合起来才能充分认识藏语的格体系。向格标记与趋向动词关联，向格标记添加的名词短语具有方位特征。使用趋向动词时，主语不需要添加施事格标记。例如：

—du

（3-66） bdag　brag　la　mchongs　te　vgum　mo　zhes
bdag　brag　la　mchongs　te　vgum　mo　zhes
1SG　岩石　ALL　跳:PST[14]　LNK　死:[W]　END　说:[W]

byas　　　　pas
byas　　　　pas
做:PST[1]　　LNK

说：我跳崖而死。

—tu

（3-67） slar　rgya nag　tu　gshegs
slar　rgya nag　tu　gshegs
又　汉地　ALL　去:[W]

又去了内地。

—r

（3-68） sangs rgyas　rgya dkar por　　　byon　　　nas
sangs rgyas　rgya dkar po　r　byon　　　nas
佛陀　　　天竺　　　　ALL　到达:PST[14]　LNK

佛祖降临天竺。

—su

（3-69） sprang chas　su　zhugs　　　nas　khams　su
sprang chas　su　zhugs　　　nas　khams　su
丐装　　　RES　纳入:PST[1]　LNK　康区　ALL

bros　　　　nas
bros　　　　nas
逃走:PST[14]　LNK

身着丐装，逃到康区。

——la

（3-70） de   nas   kevu levu yi   vphrang   la   phyin.
        de   nas   kevu levu yi   vphrang   la   phyin
        DET   ABL   格吾柳   GEN   狭路   ALL 去:PST[1]
        于是，来到格吾柳的隘口。

除了趋向动词所趋向的方位名词添加方向格标记之外，一些带有"方向"语义特征的及物性动作动词的宾语也可以添加向格标记。相关动词有skyal/skul"送"、bston"留"、sbas"藏"、bskrad"流放"、skor"委派"、drangs"请"、bcug"放"、vphen"发射"、gsol"禀报"、bzhag"放"、skrad"驱赶"、vjus"抓"等。例如：

——sbas"藏"

（3-71） byams pa   sa   thams   su   sbas
        byams pa   sa   thams   su   sbas
        弥勒佛   地   洞   ALL   隐匿:PST[1]
        把弥勒佛像埋入土坑。

——bzhag"放"

（3-72） zhal chems   ye shes dbang po   la   bzhag   te
        zhal chems   ye shes dbang po   la   bzhag   te
        遗嘱   耶喜旺保   ALL   放置:PST[1]   LNK
        sku gshegs
        sku gshegs
        死:[W]
        把遗嘱放到耶喜旺保处，然后逝世了。

——skur"送"

（3-73） bkavi   sgrom bu   nang   du   skur   nas
        bkav vi   sgrom bu   nang   du   skur   nas
        命令   GEN   盒子   里   ALL   送:PRS[24]   LNK
        把信函送入里面。

——skrad "驱赶"

（3-74）bee ro tsa na　　tsha ba rong　　du　　skrad
　　　　bee ro tsa na　　tsha ba rong　　du　　skrad
　　　　毗卢遮那　　　　擦哇戎　　　　ALL　驱赶:PST[1]
　　　　把毗卢遮那驱赶到擦哇戎。

——vjus "抓"

（3-75）rgyal po　　phyag　　mdav　　la　　vjus　　　　nas
　　　　rgyal po　　phyag　　mdav　　la　　vjus　　　　nas
　　　　王　　　　手:HON　　箭　　　ALL　擒:PST[14]　LNK
　　　　国王抓住箭杆。

6. 属格

属格标记有 gi/gyi/kyi/vi/yi。属格标记可以分成两类，表示领属关系和关联关系。例如：

——vi

（3-76）devi　　dus　su　yul　ngan　chen po　byung　　nas
　　　　de vi　　dus　su　yul　ngan　chen po　byung　　nas
　　　　DET GEN　时　LOC 地方　坏　　大　　　来:PST[1]　LNK
　　　　那时，地方上出现很大的灾难。

——vi

（3-77）de　　rjevi　　　snyan　du　gsol　　　pas
　　　　de　　rje vi　　snyan　du　gsol　　　pas
　　　　DET　王 GEN　耳朵　ALL　禀报:[W]　LNK
　　　　那些禀报到王的耳朵里。

——kyi

（3-78）nub phyogs　kyi　　rgan mo　　gcig　　gis　　ngo　　la　　ce re
　　　　nub phyogs　kyi　　rgan mo　　gcig　　gis　　ngo　　la　　ce re
　　　　西方　　　　GEN　老婆婆　　一　　　AGE　脸面　OBJ　凝视貌

bltas te
bltas te
看:PST[1]　LNK
来自西方的老婆婆凝视着他的脸。

—gi

(3-79) rang　gi　khyim　du　nub　nyal byas　nas　bshums
rang　gi　khyim　du　nub　nyal byas　nas　bshums
自己　GEN　家　LOC　晚上　睡觉:[W]　LNK　哭:PST[1]
在自己的家中，卧床后痛哭。

—gyi

(3-80) mgos　rgan　gyi　lto　vog　tu　song　ba
mgos　rgan　gyi　lto　vog　tu　song　ba
郭　老　GEN　肚子　下　ALL　去:IMP[4]　NML
zhes　vkhun
zhes　vkhun
QM　抱怨:PRS[2]
抱怨道：陷在郭老家伙的肚腹[圈套]底下啦！

—yi

(3-81) de　nas　kevu levu　yi　vphrang　la　phyin.
de　nas　kevu levu　yi　vphrang　la　phyin
DET　ABL　格吾柳　GEN　狭路　ALL　去:PST[1]
于是，来到格吾柳的隘口。

—pa+vi

(3-82) rje　vbangs　kun　tshogs　pavi　dus　su.
rje　vbangs　kun　tshogs　pa　vi　dus　su
王　臣民　全　召集:[W]　NML　GEN　时　LOC
在召集王臣的时候，

　　　　　　　　—pa+vi
（3-83） de　　nas　　zhang blon　　lha khang　　rtsigs　　　　pavi
　　　　　de　　nas　　zhang blon　　lha khang　　rtsigs　　　　pa　　vi
　　　　　DET　ABL　尚论　　　　　佛堂　　　　修筑:IMP[4]　NML　GEN

　　　　　bkav　　bgros　　　　pas
　　　　　bkav　　bgros　　　　pas
　　　　　命令　　商议:IMP[4]　LNK
　　　　　此后，尚论便商讨修筑寺庙的命令。

7. 工具格

工具格标记有gis/gyis/kyis/s/yis，与施事格标记相同，工具格标记完成动作行为所凭借的工具。工具格和施事格可以抽象表达动作动力的来源，这也许是它们同形的原因。区分施事格和工具格的标准主要采用了名词的生命度特征，表示人和动物的名词属于高生命度词，表示植物或无生命事物的名词属于低生命度词。例如：

　　　　　　　　—kyis
（3-84） khyod　　kyis　　ye shes dbang po　　spyan drangs
　　　　　khyod　　kyis　　ye shes dbang po　　spyan drangs
　　　　　2SG　　AGE　　耶喜旺保　　　　　请:[W]
　　　　　你邀请了耶喜旺保。

　　　　　　　　—s
（3-85） pho brang　　vphang thang　　chus　　　　　khyer
　　　　　pho brang　　vphang thang　　chu　　s　　khyer
　　　　　宫殿　　　　旁塘　　　　　　水　　INS　携带:PST[14]
　　　　　水冲走旁塘宫。

　　　　　　　　—gyis
（3-86） phyag　　mkhar　　gyis　　sa　　bres①　　　　mdzad
　　　　　phyag　　mkhar　　gyis　　sa　　bres　　　　mdzad
　　　　　手:HON　杖　　　　INS　　地　　画:PST[14]　做:[W]
　　　　　用手杖画地。

---

① 正字法拼写形式为bris。

—gis

（3-87）de bzhin gshegs pavi gdung　　gis　　brgyan　　　　pa
　　　　de bzhin gshegs pavi gdung　　gis　　brgyan　　　　pa
　　　　来佛的舍利　　　　　　　　　INS　装饰:PST[13]　　NML
　　　　用来佛的舍利装饰。

8. 从格

从格标记形式有nas和las。从语义上看，从格表示事物的来源，也可以表示动作行为的动力来源，用于标识作主语的集合名词。例如：

—nas

（3-88）sang shivi　　　mchid　　nas　　kho bo　rabs　　mi　　vchad
　　　　sang shi vi　　mchid　　nas　　kho bo　rabs　　mi　　vchad
　　　　桑喜　　GEN　话　　　ABL　　1SG　　宗嗣　　NEG　断:PRS[234]
　　　　桑喜说道：我的宗嗣断不了。

—nas

（3-89）rdo　　dgav mo sna　　nas　　skyos　　　　cig
　　　　rdo　　dgav mo sna　　nas　　skyos　　　　cig
　　　　石头　呷莫纳　　　　ABL　运送:IMP[4]　　PRT
　　　　从呷莫纳运石头来！

—las

（3-90）khas su ri　　las　　pha vong　　shing rta　　la　　drangs　　　te
　　　　khas su ri　　las　　pha vong　　shing rta　　la　　drangs　　　te
　　　　开苏山　　　ABL　巨石　　　　马车　　　　LOC　拉:PST[1]　　LNK
　　　　从开苏山用马车拉来巨石。

9. 比较格

比较格标记有las和bas，是构成比较句的重要标志。比较格能表达两种语义，一是表示两者比较，一是表示排除，后者是前者用法的延伸。例如：

—las

（3-91） blon　　nga　　las　　che　　ba　　su　　yod
blon　　nga　　las　　che　　ba　　su　　yod
臣　　　1SG　　COT　　大　　NML　　谁　　EXI
大臣比我大的有谁。

—las

（3-92） ltog pas　　　vbul　　rgyu　　de　　las　　ma　　mchis
ltog pa　　s　　vbul　　rgyu　　de　　las　　ma　　mchis
饥饿者　　AGE　献给:PRS[2]　NML　DET　COT　NEG　EXI
饥饿者除了供奉的物品之外其他的没有。

—las

（3-93） gtsang khang　　sgo　　bzhi　　las　　med　　nas
gtsang khang　　sgo　　bzhi　　las　　med　　nas
佛堂　　　　　门　　四　　COT　　EXI:NEG　LNK
除了四个佛堂门外没有别的。

—bas

（3-94） rjevi　　　bkav　　stsal　　ni　　bdud　　bas　　gnyan
rje　vi　　bkav　　stsal　　ni　　bdud　　bas　　gnyan
王　GEN　命令　给:[W]　TOP　魔鬼　COT　凶残:[W]
下达的王命呢比魔鬼还凶残。

10. 结果格①

结果格标记有la/tu/du/r/ru/su。语义上表示动作行为产生的结果，相当于"成为、作为"。动作行为导致的结果也是一种抽象"目标"，因此结果格标记和与格、位格标记相同。例如：

---

① 结果格标记与结果助词标记相同，当标记附接于名词性结构时，作为结果格，当标记附接于动词性结构时，作为结果助词。本书使用相同的缩写标记。

——r

（3-95） pha   na re   lhar   skyes   pa   dgav   zer
        pha   na re   lha r   skyes   pa   dgav   zer
        父亲   说:[W]   佛 RES   产:PST[1] NML   喜:[W]   说:[W]
        父亲说：希望转生为佛！

——du

（3-96） gsal snang mang yul gyi   kha   blon   du   bskos   pa
        gsal snang mang yul gyi   kha   blon   du   bskos   pa
        塞囊   芒域   GEN   地方   臣   RES   任命:PST[1] NML
        塞囊被委派为芒域的地方长官。

——la

（3-97） lha   klu   ma   rungs   pa   dngos su   mi   la
        lha   klu   ma   rungs   pa   dngos su   mi   la
        佛   龙   NEG   驯服:[W]   NML   实际上   人   RES

        phab   nas
        phab   nas
        降下:PST[1]   LNK
        不驯服的佛、龙也变成人形。

——su

（3-98） thams cad   bse rags   su   gyur   pas
        thams cad   bse rags   su   gyur   pas
        全部   损耗鬼   RES   变化:PST[14] LNK
        全部变成损耗鬼。

——tu

（3-99） yab   vdas   khar   pho yong bzav   lha   sras   kyi
        yab   vdas   kha r   pho yong bzav   lha   sras   kyi
        父亲   死:PST[1] 时候 LOC   颇雍妃   佛   儿子   GEN

khab tu bzhes cig bkav stsal
khab tu bzhes cig bkav stsal
妃子 RES 采用:[W] PRT 命令 给:[W]

父王临死时命令说：要把颇雍妃娶作王子之妻。

三 谓词的语法范畴

（一）时

古代藏语可以通过动词的形态变化表达"时"和"式"范畴，通常称之为"三时一式"，即过去时、现在时、未来时和命令式。单个动词充当句子的谓语置于句末，直接煞尾。动词形态变化具有一定的规则，本书文本标注部分对动词形态变化做了标注，以方便读者查看和研究。例如：bris"写:PST[14]"，表示bris的汉译是"写"，PST为过去时，[14]表示过去时和命令式同形。PST[14]表示当前用的bris的过去时形式，如果4排前面，则需要用IMP[41]，表示当前用的是bris的命令式形式[1]。例如：

—bltas"看"
(3-100) yab mes kyi yi ge bltas pas
yab mes kyi yi ge bltas pas
父亲 祖宗 GEN 文字 看:PST[1] LNK

看了先祖的遗书。

—lta"看"
(3-101) nang par blon kham pa vkhrid nas ltar
nang par blon kham pa vkhrid nas lta r
第二天清晨 臣 康木巴 带:[W] LNK 看:PRS[2] PUR

phyin pas cang med
phyin pas cang med
去:PST[1] LNK 什么 EXI:NEG

次日清晨领着大臣康木巴去看时，什么也没有。

---

[1] 在第四章的文本标注部分，为了节省版面，数字前的英文缩写形式省去，例如"写:PST[14]"，简写为"写[14]"。

—blta "看"

（3-102）de lta　yin　mod　ngas　　　ltas mo　blta
　　　　de lta　yin　mod　nga　s　ltas mo　blta
　　　　现在　　COP　LNK　1SG　AGE　节目　　看:FUT[3]

　　　　zer　　nas
　　　　zer　　nas
　　　　说:[W]　LNK

　　　　现在是，但是，我要先看看节目！

—ltos "看"

（3-103）vdi　　ltos　　　　shig
　　　　vdi　　ltos　　　　shig
　　　　DET　看:IMP[4]　MOOD
　　　　请看着吧！

在《拔协》文本中，bltas"看"作为过去时形式出现13次，将来时形式出现12次，现在时形式出现4次，命令式出现1次。vbri"写"只出现过去时和命令式的同形形式bri。Comrie把人类语言的时范畴分为绝对时（absolute tense）和相对时（relative tense），以现在时间为参照点称为绝对时。不以现在时间为参照点，而是根据语境确定参照点，称为相对时。（B. comrie，1976）从《拔协》文本来看，现在时词根表达的是相对时，表示事件发生时间与参照点相同。即使二者都是过去的某个时间，仍然使用现在时词根。在叙事文体中，表达过去持续、一直没有完成的动作状态时，使用现在时词根而非过去时词根，这也说明"时"的概念不一定适合古藏语动词形态的变化。这个问题有待后续深入研究，此处不赘述。

（二）体

关于动词的"时"和"体"，学界一直有不同的看法，到目前为止还没有明确的结论。"一种语法范畴的形成，必然有相应的形态系统作为支撑"（陈国亭，陈莉颖，2005），古代藏语动词存在"三时一式"的形态变化，认为古代藏语动词有时范畴也有合理的一面。《拔协》文本中的动词除了保留自身相对完整的形态变化之外，还有一部分附加成分，如：V+pa/ba yin（pa min）、V+pa/ba lags（pa ma lags）、V+yod/med、V+ mchis 、V+pa/ba yod/med/ ba gdav、V+vdug、V+ yin vdug、V+gi vdug

等。附加成分由名词化标记pa/ba与语法化的判断和存在动词构成。这些形态标记是建构藏语动词"体"范畴的支撑。从使用标记的规模和频次来看，在《拔协》成书时期，动词"体"范畴已经发展到了一定的阶段。在此阶段中，动词的"时"和"体"范畴共存。所谓"体"是指一个事件内部的时间构成关系。比如，一个事件可能没有发生但即将发生，称为将行体。一个事件可能正在进行，称为进行体。一个事件已经发生，已发生的事件可以分为开始、持续、终止等阶段，这些阶段对应的分别为起始体、持续体、完成体等。从另一个角度，如果对一个事件不加以区分，把事件的各个阶段视为一个整体，则称为完整体；反之，如果侧重于其中的一个阶段，则称为非完整体。《拔协》文本中不同的体有不同的标记，可以通过考察标记来探讨体的分类问题，《拔协》体标记大致可以分成五类。

1. 实现体

实现体表示动作行为发生在过去且结果已经实现。标记有pa/ba yin（否定形式为pa min）、pa/ba lags（否定形式为pa ma lags）。例如：

—pa yin

（3-104） chos　dang po　rgya dkar　du　　gsungs　　　pa yin　pas
　　　　 chos　dang po　rgya dkar　du　　gsungs　　　pa yin　pas
　　　　 法　　首先　　天竺　　　LOC　说:PST[14]　REA　　LNK
　　　　 法首先在天竺传颂。

—ba yin

（3-105） jo bo　rje　lha　gcig　gis　me ro　bslang　　　ba yin　no
　　　　 jo bo　rje　lha　gcig　gis　me ro　bslang　　　ba yin　no
　　　　 大菩提　王　佛　一　　AGE　余烬　复活:PST[I]　REA　　END
　　　　 大菩提王佛一人复燃了余烬。

—pa min

（3-106） rgya dkar po　yul　　bzang　bas　　bsdad　　　　pa min　　nam
　　　　 rgya dkar po　yul　　bzang　bas　　bsdad　　　　pa min　　nam
　　　　 天竺　　　　 地方　 好:[W]　LNK　 待:PST[13]　REA:NEG　QU.
　　　　 天竺地方好，为什么不留下呢？

——pa lags

（3-107）
yos buvi		lo	la	vbyongs	pa lags	so
yos bu vi		lo	la	vbyongs	pa lags	so
兔子	GEN	年	LOC	完成:PST[1]	REA	END

在兔年（卯年）中修筑完毕。

——pa yin

（3-108）
nga	btsan po	la	phyag	byed	pa yin	te
nga	btsan po	la	phyag	byed	pa yin	te
1SG	赞普	DAT	手:HON	做:PRS[2]	REA	LNK

我向赞普敬礼了。

2. 结果体

结果体表示动作行为产生的结果。标记有yod/med、mchis、vdug，可以直接附加于动词后。例如：

——yod

（3-109）
vdi	na	gtsang khang	gcig	sbas	yod	par
vdi	na	gtsang khang	gcig	sbas	yod	pa
DET	LOC	佛堂	一	隐匿:PST[1]	RSA	NML

nges	zhes.
r nges	zhes
OBJ 确定:[W]	说:[W]

说：确定这里一定还有一间隐蔽的佛堂。

——vdug

（3-110）
rdo	ring	gi	yi ge	blta	vdug	go	zer
rdo	ring	gi	yi ge	blta	vdug	go	zer
石头	长	GEN	文字	看:FUT[3]	RSA	END	说:[W]

说在看碑文。

—mchis

(3-111)　da　　skye bo　　mi　　chos　　kyi　　lo rgyus　　ci　　gnang
　　　　　da　　skye bo　　mi　　chos　　kyi　　lo rgyus　　ci　　gnang
　　　　　现在　男子　　　人　　法　　　GEN　历史　　　什么　做:[W]
　　　　　mchis　nas
　　　　　mchis　nas
　　　　　RSA　　LNK
对人世间的事情如何办？

—mchis

(3-112)　khyod　kyi　bya dgav　vdi　la　bgyis　mchis　nas
　　　　　khyod　kyi　bya dgav　vdi　la　bgyis　mchis　nas
　　　　　2SG　　GEN　奖赏　　　DET　OBJ　做:PST[1]　RSA　LNK
给你这个作为奖赏吧！

3. 经历体

经历体也叫"语境体"，是通过知识、经验等方式推知的动作行为可能的结果。标记有pa/ba yod（否定形式为med）、par vdug（否定形式为par mi vdug）。例如：

—pa yod

(3-113)　sus　　　　mthong　　ba　　de　　sbos　　　grir vgum
　　　　　su　s　　　mthong　　ba　　de　　sbos　　　grir vgum
　　　　　谁　AGE　看见:[W]　　NML　DET　肿胀:[W]　暴死:[W]
　　　　　pa yod　do.
　　　　　pa yod　do
　　　　　EXP　　END
谁看见，就肿胀而死。

—ba yod

(3-114)　ri　stag　seng　gnyis　kyi　mjug ma　bsnol　　　　ba yod
　　　　　ri　stag　seng　gnyis　kyi　mjug ma　bsnol　　　　ba yod
　　　　　山　老虎　狮子　二　　GEN　尾巴　　交叉:PST[13]　EXP
又有山如虎狮的二尾相交。

—ba med

(3-115) rgya gar　gyi　skad　sa ra mi ta　vdi　la　go
　　　　rgya gar　gyi　skad　sa ra mi ta　vdi　la　go
　　　　天竺　　GEN　语言　萨诺米达　　DET　OBJ　理解:[W]

ba med　　pas
ba med　　pas
EXP:NEG　LNK

没有理解天竺话萨诺米达的意思。

—pa med

(3-116) theg pa　vog ma　la　dgos　pa med　zer　bas
　　　　theg pa　vog ma　la　dgos　pa med　zer　bas
　　　　乘　　　下　　　LOC　要:[W]　EXP:NEG　说:[W]　LNK

说：乘下无需（小乘）。

—par vdug

(3-117) dus　de　tsa na　mdo smad　kyi　khams　na
　　　　dus　de　tsa na　mdo smad　kyi　khams　na
　　　　时　DET　时候　多麦　　　GEN　康区　　LOC

mkhan slob　kyi　bkav　rgyud　ma　chad　　par vdug
mkhan slob　kyi　bkav　rgyud　ma　chad　　par vdug
师徒　　　　GEN　命令　流　　NEG　断:PST[1]　EXP

par　　grags
pa　r　grags
NML　OBJ　传说:[W]

这时，在多麦康区，师徒传承并没有中断的消息就传开了。

—bar vdug

(3-118) mkhan povi　　　ser po　byugs　　　　pa　ni
　　　　mkhan po　vi　ser po　byugs　　　　pa　ni
　　　　堪布　　　GEN　黄色　涂抹:PST[14]　NML　TOP

```
               bsdus          bar vdug
               bsdus          bar vdug
               召集:PST[1]    EXP
               堪布用黄色涂记的是简缩版。
```

4. 持续体

持续体表示动作状态的持续，其标记为gi vdug，全文只有一个用例，例如：

```
               —gi vdug
（3-119） bris    nor    mang rab①  vong      gi vdug  navang
          bris    nor    mang rab   vong      gi vdug  na    vang
          写:PST[14] 错:[W] 许多      来:PRS[23] DUR      COD   也
          书写上有多处错误。
```

5. 其他

文本中出现一例V+ yin vdug的标记，它表示何种体范畴还有待考察。例如：

```
                    —yin vdug
（3-120） che long   gcig   ni    zhang blon  rnams   la    yang
          che long   gcig   ni    zhang blon  rnams   la    yang
          提要       一     TOP   尚论        PL      DAT   也
          dar bar byas   so    ces    pa    yan      yin vdug
          dar bar byas   so    ces    pa    yan      yin vdug
          宣布:[W]       END   说:[W] NML   遗失:[W]  ASP②
          一份精简本给尚论等诸大臣传看，结果遗失了。
```

（三）示证

示证用来标识所描述事件信息的来源。信息来源包括直接来源和间

---

① 正字法拼写形式为mang rabs。
② 未确定的体用ASP标记

接来源，如亲身经历、学习了解、听说报道或者主观推断等。vdug在现代藏语中用来表达"亲知亲见"；在《拔协》文本中还没有作为示证标记，但完成了由存在动词虚化为辅助动词的语法化过程，除了仍然作为存在动词之外，vdug还以辅助动词的形式出现在V+连词+vdug、V+vdug、V+pa/ba/gi/par/bar+vdug等结构中。从《拔协》文本材料来看，听说传闻类和引述类示证体系基本成型，听说报道用词汇手段表达，如grags"传说、传闻"、skad"听说"和thos"听说"，直到现代藏语，grags和thos仍然作为实义动词，它们带宾语（词、短语或者小句）时，宾语要带与格标记或者引述标记。引述类标记由语法化了的言说动词充当，如zhes/ces，它们的语义产生了分化，一方面保留实词身份，原语义不变；另一方面语义完全虚化变成引述标记。例如：

——grags

(3-121) dam bavi chos kyi me ro mdo khams smad nas
dam ba vi chos kyi me ro mdo khams smad nas
圣洁 GEN 法 GEN 余烬 多康 下部 ABL
slang bar grags
slang ba r grags
发起:PST[1] NML OBJ 传说:[W]
传说正法的余烬从多康下部复燃。

——grags

(3-122) btsan po khri srong lde btsan sprul pa grags so
btsan po khri srong lde btsan sprul pa r grags so
赞普 赤松德赞   化身 OBJ 传说:[W] END
因此，流传赞普是赤松德赞的幻化。

——thos

(3-123) von cang devu yi bzo bo mkhas pa zhig li yul[①]
von cang devu yi bzo bo mkhas pa zhig li yul
温姜德乌 GEN 工匠 学者 一 李域

---

① 现新疆境内。

78 藏文古文献《拔协》文本标注与语法研究

```
           lcags ra smug po    na    yod    par           thos       pas
           lcags ra smug po    na    yod    pa    r       thos       pas
           加诺木莫            LOC   EXI    NML   OBJ    听说:[W]   LNK
           听说在李域的加诺木莫地方有一个叫温江德乌的巧匠。
```

——thos

(3-124)
```
           pnntti ta   sangs rgyas gsang ba   dang    sangs rgyas zhi ba   gnyis
           pnntti ta   sangs rgyas gsang ba   dang    sangs rgyas zhi ba   gnyis
           班智达      桑吉桑哇               COO     桑吉喜哇            二

           gangs ti se   la    bsgom        mo     zhes    thos     te.
           gangs ti se   la    bsgom        mo     zhes    thos     te
           冈底斯        LOC   修行:FUT[3]   END   QM     听说:[W]  LNK
           听说桑吉桑哇和桑吉喜哇两位班智达在冈底斯山修行。
```

——ces

(3-125)
```
           mchad pa    gar    rtsigs         ces    gleng        pas
           mchad pa    gar    rtsigs         ces    gleng        pas
           坟地        哪里    修建:IMP[4]    QM    谈论:PRS[23]  LNK
           谈论坟墓修在哪里。
```

——zhes

(3-126)
```
           pho nya bas         a ts·rya    sgo    na    byon          zhes
           pho nya ba    s     a ts·rya    sgo    na    byon          zhes
           使者          AGE   阿杂诺雅    门     ALL   到达:PST[14]  QM

           gsol         bas
           gsol         bas
           禀报:[W]     LNK
           使者禀道：阿杂诺雅已到宫门！
```

（四）否定

否定形式有ma和mi，直接加在需要否定的动词或形容词之前。除此之外，存在动词yod的否定形式为med，判断动词yin的否定形式为min，由存在动词和判断动词的否定形式med和min语法化形成的同形辅助动词可以表达否定。如果动词附加情态动词时，否定标记的位置转移到情态动词之前，对其进行否定。例如：

—ma

(3-127) sngags mkhan de ma bsad na nus pa che ste
sngags mkhan de ma bsad na nus pa che ste
咒语 者 DET NEG 杀:PST[1] COD 能力 大 LNK
如果不杀掉这个咒师，他的法术高强

—mi

(3-128) vdzam gling na bod kyi rgyal po mi che
vdzam gling na bod kyi rgyal po mi che
世间 LOC 吐蕃 GEN 王 NEG 大
世界上，吐蕃国王不大。

—med（存在动词）

(3-129) nga la phyag ris med pa
nga la phyag ris med pa
1SG POS 功勋 EXI:NEG NML
我还没有功勋。

—med（辅助动词）

(3-130) dran pa dang yid la byed pa med pas
dran pa dang yid la byed pa med pas
思念 COO 心 LOC 做:PRS[2] EXP:NEG LNK
在思念和心里没有完成。

—min（判断动词）

(3-131) sras la vdi mi min lhavi dbon yin bas
sras la vdi mi min lha vi dbon yin bas
儿子 DAT DET 人 COP:NEG 佛 GEN 子孙 COP LNK
因为王子不是人而是神的子孙。

——min（辅助动词）

(3-132) slob dpon ma vkhrul btsun pa smyo ba min
slob dpon ma vkhrul btsun pa smyo ba min
大师　　　NEG　混乱:[W]　僧人　　疯:[W]　REA:NEG
大师没看错，僧人也没疯。

——ma shes

(3-133) mi gcig gis ri la vdzeg ma shes.
mi gcig gis ri la vdzeg ma shes
人　一　　AGE　山　ALL　爬:PRS[23]　NEG　AUX
一人不会爬山。

《拨协》文本中还出现双重否定表达方式。双重否定可以表达强调、强制，具有加强语气的功能。双重否定的构式为 mi……mi，mi……med，例如：

——mi……mi

(3-134) gsal snang na re. chos mi byar mi
gsal snang na re chos mi bya r mi
塞囊　　　说:[W]　法　NEG　做:FUT[3]　SER　NEG
rung zer pa de bden
rung zer pa de bden
可以:[W]　说:[W]　NML　DET　真实:[W]
塞囊说不倡行佛法不行，此话真实。

——mi……mi

(3-135) blon po gnyis nang du mi mchir mi
blon po gnyis nang du mi mchi r mi
臣　　二　　里　ALL　NEG　去:PRS[23]　SER　NEG
rung pas
rung pas
可以:[W]　LNK
两位大臣不得不进入里面去了。

（3-136）
```
          —mi……med
spyod pa   legs   so cog   la    mi    bya         ba med
spyod pa   legs   so cog   la    mi    bya         ba med
行为        好      所有     OBJ   NEG   做:FUT[3]   EXP:NEG

nyes po    cog    la       mi    btang        ba med
nyes po    cog    la       mi    btang        ba med
危害        全部    OBJ      NEG   派:PST[1]   EXP:NEG
```
所有不好的行为不做，全部有危害的事不做。

（五）名词化

名词化是指通过添加名词化标记把谓词或谓词性短语转化为体词或体词性短语的过程。

名词化可以分成词层级的名词化和短语、小句层级的名词化（关系化）。词层级的名词化和短语、小句层级的名词化存在一定的差别，谓词名词化后，词类发生转化，谓词变成体词，如bris"写，画，记录"，加名词化标记pa，指"作品"。相反，短语和小句层级的名词化标记加在整个短语和小句上，短语和小句中的谓词没有发生词类转化，继续作为谓词使用，但整个短语或小句作为体词性结构，承担体词的语法功能。例如：

（3-137）
```
          —pa
gser   gyi   lha   shwkya mu ne   sbas            pa     mthong
gser   gyi   lha   shwkya mu ne   sbas            pa     mthong
金     GEN   佛    释迦牟尼         隐匿:PST[1]   NML    看见:[W]
```
看见内藏的金的释迦牟尼像。

其中名词化标记pa加在短语gser gyi lha shwkya mu ne sbas之上，动词sbas的词性并没有改变。

《拔协》文本中的名词化标记使用十分普遍，名词化标记相对单一，主要用pa/ba，名词化与属格标记一起构成小句关系化标记。例如：

(3-138) pho nya lnga slar bod yul du   mchi   bavi
         pho nya lnga slar bod yul du   mchi   ba   vi
         使者   五   又   吐蕃 地方 ALL 去:PRS[23] NML GEN

         lam   na   pha vong   mgron bu rgyu   mi   phod   pa
         lam   na   pha vong   mgron bu rgyu   mi   phod   pa
         路途 LOC   巨石   旅客   走:[W] NEG AUX   NML

五位使者返回吐蕃的途中，巨石挡路，旅客不敢走。

四 句法

句法是句子内部各要素之间相互组合的法则。构成句子的最小单位是词，一群关系紧密的词组成更大的单位，称之为短语或者成分，成分之间又按照一定的关系构成更大的成分。词或者成分之间的组合并不是简单的线性序列，而是遵循一定的先后关系和层级关系。成分内部还可以再套叠成分，形成内嵌套叠结构。

（一）语序

语序是成分内部和成分之间各要素的排列顺序。简单地说，单个或多个词构成一个成分，成分内部词的排列顺序遵循词语间的依存规则，哪个词在前，哪个词在后，这种前后关系即所谓的词序；一个句子由多个成分构成，如主语、谓语、宾语等，成分之间也要遵循一定的先后顺序规则，即成分序；句子之间也存在顺序，如主从句的先后关系等。本书主要讨论词序和成分序。

在《拔协》文本中，词序规则为：名词性（包括名词化短语）修饰语置于中心词之前；形容词、量词、数词和指示词置于中心词之后，但形容词和指示词在某种条件限制下地可以置于中心词之前；副词性修饰语置于中心词之前；情态动词、趋向动词置于中心词之后。成分序的规则为：以SOV型为主，兼有OSV。例如：

(3-139) rta mgrin   gyis   rta skad   lan   gsum   bton   pas
         rta mgrin   gyis   rta skad   lan   gsum   bton   pas
         马鸣   AGE   马鸣   次   三   发出:PST[1] LNK

马鸣（菩萨）发出三声马叫声。

句中rta mgrin"马鸣"充当句子主语，带有施事格标记gyis，谓语由动词bton"发出"充当，rta skad lan gsum"三次嘶鸣"充当宾语，中心名词rta skad"嘶鸣"，lan"次"量词，gsum"三"数词，lan gsum"三次"构成数量短语，修饰核心名词"rta skad"。本句的语序是典型的SOV。

在一些带双宾语的句子中，间接宾语通常在直接宾语之前，例如：

（3-140） pho nyas   rgya rje la btsan povi   sgrom bu
pho nya s   rgya rje la btsan po vi   sgrom bu
使者   AGE 汉 王 DAT 赞普   GEN 盒子
phul.
phul
献给:PST[14]
使者向汉王献上赞普的信函。

名词短语rgya rje"汉皇帝"带与格标记la，充当句子的间接宾语。间接宾语常带格标记，位置相对灵活，可以穿插于句子各成分之间，间接宾语和格标记一起常提到句首，例如：

（3-141） rgya rje la pho nya bas   sgrom bu phul
rgya rje la pho nya ba s   sgrom bu phul
汉 王 DAT 使者   AGE 盒子   献:PST[14]
使者向汉王献上信函。

间接宾语也可以放在直接宾语之后，例如：

（3-142） gser phye khyor gang bal rje la bsnams
gser phye khyor gang bal rje la bsnams
金 碎 把 一 尼泊尔王 DAT 携带:PST[1]
带一把碎金给尼泊尔国王。

其中名词短语gser phye khyor gang"一把碎金"是直接宾语；名词短语bal rje"尼泊尔王"带与格标记，是间接宾语。

充当地点状语的带格名词短语通常在主语之后，动词之前。例如：

（3-143） rgyal bu　brag dmar　rdzing gong　na　　brtse
　　　　　rgyal bu　brag dmar　rdzing gong　na　　brtse
　　　　　王子　　 扎马尔　　 池塘　　　　LOC　玩:FUT[3]
　　　　　王子在扎马尔的池塘玩。

其中名词短语brag dmar rdzing gong "扎马尔池塘"带处所格标记，带格成分在句子中充当地点状语，修饰动词短语brtse "玩"。带格的名词短语在句子中的位置相对灵活，可以在句首，例如：

（3-144） deng vphabs　　kyi　　vphrang　　du　　vbav devus　　　dus
　　　　　deng vphabs　　kyi　　vphrang　　du　　vbav devu　s　dus
　　　　　登坡　　　　　GEN　 狭路　　　 LOC　马窦　　　AGE　时
　　　　　gcig　la　　phog ron　bzhi　bsad
　　　　　gcig　la　　phog ron　bzhi　bsad
　　　　　一　　LOC　鸽子　　　四　　杀:PST[1]
　　　　　在登坡险道，马窦同时射死四只鸽子。

其中名词短语deng vphabs kyi vphrang "登坡的狭道"带处所格标记du，充当地点状语，表明动作bsad "杀"发生的地点。名词短语带处所格标记充当句子的时间状语时，置于句首的现象比较多。例如：

（3-145） ring　shig　na　　khyim　bya　　skad　grags　nas
　　　　　ring　shig　na　　khyim　bya　　skad　grags　nas
　　　　　期间　一　　LOC　家　　 鸡　　 声音　叫:[W]　LNK
　　　　　过了一段时间，家鸡啼鸣。

其中名词短语ring shig "一段时间"带时间格标记na充当句子的时间状语。

（二）成分

句子中词与词之间的疏密关系不同，一些词之间结合紧密，构成一个单元，功能上作为整体参与造句。关系紧密的一组词构成的单元就是成分；成分之间也有疏密关系，依据疏密关系构成更大的成分。成分内部可以套叠，形成层级结构。成分之间相互组合、套叠，最终形成一个完整的句子。

1. 名词性短语

名词短语的中心词是名词，最简单的名词短语可以由一个名词、代词、数词等构成。如句子vdi mi min "这不是人"中两个名词性短语都由一个词构成。

[NP[N mi]]"人"

但常见的名词短语要比这更复杂，除了中心名词外还有修饰词，包括形容词、数词、量词、限定词等。例如：

klu dkar po "白龙"：[NP[N klu] [ADJ dkar po]]①

mi gsum "三人"：[NP[N mi][M gsum]]

chab vdi "这条河"：[NP[N chab][DET vdi]]

stobs che ba vdi "这大的力量"：[NP [NP[N stobs][ADJ che ba]][DET vdi]]

gser khyo gang "一把金子"：[NP[N gser] [QP[Q khyo][M gang]]

中心名词的后置修饰词可以联合，联合修饰词位置关系为：

gser phye khyor gang "一把碎金"：[NP[NP[N gser][ADJ phye]][QP[Q khyor] [M gang]]]

中心名词除了后置修饰语之外，前修饰语也十分普遍。前置修饰语包括单个名词、名词带属格标记、多个带属格标记的名词短语、带属格标记的动名词以及带属格标记的动名词短语。例如：

bkav tshig yi ge "历史文字" [NP [N bkav tshig][N yi ge]]

bod kyi rgyal po "吐蕃的王" [NP [N bod][GEN kyi][N rgyal po]]

rgya gar gyi rgyal povi thugs "天竺（的）王的心"：[NP [NP [N rgya gar] [GEN gyi][N rgyal po]][GEN vi][N thugs]] "天竺的王的心"

gser chus bris pavi chos "用金水写的佛经"：[NP[NMLP[VP[NPC[NP[N gser][N chu]][INS s]][V bris]][NML pa]][GEN vi][N chos]]

前置修饰语和后置修饰语可以同时双向修饰中心名词。

chos la dgav bavi blon po kun "喜欢佛法的全部大臣"：[NP[NMLP chos la dgav ba][GEN vi][N blon po][ADJ kun]]

藏语中心名词有双向修饰语，这种语法现象与汉语不同，却与英语十分相似。古藏语有无后置定语从句这个问题似乎还没有人讨论过，下面这个例子值得参考。

---

① 下标中ADJ代表形容词，QP代表量词短语，NPC代表带格标记的名词短语，NMLP代表带名词化标记的短语。

（3-146） ngavi   khab   ljang mo khri btsun   vdi   la   bu   nga
nga   vi   khab   ljang mo khri btsun   vdi   la   bu   nga
1SG   GEN 妃子   降姆赤尊   DET   POS 儿子 1SG

bas   kyang   dad pa   che ba   byad   mi   sdug pa   gcig
bas   kyang   dad pa   che ba   byad   mi   sdug pa   gcig
COT   也   信仰   大   面貌   NEG   差   一

shog.
shog
来:[W]
我的妃子降姆赤尊生一个比我信仰更虔诚，面貌不差的孩子。

这个句子的谓语动词是shog"来"，属于领有类动词，句子主语带有领有格标记la。ngavi khab ljang mo khri btsun vdi"我的妃子降姆赤尊"是一个名词短语，充当领有句的主语，bu"儿子"是领有动词shog"来"的补足语①。bu"儿子"之后是小句，这个小句是对bu"儿子"的修饰。从修饰关系和位置关系来看，是一个后置关系小句，即定语从句。这样的例子在《拔协》文本中还有一些，例如：

（3-147） khri btsun   la   sras   lhavi   bu   pho   vdra   ba.
khri btsun   la   sras   lha   vi   bu   pho   vdra   ba.
赤尊   POS 儿子   佛   GEN 儿子 男   像   NML

snavi   gzengs   mtho   ba.   dpral bavi   dbyes
sna   vi   gzengs   mtho   ba.   dpral ba   vi   dbyes
鼻   GEN   高度   高   NML.   额头   GEN   广度

che   ba   shin tu mdzes pa   zhig   btsas   pas.
che   ba   shin tu mdzes pa   zhig   btsas   pas.
大   NML   非常 英俊 NML   一   诞生:PST[1]   LNK.
赤尊妃子果然生了一个貌如天神之子，高鼻梁、广额头、非常英俊的王子。

———
① 藏语谓语成分内部除了修饰动词的副词及副词短语之外，还包括与动词相关的必有成分，最主要的是动作行为的对象（直接宾语和间接宾语）、动作行为的趋向（程度和方位）、对关涉事务的描述和判断以及事务存在的状态。为了行文方便，本书统称动词的补足语。

（3-148） nga   btsan po   ma   nor   ba   gcig   yin
　　　　 1SG   赞普   NEG   错:[W]   NML   一   COP
　　　　 NP   NMLP   VP
我是一个不错的（地道的）赞普。

在（3-148）第一个名词短语是主语，第二个名词短语是动词yin"是"的补足语。第二个名词短语的中心词应该是btsan po"赞普"，带有后置修饰数词gcig"一"，btsan po与gcig之间的ma nor ba"没错"修饰btsan po，由于有名物化ba标记，ma nor ba是一个关系化小句，作为中心名词btsan po的后置定语。

还有一种用指示代词构成"环指"格式的名词短语，即de……de格式和vdi…vdi格式。例如：

（3-149） de   gnyis   kyi   thugs   la   mdo sde las rnam par vbyed pa
　　　　 de   gnyis   kyi   thugs   la   mdo sde las rnam par vbyed pa
　　　　 DET   二   GEN   心   LOC   分别经

　　　　 dang.   gser vod dam pavi mdo   gnas   pa   de   gnyis
　　　　 dang   gser vod dam pavi mdo   gnas   pa   de   gnyis
　　　　 COO   金光明经   EXI   NML   DET   二

　　　　 spyan drangs   nas
　　　　 spyan drangs   nas
　　　　 请:[W]   LNK
把心中记诵的分别经和金光明经两者迎请回来。

（3-150） de   gnod pa   che bar   kun   gyis   gleng   ba
　　　　 de   gnod pa   che ba   r   kun   gyis   gleng   ba
　　　　 DET   灾害   大   DAT   全   AGE   谈论:PRS[23]   NML

　　　　 de.
　　　　 de
　　　　 DET
大家都在谈论大灾害这事。

（3-151） vdi   shin tu   mthu   ba   gcig   vdug   vdi
         vdi   shin tu   mthu   ba   gcig   vdug   vdi
         DET   非常   有法力:[W]   NML   一   EXI   DET
         这很有法力。

2. 动词性短语

动词短语的中心是动词，最小的动词短语由单个动词构成。通常不及物动词作谓语时，由单个动词构成。例如：

（3-152） bod   kyi   rgyal bu   grongs
         bod   kyi   rgyal bu   grongs
         吐蕃 GEN   王子   死亡:PST[1]
         吐蕃的王子死了。

动词可以受副词修饰，构成复杂的动词短语结构。例如：
shin tu bcags "非常难过"：[VP[ADV shin tu][V bcags]]
nan cher gsal "非常清楚"：[VP[ADV nan cher][V gsal]]
rab tu grags "最著名"：[VP[ADV rab tu][V grags]]

副词修饰动词时，副词可以出现在动词之前或者之后，但总体上出现在动词之前的现象最常见。

古代藏语的副词非常少，副词的功能由具有副词功能的短语来实现。副词性短语有两种常见的构造方式；一是用助词bzhin "如"、lta bu "如"和ltar "按照"来构成，这些词可以称之为"方式助词"，方式助词可以直接和名词性短语构成副词性短语，也可以再添加la及其变体（ltar除外），这种副词性短语具有能产性；二是名词、形容词添加la及其变体构成的带格名词短语充当副词的功能。例如：

sngar gyi gral bzhin du vkhod "照先前的排列坐下"：
   [VP[ADVP[NPC[NP[N sngar] [GEN gyi][N gral]][PRT bzhin]] [CM du]][V vkhod]]
rgyun ma chad par vong "不断地来"：
   [VP [ADVP [NPC [NMLP [VP[N rgyun][NEG ma][V chad]][NML pa]][CM r]][V vong]]
ril por skam "全部地干枯"：[VP [ADVP [ADJ ril po][PRT r]][V skam]]

动词的补足语是动词短语的重要组成部分。动词补足语的类型与动词的语义类型密切相关，通常来说，可以分动词无补足语、动词有一个必有补足语和动词有两个必有补足语三类。及物动词通常需要一个必有补足语。例如：

yon bdag ma byas "不做施主"：[NP [N yon bdag]] [VP [NEG ma][V byas]]

rjevi dgongs pa vgrub "实现国王的心愿"：[VP[NP[N rje][GEN vi][N dgongs pa]][V vgrub]]

动词的必有补足语和动词之间可以添加标记，此类动词最常见的是趋向类动词、心理类动词。例如：

bal yul du mchis "去了尼泊尔"：[VP[NPC[N bal yul][CM du]][V mchis]]

sgo na byon "到了门地"：[VP[NPC[NP[N sgo]][CM na]][V byon]]

非趋向类动词，但具有"方向"语义特征，带表示处所的补足语时，补足语前也需要添加格标记。例如：

dpe cha mang po zhig rdza la sbas "把许多经书藏在岩石下"：[VP[NP[NP[N dpe cha][ADJ mang po]][PRT zhig]] [VP[NPC[NP[N rdza][CM la]][V sbas]]]]

bkavi sgrom bu nang du skur "将王命信函传进洞里去"：
[VP[NP[N bkav][GEN vi][N sgrom bu]][VP[NPC[N nang][CM du]][V skur]]]

变化动词的补足语也需要添加标记，如果补足语是谓词性的需要先通过名词化转变为体词性。例如：

ral grir gyur "变成了剑"：[NPC[N ral gri][CM r]][V gyur]

bse rags su gyur "变成损耗鬼"：[NPC[N bse rags][CM su]][V gyur]

具有较强"方向性"语义特征的动词，也可以带格标记，心理动词最典型，也包括其他动作动词。例如：

chos la mi dgav "不喜欢佛法"：[VP[NPC[N chos][CM la]][VP[NEG mi][V dgav]]]

rtswa dang sa rdo la reg "触摸草和土石"：[VP[NPC[NP[N rtswa][C dang][N sa rdo]][CM la]][V reg]]

khovi chos la slob "学习他的佛法"：[VP[NPC[NP[N kho][GEN vi][N chos]]

[CM la]][V slob]]

  mdav la vjus "抓住箭杆"：[VP[NPC[N mdav][CM la]][V vjus]]

当及物动词的补足语为非限定谓语小句时，小句的动词需名物化，然后再添加与位格标记。例如：

bon dang chos vgran par vchad "决定苯教和佛教比赛"：

[VP[NPC[NMLP[VP[NP[N bon][C dang][N chos]][V vgran]][NML pa]][CM r]]][V vchad]

如果是言说类动词，补足语可以是限定谓语小句，小句和动词之间可以添加引述标记，也可以省略。例如：

（3-153）khyod bod vbangs mdzangs pa rnams gleng
    khyod bod vbangs mdzangs pa rnams gleng
    2SG 吐蕃 臣民 聪慧:[W] NML PL 谈论:PRS[23]
    ces gsungs
    ces gsungs
    QM 说:PST[14]
    说：你们谈论吐蕃智慧的民众。

（3-154）vdir rdo ring bgyis shig ces bkav stsal
    vdi r rdo ring bgyis shig ces bkav stsal
    DET LOC 石头 长 做:PST[1] PRT QM 命令 给:[W]
    颁布命令：在这里立界碑吧！

带直接宾语和间接宾语的动词是双及物类动词，直接宾语和间接宾语可以同时出现，也可以出现其中之一。例如：

gser phye khyor gang bal rje la bsnams "带一把碎金给尼泊尔国王"：

[VP[NP[NP[N gser][ADJ phye]][QP[Q khyor][M gang]]][VP[NPC[N bal rje][CM la]][V bsnams]]]

gzhan btsan po la slar phul "献给其他的国王"：

[VP[N gzhan][VP[NPC[N btsan po][CM la]][VP[ADV slar][V phul]]]]

一般来说，动词的直接宾语不需要添加标记，间接宾语需要标记，但在《拔协》文本中，直接宾语和间接宾语经常都需要添加标记。例如：

sngags mkhan la bya dgav cher phul "献给咒师很丰富的酬礼"：

[VP[NPC[N sngags mkhan][CM la]][VP[NPC[NP[N bya dgav][ADJ che]][CM r]][V phul]]]

khyod la rngan par sbyin "把这赏赐给你"：

[VP[NPC[N khyod][CM la]][VP[NPC [NP rngan pa][CM r]][V sbyin]]]

动词宾语可以是动词性成分或者小句，在这种结构中，使动动词最常见，使动动词和补足语之间需要添加标记。例如：

dhar ma bslab tu bcug "使学习佛经"：

[VP[VPP[VP [NP[N dhar ma]][V bslab]][PRT tu]][V bcug]]

sems can gsod du bcug "使杀众生"：

[VP[VPP[VP[NP[N sems can]][V gsod]][PRT du]][V bcug]]

lce gcod du bcug "使舌头断"：

[VPP[VP[NP[N lce]] [V gcod]] [PRT du]] [V bcug]

rgyal po bkav stsol du bcug "使国王给命令"：

[VP[VPP[NP [N rgyal po]][VP[NP [N bkav]][V stsol]]][PRT du]][V bcug]

复杂动词短语是指两个及以上的动词通过连词形成谓语结构，多个动作的发出者往往是相同的，多个动作之间可以在时间上有先后，也可以同时发生，语义上可以表达方式、伴随和状貌等。根据不同的连词可以分成如下几类。

　　　　—>V1+nas+V2

(3-155) bris　　　　nas　　sbas
　　　　写:PST[14]　LNK　隐匿:PST[1]　　写完后藏匿

(3-156) mthong　　　nas　　vongs
　　　　看见:[W]　　LNK　来:PST[1]　　看见后来

(3-157) vbyongs　　　nas　　vong
　　　　达到:PST[1]　LNK　来:PRS[23]　　到来

—>V1+zhing/shing/cing+V2

(3-158) brdung　　　　zhing　　vphel
　　　　敲打:FUT[3]　SIM　　发展:[W]　　　敲打着增长

(3-159) zer　　　　　cing　　 vgro
　　　　说:[W]　　　SIM　　 去:PRS[23]　　说着去

(3-160) nye　　　　　shing　　phyin
　　　　接近:[W]　　SIM　　 去:PST[1]　　接近着去

复杂动词短语的第二个动词常见的是表趋向、存在、判断和状态的动词。这些动词容易语法化，表达趋向、体和示证等范畴。如：

—cing vdug

(3-161) khyod　chos　sha stag　byed　　　cing　vdug
　　　　khyod　chos　sha stag　byed　　　cing　vdug
　　　　2SG　　法　　全部　　　做:PRS[2]　SER　EXI
　　　　你尽奉行佛法。

—par vdug

(3-162) mchan　dkyus　su　　bris　　　　par vdug
　　　　mchan　dkyus　su　　bris　　　　pa vdug
　　　　注释　　正文　　LOC　写:PST[14]　EXP
　　　　写在正文和注释上后留着。

—nas yod

(3-163) logs ldeb　ri mor　　　bris　　　　nas　yod
　　　　logs ldeb　ri mo　r　　bris　　　　nas　yod
　　　　壁面　　　绘画　LOC　写:PST[14]　SER　EXI
　　　　画在壁面上存着。

—cing bzhugs

(3-164) khang　gi　　rnga khang　na　　byed　　　cing　bzhugs
　　　　khang　gi　　rnga khang　na　　byed　　　cing　bzhugs
　　　　房子　　GEN　鼓室　　　　LOC　做:PRS[2]　SER　坐:[W]
　　　　在鼓室中待着。

——vdug

(3-165) rdo   ring   gi   yi ge   blta   vdug   go   zer
       rdo   ring   gi   yi ge   blta   vdug   go   zer
       石头   长   GEN   文字   看:FUT[3] RSA   END   说:[W]
       说在看碑文。

——yod

(3-166) vdi   na   gtsang khang   gcig   sbas   yod
        vdi   na   gtsang khang   gcig   sbas   yod
        DET LOC 佛堂   一   隐匿:PST[1] RSA
        这里面藏有一个佛堂。

形容词性短语做谓语

(3-167) de   gnyis   shin tu   shes rab   che   bas
        de   gnyis   shin tu   shes rab   che   bas
        DET   二   非常   智慧   大   LNK
        这师徒二人很有智慧。

(3-168) rta   dmag   bod   du   log   pa   shin tu   nyung bas
        rta   dmag   bod   du   log   pa   shin tu   nyung bas
        马   军队   吐蕃   ALL   返回:[W]   NML   非常   少的   LNK
        回到吐蕃的骑兵人数很少。

（三）小句

1. 单句

小句指包含一个作主语的名词短语和一个作谓语的动词短语，有时候名词短语需要格标记。下面根据不同类型的动词分别考察。

——判断动词句，可以形式化为：NP+NP+VP，例如：

(3-169) bod   thams cad   sprevuvi   bu   yin
        bod   thams cad   sprevu   vi   bu   yin
        吐蕃 全部   猴子   GEN   儿子   COP
        吐蕃人全是猕猴的子孙。

——不及物动词句，可以形式化为：NP+VP，例如：

（3-170） bod　　kyi　　rgyal bu　　grongs
　　　　　bod　　kyi　　rgyal bu　　grongs
　　　　　吐蕃　GEN　　王子　　　死亡:PST[1]
　　　　　吐蕃的王子死了。

——趋向动词句，可以形式化为：NP+NP+CM+VP，例如：

（3-171） ong jo　　vphang thang　　du　　byon
　　　　　ong jo　　vphang thang　　du　　byon
　　　　　公主　　旁塘　　　　　　ALL　到达:PST[14]
　　　　　公主到达旁塘。

——领有动词句，可以形式化为：NP+CM+NP+VP，例如：

（3-172） bod　　la　　chos　　kyi　　bskal ba　　yod.
　　　　　bod　　la　　chos　　kyi　　bskal ba　　yod
　　　　　吐蕃　POS　法　　　GEN　　缘分　　　EXI
　　　　　吐蕃有佛法的缘分。

——及物动词句，可以形式化为：NP+CM+NP+VP，例如：

（3-173） ngas　　　　ltas mo　　blta
　　　　　nga　s　　　ltas mo　　blta
　　　　　1SG　AGE　节目　　　看:FUT[3]
　　　　　我看节目。

（3-174） gcung　lha sras gtsang ma　　chos　　la　　dgav
　　　　　gcung　lha sras gtsang ma　　chos　　la　　dgav
　　　　　弟　　拉色藏玛　　　　　　法　　　OBJ　喜欢:[W]
　　　　　弟拉色藏玛喜信佛法。

——双及物动词句，可以形式化为：NP+CM+NP（CM）+NP（CM）+VP，例如：

（3-175） btsan pos　　　　chab srid　　kyi　　dbang　　btsun pa　　la
　　　　　btsan po　s　　　chab srid　　kyi　　dbang　　btsun pa　　la
　　　　　赞普　　AGE　政治　　　GEN　　权力　　　僧人　　　DAT

gtad

gtad

交付:PST[13]

赞普把权力交给僧人。

2. 关系小句

小句被内嵌到名词短语中，修饰和限定中心名词的过程称之为小句关系化，被嵌入的小句称之为关系小句。不同语序类型的语言，关系小句和中心名词的位置有差异。有些语言的关系小句放在中心名词之前，有些放在中心名词之后；有些可以前后双向放置。藏语的关系小句主要放在中心名词之前，一般带有关系化标记。在《拔协》文本中，关系化标记用pa/ba，通常pa/ba与属格标记联合使用。《拔协》文本中常见有三种名词短语内部嵌入关系化小句，分别是充当主语、宾语和状语的名词性短语[1]。例如：

—充当宾语的名词短语

(3-176)　chos　khrims　gshig　　pavi　　　snyan phra　bcug
　　　　　chos　khrims　gshig　　pa　vi　　snyan phra　bcug
　　　　　佛　　法　　　灭:PST[1]　NML GEN　谗言　　　使:[W]
　　　　　使（放出）灭佛法的谗言。

(3-177)　rgyal po　dang　zhal　mjal　　bavi　　　pho nya　btang
　　　　　rgyal po　dang　zhal　mjal　　ba　vi　　pho nya　btang
　　　　　王　　　COO　HON　相见:[W]　NML GEN　使者　　派:PST[1]
　　　　　与王相见的使者

—充当状语的名词短语

(3-178)　rgyal pos　　　chos　bsnubs　　pavi　　　dus　su
　　　　　rgyal po　s　　chos　bsnubs　　pa　vi　　dus　su
　　　　　王　　　AGE　法　　毁灭:PST[1]　NML GEN　时　　LOC
　　　　　在国王灭法的时候

---

[1] 下列所举例子不是完整的句子，只选取了句子的一部分。

(3-179) bod　　yul　　du　　mchi　　bavi　　　lam　　na
　　　　bod　　yul　　du　　mchi　　ba vi　　 lam　　na
　　　　吐蕃　 地方　ALL　去:PRS[23]　NML GEN　路途　LOC
　　　　在返回吐蕃的路途中

——充当目的状语的名词短语

(3-180) ston pavi　　　　bstan pa　spel　　bavi　　　ched　du
　　　　ston pa vi　　　bstan pa　spel　　ba vi　　 ched　du
　　　　大师　　GEN　佛法　　　发展:[W]　NML GEN　目的　PUR
　　　　为了弘扬大师佛法的目的

——充当主语的名词短语

(3-181) btsan po　dang　zhal　vjal①　　bavi　　　 pho nyas
　　　　btsan po　dang　zhal　vjal　　 ba vi　　 pho nya s
　　　　赞普　　 COO　HON　相见:[W]　NML GEN　使者　 AGE
　　　　与赞普相见的使者

　　在《拔协》文本中也能找到少量置于中心名词后的关系小句，关系化的标记为pa/ba，一般不加属格标记，有关系化标记或者引导词。例如：

(3-182) bu　　zhang blon　rnams　kyis　bcos　　　mi　　thub　pa
　　　　bu　　zhang blon　rnams　kyis　bcos　　　mi　　thub　pa
　　　　儿子　尚论　　　 PL　　 AGE　改:PST[13]　NEG　AUX　NML
　　　　cig
　　　　cig
　　　　一
　　　　一个不受尚和伦们控制的孩子

(3-183) blon　nga　las　che　ba
　　　　blon　nga　las　che　ba
　　　　臣　　1SG　COT　大　NML
　　　　比我更大的臣

---

① mjal

3. 宾语小句

宾语小句指充当动词宾语的小句。宾语小句可以是结构完整的一个句子，也可以是省略相关成分的句子（以省略主语为最常见）。从形式上看，根据宾语小句有无名词化和格标记可以分成三类：有名词化与格标记、有名词化无格标记、无名词化和格标记，例如：

——宾语小句+NML+OBJ+VP

(3-184) lde   zhes   bya   ba   de   nga   yin   par
　　　　lde   zhes   bya   ba   de   nga   yin   pa   r
　　　　德   QM   叫作:[W] NML DET   1SG   COP   NML   OBJ
　　　　dgongs
　　　　dgongs
　　　　想:[W]
　　　　心想：遗训里所说的"德"，指的就是我呀！

句子的主语承前省略，主句的谓语动词是dgongs"思考"，动词的宾语由判断句充当，小句添加名词化标记pa，整个句子相当于一个名词，名词化标记后黏附格标记-r，引导整个名词化短语充当动词dgongs的宾语。

——宾语小句+NML+VP

(3-185) ong jo   la   vphrul   gyi   me long   yod   pa   bltas
　　　　ong jo   la   vphrul   gyi   me long   yod   pa   bltas
　　　　公主   POS   幻化   GEN   镜子   EXI   NML   看:PST[1]
　　　　看见公主有幻化的镜子。

句中名词化标记后面没有添加格标记。有些宾语小句不需要名词化标记，也不需要格标记，如例（3-185）格标记和名词化的关系可以概括为，有名词化标记，可以无格标记，但有格标记必有名词化标记。

——宾语小句+VP

(3-186) byad   kyi   blta cha   yin   nam   me long   gi   blta cha
　　　　byad   kyi   blta cha   yin   nam   me long   gi   blta cha
　　　　面貌   GEN   混乱   COP   QU   镜子   GEN 混乱

yin   snyam
yin   snyam
COP   想:[W]
心想：是面貌弄混了呢，还是镜子混乱了呢？

言说动词的宾语小句添加引述标记ces、zhes和zer，但并不是强制规则，引述标记可有可无，例如：

——宾语小句+QM+VP

（3-187） mchad pa   gar   rtsigs   ces   gleng
         mchad pa   gar   rtsigs   ces   gleng
         坟地   哪里   修建:IMP[4]   QM   谈论:PRS[23]
         谈论道：坟墓修在哪里呢？

——宾语小句+VP

（3-188） ngas   la nye   brtag   go   gsungs
         nga   s   la nye   brtag   go   gsungs
         1SG   AGE   征兆   考察:FUT[3]   END   说:PST[14]
         说：我考察下征兆情况。

（3-189） bod   du   mu stegpa   mi   vchi   gsungs
         bod   du   mu stegpa   mi   vchi   gsungs
         吐蕃   LOC   外道   NEG   EXI   说:PST[14]
         说：吐蕃就没有外道了。

五　复句

复句是指由多个小句按照并列、承接、假设、因果、递进、选择等关系构成的句子群。由两个小句构成的复句为一重复句，由多个小句构成的复句为多重复句。构成复句的各小句之间可以有关联词，也可以没有任何关联词。在《拔协》文本中，小句关联词的类型并不丰富，主要包括表转折关系的连词kyang、mod，表并列关系的连词dang、zhing/shing/cing、la，表承接关系的连词bas/pas、ste、te、de、nas，表假设关系的连词na，表选择关系的连词vam、yang na等，其中表承接关系和假设关系的连词使用频率较高。例如：

——kyang表示转折关系

(3-190) nang par　　　bcad　　　　kyang　　nub mo　　skye
　　　　nang par　　　bcad　　　　kyang　　nub mo　　skye
　　　　第二天清晨　　断:PST[1]　　LNK　　　夜晚　　　产生:PRS[23]
　　　　vong.
　　　　vong.
　　　　来:PRS[23]
　　　　早晨割了，但晚上就会长起来。

——mod表示转折关系

(3-191) de lta　yin　　mod　ngas　　　ltas mo　blta　　zer
　　　　de lta　yin　　mod　nga　s　　ltas mo　blta　　zer
　　　　现在　　COP　LNK　1SG　AGE　节目　　看:FUT[3]　说:[W]
　　　　nas
　　　　nas
　　　　LNK
　　　　现在是，但是，我要先看看风光！

——vam表示选择关系

(3-192) lha bzo ba　　na re　　　lha　rgya gar　lugs　su　　bya vam.
　　　　lha bzo ba　　na re　　　lha　rgya gar　lugs　su　　bya
　　　　塑神匠　　　说:[W]　　佛　　天竺　　模式　RES　做:FUT[3]
　　　　　　　rgya nag povi　　　　lugs　su　　bya　　　zer
　　　　vam　rgya nag po　　vi　　lugs　su　　bya　　　zer
　　　　QU　汉地　　　　　GEN　模式　RES　做:FUT[3]　说:[W]
　　　　雕塑匠说：佛像塑成天竺模式呢，还是汉地模式的？

——vam+yang na表示选择关系

(3-193) mgos　na re　　phag rir　　　　bya vam　　　　　yang na
　　　　mgos　na re　　phag ri　　r　　bya　　vam　　　yang na
　　　　郭　　说:[W]　帕热　　　LOC　做:FUT[3]　QU　　或者

vjuvi   spang bzang   su   byed   mchi
vju   vi   spang bzang   su   byed   mchi
居地 GEN   帮桑   LOC   做:PRS[2]   说:PRS[23]
郭·赤桑说：或者修在帕热？或者修在居地的帮桑？

—NML+dang表示并列关系

(3-194) de   nas   bsgrub khang   du   phyin   pa   dang   ro
        de   nas   bsgrub khang   du   phyin   pa   dang   ro
        DET   ABL   修炼房   ALL   去:PST[1]   NML   LNK   尸体

sog phon tsam gcig   dkyil vkhor   gyi   steng   na   vdug   go
sog phon tsam gcig   dkyil vkhor   gyi   steng   na   vdug   go
捆   点   一   坛城   GEN   上   LOC   EXI   END
此后，来到修炼房，像草捆般的一具尸体在坛城上。

—bas表承接关系

(3-195) bod   la   chos   ma   dar   bas   blon po   snying rje
        bod   la   chos   ma   dar   bas   blon po   snying rje
        吐蕃 LOC   法   NEG   弘扬:[W]   LNK   臣   可怜:[W]
在吐蕃不弘扬佛法，大臣们很可怜。

—pas表承接关系

(3-196) de   nas   rdo rje gcod pa   klags   pas   rgyal bu   dad pa
        de   nas   rdo rje gcod pa   klags   pas   rgyal bu   dad pa
        DET   ABL   金刚经   读:PST[1]   LNK   王子   信仰

cher   skyes
che   r   skyes
大   RES 产生:PST[1]
然后读了《金刚经》，王子产生了更大的信仰。

—ste表示承接关系

(3-197) zhang ma zhang   de   ni   bden   nges   snyam   ste
        zhang ma zhang   de   ni   bden   nges   snyam   ste
        尚·玛降   DET   TOP   真实:[W]   确定:[W]   想:[W]   LNK

```
              rang    gi      khyim   du      nub     nyal byas   nas    bshums
              rang    gi      khyim   du      nub     nyal byas   nas    bshums
              自己    GEN     家      LOC     晚上    睡觉:[W]    LNK    哭:PST[1]
```
尚·玛降想这一定是真实的。在自己的家中，卧床后痛哭。

——te 表示承接关系

(3-198)   rgya   lha   khros   te   chab srid   nongs   par
          rgya   lha   khros   te   chab srid   nongs   pa   r
          天竺   佛   怒:PST[1] LNK   政治   错误:[W] NML   DAT

          glo bar   chud[①]
          glo ba   r   chud
          肺   ALL   掌握:[W]

在心中知道天竺神佛发怒而危害国政。

——na 表示假设关系

(3-199)   da res   lce   ma   chod   na   dang po   nged
          da res   lce   ma   chod   na   dang po   nged
          这次   舌头   NEG   割断:IMP[4] COD   首先   1PL

          rang   gnyis   gsod
          rang   gnyis   gsod
          自己   二   杀:PRS[2]

这次如果割不断舌头的话，首先要把咱们俩杀死。

承接关系连词 nas 关联的各成分之间是否是复句取决于对复句的定义，一些学者以主语的同一性来区分单句和复句。认为具有共同主语的多动词句是单句，也有学者认为复句中的各小句是独立结构，每个小句不是另一个小句的成分；复句中的小句成分可以承前或者承后省略（邢福义，2001）。在《拔协》文本中 nas 使用频率非常高，它有三种基本用法，一是来源格标记，二是副词化标记，三是复句中小句之间的关联。这里所指的是第三种用法，当 nas 作为小句关联词时，关联的几个小句通常共享主语，这个特点是 nas 和 bas/pas 的显著区别之一。例如：

---

① glo bar chud:肯定。

—nas表承接关系

（3-200） sang shis　　nang　du　phyin　　nas　vphags pa　la
　　　　　sang shi s　　nang　du　phyin　　nas　vphags pa　la
　　　　　桑喜　AGE　内　ALL　去:PST[1]　LNK　圣者　　DAT

phyag　　byas.　　devi　　　dpe　　blangs　　nas　sgor
phyag　　byas　　de　vi　　dpe　　blangs　　nas　sgo
手:HON　做:PST[1]　DET　GEN　模型　取:PST[1]　LNK　门

　　　　phyin　　pas　　gcan gzan　kun　　gyis　phyag
r　　　　phyin　　pas　　gcan gzan　kun　　gyis　phyag
ALL　去:PST[1]　LNK　　猛兽　　　全　　AGE　手:HON

byas　　nas　　rivi　　　sgab　du　　skyal　　nas
byas　　nas　　ri　vi　　sgab　du　　skyal　　nas
做:PST[1]　LNK　山　GEN　下部　ALL　送:PRS[2]　LNK

bod　　du　　mchi
bod　　du　　mchi
吐蕃　ALL　去:PRS[23]

桑喜进入里面，向圣文殊菩萨行了礼，取了图样，走出寺门，猛兽都向他行礼，并护送到山脚下。返回了吐蕃。

主语sang shi"桑喜"连续发出了几个动作：phyin"去"、phyag byas"敬礼"、blangs"取"和phyin"去"。动作之间都用了关联词nas，表达了动作的先后承接关系；然后使用了关联词pas，紧接着主语发生了变化，不再是sang shi"桑喜"，而是gcan gzan"猛兽"。gcan gzan作为主语也发出了几个动作，分别是phyag byas"敬礼"、skyal"送"，但最后一个动词mchi"去"的主语再次转换，应是sang shi"桑喜"。在主语转换之前和转换后，具有共同主语的几个动词成分之间并没有相互包含的关系，因此可见，把它们当作复句更合理。在复句中，从第二分句开始承前省略了主语，它们构成一种特殊的框架式的复句图式。例如：

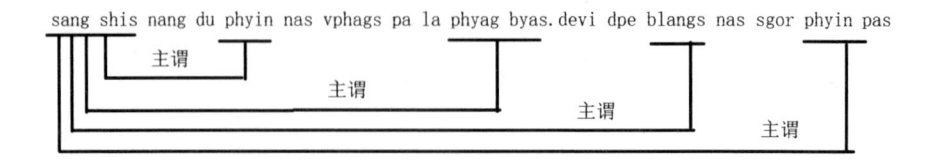

sang shis nang du phyin nas vphags pa la phyag byas.devi dpe blangs nas sgor phyin pas

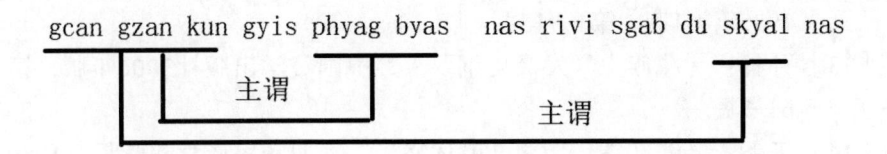

```
gcan gzan kun gyis phyag byas    nas rivi sgab du skyal nas
     └──────主谓──────┘            └──────主谓──────┘
```

在《拔协》文本中，类似的复句结构十分常见。各种关系的复句按照一定的层次结构，由小到大形成整个篇章结构。文本标注分析的核心是小句，在小句内部进行句法分析，解析各成分及成分内部各要素的相互关系。在小句外部主要是分析句间关系，关涉复句内部和复句之间的分析，是篇章分析的重要组成部分。

参考文献

［1］ Beyer，Stephan V. 1992. *The Classical Tibetan Language*，Albany: State University of New York Press.

［2］ B. Comrie. 1976. Aspect，Cambridge Universitg Press.

［3］ 巴桑旺堆：《〈韦协〉译注（一）》，《中国藏学》2011年第1期，第71—93页。

［4］ 巴桑旺堆：《〈韦协〉译注（二）》，《中国藏学》2011年第2期，第179—205页。

［5］ 拔塞囊著，佟锦华、黄布凡译注：《〈拔协〉（增补本）译注》，四川民族出版社1990年版。

［6］ 陈国亭、陈莉颖：《汉语动词时、体问题思辨》，《语言科学》2005年第4期，第22—23页。

［7］ 胡书津：《简明藏文文法》，云南民族出版社2000年版，第249页。

［8］ 江荻：《藏语拉萨话的体貌、示证及自我中心范畴》，《语言科学》2005年第1期，第70—88页。

［9］ 刘凤强：《〈拔协〉版本及相关问题考述》，《西藏民族大学学报（哲学社会科学版）》2018年第6期，第52—57，155页。

［10］ 刘凤强：《从〈拔协〉词汇运用看分裂时期藏族史学的裂变》，《西北民族大学学报（哲学社会科学版）》2016年第6期，第36—40页。

［11］ 瞿霭堂：《阿里藏语动词体的构成》，《民族语文》1980年第4期，第7—17页。

［12］ 瞿霭堂：《藏语动词屈折形态的结构及其演变》，《民族语文》

1985年第1期，第1—15页。

［13］孙林：《藏族史学发展史纲要》，中国藏学出版社2006年版，第6—7页。

［14］王尧：《藏文古代历史文献述略》，《西藏民族学院学报》1980年第21期，第11—37页。

［15］王尧：《吐蕃金石录》，文物出版社1982年版。

［16］西田龙雄著，谢广华译：《汉缅语群藏语族概况》，中国社会科学院民族所，1980年。

［17］刑福义：《汉语复句研究》，商务印书馆2001年版。

［18］益西更多：《藏语历史的分期与各期语音特征》，《西藏研究》1993年第1期，第124—130页。

［19］张济川：《藏语词族研究——古代藏族如何丰富发展他们的词汇》，中国社会科学文献出版社2009年版。

第四章　文本语法标注

sba bzhed　zhabs btags ma　bzhugs　so.
sba bzhed　zhabs btags ma　bzhugs　so
拔协　　　增补合集　　　保留[W]　END

སྦ་བཞེད་ཞབས་བཏགས་མ་བཞུགས་སོ།།

btsan po　khri srong lde btsan　dang　mkhan po　slob dpon　pdmavi
btsan po　khri srong lde btsan　dang　mkhan po　slob dpon　pdma　vi
赞普　　赤松德赞　　　　　COO　堪布　　大师　　　白玛　GEN

dus　mdo　sngags　so sor　　mdzad　pavi　　　sba bzhed
dus　mdo　sngags　so so　r　mdzad　pa　vi　sba bzhed
时　　经　　咒语　　各个　OBJ　做[W]　NML　GEN　拔协

zhabs btags ma　bzhugs　so.
zhabs btags ma　bzhugs　so
增补合集　　　保留[W]　END

在赤松德赞赞普和上师白玛堪布的时候，弘扬显密二宗的经书称作拔协，保留了增补合集。

༄༅།།རིགས་པོ་བྲི་སྲོང་ལྡེ་བཙན་དང་མཁན་པོ་སློབ་དཔོན་པདྨའི་དུས་མདོ་སྔགས་སོ་སོར་མཛད་པའི་སྦ་བཞེད་ཞབས་བཏགས་མ་བཞུགས་སོ།།

rigs　gsum　mgon povi　　　rnam vphrul　gyis.　sha　za　gdong
rigs　gsum　mgon po　vi　　rnam vphrul　gyis　sha　za　gdong
类　　三　　怙主　　GEN　转化　　　　AGE　　肉　吃[2]　脸

dmar　vdul　mdzad　pa.　　mes　dbon　gsum　la　phyag
dmar　vdul　mdzad　pa　　 mes　dbon　gsum　la　phyag
红　　教化[2]　做[W]　NML　祖宗　子孙　三　　DAT　HON

106 藏文古文献《拔协》文本标注与语法研究

vtshal	te.	bkav tshig	yi ge	zhib mo	bri
vtshal	te	bkav tshig	yi ge	zhib mo	bri
做[123]	LNK	历史	文字	细致	写[1]

以密宗三部怙主的神变，来调伏食肉红脸人，向祖孙三王顶礼膜拜！撰写了详细的历史文字。

༄༅། །རིགས་གསུམ་མགོན་པོའི་རྣམ་འཕྲུལ་གྱིས། ཤ་ཟ་གདོང་དམར་འདུལ་མཛད་པ། མེས་དབོན་གསུམ་ལ་ཕྱག་འཚལ་ཏེ། བཀའ་ཚིག་ཡི་གེ་ཞིབ་མོ་བྲིས།

btsan po	khri lde gtsug btsan	gyis.	mes	srong btsan	gyi	bkav chems
btsan po	khri lde gtsug btsan	gyis	mes	srong btsan	gyi	bkav chems
赞普	赤德祖赞	AGE	祖宗	松赞	GEN	遗言
kyi	yi ge	mchim phuvi		phyag	mdzod	na.	blon po
kyi	yi ge	mchim phu	vi	phyag	mdzod	na	blon po
GEN	文字	清浦	GEN	HON	仓库	LOC	臣
vgar	gyis	zangs kyi	byang bu	la	bris	nas	sbas
vgar	gyis	zangs kyi	byang bu	la	bris	nas	sbas
噶尔	AGE	铜	GEN	牌匾	LOC	写[1]	SER	隐匿[1]
pa	de	bltas	pas.
pa	de	bltas	pas
NML	DET	看[1]	LNK

赞普赤德祖赞在清浦的仓库中看见祖父松赞的遗言，由大臣噶尔写在铜板上，收藏于此。

བཙན་པོ་ཁྲི་ལྡེ་གཙུག་བཙན་གྱིས། མེས་སྲོང་བཙན་གྱི་བཀའ་ཆེམས་ཀྱི་ཡི་གེ་མཆིམས་ཕུའི་ཕྱག་མཛོད་ན། བློན་པོ་འགར་གྱིས་ཟངས་ཀྱི་བྱང་བུ་ལ་བྲིས་པ་དེ་བལྟས་པས།

ngavi	dbon	sras	kyi	ring	la	rgyal po	lde	zhes
nga	vi	dbon	sras	kyi	ring	la	rgyal po	lde	zhes
1sg	GEN	子孙	儿	GEN	期间	LOC	王	德	QM
bya	bavi		ring	la	dam pavi		lha chos	vbyung.
bya	ba	vi	ring	la	dam pa	vi	lha chos	vbyung
叫做[3]	NML	GEN	期间	LOC	圣洁	GEN	佛法	来[23]

遗训中写道：在我的子孙后代中，有一个叫德的赞普，在他执政时期，将传来佛教圣法。

འདི་དབོན་སྲས་ཀྱི①རིང་ལ་རྒྱལ་པོ་ལྟེ་ཞེས་པའི་རིང་ལ་དགེ་པའི་སྟུ་ཚོས་འབྱུང་།

de bzhin gshegs pavi		rjes	su	rab tu byung	ba	dbu
de bzhin gshegs pa	vi	rjes	su	rab tu byung	ba	dbu
来佛	GEN	后面	LOC	出家[W]	NML	头

reg	dang	zhabs	rjen.	sku	la	ngur	smrig	gi
reg	dang	zhabs	rjen	sku	la	ngur	smrig	gi
剃头[W]	COO	脚	赤[W]	身体	LOC	赤黄	紫色	GEN

rgyal mtshan	gsol	ba.
rgyal mtshan	gsol	ba
胜幢	做[W]	NML

并有很多人追随来佛出家为僧。他们光着头、赤着足、身着黄紫色袈裟，为数众多。

དེ་བཞིན་གཤེགས་པའི་རྗེས་སུ་རབ་ཏུ་བྱུང་བ་དག་རིག་དང་ཞབས་རྗེན། སྐུ་ལ་ངུར་སྨྲིག་གི་རྒྱལ་མཚན་གསོལ་བ།

lha	dang	mivi		mchod gnas	kyang	mang	du	vbyung	ngo.
lha	dang	mi	vi	mchod gnas	kyang	mang	du	vbyung	ngo
佛	COO	人	GEN	供养处	也	多	RES	来[23]	END

佛和人的供养处也变多了。

ལྷ་དང་མིའི་མཆོད་གནས་ཀྱང་མང་དུ་འབྱུང་ངོ་།

de	la	rang	dang	gzhan	gyi	vdi	dang	phyi ma	mtho ris
de	la	rang	dang	gzhan	gyi	vdi	dang	phyi ma	mtho ris
DET	DAT	自己	COO	他人	GEN	DET	COO	来世	善趣

dang	thar pa	thams cad	kyi	bde ba	vbyung	bas.
dang	thar pa	thams cad	kyi	bde ba	vbyung	bas
COO	解脱	全部	GEN	安乐	来[23]	LNK

由此，我等自身及他人可获得今生与来世善趣和全部解脱的安乐。

དེ་ལ་རང་དང་གཞན་གྱི་འདི་དང་ཕྱི་མ་མཐོ་རིས་དང་ཐར་པ་ཐམས་ཅད་ཀྱི་བདེ་བ་འབྱུང་བས།

---

① 原文为གྱིས་（ཐེག་འབྲུག་མ་སྒྲུག），表示此处的གྱིས་应为གྱི་。本书在语法标注中采纳译注者校注结果，直接写成གྱི་，后文遇到类似情况，做相同处理。

108 藏文古文献《拔协》文本标注与语法研究

ngavi	dbon	sras	rje	blon	rnams	kyis	vtsho ba	bla
nga vi	dbon	sras	rje	blon	rnams	kyis	vtsho ba	bla
1sg GEN	子孙	儿	王	臣	pl	AGE	生活	上面

nas	sbyor.	chab	vog	nas	bde	byin	dbuvi	mchod gnas
nas	sbyor	chab	vog	nas	bde	byin	dbu vi	mchod gnas
ABL	供养[24]	政权	下	ABL	安乐	给[W]	头 GEN	供养处

su	khur①	cig.	ces	bya	ba	bris	nas	vdug	pa
su	vkhur	cig	ces	bya	ba	bris	nas	vdug	pa
ALL	带[W]	MOD	QM	叫作[W]	NML	写[1]	SER	EXI	NML

de	gzigs	pas.
de	gzigs	pas
DET	看[W]	LNK

因此，我祖孙王臣们在生活上给以供养。政治下给以优遇，并奉之为最高供养处。赤德祖赞看到了这些。

འདི་དབོན་སྲས་རྒྱལ་བློན་རྣམས་ཀྱིས་འཚོ་བ་བླ་ནས་སྦྱོར། ཆབ་འོག་ནས་བདེ་བྱིན་ལ་དབུའི་མཆོད་གནས་སུ་ཁུར་ཅིག །ཅེས་བྱ་བ་བྲིས་ནས་འདུག་པ་དེ་གཟིགས་པས།

lde	zhes	bya	ba	de	nga	yin	par	dgongs	nas
lde	zhes	bya	ba	de	nga	yin	pa	r	dgongs	nas
德	QM	叫作[W]	NML	DET	1sg	COP	NML	OBJ	想[W]	LNK

bran ka mu le ko sha	dang.	gnyags dznyaa na ku ma ra	gnyis	rgya gar
bran ka mu le ko sha	dang	gnyags dznyaa na ku ma ra	gnyis	rgya gar
神呷·木勒郭霞	COO	聂·杂纳古玛诺	二	天竺

du	chos	vtshol	du	btang	pas.
du	chos	vtshol	du	btang	pas
ALL	法	找[2]	PUR	派[1]	LNK

心想：遗训里所说的德，指的就是我呀！于是就派神呷·木勒和聂·杂纳古玛诺二人到天竺去求取佛法。

ཞེས་བྱ་བ་དེ་ཉིད་ཡིན་པར་དགོངས་ནས། བྲན་ཀ་མུ་ལེ་ཀོ་དང་། གཉགས་ཛྙཱ་ན་ཀུ་མ་ར་གཉིས་རྒྱ་གར་དུ་ཆོས་འཚོལ་དུ་བཏང་བས།

---

① 应该为 vkhur。

第四章 文本语法标注

```
pnntti ta      sangs rgyas gsang ba      dang.    sangs rgyas zhi ba    gnyis
pnntti ta      sangs rgyas gsang ba      dang     sangs rgyas zhi ba    gnyis
班智达         桑吉桑哇                  COO      桑吉喜哇               二

gangs ti se    la    bsgom    mo    zhes    thos    te.   de    gnyis
gangs ti se    la    bsgom    mo    zhes    thos    te    de    gnyis
冈底斯         LOC   修行[3]  END   QM      听说[W] LNK   DET   二

spyan    drangs    pas    spyan    ma      vdrongs    te
spyan    drangs    pas    spyan    ma      vdrongs    te
HON      请[1]     LNK    HON     NEG     请[1]      LNK
```

听说桑吉桑哇和桑吉喜哇两位班智达在冈底斯山修行。迎请二位，没有请到。

པཎྜི་ཏ་སངས་རྒྱས་གསང་བ་དང་། སངས་རྒྱས་ཞི་བ་གཉིས་གངས་ཏི་སེ་ལ་བསྒོམ་མོ་ཞེས་ཐོས་ཏེ། དེ་གཉིས་སྤྱན་དྲངས་པས་སྤྱན་མ་འདྲོངས་ཏེ།

```
de    gnyis    kyi    thugs    la    mdo sde las rnam par vbyed pa    dang.
de    gnyis    kyi    thugs    la    mdo sde las rnam par vbyed pa    dang
DET   二       GEN    心       LOC   分别经                            COO

gser vod dam pavi mdo        gnas        pa    de    gnyis    spyan    drangs
gser vod dam pavi mdo        gnas        pa    de    gnyis    spyan    drangs
金光明经                    存在[W]     NML   DET   二       HON      请[1]

nas    rgyal povi      mchod gnas    su     phul.
nas    rgyal po vi     mchod gnas    su     phul
LNK    王       GEN    供养处        ALL    献给[14]
```

把两位心中记诵的分别经和金光明经迎请回来，献给国王作为供养处。

དེ་གཉིས་ཀྱི་ཐུགས་ལ་མདོ་སྡེ་ལས་རྣམ་པར་འབྱེད་པ་དང་། གསེར་འོད་དམ་པའི་མདོ་གནས་པ་དེ་གཉིས་སྤྱན་དྲངས་ནས་རྒྱལ་པོའི་མཆོད་གནས་སུ་ཕུལ།

```
devi        bzhutt khang    lta bur       lha khang    lnga    bzhengs
de  vi      bzhutt khang    lta bu    r   lha khang    lnga    bzhengs
DET GEN     住处            如        LOC 佛堂         五      修建[W]

te     lha sa    mkhar brag    brag dmar    vgrin bzang.    mching phu    ne ral.
te     lha sa    mkhar brag    brag dmar    vgrin bzang     mching phu    ne ral
LNK    拉萨      卡尔扎        扎马尔       真桑            钦朴          纳热
```

110 藏文古文献《拔协》文本标注与语法研究

brag dmar	ka chu.	bsam yas	ma sa gong	gi	gtsug lag khang
brag dmar	ka chu	bsam yas	ma sa gong	gi	gtsug lag khang
扎马尔	呷曲	桑耶	马撒巩	GEN	佛堂

dang	lnga	bzhengs	pas.
dang	lnga	bzhengs	pas
PRT	五	修建[W]	LNK

修建如住所一样的佛堂五座，在拉萨修建了卡尔扎，在扎马尔修建了真桑，在钦朴修建了纳热，在扎马尔修建了呷曲，在桑耶修建了马撒巩的佛堂等五座。

དེའི་བཞིན་ཁང་ལྔ་བུར་ཁང་ལྔ་བཞེངས་ཏེ་ལྷ་ས་མཁར་བྲག་བྲག་དམར་འགྲིན། བཟང་། མཆིམས་ཕུ་ནེ་རལ། བྲག་དམར་ཀ་ཆུ། བསམ་ཡས་མ་ས་གོང་གི་གཙུག་ལག་ཁང་དང་ལྔ་བཞེངས་པས།

zhang	kun	rtse bro	chag brel	bas	ma	dgav	nas	nged
zhang	kun	rtse bro	chag brel	bas	ma	dgav	nas	nged
尚伦	全	歌舞	停止	LNK	NEG	喜欢[W]	LNK	1pl

kyi	btsan po	vdi	dad pa	che	la	chos	la	dgav
kyi	btsan po	vdi	dad pa	che	la	chos	la	dgav
GEN	赞普	DET	信仰	大	COO	法	OBJ	喜欢[W]

byad	mi	mtshar	bas	bram ze	yin	nam	zhes	gleng.
byad	mi	mtshar	bas	bram ze	yin	nam	zhes	gleng
面貌	NEG	漂亮[W]	LNK	婆罗门	COP	QU	QM	谈论[23]

全部尚伦停止歌舞，不高兴。议论道："我们这位赞普，信仰虔诚，喜敬佛法，其貌不扬，莫非是个婆罗门？"

ཞང་ཀུན་རྩེ་བྲོ་ཆག་བྲལ་བས་མ་དགའ་ནས་ངེད་ཀྱི་བཙན་པོ་འདི་དད་པ་ཆེ་ལ་ཆོས་ལ་དགའ་བ་བྱད་མི་མཚར་བས་བྲམ་ཟེ་ཡིན་ནམ་ཞེས་གླེང་།

de	rjevi		snyan	du	gsol	pas.	rjevi		zhal	nas
de	rje	vi	snyan	du	gsol	pas	rje	vi	zhal	nas
DET	王	GEN	耳朵	ALL	禀报[W]	LNK	王	GEN	口	ABL

---

① 原文编排形式为འབྱུང་（འབྱུང་），括号中的词表示译注者对原始文本的校正。本书在语法标注中以括号的词形为准。

第四章　文本语法标注　111

nga	bram ze	yin	na	ngavi		khab	ljang mo khri btsun
nga	bram ze	yin	na	nga	vi	khab	ljang mo khri btsun
1sg	婆罗门	COP	COD	1sg	GEN	妃子	降姆赤尊

vdi	la	bu	nga	bas	kyang	dad pa	che ba	byad	mi
vdi	la	bu	nga	bas	kyang	dad pa	che ba	byad	mi
DET	POS	儿子	1sg	COT	也	信仰	大	面貌	NEG

sdug pa	gcig	shog.
sdug pa	gcig	shog
美丽	一	来[W]

此话传入赞普耳中，赞普说：我如果是婆罗门，就让我的妃子降姆赤尊生一个比我信仰更虔诚，面貌更丑陋的孩子。

དེ་རྗེའི་སྙན་དུ་གསོལ་པས། རྗེའི་ཞལ་ནས་ང་བྲམ་ཟེ་ཡིན་ན་ངའི་ཁབ་ལྗང་མོ་ཁྲི་བཙུན་འདི་ལ་བུ་ང་བས་ཀྱང་དད་པ་ཆེ་བ་བྱད་མི་སྡུག་པ་གཅིག་ཤོག

nga	btsan po	ma	nor	ba	gcig	yin	na	bu	zhang blon
nga	btsan po	ma	nor	ba	gcig	yin	na	bu	zhang blon
1sg	赞普	NEG	错[W]	NML	一	COP	COD	儿子	尚伦

rnams	kyis	bcos	mi	thub	pa	cig	shog.	ces
rnams	kyis	bcos	mi	thub	pa	cig	shog	ces
pl	AGE	修改[13]	NEG	AUX	NML	一	来[W]	QM

dmod	btsugs	so.
dmod	btsugs	so
咒骂	建立[1]	END

咒骂道：如果我是一个地地道道的赞普，则生一个不受尚伦控制的孩子！

ང་བཙན་པོ་མ་ནོར་བ་གཅིག་ཡིན་ན། བུ་ཞང་བློན་རྣམས་ཀྱིས་བཅོས་མི་ཐུབ་པ་གཅིག་ཤོག ཅེས་དམོད་བཙུགས་སོ།

khri btsun	la	sras	lhavi		bu	pho	vdra ba.	snavi
khri btsun	la	sras	lha	vi	bu	pho	vdra ba	sna
赤尊	POS	儿子	佛	GEN	儿子	男	像 NML	鼻

	gzengs	mtho ba.	dpral bavi		dbyes	che	ba	shin tu
vi	gzengs	mtho ba	dpral ba	vi	dbyes	che	ba	shin tu
GEN	高度	高　NML	额头	GEN	广度	大	NML	非常

112 藏文古文献《拔协》文本标注与语法研究

mdzes	pa	gcig	btsas	pas.
mdzes	pa	gcig	btsas	pas
英俊	NML	一	诞生[1]	LNK

赤尊妃子果然生了一个貌如天神之子，高鼻梁、广额头、非常英俊的王子。

ཞང་བློན་རྣམས་ན་རེ། བོད་ཀྱི་བཙན་པོ་འདི་རྒྱལ་པོ་ཡང་དག་པ་འོ། ཞེས་ཟེར་སྲས་ལ་འདི་མི་མིན་ལྷའི་དབོན་ཡིན་པས་མིང་ཡང་ལྗང་ཚ་ལྷ་དབོན་དུ་གསོལ།

zhang blon	rnams	na re.	bod	kyi	tsan po	vdi	rgyal po
zhang blon	rnams	na re	bod	kyi	tsan po	vdi	rgyal po
尚论	pl	说[W]	吐蕃	GEN	赞普	DET	王

yang dag pavo.		zhes	zer	sras	la	vdi	mi	min
yang dag pa	vo	zhes	zer	sras	la	vdi	mi	min
正确	END QM	说[W]		儿子	DAT	DET	人	COP:NEG

lhavi	dbon	yin	pas	ming	yang	ljang tsha lha dbon	du
lha vi	dbon	yin	pas	ming	yang	ljang tsha lha dbon	du
佛 GEN	子孙	COP	LNK	名字	也	降擦拉温	RES

gsol.
gsol
叫作[W]

尚论们说："吐蕃的这个赞普是正确的"。因为王子不是人而是神的子孙，名字也叫"降擦拉温"。

དེ་ལ་ཁབ་རན་པར་གྱུར་ཙ་ན། བོད་ཀྱི་བཙུན་མོ་འདི་རྒྱལ་པོ་ཡང་དག་པའོ། ཞེས་ཟེར་སྲས་ལ་འདི་མི་མིན་སྤྲེའུའི་དབོན་ཡིན་པས་མིང་ཡང་སྤྲང་ཚ་དབོན་དུ་གསོལ།

de	la	khab	ran	par	gyur	tsa na.	bod	thams cad
de	la	khab	ran	par	gyur	tsa na	bod	thams cad
DET	DAT	妃子	适合[W]	SER	成为[14]	时候	吐蕃	全部

sprevuvi		bu	yin	pas	vdivi		jo mor	mi
sprevu	vi	bu	yin	pas	vdi	vi	jo mo r	mi
猴子	GEN	儿子	COP	LNK	DET	GEN	妃子 DAT	NEG

```
vos.  vdi   la    rgyavi         bu mo  zhig   blang  bar   chad
vos   vdi   la    rgya    vi     bu mo  zhig   blang  bar   chad
适合  DET   DAT   汉      GEN    女孩   一     取[3]  SER   定[W]
```

到娶妻年龄时,吐蕃人全是猴的子孙,不适合做这位王子的妃子,决定给他娶一个汉族妃子。

དེ་ཁ་བར་རན་པར་གྱུར་ཚན། བོད་ཐམས་ཅད་སྤྲེའུའི་བུ་ཡིན་པས་འདིའི་ཇོ་མོར་མི་འོས། འདི་ལ་རྒྱའི་བུ་མོ་ཞིག་བླང་བར་ཆད།

```
bod   kyi   rgyal po   la    bzang  pa    mes    srong btsan   yin
bod   kyi   rgyal po   la    bzang  pa    mes    srong btsan   yin
吐蕃  GEN   王         LOC   好[W]  NML   祖宗   松赞          COP

te.   aarya pa lovi              sprul par           grags.   devi
te    aarya pa lo       vi       sprul pa    r       grags    de    vi
LNK   观世音菩萨        GEN      化身        OBJ     传说[W]  DET   GEN

gnyen zla   rgya   rje    kong rtse    vphrul chung   yin.
gnyen zla   rgya   rje    kong rtse    vphrul chung   yin
亲家        汉     王     公子         初琼           COP
```

吐蕃诸王中,以先祖松赞干布最为杰出。据传是观世音菩萨的化身。他的亲翁是唐皇公子初琼。

བོད་ཀྱི་རྒྱལ་པོ་ལ་བཟང་པ་མེས་སྲོང་བཙན་ཡིན་ཏེ། ཨཱརྱ་པ་ལོའི་སྤྲུལ་པར་གྲགས། དེའི་གཉེན་ཟླ་རྒྱ་རྗེ་ཀོང་རྩེ་འཕྲུལ་ཆུང་ཡིན།

```
de    yang   aarya pa lovi            sprul par          grags.   sras mo
de    yang   aarya pa lo      vi      sprul pa   r       grags    sras mo
DET   也     观世音菩萨       GEN     化身       OBJ     传说[W]  女儿

kong co  yin.   de    la    gtsug lag   gi    gab rtse    sum brgya drug cu
kong co  yin    de    la    gtsug lag   gi    gab rtse    sum brgya drug cu
公主     COP    DET   POS   经典        GEN   易经        三百六十

yod   de.   rgya nag   gtsug  gi    rgyal por            grags     pa
yod   de    rgya nag   gtsug  gi    rgyal po    r        grags     pa
EXI   LNK   汉地       经典   GEN   王          OBJ      传说[W]   NML
```

据说他也是观世音菩萨的化身。女儿是文成公主。他有三百六十部经典,被誉为汉地的经典王。

དེ་ཡང་ཨཱརྱ་པ་ལོའི་སྤྲུལ་པར་གྲགས། སྲས་མོ་ཀོང་ཅོ་ཡིན། དེ་ལ་གཙུག་ལག་གི་གབ་རྩེ་སུམ་བརྒྱ་དྲུག་ཅུ་ཡོད་དེ། རྒྱ་ནག་གཙུག་གི་རྒྱལ་པོར་གྲགས་པ

114　藏文古文献《拔协》文本标注与语法研究

devi	sras	rgya	rje	vbrom shing.	devi	sras	rgya
de vi	sras	rgya	rje	vbrom shing	de vi	sras	rgya
DET GEN	儿子	汉	王	卓木兴	DET GEN	儿子	汉

rje	the pa.	devi	sras	rgya	rje	hwan phan	zer.	devi
rje	the pa	de vi	sras	rgya	rje	hwan phan	zer	de
王	太巴	DET GEN	儿子	汉	王	乾盘	说[W]	DET

	sras	rgya	rje	cang bzang.	devi	sras	rgya	rje
vi	sras	rgya	rje	cang bzang	de vi	sras	rgya	rje
GEN	儿子	汉	王	姜桑	DET GEN	儿子	汉	王

li khri bzher lang mig ser　bya.
li khri bzher lang mig ser　bya
李赤协朗米色　　　　叫作[W]

他的儿子是唐王卓木兴，卓木兴的儿子是唐王太巴，太巴的儿子叫唐王乾盘。乾盘的儿子是唐王姜桑，姜桑的儿子是唐王李赤协朗米色。

དེའི་སྲས་རྒྱ་འབྲོམ་ཞིང་། དེའི་སྲས་རྒྱ་རྗེ་ཐེ་པ། དེའི་སྲས་རྒྱ་རྗེ་ཧུན་ཕན་ཟེར། དེའི་སྲས་རྒྱ་རྗེ་ཅང་བཟང་། དེའི་སྲས་རྒྱ་རྗེ་ལི་ཁྲི་བཞེར་ལང་མིག་སེར་བྱ།

da lta	bzhugs	pa	devi		sras mo	gyim shang ong jo
da lta	bzhugs	pa	de vi		sras mo	gyim shang ong jo
现在	在位[W]	NML	DET GEN		女儿	金城公主

bya	de	blang	bar	rigs	so	chad	nas.
bya	de	blang	bar	rigs	so	chad	nas
叫作[W]	DET	取[3]	SER	适合[W]	END	决定[1]	LNK

gnyags khri bzang	blon	vkhor	sum cu	gnye bor		btang	nas.
gnyags khri bzang	blon	vkhor	sum cu	gnye bo	r	btang	nas
娘·赤桑	臣	随从	三十	信使	RES	派[1]	LNK

决定迎娶现在在位的唐王的女儿金城公主最合适。派遣大臣娘·赤桑携随从三十人作为信使。

ད་ལྟ་བཞུགས་པ་དེའི་སྲས་མོ་གྱིམ་ཤང་ཨོང་ཇོ་བྱ་དེ་བླང་བར་རིགས་སོ་ཆད་ནས། གཉགས་ཁྲི་བཟང་བློན་འཁོར་སུམ་ཅུ་གཉེ་བོར་བཏང་ནས།

rgya	rje	la	pho nya bas	sgrom bu	phul	bas	bu mo	byin
rgya	rje	la	pho nya ba	s	sgrom bu	phul	bas	bu mo	byin
汉	王	DAT	使者	AGE	盒子	献[14]	LNK	女孩	给[W]

第四章　文本语法标注　115

nas.	ong jo	la	vphrul	gyi	me long	yod pa	bltas	bas.
nas	ong jo	la	vphrul	gyi	me long	yod pa	bltas	bas
LNK	公主	POS	幻化	GEN	镜子	EXI NML	看[1]	LNK

使者向唐王献上请婚信函。答应赐嫁公主。公主有幻化的镜子，看镜子时。

རྒྱ་རྗེ་ལ་བོ་ན་བས་སློམ་བུ་ཕྱུལ་བས་བུ་ཆི་གནང་ནས། ཨོང་ཇོ་ལ་འཕྲུལ་གྱི་མེ་ལོང་ཡོད་པ་བལྟས་པས།

bod	kyi	yul	yar lung	bzang ba	dang.	devi	rgyal bu
bod	kyi	yul	yar lung	bzang ba	dang	de vi	rgyal bu
吐蕃	GEN	地方	雅隆	好[W] NML	LNK	DET GEN	王子

byad	legs pa	mthong	nas	vongs	so.
byad	legs pa	mthong	nas	vongs	so
面貌	好[W] NML	看见[W]	SER	来[W]	END

看见吐蕃地方有美丽的雅隆，那王子面貌英俊，答应前去。

བོད་ཀྱི་ཡུལ་ཡར་ལུང་བཟང་བ་དང་། དེའི་རྒྱལ་བུ་བྱད་ལེགས་པ་མཐོང་ནས་འོངས་སོ།།

bod	kyi	rgyal bu	grongs	nas	bang so	skye bu	rtsig	pavi
bod	kyi	rgyal bu	grongs	nas	bang so	skye bu	rtsig	pa
吐蕃	GEN	王子	死亡[1]	LNK	坟墓	吉布	修筑[2]	NML

vi	tshe na.	ong jo	vphang thang	du	byon	pas.	rgyal po
vi	tshe na	ong jo	vphang thang	du	byon	pas	rgyal po
GEN	时候 LOC	公主	旁塘	ALL	到达[14]	LNK	王

yin	zer	nas	rgan po	ag tshoms can	gcig	las	mi	gdav	bas.
yin	zer	nas	rgan po	ag tshoms can	gcig	las	mi	gdav	bas
COP	说[W]	LNK	老人	胡须者	一	COT	NEG	EXI	LNK

吐蕃王子去世了，在吉布为他修坟墓时，公主到达旁塘。说我是王，除了一个长胡须的老人之外，没有别人。

བོད་ཀྱི་རྒྱལ་བུ་གྲོངས་ནས་བང་སོ་སྐྱེ་བུ་རྩིག་པའི་ཚེ་ན། ཨོང་ཇོ་འཕང་ཐང་དུ་བྱོན་པས། རྒྱལ་པོ་ཡིན་ཟེར་ནས་རྒན་པོ་ཨག་ཚོམས་ཅན་གཅིག་ལས་མི་གདའ་བས།

byad	kyi	blta cha	yin	nam	me long	gi	blta cha	yin
byad	kyi	blta cha	yin	nam	me long	gi	blta cha	yin
面貌	GEN	混乱	COP	QU	镜子	GEN	混乱	COP

snyam   yid   ma   dgav   nas.
snyam   yid   ma   dgav   nas
想[W]   心   NEG   喜欢[W]   LNK

公主心想：是面貌弄混了呢，还是镜子混乱了呢？因此心中不乐。

བུད་ཀྱི་བལྟ་ཆ་ཡིན་ནམ་མེ་ལོང་གི་བལྟ་ཆ་ཡིན་སྙམ་ཡིད་མ་དགའ་ནས།

nyin mo bzhin dngul gyi ltam bu ras   ram bu bteg   nas   sdug
nyin mo bzhin dngul gyi ltam bu ra s   ram bu bteg   nas   sdug
白天   如   银   GEN   琵琶   INS 助歌   举[1] LNK 悲痛
glu len. mtshan mo bzhin mchu sbrang gis   ram bu bteg   cing
glu len   mtshan mo bzhin mchu sbrang gis   ram bu bteg   cing
歌 唱[2] 晚上   如   笛子   INS 助歌   举[1] SIM

于是，白天以银琵琶伴奏唱悲歌；到了夜晚用笛子伴奏。

ཉིན་མོ་བཞིན་དངུལ་གྱི་ལྟམ་བུ་རས་རམ་བུ་བཏེགས་ནས་སྡུག་གླུ་ལེན། མཚན་མོ་བཞིན་མཆུ་སྦྲང་གིས་རམ་བུ་བཏེག་ཅིང་།

rgya gar yul   na   dam pavi   chos bdog   de   bal yul
rgya gar yul   na   dam pa   vi   chos bdog   de   bal yul
天竺   地方 LOC   正   GEN   法   EXI   LNK   尼泊地方
tshad pa che. de   la   bsam nas   sems   thang chad.
tshad pa che   de   la   bsam nas   sems   thang chad
热   大   DET   OBJ   想[3] LNK   心   疲倦

天竺地方有圣法，但尼泊尔太酷热，想到这些心悲伤。

རྒྱ་གར་ཡུལ་ན་དམ་པའི་ཆོས་བདོག་དེ་བལ་ཡུལ་ཚད་པ་ཆེ། དེ་ལ་བསམས་ནས་སེམས་ཐང་ཆད།

rgya nag yul   na   ju zhag   gi   spyad yod   de.   pha yul shul
rgya nag yul   na   ju zhag   gi   spyad yod   de   pha yul shul
汉地   地方 LOC   星算学   GEN   运用   EXI   LNK   家乡   路途
thag ring. de   la   bsam nas   sems   thang chad.
thag ring   de   la   bsam nas   sems   thang chad
距离 长   DET   OBJ   想[3] LNK   心   疲倦

在汉地家乡有星算学的应用，但是家乡归途太远。想到这些心悲伤。

རྒྱ་ནག་ཡུལ་ན་རྩ་ཞག་གི་སྤྱད་ཡོད་དེ། ཕ་ཡུལ་ཤུལ་ཐག་རིང་། དེ་ལ་བསམས་ནས་སེམས་ཐང་ཆད།

第四章 文本语法标注 117

bod	yul	dbus	na	rje rgyal	gyi	mi	yod	de.	blon po	gdug pa
bod	yul	dbus	na	rje rgyal	gyi	mi	yod	de	blon po	gdug pa
吐蕃	地方	中心	LOC	国王	GEN	人	EXI	LNK	臣	凶恶

che.	bod	kyi	blon po	sdig po	che	zer	zhing	glu	len.
che	bod	kyi	blon po	sdig po	che	zer	zhing	glu	len
大	吐蕃	GEN	臣	罪孽	大	说[W]	SIM	歌	唱[2]

边唱边说：吐蕃中心有国王的人，大臣太凶恶，吐蕃的大臣罪孽大！

བོད་ཡུལ་དབུས་ན་རྗེ་རྒྱལ་གྱི་མི་ཡོད་དེ། བློན་པོ་གདུག་པ་ཆེ། བོད་ཀྱི་བློན་པོ་སྡིག་པོ་ཆེ་ཟེར་ཞིང་གླུ་ལེན།

de	blon pos	rjevi	snyan	du	gsol	pas.	rjevi
de	blon po s	rje vi	snyan	du	gsol	pas	rje
DET	臣 AGE	王 GEN	耳朵	ALL	禀报[W]	LNK	王

zhal	nas	da	mo	la	skyes	bskur	la	pha yul	du
vi	zhal nas	da	mo	la	skyes	bskur	la	pha yul	du
GEN	口 ABL	现在	3sg	DAT	礼物	送[13]	LNK	家乡	ALL

skyol	ces	vbyung.
skyol	ces	vbyung
送[4]	QM	去[23]

大臣们听了这，便禀报了国王。国王说："现在送她礼物，送回家乡去吧！"

དེ་བློན་པོས་རྗེའི་སྙན་དུ་གསོལ་པས། རྗེའི་ཞལ་ནས་ད་མོ་ལ་སྐྱེས་བསྐུར་ལ་ཕ་ཡུལ་དུ་སྐྱོལ་ཅེས་བྱུང་།

de	skad	du	gsol	pas.	ong jo	na re	rgyal bu	legs pa
de	skad	du	gsol	pas	ong jo	na re	rgyal bu	legs pa
DET	话	OBJ	禀报[W]	LNK	公主	说[W]	王子	英俊

cig	yod	ltar	na	nga	dang	las	ma	mthun	pa yin	pas.
cig	yod	ltar	na	nga	dang	las	ma	mthun	pa yin	pas
一	EXI	按照	COD	1sg	COM	缘分	NEG	适合[W]	REA	LNK

禀报了这些话之后，公主说道：如果说有一位英俊的王子，但是与我不符合缘分。

དེ་སྐད་དུ་གསོལ་པས། འོང་ཇོ་ན་རེ་རྒྱལ་བུ་ལེགས་པ་ཅིག་ཡོད་ལྟར་ན་ང་དང་ལས་མ་མཐུན་པ་ཡིན་པས།

118 藏文古文献《拔协》文本标注与语法研究

da	pha yul	du	mchi	bar	mi	spobs	shig	da	mes
da	pha yul	du	mchi	bar	mi	spobs	shig	da	mes
现在	家乡	ALL	去[23]	SER	NEG	敢[W]	PRT	现在	父

dang	vduvo		mchi.
dang	vdu	vo	mchi
COM	结合[23]	END	去[23]

如今我岂能再回家乡，只好嫁给老国王吧！

ད་ཕ་ཡུལ་དུ་མཆི་བར་མི་སྤོབས་ཤིག དང་མེས་དང་འདུའོ་མཆི།

phyis	ong jo	na re	ngavi		ne ne mo	kong covi		mchod gnas.
phyis	ong jo	na re	nga	vi	ne ne mo	kong co	vi	mchod gnas
此后	公主	说[W]	1sg	GEN	祖奶奶	公主	GEN	供养处

gser	gyi	lha	sshkya mu ne	zhal	bltavo	zer	nas.
gser	gyi	lha	sshkya mu ne	zhal	blta vo	zer	nas
金	GEN	佛	释迦牟尼	HON	看[3]	END	说[W] LNK

此后，公主说："看看我祖奶奶公主的供养处，金的神像释迦牟尼。"

ཕྱིས་འོང་ཇོ་ན་རེ་ངའི་ནེ་ནེ་མོ་ཀོང་ཅོའི་མཆོད་གནས་གསེར་གྱི་ལྷ་ཤཱཀྱ་མུ་ནེ་ཞལ་བལྟའོ་ཞེར་ནས།

rgya stag ra mo che		na	lha	mi	bzhugs	nas.	de	kun	tu
rgya stag ra mo che		na	lha	mi	bzhugs	nas	de	kun	tu
广虎山羊大（小昭寺）	LOC	佛	NEG	在[W]	LNK	DET	全	DAT

mchod pa	re	byed	cing	btsal	yang	ma	rnyed	nas.
mchod pa	re	byed	cing	btsal	yang	ma	rnyed	nas
供养	每	做[2]	SIM	找[13]	也	NEG	找到[1]	LNK

在小昭寺里，神像不在，向每尊佛像献了供养，但也没有找到。

རྒྱ་སྟག་ར་མོ་ཆེ་ན་ལྷ་མི་བཞུགས་ནས། དེ་ཀུན་ཏུ་མཆོད་པ་རེ་བྱེད་ཅིང་བཙལ་ཡང་མ་རྙེད་ནས།

ra savi		lha khang	du	mchod pa	byas	pas.	gtsang khang
ra sa	vi	lha khang	du	mchod pa	byas	pas	gtsang khang
大昭寺	GEN	佛堂	LOC	供养	做[1]	LNK	佛堂

sgo	lngavi		phud rabs	vdug	pa	la.	gtsang khang	sgo
sgo	lnga	vi	phud rabs	vdug	pa	la	gtsang khang	sgo
门	五	GEN	记载	EXI	NML	LOC	佛堂	门

第四章 文本语法标注 119

bzhi las med nas
bzhi las med nas
四　　COT　EXI:NEG LNK

在大昭寺的佛堂里做供养，在记载的佛堂的五个门中，只有四个门。

རྨ་བའི་ལྷ་ཁང་དུ་མཆོད་པ་བྱས་པས། གཙང་ཁང་སློ་ལྔའི་ཁྱད་རབས་འདུག་པ་ལ། གཙང་ཁང་སློ་བཞི་ལས་མེད་ནས།

vdi na gtsang khang gcig sbas yod par　　　nges
vdi na gtsang khang gcig sbas yod pa r nges
DET LOC 佛堂　　　 一 　　隐匿[1] RSA NML OBJ 确定[W]

zhes. glo vbur gyi ya lad kyi vog tu brdungs pas. ser kha
zhes glo vbur gyi ya lad kyi vog tu brdungs pas ser kha
说[W] 突起　 GEN 门槛 GEN 下 LOC 敲打[1] LNK 缝隙

byung de skos[1] nas sgo phye ba dang.
byung de rkos nas sgo phye ba dang
出现[1] LNK 挖[4] LNK 门 开[1] NML LNK

说：确信这里有一间佛堂隐藏着。在凸起的墙壁下敲击时，出现了裂缝。挖开后打开门。

འདི་ན་གཙང་ཁང་གཅིག་སྦས་ཡོད་པར་ངེས་ཞེས། གློ་འབུར་གྱི་ཡ་ལད་ཀྱི་འོག་ཏུ་བརྡུངས་པས་སེར་ཁ་བྱུང་དེ་སྐོས་ནས་སློ་ཕྱེ་བ་དང༌།

gser gyi lha sshkya mu ne sbas pa mthong nas ne ne movi
gser gyi lha sshkya mu ne sbas pa mthong nas ne ne mo vi
金 GEN 佛 释迦牟尼　　　隐匿[1] NML 看见[W] LNK 祖奶奶 GEN

lha lo zhal ston cig gsol zer nas mchod pa btsugs.
lha lo zhal ston cig gsol zer nas mchod pa btsugs
佛 年 口 展示[24] PRT 做[W] 说[W] LNK 供养 建立[1]

看见藏的释迦牟尼金佛。说给祖奶奶佛像举行"先面"典礼！然后安放了供养。

གསེར་གྱི་ལྷ་ཤཱཀྱ་མུ་ནེ་སྦས་པ་མཐོང་ནས་ནེ་ནེ་མོའི་ལྷ་ལོ་ཞལ་སྟོན་ཅིག་གསོལ་ཟེར་ནས་མཆོད་པ་བཙུགས།

---

① 正字法形式为rkos。

blon po shi ba la zan skal med pas nged rgya nag
臣   死[1] NML POS 食份   EXI:NEG LNK 1pl 汉地

chos dar bas mi shi ba la bdun tshigs[1] yod.
法 弘扬[W] LNK 人 死[1] NML POS 七 季 EXI

死去的大臣没有食份，我要弘扬汉地佛法，死者有七日祭习惯。

བློན་པོ་ཞི་བ་ལ་ཟས་སྐལ་མེད་པས་ངེད་རྒྱ་ནག་ཆོས་དར་བས་མི་ཞི་བ་བདུན་ཚིགས་ཡོད།

bod la chos ma dar bas blon po snying rje zer
吐蕃 LOC 法 NEG 弘扬[W] LNK 臣   可怜   说[W]

nas mi shi ma thag tu lha mi stong tsam la vtshal ma
LNK 人 死[1] 立即   佛 人 千   点   DAT 焰食

re ston mo re byas vtshal. de la bod kyi tshe
每 宴会   每 做[1] 请求[123] DET DAT 吐蕃 GEN 时候

zhes bya.
QM 叫作[W]

说：吐蕃佛法不昌盛，大臣可怜！请求道：此后，人死后，立即向成千的神人摆焰食宴会。对此，叫作"吐蕃七日祭"。

བོད་ལ་ཆོས་མ་དར་བས་བློན་པོ་སྙིང་རྗེ་ཟེར་ནས་མི་ཤི་མ་ཐག་ཏུ་ལྷ་མི་སྟོང་ཚམ་ལ་ཚལ་མ་རེ་སྟོན་མོ་རེ་བྱས་ཚལ། དེ་ལ་བོད་ཀྱི་ཚེ་ཞེས་བྱ།

phyis ong jo la yos buvi lo la rgyal bu bltams. devi
phyis ong jo la yos bu vi lo la rgyal bu bltams de
后来   公主   POS 兔子 GEN 年 LOC 王子   诞生[W] DET

---

① 七乘七等于四十九天是bdun tshigs, 这里指vdun tshigs dang po的意思，即头七。

第四章　文本语法标注　121

```
           dus    na    rgyal po    ni    pho brang    brag dmar    vom bu tshal
vi         dus    na    rgyal po    ni    pho brang    brag dmar    vom bu tshal
GEN        时     LOC   王           TOP   宫殿         扎马尔         翁布园

na    bzhugs.
na    bzhugs
LOC   住[W]
```

后来，在卯年，金城公主生了一位王子。当时，国王正在扎马尔翁布园宫中。

ཕྱིས་འོང་རྩོ་ལ་ཡོས་བུའི་ལོ་ལ་རྒྱལ་བུ་བལྟམས། དེའི་དུས་ན་རྒྱལ་པོ་ནི་པོ་བྲང་བྲག་དམར་འོམ་བུ་ཚལ་ན་བཞུགས།

```
yos bu    lo    dpyid zla    ra bavi             tshes    bcu gsum    la     bab
yos bu    lo    dpyid zla    ra ba    vi         tshes    bcu gsum    la     bab
兔子      年    孟春月       范围     GEN        日       十三         ALL    到[1]

pa     na.    rgyal povi              haa shang    na re.    rgyal po    khyod    kyi
pa     na     rgyal po    vi          haa shang    na re     rgyal po    khyod    kyi
NML    LOC   王           GEN         和尚         说[W]     王          2sg      GEN

btsun mo    la     sras    byang chub sems dpar              nges       pa      gcig
btsun mo    la     sras    byang chub sems dpav    r         nges       pa      gcig
王妃        POS    儿子    菩萨                    RES       确定[W]    NML     一

btsav    bar    nges.    de     la     rim gro    skyed    cig     mchi.
btsav    ba     r        nges   de     la         rim gro  skyed   cig    mchi
降生[23] NML   OBJ      确定[W] DET   DAT       禳解     举行[24] PRT    去[23]
```

到了兔年孟春月十三日那天。国王的和尚说：已经确定大王您的王妃已经生了一位菩萨化身的王子。对此，举行诵经祝福法事！

ཡོས་བུའི་ལོ་དཔྱིད་ཟླ་ར་བའི་ཚེས་བཅུ་གསུམ་ལ་བབ་པ་ན། རྒྱལ་པོའི་ཧཱ་ཤང་ན་རེ། རྒྱལ་པོ་ཁྱོད་ཀྱི་བཙུན་མོ་ལ་སྲས་བྱང་ཆུབ་སེམས་དཔར་ངེས་པ་གཅིག་བཙའ་བར་ངེས། དེ་ལ་རིམ་གྲོ་སྐྱེད་ཅིག་མཆི།

```
nam phyed    na    mchod rten    brgya rtsa brgyad    bzhengs.    vjim pavi
nam phyed    na    mchod rten    brgya rtsa brgyad    bzhengs     vjim pa
半夜         LOC   供塔          一百零八             修建[W]      泥
```

122 藏文古文献《拔协》文本标注与语法研究

```
        lhag ma    la     ngam buvi         sku tshab    byed     ces      nas
vi      lhag ma    la     ngam bu     vi    sku tshab    byed     ces      nas
GEN     剩余       DAT    1sg         GEN   替身         做[2]    说[W]   LNK
```
半夜里，修建塑造了一百零八座佛塔，剩余的泥，造一座我的替身。

ནམ་ཕྱེད་ན་མཆོད་རྟེན་བརྒྱ་བརྒྱད་བཞེངས་འཛིམ་པའི་ལྷག་མ་ལ་ངམ་བུའི་སྐུ་ཚབ་བྱེད་ཅེས་ནས།

```
mchod rten    bre thag can    yang    brtsigs.    nang par     pho nya    byung
mchod rten    bre thag can    yang    brtsigs     nang par     pho nya    byung
供塔          索网者          也      修建[1]     第天日清晨   使者       来[1]

ste.    ong jo    la    sras    ltam    par    mchi.
ste     ong jo    la    sras    ltam    par    mchi
LNK     公主      POS   儿子    诞生[2] SER   说[23]
```
又塑造了一座饰有索网的佛塔。第二天清晨，有使者前来，报告公主生了一位王子。

མཆོད་རྟེན་བྲེ་ཐག་ཅན་ཡང་བརྩིགས། ནང་པར་པོ་ཉ་བྱུང་སྟེ། འོང་ཇོ་ལ་སྲས་ལྟམ་པར་མཆི།

```
rgyal po    vphang thang    du     byon       pa      dang.    ong jovi
rgyal po    vphang thang    du     byon       pa      dang     ong jo      vi
王          旁塘            ALL    到达[14]   NML     LNK      公主        GEN

bu    rnam① snang bzav    bzhi stengs    kyis    vphrogs    nas    vdi    nga
bu    rnam snang bzav     bzhi stengs    kyis    vphrogs    nas    vdi    nga
儿子  纳囊妃子            喜登          AGE    抢夺[1]   LNK    DET   1sg

la     skyes    so     mchi.
la     skyes    so     mchi
POS    产生[1]  END   说[23]
```
国王赶回旁塘，公主生的王子被纳囊妃子喜登抢去，说："这是我生的！"。

རྒྱལ་པོ་འཕང་ཐང་དུ་བྱོན་པ་དང་། འོང་ཇོའི་བུ་སྣམ་སྣང་བཟའ་བཞི་སྟེངས་ཀྱིས་འཕྲོགས་ནས་འདི་ང་ལ་སྐྱེས་སོ་མཆི།

```
blon po    kun    gyis    thang    rtsigs    bugpar          bu    bzhag     nas
blon po    kun    gyis    thang    rtsigs    bug pa    r     bu    bzhag     nas
臣         全     AGE    平坝     墙        洞        LOC   儿子  放置[1]   LNK
```

---

① 正字法形式为sna snam。

```
sus         thob        byed    du    bcug    bas.
su    s     thob        byed    du    bcug    bas
谁    AGE   获得[1]     做[2]   CAU   使[W]   LNK
```
全部大臣同意把王子放在敞坝的墙洞中，让她们去争抢。

བློན་པོ་ཀུན་གྱིས་ཐང་རྩེགས་ཕུབ་པར་བུ་བཞག་ནས་སུས་ཐོབ་བྱེད་དུ་བཅུག་པས།

```
ong jos             sngon   la    zin     pa      bzhi stengs   kyis    then
ong jo    s         sngon   la    zin     pa      bzhi stengs   kyis    then
公主      AGE       先      LOC   抓[W]   NML     喜登          AGE     拉[13]

pas    btang    ste    yin    dang    ngavi          ste    dre mo    khyod
pas    btang    ste    yin    dang    nga   vi       ste    dre mo    khyod
LNK    做[1]    SER    COP    LNK     1sg   GEN     DET    魔妇      2sg

zer     nas    btang.    bu     ong jo    gi     yin     par         shes.
zer     nas    btang     bu     ong jo    gi     yin     pa    r     shes
说[W]   LNK    放[1]     儿子   公主      GEN    COP     NML   OBJ   知道[W]
```
公主先抓住王子，喜登妃子来拉抢，说"这是我的"。（公主）说你这魔妇，然后松开手。于是知道儿子是公主的。

ཨོང་ཇོ་སྔོན་ལ་ཟིན་པ་བཞི་སྟེངས་ཀྱིས་ཐེན་པས་བཏང་སྟེ་ཡིན་དང་ངའི་སྟེ་དྲེ་མོ་ཁྱོད་ཟེར་ནས་བཏང་། བུ་ཨོང་ཇོ་གི་ཡིན་པར་ཤེས།

```
lo    gcig    song    tsa na    zhabs tshugs    kyi    dgav ston    byas    te
lo    gcig    song    tsa na    zhabs tshugs    kyi    dgav ston    byas    te.
岁    一      去[4]   时候      驻足             GEN    庆祝         做[1]   LNK

snam snang pas             ber     chung    re     lag    na    thogs     nas
snam snang pa    s         ber     chung    re     lag    na    thogs     nas
纳囊氏           AGE       斗篷    小       每     手     LOC   拿[W]    LNK

zhang povi            spang    du    shog     zer.
zhang po    vi        spang    du    shog     zer
舅舅        GEN       怀抱     ALL   来[W]    说[W]
```
到了一岁的时候，举行《驻足》庆宴。纳囊氏每人手中拿着一件小斗篷。说：到舅舅怀里来！

ལོ་གཅིག་སོང་ཙ་ན་ཞབས་ཚུགས་ཀྱི་དགའ་སྟོན་བྱས་ཏེ། སྣམ་སྣང་པས་བེར་ཆུང་རེ་ལག་ན་ཐོགས་ནས་ཞང་པོའི་སྤང་དུ་ཤོག་ཟེར།

124　藏文古文献《拔协》文本标注与语法研究

rgyal bu	na re	khri srong lde btsan	rgya tsha	legs.	snam snang[①]
rgyal bu	na re	khri srong lde btsan	rgya tsha	legs	snam snang
王子	说[W]	赤松德赞	外甥	COP	纳囊

zhang	gis	ci	bgyi	vtshal.	gsungs	nas	rgyavi	spang
zhang	gis	ci	bgyi	vtshal	gsungs	nas	rgya vi	spang
舅舅	AGE	什么	做[3]	请求[123]	说[14]	LNK	汉　GEN	怀抱

du	song	nas	ming	kyang	rang	gis	btags	so.
du	song	nas	ming	kyang	rang	gis	btags	so
ALL	去[4]	LNK	名字	也	自己	AGE	起名[1]	END

王子说赤松德赞是我汉地外甥，纳囊家族怎能当舅舅！说完扑到汉族亲舅怀中。名字也由自己取定。

རྒྱལ་བུ་ན་རེ་ཁྲི་སྲོང་ལྡེ་བཙན་ཆ་ལེགས།ས་སྣམ་སྣང་ཞང་གིས་ཅི་བགྱི་འཚལ།གསུངས་ནས་རྒྱའི་པང་དུ་སོང་ནས་མིང་ཀྱང་རང་གིས་བཏགས་སོ།

de	nas	rgyal bu	lo	bzhi	bzhes	pa	pho brang
de	nas	rgyal bu	lo	bzhi	bzhes	pa	pho brang
DET	ABL	王子	岁	四	到达[W]	NML	宫殿

vom bu tshal	na	bzhugs.	rgya	rjes	rgyal po	la	skyes
vom bu tshal	na	bzhugs	rgya	rje s	rgyal po	la	skyes
翁布园	LOC	住[W]	汉	王　AGE	王	DAT	礼物

chen po	skur	bavi	pho nya ba	vbav devu	la	bu
chen po	skur	ba vi	pho nya ba	vbav devu	la	bu
大	送[24]	NML GEN	使者	马窦	POS	儿子

rgya phrug gar mkhan	ming	pa	de	rgyal buvi	rtsed zlar
rgya phrug gar mkhan	ming[②]	pa	de	rgyal bu vi	rtsed zla
甲楚呷堪	名字	者	DET	王子　GEN	游伴

phul.
r phul
RES 献给[14]

此后，王子到了四岁时，住在翁布园宫中。唐皇帝派使臣马窦给国王献厚

---

① 正字法形式为sna snam。
② ming本身是名词，这里名词用作动词，意思为"命名、取名"。

礼，马窦有个儿子名叫甲楚呷堪，献给王子做游伴。

དེ་ནས་རྒྱལ་པོ་བའི་བཞེད་པ་ལ་བྱང་ཆོས་ཀྱི་ཚོས་ན་བསྒྲགས། རྒྱ་ཧྱེ་རྒྱལ་པོའི་སྙིང་ཆེན་པོར་བའི་ན་ལ་འབད་ལ་བུ་གླུ་བྱར་གར་མགན་མིང་པ་དེ་རྒྱལ་བུའི་ཆེད་བྱར་ཕུལ།

```
yab    rgyal po   dam pavi        chos    mdzad    par         bzhed
yab    rgyal po   dam pa  vi      chos    mdzad    pa   r      bzhed
父     王         正     GEN      法      做[W]    NML  OBJ    想[W]
nas    chos    rgya gar    na     grags     pas.
nas    chos    rgya gar    na     grags     pas
LNK    法      天竺       LOC     传播[W]   LNK
```

父王主张弘扬圣洁的佛法，而佛法在天竺传播。

ཡབ་རྒྱལ་པོ་དགའ་བའི་ཆོས་མཛད་པར་བཞེད་ནས་ཆོས་རྒྱ་གར་ན་གྲགས་པས།

```
rgya gar   gyi    rgyal povi        thugs    bzung    bavi           don    du
rgya gar   gyi    rgyal po  vi      thugs    bzung    ba   vi        don    du
天竺       GEN    王        GEN    心        抓[1]    NML  GEN       事情   PUR
skyes   dang    pho nya ba     lho    bal         du    rdzangs①    pas.
skyes   dang    pho nya ba     lho    bal         du    rdzangs      pas
礼物    COO     使者          南      尼泊尔      ALL   派遣[1]     LNK
```

为了使天竺国王欢喜，送使者和礼品到尼泊尔南边。

རྒྱ་གར་གྱི་རྒྱལ་པོའི་ཐུགས་བཟུང་བའི་དོན་དུ་སྐྱེས་དང་ཕོ་ཉ་བ་ལྷོ་བལ་དུ་རྫངས་པས།

```
shul    deng vphabs    kyi     vphrang    du     sgung phabs    dgong    bdun
shul    deng vphabs    kyi     vphrang    du     sgung phabs    dgong    bdun
路途    登坡           GEN     狭路       LOC    大雪           晚       七
bab.    vtsho ba    chad    nas    gnam    du     bltas    pas.   bya    lnga   vphur
bab     vtsho ba    chad    nas    gnam    du     bltas    pas    bya    lnga   vphur
下[1]   干粮        断[1]   LNK    天空    ALL    看[1]    LNK    鸟     五     飞[23]
ba    la    mdav    bzhi    dus    gcig    tu    vphangs    nas    bya    bzhi
ba    la    mdav    bzhi    dus    gcig    tu    vphangs    nas    bya    bzhi
NML   DAT   箭      四      时     一      LOC   发射[1]    LNK    鸟     四
```

---

① 正字法形式为rdzangs。

dus gcig tu bkum.
dus gcig tu bkum
时 一 LOC 死[1]

途中，在"登坡"险道处，大雪下了七天七夜，断了干粮，向天空看时，向五只飞着的鸟同时发射四支箭，四只鸟同时死了。

རྒྱལ་བུ་འཕགས་པའི་ལྷུང་བ་དགོན་བདུན་བབ། འཚོ་ཆད་ནས་གནམ་དུ་བལྟས་པས། བྱ་འཕུར་བ་ལྔ་མདའ་བཞི་དུས་གཅིག་ཏུ་འཕངས་ནས་བྱ་བཞི་དུས་གཅིག་ཏུ་བཀུམ།

de gnod pa che bar   kun gyis gleng   ba   de. rgyal bu
de gnod pa che ba r   kun gyis gleng   ba   de rgyal bu
DET 灾害   大   DAT   全   AGE 谈论[23] NML LNK 王子

brag dmar rdzing gong na   brtse bas gsan rtsed zla khyung po tse tse.
brag dmar rdzing gong na   brtse bas gsan rtsed zla khyung po tse tse
扎马尔   池塘   LOC 玩[3] LNK 听[W] 游伴   琼保·孜孜

khyung po dum tshugs. cog ro smon lam vbar. rgya phrug gar mkhan dang
khyung po dum tshugs   cog ro smon lam vbar   rgya phrug gar mkhan dang
琼保·都促   焦拉·孟拉巴   甲楚呷堪   PRT

lnga rdzing nang na   brtsed[①]   bavi   vdam khrod rkang pavi
lnga rdzing nang na   brtses   ba   vi   vdam khrod rkang pa
五   池塘   里 LOC   玩[1]   NML GEN   泥   里   脚

        vog nas   srin bu dmar nar nar byung bas
vi   vog nas   srin bu dmar nar nar byung bas
GEN   下 ABL   虫子   红   长条形的 来[1] LNK

对这大的罪孽，大家都在谈论。王子在扎马尔的池塘前玩，听到后，他和游伴琼保·孜孜、琼保·都促、焦拉·孟拉巴、甲楚呷堪等五人在池塘里玩，从脚下烂泥中爬出长条形的红色虫子。

དེ་གནོད་པ་ཆེ་བར་ཀུན་གྱིས་གླེང་བ་དེ། རྒྱལ་བུ་བྲག་དམར་རྫིང་གོང་ན་བརྩེ་བས་གསན། རྩེད་ཟླ་ཁྱུང་པོ་ཙེ་ཙེ། ཁྱུང་པོ་དུམ་ཚུགས། ཅོག་རོ་སྨོན་ལམ་འབར། རྒྱ་ཕྲུག་གར་མཁན་དང་ལྔ་རྫིང་ནང་ན་བརྩེད་བའི་འདམ་ཁྲོད་རྐང་པའི་འོག་ནས་སྲིན་བུ་དམར་ནར་ནར་བྱུང་བས།

---

① brtsed正字法形式为brtses，过去时形式。

第四章 文本语法标注 127

rgyal bu	na re	deng vphabs	kyi	vphrang	du	vbav devus
rgyal bu	na re	deng vphabs	kyi	vphrang	du	vbav devu s
王子	说[W]	登坡	GEN	狭路	LOC	马窦 AGE

dus	gcig	la	phog ron	bzhi	bsad	pa	de	gnod pa	chevo
dus	gcig	la	phog ron	bzhi	bsad	pa	de	gnod pa	che
时	一	LOC	鸽子	四	杀[1]	NML	DET	灾害	大

	mchi	na.	srin	vdi	kun	gsad	na	gnod pa	chevam
vo	mchi	na	srin	vdi	kun	gsad	na	gnod pa	che
END	去[23]	COD	虫子	DET	全	杀[3]	COD	灾害	大

	mi	che	zer.
vam	mi	che	zer
QU	NEG	大	说[W]

王子说:"在登坡险道那里,马窦同时射死四只鸽子,这是很大罪孽的话,把这些虫子全都杀死,罪孽大不大?"

རྒྱལ་བུ་རེ་དེང་འཕབས་ཀྱི་འཕྲང་དུ་འབའ་དེ། ①དུས་གཅིག་ལ་ཕུག་རོན་བཞི་བསད་པ་དེ་གནོད་པ་ཆེ་མཆོ་མ། སྲིན་འདི་ཀུན་གསད་ན་གནོད་པ་ཆེའམ་མི་ཆེ་ཟེར།

dum tshugs	kyis	mchid	nas	vdi	lta buvi		ma nyes pa	gsad
dum tshugs	kyis	mchid	nas	vdi	lta bu	vi	ma nyes pa	gsad
都促	AGE	话	ABL	DET	如	GEN	无危害物	杀[3]

na	shin tu	sdig	che.	tshur	gnod pa	byed	pa	dang	nya
na	shin tu	sdig	che	tshur	gnod pa	byed	pa	dang	nya
COD	非常	罪孽	大	这边	灾害	做[2]	NML	LNK	鱼

gsad	na	phyugs	bzan	vphel	zer.
gsad	na	phyugs	bzan	vphel	zer
杀[3]	COD	牧业	草料	发展[W]	说[W]

都促说:"如果杀了这些无害的东西,罪孽非常大。反过来,做侵害的事,杀之的话对牧草生长好。"

དུམ་ཚུགས་ཀྱིས་མཆིད་ནས་འདི་ལྟ་བུའི་མ་ཉེས་པ་གསད་ན་ཤིན་ཏུ་སྡིག་ཆེ། ཚུར་གནོད་པ་བྱེད་པ་དང་ཉ་གསད་ན་ཕྱུགས་བཟན་འཕེལ་ཟེར།

---

① 根据上下文,此处分音点多余。

128 藏文古文献《拔协》文本标注与语法研究

rgya phrug	skad	nas	rgyavi		hur byavi		gtsug lag	las.
rgya phrug	skad	nas	rgya	vi	hur bya	vi	gtsug lag	las
甲楚	话	ABL	汉	GEN	乎尔加	GEN	经典	ABL

vdi	lta bu	skum	na	te bor	sdig pa	che	mchi	zer.
vdi	lta bu	skum	na	te bor	sdig pa	che	mchi	zer
DET	如	死[23]	COD	非常	罪孽	大	来[23]	说[W]

甲楚说："汉地的一部叫《乎尔加》的经典中说如此死去的话，罪孽非常大。"

རྒྱ་ཕྲུག་གི་སྐད་ནས་རྒྱའི་ཧུར་བྱའི་གཙུག་ལག་ལས། འདི་ལྟ་བུ་སྐུམ་ན་དེ་བོར་སྡིག་པ་ཆེ་མཆི་ཟེར།

rgyal bu	na re	hur byavi		gtsug lag	na	ji	skad	vbyung
rgyal bu	na re	hur bya	vi	gtsug lag	na	ji	skad	vbyung
王子	说[W]	乎尔加	GEN	经典	LOC	怎样	话	来[23]

gsung	ba	la.	rgya phrug gar mkhan		sang shis		mchid	nas.
gsung	ba	la	rgya phrug gar mkhan		sang shi	s	mchid	nas
说[23]	NML	LNK	甲楚呷堪		桑喜	AGE	话	ABL.

dge ba bcuvi		chos	gcig	snyan	du	gsol		nas.
dge ba bcu	vi	chos	gcig	snyan	du	gsol		nas
十善	GEN	法	一	耳朵	ALL	禀报[W]		LNK

王子问："在《乎尔加》的经典中，说了些什么话？"甲楚呷堪桑喜对他禀报说一个十善的佛法。

རྒྱལ་བུ་ན་རེ་ཧུར་བྱའི་གཙུག་ལག་ན་ཇི་སྐད་འབྱུང་གསུང་བ་ལ། རྒྱ་ཕྲུག་གར་མཁན་སང་ཤིས་མཆིད་ནས་དགེ་བ་བཅུའི་ཆོས་གཅིག་སྙན་དུ་གསོལ་ནས།

dus	rtag tu	de	gleng	ba	kun	gyis	tshor	bas.	vdi
dus	rtag tu	de	gleng	ba	kun	gyis	tshor	bas	vdi
时	经常	DET	谈论[23]	NML	全	AGE	知道[W]	LNK	DET

sgom	zhes	mos	nas.	rgyal bu	chos	dgav	zer	bas.
sgom	zhes	mos	nas	rgyal bu	chos	dgav	zer	bas
修行[2]	QM	商量[W]	LNK	王子	法	喜欢[W]	说[W]	LNK

sgrom bu	bskur	nas	sang shi	dang	mi	bzhi	rgyavi	
sgrom bu	bskur	nas	sang shi	dang	mi	bzhi	rgya	vi
盒子	送[13]	LNK	桑喜	COO	人	四	汉	GEN

第四章 文本语法标注 129

gtsug lag	de	len	du	pho nyar		btang.
gtsug lag	de	len	du	pho nya	r	btang
经典	DET	取[2]	PUR	使者	RES	派[1]

经常谈论这事，大家听见了，同意修习此法。王子说喜欢佛法。携带礼物，派桑喜和四人作为使臣，到汉地去取汉地的经典。

དུས་རྒྱུན་དུ་དེ་སྐྱེད་པ་ཀུན་གྱིས་ཚོར་བས། འདི་སློབ་ཞེས་མོལ་ནས། རྒྱལ་བུ་ཆོས་དགའ་ཟེར་བས། སློབ་བུ་བསྐྱར་ནས་སང་ཤི་དང་མི་བཞིའི་རྒྱའི་གཙུག་ལག་དེ་ལེན་དུ་ཕོ་ཉར་བཏང་།

bkav	bzhin	du	grub	na	bya dgav	byin	no.	ma
bkav	bzhin	du	grub	na	bya dgav	byin	no	ma
命令	如	DAT	完成[1]	COD	奖赏	给[W]	END	NEG

grub	na	skum	mo	byas	te	btang.
grub	na	skum	mo	byas	te	btang
完成[1]	COD	杀死[2]	END	做[1]	LNK	派[1]

如果遵令完成任务，给奖赏，不能完成的话，就处死，以此派出使者。

བགའ་བཞིན་དུ་བྱ་དགའ་བྱིན་ནོ། མ་གྲུབ་ན་སྐུམ་མོ་བྱས་ཏེ་བཏང་།

de	nas	kevu levu	yi	vphrang	la	phyin.	devi	dus
de	nas	kevu levu	yi	vphrang	la	phyin	de	vi	dus
DET	ABL	格吾柳	GEN	狭路	ALL	去[1]	DET	GEN	时

su	rgya rjevi	spyan snga	na	bum sangs dbang povi
su	rgya rje vi	spyan snga	na	bum sangs dbang po vi
LOC	汉 王 GEN	HON 前	LOC	布桑旺保 GEN

drung	na	ju zhag	mkhas pa	gcig	na re.	da ste	zla ba	gsum
drung	na	ju zhag	mkhas pa	gcig	na re	da ste	zla ba	gsum
前	LOC	星算学	专家	一	说[W]	现在	月	三

na	nub phyogs	nas	byang chub sems dpav	gcig	vdir
na	nub phyogs	nas	byang chub sems dpav	gcig	vdi	r
LOC	西方	ABL	菩萨	一	DET	ALL

pho nyar	vong	mchi.
pho nya	r	vong	mchi
使者	RES	来[23]	去[23]

此后，去到格吾柳隘口的时候，唐朝皇帝跟前的大臣布桑旺保，有一个星算学专家，他说：从现在算起，在三个月内，一位菩萨化身的使臣从西方来到这里。

དེ་ནས་གོའུ་ལེའུ་འཕྲང་ལ་ཕྱིན། དེའི་དུས་སུ་རྒྱའི་རྗེའི་སྙན་སྔ་ན་ཕྱག་མངས་དབང་པོ་བྱུང་ན་ད་ཟླ་མངས་པ་གཅིག་ན་རེ། ད་སྟེ་ཟླ་བ་གསུམ་ན་བྱུན་ཚུགས་ནས་བྱང་ཆུབ་སེམས་དཔའ་གཅིག་འདིར་ཕོ་ཉར་འོང་ངོ་མཆི།

de	ci	vdra	byas	pas.	devi		sha tshugs	dang	rtags
de	ci	vdra	byas	pas	de	vi	sha tshugs	dang	rtags
DET	什么	像	做[1]	LNK	DET	GEN	形体	COO	特征

vdi	vdravo		mchi	nas	vbag	gcig	bris.
vdi	vdra	vo	mchi	nas	vbag	gcig	bris
DET	像	END	来[23]	LNK	画像	一	写[14]

旺保问道："那像什么样？"根据形体和特征画一幅画像。

དེ་ཅི་འདྲ་བྱས་པས། དེའི་ག་ཚུགས་དང་རྟགས་འདི་འདྲ་བོ་མཆི་ནས་འབག་གཅིག་བྲིས།

dbang pos		de	rgya	rjevi		snyan	du	gsol	pas.
dbang po	s	de	rgya	rje	vi	snyan	du	gsol	pas
布桑旺保	AGE	DET	汉	王	GEN	耳朵	ALL	禀报[W]	LNK

rjes		pho nya	btang	nas	de	de	ru	sdod	du
rje	s	pho nya	btang	nas	de	de	ru	sdod	du
王	AGE	使者	派[1]	LNK	DET	DET	LOC	停止[24]	CAU

ma	gzhug	par.	de	la	rim gro	bskyed	la	mar	ngavi
ma	gzhug	par	de	la	rim gro	bskyed	la	mar	nga
NEG	让[3]	LNK	DET	DAT	供奉	扩大[13]	LNK	下	1sg

	drung	du	thongs	bya	ba	byung.
vi	drung	du	thongs	bya	ba	byung
GEN	前	ALL	让来[W]	做[3]	SER	来[1]

布桑旺保将此事上奏汉地皇帝，皇帝派使者去迎接，不要让他们停止，给他们供奉，下来后，让他到我的跟前来！

དབང་པོས་དེ་རྒྱའི་རྗེའི་སྙན་དུ་གསོལ་པས། རྗེས་ཕོ་ཉ་བཏང་ནས་དེ་དེ་རུ་སྡོད་དུ་མ་གཞུག་པར། དེ་ལ་རིམ་གྲོ་བསྐྱེད་ལ་མར་ངའི་དྲུང་དུ་ཐོངས་བྱ་བ་བྱུང་།

第四章 文本语法标注 131

pho nya	de	dus	su	byung	nas	de	la	rgyavi
pho nya	de	dus	su	byung	nas	de	la	rgya vi
使者	DET	时	LOC	来[1]	LNK	DET	DAT	汉 GEN

haa shang	gis	phyag	byas	te	bsgo	ba	bzhin	du	byas
haa shang	gis	phyag	byas	te	bsgo	ba	bzhin	du	byas
和尚	AGE	HON	做[1]	LNK	吩咐[3]	NML	如	DAT	做[1]

mar	btang	bas	rgya	rjes		kyang	de	la	phyag	byas
mar	btang	bas	rgya	rje	s	kyang	de	la	phyag	byas
下	做[1]	LNK	汉	王	AGE	也	DET	DAT	HON	做[1]

pa   dang.
pa   dang
NML LNK

使臣如期来到，汉族和尚向他们施礼后，按吩咐带到皇帝驾前，皇帝也向他们施礼。

བོ་ཉ་དེ་དུས་སུ་བྱུང་ནས་དེ་ལ་རྒྱའི་ཧཱ་ཤང་གིས་ཕྱག་བྱས་ཏེ་བསྒོ་བ་བཞིན་དུ་བྱས་མར་བཏང་བས་རྒྱ་རྗེས་ཀྱང་དེ་ལ་ཕྱག་བྱས་པ་དང་།

pho nyas		rgya	rje	la	btsan povi		sgrom bu	phul.
pho nya	s	rgya	rje	la	btsan po	vi	sgrom bu	phul
使者	AGE	汉	王	DAT	赞普	GEN	盒子	献给[14]

rgya	rjes		sgrom bu	dang	sbyar	nas	brdzong	bar
rgya	rje	s	sgrom bu	dang	sbyar	nas	brdzong	ba
汉	王	AGE	盒子	COM	按照[13]	LNK	送[W]	NML

	vchad	byas	te
r	vchad	byas	te
OBJ	决定[234]	做[1]	LNK

使者向汉地皇帝献上赞普的信函，皇帝决定按信中所请办理。

བོ་ཉས་རྒྱ་རྗེ་ལ་བཙན་པོའི་སྒྲོམ་བུ་ཕུལ། རྒྱ་རྗེས་སྒྲོམ་བུ་དང་སྦྱར་ནས་བརྫོང་བར་འཆད་བྱས་ཏེ།

rgya	rje	na re	khyod	vbav devuvi		bu	yin	na	vdir
rgya	rje	na re	khyod	vbav devu	vi	bu	yin	na	vdi
汉	王	说[W]	2sg	马窦	GEN	儿子	COP	COD	DET

132 藏文古文献《拔协》文本标注与语法研究

```
              ngavi      nang   blon   bgyi   mi    rung   ngam   gsungs.
r    nga  vi   nang   blon   bgyi   mi    rung   ngam   gsungs
LOC  1sg  GEN  内     臣     做[3]  NEG   AUX   QU    说[14]
```

汉皇帝说："你是马窦的孩子，在这里做我的内臣不好吗？"

རྒྱ་རྗེ་ན་རེ་ཁྱོད་པ་བལ་དེའི་བུ་ཡིན་ན་འདིར་བའི་ནང་བློན་བགྱི་མི་རུང་ངམ་གསུངས།

```
de    la    bsams   pas    nga   vdir         vdug    na    tshe  vdi   la
de    la    bsams   pas    nga   vdi    r     vdug    na    tshe  vdi   la
DET   OBJ   想[1]   LNK    1sg   DET    LOC   EXI     COD   生    DET   LOC

ni    skyid      de.    bod    yul    du     lha    chos    bzang povi
ni    skyid      de     bod    yul    du     lha    chos    bzang po  vi
TOP   快活[W]    LNK    吐蕃   地方   LOC    佛     法      好         GEN

khungs   vbyung   bavi                phyir   sangs rgyas   kyi   bstan pavi
khungs   vbyung   ba    vi            phyir   sangs rgyas   kyi   bstan pa
源头     成为[23] NML   GEN           原因    佛陀          GEN   佛法

         dpe    tsam    gcig   btsan povi        phyag   du    phul    la.
vi       dpe    tsam    gcig   btsan po   vi     phyag   du    phul    la
GEN      例     点      一     赞普       GEN    手      ALL   献给[14] LNK

slad kyis     thabs byas    la     snyan   du    gsol       snyam       ste.
slad kyis     thabs byas    la     snyan   du    gsol       snyam       ste
今后          办法          OBJ    耳朵    ALL   禀报[W]    想[W]       LNK
```

对此心想，我如果留在内地，今生中呢快活，但是，在吐蕃地方，为了能成为好的佛法的源头的原因，要把佛教一些经典送到赞普的手中，然后向[赞普]禀报今后的做法。

དེ་ལ་བསམས་པས་ང་འདིར་འདུག་ན་ཚེ་འདི་ལ་ནི་སྐྱིད་དེ། བོད་ཡུལ་དུ་ལྷ་ཆོས་བཟང་པོའི་ཁུངས་འབྱུང་བའི་ཕྱིར་སངས་རྒྱས་ཀྱི་བསྟན་པའི་དཔེ་ཚམ་གཅིག་བཙན་པོའི་ཕྱག་ཏུ་ཕུལ་ལ་སླད་ཀྱིས་ཐབས་བྱས་ལ་སྙན་དུ་གསོལ་སྙམ་སྟེ།

```
bdag   vdir         bsdad     par    gnang    ba    ni    bkav drin   che
bdag   vdi    r     bsdad     par    gnang    ba    ni    bkav drin   che
1sg    DET    LOC   待[13]    SER    做[W]    NML   TOP   恩情        大

na.    bod    kyi    btsan povi          bkav   nan cher     gsal.    bdag
na     bod    kyi    btsan po   vi       bkav   nan cher     gsal     bdag
COD    吐蕃   GEN    赞普       GEN      命令   非常         清楚[W]  1sg
```

gi	pha	stobs	las	kyis	gum	na	blo ba	la	gcags	slar
gi	pha	stobs	las	kyis	gum	na	blo ba	la	gcags	slar
GEN	父亲	勇气		INS	死[W]	COD	心	LOC	置放[13]	又

bod	du	mchi	la	pha	dang	gros	byas	thabs	kyis
bod	du	mchi	la	pha	dang	gros	byas	thabs	kyis
吐蕃	ALL	去[23]	LNK	父亲	COM	商量	做[1]	方法	INS

vbangs	su	mchivo		zhus	pas.
vbangs	su	mchi	vo	zhus	pas
臣民	RES	去[23]	END	请求[14]	LNK

请求道：我待在这里呢，恩情非常大，吐蕃的赞普的命令非常清楚。处死父亲的话，心中悲切。返回吐蕃去，与父亲商量，设法前来做臣民。

བདག་འདིར་བསྡད་པར་གནང་བ་ནི་བཀའ་དྲིན་ཆེ་ཞོ། བོད་བཙན་པོའི་བཀའ་ནན་ཆེར་གསལ། བདག་གི་སྲོང་ལས་ཀྱིས་གུན་ན་སློ་བ་ལ་གཅགས།
སྨར་བོད་དུ་མཆི་ལ་ཕ་དང་གྲོས་བྱས་ཏེ་ཐབས་ཀྱིས་འབངས་སུ་མཆིའོ་ཞུས་པས།

rgya	rje	na re	ngavi		snying	du	khyod	las	sdug pa
rgya	rje	na re	nga	vi	snying	du	khyod	las	sdug pa
汉	王	说[W]	1sg	GEN	心	LOC	2sg	COT	美丽

ni	ma	byung	na.	khyod	bya dgar		ci	vdod.
ni	ma	byung	na	khyod	bya dgav	r	ci	vdod
TOP	NEG	来[1]	COD	2sg	奖赏	DAT	什么	想[W]

汉皇帝说：我的心中，除了你之外，其他喜欢的没有，你对奖赏想要什么[都可以]。

རྒྱ་རྗེ་ན་རེ་ངའི་སྙིང་དུ་ཁྱོད་ལས་སྡུག་པ་ནི་མ་བྱུང་། ཁྱོད་བྱ་དགར་ཅི་འདོད།

pho nyavi		mchid	nas	bya dgav		gnang	na.	sangs rgyas
pho nya	vi	mchid	nas	bya dgav		gnang	na	sangs rgyas
使者	GEN	话	ABL	奖赏		赐[W]	COD	佛陀

kyi	gsung rab	bam po	stong	zhuvo		mchi	ba	dang.
kyi	gsung rab	bam po	stong	zhu	vo	mchi	ba	dang
GEN	佛经	卷	千	请求[23]	END	说[23]	NML	LNK

使臣禀道：若要赏赐的话，请求赐给千部佛教的经书。

ཕོ་ཉའི་མཆིད་ནས་གནང་ན། སངས་རྒྱས་ཀྱི་གསུང་རབ་བམ་པོ་སྟོང་ཞུའོ་མཆི་བ་དང་།

134 藏文古文献《拨协》文本标注与语法研究

rgya	rje	na re	khyod	kevu levu	yi	vphrang	la	vong	ba
rgya	rje	na re	khyod	kevu levu	yi	vphrang	la	vong	ba
汉	王	说[W]	2sg	格吾柳	GEN	狭路	ALL	来[23]	NML
na	yang	gnod pa	ma	byas	par	rim gror		cher	byas.
na	yang	gnod pa	ma	byas	par	rim gro	r	che	r	byas
LOC	也	灾害	NEG	做[1]	LNK	禳解		OBJ	大	RES	做[1]

你到达格吾柳隘口时，也没有遇到扰害，反而给予很大的敬奉。

རྒྱ་རྗེ་ན་རེ་ཁྱོད་གེའུ་ལེའུ་ཡི་འཕྲང་ལ་ཡང་གནོད་པ་མ་བྱས་པར་རིམ་གྲོར་ཆེར་བྱས།

bum sangs dbang po		na re.	khyod	bo dhi sa twavi		sprul pa
bum sangs dbang po		na re	khyod	bo dhi sa twa	vi	sprul pa
布桑旺保		说[W]	2sg	菩提萨埵	GEN	化身
vong	ba	mchi.	haa shang	mngon shes can	gyis	kyang	khyod
vong	ba	mchi	haa shang	mngon shes can	gyis	kyang	khyod
来[23]	SER	EXI	和尚	神通者	AGE	也	2sg
la	phyag	byas	khyod	kyi	spyod pa	dang	sbyar	na
la	phyag	byas	khyod	kyi	spyod pa	dang	sbyar	na
DAT	HON	做[1]	2sg	GEN	行为	COM	按照[13]	COD
sangs rgyas	kyi	lung	nas	lnga brgyavi		tha ma	la.
sangs rgyas	kyi	lung	nas	lnga brgya	vi	tha ma	la
佛陀	GEN	佛理	ABL	五百	GEN	最后	LOC
gdong dmar	gyi	yul	du	dam pavi		chos	kyi	khungs
gdong dmar	gyi	yul	du	dam pa	vi	chos	kyi	khungs
脸红	GEN	地方	LOC	圣洁	GEN	法	GEN	源头
vbyin	pavi		dge bavi		bshes gnyen	vong	bar
vbyin	pa	vi	dge ba	vi	bshes gnyen	vong	bar
来[2]	NML	GEN	善	GEN	知识	来[23]	LNK
lung bstan pa	de	khyod	yin	par		gor ma chag.	ngas
lung bstan pa	de	khyod	yin	pa	r	gor ma chag	nga	s
授记	DET	2sg	COP	NML	OBJ	无疑[W]	1sg	AGE

kyang grogs byavi① zer
kyang grogs bya vo zer
也　　帮手　　做[3]　END　说[W]

布桑旺保说：你是菩提萨埵的化身。神通的和尚也向您施礼。根据您的行为，从佛理中说，在最后的五百里，在红脸人的地方，出现圣洁佛法的源头的善知识。这个佛无疑就是您了。我来做帮手！

བྲུས་སངས་དབང་པོ་ན་རེ། ཁྱོད་པོ་རྗེ་བྱང་ཆུབ་སེམས་དཔའི་སྤྲུལ་པ་འོང་བ་འཚི། དུ་གང་མངོན་ཤེས་ཅན་གྱིས་ཀྱང་ཁྱོད་ཀྱི་གསོལ་བ་དང་སྦྱར་བ་སངས་རྒྱས་ཀྱི་ལུང་ནས་ལྔ་བརྒྱའི་ཐ་མ་ལ། གདོང་དམར་གྱི་ཡུལ་དུ་དམ་པའི་ཆོས་ཀྱི་ཁུངས་འབྱེད་པའི་དགེ་བའི་བཤེས་གཉེན་འོང་བར་ལུང་བསྟན་པ་དེ་ཁྱོད་ཡིན་པར་གོར་མ་ཆག ངས་ཀྱང་གྲོགས་བྱའི་ཟེར།

thing shog　la　gser chus　　bris　　pavi　　chos　bam po
thing shog　la　gser chu s　bris　pa vi　　chos　bam po
蓝纸　　LOC　金水　　INS　写[14]　NML　GEN　法　卷

stong　gnang.　bya dgav　gzhan　yang　che thang　du　gnang nas
stong　gnang　bya dgav　gzhan　yang　che thang　du　gnang nas
千　　赐[W]　奖赏　　其他　也　格外　　RES　赐[W]　LNK

pho nya lnga slar bod yul du mchi bavi lam na.
pho nya lnga slar bod yul du mchi ba vi lam na
使者　五　又　吐蕃　地方　ALL　去[23]　NML　GEN　路途　LOC

pha vong　mgron bu　rgyu　mi　phod　pa　sus　　mthong
pha vong　mgron bu　rgyu　mi　phod　pa　su s　mthong
巨石　　旅客　　走[W]　NEG　AUX　NML　谁　AGE　看见[W]

ba　de　sbos　　grir vgum　pa yod　do.
ba　de　sbos　　grir vgum　pa yod　do
NML　DET　肿胀[W]　暴死　　EXP　END

赏赐了一千部在蓝色纸上金水写的佛法，还格外赐给了许多其他物品。五位使者返回吐蕃的途中，巨石挡路，旅客不敢走，谁看见，肿胀而死。

ཐིང་ཤོག་ལ་གསེར་ཆུས་བྲིས་པའི་ཆོས་བམ་པོ་སྟོང་གནང་། བྱ་དགའ་གཞན་ཡང་ཆེ་ཐང་དུ་གནང་ནས། ཕོ་ཉ་ལྔ་སླར་བོད་ཡུལ་དུ་མཆི་བའི་ལམ་ན། ཕ་འོང་མགྲོན་བུ་རྒྱུ་མི་ཕོད་པ་སུས་མཐོང་བ་དེ་སྦོས་གྲིར་འགུམ་པ་ཡོད་དོ།

---

① byavi应该为byavo。

de	grong khyer	eg cuvi		nyi ma	haa shang	stag	la
de	grong khyer	eg cu	vi	nyi ma	haa shang	stag	la
DET	城镇	艾久	GEN	尼玛	和尚	肩颈	LOC
ga sha	bkal	ba	de	mkhan por	bskos	nas.	eg bcur
ga sha	bkal	ba	de	mkhan po r	bskos	nas	eg bcu
绊胸索	悬挂[1]	NML	DET	堪布 RES	任命[1]	LNK	艾久
	vongs nas	pha vong	bskum	nas	lha khang	rtsigs	pa.
r	vongs nas	pha vong	bskum	nas	lha khang	rtsigs	pa
ALL	来[1] LNK	巨石	弄碎[1]	LNK	佛堂	修建[4]	NML

艾久镇的尼玛和尚，在肩颈上套着绊胸索，被任命为堪布。来到艾久后，打碎巨石，修建了佛堂。

དེ་གྲོང་ཁྱེར་ཨེག་ཅུའི་ཉི་མ་ཧཱ་ཤང་སྟག་ལ་ག་ཤ་བཀལ་བ་དེ་མཁན་པོར་བསྐོས་ནས། ཨེག་བཅུར་འོངས་ནས་ཕ་བོང་བསྐུམས་ནས་ལྷ་ཁང་རྩིགས་པ།

pho nya bas	sgom	lung	mnos	nas.	ngavi	pha
pho nya ba s	sgom	lung	mnos	nas	nga vi	pha
使者 AGE	修行[2]	口传	取[14]	LNK	1sg GEN	父亲
dang	vphrad	dam.	bod	du	mthar	sangs rgyas	kyi
dang	vphrad	dam	bod	du	mthav r	sangs rgyas	kyi
COM	相遇[23]	END	吐蕃	LOC	最后 LOC	佛陀	GEN
chos	tshugs	sam.	bod	du	sangs rgyas	kyi	gsungs rab
chos	tshugs	sam	bod	du	sangs rgyas	kyi	gsungs rab
法	建立[W]	QU	吐蕃	LOC	佛陀	GEN	经典
bsgrags	na	bod	kyi	bgegs srin	srog	la	sdo ba	mi
bsgrags	na	bod	kyi	bgegs srin	srog	la	sdo ba	mi
宣布[W]	COD	吐蕃	GEN	鬼神	生命	DAT	危害	NEG
vbyung	ngam.	btsan po	yab	sras	bde	vam	dris	bas.
vbyung	ngam	btsan po	yab	sras	bde	vam	dris	bas
成为[23]	QU	赞普	父亲	儿子	请安[W]	QU	问[14]	LNK

使者接受修行佛理。问道：能和我的父亲相遇吗？如果在吐蕃传扬佛法，吐蕃鬼神对生命不危害吗？赞普父子平安吗？

ཕོ་ཉ་བས་སྒོམ་ལུང་མནོས་ནས། ངའི་པ་དང་འཕྲད་དམ། བོད་དུ་མཐར་སངས་རྒྱས་ཀྱི་ཆོས་ཚུགས་སམ། བོད་དུ་སངས་རྒྱས་ཀྱི་གསུང་རབ་བསྒྲགས་ན་བོད་ཀྱི་བགེགས་སྲིན་སྲོག་ལ་མི་འབྱུང་ངམ། བཙན་པོ་ཡབ་སྲས་བདེ་འམ་ཞེས་དྲིས་པའོ།

第四章 文本语法标注

devi	mngon shes	kyis	bltas	pas	btsan po	sku	gshegs.
de vi	mngon shes	kyis	bltas	pas	btsan po	sku	gshegs
DET GEN	神通	INS	看[1]	LNK	赞普	身体	死[W]

rgyal bu	sku	nar	ma	son	pas	blon	nag po	la
rgyal bu	sku	na r	ma	son	pas	blon	nag po	la
王子	HON	年龄 RES	NEG	到达[W]	LNK	臣	黑业	OBJ

dgav	bas	khrims	bu chung	bcas	nas	chos	gshig.
dgav	bas	khrims	bu chung	bcas	nas	chos	gshig
喜欢[W]	LNK	法	布琼	制定[1]	LNK	法	灭[1]

brag dmar	vgrin bzang	bya	bavi		thugs dam	gcig	vdug
brag dmar	vgrin bzang	bya	ba	vi	thugs dam	gcig	vdug
扎马尔	真桑	做[3]	NML	GEN	本尊佛	一	EXI

pa	rmang	nas	vgyel.
pa	rmang	nas	vgyel
NML	根基	ABL	推毁[W]

用他的神通观察，赞普已经去世，王子尚未成年。大臣喜欢黑业，制定'布琼'法典，发起灭法，从根基上拆毁了扎玛尔的真桑本尊佛。

དེའི་མངོན་ཤེས་ཀྱིས་བལྟས་པས་བཙན་པོ་སྐུ་གཤེགས། རྒྱལ་བུ་སྐུ་ན་ར་མ་སོན་པས་བློན་ནག་པོ་ལ་དགའ་བས་ཁྲིམས་བུ་ཆུང་བཅས་ནས་ཆོས་གཤིག དབྲག་དམར་འགྲིན་བཟང་བྱ་བའི་ཐུགས་དམ་གཅིག་འདུག་པ་རྨང་ནས་འགྱེལ།

khyod	kyis	btsan povi		zhabs vbring pa	mdzod①	la.	slad kyis
khyod	kyis	btsan po	vi	zhabs vbring pa	mdzod	la	slad kyis
2sg	AGE	赞普	GEN	侍奉	做[W]	LNK	今后

rgyal bu	de	sku	nar		son	pa	dang.	devi
rgyal bu	de	sku	na	r	son	pa	dang	de vi
王子	DET	HON	年龄	RES	到达[W]	NML	LNK	DET GEN

zhal	nas	mu stegs	byed	kyi	chos	gcig	gleng	du
zhal	nas	mu stegs	byed	kyi	chos	gcig	gleng	du
口	ABL	外道	做[2]	GEN	法	一	谈论[23]	PUR

---

① mdzod应该为mdzad。

vong cig
vong cig
来[23] PRT

你要做赞普的侍奉。此后，王子成年后，他会来和你谈起各种外道教法。

ཁྱོད་ཀྱིས་བཙན་པོའི་ཞབས་འབྲིང་མཛོད་ཅིག སྔད་ཀྱིས་རྒྱལ་བུ་དེ་སྐུ་ནར་སོན་པ་དང་། དེའི་ཞལ་ནས་མུ་སྟེགས་ཅན་གྱི་ཆོས་མཆན་བྱེད་དུ་འོང་ཞིག

de	tsa	na	vdi	snyan	du	gsol	dang.	de	la	rgyal bu
de	tsa	na	vdi	snyan	du	gsol	dang	de	la	rgyal bu
DET	时候	DET	耳朵	ALL	禀报[W]	LNK	DET	DAT	王子

dad pa	skyed	cing.	devi	rjes	la	vdi	snyan	du
dad pa	skyed	cing	de vi	rjes	la	vdi	snyan	du
信仰	产生[24]	LNK	DET GEN	后面	LOC	DET	耳朵	ALL

gsol	dang.	dad pa	cher	skyevi.	devi
gsol	dang	dad pa	che r	skye vo	de vi
禀报[W]	LNK	信仰	大	RES 产生[23]	END DET GEN

rjes	la	vdi	snyan	du	gsol	bas.	rgyal bu	chos	byed
rjes	la	vdi	snyan	du	gsol	bas.	rgyal bu	chos	byed
后面	LOC	DET	耳朵	ALL	禀报[W]	LNK	王子	法	做[2]

par	vgyur	ro.	ces	lung bstan	nas	glegs bam	gsum	bskur	ro
par	vgyur	ro	ces	lung bstan	nas	glegs bam	gsum	bskur	ro
SER	变化[23]	END	QM	授记	ABL	书卷	三	送[13]	END

说：到那时，禀报后，王子便对此会产生信仰。然后，献上这些。将更加信仰，然后在进献后，王子产生较大信仰，之后，再禀报，王子推行佛法了。说完，从经典中选赐三卷佛经。

དེ་ཚེ་ན་འདི་སྙན་དུ་གསོལ་དང་། དེ་ལ་རྒྱལ་བུ་དད་པ་སྐྱེད་ཅིང་། དེའི་རྗེས་ལ་འདི་སྙན་དུ་གསོལ་དང་། དད་པ་ཆེར་སྐྱེའི། དེའི་རྗེས་ལ་འདི་སྙན་དུ་གསོལ་བས། རྒྱལ་བུ་ཆོས་བྱེད་པར་འགྱུར་རོ། ཅེས་ལུང་བསྟན་ནས་གླེགས་བམ་གསུམ་བསྐུར་རོ།

bod	la	chos	kyi	bskal ba	yod	mthar	chos	rgyas
bod	la	chos	kyi	bskal ba	yod	mthav	r	chos	rgyas
吐蕃	LOC	法	GEN	缘分	EXI	最后	LOC	法	发展[1]

par	vong.	devi		dge bavi		bshes gnyen	za hor
par	vong	de vi		dge ba vi		bshes gnyen	za hor
SER	来[23]	DET GEN	好	GEN	知识	撒霍尔

rgyal povi		bu	dge slong	shan ta ra ksshi ta		zhes	byavi
rgyal po	vi	bu	dge slong	shan ta ra ksshi ta		zhes	bya
王	GEN	儿子	比丘	显达诺吉达		QM	叫作[W]

	vdul bskal	yin	no	gsungs	nas.	zla ba	gnyis	zan
vi	vdul bskal	yin	no	gsungs	nas	zla ba	gnyis	zan
GEN	所教化者	COP	END	说[14]	LNK	月	二	供食

drangs.	de	nas	nyin lam	gnyis	su	bskyal.
drangs	de	nas	nyin lam	gnyis	su	bskyal
请[1]	DET	ABL	路程	二	RES	送[13]

又说：在吐蕃，有佛法的缘分，最终佛法兴盛。它的善知识撒霍尔国王儿子叫显达诺吉达比丘的前来教化才行。给供食两个月，此后送了两天的路程。

བོད་ལ་ཆོས་ཀྱི་བསྐལ་བ་ཡོད་མཐར་ཆོས་རྒྱས་པར་འོང་། དེའི་དགེ་བའི་བཤེས་གཉེན་ཟ་ཧོར་རྒྱལ་པོའི་བུ་དགེ་སློང་ཤན་ཏ་ར་ཀྵི་ཏ་ཞེས་བྱའི་འདུལ་བསྐལ་ཡིན་ནོ་གསུངས་ནས་ཟླ་བ་གཉིས་ཟན་དྲངས། དེ་ནས་ཉིན་ལམ་གཉིས་སུ་བསྐྱལ།

de	nas	sang shi	vgrin bzang	bshig	pa	glo ba	la	bcags
de	nas	sang shi	vgrin bzang	bshig	pa	glo ba	la	bcags
DET	ABL	桑喜	真桑	毁灭[13]	NML	心	LOC	置放[1]

nas	sad	mi	lnga po	rgyavi		ri mgo	rde vu shan	gyi	rtse
nas	sad	mi	lnga po	rgya	vi	ri mgo	rde vu shan	gyi	rtse
LNK	觉醒	人	五	汉	GEN	山顶	五台山	GEN	尖顶

la.	mi	ma	yin	gyi	na bun	stibs	pavi		khrod	na
la	mi	ma	yin	gyi	na bun	stibs	pa	vi	khrod	na
LOC	人	NEG	COP	GEN	雾霭	笼罩[1]	NML	GEN	中	LOC

zhag	bdun	la	rtsigs	pavi		vphags pa vjam dpal	gyi
zhag	bdun	la	rtsigs	pa	vi	vphags pa vjam dpal	gyi
天	七	LOC	修建[4]	NML	GEN	圣文殊	GEN

pho brang	ttaa pa	las	dpe	len	du	phyin	te.
pho brang	ttaa pa	las	dpe	len	du	phyin	te
宫殿	杂巴	ABL	模型	取[2]	PUR	去[1]	LNK

此后，桑喜听说真桑佛堂被拆毁了，心里非常难过。五人在汉地的五台山的山顶上，在对非人的雾霭献祭之中，从[传说中]七天修建完成的文殊宫

140 藏文古文献《拔协》文本标注与语法研究

殿中取样本。

དེ་ནས་སང་ཞིག་འབྲིང་བཞིན་པ་སྟོར་ལ་བཅགས་ནས་སང་མི་ཞུ་བོ་རྒྱུའི་རྩེ་ལ་ཕྱིན་ཀྱི་རྩེ་ལ། མི་མ་ཡིན་གྱི་ན་བྱུང་སྟེངས་པའི་སྒོར་ན་ཞག་བདུན་ལ་ཚེགས་པའི་འཕགས་པ་འཛམ་དཔལ་གྱི་པོ་བྲང་དུ་ལམ་དཔེ་ལེན་དུ་ཕྱིན་ཏེ།

mi	gcig	gis	ri	la	vdzeg	ma	shes.	gcig	gis	ri	rtse
mi	gcig	gis	ri	la	vdzeg	ma	shes	gcig	gis	ri	rtse
人	一	AGE	山	ALL	爬[23]	NEG	AUX	一	AGE	山	尖顶

la	phyin	kyang	cang	ma	mthong.	gcig	gis	lha khang
la	phyin	kyang	cang	ma	mthong	gcig	gis	lha khang
ALL	去[1]	也	什么	NEG	看见[W]	一	AGE	佛堂

mthong	ste	sgo	ma	rnyed.	gcig	gis	sgo	mthong	de
mthong	ste	sgo	ma	rnyed	gcig	gis	sgo	mthong	de
看见[W]	LNK	门	NEG	获得[1]	一	AGE	门	看见[W]	LNK

gra bas	bkab	te	vgro	ma	shes.
gra ba s	bkab	te	vgro	ma	shes
沙弥 AGE	覆盖[1]	LNK	去[23]	NEG	AUX

一人不会爬山；一人到了山头，但什么也看不见；一人看见佛堂，但找不到门；一人看见门，但被一个沙弥挡住，不能去。

མི་གཅིག་གིས་རི་ལ་འཛེག་མ་ཤེས། གཅིག་གིས་རི་ལ་ཕྱིན་ཀྱང་ཅང་མ་མཐོང་། གཅིག་གིས་ལྷ་ཁང་མཐོང་སྟེ་སྒོ་མ་རྙེད། གཅིག་གིས་སྒོ་མཐོང་དེ་གྲ་བས་བཀབ་ཏེ་འགྲོ་མ་ཤེས།

sang shis	nang	du	phyin	nas	vphags pa	la	phyag	byas.
sang shi s	nang	du	phyin	nas	vphags pa	la	phyag	byas
桑喜 AGE	里	ALL	去[1]	LNK	圣者	DAT	HON	做[1]

devi	dpe	blangs	nas	sgor	phyin	pas	gcan gzan
de vi	dpe	blangs	nas	sgo r	phyin	pas	gcan gzan
DET GEN	模型	取[1]	LNK	门 ALL	去[1]	LNK	猛兽

kun	gyis	phyag	byas	nas	rivi	sgab	du	skyal	nas	bod
kun	gyis	phyag	byas	nas	ri vi	sgab	du	skyal	nas	bod
全	AGE	HON	做[1]	LNK	山 GEN	下部	ALL	送[2]	LNK	吐蕃

```
du      mchi.
du      mchi
ALL     去[23]
```

桑喜进入里面，向圣文殊菩萨行了礼，取了图样，走出寺门，猛兽都向他行礼，并护送到山脚下。返回了吐蕃。

བང་ཤེས་ནང་དུ་ཕྱིན་ནས་འཇམ་དཔལ་ལ་ཕྱག་བྱས། དེའི་དཔེ་བླངས་ནས་སྒོ་ཕྱིན་པས་གཅན་གཟན་ཀུན་གྱིས་ཕྱག་བྱས་ནས་རིའི་རྐ་བ་ཏུ་སྐྱེལ་ནས་བོད་དུ་མཆིའོ།

```
bod     du      yab     rgyal po  yar vbrog sba tshal  du      chibs   gren
bod     du      yab     rgyal po  yar vbrog sba tshal  du      chibs   gren
吐蕃    LOC     父亲    王        羊卓巴园              LOC     坐骑    掉下[1]
pas     grongs  pa      dang.     rgyal bu    sku      nar              ma
pas     grongs  pa      dang      rgyal bu    sku      na       r       ma
LNK     死亡[1] NML     LNK       王子        成年     年龄    RES      NEG
son     pas.
son     pas
到达[W] LNK
```

在吐蕃，父王在羊卓巴园里，掉下坐骑后死了，王子又尚未成年。

བོད་དུ་ཡབ་རྒྱལ་པོ་ཡར་འབྲོག་སྦ་ཚལ་དུ་ཆིབས་གྲེན་པས་གྲོངས་པ་དང་། རྒྱལ་བུ་སྐུ་ནར་མ་སོན་པས།

```
zhang ma zhang   khrom pa skyes         na re.    rgyal bu   sku tshe   thung
zhang ma zhang   khrom pa skye    s     na re     rgyal bu   sku tshe   thung
尚·玛降          冲巴解                 AGE 说[W]  王子       生命       短
pa    chos    byas    pas     lan     bkra    ma    shis         tshe    phyi ma
pa    chos    byas    pas     lan     bkra    ma    shis         tshe    phyi ma
NML   法      做[1]   LNK     报应    好[W]   NEG   吉祥[W]      生      后来
skye ba   len     pa      rdzun    yin.
skye ba   len     pa      rdzun    yin
人        取[2]   NML     谎言     COP
```

尚·玛降冲巴解说：王子短命，奉行佛法，是不吉祥报应。来世转生为人，是骗人的谎言。

ཞང་མ་ཞང་ཁྲོམ་པ་སྐྱེས་ན་རེ། རྒྱལ་བུ་སྐུ་ཚེ་ཐུང་པ་ཆོས་བྱས་པས་ལན་བཀྲ་མ་ཤིས་ཚེ་ཕྱི་མ་སྐྱེ་བ་ལེན་པ་རྫུན་ཡིན།

142 藏文古文献《拔协》文本标注与语法研究

tshe	vdivi		rkyen	bzlog	pa	la	bon	bya.	su
tshe	vdi	vi	rkyen	bzlog	pa	la	bon	bya	su
生	DET	GEN	因	翻转[13]	NML	PUR	苯波教	做[3]	谁

chos	byed	pa	de	pho rang	du	mthar		gtan du
chos	byed	pa	de	pho rang	du	mthav	r	gtan du
法	做[2]	NML	DET	孤零零	LOC	边地	LOC	一定

bshug	da	phyin chad	bon	las	byar		mi	snang.
bshug	da	phyin chad	bon	las	bya	r	mi	snang
流放[3]	现在	以后	苯波教	COT	做[3]	SER	NEG	出现[W]

ra mo chevi		rgya	lha	sshkya mu ne	slar	rgya	yul	du
ra mo che	vi	rgya	lha	sshkya mu ne	slar	rgya	yul	du
小昭寺	GEN	汉	佛	释迦牟尼	又	汉	地方	ALL

skyal	zer	nas	vbreng pavi		dra bar		bcug	nas	sgor
skyal	zer	nas	vbreng pa	vi	dra ba	r	bcug	nas	sgo
送[2]	说[W]	LNK	皮子	GEN	网	ALL	使[W]	LNK	门

bston.
r bston
ALL 留[W]

为了消除今生灾难，应该信奉苯波教。谁推行佛法，将他孤零零地流放到边地去！从此之后，除了苯波教其他不能出现。小昭寺的释迦牟尼佛像是汉地的佛像，要送回汉地去！说完，使套在皮绳的网里，拖到门口。

ཚེ་འདིའི་རྐྱེན་བཟློག་པ་ལ་བོན་བྱ། སུ་ཆོས་བྱེད་པ་དེ་ཕོ་རང་དུ་མཐར་གཏན་དུ་བཤུག་ད་ཕྱིན་ཆད་བོན་ལས་བྱར་མི་སྣང་། ར་མོ་ཆེའི་རྒྱ་ལྷ་ཤཀྱ་མུ་ནེ་སླར་རྒྱ་ཡུལ་དུ་སྐྱལ་ཟེར་ནས་འབྲེང་པའི་དྲ་བར་བཅུག་ནས་སྒོར་བསྟོན།

de	nas	mi sum brgyas		drud	nas	mkhar brag	gdong
de	nas	mi sum brgya	s	drud	nas	mkhar brag	gdong
DET	ABL	人 三百	AGE	拖[14]	LNK	卡尔扎	洞

nas	ma	vkhul	nas	bye dams	su	sbas.	lha savi	
nas	ma	vkhul	nas	bye dams	su	sbas	lha sa	vi
ABL	NEG	驯服[W]	LNK	沙泥	ALL	隐匿[1]	拉萨	GEN

第四章　文本语法标注　143

```
dkon gnyer   haa shang   rgan po   rgya yul   du    bskrad.      devi
dkon gnyer   haa shang   rgan po   rgya yul   du    bskrad       de   vi
庙祝         和尚        老        汉地       ALL   流放[13]     DET  GEN

lham   ya    gcig   bod   yul   du    lus    pas      de    na re   da rung
lham   ya    gcig   bod   yul   du    lus    pas      de    na re   da rung
鞋     只    一     吐蕃  地方  ALL   留[W]  LNK      DET   说[W]   还

chos   me stag   tsam   gcig   myur   vong   mchi   zer.
chos   me stag   tsam   gcig   myur   vong   mchi   zer
法     火星      点     一     迅速   来[23] 去[23] 说[W]
```

此后，再命三百人拉走。到了卡扎洞地方，怎么也拉不动了，只好就地埋进沙坑里。把拉萨的庙祝老和尚驱逐回汉地。他的一只靴子落在吐蕃地方。他说，佛法还会如火星一样迅速发展。

དེ་ནས་མི་སུམ་བརྒྱད་དྲུད་ནས་མཁར་བྲག་ནས་མ་འཁྱལ་ནས་ཇེ་དགས་སུ་སྦས། ལྷ་སའི་དཀོན་གཉེར་དུ་ཧང་རྒན་པོ་ཡུལ་དུ་བསྐྲད། དེའི་ལྷམ་ཡ་གཅིག་བོད་ཡུལ་དུ་ལུས་པས་དེ་ན་རེ་དུང་ཆོས་མེ་སྟག་ཙམ་གཅིག་མྱུར་འོང་མཆི་ཟེར།

```
mkhar brag   rmang   nas   dgyel       vgran bzang   bshig       nas    devi
mkhar brag   rmang   nas   dgyel       vgran bzang   bshig       nas    de
卡尔扎       根基    ABL   推毁[W]     真桑          毁灭[13]    LNK    DET

vi    lcong   mching phuvi       rdza   la    skyel.   ra sar
vi    lcong   mching phu   vi    rdza   la    skyel    ra sa    r
GEN   钟      钦朴         GEN   沼泽   ALL   送[2]    大昭寺   LOC

bzo gra   btsugs   bshas     byas    nas   lder bzo   la    pags   dmar
bzo gra   btsugs   bshas     byas    nas   lder bzo   la    pags   dmar
作坊      成立[1]  宰杀[1]   做[1]   LNK   塑像       LOC   皮子   红

g'yogs.
g'yogs
盖[1]
```

这时，卡扎寺被彻底拆毁，真桑寺被拆毁后，寺里的大钟被弄到钦朴的沼泽之中。大昭寺中，建立了屠宰作坊。杀了牲畜，把鲜血淋淋的皮子搭在佛像上。

མཁར་བྲག་རྨང་ནས་དགྱེལ། འགྲན་བཟང་བཤིག་ནས་དེའི་ལྕོང་མཆིང་ཕུའི་རྫ་ལ་བསྐྱལ། བཙུགས་ནས་བཤས་བྱས་ནས་ལྡེར་བཟོ་ལ་པགས་དམར་གཡོགས།

144 藏文古文献《拔协》文本标注与语法研究

phyag	la	nang cha	skal.	chos	la	dgav	bas	blon	mang
phyag	la	nang cha	skal	chos	la	dgav	bas	blon	mang
HON	LOC	内脏	挂[W]	法	OBJ	喜欢[W]	LNK	臣	芒

dang	vbal	gnyis	la	skyon	phab.	bod	nag por		btang.
dang	vbal	gnyis	la	skyon	phab	bod	nag po	r	btang
COO	白	二	DAT	罪	降[1]	吐蕃	黑业	RES	成为[1]

内脏等挂在佛像手上。喜欢佛法的原因，对大臣芒和白二人降罪。吐蕃被驱入黑暗中。

ཕྱག་ལ་ནང་ཆ་སྐལ། ཆོས་ལ་དགའ་བས་བློན་མང་དང་འབལ་གཉིས་ལ་སྐྱོན་ཕབ། བོད་ནག་པོར་བཏང་།

devi		dus	na	sna nam thog rje thang la vbar	byang thang	stongs
de	vi	dus	na	sna nam thog rje thang la vbar	byang thang	stongs
DET	GEN	时	LOC	纳囊·陶杰唐拉巴	羌塘	空旷

la	bskyal	nas	a a	zhes	lan	gsum	tsam	vbod	kyin
la	bskyal	nas	a a	zhes	lan	gsum	tsam	vbod	kyin
ALL	送[13]	LNK	啊	QM	次	三	点	叫[23]	SIM

rgyab	gas[①]	nas	gum.
rgyab	gas	nas	gum
后背	裂[1]	LNK	死[W]

在这时，纳囊·陶杰唐拉巴被遣送往羌塘，"啊！"大叫三声左右，背脊开裂而死。

དེའི་དུས་ན་སྣ་ནམ་ཐོག་རྗེ་ཐང་ལ་འབར་བྱང་ཐང་སྟོང་ལ་བསྐྱལ་ནས་ཨ་ཨ་ཞེས་ལན་གསུམ་ཙམ་འབོད་ཀྱིན་རྒྱབ་གས་ནས་གུམ།

cog ro skyes bzang rgyal	ma lce rang	rkang lag	ril por		skam
cog ro skyes bzang rgyal	ma lce rang	rkang lag	ril po	r	skam
觉诺·结桑杰	马结让	手脚	全部	RES	干枯[W]

te	gu gul thul	du	song	nas	gum	pas.
te	gu gul thul	du	song	nas	gum	pas
LNK	蜷缩	ALL	去[4]	LNK	死[W]	LNK

觉诺结桑杰和马结让的手脚也干枯地蜷缩起来，干成一团而死。

ཅོག་རོ་སྐྱེས་བཟང་རྒྱལ་མ་ལྕེ་རང་རྐང་ལག་རིལ་པོར་སྐམ་ཏེ་གུ་གུལ་ཐུལ་དུ་སོང་ནས་གུམ་པས།

---

① vgas 的过去时。

第四章 文本语法标注 145

bla vog gi mi dang bltas mkhan kun mthun par rgya lha
bla vog gi mi dang bltas mkhan kun mthun par rgya lha
上下 GEN 人 COO 占卜者 全 相同[W] LNK 汉 佛
khros te sa thams su sbas pa sdig chevo
khros te sa thams su sbas pa sdig che vo
怒[1] LNK 地 洞 ALL 隐匿[1] NML 罪孽 大 END
属民百姓和占卜者认同，汉佛发怒，埋在沙坑里罪孽大！

བླ་འོག་གི་མི་དང་བལྟས་མཁན་ཀུན་མཐུན་པར་རྒྱ་ལྷ་ཁྲོས་ཏེ་ས་ཐམས་སུ་སྦས་པ་སྡིག་ཆེའོ།

rgya lhavi mes po dang po rgya gar yul nas vongs
rgya lha vi mes po dang po rgya gar yul nas vongs
汉 佛 GEN 祖宗 首先 天竺 地方 ABL 来[1]
nges te. rgya gar dang nye ba mang yul du bskyal
nges te rgya gar dang nye ba mang yul du bskyal
确定[W] LNK 天竺 COM 接近[W] NML 芒域 ALL 送[13]
bar chad nas.
ba r chad nas
NML OBJ 决定[1] LNK
确定汉地佛像的祖先最初是从天竺地方来的，决定送到临近天竺的芒域去。

རྒྱ་ལྷའི་མེས་པོ་དང་པོ་རྒྱ་གར་ཡུལ་ནས་འོངས་ཏེ། རྒྱ་གར་དང་ཉེ་བ་མང་ཡུལ་དུ་བསྐྱལ་བར་ཆད་ནས།

bye dong nas bton nas. drevu gnyis la khyogs bgyis
bye dong nas bton nas drevu gnyis la khyogs bgyis
沙 洞 ABL 取出[1] LNK 骡子 二 LOC 乘具 做[1]
nas yar la skyal.
nas yar la skyal
LNK 上方 ALL 送[2]
从沙坑中取出，用两头骡子驮着送到芒域去了。

བྱེ་དོང་ནས་བཏོན་ནས། དྲེའུ་གཉིས་ལ་ཁྱོགས་བགྱིས་ནས་ཡར་ལ་སྐྱལ།

146 藏文古文献《拔协》文本标注与语法研究

devi	dus	su	yul	ngan	chen po	byung	nas.	vbangs
de	vi	dus	su	yul	ngan	chen po	byung	nas	vbangs
DET	GEN	时	LOC	地方	坏	大	来[1]	LNK	臣民

gum	pa	la	tshe bgyir		ma	gnang	bavi
gum	pa	la	tshe bgyi	r	ma	gnang	ba	vi
死[W]	NML	DAT	祭奠		SER	NEG	赐[W]	NML	GEN

khrims	bu chung	bcas	pavi		vog	tu	pa lam rlags na
khrims	bu chung	bcas	pa	vi	vog	tu	pa lam rlags na
法	布琼	制定[1]	NML	GEN	下	LOC	巴拉木腊

sba gsal snang	gi	bu tsha	ming sring	gnyis	dus gcig	la	gum.
sba gsal snang	gi	bu tsha	ming sring	gnyis	dus gcig	la	gum
拔·塞囊	GEN	子孙	兄妹	二	时一	LOC	死[W]

那时，地方上出现很大的灾难。制定了臣民死后，不举行祭奠。在巴拉木腊地方，拔·塞囊的子女中，兄妹二人同时死去。

དེའི་དུས་སུ་ཡུལ་དན་ཆེན་པོ་བྱུང་ནས་འབངས་གུམ་པ་ལ་ཚེ་བགྱིར་མ་གནང་བའི་ཁྲིམས་བུ་ཆུང་བཅས་པའི་འོག་ཏུ་ལམ་རླགས་ན་སྦ་གསལ་སྣང་གིས་དུས་གཅིག་ལ་གུམ།

lhavi	yab mes	kun	na re	chos	bden	zer	haa shang
lha	vi	yab mes	kun	na re	chos	bden	zer	haa shang
佛	GEN	祖宗	全	说[W]	法	真实[W]	说[W]	和尚

la	dri	snyam	nas	khen khang	nas	haa shang	rgad po
la	dri	snyam	nas	khen khang	nas	haa shang	rgad po
OBJ	问[3]	想[W]	LNK	坎室	ABL	和尚	老人

bos	te
bos	te
叫[1]	LNK

神圣的祖宗都说佛法真实。想请教和尚，于是从坎室中叫出和尚老人。

ལྷའི་ཡབ་མེས་ཀུན་ན་རེ་ཆོས་བདེན་ཟེར་དུ་ཧང་ལ་དྲི་སྙམ་ནས་མཁན་ཁང་ནས་ཧ་ཤང་རྒད་པོ་བོས་ཏེ།

ngavi	bu tsha	gnyis	lam	bstan	du	gsol	dang	tshe
nga	vi	bu tsha	gnyis	lam	bstan	du	gsol	dang	tshe
1sg	GEN	子孙	二	路途	指示[13]	CAU	做[W]	LNK	生

第四章 文本语法标注 147

```
snga   phyi  bden     nam    zhus     bas    tshe   phyi ma  yod    zer
snga   phyi  bden     nam    zhus     bas    tshe   phyi ma  yod    zer
前     后    真实[W]   QU     请求[14]  LNK    生     后       EXI    说[W]
bas    phyi tshul  du   bon      byas   nang  du   gyod kha  dang
bas    phyi tshul  du   bon      byas   nang  du   gyod kha  dang
LNK    表面       LOC  苯波教   做[1]  里    LOC  忏悔      COM
bgros     te      tshe    bgyis.
bgros     te      tshe    bgyis
商议[4]   LNK     生      做[1]
```

问道：请指引我的两个子女的来生道路。前生后世真实吗？说：有来生后世。表面信苯波教，实际密谋举行忏悔和做生。

ངའི་བུ་ཚ་གཉིས་ལམ་བསྟན་དུ་གསོལ་དང་ཕྱི་ཐི་འདི་ནམ་ཞུས་པས་ཚེ་མ་ཡོད་ཟེར་བས་ཕྱི་བོན་བྱས་ནང་དུ་འགྱོད་ཁ་དང་བགྲོས་ཏེ་ཚེ་བགྱིས།

```
haa shang   na re   bu tsha   lhar    skyes    na     dgav     vam
haa shang   na re   bu tsha   lha  r  skyes    na     dgav     vam
和尚        说[W]   子孙      佛   RES 产生[1]  COD    喜欢[W]  QU
bur         skyes   na        dgav   zer       ba la.  pha   na re   lhar
bu  r       skyes   na        dgav   zer       ba la   pha   na re   lha
儿子 RES   产[1]   COD       喜[W]  说[W]     NML LNK 父亲 说[W]   佛
            skyes   pa        dgav   zer.
r           skyes   pa        dgav   zer
RES         产[1]   NML       喜[W]  说[W]
```

和尚问：愿意子女转生为神呢，还是转生为子？父亲说：希望转生为神！

དུ་ཧ་ཤང་རེ་བུ་ཚ་ལྷར་སྐྱེས་ན་དགའ་འམ་བུར་སྐྱེས་ན་དགའ་ཟེར་བ་ལ། ཕ་ན་རེ་ལྷར་སྐྱེས་པ་དགའ་ཟེར།

```
ma     na re     rang    gi    bur       skye    ba     dgav     zer.
ma     na re     rang    gi    bu    r   skye    ba     dgav     zer
母     说[W]     自己    GEN   儿子  RES 产[23]  NML    喜欢[W]  说[W]
buvi             rus pa   la    cho ga    byas    te     gdung   sha ri ram   du
bu vi            rus pa   la    cho ga    byas    te     gdung   sha ri ram   du
儿子 GEN        尸首     DAT   仪式      做[1]   LNK    主体    舍利         RES
```

148 藏文古文献《拨协》文本标注与语法研究

song	bar	lhar	lus	gsal.
song	bar	lha r	lus	gsal
去[4]	LNK	佛 RES	身体	清楚[W]

母亲则说：希望转生为自己的子女！便对男孩的尸首做了法事。尸骨变成了舍利，表明男孩已经转生为神。

མ་ནི་རང་གི་བུར་སྐྱེ་བ་དགའ་ཞེས། བུའི་རུས་པ་ལ་ཆོ་ག་བྱས་ཏེ་གདུང་ཤ་རིལ་བུར་སྒྱུར་ཡུལ་གསུངས།

bu movi	khar	mu tig	sran ma	tsam	ldan	g'yon	du
bu mo vi	kha r	mu tig	sran ma	tsam	ldan	g'yon	du
女孩 GEN	口 LOC	珍珠	豆子	点	面颊	左	LOC

tham mtshal	chus	bskor	ba	cig	bcug	nas	yid ches
tham mtshal	chu s	bskor	ba	cig	bcug	nas	yid ches
印泥	水 INS	环绕[13]	NML	一	放[W]	LNK	相信[W]

pavi	rtags	bgyis	te.
pa vi	rtags	bgyis	te
NML GEN	特征	做[1]	LNK

在女孩的口中，豆子般大的珍珠放到在左腮上用印泥水涂抹的女孩嘴里，作为取信的标志。

བུ་མོའི་ཁར་མུ་ཏིག་སྲན་མ་ཚམ་གཡོན་དུ་ཐམ་མཚལ་ཆུས་བསྐོར་བ་གཅིག་བཅུག་ནས་ཡིད་ཆེས་པའི་རྟགས་བགྱིས་ཏེ།

cho ga	byas	nas	rdza	vog	du	bcug	nas	mavi		mal
cho ga	byas	nas	rdza	vog	du	bcug	nas	ma	vi	mal
仪式	做[1]	LNK	罐	下	LOC	放[W]	LNK	母	GEN	床

vog	du	sbas	te.	sang phod	khyod	rang	gi	bur	
vog	du	sbas	te	sang phod	khyod	rang	gi	bu	r
下	ALL	隐匿[1]	LNK	明年	2sg	自己	GEN	儿子	RES

skyevo	lung vtshal
skye vo	lung vtshal
生[23]	END 预言[W]

做法后，放入陶罐，埋在母亲床下。预言明年转生为你自己的儿子。

ཆོ་ག་བྱས་ནས་རྫ་འོག་ཏུ་བཅུག་ནས། མའི་མལ་འོག་ཏུ་སྦས་ཏེ། སང་ཕོད་ཁྱོད་རང་གི་བུར་སྐྱེའོ་ལུང་འཚལ།

第四章　文本语法标注　149

yang	sang phod	gsal snang	gi	khab	la	bu	gcig	skyes
yang	sang phod	gsal snang	gi	khab	la	bu	gcig	skyes
也	明年	塞囊	GEN	妃子	POS	儿子	一	产生[1]

pavi	kha	nang	na	mu tig	ldan	yon	dmar po	de	byung.
pa vi	kha	nang	na	mu tig	ldan	yon	dmar po	de	byung
NML GEN	口	里	LOC	珍珠		面颊	左 红	DET	来[1]

第二年，塞囊的妃子生了一个男孩，在口中有那颗珍珠，左腮是红的。

ཡང་སང་ཕོད་གསལ་སྣང་གི་ཁབ་ལ་བུ་གཅིག་སྐྱེས་པའི་ཁ་ནང་ན་མུ་ཏིག་ལྡན་ཡོན་དམར་པོ་དེ་བྱུང་།

mas	mal vog	gi	rdza gog	kha	phye	bas	shul	ha re
ma s	mal vog	gi	rdza gog	kha	phye	bas	shul	ha re
母亲 AGE	床 下	GEN	陶罐	口	开[1]	LNK	痕迹	明显地

vdug.	ma	bslab	par	zhing	dang	ne ne movi		ming	kyang
vdug	ma	bslab	par	zhing	dang	ne ne mo	vi	ming	kyang
EXI	NEG	教[3]	LNK	姓氏	COO	祖奶奶	GEN	名字	也

shes	pas
shes	pas
知道[W]	LNK

母亲打开床下的陶罐，有明显的痕迹。不教，也知道姓氏和祖奶奶的名字。

ཨམ་ཨམ་འོག་གི་རྫ་གོག་ཁ་ཕྱེ་བས་ཤུལ་ཧ་རེ་འདུག མ་བསླབ་པར་ཞིང་དང་ནེ་ནེ་མོའི་མིང་ཀྱང་ཤེས་པས།

tshe	phyi ma	yod	par		yid ches	nas	sgom lung	mnos
tshe	phyi ma	yod	pa	r	yid ches	nas	sgom lung	mnos
生	后来	EXI	NML	OBJ	相信[W]	LNK	修法	取[14]

nas	bsgoms	pavi		tshe.	rjevi		snyan	du	bdag
nas	bsgoms	pa	vi	tshe	rje	vi	snyan	du	bdag
LNK	观修[1]	NML	GEN	时候	王	GEN	耳朵	ALL	1sg

bu nghavi		chos	vtshol	pavi		slad	du	rgya yul	dang
bu ngha	vi	chos	vtshol	pa	vi	slad	du	rgya yul	dang
布阿	GEN	法	找[2]	NML	GEN	原因	PUR	天竺	COO

150 藏文古文献《拔协》文本标注与语法研究

bal yul	du	mchi	byas	pas.
bal yul	du	mchi	byas	pas
尼泊尔地方	ALL	去[23]	做[1]	LNK

确信有今生来世，思考教法准备修习的时候，对国王请求道：我为求取布阿佛法，要到天竺和尼泊尔去。

ཚེ་ཕྱི་མ་ཡོད་པར་ཡིད་ཆེས་ནས་སྐྱོང་ཡང་མནོས་ནས་བསྒྲུབས་པའི་ཚེ། རྗེའི་སྙན་དུ་བདག་བྱ་རྫི་ཆོས་འཚོལ་བའི་སླད་དུ་རྒྱ་ཡུལ་དང་བལ་ཡུལ་དུ་མཆི་བྱས་པས།

rjevi	zhal	nas	vo na	ngas		mang yul	gyi	kha blon
rje vi	zhal	nas	vo na	nga	s	mang yul	gyi	kha blon
王 GEN	口	ABL	那么	1sg	AGE	芒域	GEN	地方长官

du	bsko	yi	gsungs.
du	bsko	yi	gsungs
RES	任命[3]	PRT	说[14]

国王说：那么，我任命你当芒域的地方长官吧！

རྗེའི་ཞལ་ནས་འོ་ན་ངས་ཡུལ་གྱི་ཁ་བློན་དུ་བསྐོ་ཡི་གསུངས།

gsal snang	yar	la	song	bavi		vog tu.	sangs shi
gsal snang	yar	la	song	ba	vi	vog tu	sangs shi
塞囊	上方	ALL	去[4]	NML	GEN	下 LOC	桑喜

pho nyavi		sug las	bsgrubs.	slar	bod	yul	du	mchis	tsa na
pho nya	vi	sug las	bsgrubs	slar	bod	yul	du	mchis	tsa na
使者	GEN	使命	完成[1]	又	吐蕃	地方	ALL	去[1]	时候

rgyal bu	sku	nar		ma	son	nas.	rgyavi		chos
rgyal bu	sku	na	r	ma	son	nas	rgya	vi	chos
王子	HON	年龄	RES	NEG	到达[W]	LNK	汉	GEN	法

vching phu	rdza	la	sbas.
vching phu	rdza	la	sbas
钦朴	岩石	ALL	隐匿[1]

塞囊到那边去了，桑喜完成了去内地的使命，回到吐蕃的时候，王子尚未成年，把汉地的佛法埋藏在钦朴的岩洞里。

གསལ་སྣང་ཡར་ལ་སོང་བའི་འོག་ཏུ། སངས་ཤི་ཕོ་ཉའི་སུག་ལས་བསྒྲུབས། སླར་བོད་ཡུལ་དུ་མཆིས་ཙ་ན། རྒྱལ་བུ་སྐུ་ནར་མ་སོན་ནས། རྒྱའི་ཆོས་འཆིང་ཕུ་རྫ་ལ་སྦས།

第四章 文本语法标注

de	nas	re	zhig	na.	rgyal bu	sku	nar	son	pa
de	nas	re	zhig	na	rgyal bu	sku	na	r	son	pa
DET	ABL	每	一	LOC	王子	HON	年龄	RES	到达[W]	NML

dang.	yab	kyi	yi ge	gcig	gzigs	nas	zhang blon	rnams	dang
dang	yab	kyi	yi ge	gcig	gzigs	nas	zhang blon	rnams	dang
LNK	父亲	GEN	文字	一	看[W]	LNK	尚伦	pl	COM

mol	pa	mdzad	pas.
mol	pa	mdzad	pas
商议[W]	NML	做[W]	LNK

过了一段时间，王子长大成年，看到了祖上的文书，和诸尚论商议。

དེ་ནས་རེ་ཞིག་ན། རྒྱལ་བུ་སྐུ་ནར་སོན་པ་དང་། ཡབ་ཀྱི་ཡི་གེ་གཅིག་གཟིགས་ནས། ཞང་བློན་རྣམས་དང་མོལ་པ་མཛད་པས།

ngavi	yab	mes	na re	ngavi	vbangs	bde bavi
nga	vi	yab	mes	na re	nga	vi	vbangs	bde ba	vi
1sg	GEN	父亲	祖宗	说[W]	1sg	GEN	臣民	安乐	GEN

tshis	rgyavi	levu tshe skyang①	dang	sbyar	na	ngavi
tshis	rgya	vi	levu tshe skyang	dang	sbyar	na	nga
帮助	汉	GEN	柳采姜	COM	按照[13]	COD	1sg

	pha	mes	kyis	vkhrul bsnyems	pa	vdra	te	zer.
vi	pha	mes	kyis	vkhrul bsnyems	pa	vdra	te	zer
GEN	父亲	祖宗	AGE	错误[W]	NML	像[W]	DET	说[W]

我父祖说：如果臣民们获得安乐的帮助，按汉地的《柳采姜》行事的话，我父祖所说，好像是错误的。

བའི་ཡབ་མེས་ན་རེ། བའི་འབངས་བདེ་བའི་ཕྱིར་རྒྱའི་ལེའུ་ཚེ་སྐྱང་དང་སྦྱར་ན་བའི་ཕ་མེས་ཀྱིས་འཁྲུལ་བསྙེམས་པ་འདྲ་ཏེ་ཟེར།

blon	dag	na re.	rgyavi	yab	mes	kyi	levu tshe skyang
blon	dag	na re	rgya	vi	yab	mes	kyi	levu tshe skyang
臣	pl	说[W]	汉	GEN	父亲	祖宗	GEN	柳采姜

de	ci	vdra	mchi.
de	ci	vdra	mchi
DET	什么	像[W]	去[23]

---

① 原文levu 之后有标点，应为错误。levu tshe skyang不应分开。

大臣们问：父祖们所说的汉地的《柳采姜》像什么样的？

བློན་དག་ན་རེ། རྒྱ་ཡབ་མེས་ཀྱི་ལེའུ་ཚེ་སྐྱང་དེ་ཅི་འདྲ་མཆི།

yi ge ba	rgya mes mgos	levu tshe skyang	bklags pas.	btsan po
yi ge ba	rgya mes mgo s	levu tshe skyang	bklags pas	btsan po
文书	甲·梅果 AGE	柳采姜	读[1] LNK	赞普

na re	ngavi	yab mes	kyi	chos	bzang po	gcig
na re	nga vi	yab mes	kyi	chos	bzang po	gcig
说[W]	1sg GEN	父亲 祖宗	GEN	法	好	一

sku nyams	su	bzhes	zer.
sku nyams	su	bzhes	zer
高雅的	RES	到达[W]	说[W]

文书甲·梅果读了《柳采姜》，赞普说：我的父祖辈认为佛法是好的。

ཡི་གེ་བ་མེས་མགོས་ལེའུ་ཚེ་སྐྱང་བཀླགས་པས། བཙན་པོ་ན་རེ་ངའི་ཡབ་མེས་ཀྱི་ཆོས་བཟང་པོ་གཅིག་སྐུ་ཉམས་སུ་བཞེས་ཟེར།

da	vjig rten	gyi	spyod pa	bzang po	gcig	byung	ba gdav
da	vjig rten	gyi	spyod pa	bzang po	gcig	byung	ba gdav
现在	世间	GEN	行为	好	一	来[1]	EXP

sang shi	snyam	na	kim	haa shang	gis	lung bstan	pavi
sang shi	snyam	na	kim	haa shang	gis	lung bstan	pa vi
桑喜	想[W]	COD	吉木	和尚	AGE	预言[W]	NML GEN

dus	vdi	yin	snyam	du	bsam	te.
dus	vdi	yin	snyam	du	bsam	te
时	DET	COP	想[W]	PUR	想[3]	LNK

现在世间要出现善行了，桑喜想的话，现在是吉木和尚预言时机。

ད་འཇིག་རྟེན་གྱི་སྤྱོད་པ་བཟང་པོ་གཅིག་བྱུང་ན་ཡབ་མེས་ཀྱི་ལྷ་ཆོས་བཟང་པོ་བྱུང་ན་ཡབ་མེས་ལེའུ་ཚེ་སྐྱང་སྟེ་འཁྲུལ་མའི་གོར་ཡང་མི་ཆུད་དུ་བསམ་ཏེ།

rgyavi	lha chos	bzang po	byung	na	yab mes
rgya vi	lha chos	bzang po	byung	na	yab mes
汉 GEN	佛法	好	来[1]	COD	父亲 祖宗

levu tshe skyang	ste	vkhrul mavi	gor	yang	mi	chud
levu tshe skyang	ste	vkhrul ma vi	gor	yang	mi	chud
柳采姜	DET	错误 GEN	用处	也	NEG	用[W]

第四章 文本语法标注 153

byas　　pas
byas　　pas
做[1]　　LNK

若获得汉地的好佛法，父祖辈所说的《柳采姜》便显得不对而无用了。

རྒྱའི་ལྷ་ཆོས་བཟང་པོ་བྱུང་ན་ཡབ་མེས་ཤེའུ་ཚེ་སྐྱང་སྟེ་འཁྱལ་བའི་མའི་པོར་ཡང་མི་རྒྱུད་འབྱམས་པས།

btsan povi　　　　zhal nas.　rgyavi　　　lha chos　bzang po　de
btsan po vi　　　　zhal nas　 rgya vi　　　 lha chos　bzang po　de
赞普　 GEN　口　ABL　汉　GEN　佛法　　好　　DET

gtan tshig　khyod　la　　　med　　　dam　　gsungs.
gtan tshig　khyod　la　　　med　　　dam　　gsungs
逻辑　　　2sg　　POS　EXI:NEG　QU　说[14]

赞普问道：那么，你有没有理由？

བཙན་པོའི་ཞལ་ནས། རྒྱའི་ལྷ་ཆོས་བཟང་པོ་དེ་གཏན་ཚིག་ཁྱོད་ལ་མེད་དམ་གསུངས།

bdag　rgya　la　　mchis　pas　yod　mchis　nas.　mching phuvi
bdag　rgya　la　　mchis　pas　yod　mchis　nas　 mching phu　vi
1sg　 汉　 ALL　去[1]　SER　EXI　RSA　LNK　钦朴　　　　GEN

rdza　las　blangs　te　　kim　haa shang　gi　　lung　bzhin　du
rdza　las　blangs　te　　kim　haa shang　gi　　lung　bzhin　du
岩石　ABL　取[1]　LNK　吉木　和尚　　GEN　预言　如　　RES

brims　　pa　　dang.
brims　　pa　　dang
散发[14]　NML　LNK

我去过汉地。从钦朴的岩洞中取出。照吉木和尚的佛理散发。

དང་པོ་དགེ་བ་བཅུའི་པ་ཡོད་མདོ་བཀླགས་ནས་མཁྱེན་ཕྱི་ཅུང་ཟད་དང་གི་ཡང་བཞིན་དུ་བྱམས་པ་དང་།

dang po　 dge ba bcuvi　　　mdo　klatt[①]. de　la　rgyal bu　dad pa
dang po　 dge ba bcu　vi　　 mdo　klags　 de　la　rgyal bu　dad pa
首先　　 十善　　　GEN　　经　 读[1]　DET　DAT　王子　　信仰

————————
① klog 的过去时，另一形式为 bklags。

154 藏文古文献《拔协》文本标注与语法研究

skyes.	de	nas	rdo rje gcod pa	klags pas	rgyal bu	dad pa	cher
skyes	de	nas	rdo rje gcod pa	klags pas	rgyal bu	dad pa	che
产生[1]	DET	ABL	金刚经	读[1] LNK	王子	信仰	大

skyes.
skyes
r

RES 产生[1]

首先读了《十善法》的经书。对此，王子生产信仰。然后读了《金刚经》，王子产生了更大的信仰。

དང་པོ་དགེ་བ་བཅུའི་མདོ་ཀླག །དེ་ལ་རྒྱལ་བུ་དད་པ་སྐྱེས། དེ་ནས་རྡོ་རྗེ་གཅོད་པ་ཀླགས་པས་རྒྱལ་བུ་དད་ཆེར་སྐྱེས།

de	nas	sa lu ljang pa	klags pa	dang.	dang po	spyod pa
de	nas	sa lu ljang pa	klags pa	dang	dang po	spyod pa
DET	ABL	佛说稻秆经	读[1]	NML LNK	首先	行为

dag par		go	gnyis pa	blta ba	dag par		go
dag pa	r	go	gnyis pa	blta ba	dag pa	r	go
真正的	OBJ	理解[W]	第二	见	真正的	OBJ	理解[W]

tha ma	blta spyod	zung	du	vbrel	bar		go
tha ma	blta spyod	zung	du	vbrel	ba	r	go
最后	见行	双	RES	连接[W]	NML	OBJ	理解[W]

bas	chos	la	yid ches	te.
bas	chos	la	yid ches	te
LNK	法	OBJ	相信[W]	LNK

最后，读了《佛说稻秆经》。领悟到首先要正行，第二领悟到正见，最后领悟到要见行双修。于是坚信佛法。

དེ་ནས་ས་ལུ་ལྗང་པ་ཀླགས་པ་དང་། དང་པོ་སྤྱོད་པ་དག་པར་འགྲོ། གཉིས་པ་བལྟ་བ་དག་པར་འགྲོ། ཐ་མ་བལྟ་སྤྱོད་ཟུང་དུ་འབྲེལ་བར་འགྲོ་བས་ཆོས་ལ་ཡིད་ཆེས་ཏེ།

vdi	vdra	bavi		chos lugs	bzang po	ngavi		sku
vdi	vdra	ba	vi	chos lugs	bzang po	nga	vi	sku
DET	像[W]	NML	GEN	法理	好	1sg	GEN	身体

第四章 文本语法标注 155

ring la bsnyes[1] pa. sa byams so. gnam byams
ring la bsnyes pa sa byams so gnam byams
期间 LOC 获得[1] NML 地 慈悲[W] END 天空 慈悲[W]
so. lha thams cad gtang rag btang ngo.
so lha thams cad gtang rag btang ngo
END 佛 全部 供养 派[1] END

说道：像这样好的佛法，在我活着的期间找到了，实在是大地的慈悲，上天的慈悲！要向一切神献供养！

འདི་འདྲ་བའི་ཆོས་ཡུལགས་བཟང་པོའི་སྐུ་རིང་ལ་བསྙེས་པ། ས་བྱམས་སོ། གནམ་བྱམས་སོ། ལྷ་ཐམས་ཅད་གཏང་རག་བཏང་ངོ་།

gsal snang na re. chos mi byar mi rung zer
gsal snang na re chos mi bya r mi rung zer
塞囊 说[W] 法 NEG 做[3] SER NEG 可以[W] 说[W]
ba de bden. gsal snang la dngul g'yung drung can dang
ba de bden gsal snang la dngul g'yung drung can dang
NML DET 真实[W] 塞囊 DAT 银 雍仲章饰 COO
gser chen po sbyin. sang shi khyod la phra men g'yung drung
gser chen po sbyin sang shi khyod la phra men g'yung drung
金 大 赐[W] 桑喜 2sg DAT 嵌花 雍仲章饰
gi thog tu gser chung pa sbyin.
gi thog tu gser chung pa sbyin
GEN 上 LOC 金 小 赐[W]

塞囊说不倡行佛法不行，此话真实。赐给塞囊雍仲章饰和大黄金章饰。赐给桑喜你嵌花雍仲章饰和小黄金章饰。

གསལ་སྣང་ན་རེ། ཆོས་མི་བྱར་མི་རུང་ཟེར་བ་དེ་བདེན། གསལ་སྣང་ལ་དངུལ་གཡུང་དྲུང་ཅན་དང་གསེར་ཆེན་པོ་སྦྱིན། སང་ཤི་ཁྱོད་ལ་ཕྲ་མེན་གཡུང་དྲུང་གི་ཐོག་ཏུ་གསེར་ཆུང་པ་སྦྱིན།

da khyod kyis rgya yul gyi dhar ma dang. mang yul gyi
da khyod kyis rgya yul gyi dhar ma dang mang yul gyi
现在 2sg AGE 汉地 GEN 佛经 COO 芒域 GEN

---

① 作brnyes。

156　藏文古文献《拔协》文本标注与语法研究

dhar ma	dang.	rgya mes mgo	dang.	rgya	a nan ta	dang	mkhas pa
dhar ma	dang	rgya mes mgo	dang	rgya	a nan ta	dang	mkhas pa
佛经	COO	甲·梅果	COO	天竺	阿难陀	COO	学者

su	yod	kyis	bsgyur	gsungs.
su	yod	kyis	bsgyur	gsungs
谁	EXI	AGE	翻译[13]	说[14]

说：现在你和甲·梅果、天竺的阿难陀以及所有的学者，翻译从内地和芒域取来的佛经吧！

དེ་གཉིས་དང་སངས་ཤི་དང་གསུམ་ཧལ་པོ་རིའི་བྱེར་སྐད་བསྒྱུར་བའི་དྲུང་དུ་བློན་སྟག་ར་དང་ཞང་མ་ཞང་འོངས་ནས།

de	gnyis	dang	sang shi	dang	gsum	hal po rivi	bye[①]
de	gnyis	dang	sang shi	dang	gsum	hal po ri	vi	bye
DET	二	COO	桑喜	COO	三	亥保山	GEN	沙

khung	na	skad bsgyur	bavi	drung	du.	blon	stag ra
khung	na	skad bsgyur	ba	vi	drung	du	blon	stag ra
洞	LOC	语言 翻译[13]	NML	GEN	前	LOC	臣	达诺

dang.	zhang ma zhang	vongs	nas
dang	zhang ma zhang	vongs	nas
COO	尚·玛降	来[1]	LNK

桑喜和梅果等三人便在亥保山的岩洞中翻译的时候，大臣达诺和尚·玛降来了。

དེ་གཞིས་དང་སང་ཞི་དང་གསུམ་ཆས་པོ་རིའི་བྱེ་ཁུང་ན་སྐད་བསྒྱུར་བའི་དྲུང་དུ་བློན་སྟག་ར་དང་ཞང་མ་ཞང་འོངས་ནས།

sgrovu	khyod	gsum	de	na	ci	byed	vdug	mi	phod
sgrovu	khyod	gsum	de	na	ci	byed	vdug	mi	phod
坏蛋	2sg	三	DET	LOC	什么	做[2]	RSA	NEG	AUX

pa	bya ba	mang	na.	de	ni	chos	kyi	skad	vdra	na.
pa	bya ba	mang	na	de	ni	chos	kyi	skad	vdra	na
NML	事情	多	COD	DET	TOP	法	GEN	语言	像	COD

---

① 应为brag。

第四章　文本语法标注　157

khrims	bu chung	las	chos	byed	pho rang	du	gtan	spyug
khrims	bu chung	las	chos	byed	pho rang	du	gtan	spyug
法	布琼	ABL	法	做[2]	孤零零	LOC	一定	流放[23]

pa	ma	thos	sam.
pa	ma	thos	sam
NML	NEG	听说[W]	QU

骂道：你们三个坏蛋在这里干什么？不敢做的事情做多了的话，如果尽干些违反法典、翻译佛经的事，就要受到'布琼'法典的制裁，要单身一人流放到边荒地区，没听说吗？

སྐྱོན་བྱོང་གསུམ་དེ་ཅི་བྱེད་འདུག་མི་བོར་པ་བྱ་བ་མང་ན། དེ་ནི་ཆོས་ཀྱི་སྒྲོག་འདུག །ཁྲིམས་བུ་ཆུང་ལས་ཆོས་བྱེད་པོ་རང་དུ་གཏན་སྤྱུག་པ་མ་ཐོས་སམ།

snyan	du	ma	gsol	bar	bye	khung	du	kha	subs
snyan	du	ma	gsol	bar	bye	khung	du	kha	subs
耳朵	ALL	NEG	禀报[W]	LNK	沙	洞	LOC	口	封闭[4]

la.	phyis	khrims	dang	sbyar	la	shags gdab	sam	zhes
la	phyis	khrims	dang	sbyar	la	shags gdab	sam	zhes
LNK	以后	法	COM	按照[13]	LNK	惩罚[W]	QU	说[W]

mchid	drag	tu	gdab.
mchid	drag	tu	gdab
话	太	RES	做[3]

事先也不禀告，背地里偷偷在岩洞中胡闹，以后想受律法的惩罚吗？

སྔོན་དུ་གསོལ་བར་བྱེ་ཁུང་དུ་སྦུབས་ལ། ཕྱིས་ཁྲིམས་དང་སྦྱར་ལ་ཤགས་གདབ་སམ་ཞེས་མཆིད་དྲག་ཏུ་གདབ།

de	rjevi	snyan	du	gsol	pas.	vo na	gsal snang	ma
de	rje vi	snyan	du	gsol	pas	vo na	gsal snang	ma
DET	王	GEN	耳朵	ALL	禀报[W]	LNK	那么	塞囊	NEG

byung	bar	du	skad	ma	bsgyur	cig	gsungs.
byung	bar	du	skad	ma	bsgyur	cig	gsungs
来[1]	中间	LOC	语言	NEG	翻译[13]	PRT	说[14]

此事禀报给国王，说：那么，在塞囊没回来之前，不翻译吧！

དེ་རྗེའི་སྙན་དུ་གསོལ་བ་པས། བོ་ན་གསལ་སྣང་མ་བྱུང་བར་དུ་སྐད་མ་བསྒྱུར་ཅིག་གསུངས།

158 藏文古文献《拔协》文本标注与语法研究

blon	chos	la	dgav	ba	rnams	na re.	sang shi	stod
blon	chos	la	dgav	ba	rnams	na re	sang shi	stod
臣	法	OBJ	喜欢[W]	NML	pl	说[W]	桑喜	上面

du	gsal snang	gi	grogs	su	btang	mchi	bas.
du	gsal snang	gi	grogs	su	btang	mchi	bas
LOC	塞囊	GEN	帮手	RES	派[1]	说[23]	LNK

信奉佛法的大臣们道：桑喜上边，派塞囊去做帮手。

བློན་ཆོས་ལ་དགའ་བ་རྣམས་ན་རེ། སང་ཞི་སྟོད་དུ་གསལ་སྣང་གི་གྲོགས་སུ་བཏང་མཆི་བས།

rje	na re	ngavi		rgya phrug	mdzangs	pa	chos	bslab
rje	na re	nga vi		rgya phrug	mdzangs	pa	chos	bslab
王	说[W]	1sg	GEN	甲楚	聪慧[W]	NML	法	教[3]

pas	buvang		med.	pho nyar		btang	bas	gum
pas	bu	vang	med	pho nya r		btang	bas	gum
LNK	儿子	也	EXI:NEG	使者	RES	派[1]	LNK	死[W]

na	vphangs①	ces	bkav	stsal.
na	vphangs	ces	bkav	stsal
COD	可惜[W]	QM	命令	给[W]

国王下命令说：我的聪慧的甲楚，为了习学佛法，孩子也没有。若派做使者而死去的话，多可怜惜啊！

རྗེ་ན་རེ་ངའི་རྒྱ་ཕྲུག་མཛངས་པ་ཆོས་བསླབ་པས་བུ་ཡང་མེད། ཕོ་ཉར་བཏང་བས་གུམ་ན་འཕངས་ཅེས་བཀའ་སྩལ།

sang shivi		mchid	nas	kho bo	rabs	mi	vchad	rgya gar
sang shi	vi	mchid	nas	kho bo	rabs	mi	vchad	rgya gar
桑喜	GEN	话	ABL	1sg	宗系	NEG	断[234]	天竺

na	dge slong	sdom pa	ma	shor	ba	gnyis	yod	de.
na	dge slong	sdom pa	ma	shor	ba	gnyis	yod	de
LOC	比丘	戒律	NEG	失去[W]	NML	二	EXI	LNK

桑喜说道：我的宗嗣断不了。在天竺，有戒律没有丢失的两人。

སང་ཞིའི་མཆིད་ནས་ཁོ་བོ་རབས་མི་འཆད། རྒྱ་གར་ན་དགེ་སློང་སྡོམ་པ་མ་ཤོར་བ་གཉིས་ཡོད་དེ།

---

① 应为phangs。

第四章 文本语法标注

de	gnyis	gum①	nas	kho bovi	bur	skyevo
de	gnyis	gum	nas	kho bo vi	bu r	skye vo
DET	二	死[W]	LNK	1sg GEN 儿子	RES	产生[23] END

mchi	ba	dang.	blon po	kun	gyis	sang shi	cong lung	du
mchi	ba	dang	blon po	kun	gyis	sang shi	cong lung	du
说[23]	NML	LNK	臣	全	AGE	桑喜	窘隆	ALL

skor②	blang	du	btang.
skor	blang	du	btang
委派[4]	取[3]	CAU	派[1]

这俩死后就会转生为我的儿子。全部大臣商定，委派桑喜去取窘隆。

དེ་གཉིས་གུམ་ནས་ཁོ་བོའི་བུར་སྐྱེའོ་མཆི་བ་དང་། བློན་པོ་ཀུན་གྱིས་སང་ཤི་ཅོང་ལུང་དུ་བཏང་།

gsal snang	mang yul	gyi	kha	blon	du	bskos	pa	yang
gsal snang	mang yul	gyi	kha	blon	du	bskos	pa	yang
塞囊	芒域	GEN	地方	臣	RES	任命[1]	NML	也

rgya gar	du	thal	byung	du	mchis	nas.	zhang ma zhang	gi
rgya gar	du	thal	byung	du	mchis	nas	zhang ma zhang	gi
天竺	ALL	直接	来[1]	RES	去[1]	LNK	尚·玛降	GEN

lung	bcag	te.	ma haa bho dhi	dang	shri na len hrar
lung	bcag	te	ma haa bho dhi	dang	shri na len hra r
法	违背[13]	LNK	大菩提	COO	吉祥那兰陀寺 LOC

mchod ba	byas.	yon phul	rgyavi	sten khang	dpe har	du
mchod ba	byas	yon phul	rgya vi	sten khang	dpe har	du
供养	做[1]	供养	天竺 GEN	寺庙	白哈尔	LOC

mchod ba	byas.
mchod ba	byas
供养	做[1]

塞囊被委派为芒域的地方长官后，也直接前往天竺，破坏了尚·玛降的法令。向大菩提寺和吉祥那兰陀寺布施。又给白哈尔寺上了供养。

---

① gum应该为vgum。

② skor应该为skos。

160 藏文古文献《拔协》文本标注与语法研究

གསལ་སྟོང་མང་ཡུལ་གྱི་བློན་དུ་བསྐོས་པ་ཡང་རྒྱལ་ར་བབ་བྱུང་དུ་མཆེས་ནས། ཞིང་མ་ཞིང་གི་ལུང་བཏབ་དུ། མ་དུ་རྫོ་བྱ་དང་བྲིན་ན་ལེན་ཧྱར་མཆོད་པ་བྱས། ཡོན་ཕུལ་རྒྱུའི་སྟེ་གཞང་དབའི་ཧྱར་དུ་མཆོད་པ་བྱས།

rgun	char	bab.	byang chub	kyi	shing	la	lo ma	bab	vod
rgun	char	bab	byang chub	kyi	shing	la	lo ma	bab	vod
冬天	雨	下[1]	菩提	GEN	树	LOC	树叶	下[1]	光

byung	nas.	nam mkhav	la	dgevo		zhes	pavi		sgra
byung	nas	nam mkhav	la	dge	vo	zhes	pa	vi	sgra
来[1]	LNK	天空	LOC	好[W]	END	说[W]	NML	GEN	声音

byung.
byung
来[1]

降冬雨，菩提树叶子纷纷下落，光华四射，天空传来"善哉！"的声音。

རྒྱན་ཆར་བབ། བྱང་ཆུབ་ཀྱི་ཤིང་ལ་ལོ་མ་འབབ་འོད་བྱུང་ནས། ནམ་མཁའ་ལ་དགེའོ་ཞེས་པའི་སྒྲ་བྱུང་།

mkhas pa	kun	la	chos	bslab.	bal yul	du	vongs	bal rje
mkhas pa	kun	la	chos	bslab	bal yul	du	vongs	bal rje
学者	全	DAT	法	学[3]	尼泊尔地方	ALL	来[1]	尼泊尔王

la	ngo chen	zhus	te.	mkhas	shing	gsal	ba
la	ngo chen	zhus	te	mkhas	shing	gsal	ba
DAT	大面子	请求[14]	LNK	博学[W]	COO	清楚[W]	NML

shan ta rksshi ta	mang yul	du	spyan	drangs	nas
shan ta rksshi ta	mang yul	du	spyan	drangs	nas
显达诺吉达	芒域	ALL	HON	请[1]	LNK

向所有学者学习佛法，又到尼泊尔，向尼泊尔王请求协助。将博学而智慧的显达诺吉达请到芒域。

མཁས་པ་ཀུན་ལ་ཆོས་བསླབ། བལ་ཡུལ་དུ་འོངས་བལ་རྗེ་ལ་ངོ་ཆེན་ཞུས་ཏེ། མཁས་ཤིང་གསལ་བ་ཤན་ཏ་རཀྵི་ཏ་མང་ཡུལ་དུ་སྤྱན་དྲངས་ནས།

gtsug lag khang	gnyis	rtsigs.	skyen ris bcad	a ts·rya	la	yon
gtsug lag khang	gnyis	rtsigs	skyen ris bcad	a ts·rya	la	yon
佛堂	二	修建[4]	金日戒	阿杂诺雅	DAT	酬金

phul	nas.	sems bskyed	zhus	pas.
phul	nas	sems bskyed	zhus	pas
献[14]	LNK	发心[W]	请求[14]	LNK

修建了两座寺庙献给金日戒阿杂诺雅做供养，并请求他发菩提心讲经法。

གཙུག་ལག་ཁང་གཉིས་ཆིགས་མཁྱེན་རིན་བཏང་ན་ཚལ་ཡོན་ཕུལ་ནས་སེམས་བསྐྱེད་ཞུས་པས།

nga	la	yon	phul	cig	gsungs.	gser	dngul	la sogs pavi
nga	la	yon	phul	cig	gsungs	gser	dngul	la sogs pa vi
1sg	DAT	酬金	献[14]	PRT	说[14]	金	银	等等 GEN

rtna	dang.	zo ri	dang.	ja skyogs	dang.	snam	gos	dar zab
rtna	dang	zo ri	dang	ja skyogs	dang	snam	gos	dar zab
宝贝	COO	小木桶	COO	茶杓	COO	氆氇	衣服	绸缎

dang	go ru	thams cad	phul.
dang	go ru	thams cad	phul
COO	马	全部	献给[14]

说：对我献上供养来！金银等宝贝、小木桶、茶杓、氆氇、衣服、绸缎、马全部献给。

ང་ལ་ཡོན་ཕུལ་ཅིག་གསུངས། གསེར་དངུལ་ལ་སོགས་པའི་རིན་པོ་ཆེ་དང་། ཟོ་རི་དང་། ཇ་སྐྱོགས་དང་། སྣམ་གོས་དར་ཟབ་དང་གོ་ར་ཐམས་ཅད་ཕུལ།

da rung	phul	cig	gsungs.	cang	med	byas	pas	lus
da rung	phul	cig	gsungs	cang	med	byas	pas	lus
还	献给[14]	PRT	说[14]	什么	EXI:NEG	做[1]	LNK	身体

la	vtshal[①]	bavi		ske rag	dang.	ral guvang		phul
la	vtshal	ba	vi	ske rag	dang	ral gu	vang	phul
LOC	找[2]	NML	GEN	腰带	COO	缠头巾	也	献给[14]

说：还要献！没有留下什么啦。找到的腰带、缠头巾也献上。

དེ་རུང་ཕུལ་ཅིག་གསུངས། ཅང་མེད་བྱས་པས་ལུས་ལ་འཚལ་བའི་སྐེ་རག་དང་། རལ་གཡང་ཕུལ།

sems skyed	pa	dang.	vbul	ba	slar	tshur	gnang	nas.
sems skyed	pa	dang	vbul	ba	slar	tshur	gnang	nas
发心[W]	NML	LNK	献给[2]	NML	又	过来	给[W]	LNK

---

① 应该为vtsal。

khyod	skye ba	vdi	la	ngo shes	pa yin	par		ma	
khyod	skye ba	vdi	la	ngo shes	pa yin	pa	r	ma	
2sg	一生	DET	LOC	认识[W]	REA	NML	OBJ	NEG	
zad.	skye ba	du mavi		snga rol	nas.	sems bskyed	pavi		
zad	skye ba	du ma	vi	snga rol	nas	sems bskyed	pa	vi	
耗尽[1]	人世	几	GEN	前面	ABL	发心[W]		NML	GEN
	sras	kyi	thu bo	yin	pas.				
	sras	kyi	thu bo	yin	pas				
	弟子	GEN	首要	COP	LNK				

发菩提心，将所献供物赐还。说道：不仅与你这世认识，而且是从几世之前，就是我的首要发心弟子。

སེམས་བསྐྱེད་པ་དང་། འབུལ་བ་སླར་ཆུར་གནང་ནས། ཁྱོད་སྐྱེ་བ་འདི་ལ་ཤེས་པ་ཡིན་པར་མ་ཟད། སྐྱེ་བ་དུ་མའི་སྔ་རོལ་ནས། སེམས་བསྐྱེད་པའི་སྲས་ཀྱི་ཐུ་བོ་ཡིན་པས།

khyod	kyi	ming	yang	ye shes dbang po		zhes	bya	bar
khyod	kyi	ming	yang	ye shes dbang po		zhes	bya	bar
2sg	GEN	名字	也	耶喜旺保		QM	叫作[W]	SER
vgyur	ro	gsungs	nas	mgo bo	la	byil byil	mdzad.	
vgyur	ro	gsungs	nas	mgo bo	la	byil byil	mdzad	
成为[23]	END	说[14]	LNK	头	LOC	摩抚状	做[W]	

说：你的名字也改叫耶喜旺保吧！以手抚摸其头顶。

ཁྱོད་ཀྱི་མིང་ཡང་ཡེ་ཤེས་དབང་པོ་ཞེས་བྱ་བར་འགྱུར་རོ་གསུངས་ནས་མགོ་བོ་ལ་བྱིལ་བྱིལ་མཛད།

gsal snang	gi	khang par		bshos gsol	pavi		rjes	la
gsal snang	gi	khang pa	r	bshos gsol	pa	vi	rjes	la
塞囊	GEN	房子	LOC	供食[W]	NML	GEN	后面	LOC
slob dpon	bod	du	byon	nas	bod	kyi	btsan povi	
slob dpon	bod	du	byon	nas	bod	kyi	btsan po	vi
大师	吐蕃	ALL	到达[14]	LNK	吐蕃	GEN	赞普	GEN
dge bavi		bshes gnyen	mdzad	par	ci	gnang	zhus	pas.
dge ba	vi	bshes gnyen	mdzad	par	ci	gnang	zhus	pas
善	GEN	知识	做[W]	SER	什么	做[W]	请求[14]	LNK

第四章 文本语法标注 163

在塞囊的房中供食后,请求大师前往吐蕃,去做吐蕃赞普供养的善知识!

གསལ་སྣང་གི་ཁང་པར་བཞེས་གསོལ་བའི་རྗེས་ལ་སློབ་དཔོན་བོད་དུ་བྱོན་ནས་བོད་བཙན་པོའི་དགེ་བའི་བཤེས་གཉེན་མཛད་པར་ཅི་གནང་ཞུས་པས།

nga	bod	kyi	vdul skal	yin	bod	kyi	shri btsan po	dang
nga	bod	kyi	vdul skal	yin	bod	kyi	shri btsan po	dang
1sg	吐蕃	GEN	所教化者	COP	吐蕃	GEN	吉祥赞普	COO

khyod	ma	skyes	te.	skye ba	lan	dgu	dgu	thog	kyi	bar
khyod	ma	skyes	te.	skye ba	lan	dgu	dgu	thog	kyi	bar
2sg	NEG	产生[1]	LNK	人生	次	九	九	上	GEN	中间

du	nga	bal yul	dang	za hor	du	phar vgro tshur vgro
du	nga	bal yul	dang	za hor	du	phar vgro tshur vgro
LOC	1sg	尼泊尔地方	COO	撒霍尔	LOC	走来走去

byed	sdod	cing	vdug	da	shri btsan po	dang	khyed	gnyis
byed	sdod	cing	vdug	da	shri btsan po	dang	khyed	gnyis
做[2]	待[24]	SIM	EXI	现在	吉祥赞普	COO	2sg	二

kyang	nar	son	nas	dus	la	bab	pas.
kyang	na	r	son	nas	dus	la	bab	pas
也	年龄	RES	到达[W]	LNK	时	ALL	到[1]	LNK

我是吐蕃的教化者。在吐蕃的吉祥赞普和你未降生之前,九九八十一个世代期间里,我在尼泊尔与撒霍尔之间来回待着。如今,吉祥赞普和你俩也成年,时机已到。

ངས་བོད་ཀྱི་འདུལ་སྐལ་ཡིན་བོད་ཀྱི་ཁྲི་བཙན་པོའི་དང་ཁྱོད་མ་སྐྱེས་ཏེ། སྐྱེ་བ་ལན་དགུ་དགུ་ཐོག་གི་བར་དུ་བལ་ཡུལ་དང་ཟ་ཧོར་དུ་འགྲོ་ཚུར་འགྲོ་བྱེད་སྡོད་ཅིང་འདུག་ད་ཁྲི་བཙན་པོ་དང་ཁྱེད་གཉིས་ཀྱང་ནར་སོན་ནས་དུས་ལ་བབ་པས།

ngas	bod	kyi	shri btsan povi	dge bavi
nga s	bod	kyi	shri btsan po vi	dge ba vi
1sg AGE	吐蕃	GEN	吉祥赞普 GEN	善 GEN

bshes gnyen	byas	la.	yul	byar dkar	du	chu bo	lo hi tavi
bshes gnyen	byas	la	yul	byar dkar	du	chu bo	lo hi ta
知识	做[1]	LNK	地方	恰呷	LOC	水	洛黑达

	vgram.	ri	khas po rivi		drung	du
vi	vgram	ri	khas po ri	vi	drung	du
GEN	岸边	山	开保山	GEN	前	LOC

164 藏文古文献《拔协》文本标注与语法研究

```
dpal brag dmar bsam yas mi vgyur lhun gyis grub pa    ces    bya    bavi
dpal brag dmar bsam yas mi vgyur lhun gyis grub pa    ces    bya    ba
白扎玛尔桑耶米久伦吉珠巴                              QM     叫作[W] NML
        gtsug lag khang    gcig    kyang    bzhengs su gsol    zhes    gsungs
vi      gtsug lag khang    gcig    kyang    bzhengs su gsol    zhes    gsungs
GEN     佛堂               一       也       修建[W]            QM      说[14]
```
我做吉祥赞普的善知识。在恰呷地区，洛黑达河岸开保山的前面，修建一座叫作白扎玛尔桑耶米久伦吉珠巴的佛堂。

ངས་བོད་ཀྱི་བྱི་བཙན་པོའི་དགེ་བའི་བཤེས་གཉེན་བྱས་པ། ཕྱུར་བྱར་དགར་དུ་ཁུ་བོ་ཏི་ཏའི་འདྲམ། རི་ཁར་རིའི་དྲུང་དུ་དཔལ་བྲག་དམར་བསམ་ཡས་མི་འགྱུར་ལྷུན་གྱིས་གྲུབ་པ་ཅེས་བྱ་བའི་གཙུག་ལག་ཁང་གཅིག་ཀྱང་བཞེངས་སུ་གསོལ་ཞེས་གསུངས།

```
a ts·rya    slar    bal yul        du    gshegs. gsal snang    gis    bal yul
a ts·rya    slar    bal yul        du    gshegs  gsal snang    gis    bal yul
阿杂诺雅    又      尼泊尔地方     ALL   去[W]   塞囊           AGE    尼泊尔地方
du    sba se    bya      bavi              chos    bslab    rkyen ris    bskum.
du    sba se    bya      ba     vi         chos    bslab    rkyen ris    bskum
LOC   巴斯      叫作[W]  NML    GEN        法      学[3]     条件         准备[1]
```
然后，阿杂诺雅回到尼泊尔去了。为塞囊去尼泊尔学习叫做《巴斯》的佛法做准备工作。

ཨ་ཙརྱ་སླར་བལ་ཡུལ་དུ་གཤེགས། གསལ་སྣང་གིས་བལ་ཡུལ་དུ་སྦ་སེ་བྱ་བའི་ཆོས་བསླབ་རྐྱེན་རིས་བསྐུམ།

```
gsal snang    mar    vongs.    pho brang    rlung vtshub    su    mchis    nas
gsal snang    mar    vongs     pho brang    rlung vtshub    su    mchis    nas
塞囊          下     来[1]     宫殿         龙促            ALL   去[1]    LNK
rgyal po    dang    zhal    mjal    bavi           pho nya    btang    bas
rgyal po    dang    zhal    mjal    ba    vi       pho nya    btang    bas
王          COO     HON     相见[W] NML   GEN      使者       派[1]    LNK
```
塞囊回来后，去了龙促宫殿，派使者去向国王请求赐见。

གསལ་སྣང་མར་འོངས། ཕོ་བྲང་རླུང་འཚུབ་སུ་མཆིས་ནས་རྒྱལ་པོ་དང་ཞལ་མཇལ་བའི་ཕོ་ཉ་བཏང་བས།

第四章 文本语法标注 165

tshes	gcig	la	mjal	bar	bkav	gnang	nas	rje	la
tshes	gcig	la	mjal	ba r	bkav	gnang	nas	rje	la
日	一	LOC	相见[W]	NML DAT	命令	做[W]	LNK	王	DAT

zhe sa	phul	bas.	rjevi		zhal	nas	gsal snang	khyod
zhe sa	phul	bas	rje vi		zhal	nas	gsal snang	khyod
敬礼	献给[14]	LNK	王 GEN		口	ABL	塞囊	2sg

chos	sha stag	byed	cing	vdug	zer	na.	chad pa	byung
chos	sha stag	byed	cing	vdug	zer	na	chad pa	byung
法	全部	做[2]	SIM	EXI	说[W]	COD	惩罚	来[1]

ma	dogs	sam	gsungs.
ma	dogs	sam	gsungs
NEG	担心[W]	QU	说[14]

国王命令初一日晋见。见时向国王致敬礼，国王说道：塞囊，你尽奉行佛法的话，不怕受惩罚吗？

ཆོས་གཅིག་ལ་མཇལ་བར་བཀའ་གནང་ནས་རྗེ་ལ་ཞེ་ས་ཕུལ་བས། རྗེའི་ཞལ་ནས་གསལ་སྣང་ཁྱོད་ཅི་འདྲ་ཟེར་ན། ཆད་པ་བྱུང་དོགས་སམ་གསུངས།

lan	du	kho bo	mang yul	gyi	kha dod	na	mchis	bshugs
lan	du	kho bo	mang yul	gyi	kha dod	na	mchis	bshugs
回答	DAT	1sg	芒域	GEN	卡夺[边地]	ALL	去[1]	乞讨[1]

pa	dang	yang	vdra	mchis	zhes	gsungs.
pa	dang	yang	vdra	mchis	zhes	gsungs
NML	LNK	也	像[W]	RSA	QM	说[14]

答道：我在芒域的卡夺地方，像乞讨一样！

ལན་དུ་ཁོ་བོ་མང་ཡུལ་གྱི་ཁ་དོད་ན་མཆིས་བཞུགས་པ་དང་ཡང་འདྲ་མཆིས་ཞེས་གསུངས།

rje	pham	vbangs	gnang	bavi		rjes	la	dben pa	gcig
rje	pham	vbangs	gnang	ba vi		rjes	la	dben pa	gcig
王	输[W]	臣民	做[W]	NML GEN		后面	LOC	僻静处	一

tu	rgyal po	lha chos	bzang	bya	bas	rig.
tu	rgyal po	lha chos	bzang	bya	bas	rig
LOC	王	佛法	好[W]	做[3]	LNK	智慧[W]

166 藏文古文献《拔协》文本标注与语法研究

王使做失败臣民之后，在一僻静处所，对国王说：佛法好，奉行之，很明智。

རྗེ་ཕམ་འབངས་གཉེན་པའི་རྗེས་ལ་དབེན་པ་གཅིག་ཏུ་རྒྱལ་པོ་ལྟ་ཆོས་བཟང་བྱ་བས་རིག

mkhas pa	shan ta rksshi ta	bya	ba	gcig	bzhugs	pavi
mkhas pa	shan ta rksshi ta	bya	ba	gcig	bzhugs	pa vi
智者	显达诺吉达	叫作[W]	NML	一	在位[W]	NML GEN

mchid	zhib	du	mol	pa	phul	bas
mchid	zhib	du	mol	pa	phul	bas
话	细致	RES	商议[W]	NML	献给[14]	LNK

一个叫显达诺吉达的学者在位的情况详细禀陈一番。

མགས་པ་ཤན་ཏ་རཀྵི་ཏ་བྱ་བ་གཅིག་བཞུགས་པའི་མཆིད་ཞིབ་ཏུ་སྨོལ་པ་ཕུལ་བས།

rjevi	zhal	nas	khyod	zhang blon	chos	la	gnag	pa
rje vi	zhal	nas	khyod	zhang blon	chos	la	gnag	pa
王	GEN	口	ABL	2sg	尚伦	法	OBJ	仇视[W] NML

kun	gyis	gsad	de	vgro	bas	yul	du	song	la
kun	gyis	gsad	de	vgro	bas	yul	du	song	la
全	AGE	杀[3]	LNK	去[23]	LNK	地方	ALL	去[4]	LNK

yibs	la	sdod.
yibs	la	sdod
隐藏[14]	SER	待[24]

国王说：仇视佛法的全部尚伦会杀害你。逃走去家乡躲一躲。

རྗེའི་ཞལ་ནས་ཁྱོད་ཞང་བློན་ཆོས་ལ་གནག་པ་ཀུན་གྱིས་གསད་དེ་འགྲོ་བས་ཡུལ་དུ་སོང་ལ་ཡིབས་ལ་སྡོད།

ngas	zhang nya bzang	khad kyis	gsol	du	bzhutt	go
nga s	zhang nya bzang	khad kyis	gsol	du	bzhutt	go
1sg AGE	尚·聂桑	慢慢	禀报[W]	PUR	待[W]	END

gsungs.	gsal snang	nge① zhig	yul	du	song.
gsungs	gsal snang	nge zhig	yul	du	song
说[14]	塞囊	悄悄	地方	ALL	去[4]

---

① nge 应为 re。

我留下和尚·聂桑慢慢商量办法。塞囊悄悄回了家乡。

བཙན་པོ་ཞང་ཉ་བཟང་དང་། ཁྲི་བཟང་ལ་སོགས་པ་གསལ་སྙིང་དེ་ཞིག་ཕྱུག་དུ་སྨོན།

btsan po	zhang nya bzang	dang.	khri bzang	la sogs pa	chos	la
btsan po	zhang nya bzang	dang	khri bzang	la sogs pa	chos	la
赞普	尚·聂桑	COO	赤桑	等等	法	OBJ

dgav	bavi	blon po	kun	dang	chos	bya	bavi
dgav	ba vi	blon po	kun	dang	chos	bya	ba vi
喜欢[W]	NML GEN	臣	全	COO	法	做[3]	NML GEN

mol gtam	byas	pas
mol gtam	byas	pas
商议	做[1]	LNK

赞普召集尚·聂桑和赤桑等喜信佛法的诸大臣商议倡兴佛法的事情。

བཙན་པོ་ཞང་ཉ་བཟང་དང་། ཁྲི་བཟང་ལ་སོགས་པ་ཆོས་ལ་དགའ་བའི་བློན་པོ་ཀུན་དང་ཆོས་བྱ་བའི་གླེང་གཏམ་བྱས་པས།

zhang nya bzang	gi	mchid	nas.	zhang ma zhang	ro ngan	la
zhang nya bzang	gi	mchid	nas	zhang ma zhang	ro ngan	la
尚·聂桑	GEN	口	ABL	尚·玛降	凶狠[W]	LNK

chos	la	mi	dgav	bas	thugs dgongs	mi	vgrub	mchi.
chos	la	mi	dgav	bas	thugs dgongs	mi	vgrub	mchi
法	OBJ	NEG	喜欢[W]	LNK	心思	NEG	完成[23]	说[23]

尚·聂桑说：尚·玛降为人凶狠，又不喜佛法，愿望恐怕不能实现！

ཞང་ཉ་བཟང་གི་མཆིད་ནས། ཞང་མ་ཞང་རོ་ངན་ལ་ཆོས་ལ་མི་དགའ་བས་ཐུགས་དགོངས་མི་འགྲུབ་མཆི།

blon po	khri bzang	na re	de	la	thabs	bgyi	bar	sngo thog
blon po	khri bzang	na re	de	la	thabs	bgyi	bar	sngo thog
臣	赤桑	说[W]	DET	DAT	方法	做[3]	SER	能够[W]

kho bovi	rjes	su	gting	gnon.
kho bo vi	rjes	su	gting	gnon
1sg	GEN	后面	LOC	底	压[2]

大臣赤桑说：对此，想办法对付他，请你们做我的后盾。

བློན་པོ་ཁྲི་བཟང་ན་རེ་དེ་ལ་ཐབས་བགྱི་བར་སྔོ་ཐོག་ཁོ་བོའི་རྗེས་སུ་གཏིང་གནོན།

168 藏文古文献《拔协》文本标注与语法研究

slad kyis	rjevi	dgongs pa	vgrub	po	mchi	ba	ltar
slad kyis	rje vi	dgongs pa	vgrub	po	mchi	ba	ltar
今后	王 GEN	心愿	完成[23]	END	说[23]	NML	按照

chad.	khri bzang	gis	bla vog	gi	phyag sprin	dang	mo ma
chad	khri bzang	gis	bla vog	gi	phyag sprin	dang	mo ma
决定[1]	赤桑	AGE	上下	GEN	仆从	COO	女巫

dang.	bltas mkhan	kun	la.	lkog du	bya dgav	btsal	nas.
dang	bltas mkhan	kun	la	lkog du	bya dgav	btsal	nas
COO	占卜者	全	DAT	暗地	奖赏	做[13]	LNK

今后定能使国王的心愿实现！于是决定照此去办。赤桑暗地里给上下的仆从、占卜者、预言吉凶者等人奖赏。

སླད་ཀྱིས་རྗེའི་དགོངས་པ་འགྲུབ་པོ་མཆི་བ་ལྟར་ཆད། ཁྲི་བཟང་གིས་བླ་འོག་གི་ཕྱག་སྤྲིན་དང་མོ་མ་དང་། བལྟས་མཁན་ཀུན་ལ། ལྐོག་དུ་བྱ་དགའ་བཙལ་ནས།

rgyal buvi	sku	chags	che	chab srid	la	gnod pa	vong
rgyal bu vi	sku	chags	che	chab srid	la	gnod pa	vong
王子 GEN HON	灾难	大	政权	DAT	灾害	来[23]

bar	lung	mthun	par	smrar	stsal.	de	la	ci
bar	lung	mthun	par	smra r	stsal	de	la	ci
LNK	预言	相同[W]	LNK	说[23]	SER 给[W]	DET	DAT	什么

ltar	bya	bavi	lung	smras	stsal	bas.
ltar	bya	ba vi	lung	smras	stsal	bas
按照	做[3]	NML GEN	预言	说[1]	给[W]	LNK

王子的大灾难，国家也遭受危害。对此怎么做才合适。

རྒྱལ་བུའི་སྐུ་ཆགས་ཆེ་ཆབ་སྲིད་ལ་གནོད་པ་འོང་བར་ལུང་མཐུན་པར་སྨྲར་གསོལ། དེ་ལ་ཅི་ལྟར་བྱ་བའི་ལུང་སྨྲས་གསོལ་བས།

rjevi	skuvi	rim gro	zhang blon	su	che	ba	zung
rje vi	sku vi	rim gro	zhang blon	su	che	ba	zung
王 GEN	身 GEN	禳解	尚伦	LOC	大	NML	双

gcig.	dgung lo	gsum	mchad	par	dal	du	bcug	na	rjevi
gcig	dgung lo	gsum	mchad	par	dal	du	bcug	na	rje vi
一	年	三	去	LNK	坟墓	ALL	放入[W]	COD	王

```
              sku tshe  dang  chab srid  vphel       lo.    zhes   lung phog  go.
vi            sku tshe  dang  chab srid  vphel       lo     zhes   lung phog  go
GEN           生命      COO   政治       发展[W]    END    QM     预言[W]    END
```
传言道：要消除王的灾难，需要使尚伦中最大的一双离去三年的话，才能使王的生命和政权发展。

རྗེའི་སྐུའི་རིམ་གྲོ་ཞིང་བློན་ཁུ་ཅེ་བ་བྱུང་གཅིག་དགུང་ལོ་གསུམ་མཁད་པར་དགལ་དུ་བཅུག་ན་རྗེའི་སྐུ་དང་ཆབ་སྲིད་འཕེལ་ལོ་ཞེས་ལུང་ཕོག་གོ

```
de      kun    na      mang    du     gleng    ba       dang.   blon   khri bzang
de      kun    na      mang    du     gleng    ba       dang    blon   khri bzang
DET     全     LOC     多      RES    谈论[23]  NML     LNK     臣     赤桑

gis     shul    la      vgrim     pavi            vgron po    rnams   la.
gis     shul    la      vgrim     pa vi           vgron po    rnams   la
AGE     痕迹    ALL     游走[23]  NML GEN         客人        pl      DAT

zhang ma zhang    la      snyun    chen po    gdav      skad       pa      de
zhang ma zhang    la      snyun    chen po    gdav      skad       pa      de
尚·玛降           POS     病       大         EXI       据说[W]    NML     DET

bden       no       zhes    thos      tsam du    gsol       du      bcug.
bden       no       zhes    thos      tsam du    gsol       du      bcug
真实[W]    END      QM      听说[W]   仅仅       禀报[W]    CAU     使[W]

ma zhang   gis    de     thos      pas     blo ba   la     bcags   par   gyur.
ma zhang   gis    de     thos      pas     blo ba   la     bcags   par   gyur
玛降       AGE    DET    听说[W]   LNK     心       LOC    碎[1]   SER   变化[14]
```
在所有的人中，经常谈论。大臣赤桑还对跟随自己的食客们宣讲：据说尚·玛降害了大病的传说是真的！使禀报之后，尚·玛降听到这些传言后，心情十分难过。

དེ་ཀུན་ན་མང་དུ་གླེང་བ་དང་། བློན་ཁྲི་བཟང་གིས་ཤུལ་ལ་འགྲིམ་པའི་འགྲོན་པོ་རྣམས་ལ། ཞང་མ་ཞང་ལ་སྙུན་ཆེན་པོ་གདའ་སྐད་པ་དེ་བདེན་ནོ་ཞེས་ཐོས་ཙམ་དུ་གསོལ་དུ་བཅུག ་མ་ཞང་གིས་དེ་ཐོས་པས་བློ་བ་ལ་བཅགས་པར་གྱུར།

```
nub phyogs    kyi     rgan mo     gcig    gis    ngo      la     ce re        bltas
nub phyogs    kyi     rgan mo     gcig    gis    ngo      la     ce re        bltas
西方          GEN     老婆婆      一      AGE    脸面     OBJ    凝视貌       看[1]
```

170　藏文古文献《拔协》文本标注与语法研究

te.	zhang ma zhang	rjevi	gdung	sob	pa	bod
te	zhang ma zhang	rje vi	gdung	sob	pa	bod
LNK	尚·玛降	王 GEN	梁[身体]	替补[W]	NML	吐蕃

vbangs	yongs	la	gces	te.	snyun	chen po	thebs	zer
vbangs	yongs	la	gces	te	snyun	chen po	thebs	zer
臣民	全	OBJ	珍爱[13]	LNK	病	大	得到[W]	说[W]

ba	bden	nam	mchis	pas
ba	bden	nam	mchis	pas
NML	真实[W]	QU	说[1]	LNK

有位来自西方的老婆婆凝视着他的脸。说道：尚·玛降是国王的栋梁。对全体吐蕃民众关系重大。听说得了大病，是真的吗？

བུད་མེད་གཅིག་གིས་ཁོ་མོ་གཅིག་ཡོད་དོ་ཅེ་བསྐུལ་ཏེ། ཞང་མ་ཞང་རྗེའི་གདུང་སོབ་པ་བོད་འབངས་ཡོངས་ལ་གཅེས་ཏེ། སྙུན་ཆེན་པོ་ཐེབས་ཟེར་བ་བདེན་ནམ་མཆིས་པས།

zhang ma zhang	de	ni	bden	nges	snyam	ste.	rang
zhang ma zhang	de	ni	bden	nges	snyam	ste	rang
尚·玛降	DET	TOP	真实[W]	确定[W]	想[W]	LNK	自己

gi	khyim	du	nub	nyal	byas	nas	bshums.
gi	khyim	du	nub	nyal	byas	nas	bshums
GEN	家	LOC	晚上	睡[W]	做[1]	LNK	哭[1]

尚·玛降想这一定是真实的。在自己的家中，卧床后痛哭。

ཞང་མ་ཞང་དེ་ནི་བདེན་ངེས་སྙམ་སྟེ། རང་གི་ཁྱིམ་དུ་ནུབ་ཉལ་བྱས་ནས་བཤུམས།

byan mo	na re	zhang blon	chen po	bshums	pa	ci
byan mo	na re	zhang blon	chen po	bshums	pa	ci
女厨师	说[W]	尚伦	大	哭[1]	NML	什么

nongs	zer.	nga	la	nad	chen po	byung	ngo	zhes	rgyal
nongs	zer	nga	la	nad	chen po	byung	ngo	zhes	rgyal
错[W]	说[W]	1sg	POS	病	大	来[1]	END	说[W]	王

vbangs	kun	gleng	na	zer.	rgyal	vbangs	kyi	kha	la
vbangs	kun	gleng	na	zer	rgyal	vbangs	kyi	kha	la
臣民	全	谈论[23]	COD	说[W]	王	臣民	GEN	口	LOC

ra ma	med	cang	mi	bden	zer	bas.
ra ma	med	cang	mi	bden	zer	bas
可靠	EXI:NEG	什么	NEG	真实[W]	说[W]	LNK

女厨师道：大尚伦，痛哭，有什么问题。说：我得了大病，王臣们全部在谈论。女厨师说：王臣的嘴靠不住，没有什么真实的。

བྱ་མོ་ནི་ཞང་བློན་ཆེན་པོ་བཤུམས་ཅི་ནོངས་ཟེར། ང་ནད་ཆེན་པོ་བྱུང་ངོ་ཞེས་རྒྱལ་འབངས་ཀུན་གླེང་ན་ཟེར། རྒྱལ་འབངས་ཀྱི་ཁ་ལ་མ་མེད་ཅང་མི་བདེན་ཟེར་བས།

zhang	gis	me long	la	bltas	pas	rgyal khams	kyi	kha	la
zhang	gis	me long	la	bltas	pas	rgyal khams	kyi	kha	la
降	AGE	镜子	OBJ	看[1]	LNK	王土	GEN	口	LOC

ye shes	kyi	spyan	yod	zer	ba	bden	zer	nas
ye shes	kyi	spyan	yod	zer	ba	bden	zer	nas
智慧	GEN	眼	EXI	说[W]	NML	真实[W]	说[W]	LNK

mya ngan	cher	byed.
mya ngan	che r	byed
悲痛	大 RES	做[2]

尚·玛降看了镜子，道：众人口中有慧眼，这是真的，越发伤心难过。

ཞང་གིས་མེ་ལོང་ལ་བལྟས་པས་རྒྱལ་ཁམས་ཀྱི་ཁ་ལ་ཡེ་ཤེས་ཀྱི་སྤྱན་ཡོད་ཟེར་བ་བདེན་ཟེར་ནས་མྱ་ངན་ཆེར་བྱེད།

de	blon	khri bzang	gis	thos	nas.	rje	vbangs	kun	tshogs
de	blon	khri bzang	gis	thos	nas	rje	vbangs	kun	tshogs
DET	臣	赤桑	AGE	听说[W]	LNK	王	臣民	全	召集[W]

pavi	dus	su.	zhang nya bzang	gis	rgyal bu	sku	chags
pa vi	dus	su	zhang nya bzang	gis	rgyal bu	sku	chags
NML GEN	时	LOC	尚·聂桑	AGE	王子	HON	灾难

che	sel	bavi	rim gro	bya	bar	gsol	bas.
che	sel	ba vi	rim gro	bya	bar	gsol	bas
大	消除[2]	NML GEN	禳解	做[3]	SER	做[W]	LNK

这事大臣赤桑听到后，在召集王臣的时候，尚·聂桑提出要做国王的大灾难的禳解。

དེ་བློན་ཁྲི་བཟང་གིས་ཐོས་ནས། རྗེ་འབངས་ཀུན་ཚོགས་པའི་དུས་སུ། ཞང་ཉ་བཟང་གིས་རྒྱལ་བུ་སྐུ་ཆགས་ཆེ་སེལ་བའི་རིམ་གྲོ་བྱ་བར་གསོལ་བས།

172 藏文古文献《拔协》文本标注与语法研究

blon	khri bzang	gi	skad	nas.	rjevi	sku glud	bya	bavi
blon	khri bzang	gi	skad	nas	rje vi	sku glud	bya	ba
臣	赤桑	GEN	说话	ABL	王 GEN	替身	做[3]	NML

vi	rigs	so	zhib	du	smras	nas.
vi	rigs	so	zhib	du	smras	nas
GEN	类	END	细致	RES	说[1]	LNK

大臣赤桑便细致地说了适合给国王禳解灾难的替身的情况。

བློན་ཁྲི་བཟང་གི་སྐད་ནས། རྗེའི་སྐུ་གླུད་བྱ་བའི་རིགས་སོ་ཞིབ་ཏུ་སྨྲས་ནས།

da	rjevi	zhabs tog	su	che	khas long	zhes	mchi	bas.
da	rje vi	zhabs tog	su	che	khas long	zhes	mchi	bas
现在	王 GEN	供奉	谁	大	承认[W]	QM[W]	说[23]	LNK

blon po	mgos khri bzang	na re.	rjevi	zhabs tog	nga	de
blon po	mgos khri bzang	na re	rje vi	zhabs tog	nga	de
臣	郭·赤桑	说[W]	王 GEN	供奉	1sg	DET

che.	bu tshavi	dge yig	duvang	nga	de	che.
che	bu tsha vi	dge yig	du vang	nga	de	che
大	子孙 GEN	功勋	LOC 也	1sg	DET	大

现在，国王的侍奉者中谁承认是最大的就去！大臣郭·赤桑说道：做王的替身的事情合适，细致地说完之后。

ད་རྗེའི་ཞབས་ཏོག་སུ་ཁས་ལོང་ཞེས་མཆི་བས། བློན་པོ་མགོས་ཁྲི་བཟང་ན་རེ། རྗེའི་ཞབས་ཏོག་ང་དེ་ཆེ། བུ་ཚའི་དགེ་ཡིག་དུའང་ང་དེ་ཆེ།

blon	nga	las	che	ba	su	yod.	gcig	nga	byed	zer.
blon	nga	las	che	ba	su	yod	gcig	nga	byed	zer
臣	1sg	COT	大	NML	谁	EXI	一	1sg	做[2]	说[W]

zhang ma zhang	na re	blon	nga	las	che	ba	ni	med
zhang ma zhang	na re	blon	nga	las	che	ba	ni	med
尚·玛降	说[W]	臣	1sg	COT	大	NML	TOP	EXI:NEG

na	rjevi	zhabs tog	gcig	byed	par	khas blang.
na	rje vi	zhabs tog	gcig	byed	pa r	khas blang
COD	王 GEN	供奉	一	做[2]	NML OBJ	答应[W]

说：大臣比我大的有谁？我做一个替身。尚玛降说：大臣里没有比我再大

第四章 文本语法标注 173

的话，我答应作国王的一个替身。

སློན་ད་ལས་ཆེ་བ་ཤུ་ཡོད་གཅིག་བྱེད་ཟེར། ཞང་མ་ཞང་ན་རེ་སློན་ད་ལས་ཆེ་བ་ནི་མེད་ན་ཧྲེའི་ཞབས་ཏོག་གཅིག་བྱེད་པར་ལམ་ལྷང་།

mchad pa	gar	rtsigs	ces	gleng	pas.	mgos	na re	phag rir
mchad pa	gar	rtsigs	ces	gleng	pas	mgos	na re	phag ri
坟地	哪里	修建[4]	QM	谈论[23]	LNK	郭	说[W]	帕日

	byavam.	yang na	vjuvi		spang bzang	su	byed
r	bya vam	yang na	vju vi		spang bzang	su	byed
LOC	做[3]	QU	或者	居地	GEN	帮桑	LOC	做[2]

mchi	bas.
mchi	bas
说[23]	LNK

谈论坟墓修在哪里。郭·赤桑说：或者修在帕日？或者修在居地的帮桑。

མཆད་པར་གར་ཅིགས་ཆེས་གླེང་པས། མགོས་ན་རེ་ཕག་རིར་བྱ་འམ། ཡང་ན་འཇུའི་སྤང་བཟང་སུ་བྱེད་མཆི་བས།

zhang ma zhang	na re	sna nam	brag phug	rtsig	go	mchi
zhang ma zhang	na re	sna nam	brag phug	rtsig	go	mchi
尚·玛降	说[W]	纳囊	岩洞	修筑[2]	END	说[23]

nas.	rmang	bres	bas	ma zhang	gis	gsungs	nas.	rdo
nas	rmang	bres	bas	ma zhang	gis	gsungs	nas	rdo
LNK	根基	铺设[14]	LNK	玛降	AGE	说[14]	LNK	石头

dgav mo sna	nas	skyos	cig	zer.
dgav mo sna	nas	skyos	cig	zer
呷莫纳	ABL	运送[4]	PRT	说[W]

尚·玛降说道：修在纳囊的扎普吧！打地基后，玛降说：从呷莫纳运石头来！

ཞང་མ་ཞང་རེ་སྐུ་ནམ་བྲག་ཕུག་ཅིག་གོ་མཆི་ནས། རྨང་བྲེས་པས་མ་ཞང་གིས་གསུངས་ནས་རྡོ་དགའ་མོ་སྣ་ནས་སྐྱོས་ཅིག་ཟེར།

chus	mi	brel[①]	bavi	thabs	byed	pa	dang.
chu s	mi	brel	ba vi	thabs	byed	pa	dang
水	INS	NEG	连接[W]	NML	GEN	方法	做[2]	NML	LNK

---

① brel作vbrel，连接。

174 藏文古文献《拔协》文本标注与语法研究

mchad pa	vbyongs	nas	blon po	gnyis	nang	du	mi	mchir
mchad pa	vbyongs	nas	blon po	gnyis	nang	du	mi	mchi
坟地	达到[1]	LNK	臣	二	里	ALL	NEG	去[23]

	mi	rung	pas.
r	mi	rung	pas
SER	NEG	可以[W]	LNK

做了使水不断的方法，坟墓修成后。两位替身大臣不得不进入坟墓里去了。

ཆུས་མི་ཆྱེད་པའི་ཐབས་བྱེད་པ་དང་། མཆད་པ་འབྱོངས་ནས་བློན་པོ་གཉིས་ནང་དུ་མི་མཆིར་མི་རུང་པས།

lo ste gu sna gong	dang	mgos	rgan	gros	byas	nas.	rkang	la
lo ste gu sna gong	dang	mgos	rgan	gros	byas	nas	rkang	la
罗德古纳巩	COO	郭	老	商量	做[1]	LNK	脚	LOC

bya rgod	kyi	lham	gon	lus	la	pha ba dgo dgo	vi
bya rgod	kyi	lham	gon	lus	la	pha ba dgo dgo	vi
老鹰	GEN	鞋	穿[W]	身体	LOC	马勃	GEN

thal pa	gon	nas.
thal pa	gon	nas
马勃灰	穿[W]	LNK

郭老头和罗德古纳巩商量后，脚上穿着鸟羽编织的靴子，身上穿着用马勃做的衣服。

ལོ་སྟེ་གུ་སྣ་གོང་དང་མགོས་རྒན་གྲོས་བྱས་ནས། རྐང་ལ་བྱ་རྒོད་ཀྱི་ལྷམ་གོན་ལུས་ལ་པྷ་བ་དགོ་དགོའི་ཐལ་པ་གོན་ནས།

blon	chen po	dang.	zhang ma zhang	nang	du	bcug	tsa na.
blon	chen po	dang	zhang ma zhang	nang	du	bcug	tsa na
臣	大	COO	尚·玛降	里	ALL	放[W]	时候

blon	chen mo	na re	kha	ma	bcad	cig	zer.
blon	chen mo	na re	kha	ma	bcad	cig	zer
臣	大	说[W]	口	NEG	关[1]	PRT	说[W]

大臣和尚·玛降两位送进坟墓里的时候。大臣赤桑说：口不要封。

བློན་ཆེན་པོ་དང་། ཞང་མ་ཞང་ནང་དུ་བཅུག་ཙ་ན། བློན་ཆེན་མོ་ན་རེ་ཁ་མ་བཅད་ཅིག་ཟེར།

第四章　文本语法标注

vdir	zhang	gi	gzim mal	bya.	vdir		ngavi
vdi	r	zhang	gi	gzim mal	bya	vdi r	nga vi
DET	LOC	尚伦	GEN	寝宫	做[3]	DET LOC	1sg GEN

bya.	vdir		chu	bzhag	go	zer	cing	vgro	ba	dang.
bya	vdi r		chu	bzhag	go	zer	cing	vgro	ba	dang
做[3]	DET LOC		水	放置[1]	END	说[W]	SIM	去[23]	NML	LNK

这里做尚伦的寝室，这里做我的睡处，这里流水，边说边走。

འདིར་ཞང་གི་གཟིམ་མལ་བྱ། འདིར་བའི་བྱ། འདིར་ཆུ་བཞག་གོ་ཟེར་ཅིང་འགྲོ་བ་དང་།

ma zhang	phyir		tril li li	vbreng.	thal mo	btabs	nas
ma zhang	phyi	r	tril li li	vbreng	thal mo	btabs	nas
玛降	后	LOC	紧紧地	跟着[W]	手掌	拍打[1]	LNK

pha gi	ci	yin	zer	nas	bros	pa	dang.
pha gi	ci	yin	zer	nas	bros	pa	dang
DET	什么	COP	说[W]	LNK	逃走[14]	NML	LNK

玛降紧紧地跟在后面。拍着手掌说：那是什么？之后，逃走了。

མ་ཞང་ཕྱིར་ཏྲིལ་ལི་ལི་འབྲེང་། ཐལ་མོ་བཏབས་ནས་ཕ་གི་ཅི་ཡིན་ཟེར་ནས་བྲོས་པ་དང་།

bros	pavi		rkang pa	nas	bzung	bas.	bya rgod	kyi
bros	pa	vi	rkang pa	nas	bzung	bas	bya rgod	kyi
逃走[14]	NML	GEN	脚	ABL	抓[1]	LNK	老鹰	GEN

spu	spa ra	gang	lag	na	gdav.	pha ba dgo dgo	kyis	mig	gis
spu	spa ra	gang	lag	na	gdav	pha ba dgo dgo	kyis	mig	gis
毛	把	一	手	LOC	EXI	马勃	AGE	眼睛	INS

cang	ma	mthong	pas.
cang	ma	mthong	pas
什么	NEG	看见[W]	LNK

去抓逃走的脚，只有一把鸟的羽毛。因为马勃衣服与土色一样，什么也看不见。

བྲོས་པའི་རྐང་པ་ནས་བཟུང་བས། བྱ་རྒོད་ཀྱི་སྤུ་སྤ་ར་གང་ལག་ན་འདུག ཕ་བ་དགོ་དགོ་ཀྱིས་མིག་གིས་ཅང་མ་མཐོང་པས།

---

① bay是gzim mal bya的省略形式。

176　藏文古文献《拔协》文本标注与语法研究

mgos	rgan	gyi	lto	vog	tu	song	ba	zhes	vkhun.
mgos	rgan	gyi	lto	vog	tu	song	ba	zhes	vkhun
郭	老	GEN	肚子	下	ALL	去[4]	NML	QM	抱怨[2]

lo ste gu gong	pha bong	gis	bkag.
lo ste gu gong	pha bong	gis	bkag
罗德古纳巩	大石头	INS	阻拦[1]

抱怨道陷在郭老家伙的肚腹[圈套]底下啦！罗德古纳巩用大石头堵上。

མགོས་རྒན་གྱི་ལྟོ་འོག་ཏུ་སོང་པ་ཞེས་འཁུན། ལོ་སྟེ་གུ་གོང་པ་བོང་གིས་བཀག།

ring	shig	na	khyim	bya	skad	grags	nas.	chu	shor
ring	shig	na	khyim	bya	skad	grags	nas	chu	shor
期间	一	LOC	家	鸡	声音	叫[W]	LNK	水	失去[W]

snyam	te	trevu	yos zan	lag pa	brdungs	sar		bskos[①]
snyam	te	trevu	yos zan	lag pa	brdungs	sa	r	bskos
想[W]	LNK	骡子	食物	手	敲[1]	地	LOC	挖[1]

pas.	chus		mi	brel	bavi		rwa	vthud
pas	chu	s	mi	brel	ba	vi	rwa	vthud
LNK	水	INS	NEG	连接[W]	NML	GEN	角	接续[W]

pavi		thabs	de	bshig.
pa	vi	thabs	de	bshig
NML	GEN	方法	DET	毁灭[13]

过了一段时间，家鸡啼鸣。心想水流出了，骡子用蹄子刨食物，在地上挖，弄坏了不让水断流而接起来的角[水管]。

རིང་ཞིག་ན་ཁྱིམ་བྱ་སྐད་གྲགས་ནས། ཆུ་ཤོར་སྙམ་སྟེ་ཏྲེའུ་ཡོས་ཟན་ལག་པ་བརྡུངས་སར་བསྐོས་པས། ཆུས་མི་འབྲེལ་བའི་རྭ་འཐུད་པའི་ཐབས་དེ་བཤིག།

nang	nas	mdav	la	yi ge	bris	nas.	snam snang pas	
nang	nas	mdav	la	yi ge	bris	nas	snam snang pa	s
里	ABL	箭	LOC	文字	写[14]	LNK	纳囊氏	AGE

nga	brus	zhes	bya	ba	phyir		vphen.
nga	brus	zhes	bya	ba	phyi	r	vphen
1sg	挖[14]	QM	叫作[W]	NML	外	ALL	发射[2]

---

① 应为brkos。

从里面出来的一支箭上写着文字。文字是：纳囊族挖我出来。箭射到外面了。

ནང་ནས་མདའ་ལ་ཡི་གེ་བྲིས་ནས། སྣམ་སྲང་པས་ང་བྲུས་ཞེས་བྱུ་བ་ཕྱིར་འཐེན།

der	ma zhang	la	skyon	phabs	stobs las	grub	pa	dang.
de r	ma zhang	la	skyon	phabs	stobs las	grub	pa	dang
DET DAT	玛降	DAT	罪行	降[1]	勇气	完成[1]	NML	LNK

对此事，降罪给玛降，而处死他。

དེར་མ་ཞང་ལ་སྐྱོན་ཕབས་སྟོབས་ལས་གྲུབ་པ་དང་།

rje	blon	tshogs	pavi		dus	su	zhang nya bzang		gis
rje	blon	tshogs	pa	vi	dus	su	zhang nya bzang		gis
王	臣	召集[W]	NML	GEN	时	LOC	尚·聂桑		AGE

gsol	pa.	mes	srong btsan	gyis	lha	chos	mdzad	pas	legs.
gsol	pa	mes	srong btsan	gyis	lha	chos	mdzad	pas	legs
禀报[W]	NML	祖宗	松赞	AGE	佛	法	做[W]	LNK	好

lha	sras	yab	kyis	kyang	lha chos	bzang po	mdzad	pavi
lha	sras	yab	kyis	kyang	lha chos	bzang po	mdzad	pa
佛	儿子	父亲	AGE	也	佛法	好	做[W]	NML

vi	vog	du	zhang ma zhang	gis	bshig.
vi	vog	du	zhang ma zhang	gis	bshig
GEN	下	LOC	尚·玛降	AGE	破坏[13]

在召集王臣的时候，尚·聂桑禀道：祖宗松赞弘扬佛法，很好。父辈也弘扬好的佛法。后来遭到玛降破坏。

རྒྱའི་ལྷ་ཤཱཀྱ་མུ་ནེ་སྔོན་རྟ་པའི་པང་དུ་བཞུགས་པ། མེས་སྲོང་བཙན་གྱིས་ལྷ་ཆོས་མཛད་པ་ལེགས། ལྷ་སྲས་ཡབ་ཀྱིས་ཀྱང་ལྷ་ཆོས་བཟང་པོ་མཛད་པའི་འོག་ཏུ་ཞང་མ་ཞང་གིས་བཤིག།

rgyavi		lha	sshkya mu ne	sngon	rta pavi		pang	du
rgya	vi	lha	sshkya mu ne	sngon	rta pa	vi	pang	du
天竺	GEN	佛	释迦牟尼	先	骑士	GEN	怀抱	LOC

178 藏文古文献《拔协》文本标注与语法研究

theg	pa.	phyis	rgya yul	du	skyal[①]	bas	mi	stong	gis
theg	pa	phyis	rgya yul	du	skyal	bas	mi	stong	gis
承载[4]	NML	后来	天竺	ALL	送[2]	LNK	人	千	AGE

kyang	ma	thegs.
kyang	ma	thegs
也	NEG	抬[W]

天竺的神释迦牟尼先前在骑士怀中驮来。后来送回天竺去，上千人也抬不动。

རྒྱའི་ལྷ་ཤཱཀྱ་མུ་ནི་སྔོན་ཏུ་པའི་པང་དུ་ཞེག་པ། ཕྱིས་རྒྱ་ཡུལ་དུ་སྐྱལ་བས་མི་སྟོང་གིས་ཀྱང་མ་ཞེགས།

mang yul	du	skyal	bar	chad	pas	drevu	gnyis	kyis
mang yul	du	skyal	ba r	chad	pas	drevu	gnyis	kyis
芒域	ALL	送[2]	NML	OBJ 决定[1]	LNK	骡子	二	AGE

theg.	rgyavi	lha	slar	mar	la	spyan	drangs	la	mchod.
theg	rgya vi	lha	slar	mar	la	spyan	drangs	la	mchod
驮[4]	天竺	GEN	佛	又	下	ALL	HON	请[1]	LNK	供养[W]

商定送往芒域，两匹骡子驮了去。天竺的佛像再请回来供奉。

མང་ཡུལ་དུ་སྐྱལ་བར་ཆད་པས་དྲེལ་གཉིས་ཀྱིས་ཞེག རྒྱའི་ལྷ་སླར་མར་ལ་སྤྱན་དྲངས་ལ་མཆོད།

zhang blon	chos	snub	pa	gsum	kyang	ma	rung	par
zhang blon	chos	snub	pa	gsum	kyang	ma	rung	par
尚伦	法	毁灭[2]	NML	三	也	NEG	可以[W]	SER

gum	ste	de	vdra.
gum	ste	de	vdra
死[W]	LNK	DET	像[W]

三个灭佛法的尚伦也不可以像那样处死。

ཞང་བློན་ཆོས་སྣུབ་པ་གསུམ་ཀྱང་མ་རུང་པར་གུམ་སྟེ་དེ་འདྲ།

bla vog	gi	phyag sprin	dang.	ltas ngan	dang	sbyar	na
bla vog	gi	phyag sprin	dang	ltas ngan	dang	sbyar	na
上下	GEN	属民	COO	凶兆	COM	按照[13]	COD

----

① skya 应为 skyel。

rgya	lha	khros	te	chab srid	nongs	par		glo bar
rgya	lha	khros	te	chab srid	nongs	pa	r	glo ba
天竺	佛	怒[1]	LNK	政治	错[W]	NML	DAT	肺

	chud①.
	r chud
	ALL 掌握[W]

根据上下的属民和凶兆的情况说的话，在心中知道天竺神佛发怒而危害国政。

ཧྭ་ཤོག་གི་ཕྱག་སྟེན་དང་། ཤས་ངན་དང་སྦྱར་ན་རྒྱ་ལྷ་ཁྲོས་ཏེ་ཆབ་སྲིད་ནོངས་པར་གློ་བར་ཆུད།

sngon	yab	mes	chos	mdzad	pa	ltar	mdzad	pa	na
sngon	yab	mes	chos	mdzad	pa	ltar	mdzad	pa	na
先	父亲	祖宗	法	做[W]	NML	按照	做[W]	NML	COD

legs	vdra	zhes	gsol	pas.
legs	vdra	zhes	gsol	pas
好[W]	像[W]	QM	禀报[W]	LNK

按照先辈那样奉行佛法的话，似乎是好事。

སྔོན་ཡབ་མེས་ཆོས་མཛད་པ་ལྟར་མཛད་པ་ན་ལེགས་འདྲ་ཞེས་གསོལ་པས།

rgyal bu	na re	zhang	zer	ba	de	bden.		ngavang
rgyal bu	na re	zhang	zer	ba	de	bden	nga	vang
王子	说[W]	舅舅	说[W]	NML	DET	真实[W]	1sg	也

de	bsam	zhang blon	kun	kyang	gros	bya	gsungs.	slad kyis
de	bsam	zhang blon	kun	kyang	gros	bya	gsungs	slad kyis
DET	想[3]	尚伦	全	也	商量	做[3]	说[14]	今后

rje	blon	mang po	tshogs	nas	rgyal po	bkav	stsol	du
rje	blon	mang po	tshogs	nas	rgyal po	bkav	stsol	du
王	臣	多	召集[W]	LNK	王	命令	给[24]	CAU

bcug	nas.
bcug	nas
使[W]	LNK

---

① glo bar chud意思为"肯定"。

180 藏文古文献《拔协》文本标注与语法研究

王子说道：尚·聂桑说得对，我也这么想。全体尚论也商量商量。后来多次召集王臣。又使国王给颁布命令。

རྒྱལ་བུ་ན་རེ་ཞང་ཟེར་བ་དེ་བདེན། བདག་དེ་བསམ་ཞིང་སྣོན་ཀུན་ཀྱང་གྲོས་བྱ་གསུངས། སླད་ཀྱིས་རྗེ་བློན་མང་པོ་ཚོགས་ནས་རྒྱལ་པོ་བཀའ་སྩོལ་དུ་བཅུག་ནས།

ngavi	yab	mes	kyis	lha chos	mdzad	pa	zhang	gis
nga vi	yab	mes	kyis	lha chos	mdzad	pa	zhang	gis
1sg GEN	父亲	祖宗	AGE	佛法	做[W]	NML	尚伦	AGE

bshig	pa	de	vdra.	rgya	lha	yang	slar	mar	spyan
bshig	pa	de	vdra	rgya	lha	yang	slar	mar	spyan
破坏[13]	NML	DET	像[W]	汉	佛	也	今后	下	HON

drangs.	nged	rang	yang	chos	byar	la①	rung	ngam
drangs	nged	rang	yang	chos	bya	r la	rung	ngam
请[1]	1pl	自己	也	法	做[3]	SER SER	可以[W]	QU

gsungs pas.
gsungs pas
说[14] LNK

我的先祖奉行佛法，被玛降等尚论破坏如此。汉地的佛像再请回来，我们也要奉行佛法可以吗？

བདེ་ཡབ་མེས་ཀྱིས་ལྷ་ཆོས་མཛད་པ་ཞང་གིས་བཤིག་པ་དེ་འདྲ། རྒྱ་ལྷ་ཡང་སླར་མར་སྤྱན་དྲངས། དེ་རང་ཡང་ཆོས་བྱར་ལ་རུང་ངམ་གསུངས་པས།

chos	bya	bar	vcham	nas.	da	chos	byed	pa
chos	bya	ba r	vcham	nas	da	chos	byed	pa
法	做[3]	NML OBJ	同意[W]	LNK	现在	法	做[2]	NML

la	mthav	nas	vongs	mi	lo rgyus can	su	yod	zhes	gleng
la	mthav	nas	vongs	mi	lo rgyus can	su	yod	zhes	gleng
LNK	边境	ABL	来[1]	人	历史者	谁	EXI	QM	谈论[23]

pa dang.
pa dang
NML LNK

---

① 此处la为多余。

第四章 文本语法标注 181

大家同意倡兴佛法。现在要奉行佛法，谈论从边境回来的人中有谁？

ཆོས་བྱ་བར་འཆམས་ནས། ད་ཆོས་བྱེད་པ་ལ་མཐའ་ནས་འོངས་མི་ལོ་རྒྱལ་ཙན་སུ་ཡོད་ཞེས་གླེང་པ་དང་།

ba lam klag	na	sba gsal snang	mang yul	nas	vongs	pa	rjevi
ba lam klag	na	sba gsal snang	mang yul	nas	vongs	pa	rje vi
拔拉木腊	LOC	拔·塞囊	芒域	ABL	来[1]	NML	王

	spyan	sngar	boms	mchi	nas	gsal snang	rjevi	spyan
vi	spyan	sngar	boms	mchi	nas	gsal snang	rje vi	spyan
GEN	HON	前	叫[1]	去[23]	LNK	塞囊	王	GEN HON

sngar	mchis	ste.
sngar	mchis	ste
前	去[1]	LNK

在拔拉木腊，拔·塞囊从芒域回来，叫到国王跟前来，塞囊来到国王跟前。

བ་ལས་ཀླུག་ན་སྦ་གསལ་སྣང་མང་ཡུལ་ནས་འོངས་པ་རྗེའི་སྤྱན་སྔར་བོམས་མཆིས་ནས་གསལ་སྣང་རྗེའི་སྤྱན་སྔར་མཆིས་ཏེ།

de	la	zhang nya bzang	zer	ba	des	zhib	du
de	la	zhang nya bzang	zer	ba	de s	zhib	du
DET	DAT	尚·聂桑	说[W]	NML	DET INS	细致	RES

bkav	stsal	nas.	rgya gar	dang	bal yul	na	mkhas pa	su
bkav	stsal	nas	rgya gar	dang	bal yul	na	mkhas pa	su
命令	给[W]	LNK	天竺	COO	尼泊尔地方	LOC	智者	谁

yod.	spyan	drongs	shig	zer	bsgos	bas
yod	spyan	drongs	shig	zer	bsgos	bas
EXI	HON	请[4]	PRT	说[W]	任命[1]	LNK

尚·聂桑对他说的这些被详细地做了吩咐。天竺和尼泊尔有哪些专家？吩咐请来。

དེ་ལ་ཞང་ཉ་བཟང་ཟེར་བ་དེས་ཞིབ་ཏུ་བཀའ་སྩལ་ནས་རྒྱ་གར་དང་བལ་ཡུལ་ན་མཁས་པ་སུ་ཡོད། སྤྱན་དྲོངས་ཤིག་ཟེར་བསྒོས་པས།

gsal snang	gis	gsol	pa.	sngon	ni	za hor	na	mchis.
gsal snang	gis	gsol	pa	sngon	ni	za hor	na	mchis
塞囊	AGE	禀报[W]	NML	先	TOP	撒霍尔	ALL	去[1]

da lta	bal yul	na	za hor	rgyal povi		bu	dge slong
da lta	bal yul	na	za hor	rgyal po	vi	bu	dge slong
现在	尼泊尔地方	LOC	撒霍尔	王	GEN	儿子	比丘

shan ta rksshi ta	bya	ba	gtsug lag	la	mkhas	pa	gcig
shan ta rksshi ta	bya	ba	gtsug lag	la	mkhas	pa	gcig
显达诺吉达	叫作[W]	NML	经典	OBJ	精通[W]	NML	一

mchis	zhes	gsol	pa	dang.		
mchis	zhes	gsol	pa	dang		
EXI	QM	禀报[W]	NML	LNK		

塞囊禀道：从前去了撒霍尔国，如今在尼泊尔的一位撒霍尔的王子，名叫显达诺吉达比丘，对经典精通。

གསལ་སྣང་གིས་གསོལ་པ། སྔོན་ཟེ་ཧོར་ན་མཆིས། ད་ལྟ་བལ་ཡུལ་ན་ཟེ་ཧོར་རྒྱལ་པོའི་བུ་དགེ་སློང་ཞན་ཏ་རཀྵི་ཏ་བྱ་བ་གཙུག་ལག་ལ་མཁས་པ་གཅིག་མཆིས་ཞེས་གསོལ་པ་དང་།

rjevi	zhal	nas	khyod	yul	du	ma	vgro	bar
rje	vi	zhal	nas	khyod	yul	du	ma	vgro	bar
王	GEN	口	ABL	2sg	家乡	ALL	NEG	去[23]	LNK

der	mi	dgug	du	mi	rung	pas.	bal rje
de	r	mi	dgug	du	mi	rung	pas	bal rje
DET	DAT	NEG	召引[13]	SER	NEG	可以[W]	LNK	尼泊尔王

la	ngavi	bkav	sgrom	vdi	phul	la	mkhas pa
la	nga	vi	bkav	sgrom	vdi	phul	la	mkhas pa
DAT	1sg	GEN	命令	盒子	DET	献给[14]	LNK	智者

de	spyan	drongs	shig	zer	bkav	stsal.
de	spyan	drongs	shig	zer	bkav	stsal
DET	HON	请[4]	PRT	说[W]	命令	给[W]

国王说：你不要回家乡，必须请他到这里来！献给尼泊尔王我的这个信函。并颁布命令请回那个大师！

རྗེའི་ཞལ་ནས་ཁྱོད་ཡུལ་དུ་འགྲོ་བར་དེར་མི་དགུག་ཏུ་མི་རུང་པས། ང་འི་བཀའ་སྒྲོམ་འདི་བལ་རྗེ་ལ་མཁས་པ་དེ་སྤྱན་དྲོངས་ཞིག་ཟེར་བཀའ་སྩལ།

gsal snang	bal yul	du	mchis	nas.	bal rje	la	pho nya
gsal snang	bal yul	du	mchis	nas	bal rje	la	pho nya
塞囊	尼泊尔地方	ALL	去[1]	LNK	尼泊尔王	DAT	使者

btang	nas	zhal	mjal.	btsan povi		bkav	sgrom bu
btang	nas	zhal	mjal	btsan po	vi	bkav	sgrom bu
派[1]	LNK	HON	相见[W]	赞普	GEN	命令	盒子

phul	nas	a ts·rya	spyan	drangs	par		chad
phul	nas	a ts·rya	spyan	drangs	pa	r	chad
献给[14]	LNK	阿杂诺雅	HON	请[1]	NML	OBJ	决断[1]

塞囊到了尼泊尔去后，派使者求见尼泊尔王。献上赞普的信函。同意邀请阿杂诺雅。

གསལ་སྣང་བལ་ཡུལ་དུ་མཆིས་ནས། བལ་རྗེ་ལ་ཕོ་ཉ་བཏང་ནས་ཞལ་མཇལ། བཙན་པོའི་བཀའ་སྒྲོམ་བུ་ཕུལ་ནས་ཨ་ཙརྱ་སྤྱན་དྲངས་པར་ཆད།

a ts·rya	mang yul	na	sdod	do	zhes	snyan	du	gsol
a ts·rya	mang yul	na	sdod	do	zhes	snyan	du	gsol
阿杂诺雅	芒域	LOC	住[24]	END	QM	耳朵	ALL	禀报[W]

pas.	vkhor	lang vgro snang ra	dang	snyer btag btsan ldong gzigs		dang.
pas	vkhor	lang vgro snang ra	dang	snyer btag btsan ldong gzigs		dang
LNK	随从	朗·桌囊诺	COO	聂·达赞东思		COO

vbrang rgya ra legs gzigs	gsum	mang yul	du	mkhan po	bsur
vbrang rgya ra legs gzigs	gsum	mang yul	du	mkhan po	bsu
章·加诺勒思	三	芒域	ALL	堪布	迎接[23]

	mchis	nas.	ston khang	dpe har	du	phyag	phebs	par	mchi.
r	mchis	nas	ston khang	dpe har	du	phyag	phebs	par	mchi
PUR	去[1]	LNK	顿庙	白哈尔	ALL	HON	到[W]	SER	去[23]

禀报阿杂诺雅已迎请至芒域。禀报之后，派属下朗·桌囊诺、聂·达赞东思、章·加诺勒思三人前往芒域迎接堪布。迎接到白哈尔寺庙地方去。

ཨ་ཙརྱ་མང་ཡུལ་ན་བཞུགས་དོ་ཞེས་སྙན་དུ་གསོལ་པས། འཁོར་ལང་འགྲོ་སྣང་ར་དང་སྙེར་བཏག་བཙན་ལྡོང་གཟིགས་དང༌། འབྲང་རྒྱ་ར་ལེགས་གཟིགས་གསུམ་མང་ཡུལ་དུ་མཁན་པོ་བསུར་མཆིས་ནས། སྟོན་ཁང་དཔེ་ཧར་དུ་ཕྱག་ཕེབས་པར་མཆི།

lang vgro snang ra		dang.	a ts·rya		der		bzhag	nas
lang vgro snang ra		dang	a ts·rya	de	r		bzhag	nas
朗·桌囊诺		COO	阿杂诺雅	DET	ALL	放置[1]		LNK

pho brang	du	rje	la	zhe sa	phul	pas.	phyag	bya	bavi
pho brang	du	rje	la	zhe sa	phul	pas	phyag	bya	ba
宫殿	LOC	王	DAT	敬礼	献给[14]	LNK	HON	做[3]	NML

184　藏文古文献《拔协》文本标注与语法研究

```
         gtol    ma     mchis   par    gsal snang   gnyer bcum.
vi       gtol    ma     mchis   par    gsal snang   gnyer bcum
GEN      迟疑    NEG    EXI     LNK    禀奏         款待[W]
```

塞囊把阿杂诺雅和朗·桌囊诺留下，到王宫去向国王禀报。没有迟疑而款待塞囊①。

ལང་འགྲོ་སྣང་ར་དང་། ཨ་ཙུ་དེར་བཞག་ནས་པོ་བྲང་དུ་རྗེ་ལ་ཞེ་ས་ཕྱལ་པས། ཕྱག་བྱའི་གཤམ་ལ་མཚིམ་པར་གསལ་སྲུང་གཉེར་བཅུམ།

```
zhang blon   dag   na re   lho   bal    gyi   mi   ngan   sngags   dang.
zhang blon   dag   na re   lho   bal    gyi   mi   ngan   sngags   dang
尚伦         pl    说[W]   南    尼泊尔 GEN   人   坏     咒语     COO

phra men   gyi   bag   bgyid   mi    bgyid.
phra men   gyi   bag   bgyid   mi    bgyid
嵌花       GEN   面具  做[2]   NEG   做[2]
```

尚论们商量道：南方的尼泊尔人，放不放恶咒？是否危害吐蕃的地方鬼神？

ཞང་བློན་དག་ན་རེ་ལྷོ་བལ་གྱི་མི་ངན་སྔགས་དང་། ཕྲ་མེན་གྱི་བག་བགྱིད་མི་བགྱིད།

```
de    la    rtog        mi    btang   mchi   nas.   sang shi   dang
de    la    rtog        mi    btang   mchi   nas    sang shi   dang
DET   OBJ   考察[24]    人    派[1]   去[23] LNK    桑喜       COO

seng vgo lha lung gzigs      dang.   mchims me lha    gsum   btang   bas
seng vgo lha lung gzigs      dang    mchims me lha    gsum   btang   bas
僧郭·拉龙思                  COO     齐木·麦拉        三     派[1]   LNK

a ts·ryavi       skad    ma    go.
a ts·rya    vi   skad    ma    go
阿杂诺雅    GEN  语言    NEG   理解[W]
```

还须派人去考察一下，便派桑喜、僧郭·拉龙思和齐木·麦拉三个人去了。不懂阿杂诺雅的话。

དེ་ལ་རྟོག་མི་བཏང་མཆི་ནས། སང་ཤི་དང་སེང་འགོ་ལྷ་ལུང་གཟིགས་དང་མཆིམས་མེ་ལྷ་གསུམ་བཏང་བས། ཨ་ཙུའི་སྐད་མ་གོ

---

①　译注版译文是："国王没有让施礼而予以款待"，根据上下文这里应该译为"国王没有迟疑而予以款待塞囊"，表示国王乐意接受。

dar tshag sgong gseg	gi	tshong vdus	na.	kha che	skyes bzang
达擦贡赛	GEN	集市	LOC	克什米尔人	吉桑

gi	bu	a nan ta	lo tstsha	bslob①	vphro	la	tshad	pa
GEN	儿子	阿难陀	翻译	学[W]	过程	LOC	热[W]	NML

byung	nas	tshong	byed	pa	de	la	lo tstsha	bcol	nas.
来[1]	LNK	商业	做[2]	NML	DET	DAT	翻译	放弃[1]	LNK

在达擦贡赛市场，请了一个克什米尔人吉桑的儿子阿难陀当翻译。在此过程中，得了热病，才放弃翻译从事商业。

དར་ཚག་སྒོང་གསེག་གི་ཚོང་འདུས་ན། ཁ་ཆེ་སྐྱེས་བཟང་གི་བུ་ཨ་ནན་ཏ་ལོ་ཙྪ་བསློབ་འཕྲོ་ལ་ཚད་པ་བྱུང་ནས། ཚོང་བྱེད་པ་དེ་ལ་ལོ་ཙྪ་བཅོལ་ནས།

a ts·rya	ci	vdra	dris	pas.	spyod pa	legs	so cog	la
阿杂诺雅	什么	像[W]	问[14]	LNK	行为	好	所有	OBJ

mi	bya	ba med	nyes po	cog	la	mi	btang	ba med
NEG	做[3]	EXP:NEG	危害	全部	OBJ	NEG	派[1]	EXP:NEG

lha dkon mchog gsum	mchod.	gtso bo	r	sems can	la	phan pa
三宝	供养	主要	LOC	众生	DAT	利益

bya	zer	nas	mchi.
做[3]	说[W]	LNK	说[23]

问：阿杂诺雅怎么样？一切好行为他没有不做的，恶行，他没有不戒除的。敬奉三宝，专做利益众生的事情。

ཨ་ཙརྱ་ཅི་འདྲ་དྲིས་པས། སྤྱོད་པ་ལེགས་སོ་ཅོག་ལ་མི་བྱ་བ་མེད། ཉེས་པོ་ཅོག་ལ་མི་བཏང་བ་མེད། ལྷ་དཀོན་མཆོག་གསུམ་མཆོད། གཙོ་བོར་སེམས་ཅན་ལ་ཕན་པ་བྱ་ཟེར་ནས་མཆི།

---

① 正字法形式为bslab。

186 藏文古文献《拔协》文本标注与语法研究

de	rje	la	gsol	nas	spyod pa	rgya chen po	vchad.
de	rje	la	gsol	nas	spyod pa	rgya chen po	vchad
DET	王	DAT	禀报[W]	LNK	行为	广大	决定[234]

thugs vkhrig	bzhes	mi	vtshal	byas	pas.
thugs vkhrig	bzhes	mi	vtshal	byas	pas
担心	考虑[W]	NEG	请求[123]	做[1]	LNK

向国王禀报此事，认为此人德行宏广，请不必疑虑。

དེ་རྗེ་ལ་གསོལ་ནས་སྤྱོད་པ་རྒྱ་ཆེན་པོ་འཆད། ཐུགས་འཁྲིག་བཞེས་མི་འཚལ་བྱས་པས།

pho brang	du	spyan	drangs	te	nga	phyag	bya	bar
pho brang	du	spyan	drangs	te	nga	phyag	bya	bar
宫殿	ALL	HON	请[1]	LNK	1sg	HON	做[3]	SER

gsol.	ngas	la nye	brtag	go	gsungs.
gsol	nga s	la nye	brtag	go	gsungs
禀报[W]	1sg AGE	征兆	考察[3]	END	说[14]

请他到宫中来，我要向他顶礼。说：我考察一下机缘情况。

བོ་བྲང་དུ་སྤྱན་དྲངས་ཏེ་ང་ཕྱག་བྱ་བར་གསོལ། ངས་ལ་ཉེ་བརྟག་གོ་གསུངས།

pho nya bas	a ts·rya	sgo	na	byon	zhes	gsol
pho nya ba s	a ts·rya	sgo	na	byon	zhes	gsol
使者 AGE	阿杂诺雅	门	ALL	到达[14]	QM	禀报[W]

bas.	gser	khyo	gang	gi	phyag rten	du	phul	nas	phyag
bas	gser	khyo	gang	gi	phyag rten	du	phul	nas	phyag
LNK	金	把	一	GEN	礼物	RES	献给[14]	LNK	HON

byas	pa	dang.	a ts·ryavi	zhal	nas.	rgyal po	kho bo
byas	pa	dang	a ts·rya vi	zhal	nas	rgyal po	kho bo
做[1]	NML	LNK	阿杂诺雅 GEN	口	ABL	王	1sg

mi	mkhyen	nam	gsungs.
mi	mkhyen	nam	gsungs
NEG	认识[W]	QU	说[14]

使者禀道：阿杂诺雅已到宫门！供上一把碎金作见面礼。阿杂诺雅问国王

说：国王不认识我了吗？

ཕོ་བྲང་ཨ་ཙུ་སྙོན་ན་ཞོན་གསོལ་བས། གསེར་ཁྲི་གང་གི་ཕྱག་རྟེན་ཕུལ་ནས་ཕུལ་བ་དང་། ཨ་ཙུའི་ཞལ་ནས། རྒྱལ་པོས་ཁོ་བོ་མི་མཁྱེན་ནམ། གསུངས།

a ts·rya	dang	sngon chad	zhal	ma	mjal	zhes	bkav	stsal
a ts·rya	dang	sngon chad	zhal	ma	mjal	zhes	bkav	stsal
阿杂诺雅	COM	以前	面	NEG	相见[W]	QM	命令	给[W]

pa	la.
pa	la
NML	LNK

从前没和阿杂诺雅见过面呀！

ཨ་ཙུ་དང་སྔོན་ཆད་ཞལ་མ་མཇལ་ཞེས་བཀའ་སྩལ་པ་ལ།

sngon	sangs rgyas vod srung	gi	bstan pa	la	gtsug lag khang
sngon	sangs rgyas vod srung	gi	bstan pa	la	gtsug lag khang
先	迦叶佛	GEN	佛法	LOC	佛堂

gi	rgyan srung	gi	byis pa	gsum	gyis	bye mavi
gi	rgyan srung	gi	byis pa	gsum	gyis	bye ma vi
GEN	看护	GEN	婴孩	三	AGE	沙 GEN

mchod rten	byas	te.	ma vongs pa	na	ngas	pann ddi ta
mchod rten	byas	te	ma vongs pa	na	nga s	pann ddi ta
供塔	做[1]	LNK	未来	LOC	1sg AGE	班智达

bya	ba.	khyod	kyis	mthav khob	kyi	rgyal po	bya	ba.
bya	ba	khyod	kyis	mthav khob	kyi	rgyal po	bya	ba
做[3]	NML	2sg	AGE	边陲	GEN	王	做[3]	NML

gsal snang	gis	bang chen	byas	la	mthav khob	kyi
gsal snang	gis	bang chen	byas	la	mthav khob	kyi
塞囊	AGE	信使	做[1]	LNK	边陲	GEN

rgyal khams	su.	dam pavi		chos	dar	bar	bya
rgyal khams	su	dam pa vi		chos	dar	bar	bya
王土	LOC	圣洁	GEN	法	弘扬[W]	SER	做[3]

188 藏文古文献《拔协》文本标注与语法研究

bar	smon lam	btab	pa	de	snyel	lam	gsungs	pas.
ba r	smon lam	btab	pa	de	snyel	lam	gsungs	pas
NML OBJ	祈祷	做[1]	NML	DET	记住[W]	QU	说[14]	LNK

先前，在迦叶佛佛法弘扬时，有三个看管寺庙的孩子堆了一座沙土的佛塔。在未来，我生为班智达，你生做边远国土的国王。塞囊生做使者。祈祷在边远国土上，弘扬圣洁的佛法。这事记起了吗？

སྔོན་སངས་རྒྱས་འོད་སྲུང་གི་བསྟན་པ་ལ་གུག་གུགས་ལགས་པའི་གུང་གི་བྱི་བ་གསུམ་གྱིས་བྱེ་མའི་མཆོད་རྟེན་བྱས་ཏེ། མ་འོངས་པ་ན་ངས་པཎ་ཌི་ཏ་བྱེད། ཁྱེད་ཀྱིས་མཐའ་འཁོབ་ཀྱི་རྒྱལ་པོ་བྱ། གསལ་སྣང་གིས་བང་ཆེན་བྱས་ལ་མཐའ་འཁོབ་ཀྱི་རྒྱལ་ཁམས་སུ། དམ་པའི་ཆོས་དར་བར་བྱ་བར་སྨོན་ལམ་བཏབ་པ་དེ་སྙེལ་ལམ་གསུངས་པས།

rgyal povi	zhal	nas	de	med	gom	yun	thung	pas
rgyal po vi	zhal	nas	de	med	gom	yun	thung	pas
王	GEN 口	ABL	DET	EXI:NEG	修行	时间	短	LNK

lan	ces	lan	btab.	a ts·rya	la nye	btab	bam
lan	ces	lan	btab	a ts·rya	la nye	btab	bam
回答[W]	QM	回答[W]	做[1]	阿杂诺雅	征兆	做[1]	QU

zhus	pas.
zhus	pas
说[14]	LNK

国王答道：不记得了，修行时间短。阿杂诺雅，请看看机缘吧！

རྒྱལ་པོའི་ཞལ་ནས་དེ་མེད་གོམས་ཡུན་ཐུང་པས་ལན་ཅེས་ལན་བཏབ། ཨ་ཙརྱ་ལ་ཉེ་བཏབ་བམ་ཞུས་པས།

rgyal bo	khyod	kyi	dbu	la	la thod	gsol	pa	dang
rgyal bo	khyod	kyi	dbu	la	la thod	gsol	pa	dang
国王	2sg	GEN	头	LOC	头巾	做[W]	NML	COM

sbyar	na.	stod	du	mngav ris	zhwa	tsam pa	dang.
sbyar	na	stod	du	mngav ris	zhwa	tsam pa	dang
按照[13]	COD	上面	LOC	领地	帽子	点	COO

zhabs	la	lham	gsol	bas.	smad	du	mngav ris	lham	tsam
zhabs	la	lham	gsol	bas	smad	du	mngav ris	lham	tsam
脚	LOC	鞋	做[W]	LNK	下部	LOC	领地	鞋	点

```
gcig    la      khrims   chags.
gcig    la      khrims   chags
一      LOC     法       形成[W]
```

国王，在你的头上，根据做的头巾的情况看的话，上部可统治帽子般的地区；脚下穿着靴子，在下部靴子般的领土上可以推行佛法。

རྒྱལ་པོ་ཁྱོད་ཀྱི་དབུ་ལ་བཅོས་གསོལ་བ་དང་སྦྱར་ན། སྟོད་དུ་མགལ་རིས་ཞུ་ཚལ་པ་དང་། ཞབས་ལ་ལྷམ་གསོལ་བས། སྨད་དུ་མགལ་རིས་ལྷམ་ཚལ་གཅིག་ལ་ཁྲིམས་ཆགས།

```
sku     la      ske rags  ma     bcings   pa     dang   sbyar    na      bar
sku     la      ske rags  ma     bcings   pa     dang   sbyar    na      bar
身体    LOC     腰带      NEG    系[1]    NML    COM    按照[13]  COD    中

khams   vdir            rgyal povi          khrims   myur    du      vjig nyen
khams   vdi    r        rgyal po    vi      khrims   myur    du      vjig nyen
地区    DET    LOC      王          GEN     法       迅速    LOC     危机

yod.    von kyang       rtnavi              phyag rten       phul    bas.    dam pavi
yod     von kyang       rtna       vi       phyag rten       phul    bas     dam pa
EXI     但是            宝贝       GEN      礼物             献给[14] LNK    圣洁

        chos    byar            btug      gsungs.
vi      chos    bya    r        btug      gsungs
GEN     法      做[3]  OBJ      做[W]     说[14]
```

根据身上没有系腰带的情况看，在中部区，国王的法度很快有危险。但是，奉献宝贵的礼物，能够弘扬佛法。

སྐུ་ལ་སྐེ་རགས་མ་བཅིངས་པ་དང་སྦྱར་ན་བར་ཁམས་འདིར་རྒྱལ་པོའི་ཁྲིམས་མྱུར་དུ་འཇིག་ཉེན་ཡོད། འོན་ཀྱང་རཏྣའི་ཕྱག་རྟེན་ཕུལ་བས། དམ་པའི་ཆོས་བྱར་བཏུག་གསུངས།

```
de      nas     pho brang       rlung vtshubs    su.      kha che         a nan tas
de      nas     pho brang       rlung vtshubs    su       kha che         a nan ta
DET     ABL     宫殿            龙促             LOC.     克什米尔人      阿难陀

        lo tstsha       bgyis    te      zla ba    bzhir           dge ba bcu      dang.
s       lo tstsha       bgyis    te      zla ba    bzhi   r        dge ba bcu      dang
AGE     翻译            做[1]    LNK     月        四      LOC     十善            COO.
```

190　藏文古文献《拔协》文本标注与语法研究

khams bco brgyad　dang.　rten vbrel bcu gnyis　kyi　chos　bshad　pas.
khams bco brgyad　dang　rten vbrel bcu gnyis　kyi　chos　bshad　pas
十八界　　　　　　COO　十二缘起　　　　　GEN　法　讲[13]　LNK

于是在龙促宫，克什米尔人阿难陀作为翻译。在四个月中，讲了"十善"、"十八界"、"十二缘起"等佛法。

དེ་ནས་ཕོ་བྲང་ཀླུང་འཆུབ་སུ། ཁ་ཆེ་མི་ཨ་ནན་ཏ་ལོ་ཙཱ་བྱས་ཏེ། ཟླ་བ་བཞི་དུ་བ་བཅུ་དང་། ཁམས་བཅོ་བརྒྱད་དང་། རྟེན་འབྲེལ་བཅུ་གཉིས་ཀྱི་ཆོས་བཤད་པས།

vdre srin　nag po　kun　ma　dgav　ste　pho brang　vphang thang
vdre srin　nag po　kun　ma　dgav　ste　pho brang　vphang thang
鬼神　　　黑的　　全　　NEG　喜欢[W]　LNK　宫殿　　　旁塘

chus　　　khyer.　　lha sa　dmar po ri　la　　thog　rgyab①.　mi　nad
chu　s　　khyer　　 lha sa　dmar po ri　la　　thog　rgyab　　mi　nad
水　　INS　携带[14]　拉萨　红山　　　DAT　雷　　打[2]　　　人　病

dang　lo　　nyes　byung　pa　　btsan pos　　chos　byas　pas
dang　lo　　nyes　byung　pa　　btsan po　s　chos　byas　pas
COO　庄稼　危害　来[1]　　NML　赞普　　AGE　法　　做[1]　LNK

lan　　no.
lan　　no
报应[W]　END

邪恶的鬼神都不喜欢，发水毁了旁塘宫。轰雷击毁拉萨红山，出现瘟疫和荒年。赞普奉行佛法的报应！

འདི་སྲིན་ནག་པོ་ཀུན་མ་དགའ་སྟེ། ཕོ་བྲང་འཕང་ཐང་ཆུས་ཁྱེར། ལྷ་ས་དམར་པོ་རི་ལ་ཐོག་རྒྱབ། མི་ནད་དང་ལོ་ཉེས་བྱུང་བ་བཙན་པོས་ཆོས་བྱས་པས་ལན་ནོ།

a ts·rya　phar　shugs　mchi　nas.　bod　vbangs　tsam　kha log
a ts·rya　phar　shugs　mchi　nas　 bod　vbangs　tsam　kha log
阿杂诺雅　那边　赶[4]　去[23]　LNK　吐蕃　臣民　　点　　反悔[W]

dam pavi　　chos　bgyir　　　ma　vtshal.
dam pa　vi　chos　bgyi　r　　ma　vtshal
圣洁　　GEN　法　　做[3]　SER　NEG　请求[123]

---

① 应该为rgyag。

第四章 文本语法标注 191

把阿杂诺雅赶走！吐蕃民众反悔，不愿再奉行佛法。

ཨ་ཙུ་པར་ཤུགས་མཆེ་ནས། བོད་འབངས་ཚང་ཁ་ལོག་ནས་པའི་ཆོས་བཀྱིར་མ་འཆམ།

a ts·rya	khang	steng	na	dar dkar	gyi	yol ba	na.	sgom
a ts·rya	khang	steng	na	dar dkar	gyi	yol ba	na	sgom
阿杂诺雅	房子	上	LOC	白绸	GEN	幔帐	LOC	修行[2]

byed	pa	la.	rgyal pos		spyang lag	nas	gser	phye	bre
byed	pa	la	rgyal po	s	spyang lag	nas	gser	phye	bre
做[2]	NML	LNK	王		AGE 国库	ABL	金	碎	升

gang	khyer	nas	sba gsal snang	dang.	seng vgo lha lung gzigs
gang	khyer	nas	sba gsal snang	dang	seng vgo lha lung gzigs
一	携带[14]	LNK	拔·塞囊	COO	僧郭·拉龙思

dang.	zhang nya bzang	dang.	vbav sang shi	dang.
dang	zhang nya bzang	dang	vbav sang shi	dang
COO	尚·聂桑	COO	拔·桑喜	COO

snyer sta btsan ldong gzigs	dang	lnga	khrid	nas.
snyer sta btsan ldong gzigs	dang	lnga	khrid	nas
聂·达赞东思	COO	五	带领[4]	LNK

阿杂诺雅正在房顶的白绸幔帐中修行。国王从国库中取了一升碎金，率领拔·塞囊、僧郭·拉龙思、尚·聂桑、拔·桑喜、聂·达赞东思等五人。

ཨ་ཙུ་ཁང་སྟེང་ན་དར་དཀར་གྱི་ཡོལ་བ་ན། སྒོམ་བྱེད་པ་ལ། རྒྱལ་པོས་སྤྱང་ལག་ནས་གསེར་ཕྱེ་བྲེ་གང་ཁྱེར་ནས་སྦ་གསལ་སྣང་དང་། སེང་འགོ་ལྷ་ལུང་གཟིགས་དང་། ཞང་ཉ་བཟང་དང་། འབའ་སངས་ཤི་དང་། སྙེར་སྟ་བཙན་ལྡོང་གཟིགས་དང་ལྔ་ཁྲིད་ནས།

a ts·rya	dar gur	na	bzhugs	pa	la	skor ba	byas	phyag
a ts·rya	dar gur	na	bzhugs	pa	la	skor ba	byas	phyag
阿杂诺雅	绸帐	LOC	待[W]	NML	LNK	圈	做[1]	HON

bzhes	nas	gser	dngul	de	vdra	ba	nub	gsum	du
bzhes	nas	gser	dngul	de	vdra	ba	nub	gsum	du
做[W]	LNK	金	银	DET	像[W]	NML	夜	三	LOC

phul	nas.
phul	nas
献给[14]	LNK

阿杂诺雅待在帷帐中，绕圈、敬礼，在三个晚上，都敬献像那样的金银。

ཨ་ཙཉ་དགུར་ན་འཁུགས་པ་ལ་བསྐོར་བ་བྱག་བཞིན་ནས་གསེར་དངུལ་དེ་འད་བུར་གསུམ་དུ་ཕུལ་ནས།

bdag	skal ba	chung	ste	bod	thams cad	nag po	la
bdag	skal ba	chung	ste	bod	thams cad	nag po	la
1sg	份	小	LNK	吐蕃	全部	黑业	OBJ
dgav	bavi	dus	su	skyes	ste	thabs	nongs	na
dgav	ba vi	dus	su	skyes	ste	thabs	nongs	na
喜欢[W]	NML GEN	时	LOC	产生[1]	LNK	方法	错[W]	COD
lha chos	mi	vgrub	du	rang	glo ba	chung.
lha chos	mi	vgrub	du	rang	glo ba	chung
佛法	NEG	完成[23]	LNK	自己	肺	小

我的佛份小，生在吐蕃全喜信黑业的时代。方法错误，佛法无法完成，自己很失望。

བདག་སྐལ་ཆུང་སྟེ་བོད་ཐམས་ཅད་ནག་པོ་ལ་དགའ་བའི་དུས་སུ་སྐྱེས་ཏེ་ཐབས་ནོངས་ན་ལྷ་ཆོས་མི་འགྲུབ་ཏུ་རང་གློ་བ་ཆུང་།

a ts·rya	slar	rgya gar	du	gshegs	shig	bdag	gis	zhang blon
a ts·rya	slar	rgya gar	du	gshegs	shig	bdag	gis	zhang blon
阿杂诺雅	又	天竺	ALL	去[W]	PRT	1sg	AGE	尚伦
thams cad	thabs	kyis	brid	la	brngan	pa	byin①	ste.
thams cad	thabs	kyis	brid	la	brngan	pa	byin	ste
全部	方法	INS	欺哄[1]	COO	贿赂[1]	NML	给[W]	LNK

阿杂诺雅暂时返回天竺。我和全体尚论设法诱导和鼓励。

ཨ་ཙཉ་སླར་རྒྱ་གར་དུ་གཤེགས་ཤིག་བདག་གིས་ཞང་བློན་ཐམས་ཅད་ཐབས་ཀྱིས་བྲིད་ལ་བརྔན་པ་བྱིན་སྟེ།

chos	mi	bgyi	mi	rung	bar	gleng	la	nga	chos
chos	mi	bgyi	mi	rung	ba	r	gleng	la	nga	chos
法	NEG	做[3]	NEG	AUX	NML	OBJ	谈论[23]	LNK	1sg	法
byed	du	btug	ma thag tu	spyan	vdren	btang	ngo	zhes
byed	du	btug	ma thag tu	spyan	vdren	btang	ngo	zhes
做[2]	CAU	到达[W]	立即	HON	请[2]	派[1]	END	QM

---

① 应该为sbyin。

第四章 文本语法标注 193

zhus.
zhus
请求[14]
谈论非奉行佛法不可的道理。我奉行佛法时，马上派人请你回来！

ཚམས་མི་བགྱི་མི་རུང་བར་སྒྲེང་བ་དང་ཆོས་བྱེད་ན་བདག་མ་བགད་དུ་སྐྱེན་འདྲེན་བཏང་ངོ་ཞེས་ཞུས།

a ts·ryavi	zhal	nas.	sngon	yab	mes	kyi	sku	ring
a ts·rya vi	zhal	nas.	sngon	yab	mes	kyi	sku	ring
阿杂诺雅 GEN	口	ABL.	先	父亲	祖宗	GEN	HON	期间

la.	lha	klu	gdug pa can	rnams	dam vog	du	ma	tshud	pas.
la	lha	klu	gdug pa can	rnams	dam vog	du	ma	tshud	pas
LOC	佛	龙	凶恶者	pl	降服	ALL	NEG	进入[1]	LNK

阿杂诺雅说：在以前先祖时期，未能把凶恶的神、龙等降服。

ཨ་ཙརྱའི་ཞལ་ནས། བོད་ཁམས་སུ་གནོད་སྦྱིན་གདུག་པ་ཅན་རྣམས་དམ་འོག་ཏུ་མ་ཚུད་པས།

bod	khams	su	gnod sbyin	gdug pa	chos	la	mi	dgav
bod	khams	su	gnod sbyin	gdug pa	chos	la	mi	dgav
吐蕃	地区	LOC	夜叉	凶恶	法	OBJ	NEG	喜欢[W]

bas	ltas ngan	des	rgyal povi	sku tshe	thung	pa
bas	ltas ngan	de s	rgyal po vi	sku tshe	thung	pa
LNK	凶兆	DET AGE	王 GEN	生命	短	NML

de	las	gyur	bas.
de	las	gyur	bas
DET	ABL	变化[14]	LNK

在吐蕃地区，凶恶的夜叉不喜佛法。这些凶兆使国王的生命变短。

བོད་ཁམས་སུ་གནོད་སྦྱིན་གདུག་པ་ཆོས་ལ་མི་དགའ་བས་ལྟས་ངན་དེས་རྒྱལ་པོའི་སྐུ་ཚེ་ཐུང་པ་དེ་ལས་གྱུར་བས།

slad kyis	lha chos	bgyi	bar	vtshal	bas.	lha	klu	dam vog
slad kyis	lha chos	bgyi	bar	vtshal	bas	lha	klu	dam vog
今后	佛法	做[3]	SER	需要[123]	LNK	佛	龙	降服

tu	btsal	vtshal.	u rgyan	gyi	yul	na	dge slong
tu	btsal	vtshal	u rgyan	gyi	yul	na	dge slong
LOC	做[13]	AUX	乌仗	GEN	地方	LOC	比丘

194 藏文古文献《拔协》文本标注与语法研究

pdmas bha wa	zhes	bya	ba	mthu can	gcig	mchis.
pdmas bha wa	zhes	bya	ba	mthu can	gcig	mchis
白玛桑布哇	QM	叫作[W]	NML	法力高强者	一	EXI

今后，请求要推行佛法。需将神、龙等降服才行。在乌仗那地方，有一位名叫白玛桑布哇的比丘，法力高强。

སྐད་ཀྱིས་ལྷ་ཆོས་བསྒྲུབ་པར་འཚལ་བས། ལྷ་ཀླུ་དག་བོང་དུ་བཅུག་འཚལ། ཨུ་རྒྱན་གྱི་ཡུལ་ན་དགེ་སློང་པདྨ་ལྷ་ཞེས་བ་མཐུ་ཅན་གཅིག་མཆིས།

de	spyan	drangs	la	mthu	dang	rdzu vphrul	vgran	chos
de	spyan	drangs	la	mthu	dang	rdzu vphrul	vgran	chos
DET	HON	请[1]	LNK	法力	COO	神变	比[W]	法

la	vgran zla	byung	na	gtan tshig	dang	vgran	no
la	vgran zla	byung	na	gtan tshig	dang	vgran	no
LOC	匹敌	来[1]	COD	逻辑	COM	比[W]	END

请他来，比试法力和神通。在佛法上匹敌的话，再比试逻辑。

དེ་སྤྱན་དྲངས་ལ་མཐུ་དང་རྫུ་འཕྲུལ་འགྲན་ཆོས་ལ་འགྲན་ཟླ་བྱུང་ན་གཏན་ཚིག་དང་འགྲན་ནོ།

lnga brgyavi		tha ma	la	babs	pas	bod	du	mu steg pa
lnga brgya	vi	tha ma	la	babs	pas	bod	du	mu steg pa
五百	GEN	最后	ALL	到[1]	LNK	吐蕃	LOC	外道

mi	vchi	gsungs	nas	gser	phye	khyor	gang	bal rje	la
mi	vchi	gsungs	nas	gser	phye	khyor	gang	bal rje	la
NEG	EXI	说[14]	LNK	金	碎	把	一	尼泊尔王	DAT

bsnams	nas	gzhan	btsan po	la	slar	phul	nas.
bsnams	nas	gzhan	btsan po	la	slar	phul	nas
携带[1]	LNK	其他	赞普	DAT	又	献给[14]	LNK

到了五百年的最后，据说吐蕃就没有外道了。带一把碎金给尼泊尔国王，剩下的奉还国王。

ལྔ་བརྒྱའི་མཐའ་མ་ལ་བབས་པས་བོད་དུ་མུ་སྟེགས་པ་མི་འཆི་གསུངས་ནས་གསེར་ཕྱེ་ཁྱོར་གང་བལ་རྗེ་ལ་བསྣམས་ནས་གཞན་བཙན་པོ་ལ་སླར་ཕུལ་ནས།

a tsˑrya	skrad	pa	ltar	byas	yar	bzhud.
a tsˑrya	skrad	pa	ltar	byas	yar	bzhud
阿杂诺雅	驱赶[1]	NML	按照	做[1]	上方	启程[W]

第四章　文本语法标注　195

seng vgo lha lung gzigs	kyis	sngan chad	sha	mi	vtshal	bavi
seng vgo lha lung gzigs	kyis	sngan chad	sha	mi	vtshal	ba
僧郭·拉龙思	AGE	以前	肉	NEG	吃[123]	NML

	sdom pa	srung	pas.	phyis	mar	mi	vtshal	bavi
vi	sdom pa	srung	pas	phyis	mar	mi	vtshal	ba
GEN	戒律	守护[2]	LNK	后来	酥油	NEG	吃[123]	NML

	sdom pa	blangs	te.
vi	sdom pa	blangs	te
GEN	戒律	取[1]	LNK

按照驱赶阿杂诺雅的样子，向上方启程了。僧郭·拉龙思以前信守不食肉的戒律，后来又不食酥油的戒律。

ཨ་ཙཱ་རྱ་སྣ་ཕྲུས་པར་བཞུད། སེང་འགོ་ལྷ་ལུང་གཟིགས་ཀྱིས་སྔན་ཆད་ཤ་མི་འཚལ་བའི་སྡོམ་པ་བསྲུང་པས། ཕྱིས་མར་མི་འཚལ་བའི་སྡོམ་པ་བླངས་ཏེ།

a ts·rya	glang sna gru tshugs	su	bskyal.	lang vgro snang ra	dang
a ts·rya	glang sna gru tshugs	su	bskyal	lang vgro snang ra	dang
阿杂诺雅	朗纳竹促	ALL	送[13]	朗·桌囊诺	COO

gsal snang	gis.	a ts·rya	bal yul	du	bskyal	te	slar
gsal snang	gis	a ts·rya	bal yul	du	bskyal	te	slar
塞囊	AGE	阿杂诺雅	尼泊尔地方	ALL	送[13]	LNK	又

pho brang	du	mchis.
pho brang	du	mchis
宫殿	ALL	去[1]

送阿杂诺雅到朗纳竹促；朗·桌囊诺和塞囊二人把阿杂诺雅送到尼泊尔，才返回王宫。

ཨ་ཙཱ་རྱ་སྣ་གྲུ་ཚུགས་སུ་བསྐྱལ། ལང་འགྲོ་སྣང་ར་དང་གསལ་སྣང་གིས། ཨ་ཙཱ་རྱ་བལ་ཡུལ་དུ་བསྐྱལ་ཏེ་སླར་ཕོ་བྲང་དུ་མཆིས།

btsan po	sba gsal snang	chos	kyi	spyan par	bskos	nas.
btsan po	sba gsal snang	chos	kyi	spyan pa	r	bskos	nas
赞普	拔·塞囊	法	GEN	监察	RES	任命[1]	LNK

chos	kyi	ched	du	rgya yul	du	pho nyar	bsgo	ba
chos	kyi	ched	du	rgya yul	du	pho nya	r	bsgo	ba
法	GEN	目的	PUR	汉地	ALL	使者	RES	任命[3]	NML

196 藏文古文献《拔协》文本标注与语法研究

ste	grub	na	bu	la	dngul	chen po	bya dgav	bla
ste	grub	na	bu	la	dngul	chen po	bya dgav	bla
DET	完成[1]	COD	儿子	DAT	银	大	奖赏	上面

thabs	su	gnas	par	chad	byas.
thabs	su	gnas	pa	r	chad	byas
方法	LOC	存在[W]	NML	OBJ	决定[1]	做[1]

赞普委任拔·塞囊为佛法的监察，为了佛法的目的，任命为赴内地的使者，并决定如果完成任务，便赐儿子以超等的大银字章饰。

བཙན་པོ་སྲ་གསལ་སྲུང་ཆོས་ཀྱི་སྐྱེན་པར་བསྐོས་ནས། ཆོས་ཀྱི་ཅེད་དུ་རྒྱ་ཡུལ་དུ་པོ་ཉར་བསྐོ་བ་སྟེ། གྲུབ་ན་བུ་ལ་དངུལ་ཆེན་པོ་བྱ་དགའ་བླ་པར་ཆད་བྱས།

khad dpon	du	sbrang rgya ra legs gzigs	bskos.	vgo dpon	sangs shi
khad dpon	du	sbrang rgya ra legs gzigs	bskos	vgo dpon	sangs shi
理财官	RES	章·加诺勒思	任命[1]	总领	桑喜

bskos	nas	pho nya bavi	bang chen	sum cu	mar	btang.
bskos	nas	pho nya ba	vi	bang chen	sum cu	mar	btang
任命[1]	LNK	使者	GEN	信使	三十	下	派[1]

委任章·加诺勒思为理财官，桑喜为总领，派了使者的信使三十人。

ཁད་དཔོན་དུ་སྦྲང་རྒྱ་ར་ལེགས་གཟིགས་བསྐོས། འགོ་དཔོན་སངས་ཤི་བསྐོས་ནས་པོ་ཉ་བའི་བང་ཆེན་སུམ་ཅུ་མར་བཏང་།

btsan po	chos	mi	byar	mi	rung	bar	gros
btsan po	chos	mi	bya	r	mi	rung	ba	r	gros
赞普	法	NEG	做[3]	SER	NEG	可以[W]	NML	OBJ	商量

mol	bar	rje	vbangs	chad	byas	so.
mol	bar	rje	vbangs	chad	byas	so
商议[W]	LNK	王	臣民	决定[1]	做[1]	END

赞普又讨论到非奉行佛法不可，最后君臣做了决定。

བཙན་པོ་ཆོས་མི་བྱར་མི་རུང་བར་གྲོས་མོལ་བར་རྗེ་འབངས་ཆད་བྱས་སོ།

dus	der	rgya rjevi	bum sangs	na	ju zhag	mkhas pa
dus	de	r	rgya	rje	vi	bum sangs	na	ju zhag	mkhas pa
时	DET	LOC	汉	王	GEN	布桑	LOC	星算学	专家

gcig	na re.	da ste	zla ba	drug	dang	zhag	drug	na	nub phyogs
gcig	na re	da ste	zla ba	drug	dang	zhag	drug	na	nub phyogs
一	说[W]	现在	月	六	COO	天	六	LOC	西方

nas	rgya	rje	la	pho nya ba	byang chub sems dpavi		sprul pa
nas	rgya	rje	la	pho nya ba	byang chub sems dpav	vi	sprul pa
ABL	汉	王	DAT	使者	菩萨	GEN	化身

gnyis	vong	zer.
gnyis	vong	zer
二	来[23]	说[W]

这时，唐王的大臣布桑跟前，有一个精通占卜的人说：从现在起，再过六个月零六天，从西方将有两位菩萨化身的使者来见皇帝。

དུས་དེར་རྒྱ་རྗེའི་ཞུས་སངས་ན་དུ་ཞིག་མཁས་པ་གཅིག་ན་རེ། དཞེ་སྟ་བ་དྲུག་དང་ཞག་དྲུག་ནས་ནུབ་ཕྱོགས་ནས་རྒྱ་རྗེ་ལ་ཕོ་ཉ་བ་བྱང་ཆུབ་སེམས་དཔའི་སྤྲུལ་པ་གཉིས་འོང་ཟེར།

de	ci	shes	dris	pas.	ngavi		ju zhag	gi	rtsis
de	ci	shes	dris	pas	nga	vi	ju zhag	gi	rtsis
DET	怎么	知道[W]	问[14]	LNK	1sg	GEN	星算学	GEN	计算

la	byung	ste.	devi		rtags	dang	sha tshugs	vdi	vdra
la	byung	ste	de	vi	rtags	dang	sha tshugs	vdi	vdra
LOC	来[1]	LNK	DET	GEN	特征	COO	形体	DET	像[W]

vong	zer	nas	vbag	gnyis	bris.
vong	zer	nas	vbag	gnyis	bris
来[23]	说[W]	LNK	画像	二	写[14]

问：怎么知道这？答道：我在占卜中得到的！说：他们的特征和形体像这样的。然后画了两张画像。

དེ་ཅི་ཤེས་དྲིས་པས། འདིའི་རྒྱ་རྗེའི་སྙན་དུ་གསོལ་པས། དེ་གཉིས་ལ་རིམ་གྲོ་ཆེར་བསྐྱེད་ལ། ངའི་དྲུང་དུ་མཐོང་བའི་གཉིས་བྲིས།

de	rgya	rjevi		snyan	du	gsol	pas.	de	gnyis	la
de	rgya	rje	vi	snyan	du	gsol	pas	de	gnyis	la
DET	汉	王	GEN	耳朵	ALL	禀报[W]	LNK	DET	二	DAT

rim gro	cher		bskyed	la.	ngavi		drung	du	thong
rim gro	che	r	bskyed	la	nga	vi	drung	du	thong
供奉	大	OBJ	产生[13]	LNK	1sg	GEN	前	ALL	让来[4]

198 藏文古文献《拨协》文本标注与语法研究

cig　　zer　　　lung　　byung.
cig　　zer　　　lung　　byung
PRT　　说[W]　　命令　　来[1]

将此事奏禀汉皇帝。给这两个献上丰盛的供养。说：让到我跟前来！

དེ་རྒྱའི་རྗེན་དུ་གསོལ་པས། དེ་གཉིས་ལ་རིམ་གྲོ་ཆེར་བསྒྲུབ་ག །འདི་དུད་དུ་ཤོག་ཅིག་ཟེར་ལུང་བྱུང་།

phyis　　dus　　btab　　pavi　　　　dus.　　pho nya ba　　sum cu　　byung
phyis　　dus　　btab　　pa　　vi　　dus　　pho nya ba　　sum cu　　byung
后来　　时　　做[1]　　NML　GEN　时　　使者　　　　三十　　来[1]

bas.　vbag　dang　vgo dpon　dang　spyan pa　mthun　pas　dar
bas　 vbag　dang　vgo dpon　dang　spyan pa　mthun　pas　dar
LNK　画像　COO　领导　　　COO　监察　　 适合[W]　LNK　丝绸

gyi　　lding khang　byas.　shing rta　la　　skyon　rim gro　bskyed
gyi　　lding khang　byas　 shing rta　la　　skyon　rim gro　bskyed
GEN　 凉亭　　　　做[1]　马车　　　LOC　骑[24]　供奉　　产生[13]

nas　nye　　shing　phyin　pas.
nas　nye　　shing　phyin　pas
LNK　接近[W]　SER　去[1]　LNK

后来，按时来了三十位使者。画像与司库和总领相符。扎起丝绸的凉亭。架在马车上，请使者们坐上，奉献供养后，渐渐走近。

ཕྱིས་དུས་བཏབ་པའི་དུས། པོ་ཉ་བ་སུམ་ཅུ་བྱུང་བས། འབག་དང་འགོ་དཔོན་དང་སྤྱན་པ་མཐུན་པས་དར་གྱི་ལྡིང་ཁང་བྱས། ཤིང་རྟ་ལ་སྐྱོན་རིམ་གྲོ་བསྐྱེད་ནས་ཉེ་ཤིང་ཕྱིན་པས།

pho nya ba　gzhan　yar　la　　chags　pho nya ba　rnams　kyis　rgya
pho nya ba　gzhan　yar　la　　chags　pho nya ba　rnams　kyis　rgya
使者　　　 其他　　上方　LOC　留[W]　使者　　　 pl　　 AGE　汉

rje　la　 phyag　byas.
rje　la　 phyag　byas
王　DAT　HON　做[1]

其他使者留在上边，使者们对汉皇帝施礼。

པོ་ཉ་བ་གཞན་ཡར་ལ་ཆགས། པོ་ཉ་བ་རྣམས་ཀྱིས་རྒྱ་རྗེ་ལ་ཕྱག་བྱས།

第四章 文本语法标注 199

rgya	la	pho nya	byang chub sems dpavi		sprul pa	gnyis
rgya	la	pho nya	byang chub sems dpav	vi	sprul pa	gnyis
汉	ALL	使者	菩萨	GEN	化身	二

byung	bar	grags	pas.	ming	kyang	dar khang	dar khang
byung	ba r	grags	pas	ming	kyang	dar khang	dar khang
来[1]	NML OBJ	据说[W]	LNK	名字	也	达尔康	达尔康

zhes	zer.
zhes	zer
QM	说[W]

两位菩萨化身的使者来到汉地的消息传开。名字也叫做达尔康、达尔康。

རྒྱ་ལ་བོ་ཉ་བྱང་ཆུབ་སེམས་དཔའི་སྤྲུལ་པ་གཉིས་བྱུང་བར་གྲགས་པས། མིང་ཀྱང་དར་ཁང་དར་ཁང་ཞེས་ཟེར།

haa shang	dang	dad pa can	sprin	bzhin	du	vdus.	khang pa
haa shang	dang	dad pa can	sprin	bzhin	du	vdus	khang pa
和尚	COO	信仰者	云	如	RES	聚集[14]	房子

dang	rtsig	ngos	dang	ka ba	dang	nam mkhav	thams cad
dang	rtsig	ngos	dang	ka ba	dang	nam mkhav	thams cad
COO	墙	面	COO	柱子	COO	天空	全部

dar	gyis	bkab.	spos	dang	rol mos		mchod	cing
dar	gyis	bkab	spos	dang	rol mo	s	mchod	cing
丝绸	INS	覆盖[1]	香	COO	乐器	INS	供养[W]	SIM

ci dgar	spyod	du	bcug.
ci dgar	spyod	du	bcug
纵情	用[24]	CAU	使[W]

和尚和信佛者云集观看。房屋、墙面、柱子和天空都饰满彩绸。焚香奏乐，尽情欢乐，以示欢迎。

ཧཱ་ཤང་དང་དད་པ་ཅན་སྤྲིན་བཞིན་དུ་འདུས། ཁང་པ་དང་རྩིག་ངོས་དང་ཀ་བ་དང་ནམ་མཁའ་ཐམས་ཅད་དར་གྱིས་བཀབ། སྤོས་དང་རོལ་མོས་མཆོད་ཅིང་ཅི་དགར་སྤྱོད་དུ་བཅུག

rgya	rje	na re	gsal snang	la	mi	khyod	las	ngavi
rgya	rje	na re	gsal snang	la	mi	khyod	las	nga vi
汉	王	说[W]	塞囊	DAT	人	2sg	COT	1sg GEN

200　藏文古文献《拔协》文本标注与语法研究

thugs	su	byon	pa	ni	ma	byung	na.	rgyavi
thugs	su	byon	pa	ni	ma	byung	na	rgya	vi
心	All	到达[14]	NML	TOP	NEG	来[1]	COD	汉	GEN

ju zhag	mkhan	na revang.	byang chub sems dpavi
ju zhag	mkhan	na re	vang	byang chub sems dpav	vi
星算学	者	说[W]	也	菩萨	GEN

pho nya	vong	zer	bavi	vbag	kyang	khyod	vdra.
pho nya	vong	zer	ba	vi	vbag	kyang	khyod	vdra
使者	来[23]	说[W]	NML	GEN	画像	也	2sg	像[W]

皇帝对塞囊说：没有比你更让我喜欢的人了！汉地的占卜者也说要来菩萨化身的使者，画像也和你像。

རྒྱ་རྗེ་ན་གསལ་སྣང་ལ་མི་ཁྱོད་ལས་བདག་ཐུགས་སུ་བྱོན་པ་ནི་མ་བྱུང་ན། རྒྱའི་རྩིས་མཁན་ན་རེ་བང༌། བྱང་ཆུབ་སེམས་དཔའི་ཕོ་ཉ་འོང་ཟེར་བའི་འབག་ཀྱང་ཁྱོད་འདྲ།

khyod	byang chub sems dpav	rta skad	bya	bavi	sprul pa
khyod	byang chub sems dpav	rta skad	bya	ba	vi	sprul pa
2sg	菩萨	马鸣	做[3]	NML	GEN	化身

yin	no	zer.	khyod	ci	vdod	pavi	bya dgav
yin	no	zer	khyod	ci	vdod	pa	vi	bya dgav
COP	END	说[W]	2sg	什么	想[W]	NML	GEN	奖赏

sbyin	no.	zhes	bkav	stsal.
sbyin	no	zhes	bkav	stsal
给[W]	END	QM	命令	给[W]

说：你是做马鸣菩萨的化身吧！你想要什么都赏赐给你。

ཁྱོད་བྱང་ཆུབ་སེམས་དཔའ་རྟ་སྐད་བྱ་བའི་སྤྲུལ་པ་ཡིན་ནོ་ཟེར། ཁྱོད་ཅི་འདོད་པའི་བྱ་དགའ་སྦྱིན་ནོ་ཞེས་བཀའ་སྩལ།

gsal snang	na re	rjevi	zhal	mthong	ba	blo ba dgav
gsal snang	na re	rje	vi	zhal	mthong	ba	blo ba dgav
塞囊	说[W]	王	GEN	脸	看见[W]	NML	心	喜欢[W]

bavi	steng	du	gzhan	dang	mi	vdra	bavi
ba	vi	steng	du	gzhan	dang	mi	vdra	ba	vi
NML	GEN	上	LOC	其他	COM	NEG	像[W]	NML	GEN

第四章 文本语法标注 201

bkav lung stsal ba las bya dgav che ba ma mchis na.
bkav lung stsal ba las bya dgav che ba ma mchis na
教诫　　　给[W]　NML　COT　奖赏　　大　　NEG　EXI　COD

gzhan ci yang mi vtshal.
gzhan ci yang mi vtshal
其他　什么　也　　NEG　请求[123]

塞囊说：看见皇上的面，非常欣喜，除了对我与众不同的教诫外，没有比这更大的奖赏了。别的什么也不要。

གསལ་སྣང་ན་རྗེའི་ཞལ་མཐོང་བ་བློ་སྐྱིད་དུ་གཞན་དང་འདྲ་བའི་བཀའ་ལུང་སྩལ་བ་ལས་བྱ་དགའ་ཆེ་བ་མ་མཆིས་ན། གཞན་ཅི་ཡང་མི་འཚལ།

haa shang gcig la sgom lung len pavi ched du
haa shang gcig la sgom lung len pa vi ched du
和尚　　　一　　DAT　修行　佛理　取[2]　NML　GEN　目的　PUR

sprod par ci gnang mchi ba dang.
sprod pa r ci gnang mchi ba dang
交给[24]　NML　OBJ　什么　做[W]　说[23]　NML　LNK

为了修行佛法，请赐给一位和尚。

དུ་གནང་གཅིག་ལ་སྒོམ་ལུང་ལེན་པའི་ཆེད་དུ་གནང་པར་ཅི་གནང་མཆི་བ་དང་།

de rgya rjes gnang ste gsal snang nyung vdus
de rgya rje s gnang ste gsal snang nyung vdus
DET　汉　　王　　AGE　赐[W]　LNK　塞囊　　　少的　聚集[14]

shig la go ru skyon nas btang ba dang.
shig la go ru skyon nas btang ba dang
PRT　LNK　马　骑[4]　LNK　派[1]　NML　LNK

汉皇帝准予所请，派塞囊等少数人骑马前去。

དེ་རྒྱ་རྗེས་གནང་སྟེ་གསལ་སྣང་ཉུང་འདུས་ཤིག་ལ་གོ་རུ་སྐྱོན་ནས་བཏང་བ་དང་།

eg cuvi nyi ma haa shang gcig bkug nas. gsal snang
eg cu vi nyi ma haa shang gcig bkug nas gsal snang
艾久　GEN　尼玛　和尚　　一　　召唤[1]　LNK　塞囊

202 藏文古文献《拔协》文本标注与语法研究

gis	sgom	lung	blangs	nas	sgom	pavi	dus	su.
gis	sgom	lung	blangs	nas	sgom	pa	vi	dus	su
AGE	修行[2]	佛理	取[1]	LNK	修行[2]	NML	GEN	时	LOC

gsal snang	la	bya dgar①	rgya	byivu	gser	gshog	srang	brgya pa
gsal snang	la	bya dgar	rgya	byivu	gser	gshog	srang	brgya pa
塞囊	DAT	赏赐	汉	小鸟	金	翅膀	两	百

gcig.	mu tig	sran ma	tsam pa	vphreng	bcu.	dar	yug	lnga brgya
gcig	mu tig	sran ma	tsam pa	vphreng	bcu	dar	yug	lnga brgya
一	珍珠	豆子	点	串	十	丝绸	匹	五百

za vog	pe tse	han	yug	gcig.	gzhan	bas	khyad par du	gnang.
za vog	pe tse	han	yug	gcig	gzhan	bas	khyad par du	gnang
锦缎	白泽	汗	匹	一	他人	COT	特别	赐[W]

并召来艾久城的和尚。塞囊学了经教潜心修习期间，赐予塞囊一只百两重的金翅鸟、十串蚕豆大的珍珠串、五百匹绸料、一匹白泽汗锦缎等奖赏。比别人都格外优厚。

ཨེག་བཅུའི་ཇི་མ་དུ་ཁང་གཞིས་བཀུག་ནས། གསལ་སྣང་གིས་སྐོམ་ལུང་བླངས་ནས་སྐོམ་པའི་དུས་སུ། གསལ་སྣང་ལ་དགར་རྒྱ་བྱིའུ་གསེར་གཤོག་བརྒྱ་གཅིག་མུ་ཏིག་སྲན་མ་ཙམ་པ་འཕྲེང་བཅུ། དར་ཡུག་ལྔ་བརྒྱ། ཟ་འོག་པེ་ཙེ་ཧན་ཡུག་གཅིག་གཞན་བས་ཁྱད་པར་དུ་གནང་།

bod	kyi	btsan povi		dkav sgrom	dang	bstun	par
bod	kyi	btsan po	vi	dkav sgrom	dang	bstun	pa
吐蕃	GEN	赞普	GEN	信函	COM	按照[13]	NML

	chad	byas.	btsan po	la	skyes	dar	yug	khri.
r	chad	byas	btsan po	la	skyes	dar	yug	khri
OBJ	决定[1]	做[1]	赞普	DAT	礼物	丝绸	匹	万

phra men	gyi	zhwa	gcig.	gla go zho zhavi		sder	vdom
phra men	gyi	zhwa	gcig	gla go zho zha	vi	sder	vdom
嵌花	GEN	帽子	一	木腰子树	GEN	盘子	庹

gang pa	gcig	bskur.
gang pa	gcig	bskur
满	一	送[13]

---

① 原词形为bya dgav。

最后，决定按照吐蕃赞普信函办理，赐给赞普一万匹绸料、一顶嵌花帽子、一个用木腰子树木做的一庹大的盘子。

བོད་ཀྱི་བཙན་པོའི་བཀའ་སྒྲོ་བཞིན་དང་བསྟུན་པར་ཅད་བྱས། བཙན་པོ་ལ་སྙེན་དང་ཡུག་ཆིག །ཕྭ་མེད་ཀྱི་གཞི་རྒྱ་བོ་ཞེའེ་ཟེར་འདོམ་གང་ཚིག་བསྐུར།

pho nya	gzhan	rnams	la	vang	bya dgav	phye thang	du
pho nya	gzhan	rnams	la	vang	bya dgav	phye thang	du
使者	他人	pl	DAT	也	奖赏	适当	OBJ

gnang	nas.	pho nyavi		len	dang	bcas	nas	slar	bod
gnang	nas	pho nya	vi	len	dang	bcas	nas	slar	bod
赐[W]	LNK	使者	GEN	回信	COM	制定[1]	LNK	又	吐蕃

yul	du	mchis	te.
yul	du	mchis	te
地方	ALL	去[1]	LNK

其他使者也给予大的赏赐。带着使者的回信，回到吐蕃地方去了。

བོ་ཉ་གཞན་རྣམས་ལའང་བྱ་དགའ་ཕྱེ་ཐང་དུ་གནང་ནས། བོ་ཉའི་ལེན་དང་བཅས་ནས་སྲར་བོད་ཡུལ་དུ་མཆིས་ཏེ།

btsan povi		spyan	sngar	skyes	phul	nas	sug las
btsan po	vi	spyan	sngar	skyes	phul	nas	sug las
赞普	GEN	HON	前	礼物	献给[14]	LNK	使命

grub.	btsan pos		kyang	thabs	kyis	zhang blon	rnams	dang
grub	btsan po	s	kyang	thabs	kyis	zhang blon	rnams	dang
完成[1]	赞普	AGE	也	方法	INS	尚伦	pl	COM

chos	bya ba	ni	chad.
chos	bya ba	ni	chad
法	事情	TOP	决定[1]

把礼品献给赞普，完成了使命。赞普也设法与尚论们议定倡行佛法。

བཙན་པོའི་སྤྱན་སྔར་སྐྱེས་ཕུལ་ནས་སུག་ལས་གྲུབ། བཙན་པོས་ཀྱང་ཐབས་ཀྱིས་ཞང་བློན་རྣམས་དང་ཆོས་བྱ་བ་ནི་ཆད།

a ts·rya	spyan	ma	drongs	par	gdav.	gsal snang	yul	du
a ts·rya	spyan	ma	drongs	par	gdav	gsal snang	yul	du
阿杂诺雅	HON	NEG	请[4]	SER	EXI	塞囊	家乡	ALL

204 藏文古文献《拔协》文本标注与语法研究

mchis	pa	dang	btsan po	na re	khyod	kyis	a ts·rya	spyan
mchis	pa	dang	btsan po	na re	khyod	kyis	a ts·rya	spyan
去[1]	NML	LNK	赞普	说[W]	2sg	AGE	阿杂诺雅	HON

drongs	shig	ces	bkav	stsal.
drongs	shig	ces	bkav	stsal
请[4]	PRT	QM	命令	给[W]

还没去聘请阿杂诺雅，塞囊要回家乡去。赞普命令说：你去请阿杂诺雅吧！

ཨ་ཙརྱ་མ་དྲོངས་པར་གདའ། གསལ་སྣང་ཡུལ་དུ་མཆིས་པ་དང་བཙན་པོ་ན་རེ་ཁྱོད་ཀྱིས་ཨ་ཙརྱ་དྲོངས་ཤིག་ཅེས་བཀའ་སྩལ།

gsal snang	gis	mang yul	du	phyin	tsa na	bho nghi stwas.		
gsal snang	gis	mang yul	du	phyin	tsa na	bho nghi stwa	s	
塞囊	AGE	芒域	ALL	去[1]	时候	菩提萨埵	AGE	

vdzam gling	na	mthu	che bavi		dge slong	pdma smbha wa
vdzam gling	na	mthu	che ba	vi	dge slong	pdma smbha wa
世间	LOC	法力	大	GEN	比丘	白玛桑布哇

dang.	lha khang	rtsig	pavi		phya mkhan	dang	gsum
dang	lha khang	rtsig	pa	vi	phya mkhan	dang	gsum
COO	佛堂	修筑[2]	NML	GEN	工匠	PRT	三

rtog	nas	vdug.
rtog	nas	vdug
考察[24]	SER	EXI

塞囊到达芒域时，知道菩提萨埵世间法力最大的比丘白玛桑布哇和修建佛寺的工匠等三人已经在那里。

གསལ་སྣང་གིས་མང་ཡུལ་དུ་ཕྱིན་ཚ་ན་བྷོ་ངྷི་སཏྭས། འཛམ་གླིང་ན་མཐུ་ཆེ་བའི་དགེ་སློང་པདྨ་སམྦྷ་ཝ་དང་། ལྷ་ཁང་རྩིག་པའི་ཕྱ་མཁན་དང་གསུམ་རྟོག་ནས་འདུག

der	mang yul	nas	rdzings	bcas	nas	chu klung	la
de r	mang yul	nas	rdzings	bcas	nas	chu klung	la
DET LOC	芒域	ABL	木筏	制定[1]	LNK	曲隆	ALL

spyan	drangs	te.	snye mo thod dkar	du	byon	pa	dang.
spyan	drangs	te	snye mo thod dkar	du	byon	pa	dang
HON	请[1]	LNK	聂姆脱呷	ALL	到达[14]	NML	LNK

第四章 文本语法标注 205

将他们从芒域坐船迎请到曲隆，然后到达聂姆脱呷。

དེར་མང་ཡུལ་ནས་གྲུ་བཙལ་བས་ཆུ་བརྒྱུད་ལ་སྤྱན་དྲངས་ཏེ། སྙེ་མོ་ཐོད་དཀར་དུ་བྱོན་པ་དང་།

pdma sa bha wavi		zhal	nas	sang	ni	chu	phar kha	na
pdma sa bha wa	vi	zhal	nas	sang	ni	chu	phar kha	na
白玛桑布哇	GEN	口	ABL	明天	TOP	水	对岸	LOC
nyi tshe bavi		dmyal ba	yod	pa	la	snying rje		
nyi tshe ba	vi	dmyal ba	yod	pa	la	snying rje		
孤独	GEN	地狱	EXI	NML	DAT	慈悲		
byavo	gsungs	nas.						
bya	vo	gsungs	nas					
做[3]	END	说[14]	LNK					

白玛桑布哇说：明天，河对岸有一孤独地狱，对它发慈悲。

པདྨ་སམ་བྷའི་ཞལ་ནས་སང་ནི་ཆུ་ཕར་ཁ་ན་ཉི་ཚེ་བའི་དམྱལ་བ་ཡོད་པ་ལ་སྙིང་རྗེ་བྱའོ་གསུངས་ནས།

rdzings	chu	la	bskur	nas.	vo yug	tu	gtor ma	btang
rdzings	chu	la	bskur	nas	vo yug	tu	gtor ma	btang
木筏	水	ALL	送[13]	LNK	沃尤	ALL	多玛	派[1]
dgongs pa	mdzad	pas	chab	vjam	tsam	du	gyur.	
dgongs pa	mdzad	pas	chab	vjam	tsam	du	gyur	
心愿	做[W]	LNK	河	平静	点	RES	变化[14]	

把舟放到河里，朝沃尤地方施食并诵咒。河水变得平静了。

ཛིངས་ཆུ་ལ་བསྐུར་ནས། འོ་ཡུག་ཏུ་གཏོར་མ་བཏང་དགོངས་པ་མཛད་པས་ཆབ་འཇམ་ཙམ་དུ་གྱུར།

sang	shi ku la	la	byon	nas.	byang snam	du	zangs	khal
sang	shi ku la	la	byon	nas	byang snam	du	zangs	khal
明天	喜古山	ALL	到达[14]	LNK	羌纳木	LOC	铜	锅
tshad ma	gcig	du	bong buvi		sha	btsos	pa	dang.
tshad ma	gcig	du	bong bu	vi	sha	btsos	pa	dang
度量	一	LOC	驴	GEN	肉	煮[1]	NML	LNK
klung tshang	bya	bavi		mi tshang	gcig	na re.	gnod sbyin	
klung tshang	bya	ba	vi	mi tshang	gcig	na re	gnod sbyin	
隆仓	叫作[W]	NML	GEN	人家	一	说[W]	夜叉	

206 藏文古文献《拔协》文本标注与语法研究

vdul	bavi		thabs	blta	ba	dang.
vdul	ba	vi	thabs	blta	ba	dang
驯服[2]	NML	GEN	方法	看[3]	NML	LNK

第二天，来到喜古山，在羌纳木一克容量的铜锅里面煮着驴肉。一家叫隆仓的人说：看降服夜叉的方法。

སང་ཞེ་གུ་ལ་བྱོན་ནས། བྲང་སྣ་དུ་ཟངས་ཁལ་ཅན་མ་གཅིག་དུ་བོང་བུའི་ཤ་བཙོས་པ་དང་། ཁྱུང་ཚོང་བྱ་བའི་མི་ཚང་གཅིག་ན་རེ། གནོད་སྦྱིན་འདུལ་བའི་ཐབས་བལྟ་བ་དང་།

slob dpon	pdmas		gnod sbyin	chen mo	la	dmar thab	stsal
slob dpon	pdma	s	gnod sbyin	chen mo	la	dmar thab	stsal
大师	白玛	AGE	夜叉	大	DAT	血战	给[W]

gsungs	nas.	zangs	la	sdog pa	rgyab	pas	thang lha	khros
gsungs	nas	zangs	la	sdog pa	rgyab	pas	thang lha	khros
说[14]	LNK	铜	DAT	翻转	做[2]	LNK	唐拉	怒[1]

pas	gangs	la	btug bcom	byung.		
pas	gangs	la	btug bcom	byung		
LNK	雪	DAT	崩塌	来[1]		

白玛大师说：要与大夜叉血战！踢翻铜锅。唐拉大怒，掀塌雪山。

སྤྲིན་དཔོན་པདྨས་གནོད་སྦྱིན་ཆེན་མོ་ལ་དམར་ཐབ་སྩལ་གསུངས་ནས། ཟངས་ལ་སྡོག་པ་རྒྱབ་པས་ཐང་ལྷ་ཁྲོས་པས་གངས་ལ་བཏུག་བཅོམ་བྱུང་།

sprin	nag	chags	nas	vbrug	dang	glog	dang	ser ba	babs.
sprin	nag	chags	nas	vbrug	dang	glog	dang	ser ba	babs
云	黑	形成[W]	LNK	雷	COO	电	COO	冰雹	下[1]

de	nas	gal ta	la	thog	la	snying drung	du	byon	nas
de	nas	gal ta	la	thog	la	snying drung	du	byon	nas
DET	ABL	开达	山	上	LOC	宁钟	ALL	到达[14]	LNK

bod	chos	byed	ma	ster	bavi		klu	dkar po	mi
bod	chos	byed	ma	ster	ba	vi	klu	dkar po	mi
吐蕃	法	做[2]	NEG	给[W]	NML	GEN	龙	白色	NEG

srun	pa	cig	yod.	de	dam vog	du	bcug	la
srun	pa	cig	yod	de	dam vog	du	bcug	la
温顺[W]	NML	一	EXI	DET	降服	ALL	使[W]	LNK

vdul   dgos   gsungs   pa   dang.
vdul   dgos   gsungs   pa   dang
驯服[2] AUX   讲述[14]   NML   LNK

乌云密布，雷电、冰雹降临。又来到开达山上的宁钟，有一条不让在吐蕃传扬佛法的凶暴白龙。使它降服在佛法之下。

སྤྲིན་ནག་ཆགས་ནས་འབྲུག་དང་གློག་དང་སེར་བ་བབས། དེ་ནས་གངས་དཀར་འཆོང་ལ་ཆོག་དུང་དུ་ཕྱིན་ནས་བོད་ཆོས་བྱེད་མ་བྱེད་པའི་ཀླུ་དཀར་པོ་མི་སྲུན་པ་གཅིག་ཡོད། དེ་དྲག་བོག་ཏུ་བཅུག་ལ་འདུལ་དགོས་གསུངས་པ་དང་།

klu   de   phyivi   rgya mtshor   bshor.   de   bzung   la
klu   de   phyi vi   rgya mtsho r   bshor   de   bzung   la
龙   DET   外   GEN 大海   ALL 逃[W]   DET   抓[1]   LNK

dam vog   tu   bzhug①   gsungs   nas.   dkyil vkhor   lnga   bzhengs   nas
dam vog   tu   bzhug   gsungs   nas   dkyil vkhor   lnga   bzhengs   nas
降服   ALL   待[W]   说[14]   LNK   坛城   五   修建[W]   LNK

zhag   gsum   dgongs pa   mdzad   pas.
zhag   gsum   dgongs pa   mdzad   pas
天   三   心愿   做[W]   LNK

白龙吓得逃亡外海。说：捉住它，让它降伏于佛法！修起五座坛城，观想了三天。

ཀླུ་དེ་ཕྱིའི་རྒྱ་མཚོར་བཤོར། དེ་བཟུང་ལ་དམ་བོག་ཏུ་བཞུག་གསུངས་ནས། དཀྱིལ་འཁོར་ལྔ་བཞེངས་ནས་ཞག་གསུམ་དགོངས་པ་མཛད་པས།

gangs   kyi   btug bcom   zhi   yul   kyang   vjam   par
gangs   kyi   btug bcom   zhi   yul   kyang   vjam   pa   r
雪   GEN   崩塌   平静[W]   地方   也   平静[W] NML   RES

gyur.   kluvang   dam   la   thogs.   thang lha   bkav   nyan
gyur   klu vang   dam   la   thogs   thang lha   bkav   nyan
变化[14] 龙   也   法规 OBJ   遵守[W]   唐拉   命令   听[2]

du   khas blangs.
du   khas blangs
SER   听取[W]

---

① 应该为bzhugs。

208 藏文古文献《拔协》文本标注与语法研究

于是雪山不再坍塌,地方得到安宁。白龙也信奉佛法,唐拉也听从命令。

གནས་ཀྱི་བདུག་བཙོམ་ཞི་ཡུལ་གྱུང་འཛིན་པར་གྱུར། སྐྱུང་དཀར་ཆོགས། ཐང་ལྷ་བཀའ་ཉན་དུ་ལས་སླངས།

slob dpon	gyi	vkhor	tho	yul	du	byon	nas	zan	drang[①]
slob dpon	gyi	vkhor	tho	yul	du	byon	nas	zan	drang
大师	GEN	随从	托	地方	ALL	到达[14]	LNK	供食	请[3]
bar	byas	la	ma le bshor		byon	pas.	vphan yul	yul	
bar	byas	la	ma le bsho	r	byon	pas	vphan yul	yul	
SER	做[1]	山	玛勒晓	ALL	到达[14]	LNK	彭波	地方	
ngan rta	ro	kha	phye	ba	vdra	bar	mi	vbyon	gsungs
ngan rta	ro	kha	phye	ba	vdra	bar	mi	vbyon	gsungs
坏 马	尸体	口	开[1]	NML	像[W]	LNK	NEG	达到[3]	说[14]

nas.
nas
LNK

大师一行被请到托地,摆设食宴。然后,又来到玛勒晓山。说:彭波是恶地,像一具张着口的马尸,不要到那儿。

སྟོད་ལུང་སྤ་རལ་ན་མར་བྱོན། བཅུམ་མོ་འཕྲང་གི་བྲག་ཨ་ཙཱརྱ་གྲོ་དྲེངས་པ་འདྲ་བ་འདི་ཝི་གོང་མ་བཅད་ན་བོད་མུ་སྟེགས་ཀྱིས་འགེངས་གསུངས་ནས།

stod lung	spa ral na mar		byon	bcum mo	vphrang	gi
stod lung	spa ral na ma	r	byon	bcum mo	vphrang	gi
堆龙	巴日纳玛	ALL	到达[14]	绝莫	狭路	GEN
brag	a ts·rya	gro	drengs	pa	vdra	ba	vdivi	gong
brag	a ts·rya	gro	drengs	pa	vdra	ba	vdi vi	gong
岩石	阿杂诺雅	食物	提[1]	NML	像	NML	DET GEN	顶
ma	bcad	na	bod	mu stegs	kyis	vgengs	gsungs	nas
ma	bcad	na	bod	mu stegs	kyis	vgengs	gsungs	nas
NEG	断[1]	COD	吐蕃	外道	INS	充满[2]	说[14]	LNK

来到堆龙的巴日纳玛地方,绝莫隘口的岩石,像一个在打尖的游方僧。若不把它的峰顶砍断,吐蕃就会被外道充斥。

---

① vdren pa 的未来式。

第四章　文本语法标注　209

རྫོང་ཡུང་ལྟ་རབས་ནས་མར་བྱོན་བཅུམ་མོ་འཕེན་གྱི་བྲག་ལ་ཚོང་གྲོ་ཏིངས་པ་འད་པ་འདིའི་གོན་མ་བཏན་ན་བོད་སྣ་བྷྱེགས་ཀྱིས་འབོགས་གསུངས་ནས།

gzhong par	tshong pa	tsho	gro thab	gsungs pa	la
gzhong pa r	tshong pa	tsho	gro thab	gsungs pa	la
雄巴 LOC	商人	pl	放干粮[W]	说[14]	NML LNK
chu ma	mchis pas.	chab	nges	byung	gsungs nas
chu ma	mchis pas	chab	nge s	byung	gsungs nas
水 NEG	EXI LNK	水	1sg AGE	来[1]	说[14] LNK

在雄巴，商人们说吃干粮时没有水。说水我来弄。

གཞོང་པར་ཆོང་པ་ཚོ་གྲོ་ཐབ་གསུངས་པ་ལ་ཆུ་མ་མཆིས་པས། ཆབ་ངེས་བྱུང་གསུངས་ནས།

gseg shang	yu ba	sa la	thams thams	rgyab pas	chuvi	ka
gseg shang	yu ba	sa la	thams thams	rgyab pas	chu vi	ka
禅杖	柄	地 ALL	嗒嗒	打[2] LNK	水 GEN	柱
bcu byung.	de la	gzhong pavi		lha chur		grags.
bcu byung	de la	gzhong pa vi		lha chu r		grags
十 来[1]	DET DAT	雄巴 GEN		佛 水 RES		传说[W]

用禅杖柄在地上"嗒嗒"地顿了几下，十柱水出现。对此传说是雄巴拉曲。

གསུམ། གངས་ཡུལ་ས་ལ་ཐམས་ཐམས་རྒྱབ་པས་ཆུའི་ཀ་བཅུ་བྱུང་། དེ་ལ་གཞོང་པའི་ལྷ་ཆུར་གྲགས།

de	nas	ske vphrang	du	ngavi	gro	ran	gsungs
de	nas	ske vphrang	du	nga vi	gro	ran	gsungs
DET	ABL	垓 狭路	LOC	1sg GEN	食物	到[W]	说[14]
pa	dang.	mkhar nag	gi	mtsho vdi	la	klu	btsan drag mo
pa	dang	mkhar nag	gi	mtsho vdi	la	klu	btsan drag mo
NML	LNK	喀纳	GEN	湖 DET	LOC	龙	凶猛 非常
vdug	vdi	vdul	lo	gsungs.			
vdug	vdi	vdul	lo	gsungs			
EXI	DET	驯服[2]	END	说[14]			

之后，到了聂塘的垓隘口，说：到了吃我的食物的时候了。说：喀纳湖里有一条凶猛的龙，要驯服它。

དེ་ནས་སྐེ་འཕྲང་དུ་འི་གྲོ་རན་གསུངས་པ་དང་། མཁར་ནག་གི་མཚོ་འདི་ལ་ཀླུ་བཙན་དྲག་མོ་འདུག་འདི་འདུལ་ལོ་གསུངས།

210 藏文古文献《拔协》文本标注与语法研究

vdi	shin tu	mthu	ba	gcig	vdug	vdi	la	vdul	byed
vdi	shin tu	mthu	ba	gcig	vdug	vdi	la	vdul	byed
DET	非常	法力[W]	NML	一	EXI	DET	DAT	驯服[2]	做[2]

cig	bya	gsungs	nas	brag	la	bcom ldan sems dpavi		
cig	bya	gsungs	nas	brag	la	bcom ldan sems dpav	vi	
PRT	做[3]	说[14]	LNK	岩石	LOC	金刚菩萨	GEN	

sku	gcig	mdzad.
sku	gcig	mdzad
身体	一	做[W]

说：这很有法力。对此，要在山岩上雕刻一个非常有法力的金刚菩萨像来驯服。

འདི་ཤིན་ཏུ་མཐུ་བ་གཅིག་འདུག་འདི་ལ་འདུལ་བྱེད་ཅིག་བྱ་གསུངས་ནས་བྲག་ལ་བཅོམ་ལྡན་སེམས་དཔའི་སྐུ་གཅིག་མཛད།

bal po	rdo mkhan	na re	bod	kyi	rdo	la	bzo	btug
bal po	rdo mkhan	na re	bod	kyi	rdo	la	bzo	btug
尼泊尔	石匠	说[W]	吐蕃	GEN	石头	LOC	样式	雕刻[W]

sam	bltas	mchis	nas	brag	la	sha povi		gzugs	gcig
sam	bltas	mchis	nas	brag	la	sha po	vi	gzugs	gcig
QU	看[1]	RSA	LNK	岩石	LOC	牡鹿	GEN	身形	一

bskoso[①]

bskos	so
雕刻[1]	END

尼泊尔石匠说：吐蕃的石头能否雕刻？去试一试。在山岩上先雕刻了一只牡鹿。

བལ་པོ་རྡོ་མཁན་ན་རེ་བོད་ཀྱི་རྡོ་ལ་བཟོ་བཏུག་སམ་བལྟས་མཆིས་ནས་བྲག་ལ་ཤ་པོའི་གཟུགས་གཅིག་བསྐོས་སོ།

de	nas	ngam bshod	la	byon	nas	zung mkhar	vphrang
de	nas	ngam bshod	la	byon	nas	zung mkhar	vphrang
DET	ABL	昂许	ALL	到达[14]	LNK	松喀	狭路

---

① 应该为brkos。

la	rdovi	mchod rten	lnga	mdzad	nas.	pho brang	du
la	rdo vi	mchod rten	lnga	mdzad	nas	pho brang	du
LOC	石头 GEN	供塔	五	做[W]	LNK	宫殿	ALL

byon	nas	btsan po	dang	zhal	vjal①	bavi		pho nyas
byon	nas	btsan po	dang	zhal	vjal	ba	vi	pho nya
到达[14]	LNK	赞普	COM	HON	相见[W]	NML	GEN	使者

	brda	sbyar	nas.	btsan po	la	phyag	bzhes	pas.
s	brda	sbyar	nas	btsan po	la	phyag	bzhes	pas
AGE	信号	按照[13]	LNK	赞普	DAT	礼节	做[W]	LNK

之后，来到昂许，在松喀隘口修造了五座石佛塔。到了龙宫，禀报与赞普相见的使者按照通知，向赞普施礼。

དེ་ནས་དཀར་བརྟོད་ཀྱོན་ནས་བྱུང་མགར་འཁུང་ལའི་མཚོན་ཏེ་ལྔ་མཛད་ནས། བོ་བྲང་དུ་བྱོན་ནས་བཙན་པོ་དང་ཞལ་འཇལ་བའི་པོ་ཉས་བརྡ་ནས། བཙན་པོ་ལ་ཕྱག་བཞེས་པས།

btsan pos		rab tu byung	bavi		phyag	mi	thub	gsungs
btsan po	s	rab tu byung	ba	vi	phyag	mi	thub	gsungs
赞普	AGE	出家[W]	NML	GEN	礼节	NEG	能[W]	说[14]

nas	pha bong	la	phyag	mdzad	pas	shags	kyis	gas.
nas	pha bong	la	phyag	mdzad	pas	shags	kyis	gas
LNK	大石头	DAT	HON	做[W]	LNK	裂缝	INS	裂开[1]

赞普说：不要出家人的敬礼。向一块巨石行礼，立刻崩塌。

བཙན་པོས་རབ་ཏུ་བྱུང་བའི་ཕྱག་མི་ཐུབ་གསུངས་ནས་ཕ་བོང་ལ་ཕྱག་མཛད་པས་ཤགས་ཀྱིས་གས།

btsan pos		phyag	phul	nas.	slob dpon	gyis
btsan po	s	phyag	phul	nas	slob dpon	gyis
赞普	AGE	礼节	献给[14]	LNK	大师	AGE

snyun smed pa	mdzad.	phyag	gar	vbebs	ces	pa	dang.
snyun smed pa	mdzad	phyag	gar	vbebs	ces	pa	dang
问候	做[W]	HON	哪里	降下[2]	说[W]	NML	LNK

赞普施礼，大师行问候礼；大师住在哪儿？

བཙན་པོས་ཕྱག་ཕུལ་ནས། སློབ་དཔོན་གྱིས་སྙུན་མེད་པ་མཛད། ཕྱག་གར་འབེབས་ཅེས་པ་དང་།

---

① 应该为mjal。

212 藏文古文献《拔协》文本标注与语法研究

sang shis		devi		bar	du	ston pa	gcig	rtsig
sang shi	s	de	vi	bar	du	ston pa	gcig	rtsig
桑喜	AGE	DET	GEN	中间	LOC	大师	一	修筑[2]

ces	nas
ces	nas
说[W]	LNK

桑喜说：在这个中间，修一所简单的住处吧！

བང་ཤེས་དེའི་བར་དུ་སྟོན་པ་གཅིག་རྩིག་ཅེས་ནས།

brag dmar	vgrin bzang	vkhor sa	der		sgo	ma	mchis	pa
brag dmar	vgrin bzang	vkhor sa	de	r	sgo	ma	mchis	pa
扎马尔	真桑	周边	DET	LOC	门	NEG	EXI	NML

gcig	rtsigs	tsa na.	nang	lha khang	mgo devu shan	la	dpe
gcig	rtsigs	tsa na	nang	lha khang	mgo devu shan	la	dpe
一	修建[4]	时候	里	佛堂	五台山	DAT	模型

blangs	pa	gcig	rtsigs	lags	pa.
blangs	pa	gcig	rtsigs	lags	pa
取[1]	NML	一	修建[4]	COP	NML

于是在扎马尔的真桑寺附近修一处没有门的住所的时候，里面的佛堂以五台山为模型修建。

བྲག་དམར་འགྲིན་བཟང་འཁོར་ས་དེར་སྒོ་མ་མཆིས་པ་གཅིག་རྩིགས་ཚ་ན། ནང་ལྷ་ཁང་མགོ་དེའུ་ཤན་ལ་དཔེ་བླངས་པ་གཅིག་རྩིགས་ལགས་པ།

der		phyag	phebs	par		zhus.	a ts·rya
de	r	phyag	phebs	pa	r	zhus	a ts·rya
DET	ALL	HON	到[W]	NML	OBJ	请求[14]	阿杂诺雅

bho nghi sa twas		btsan po	la	gsol	pa.	sngon
bho nghi sa twa	s	btsan po	la	gsol	pa	sngon
菩提萨埵	AGE	赞普	DAT	禀报[W]	NML	先

sangs rgyas	vjig rten	na	bzhugs		tshe.	lha ma srin
sangs rgyas	vjig rten	na	bzhugs	vi	tshe	lha ma srin
佛陀	世间	LOC	在位[W]	GEN	时候	魔鬼

dam vog	du	ma	tshud	pa ma mchis	par	rigs	pa	la.
dam vog	du	ma	tshud	pa ma mchis	par	rigs	pa	la
降服	ALL	NEG	进入[1]	EXP:NEG	SER	适合[W]	NML	LNK

请住在那里。这时，阿杂诺雅菩提萨埵对赞普说：从前，佛在世时，不降服的魔鬼不存在了。

དེར་ཕྱག་ཕེབས་པར་ཞུས། ཨ་ཙརྱ་བོ་དྷི་ས་དྭས་བཙན་པོ་ལ་གསོལ་པ། སྔོན་སངས་རྒྱས་འཛིག་རྟེན་ན་བཞུགས་པའི་ཚེ་ལྷ་མ་སྲིན་དམ་འོག་ཏུ་མ་ཚུད་པ་མ་མཆིས་པར་རིགས་པ་ལ།

bod	yul	nas	dam vog	tu	ma	chud	pavi	
bod	yul	nas	dam vog	tu	ma	chud	pa	vi
吐蕃	地方	ABL	降服	ALL	NEG	插入[W]	NML	GEN
gdug pa can	mang	du	mchis	pas.	btsan po	chos	mdzad	du
gdug pa can	mang	du	mchis	pas	btsan po	chos	mdzad	du
凶恶者	多	RES	EXI	LNK	赞普	法	做[W]	CAU
ster	ster	mi	vdra	bas.
ster	ster	mi	vdra	bas
给[W]	给[W]	NEG	像[W]	LNK

但是，吐蕃地区未受誓言约束的凶神恶煞还很多。它们常常不让赞普倡行佛法。

བོད་ཡུལ་ནས་དམ་འོག་ཏུ་མ་ཆུད་པའི་གདུག་པ་ཅན་མང་དུ་མཆིས་པས་བཙན་པོ་ཆོས་མཛད་དུ་སྟེར་སྟེར་མི་འདྲ་བས།

da lta	vdi	na	vdzam bu gling	na	nus pa	che	bavi	
da lta	vdi	na	vdzam bu gling	na	nus pa	che	ba	vi
现在	DET	LOC	世间		LOC	能力	大	NML	GEN
pdma vbyung gnas	zhes	bya	ba	spyan	drangs	nas
pdma vbyung gnas	zhes	bya	ba	spyan	drangs	nas
白玛琼耐	QM	叫作[W]	NML	HON	请[1]	SER
bzhugs	pa.
bzhugs	pa
住[W]	NML

现在，被请到这里来的这位白玛琼耐，法力高强。

ད་ལྟ་འདིར་འཛམ་བུ་གླིང་ན་ནུས་པ་ཆེ་བའི་པདྨ་འབྱུང་གནས་ཞེས་བྱ་བ་སྤྱན་དྲངས་ནས་བཞུགས་པ།

bod	kyi	btsan po	chos	mdzad	du	mi	ster	ba
bod	kyi	btsan po	chos	mdzad	du	mi	ster	ba
吐蕃	GEN	赞普	法	做[W]	SER	NEG	给[W]	NML

thams cad	skrad	cing	gzir gzir	ba	dang.	dam	la	vdogs
thams cad	skrad	cing	gzir gzir	ba	dang	dam	la	vdogs
全部	驱赶[1]	SIM	逼迫[W]	NML	LNK	法规	ALL	拴[2]

pa	ni	sngags	mkhan	vdis		sngo thog.
pa	ni	sngags	mkhan	vdi	s	sngo thog
NML	TOP	咒语	者	DET	AGE	约束[W]

能驱除一切阻挡赞普推行佛法的神、鬼。遵守誓言者即是被咒师约束。

བོད་ཀྱི་བཙན་པོ་ཆོས་མཛད་དུ་མི་སྟེར་བ་ཐམས་ཅད་སྐྲད་ཅིང་གཟིར་བ་དང་། དམ་ལ་འདོགས་པ་ནི་སྔགས་མཁན་འདིས་སྔོ་ཐོག།

btsan po	chos	mdzad	pa	la	brtsod	cing	rgol	ba
btsan po	chos	mdzad	pa	la	brtsod	cing	rgol	ba
赞普	法	做[W]	NML	DAT	争论[W]	SIM	反对[24]	NML

byung	bavi		phyir
byung	ba	vi	phyir
来[1]	NML	GEN	原因

针对赞普推行佛法而争论和反对。

བཙན་པོ་ཆོས་མཛད་པ་ལ་བརྩོད་ཅིང་རྒོལ་བ་བྱུང་བའི་ཕྱིར།

sgos	kyi	gtan tshigs smra ba	ni	kho bo	las	mkhas	pa
sgos	kyi	gtan tshigs smra ba	ni	kho bo	las	mkhas	pa
特别	GEN	逻辑学	TOP	1sg	COT	博学[W]	NML

ma	mchis.	gtsug lag khang	rtsig	na	ltas	dang	bkra shis
ma	mchis	gtsug lag khang	rtsig	na	ltas	dang	bkra shis
NEG	EXI	佛堂	修筑[2]	COD	征兆	COO	吉祥

mi	shis	rtog	pa	dang.
mi	shis	rtog	pa	dang
NEG	吉祥[W]	考察[24]	NML	LNK

尤其逻辑学比我博学的人还没有。如果要修建佛寺，洞察到不吉祥和不好的征兆。

སྒོས་ཀྱི་གཏན་ཚིགས་སྨྲ་བ་ནི་ཁོ་བོ་ལས་མཁས་པ་མ་མཆིས། གཙུག་ལག་ཁང་རྩིག་ན་ལྟས་དང་བཀྲ་ཤིས་མི་ཤིས་རྟོག་པ་དང་།

第四章 文本语法标注 215

```
chos      tshugs    sam    mi     tshugs    rtog      pa     la
chos      tshugs    sam    mi     tshugs    rtog      pa     la
法        建立[W]   QU     NEG    建立[W]   考察[24]  NML    LNK
phya mkhan    vdi    rtsi    su    mkhas pa    med         pas      vkhrid    vongs
phya mkhan    vdi    rtsi    su    mkhas pa    med         pas      vkhrid    vongs
占卜者        DET    计算    谁    智者        EXI:NEG LNK  带[123]  来[1]
pa yin    zhes    snyan    du    gsol    bas.
pa yin    zhes    snyan    du    gsol    bas
REA       说[W]   耳朵     ALL   禀报[W] LNK
```

考察了佛法能不能建立？那就没有比这个占卜者更精通的了。禀报已经带来了。

ཆོས་ཚུགས་སམས་མི་ཚུགས་རྟོག་པ་ལ་ཕྱ་མཁན་འདི་རྩི་སུ་མཁས་པ་མེད་པས་འཁྲིད་འོངས་པ་ཡིན་ཞེས་སྙན་དུ་གསོལ་བས།

```
sang shi    na re    vgrin bzang    gi    mngav gsol    slob dpon    pdma    la
sang shi    na re    vgrin bzang    gi    mngav gsol    slob dpon    pdma    la
桑喜         说[W]    真桑            AGE   开光          大师          白玛     DAT
zhuvo       mchis    pa     dang.    blon    chen po    ni    ma    mchis.
zhu  vo     mchis    pa     dang     blon    chen po    ni    ma    mchis
请求[23]    END      说[1]  NML LNK  臣      大          TOP   NEG   EXI
snang chen po    dang.    nang chen    gzims mal ba    kun    mchis    te.
snang chen po    dang     nang chen    gzims mal ba    kun    mchis    te
囊钦保            COO      侍卫长        侍寝官          全      EXI      LNK
```

桑喜说：真桑寺的开光仪式，就请白玛大师主持。当时，大伦不在场，囊钦保、侍卫长以及侍寝官都在场。

སང་ཤི་ན་རེ་འགྲིན་བཟང་གི་མངའ་གསོལ་སློབ་དཔོན་པདྨ་ལ་ཞུ་བོ་མཆིས་པ་དང་། བློན་ཆེན་པོ་ནི་མ་མཆིས། སྣང་ཆེན་པོ་དང་། ནང་ཆེན་གཟིམས་མལ་བ་ཀུན་མཆིས་ཏེ།

```
slob dpon    pdmas    lha    mngav gsol    ba    lha    thams cad    nang
slob dpon    pdma s   lha    mngav gsol    ba    lha    thams cad    nang
大师          白玛 AGE 佛    开光[W]        NML   佛     全部          里
nas    ston       par     byon.
nas    ston       par     byon
ABL    出来[24]   SER     到达[14]
```

216 藏文古文献《拔协》文本标注与语法研究

白玛大师开光时,让全体佛像都从佛殿出来。

སློབ་དཔོན་པདྨ་ཡིས་མཆོད་གསོལ་བ་ལྟ་ཐམས་ཅད་ནང་ནས་ཕྱུང་པར་བྱོན།

nam phyed	na	slob dpon	kun	gyis	mar me	khyer	nas	bltas
nam phyed	na	slob dpon	kun	gyis	mar me	khyer	nas	bltas
半夜	LOC	大师	全	AGE	酥油灯	携带[14]	LNK	看[1]

pas	nang	na	vjim	gzugs	gcig	kyang	med	nang	stong
pas	nang	na	vjim	gzugs	gcig	kyang	med	nang	stong
LNK	里	LOC	泥	身形	一	也	EXI:NEG	里	空[W]

par vdug①.
par vdug
SER EXI

在半夜,大师和众人拿着酥油灯进殿看时,里面一尊泥塑佛像也没有,空空如也。

ནམ་ཕྱེད་ན་སློབ་དཔོན་ཀུན་གྱིས་མར་མེ་ཁྱེར་ནས་བལྟས་པས་ནང་ན་འཇིམ་གཟུགས་གཅིག་ཀྱང་མེད་ནང་སྟོང་པར་འདུག

nang par	ltar		phyin	tsa na.	vjim	gzugs	thams cad
nang par	lta	r	phyin	tsa na	vjim	gzugs	thams cad
第二天清晨	看[2]	PUR	去[1]	时候	泥	身形	全部

snga ma	kho na	bzhin	bzhugs.
snga ma	kho na	bzhin	bzhugs
从前	仅仅	如	待[W]

第二大清早,再去看时,全部泥塑佛像又和从前一样地待在那里了。

ནང་པར་ལྟར་ཕྱིན་ཙ་ན། འཇིམ་གཟུགས་ཐམས་ཅད་སྔ་མ་ཁོ་ན་བཞིན་བཞུགས།

---

① V+pa vdug和V+par vdug标注不同,前者作为体标记,后者作为序列动词结构,在序列动词结构中第二个动词主要由存在、判断动词、趋向动词和实意动词充当。第二动词为存在、判断动词时,存在、判断动词词义已经虚化,既不表示完整意义上的存在、判断,也不是完整意义上的辅助动词,它们正处于存在、判断动词向辅助动词演化的过渡阶段。第二动词为趋向动词时,也存在类似情况,向趋向结构演化。连接两个动词的助词有par/bar、nas、bas、zhing/cing/shing等。

第四章 文本语法标注 217

de	nas	slob dpon	pdma	mchod pa	byed	pa	dang.	lha
de	nas	slob dpon	pdma	mchod pa	byed	pa	dang	lha
DET	ABL	大师	白玛	供养	做[2]		NML	LNK	佛

rnams	gtam	gtong	zhing	bshos	gsol	ba	mthong.	ston par
rnams	gtam	gtong	zhing	bshos	gsol	ba	mthong	ston pa
pl	话	做[2]	SIM	食物	做[W]	NML	看见[W]	大师

	bltas	pas	gcig	kyang	mi	vdug.
r	bltas	pas	gcig	kyang	mi	vdug
OBJ	看[1]	LNK	一	也	NEG	EXI

于是，白玛大师摆上供品，看见神佛们一边交谈一边取食供物。只看见大师，其他什么也没有。

དེ་ནས་སློབ་དཔོན་པདྨ་མཆོད་པ་བྱེད་པ་དང་། ལྷ་རྣམས་གཏམ་གཏོང་ཞིང་བཤོས་གསོལ་བ་མཐོང་། སྟོན་པར་བལྟས་པས་གཅིག་ཀྱང་མི་འདུག

mar me	thams cad	rang	vbar.	rol mo	thams cad	rang	vkhrol
mar me	thams cad	rang	vbar	rol mo	thams cad	rang	vkhrol
酥油灯	全部	自己	燃烧[W]	乐器	全部	自己	弹奏[W]

spos	rang	vbar	zhing.	btags vphan	lnga	btags	pavang
spos	rang	vbar	zhing	btags vphan	lnga	btags	pa	vang
香	自己	燃烧[W]	SIM	经幡	五	拴[1]	NML	也

lnga brgyar		vphel.
lnga brgya	r	vphel
五百	RES	发展[W]

全部酥油灯不点自燃，全部乐器不奏自响，香不点自燃，挂的五幅长经幡，也变成了五百幅。

མར་མེ་ཐམས་ཅད་རང་འབར། རོལ་མོ་ཐམས་ཅད་རང་འཁྲོལ། སྤོས་རང་འབར་ཞིང་། བཏགས་འཕན་ལྔ་བཏགས་པ་ལྔ་བརྒྱར་འཕེལ།

cong	rang	brdung	zhing	vphel.	sgu vbrum	rdog po	snyim pa
cong	rang	brdung	zhing	vphel	sgu vbrum	rdog po	snyim pa
钟	自己	敲打[3]	SIM	发展[W]	葡萄	团	捧

tsam	gdav	ba	de	sus		kyang	vtshal	bar	sngo ma thog.
tsam	gdav	ba	de	su	s	kyang	vtshal	bar	sngo ma thog
点	EXI	NML	DET	谁	AGE	也	吃[123]	SER	不能够[W]

钟不敢自鸣并增多，有一捧葡萄，谁也不能吃。

ཅོང་རང་བཞིན་ཞིག་འཐེག སྐྱུ་འབྲུག་དོག་པོ་སྦྱིས་པ་ཚང་གཅིག་པ་དེ་སུས་ཀྱང་འཚལ་བར་སྟོབ་མ་ཐོག

devi	nang par	dkyil vkhor	bris	nas.	gzims mal	nas
de vi	nang par	dkyil vkhor	bris	nas	gzims mal	nas
DET GEN	第二天清晨	坛城	写[14]	LNK	寝宫	ABL

lha lung	vtsho bzher snyan legs pa	spra stan	byas	te.
lha lung	vtsho bzher snyan legs pa	spra stan	byas	te
拉隆	错协念勒巴	圆光	做[1]	LNK

第二天清晨，画了坛城，从侍寝宫中选出拉隆地方的错协念勒巴做圆光。

དེའི་ནང་པར་དཀྱིལ་འཁོར་བྲིས་ནས། གཟིམས་མལ་ནས་ལྷ་ལུང་འཚོ་བཞེར་སྙན་ལེགས་པ་སྤྲ་སྟན་བྱས་ཏེ།

spra se na pa	ta phan	nas	smrar	gsal	bas.	bod	kyi
spra se na pa	ta phan	nas	smra r	gsal	bas	bod	kyi
观察圆光者	达盆	ABL	说[23]	SER 清楚[W]	LNK	吐蕃	GEN

lha	klu	mi	bsrun	pa	ril	gyi	ming	smras	te.
lha	klu	mi	bsrun	pa	ril	gyi	ming	smras	te
神	龙	NEG	驯服[13]	NML	全部	GEN	名字	说[1]	LNK

让达盆做观察圆光者，清楚地说明结果。说出了吐蕃的全部不驯服的神、龙的名字。

སྤྲ་སེ་ན་པ་ཏ་ཕན་ནས་སྨྲར་གསལ་བས། བོད་ཀྱི་ལྷ་ཀླུ་མི་བསྲུན་པ་རིལ་གྱི་མིང་སྨྲས་ཏེ།

vphang thang	du	chu	bab	pa	sham po.	lha sar	thog
vphang thang	du	chu	bab	pa	sham po	lha sa r	thog
旁塘	ALL	水	到[1]	NML	香保	拉萨 ALL	雷

phab	pa	thang lha.	mu ge	dang	lo	nyes	mi	nad	gtong
phab	pa	thang lha	mu ge	dang	lo	nyes	mi	nad	gtong
降下[1]	NML	唐拉	饥荒	COO	庄稼	危害	人	病	做[2]

ba	bstan ma	bcu gnyis	la sogs pa	kun	smras.
ba	bstan ma	bcu gnyis	la sogs pa	kun	smras
NML	女神	十二	等等	全	说[1]

水淹旁塘的是香保神，雷击拉萨红山的是唐拉神，制造旱灾、荒年、瘟疫的是十二地方的女神等等全都说了。

第四章 文本语法标注 219

འབང་སང་དུ་རྒྱུད་བབས་པ་བཟང་པོ། ཕ་མར་ཕོག་ཐབས་པ་ཟང་གི་དང་མེས་ཕྱི་ཚང་བ་ལ་སྤྲ་བསྟན་བགྱིས་ལ་བོགས་པ་ཀུན་སྨྲས།

devi	sang	cho rigs	bzang povi		bu tsha	pha	ma
de vi	sang	cho rigs	bzang po	vi	bu tsha	pha	ma
DET GEN	明天	门第	好	GEN	子孙	父亲	母

dang	mes	phyi	tshang	pa	la	spra bstan	bgyis	nas.
dang	mes	phyi	tshang	pa	la	spra bstan	bgyis	nas
COO	祖父	祖母	齐全[W]	NML	DAT	圆光	做[1]	LNK

次日，门第好、父母双全、祖父母俱在的子女做降神者。

དེའི་བར་ཚོ་རིགས་བཟང་པོའི་བུ་ཚ་མ་དང་མེས་ཕྱི་ཚང་པ་ལ་སྤྲ་བསྟན་བགྱིས་ནས།

rgyal po	chen po	bzhivi		spra phab	nas.	gnod sbyin	me lhavi
rgyal po	chen po	bzhi	vi	spra phab	nas	gnod sbyin	me lha
王	大	四	GEN	圆光[W]	LNK	夜叉	火神

	zhal	mngon sum	bstan.
vi	zhal	mngon sum	bstan
GEN	面	真实	出现[13]

四大天王降临，使夜叉、水神原形毕现。

རྒྱལ་པོ་ཆེན་པོ་བཞིའི་སྤྲ་ཕབ་ནས། གནོད་སྦྱིན་མེ་ལྷའི་ཞལ་མངོན་སུམ་བསྟན།

lha	klu	ma	rungs	pa	dngos su	mi	la	phab	nas.
lha	klu	ma	rungs	pa	dngos su	mi	la	phab	nas
神	龙	NEG	驯服[W]	NML	实际上	人	RES	降下[1]	LNK

sditt	shing	gzir	ba	ni	pdma smbha was		mdzad.
sditt	shing	gzir	ba	ni	pdma smbha wa	s	mdzad
斥骂[1]	SIM	逼迫[W]	NML	TOP	白玛桑布哇	AGE	做[W]

不驯服的神、龙也变成人形，让白玛桑布哇叱骂和征服。

ལྷ་ཀླུ་མ་རུངས་པ་དངོས་སུ་མི་ལ་ཕབ་ནས། སྡིག་ཤིང་གཟིར་བ་ནི་པདྨ་སམྦྷ་བས་མཛད།

dkar po	la	chos	bshad	nas	dam	la	vdog[①]	pa	ni
dkar po	la	chos	bshad	nas	dam	la	vdog	pa	ni
善者	DAT	法	讲[13]	LNK	法规	ALL	拴[2]	NML	TOP

---

① 作vdogs。

220 藏文古文献《拔协》文本标注与语法研究

bho nghi sa twas   mdzad.
bho nghi sa twa s   mdzad
菩提萨埵   AGE 做[W]
向善者讲佛法，立誓护法的事由菩提萨埵来做。

དགར་པོ་ལ་ཆོས་བཤད་ནས་དམ་ལ་འདོག་པ་ནི་བྱོ་ངྷི་ས་ཏྭས་མཛད།

des	ma	thul	pa	pdmas	sbyin sregs	byas	nas
de s	ma	thul	pa	pdma s	sbyin sregs	byas	nas
DET AGE	NEG	驯服[4]	者	白玛 AGE	火供	做[1]	LNK

ma	mchis	par	byas.
ma	mchis	par	byas
NEG	EXI	SER	做[1]

不驯服的，白玛用火祭而消灭之。

དེས་མ་ཐུལ་པ་པདྨས་སྦྱིན་སྲེགས་བྱས་ནས་མ་མཆིས་པར་བྱས།

de	vdra	ba	lan	gnyis	bgyid	te.	slob dpon	pdmavi
de	vdra	ba	lan	gnyis	bgyid	te	slob dpon	pdma vi
DET	像[W]	NML	次	二	做[2]	LNK	大师	白玛 GEN

zhal	nas	lha klu	dam vog	tu	tshud	legs	te.
zhal	nas	lha klu	dam vog	tu	tshud	legs	te
口	ABL	神 龙	降服	ALL	进入[1]	好[W]	LNK

如此反复施行两遍后，白玛大师说：现在神、龙等已立誓护法。

དེ་འདྲ་བ་ལན་གཉིས་བགྱིད་དེ། སློབ་དཔོན་པདྨའི་ཞལ་ནས་ལྷ་ཀླུ་དམ་འོག་ཏུ་ཚུད་ལེགས་ཏེ།

da rung	de	vdra	ba	lan	gcig	bgyi	vtshal.	slan chad
da rung	de	vdra	ba	lan	gcig	bgyi	vtshal	slan chad
还	DET	像[W]	NML	次	一	做[3]	请求[123]	今后

lha	chos	ci	bder		mdzad	pa	dang.	gtsug lag khang
lha	chos	ci	bde	r	mdzad	pa	dang	gtsug lag khang
神	法	怎么	安乐[W]	RES	做[W]	NML	LNK	佛堂

dgongs pa	bzhin	du	rtsigs	shig	gsungs	nas
dgongs pa	bzhin	du	rtsigs	shig	gsungs	nas
心愿	如	RES	修建[4]	PRT	说[14]	LNK

还要像这样施行一遍。今后，可以极其顺利地推行佛法。也如愿修筑寺庙了。

དེ་ནས་འདི་བ་ལན་གཅིག་བགྱི་འཚལ། སླད་ཆད་ཆོས་ཅི་བདེར་མཛད་པ་དང་། གཙུག་ལག་ཁང་དགོངས་པ་བཞིན་དུ་གྲུབ་ཤིག་གསུངས་ནས།

zur phug kyang bu tshal	du	klu	brtul	bas.	gzi chen	dngos su
zur phug kyang bu tshal	du	klu	brtul	bas	gzi chen	dngos su
苏蒲羌布园	LOC	龙	驯服[13]	LNK	思钦	亲自

byung	nas	savi	steng	na	rgyal po	khri srong lde btsan	che.
byung	nas	sa vi	steng	na	rgyal po	khri srong lde btsan	che
来[1]	LNK	地	GEN	上	LOC	王 赤松德赞	大

savi	vog	na	rgyal po	nga	che	de	nged	cag	grogs po
sa vi	vog	na	rgyal po	nga	che	de	nged	cag	grogs po
地	GEN	下	LOC 王	1sg	大	LNK	1pl	pl	朋友

byas la.
byas la
做[1] LNK

然后，大师又到苏蒲羌布园中去降服龙王。思钦亲自来到，大地之上，赤松德赞最大。大地之下，王我最大，咱们交个朋友吧！

བར་ཕྱུག་ཀྱང་བུ་ཚལ་དུ་ཀླུ་བཏུལ་བས། གཟི་ཆེན་དངོས་སུ་བྱུང་ནས་སའི་སྟེང་ན་རྒྱལ་པོ་ཁྲི་བཙན་ཆེ། སའི་འོག་ན་རྒྱལ་པོ་ང་ཆེ་དེ་ངེད་ཅག་གྲོགས་པོ་བྱས་ལ།

rgyal po	lha khang	byed	pavi	gser	drevu	khal	bcu bzhi
rgyal po	lha khang	byed	pa vi	gser	drevu	khal	bcu bzhi
王	佛堂	做[2]	NML GEN	金	骡子	驮	十四

ngas	sbyin	cig.	gser	khung	glang po snar	blon po
nga s	sbyin	cig	gser	khung	glang po sna r	blon po
1sg AGE	给[W]	PRT	金	坑	象鼻山 LOC	臣

kun	len	du	thong	zer	la
kun	len	du	thong	zer	la
全	取[2]	CAU	让来[1]	说[W]	LNK

国王修建佛堂的金子，我布施十四匹骡子驮的金子。金矿就在象鼻山，请派全体大臣去驮运吧！

རྒྱལ་པོ་ལྷ་ཁང་བྱེད་པའི་གསེར་དྲེའུ་ཁལ་བཅུ་བཞི་ངས་སྦྱིན་ཅིག གསེར་ཁུང་གླང་པོ་སྣར་བློན་པོ་ཀུན་ལེན་དུ་ཐོང་ཟེར་ལ།

222 藏文古文献《拔协》文本标注与语法研究

dam	la	btags.	sham bu	brtul	bas	slob dpon	gyi	thog
dam	la	btags	sham bu	brtul	bas	slob dpon	gyi	thog
法规	ALL	拴[1]	香保	驯服[13]	LNK	大师	GEN	上

tu	chu	phab.	slob dpon	gyis	tho ba sga	nas	rdo rje	gdengs
tu	chu	phab	slob dpon	gyis	tho ba sga	nas	rdo rje	gdengs
LOC	水	降下[1]	大师	AGE	脱巴那	ABL	金刚	指[14]

nas	chu	gyen	la	zlog
nas	chu	gyen	la	zlog
LNK	水	翻腾[W]	COO	翻转[24]

立誓保证护法，降服香保神，向大师身上泼水。大师从脱布那地方举金刚一指，水翻腾旋转。

དམ་ལ་བཏགས། ཤམ་བུ་བཏུལ་བས་སློབ་དཔོན་གྱི་ཐོག་ཏུ་ཆུ་ཕབ་སློབ་དཔོན་གྱིས་ཐོ་བ་སྒ་ནས་རྡོ་རྗེ་གདེངས་ནས་ཆུ་གྱེན་ལ་ཟློག

slar	lha rdzing bang rdzing	du	sub	nas	rdo rje	rgyab	nas
slar	lha rdzing bang rdzing	du	sub	nas	rdo rje	rgyab	nas
又	天池邦池	ALL	堵塞[2]	LNK	金刚	做[2]	LNK

chu	vkhol	bas.	sham pho	gangs	zhu	bavi	rtse
chu	vkhol	bas	sham pho	gangs	zhu	ba vi	rtse
水	沸腾[23]	LNK	香保	雪	融化[W]	NML GEN	尖顶

la	bsdad	nas.	slob dpon	nga	la	de	tsam	mtho tshams
la	bsdad	nas	slob dpon	nga	la	de	tsam	mtho tshams
LOC	待[13]	LNK	大师	1sg	DAT	DET	点	侵害[W]

pa	zer.
pa	zer
NML	说[W]

又把神关在池塘中，施以金刚，水翻腾。香保神又待在化了雪的山顶上，大师说：对我如此的侵害。

སླར་ལྷ་རྫིང་བང་རྫིང་དུ་སུབ་ནས་རྡོ་རྗེ་རྒྱབ་ནས་ཆུ་འཁོལ་བས། ཤམ་པོ་གངས་ཞུ་བའི་རྩེ་ལ་བསྡད་ནས་སློབ་དཔོན་ང་ལ་དེ་ཙམ་མཐོ་མཚམས་པ་ཟེར།

slob dpon	gyi	zhal	nas	khyod	nga	la	mtho vtshams	pa.
slob dpon	gyi	zhal	nas	khyod	nga	la	mtho vtshams	pa
大师	GEN	口	ABL	2sg	1sg	DAT	侵害[W]	NML

第四章 文本语法标注 223

```
da       ngavi       dam vog    tu    mi    gzhug    na    da    khyod
da       nga vi      dam vog    tu    mi    gzhug    na    da    khyod
现在     1sg GEN     降服       ALL   NEG   放进[3]  COD   现在   2sg
sreg     go          gsungs    pas.
sreg     go          gsungs    pas
烧[2]    END         说[14]    LNK
```

大师说道：你对我侵害！如果还不降服的话，就烧死你！

བློ་དཔོན་གྱི་ཞལ་ནས་ཁྱོད་ལ་མཚོ་འཚམས་པ། ད་འི་དམ་འོག་ཏུ་མི་གཞུག་ན་ད་ཁྱོད་སྲེག་གོ་གསུངས་པས།

```
nga      nag povi              rigs    yin.    chos    bgyi    bavi           bag
nga      nag po    vi          rigs    yin     chos    bgyi    ba    vi       bag
1sg      黑色      GEN         类      COP     法      做[3]   NML   GEN      愿望
ma       mchis.    da          man chad       gnod pa      mi    bya    yis.    ngavi
ma       mchis     da          man chad       gnod pa      mi    bya    yis     nga    vi
NEG      EXI       现在        以下           灾害         NEG   做[3]  LNK     1sg   GEN
drung    du        ser chags   ma      btang   cig    zer     nas    dam    la    btags.
drung    du        ser chags   ma      btang   cig    zer     nas    dam    la    btags
前       ALL       僧人        NEG     派[1]   PRT    说[W]   LNK    法规   ALL   拴[1]
```

香保说：我是恶类，没有奉行佛法的愿望。从今以后再也不破坏佛法了。请别让僧人到我跟前来立誓保证。

ང་ནག་པོའི་རིགས་ཡིན། ཆོས་བགྱི་བའི་བག་མ་མཆིས། ད་མན་ཆད་གནོད་པ་མི་བྱ་ཡིས། བའི་དྲུང་དུ་སེར་ཆགས་མ་བཏང་ཅིག་ཟེར་ནས་དམ་ལ་བཏགས།

```
da       sbyin sreg   cig     bgyivo            gsungs   pa     dang.    da ring
da       sbyin sreg   cig     bgyi     vo       gsungs   pa     dang     da ring
现在     火供         一      做[3]    END      说[14]   NML    LNK      今天
btsan po dbu   vkhru①vo               mchis.   de       a ts·rya        bho nghi sa twas
btsan po dbu   vkhru  vo               mchis    de       a ts·rya        bho nghi sa twa
赞普     头     洗[2]                  END      说:PST[1] DET   阿杂诺雅         菩提萨埵
```

---

① 应该为vkhrud。

224 藏文古文献《拔协》文本标注与语法研究

	gsan	nas	chu	ga	nas	len	ces	dris	pas.
s	gsan	nas	chu	ga	nas	len	ces	dris	pas
AGE	听[W]	LNK	水	哪里	ABL	取[2]	QM	问[14]	LNK

说道：现在要举行火祭，今天还要给赞普洗头。对此，阿杂诺雅菩提萨埵听了问道：从哪儿取水来。

དབུན་སྙིག་ཅིག་བསྒྲུབ་དགོངས་པ་དང་། ད་རིང་བཙན་པོ་དབུ་འཁྲུད་མཆིས། དེ་ལ་ཙནྡྲ་བྷོ་དྷི་ས་ཏྭས་གསན་ནས་ཆུ་ག་ནས་ལེན་ཅེས་དྲིས་པས།

chu	brag dmar	vom bu tshal	nas	len	mchi.	chu	ri rab	kyi
chu	brag dmar	vom bu tshal	nas	len	mchi	chu	ri rab	kyi
水	扎马尔	翁布园	ABL	取[2]	去[23]	水	须弥山	GEN
brang	ngos	na	chu mig	sta na	bya	ba yod.		
brang	ngos	na	chu mig	sta na	bya	ba yod		
北	面	LOC	泉水	达纳	叫作[W]	EXP		

水从扎玛翁布园取。水在须弥山的北坡上，有叫达纳的清泉。

ཆུ་བྲག་དམར་འོམ་བུ་ཚལ་ནས་ལེན་མཆི། ཆུ་རི་རབ་ཀྱི་བྱང་ངོས་ན་ཆུ་མིག་སྟ་ན་བྱ་བ་ཡོད།

de	nas	blangs	te	dbu	gsil	na	sku tshe	ring	lha
de	nas	blangs	te	dbu	gsil	na	sku tshe	ring	lha
DET	ABL	取[1]	LNK	头	清洗[W]	COD	生命	长	佛
sras	rigs	rgyud	vphel.	chab srid	che	gsungs.			
sras	rigs	rgyud	vphel	chab srid	che	gsungs			
儿子	类	流	发展[W]	政治	大	说[14]			

若从那里取水洗头，可以长寿，王嗣繁衍，国政昌盛。

དེ་ནས་བླངས་ཏེ་དབུ་གསིལ་ན་སྐུ་ཚེ་རིང་ལྷ་སྲས་རིགས་རྒྱུད་འཕེལ། ཆབ་སྲིད་ཆེ་གསུངས།

chab	de	len	pa	sus		nus	slob dpon	sngags	mkhan
chab	de	len	pa	su	s	nus	slob dpon	sngags	mkhan
水	DET	取[2]	NML	谁	AGE	能[W]	大师	咒语	者
na re.	de	ngas		sngo thog	gsungs	nas.			
na re.	de	nga	s	sngo thog	gsungs	nas			
说[W]	DET	1sg	AGE	能够[W]	说[14]	LNK			

这水谁能去取？大咒师说：这我能取！

ཆབ་དེ་ལེན་པ་སུས་ནུས་སློབ་དཔོན་སྔགས་མཁན་ན་རེ། དེ་ངས་སྔོ་ཐོག་གསུངས་ནས།

第四章 文本语法标注 225

gshavi		vog	nas	bkra shis	kyi	bum pa	gser	las	byas
gshav	vi	vog	nas	bkra shis	kyi	bum pa	gser	las	byas
披肩	GEN	下	ABL	吉祥	GEN	瓶子	金	ABL	做[1]

pa	gcig	kha dar	gyis	bcad	nas	bzhes	slad kyis	rgyas btab
pa	gcig	kha dar	gyis	bcad	nas	bzhes	slad kyis	rgyas btab
NML	一	口 丝绸	INS	关[1]	LNK	拿[W]	后来	密封[W]

ste	vdzab	byas	nas	nam mkhav	la	vphang	pas	je mthor
ste	vdzab	byas	nas	nam mkhav	la	vphang	pas	je mtho
LNK	咒语	做[1]	LNK	天空	ALL	抛[3]	LNK	越高

song.
r song
RES 去[4]

从披肩下面拿出一只黄金做的吉祥瓶子，用绸子封了口。然后密封，念咒抛向空中，瓶子越升越高。

གཤའི་བོག་ནས་བཀྲ་ཤིས་ཀྱི་བུམ་པ་གསེར་ལས་བྱས་པ་གཅིག་ཁ་དར་གྱིས་བཅད་ནས་བཞེས་སླད་ཀྱིས་རྒྱས་བཏབ་སྟེ་འཛབ་བྱས་ནས་ནམ་མཁའ་ལ་འཕང་པས་ཇེ་མཐོར་སོང་།

slob dpon	gyis	vdzab khung	der		rma byavi	sgros
slob dpon	gyis	vdzab khung	de	r	rma bya vi	sgro s
大师	AGE	咒洞	DET	LOC	孔雀 GEN	羽毛 INS

byabs	pas.	zan	cig	za	yun	na	bum pa	gser	rgyang ngo
byabs	pas	zan	cig	za	yun	na	bum pa	gser	rgyang ngo
扫除[1]	LNK	供食	一	吃[2]	时间	LOC	瓶子	金	远远

slob dpon	gyi	pang	du	byung.
slob dpon	gyi	pang	du	byung
大师	GEN	怀抱	ALL	来[1]

大师在咒室中用孔雀翎清扫，一顿饭的工夫，那个金瓶子又回到大师怀中。

སློབ་དཔོན་གྱིས་འཛབ་ཁུང་དེར་རྨ་བྱའི་སྒྲོས་བྱབས་པས། ཟན་ཅིག་ཟ་ཡུན་ན་བུམ་པ་གསེར་རྒྱང་སློབ་དཔོན་གྱི་པང་དུ་བྱུང་།

kha	phye	bavi		nang	na	chu	skya nar ba	cig	gdav.
kha	phye	ba	vi	nang	na	chu	skya nar ba	cig	gdav
口	开[1]	NML	GEN	里	LOC	水	清亮亮	PRT	EXI

226 藏文古文献《拔协》文本标注与语法研究

des	dbu	khrus	zhes	blon po	kun	la	gtad	pas.
de s	dbu	khrus	zhes	blon po	kun	la	gtad	pas
DET INS	头	洗[4]	说[W]	臣	全	DAT	交给[13]	LNK

在开了口的瓶里，有清亮亮的水。用此洗头吧！然后传给所有的大臣。

ཁ་ཕྱེ་བའི་ནན་ན་ཆུ་སྐྱ་ནེར་བ་ཅིག་གདའ། དེས་དབུ་ཁྲུས་ཞེས་བློན་པོ་ཀུན་ལ་གཏད་པས།

de	mdun	sar	grims①	nas	lho	mon	gyi	smyon	chu
de	mdun	sa r	grims	nas	lho	mon	gyi	smyon	chu
DET	前	地 ALL	分配[1]	LNK	南	门地	GEN	疯	水

yin.	pho	las	thong	zer	nas	ma	mchis	par	bgyis.
yin	pho	las	thong	zer	nas	ma	mchis	par	bgyis
COP	倒	LNK	抛弃[4]	说[W]	LNK	NEG	EXI	SER	做[1]

大臣们聚拢到跟前说：这是南方门地的疯水，抛弃吧，不让它存在。

དེ་མདུན་སར་གྲིམས་ནས་ལྷོ་མོན་གྱི་སྨྱོན་ཆུ་ཡིན། ཕོ་ལས་ཐོང་ཟེར་ནས་མ་མཆིས་པར་བགྱིས།

slob dpon	gyi	zhal	nas	btsan po	khyod	kyi	yul	bzang po
slob dpon	gyi	zhal	nas	btsan po	khyod	kyi	yul	bzang po
大师	GEN	口	ABL	赞普	2sg	GEN	地方	好

bya.	ngam bshod	bye ma	na	dang	tshal	du	bya.
bya	ngam bshod	bye ma	na	dang	tshal	du	bya
做[3]	昂许	沙	沼泽	COO	园林	RES	做[3]

大师又说：赞普，我使你的国土变成良田，把昂许沙滩变成草原和园林。

སློབ་དཔོན་གྱི་ཞལ་ནས་བཙན་པོ་ཁྱོད་ཀྱི་ཡུལ་བཟང་པོ་བྱ། ངམ་བཤོད་བྱེ་མ་ན་དང་ཚལ་དུ་བྱ།

gra	dang	dol	stag la	dang	phul so	tshun chad	chu	med
gra	dang	dol	stag la	dang	phul so	tshun chad	chu	med
扎	COO	妥	达拉	COO	丕索	以下	水	EXI:NEG

pa	rnams	su	chu	byung.
pa	rnams	su	chu	byung
NML	pl	LOC	水	来[1]

使扎、妥、达拉和丕索以下原来没有河水的地方，变得有水。

---

① 应该为sgrims。

第四章 文本语法标注

ག་དང་དོ་ལྷག་ལ་དང་ཕུལ་སོ་ཚུན་ཅད་ཀུ་མེད་པ་རྣམས་སུ་ཆུ་བྱུང་།

```
gram pa    thams cad    la    zhing    byas    la    bod    kun    vtsho
gram pa    thams cad    la    zhing    byas    la    bod    kun    vtsho
河滩       全部         LOC   田       做[1]   LNK   吐蕃   全     生活[23]
bar   bya.   bhee sha ra ma nni         la    nor    blangs   la    bod
bar   bya    bhee sha ra ma nni         la    nor    blangs   la    bod
SER   做[3]  拜夏日玛尼                 DAT   财物   取[1]    LNK   吐蕃
skyid      cing     phyug par       btang.    vdzam bu gling   gi     dkor
skyid      cing     phyug pa    r   btang     vdzam bu gling   gi     dkor
快活[W]    COO      富裕        RES 使[1]    世界             GEN    财物
yod    do cog    bod    du    dbyung.
yod    do cog    bod    du    dbyung
EXI    所有      吐蕃   ALL   来[3]
```

河滩全部变成良田以供养全吐蕃。向拜夏日玛尼财神讨取财物，使吐蕃富有而幸福。将世间一切财物都聚集到吐蕃。

གསམ་པ་ཐམས་ཅད་ལ་ཞིང་ཕྱག་ལ་བོད་ཀུན་འཚོ་བར་བྱ། རྗེ་ནར་མ་ཆེ་ལ་ནོར་བླངས་ལ་བོད་ཕྱུག་ཅིང་ལྷག་པར་བཏང་། འཛམ་བུ་གླིང་གི་དཀོར་ཆོག་བོད་དུ་བྱུང་།

```
gtsang po   dang    mtsho    yur     su    bcug     la    mchongs   pas
gtsang po   dang    mtsho    yur     su    bcug     la    mchongs   pas
河          COO     湖       水渠    ALL   使[W]    LNK   跳[14]    LNK
chog    pa    bya.    ngas        u rgyan    du    chab    vdi    bas
chog    pa    bya     nga    s    u rgyan    du    chab    vdi    bas
可以[W] SER   做[3]   1sg         AGE 乌仗    LOC   河      DET    COT
che    ba    gcig    dbugs①   yur    bcug     ces    rgya cher       gsungs.
che    ba    gcig    dbugs    yur    bcug     ces    rgya che    r   gsungs
大     NML   一      管       水渠   使[W]    QM     广大        RES 说[14]
```

把河与湖水引入水渠，能从渠上跳过。说了一个宏大的计划：乌仗那地方有一条比这还大的河，我也把它引入水渠了。

གཙང་པོ་དང་མཚོ་ཡུར་སུ་བཅུག་ལ་མཆོངས་པས་ཆོག་པ་བྱ། ངས་ཨུ་རྒྱན་དུ་ཆབ་འདི་བས་ཆེ་བ་གཅིག་དབུགས་ཡུར་བཅུག་ཞེས་རྒྱ་ཆེར་གསུངས།

---

① 可能为bug的异体。

de	ltar	vong	ngam	sad	pavi		phyir	snga dro
de	ltar	vong	ngam	sad	pa	vi	phyir	snga dro
DET	按照	来[23]	QU	实验[W]	NML	GEN	原因	早上

gcig	dgongs pa	mdzad	nas.
gcig	dgongs pa	mdzad	nas
一	心愿	做[W]	LNK

如此可以实现吗？为了试验的原因，花整个早上做观修。

དེ་ལྟར་འོང་ངམ་སད་པའི་ཕྱིར་སྔ་དྲོ་གཅིག་དགོངས་པ་མཛད་ནས།

klu	rdzing	du	chu	byung.	da dung	sad		do	ces	pas
klu	rdzing	du	chu	byung	da dung	sad		do	ces	pas
龙	池塘	ALL	水	来[1]	还	实验[W]		END	说[W]	LNK

brag dmar	mtsho mo	vgul		nas	sngo	cham la btang.
brag dmar	mtsho mo	vgul		nas	sngo	cham la btang
扎马尔	湖	摇动[W]		LNK	绿色	晃动[W]

龙池中来了水。说：再试验一下！扎马尔湖晃动，碧波荡漾。

གླུ་རྫིང་དུ་ཆུ་བྱུང༌། ད་དུང་སད་དོ་ཅེས་པས་བྲག་དམར་མཚོ་མོ་འགུལ་ནས་སྔོ་ཆམ་ལ་བཏང༌།

devi	phyi vphrad	brag dmar	gla bavi		tshal nags	su
de vi	phyi vphrad	brag dmar	gla ba	vi	tshal nags	su
DET GEN	后面	扎马尔	拉哇	GEN	园林	RES

btang.	yang	sang	nang par	snga dro	dgongs pa	mdzad	nas
btang	yang	sang	nang par	snga dro	dgongs pa	mdzad	nas
使[1]	又	明天	第二天清晨	早上	心愿	做[W]	LNK

bsgoms	te.
bsgoms	te
观修[1]	LNK

随后，把扎玛尔变成了拉哇的森林。第二天清晨又修禅定观想。

དེའི་ཕྱི་འཕྲད་བྲག་དམར་གླ་བའི་ཚལ་ནགས་སུ་བཏང༌། ཡང་སང་ནང་པར་སྔ་དྲོ་དགོངས་པ་མཛད་ནས་བསྒོམས་ཏེ།

zung dkar	chu	rjes	nar	byas	chu	byung	bas	vong
zung dkar	chu	rjes	nar	byas	chu	byung	bas	vong
松呷尔	水	后面	长	做[1]	水	来[1]	LNK	来[23]

第四章 文本语法标注 229

nges pas.
nges pas
确定[W] LNK

使松呷尔旧河道延长，出了水。确定能实现。

ཞང་དགར་ཆུ་རྙེས་ནར་ཆུ་བྱུང་བས་བོད་དེས་པས།

blon	dag	na re.	bod	yul	bzang por		byas	nas.	sngags
blon	dag	na re	bod	yul	bzang po	r	byas	nas	sngags
臣	pl	说[W]	吐蕃	地方	好	RES	做[1]	LNK	咒语

mkhan	gyi	mthu	dang	sbyar		na	rgyal srid	rgya gar	gyi
mkhan	gyi	mthu	dang	sbyar		na	rgyal srid	rgya gar	gyi
者	GEN	法力	COM	按照[13]		COD	国政	天竺	GEN

pho brang		te	vgro	zhes
pho brang		te	vgro	zhes
宫殿		DET	去[23]	说[W]

大臣们说：使吐蕃变成好地方，按照讲咒语者的法力来看的话，应属于天竺国的宫殿了。

བློན་དག་ན་རེ་བོད་ཡུལ་བཟང་པོར་བྱས་ནས་སྔགས་མཁན་གྱི་མཐུ་དང་སྦྱར་ན་རྒྱལ་སྲིད་རྒྱ་གར་གྱི་ཕོ་བྲང་ཏེ་འགྲོ་ཞེས།

mdun pa	chung ngur	gros	byas	nas	vphro	dgum par	
mdun pa	chung ngur	gros	byas	nas	vphro	dgum pa	r
前面	最小	商议	做[1]	LNK	剩余的	杀[3] NML	OBJ

chad.
chad
决定[1]

前面稍微商议后，决定放弃。

མདུན་པ་ཆུང་ངུར་གྲོས་བྱས་ནས་འཕྲོ་དགུམ་པར་ཆད།

slob dpon	gyi	zhal	nas	da	zhing	byavo		gsungs	pas.
slob dpon	gyi	zhal	nas	da	zhing	bya	vo	gsungs	pas
大师	GEN	口	ABL	现在	田	做[3]	END	说[14]	LNK

zhing	yar lung	gyis	chog	zer	nas	sngags	mkhan	la
zhing	yar lung	gyis	chog	zer	nas	sngags	mkhan	la
田	雅隆	INS	可以[W]	说[W]	LNK	咒语	者	DAT

bya dgav	cher		phul	nas.
bya dgav	che	r	phul	nas
奖赏	大	RES	献给[14]	LNK

大师说：现在要变良田啦！用雅隆地区的田就可以了。献给咒师很丰富的酬礼。

སློབ་དཔོན་གྱི་ཞལ་ནས་ཞིང་བྱོ་གསུངས་པས། ཞིང་ཡར་ལུང་གིས་ཆོག་ཟེར་ནས་སྔགས་མཁན་ལ་བྱ་དགའ་ཆེར་ཕུལ་ནས།

slar	rgya yul	du	bzhud	par		zhu	ba
slar	rgya yul	du	bzhud	pa	r	zhu	ba
又	天竺	ALL	启程[W]	NML	OBJ	请求[23]	NML

phul	bas.
phul	bas
献给[14]	LNK

又请回天竺去。

སླར་རྒྱ་ཡུལ་དུ་བཞུད་པར་ཞུ་བ་ཕུལ་བས།

btsan po	de	la	thugs	ma	dgyes	nas	slob dpon	la
btsan po	de	la	thugs	ma	dgyes	nas	slob dpon	la
赞普	DET	DAT	心	NEG	欢喜[W]	LNK	大师	DAT

bskor	ba	byas	nas	gser	bre	gang	phul	bas.
bskor	ba	byas	nas	gser	bre	gang	phul	bas
环绕[13]	NML	做[1]	LNK	金	升	一	献给[14]	LNK

赞普对此虽然很不高兴，便只好围着大师绕行一周并献上一升黄金。

བཙན་པོ་དེ་ལ་ཐུགས་མ་དགྱེས་ནས་སློབ་དཔོན་ལ་བསྐོར་བ་བྱས་ནས་གསེར་བྲེ་གང་ཕུལ་བས།

slob dpon	gyi	zhal	nas	gser	vdod	pa ma	yin	te.
slob dpon	gyi	zhal	nas	gser	vdod	pa ma	yin	te
大师	GEN	口	ABL	金	想[W]	REA:NEG	NEG	LNK

第四章 文本语法标注 **231**

bod	thang khob	du	vdre srin	gdug pa	bstul	la	btsan po
bod	thang khob	du	vdre srin	gdug pa	bstul	la	btsan po
吐蕃	边地	LOC	鬼神	凶恶	降伏[W]	LNK	赞普

chos	byar	btub	par	bya.	bod	yul	bzang po
chos	bya r	btub	par	bya	bod	yul	bzang po
法	做[3] SER	适合[W]	SER	做[3]	吐蕃	地方	好

byas	la.
byas	la
做[1]	LNK

大师说道：我不是为贪图黄金，而在吐蕃境内降服凶恶的鬼神。使赞普能倡行佛法，使吐蕃成为好地方。

སློབ་དཔོན་གྱིས་ཞལ་ནས་གསེར་འདོད་པ་མ་ཡིན་ཏེ། བོད་ཐང་ཁོབ་དུ་འདྲེ་སྲིན་གདུག་པ་བཏུལ་བཞིན་ཆོས་བྱར་བཏུབ་པར་བྱ། བོད་ཡུལ་བཟང་པོ་བྱས་ལ།

vbangs	bde	ba	la	vgod	pavi		phyir	ngas
vbangs	bde	ba	la	vgod	pa	vi	phyir	nga s
臣民	安乐[W]	NML	DAT	安置[2]	NML	GEN	原因	1sg AGE

vongs	na.	gser	vdod	na	vdug	byas	pas	chog		gsungs
vongs	na	gser	vdod	na	vdug	byas	pas	chog		gsungs
来[1]	COD	金	想[W]	COD	EXI	做[1]	LNK	可以[W]		说[14]

nas.	rtswa	dang	sa	rdo	la	reg		tshad	gser	du	song.
nas	rtswa	dang	sa	rdo	la	reg		tshad	gser	du	song
LNK	草	COO	土	石头	OBJ	触摸[W]		度量	金	RES	去[4]

为了使臣民安乐，我来了。如要黄金，可以自己造！用手触摸草和土石，都变成了黄金。

འབངས་བདེ་བ་ལ་འགོད་པའི་ཕྱིར་ངས་འོངས་ན། གསེར་འདོད་ན་འདུག་བྱས་པས་ཆོག་གསུངས་ནས་རྩྭ་དང་ས་རྡོ་ལ་རེག་ཚད་གསེར་དུ་སོང་།

von kyang	btsan povi		ngo	bsrungs	bavi		phyir	khyor
von kyang	btsan po	vi	ngo	bsrungs	ba	vi	phyir	khyor
但是	赞普	GEN	脸面	守护[1]	NML	GEN	原因	把

gang	tsam	phyag	tu	bzhes	te.
gang	tsam	phyag	tu	bzhes	te
一	点	手	LOC	拿起[W]	LNK

232 藏文古文献《拔协》文本标注与语法研究

但是，为了保全赞普的面子，还是取了一把黄金在手里。

ཨོན་ཀྱང་བཙན་པོའི་ངོ་བསྲུང་བའི་ཕྱིར་གྲོང་གང་ཙམ་ཕུལ་དུ་བཞེས་ཏེ།

lhag ma	phyir	btsan po	la	phul.	der	blon po	zer
lhag ma	phyir	btsan po	la	phul	de r	blon po	zer
剩余的	又	赞普	DAT	献给[14]	DET DAT	臣	说[W]

ba	ltar	chad	nas.	slob dpon	yar	gshegs	khar	rje
ba	ltar	chad	nas	slob dpon	yar	gshegs	kha r	rje
NML	按照	决定[1]	LNK	大师	上方	去[W]	时候 LOC	王

blon	nyi shu	la	man ngag lta bavi vphreng ba	bshad	nas.
blon	nyi shu	la	man ngag lta bavi vphreng ba	bshad	nas
臣	二十	DAT	秘诀见地蔓	讲[13]	LNK

余者仍奉还赞普，对此，按照大臣们议定的办理。大师临走时，还向王臣等二十人宣讲了《秘诀见地蔓》之法。

ཞུ་མ་ཕྱིར་བཙན་པོ་ལ་ཕུལ། དེར་བློན་པོ་ཟེར་བ་ལྟར་ཆད་ནས། སློབ་དཔོན་ཡར་གཤེགས་ཁར་རྗེ་བློན་ཉི་ཤུ་ལ་མན་ངག་ལྟ་བའི་འཕྲེང་བ་བཤད་ནས།

rgyal po	chen po	ngavi		gsang sngags	vdi	lta ba	chos	kyi
rgyal po	chen po	nga	vi	gsang sngags	vdi	lta ba	chos	kyi
王	大	1sg	GEN	密咒	DET	见解	法	GEN

sku	dang	bstun	la.	spyod pa	byang chub	kyi	phyogs
sku	dang	bstun	la	spyod pa	byang chub	kyi	phyogs
身体	COM	按照[13]	LNK	行为	菩提	GEN	方

dang	bstun.
dang	bstun
COM	按照[13]

大王，我的这个密咒，见地与法身相等，行持与菩提向相等。

རྒྱལ་པོ་ཆེན་པོའི་གསང་སྔགས་འདི་ལྟ་བ་ཆོས་ཀྱི་སྐུ་དང་བསྟུན་ལ། སྤྱོད་པ་བྱང་ཆུབ་ཀྱི་ཕྱོགས་དང་བསྟུན།

lta bavi		phyogs	su	spyod pa	ma	shor	ba	mdzod.
lta ba	vi	phyogs	su	spyod pa	ma	shor	ba	mdzod
见解	GEN	方	LOC	行为	NEG	失去[W]	NML	做[W]

第四章 文本语法标注 233

shor na dge med sdig med du song nas
shor na dge med sdig med du song nas
失去[W] COD 善 EXI:NEG 罪孽 EXI:NEG ALL 去[4] LNK

chad lha① skyes nas phyir gsor mi rung.
chad lha skyes nas phyir gso r mi rung
断见   产生[1] LNK 又 修[23] SER NEG 可以[W]

在见地方面使不失行为。如果失去了，则会陷入无善无恶中去。如果生了断见，不可以培养修正。

སྤྱོད་པའི་ཕྱོགས་སུ་སྐྱོན་པ་མ་ཤོར་བ་མཛོད། ཤོར་ན་དགེ་མེད་སྡིག་མེད་དུ་སོང་ནས་ཆད་ལྷ་སྐྱེས་ནས་ཕྱིར་གསོར་མི་རུང་།

spyod pavi rjes su lta ba vbrengs na. dngos po
spyod pa vi rjes su lta ba vbrengs na dngos po
行为 GEN 后面 LOC 见解 跟随[W] COD 物体

mtshan mas bcings nas grol bar mi vgyur.
mtshan ma s bcings nas grol ba r mi vgyur
本性 INS 系[1] LNK 解开[W] NML RES NEG 变化[23]

行持之后，应随之以见地，会被物体的本性所系变得不能解脱。

སྤྱོད་པའི་རྗེས་སུ་འབྲེངས་ན། དངོས་པོ་མཚན་མས་བཅིངས་ནས་གྲོལ་བར་མི་འགྱུར།

ngavi gsang sngags sems phyogs vdi lta ba shas che ste.
nga vi gsang sngags sems phyogs vdi lta ba shas che ste
1sg GEN 密咒 心 方 DET 见解 部分 大 LNK

所以，我的这个密咒心向，以见地为主。

ངའི་གསང་སྔགས་སེམས་ཕྱོགས་འདི་ལྟ་བ་ཤས་ཆེ་སྟེ།

ma vongs pa na tshig gi gdeng ni shes te. lta bavi
ma vongs pa na tshig gi gdeng ni shes te lta ba
未来 LOC 词 GEN 确信 TOP 知道[W] LNK 见解

 gdeng ni ma rnyed pa mang po zhig ngan song
vi gdeng ni ma rnyed pa mang po zhig ngan song
GEN 确信 TOP NEG 获得[1] NML 多 一 恶趣

―――――――――
① lha应该为lta。

du　　vgro.
du　　vgro
ALL　去[23]

在未来之世，知道词的正解。见地的真悟呢不能获得，很多人坠入恶趣。

མ་འོངས་པ་ན་ཚིག་གི་གདེང་ནི་ཤེས་ཏེ། ལྟ་བ་གདེང་ནི་མ་རྙེད་པ་མང་པོ་ངན་འགྲོར་སོང་དུ་འགྲོ།

vdra　　men　　vgav res　　　sems can　mang povi　　　don　　byed
vdra　　men　　vgav re　s　　sems can　mang po　vi　　don　　byed
像　　　NEG　一些　　AGE　众生　　　多　　　GEN　事情　做[2]
gsungs　nas.　dpe cha　mang po　zhig　rdza　la　sbas　so.
gsungs　nas　dpe cha　mang po　zhig　rdza　la　sbas　so
说[14]　LNK　经书　　多　　　一　　岩　　ALL　隐匿[1]　END

不像一些做了很多众生的事情。说完后，将很多经书藏入石山洞里。

འདི་མིན་འགའ་རེས་སེམས་ཅན་མང་པོའི་དོན་བྱེད་གསུངས་ནས། དཔེ་ཆ་མང་པོ་ཞིག་རྫ་ལ་སྦས་སོ།

btsan po　　la　　rim pa　　mdzad　　gsang ba　　vdus　　　pavi　　　dbang
btsan po　　la　　rim pa　　mdzad　　gsang ba　　vdus　　pa　vi　　dbang
赞普　　　DAT　层次　　做[W]　密咒　　　聚集[14]　NML　GEN　灌顶
mdzad　nas　gsang sngags　kyi　lung　gnang.
mdzad　nas　gsang sngags　kyi　lung　gnang
做[W]　LNK　密咒　　　　GEN　佛理　做[W]

对赞普做依层次聚集密咒的灌顶，授以大乘密咒教诫。

བཙན་པོ་རིམ་པ་མཛད་གསང་བ་འདུས་པའི་དབང་མཛད་ནས་གསང་སྔགས་ཀྱི་ལུང་གནང་།

phur bu vbum sde　bshad　　nas.　　bdag　dang　brtan pa　med　　pavi
phur bu vbum sde　bshad　　nas　　bdag　dang　brtan pa　med　　pa
十万橛部　　　　讲[13]　LNK　1sg　COM　　常　　EXI:NEG　NML
　　　　sbyin bdag　rnams.　tshe　rabs　vdi　dang　tshe　rabs　gar
vi　　　sbyin bdag　rnams　tshe　rabs　vdi　dang　tshe　rabs　gar
GEN　施主　　　pl　　　生　　代　　DET　COO　生　　代　　哪里
skyes　kyang.　vog min　zhes　byavi　　　　gnas mchog　dam pa
skyes　kyang　vog min　zhes　bya　vi　　　gnas mchog　dam pa
产生[1]　也　　色究竟天　QM　叫作[W]　GEN　圣境　　　圣洁

第四章　文本语法标注　235

ru.	rnam vbyor	theg chen	vbras bu	spyod	par	smon.
ru	rnam vbyor	theg chen	vbras bu	spyod	pa　r	smon.
LOC	瑜伽	大乘	果实	用[24]	NML　OBJ	行愿[W]

zhes	gsungs	nas.	sbyin sreg	gi	vphro	bya ba	ma	grub
zhes	gsungs	nas	sbyin sreg	gi	vphro	bya ba	ma	grub
QM	说[14]	LNK	火供	GEN	剩余	事情	NEG	完成[1]

par	slar	yang	gshegs.
par	slar	yang	gshegs
SER	又	也	去[W]

宣讲了《十万橛部》经，无我无常的施主们，无论生在今生或何世，也在叫色究竟天的圣境中，希望修得大乘法的瑜伽界！烧祭的剩下的事业没有完成而回去了。

ཐུར་བུ་འབུམ་སྡེ་བཤད་ནས། བདག་དང་བདག་ལྡན་པའི་སྦྱིན་བདག་རྣམས། ཅི་རབས་འདི་དང་ཅི་རབས་གར་སྐྱེས་ཀྱང་། འོག་མིན་ཞིང་གི་གནས་མཆོག་ཏུ་མ་ཏུ། རྣམ་འབྱོར་ཐེག་ཆེན་འབྲས་བུ་སྤྱོད་པར་སྨོན། ཞེས་གསུངས་ནས། སྦྱིན་སྲེག་གི་འཕྲོ་བྱ་བ་མ་གྲུབ་པར་སླར་ཡང་གཤེགས།

skyel mas	chibs	khrid	nas	yar	spyan	drangs	pas.	blon
skyel ma　s	chibs	khrid	nas	yar	spyan	drangs	pas	blon
护送者	AGE	坐骑	带领[4]	LNK	上方	HON	请[1]	LNK 臣

kha cig	na re.	sngags	mkhan	de	ma	bsad	na	nus pa	che
kha cig	na re	sngags	mkhan	de	ma	bsad	na	nus pa	che
一些	说[W]	咒语	者	DET	NEG	杀[1]	COD	能力	大

ste.	bod	la	byad①	byas	par	vong	mchi	nas.
ste	bod	la	byad	byas	pa　r	vong	mchi	nas
LNK	吐蕃	LOC	诅咒	做[1]	NML　PUR	来[23]	说[23]	LNK

护送的人牵着马往上部送去。这时，有些大臣说：如果不杀掉这个咒师，他的法术高强，会向吐蕃放咒。

སྐྱེལ་མས་ཆིབས་ཁྲིད་ནས་ཡར་སྤྱན་དྲངས་པས། བློན་ཁ་ཅིག་ན་རེ། སྔགས་མཁན་དེ་མ་བསད་ན་ནུས་པ་ཆེ་སྟེ། བོད་ལ་བྱད་བྱས་པར་འོང་མཆི་ནས།

gsod	mi	bco brgyad	go ru	skyon	nas	btang.	slob dpon	mang yul
gsod	mi	bco brgyad	go ru	skyon	nas	btang	slob dpon	mang yul
杀[2]	人	十八	马	骑[24]	LNK	派[1]	大师	芒域

---

① byad应该为byad ka。

du	byon	pa	dang.	sang	vo cag	la	vtshe	bar	byed
du	byon	pa	dang	sang	vo cag	la	vtshe	bar	byed
ALL	到达[14]	NML	LNK	明天	1pl	DAT	危害	SER	做[2]

pavi	mi	vgav	vong	gsungs.
pa vi	mi	vgav	vong	gsungs
NML GEN	人	几个	来[23]	说[14]

派十八人骑马去追杀，大师到达芒域时，说：明天，要来几个谋害咱们生命的人。

གསོད་མི་བཅོ་བརྒྱད་གྲི་ནུ་སློང་ནས་བཏང་། སློབ་དཔོན་མང་ཡུལ་དུ་བྱོན་པ་དང་། སང་ནོ་ཅག་ལ་འཚེ་བར་བྱེད་པའི་མི་འགའ་འོང་གསུངས།

deng babs	kyi	vphrang	la	byon	pa	dang.	skag snar
deng babs	kyi	vphrang	la	byon	pa	dang	skag sna
登柏	GEN	狭路	ALL	到达[14]	NML	LNK	险要处

	mi	bco brgyad po	la las		mdav	bkang.	la las	
r	mi	bco brgyad po	la la	s	mdav	bkang	la la	s
LOC	人	十八	一些	AGE	箭	填满[1]	一些	AGE

gri	phyung	nas	slob dpon	la	gzed	pavi		tshe.
gri	phyung	nas	slob dpon	la	gzed	pa	vi	tshe
刀	拔出[W]	LNK	大师	ALL	击[W]	NML	GEN	时候

slob dpon	gyis	phyag rgya	bcings	pas.	vjim	gzugs	bzhin	du
slob dpon	gyis	phyag rgya	bcings	pas	vjim	gzugs	bzhin	du
大师	AGE	手印	系[1]	LNK	泥	身形	如	RES

gyur	te	smra	ma	shes.	mtshon	vphen	pa
gyur	te	smra	ma	shes	mtshon	vphen	pa
变化[14]	LNK	说话[23]	NEG	AUX	武器	发射[2]	NML

dang	sdud	ma	shes	te	rengs.
dang	sdud	ma	shes	te	rengs
LNK	收[2]	NEG	AUX	LNK	硬化[1]

走到登柏的隘口时，十八个人有的拉满弓，有的拔出刀，正刺向大师的时候，大师结手印，他们变得如泥身，不能说话，不会收发武器，都僵在那儿。

དེང་བབས་ཀྱི་འཕྲང་ལ་བྱོན་པ་དང་། སྐག་སྣར་མི་བཅོ་བརྒྱད་པོ་ལ་ལས་མདའ་བཀང་། ལ་ལས་གྲི་ཕྱུང་ནས་སློབ་དཔོན་ལ་གཟེད་པའི་ཚེ། སློབ་དཔོན་གྱིས་ཕྱག་རྒྱ་བཅིངས་པས་ཏེ་སྨྲ་མ་ཤེས། མཚོན་འཕེན་པ་དང་སྡུད་མ་ཤེས་ཏེ་རེངས།

第四章 文本语法标注 237

```
devi         bar    na    yar    byon      nas     mang yul    gyi    la khar
de   vi      bar    na    yar    byon      nas     mang yul    gyi    la kha
DET  GEN    中间   LOC   上方   到达[14]  LNK    芒域        GEN    山口
             byon        pa       dang.
     r       byon        pa       dang
     ALL    到达[14]    NML      LNK
```
这期间，大师等又继续往上走，到了芒域的山口。

དེའི་བར་ན་ཡར་བྱོན་ནས་མང་ཡུལ་གྱི་ལ་ཁར་བྱོན་པ་དང་།

```
slob dpon    na re    ngas        bod   kyi   lha   klu   vdre srin   lan
slob dpon    na re    nga  s      bod   kyi   lha   klu   vdre srin   lan
大师         说[W]   1sg  AGE    吐蕃  GEN  神    龙    鬼神        次

gsum  du   vdul      dgongs pavi          vphro   lan   cig   lus.
gsum  du   vdul      dgongs pa  vi        vphro   lan   cig   lus
三    RES  降服[2]   心思       GEN       剩余    次    一    留[W]
```
大师说道：我本想对吐蕃的神、龙、鬼怪等降服三次，这个想法还有最后一次没做成。

སློབ་དཔོན་ན་རེ་ངས་བོད་ཀྱི་ལྷ་ཀླུ་འདྲེ་སྲིན་ལན་གསུམ་དུ་འདུལ་དགོངས་པའི་འཕྲོ་ལན་གཅིག་ལུས།

```
de   ma    lus   na    rgyal povi              sku tshe   ring.    chab srid
de   ma    lus   na    rgyal po   vi           sku tshe   ring     chab srid
DET  NEG  留[W] COD   王          GEN          生命       长       政治

che   chos   yun   ring   du    gnas        pa    las.   vphro lus pa   de
che   chos   yun   ring   du    gnas        pa    las    vphro lus pa   de
大    法     时间  长     LOC   存在[W]    NML   LNK    剩余的          DET

yid   la    gcags       so     gsungs.
yid   la    gcags       so     gsungs
心    ALL  理解[13]    END   说[14]
```
如果不剩下这一次，国王的生命延长，国政兴旺，佛法就会长时间存在。这剩余的，系缚心啊！

དེ་མ་ལུས་ན་རྒྱལ་པོའི་སྐུ་ཚེ་རིང་། ཆབ་སྲིད་ཆེ་ཆོས་ཡུན་རིང་དུ་གནས་པ་ལས། འཕྲོ་ལུས་པ་དེ་ཡིད་ལ་གཅགས་སོ་གསུངས།

238 藏文古文献《拔协》文本标注与语法研究

chos	skor	gcig	ni	vbyongs	nas	vong	ste.	der
chos	skor	gcig	ni	vbyongs	nas	vong	ste	de r
法	圈	一	TOP	达到[1]	SER	来[23]	LNK	DET DAT

vkhrugs pa	chen po	gcig	kyang	vong.	chos	la	ske nyag
vkhrugs pa	chen po	gcig	kyang	vong	chos	la	ske nyag
乱	大	一	也	来[23]	法	POS	灾难

bag re	vong	nyen	yod.
bag re	vong	nyen	yod
微稍	来[23]	危险	EXI

已经宣扬了一番佛法。对此，也发生一次大骚乱。佛法也有少许灾厄。

ཆོས་སྐོར་གཅིག་ནི་འབྱོངས་ནས་འོང་སྟེ། དེར་འཁྲུགས་པ་ཆེན་པོ་གཅིག་ཀྱང་འོང་། ཆོས་ལ་སྐྱེ་ཉག་རེ་འོང་ཉེན་ཡོད།

kha sang	ni	vtshe ba	byed	pavi	mi	de	la	vdi
kha sang	ni	vtshe ba	byed	pa vi	mi	de	la	vdi
昨天	TOP	危害	做[2]	NML GEN	人	DET	DAT	DET

gtor	gsungs	nas	yungs kar	spar ba	gang	gtad	nas
gtor	gsungs	nas	yungs kar	spar ba	gang	gtad	nas
撒[W]	说[14]	LNK	白芥菜籽	把	一	拿[13]	LNK

skyel mi	mar	bzlog.
skyel mi	mar	bzlog
护送者	下	翻转[13]

向昨天害生命的那些人撒这些，说完，拿出一把白芥菜籽。之后护送者都回去了。

ཁ་སང་ནི་འཚེ་བ་བྱེད་པའི་མི་འདི་ལ་གཏོར་གསུངས་ནས་ཡུངས་དཀར་སྤར་བ་གང་གཏད་ནས་སྐྱེལ་མི་མར་བཟློག

da	re shig	nga	la	mi yul	na	gdul	bya
da	re shig	nga	la	mi yul	na	gdul	bya
现在	一时	1sg	DAT	人地方	LOC	驯服[3]	做[3]

med	pas.
med	pas
RSA:NEG	LNK

现在，一时对我而言，在人世间，没有驯服的。

ད་རེ་ཞིག་ང་ལ་མི་ཡུལ་ན་གདུལ་བྱ་མེད་པས།

第四章　文本语法标注　239

nga	lho nub	mtshams	su	srin po	vdul	du	vgro	gsungs
nga	lho nub	mtshams	su	srin po	vdul	du	vgro	gsungs
1sg	西南	边界	LOC	魔	驯服[2]	SER	去[23]	说[14]
nas	chibs kha	nas	vphur	nas	sprin gseb	na	phar	chos gos
nas	chibs kha	nas	vphur	nas	sprin gseb	na	phar	chos gos
LNK	马首	ABL	飞[23]	LNK	云间	LOC	那边	佛衣
su ru ru	gseg shang	khro le le	bzhud.					
su ru ru	gseg shang	khro le le	bzhud					
索如如	禅杖	吵铃铃	离去[W]					

我要到西南交界处去降服罗刹！从马背上腾空飞起，在云间佛衣"索如如"，锡杖环铃"吵铃铃"地响着而离去。

skyel mis	gsod mi	la	yungs kar	gtor	bas.	smra
skyel mi	s	gsod mi	la	yungs kar	gtor	bas	smra
护送者	AGE	杀手	DAT	白芥菜籽	撒[W]	LNK	说话[23]
shes	shing	vgro	shes	par	gyur	to.
shes	shing	vgro	shes	pa	r	gyur	to
AUX	COO	去[23]	AUX	NML	RES	成为[14]	END

护送人把白芥菜籽抛向杀手，他们变得能说话和会走路了。

mi	rnams	pho brang	du	mchis	nas.	sngags	mkhan	gsung
mi	rnams	pho brang	du	mchis	nas	sngags	mkhan	gsung
人	pl	宫殿	ALL	去[1]	LNK	咒语	者	讲[23]
ba	rjevi	snyan	du	gsol	bas.	btsan povi
ba	rje	vi	snyan	du	gsol	bas	btsan po	vi
NML	王	GEN	耳朵	ALL	禀报[W]	LNK	赞普	GEN
thugs	la	shin tu	bcags	par	gyur.
thugs	la	shin tu	bcags	pa	r	gyur
心	LOC	非常	破碎[1]	NML	RES	成为[14]

人们回到王宫，将咒语所说禀报给赞普。赞普听了，心中十分难过。

de	nas	chos	kyi	mdun	sa	mtsho mo vgur	du	phub.
de	nas	chos	kyi	mdun	sa	mtsho mo vgur	du	phub
DET	ABL	法	GEN	前	地	错莫古	LOC	架起[14]

gsal snang	snam phyi	g'yas	kyi	tshul	du	dpon	du	bskos.
gsal snang	snam phyi	g'yas	kyi	tshul	du	dpon	du	bskos
塞囊	管家	右	GEN	情况	DAT	官	RES	任命[1]

随后，在佛法的前面的错莫古地方修建了一座经堂，委派塞囊为主要管理官员。

དེ་ནས་ཆོས་ཀྱི་མདུན་ས་མཚོ་མོ་འགུར་དུ་ཕུབ། གསལ་སྣང་སྣམ་ཕྱི་གཡས་ཀྱི་ཚུལ་དུ་དཔོན་དུ་བསྐོས།

dus	der		bon po	dang	blon po	rnams	kha log	te
dus	de	r	bon po	dang	blon po	rnams	kha log	te
时	DET	LOC	苯波教徒	COO	臣	pl	抗议[W]	LNK

chos	mi	byed	bon	byavo		zer	bas.
chos	mi	byed	bon	bya	vo	zer	bas
法	NEG	做[2]	苯波教	做[3]	END	说[W]	LNK

这时，苯波教徒和大臣们又反悔说：不奉行佛法，奉行苯波教！

དུས་དེར་བོན་པོ་དང་བློན་པོ་རྣམས་ཁ་ལོག་སྟེ་ཆོས་མི་བྱེད་བོན་བྱའོ་ཞེར་བས།

bho nghis twavi		zhal	nas.	rgyal khams	gcig	la
bho nghis twa	vi	zhal	nas	rgyal khams	gcig	la
菩提萨埵	GEN	口	ABL	王土	一	LOC

chos lugs	gnyis	byung	na	shin tu	sdig	che.
chos lugs	gnyis	byung	na	shin tu	sdig	che
法理	二	来[1]	COD	非常	罪孽	大

菩提萨埵说：一国之中，如果有两种教派，那是很大的罪孽。

བོ་དྷི་སཏྭའི་ཞལ་ནས། རྒྱལ་ཁམས་གཅིག་ལ་ཆོས་ལུགས་གཉིས་བྱུང་ན་ཤིན་ཏུ་སྡིག་ཆེ།

vo cag	rtsod pa	byas	la.	khyod	rgyal	na	bon	spel
vo cag	rtsod pa	byas	la	khyod	rgyal	na	bon	spel
1pl	争论	做[1]	LNK	2sg	胜利[W]	COD	苯波教	发展[W]

第四章 文本语法标注

```
nga      yar      vgro.    chos     rgyal    na       bon      bsnubs   la
nga      yar      vgro     chos     rgyal    na       bon      bsnubs   la
1sg      上方     去[23]   法       胜利[W]  COD      苯波教   毁灭[1]  LNK

dam pavi           chos     bya      gsungs.
dam pa    vi       chos     bya      gsungs
圣洁      GEN      法       做[3]    说[14]
```

让咱们来辩论吧。如果你们胜利了，就发展苯波教，我回天竺去；如果佛法胜利了，灭苯波教，推行圣洁的佛法。

བོན་ཆོས་པ་གཉིས་ཀ། ཁྱེད་རྒྱལ་ན་བོན་སྒྱེལ་ད་ཡར་འགྲོ། ཆོས་རྒྱལ་ན་བོན་བསྣུབས་ལ་དམ་པའི་ཆོས་བྱ་གསུངས།

```
bon      dang     chos     vgran    par              vchad        pas      dpangs po
bon      dang     chos     vgran    pa        r      vchad        pas      dpangs po
苯波教   COM      法       比[W]    NML      OBJ     决定[234]    LNK      证人

med.     pho brang    zur phud skyang bu       tshal    du       btab     nas      chos
med      pho brang    zur phud skyang bu       tshal    du       btab     nas      chos
EXI:NEG  宫殿         苏蒲羌布                 园林     LOC      做[1]    LNK      法

kyi      khad dpon    zhang nya bzang      dang.    stag btsan ldong gzig     dang.
kyi      khad dpon    zhang nya bzang      dang     stag btsan ldong gzig     dang
GEN      理财官       尚·聂桑              COO      达赞东思                  COO

seng vgo lha lung gzigs      dang.    nyang sha mi     rnams    bho nghi sa twavi
seng vgo lha lung gzigs      dang     nyang sha mi     rnams    bho nghi sa twa
僧郭·拉龙思                  COO      娘·夏米          pl       菩提萨埵

         kha vdzin    dang     shags vdebs      su       bskos.
vi       kha vdzin    dang     shags vdebs      su       bskos
GEN      助手         COO      辩手             RES      任命[1]
```

决定苯教和佛教比赛，没有高台，在王宫苏蒲羌布园中修了一座。任命佛法的理财官尚·聂桑、达赞东思、僧郭·拉龙思、娘·夏米等充任菩提萨埵的助手和随员。

བོན་དང་ཆོས་འགྲན་པར་འཆད་པས་དཔངས་པོ་མེད། ཕོ་བྲང་ཟུར་ཕུད་སྐྱང་བུ་ཚལ་དུ་བཏབ་ནས་ཆོས་ཀྱི་ཁད་དཔོན་དང་། སེང་འགོ་ལྷ་ལུང་གཟིགས་དང་། ཉང་ཤ་མི་རྣམས་བྷོ་གྷི་ས་ཏྭའི་འབས་འཛིན་ཁ་འཛིན་དང་ཤགས་འདེབས་སུ་བསྐོས།

stag ra klu kong   dang   rtsis pa   chen po   khyung po dum gtsugs
stag ra klu kong   dang   rtsis pa   chen po   khyung po dum gtsugs
达诺鲁恭   COO   历算者   大   琼保·都促

khyung po tse tse   lcog la smon na lam vbar   dang.   tshe mi   la sogs pa
khyung po tse tse   lcog la smon na lam vbar   dang   tshe mi   la sogs pa
琼保·孜孜   焦拉·孟兰巴   COO   采米   等等

bon   gyi   kha vdzin   shags vdebs   su   bskos   nas.
bon   gyi   kha vdzin   shags vdebs   su   bskos   nas
苯波教   GEN   助手   随员   RES   任命[1]   LNK

任命达诺鲁恭、大历算者琼保·都促、琼保孜孜、焦拉·孟兰巴和采米等为苯教论师的助手和随员。

སྟག་ར་ཀླུ་གོང་དང་། རྩིས་པ་ཆེན་པོ་ཁྱུང་པོ་དུམ་གཙུགས། ཁྱུང་པོ་ཙེ་ཙེ། ལྕོག་ལ་སྨོན་ན་ལམ་འབར་དང་། ཚེ་མི་ལ་སོགས་པ་བོན་གྱི་ཁ་འཛིན་ཤགས་འདེབས་སུ་བསྐོས་ནས།

shags   btab   pavi   dus   su.   bon   khungs   ngan   la
shags   btab   pa   vi   dus   su   bon   khungs   ngan   la
争论   做[1]   NML   GEN   时   LOC   苯波教   源头   坏   LNK

gtan tshig   chung.   chos   khungs   bzang   la   rgya   che   bar
gtan tshig   chung   chos   khungs   bzang   la   rgya   che   ba
逻辑   小   法   源头   好[W]   LNK   范围   大[W]   NML

              byung   ste.
r   byung   ste
ALL   来[1]   LNK

辩论时，苯波教来源不好，逻辑小；佛教源头好，来源范围大。

ཤགས་བཟང་ལ་རྣོ་སྟེ་བོན་གྱིས་མ་ཐུབ། ཕྱིས་བོན་པོས་འཕན་ཡུལ་དུ་ཤི་ཁ་འདུར་བས་ཐམས་ཅད་

shags   bzang   la   rno   ste   bon   gyis   ma   thub.   phyis
shags   bzang   la   rno   ste   bon   gyis   ma   thub   phyis
争论   好[W]   COO   锋利   LNK   苯波教   AGE   NEG   AUX   后来

bon pos   vphan yul   du   shi kha   vdur   bas   thams cad
bon po   s   vphan yul   du   shi kha   vdur   bas   thams cad
苯波教徒   AGE   彭域   LOC   死时   超度[W]   LNK   全部

第四章 文本语法标注 243

```
bse rags    su      gyur      pas.
bse rags    su      gyur      pas
损耗鬼       RES     变化[14]   LNK
```
辩词锋利，苯教徒不能胜。结果商定今后不再奉行苯波教，全部变成损耗鬼。

ཁགས་བཟང་ལ་ནོ་སྟེ་བོན་ཕྱིས་མ་བྱ། ཕྱིས་བོན་བོས་འཐབ་ཡུལ་དུ་ཤི་བ་འདུར་བས་ཐམས་ཅད་བསེ་རགས་སུ་གྱུར་པས།

```
slad char         bon     mi    bya    ba     dang.  shi ba mi   vdur
slad cha    r     bon     mi    bya    ba     dang   shi ba mi   vdur
今后        LOC   苯波教   NEG   做[3]  NML    LNK    死人        超度[W]
ba     chad.
ba     chad
NML    决定[1]
```
今后，不准推行苯波教。决定为死者超荐。

སླད་ཆར་བོན་མི་བྱ་བ་དང་། གཞི་བ་མི་འདུར་བ་ཆད།

```
zhang zhung  dang   tshe mis         rjevi       skuvi        bar chad
zhang zhung  dang   tshe mi    s     rje  vi     sku  vi      bar chad
象雄         COO    采米       AGE   王   GEN    身体 GEN     障碍
sel    bavi         phyir.   vdre srin    la    dus   bon     re    bya
sel    ba   vi      phyir    vdre srin    la    dus   bon     re    bya
消除[2] NML GEN    原因     鬼神         DAT   时    苯波教   每    做[3]
ba     las    gzhan   mi    bya    ba    dang.
ba     las    gzhan   mi    bya    ba    dang
NML    COT   其他    NEG   做[3]  NML   LNK
```
象雄和采米的人为了消除王身上的障碍。定期对鬼神做苯波教，其他不做。

ཞང་ཞུང་དང་ཚེ་མིས་རྗེའི་སྐུའི་བར་ཆད་སེལ་བའི་ཕྱིར། འདྲེ་སྲིན་ལ་དུས་བོན་རེ་བྱ་བ་ལས་གཞན་མི་བྱ་བ་དང་།

```
gshin    ched   du     rta   gsod    pa     dang.   dngos su    sha    mi    za
gshin    ched   du     rta   gsod    pa     dang    dngos su    sha    mi    za
死者     目的   PUR    马    杀[2]   NML    LNK     实际上       肉     NEG   吃[2]
```

244 藏文古文献《拔协》文本标注与语法研究

bar chad.	bon	gyi	dpe	kun	chab	la	bskyur.
bar chad	bon	gyi	dpe	kun	chab	la	bskyur
决断[W]	苯波教	GEN	书	全	河	ALL	抛出[13]

为死者的目的而杀马，决定实际上不吃肉。苯波教的书全都丢入河里。

གཤིན་ཆེད་དུ་རྟ་གསོད་པ་དང་། དངོས་སུ་ཤ་མི་ཟ་བར་ཆད། བོན་གྱི་དཔེ་ཀུན་ཆབ་ལ་བསྐྱུར།

lha ma	phyis	mchod rten	nag por		gnan①.	des	
lha ma	phyis	mchod rten	nag po	r	gnan	de	s
剩余的	后来	供塔	黑业	ALL	压[13]	DET	AGE

slad chad	chos	bya	ba	dang.			
slad chad	chos	bya	ba	dang			
今后	法	做[3]	NML	LNK			

剩下的，今后压在黑塔底下。今后要推行佛法。

ལྷག་མ་ཕྱིས་མཆོད་རྟེན་ནག་པོར་གནན། དེས་སླད་ཅད་ཆོས་བྱ་བ་དང་།

lha khang	brtsigs	par		chad	pas.	blon	vgos
lha khang	brtsigs	pa	r	chad	pas	blon	vgos
佛堂	修建[1]	NML	OBJ	决定[1]	LNK	臣	郭

rgan	bshums.	rjes		khyed	chos	byed	pa	la	mi
rgan	bshums	rje	s	khyed	chos	byed	pa	la	mi
老	哭[1]	王	AGE	2sg	法	做[2]	NML	OBJ	NEG

dgav	vam	byas	pas.		
dgav	vam	byas	pas		
高兴[W]	QU	做[1]	LNK		

决定修建寺庙。大臣郭哭泣。国王说道：你是不喜欢推行佛法吗？

ལྷ་ཁང་བརྩིགས་པར་ཆད་པས། བློན་འགོས་རྒན་བཤུམས། རྗེས་ཁྱེད་ཆོས་བྱེད་པ་ལ་མི་དགའ་འམ་བྱས་པས།

mon	bu	vdivang		smra	re	mkhas	dam	chos	vdivang
mon	bu	vdi	vang	smra	re	mkhas	dam	chos	vdi
门地	儿子	DET	也	说话	每	博学[W]	法规	法	DET

---

① 应该为mnan。

第四章 文本语法标注 245

```
         gting  re    zab.   dam    chos   byar        yod   tsa na   nga
vang     gting  re    zab    dam    chos   bya    r    yod   tsa na   nga
也       底    每    深[W]   法规   法    做[3]  SER  EXI   时候    1sg
rgad    mchi   bas.
rgad    mchi   bas
老      说[23]  LNK
```

这个门域青年擅长言辞。佛法根底也深。若要奉行佛法的时候，我年老了。

ཆོན་བུ་འདིའང་སྨྲ་མཁས། དམ་ཆོས་འདིའང་གཏིང་རེ་ཟབ། དམ་ཆོས་བྱར་ཡོད་ཙ་ན་ང་རྒད་མཆི་བས།

```
vo na   blon   chen   vor che   gsung    shwo la     gyis   de     nas
vo na   blon   chen   vor che   gsung    shwo la     gyis   de     nas
那么    臣    大     感恩      说[23]   宽心       做[4]  DET   ABL
mang yul  nas.   rgya   lha   sshkya mu ne   spyan   drangs   te     slar
mang yul  nas    rgya   lha   sshkya mu ne   spyan   drangs   te     slar
芒域      ABL   汉     佛    释迦牟尼       HON     请[1]    LNK    又
ra mo cher          bzhugs.
ra mo che     r     bzhugs
小昭寺       ALL   住[W]
```

那么，大臣请宽心吧！之后，从芒域请回汉地的释迦牟尼佛像。仍旧安放在小昭寺里。

དེ་ན་བློན་ཆེན་བོར་ཆེ་གསུང་ཤོ་ལ་གྱིས་དེ་ནས་མང་ཡུལ་ནས་རྒྱ་ལྷ་ཤཀྱ་མུ་ནེ་སྤྱན་དྲངས་ཏེ་སླར་ར་མོ་ཆེར་བཞུགས།

```
yos bu   lovi          dpyid   bsam yas   kyi    rmangs   vdings①   par
yos bu   lo    vi       dpyid   bsam yas   kyi    rmangs   vdings    pa
兔子    年   GEN      春天    桑耶       GEN   基础     铺垫[2]   NML
         chad      tsa na.   gsal snang   gis    sngon   du     glag mdavi
r        chad      tsa na    gsal snang   gis    sngon   du     glag mdav   vi
OBJ     决定[1]   时候     塞囊        AGE   先     LOC   拉德寺      GEN
lha khang     rtsigs      nas    sba     pha tshan    chos   la     bkod.
lha khang     rtsigs      nas    sba     pha tshan    chos   la     bkod
佛堂         修建[4]   LNK   拔氏    亲属         法    OBJ   安排[1]
```

---

① 应该为vding。

246 藏文古文献《拔协》文本标注与语法研究

决定在兔年之春天为桑耶寺奠基。塞囊首先修建了拉德寺佛堂，安置拔氏亲属从事佛教。

དཔའ་བུ་ལྷའི་གཟིགས་བཀའ་དམས་ཀྱིས་མྱང་འདིང་པར་ཆད་ཙ་ག །གསལ་སྲུང་གི་སློང་དུ་སྐྱག་མངའི་ལྔ་ཕང་རིགས་བསས་དཀར་པ་ཆོས་ཆོས་ལ་བཀོད།

vbav lha gzigs	kyis	myang ros kong	la	dge bavi		bshes gnyen
vbav lha gzigs	kyis	myang ros kong	la	dge ba	vi	bshes gnyen
拔·拉思	AGE	娘·茹巩	DAT	善	GEN	知识

byas.	khrims	lnga	phogs①	myang	rigs	dkar por		btang.
byas	khrims	lnga	phogs	myang	rigs	dkar po	r	btang
做[1]	法	五	获取[14]	娘氏	类	白业	OBJ	做[1]

拔·拉思对娘·茹巩做善知识而持五戒。使娘氏家族都信白业。

འབད་ནས་གཏེགས་ཀྱི་ཆོས་དང་བོན་ལ་དགེ་བའི་བཤེས་གཉེན་བྱས། ཁྲིམས་ལྔ་ཕོགས་སྲུང་རིགས་དཀར་པོར་བཏང༌།

de	nas	chos	dang	bon	rtsod	pas	chos	rgyal	nas
de	nas	chos	dang	bon	rtsod	pas	chos	rgyal	nas
DET	ABL	法	COO	苯波教	争论[24]	LNK	法	胜利[W]	LNK

rgyal	blon	rnams	chos	bya	bar chad	nas.
rgyal	blon	rnams	chos	bya	bar chad	nas
王	臣	pl	法	做[3]	决断[W]	LNK

此后，佛教与苯波教辩论。佛教获胜。王臣们商定了要奉行佛法。

དེ་ནས་ཆོས་དང་བོན་སྟོང་པ་ཆོས་རྒྱལ་ནས་རྒྱལ་བློན་རྣམས་ཆོས་བྱ་བར་ཆད་ནས།

slob dpon	bho nghi sa twa		dang.	btsan po		dang.
slob dpon	bho nghi sa twa		dang	btsan po		dang
大师	菩提萨埵		COO	赞普		COO

gnyer stag btsan ldong gzigs		gsum.	thugs dam	dpal gyi	brag dmar
gnyer stag btsan ldong gzigs		gsum	thugs dam	dpal gyi	brag dmar
聂·达赞东思		三	本尊佛	白吉	扎马尔

bsam yas	mi	vgyur	lhun gyis	grub	pa	bzhengs	par
bsam yas	mi	vgyur	lhun gyis	grub	pa	bzhengs	pa
桑耶	NEG	变化[23]	天成	完成[1]	NML	修建[W]	NML

---

① 应该为phog。

第四章 文本语法标注 247

```
      mol        nas.
r     mol        nas
OBJ   商议[W]    LNK
```
于是菩提萨埵大师、赞普、聂·达赞东思等三人商议要修建白吉扎马尔桑耶米久伦吉竹巴寺。

སློབ་དཔོན་བོ་དྷི་ས་ཏྭ་དང་། བཙན་པོ་དང་། གཉེར་སྣ་བཙན་སྟོང་གཞིགས་གསུམ། ཕྱུགས་དགྲ་དཔལ་གྱི་བྲག་དམར་བསམ་ཡས་མི་འགྱུར་ལྷུན་གྱིས་གྲུབ་པ་བཞེངས་པར་མོལ་ནས།

```
khas su rivi          gong chad      nas.     slob dpon      gyis     sa dpyad
khas su ri    vi      gong chad      nas      slob dpon      gyis     sa dpyad
开苏山         GEN    垭口           ABL      大师           AGE      地形

mdzad    nas
mdzad    nas
做[W]    LNK
```
决定去开苏山顶上，大师勘察地形。

ཁས་སུ་རིའི་གོང་ཆད་ནས། སློབ་དཔོན་གྱིས་ས་དཔྱད་མཛད་ནས།

```
shar    ri     rgyal po    gdan    la      bzhugs    pa     vdra    ste     bzang.
shar    ri     rgyal po    gdan    la      bzhugs    pa     vdra    ste     bzang
东      山     王          坐垫    LOC     住[W]     NML    像[W]   LNK     好[W]
ri      chung  bya mas            bu      bkab      pa     vdra    ste     bzang.
ri      chung  bya ma     s       bu      bkab      pa     vdra    ste     bzang
山      小     母鸡       AGE     儿子    覆盖[1]   NML    像[W]   LNK     好[W]
```
东山好像国王坐在宝座上，妙。小山有如母鸡孵化雏鸡一样，妙。

ཤར་རི་རྒྱལ་པོ་གདན་ལ་བཞུགས་པ་འདྲ་སྟེ་བཟང་། རི་ཆུང་བྱ་མས་བུ་བཀབ་པ་འདྲ་སྟེ་བཟང་།

```
sman    ri     rin po che    spangs    pa     vdra    ste     bzang.    khas su ri
sman    ri     rin po che    spangs    pa     vdra    ste     bzang     khas su ri
药      山     宝贝          堆积[1]   NML    像[W]   LNK     好[W]     开苏山
btsun mo    dar dkar    gyi    gu zu    gsol    ba     vdra    ste     bzang.
btsun mo    dar dkar    gyi    gu zu    gsol    ba     vdra    ste     bzang
王妃        白绸        GEN    斗篷     做[W]   NML    像[W]   LNK     好[W]
```

248 藏文古文献《拔协》文本标注与语法研究

药山好似宝贝堆积，妙。开苏山像是王妃披着白绸斗篷，妙。

སྨན་རི་རིན་པོ་ཆེ་སྤུངས་པ་འདྲ་སྟེ་བཟང་། །ཁས་སུ་རི་བཙུན་མོ་དར་དཀར་གྱི་གུ་གསོལ་པ་འདྲ་སྟེ་བཟང་།

ri	nag	lcags	phur	sa	la	btab	pa	vdra	ste	bzang.
ri	nag	lcags	phur	sa	la	btab	pa	vdra	ste	bzang
山	黑	铁	楔	地	LOC	栽植[1]	NML	像[W]	LNK	好[W]

me yar	drevu	rta	chu	vthung	vdra	ste	bzang.	dol thang
me yar	drevu	rta	chu	vthung	vdra	ste	bzang	dol thang
麦雅	骡子	马	水	喝[2]	像[W]	LNK	好[W]	朵塘

dar dkar	gyi	yol ba	gting①	ba	vdra	ste	bzang.
dar dkar	gyi	yol ba	gting	ba	vdra	ste	bzang
白绸	GEN	幔帐	铺垫[2]	NML	像[W]	LNK	好[W]

黑山宛如铁橛插地，妙。麦雅地方宛似骡马引水，妙。朵塘如白绸幔帐铺展，妙。

རི་ནག་ལྕགས་ཕུར་ས་ལ་བཏབ་པ་འདྲ་སྟེ་བཟང་། མེ་ཡར་འདྲེའུ་རྟ་ཆུ་འཐུང་འདྲ་སྟེ་བཟང་། དོལ་ཐང་དར་དཀར་གྱི་ཡོལ་བ་གཏིང་བ་འདྲ་སྟེ་བཟང་།

sa gzhi	vdi	mkhar	gzhong	gu gum	gyis	bkang	pa	vdra
sa gzhi	vdi	mkhar	gzhong	gu gum	gyis	bkang	pa	vdra
地方	DET	城	盆	藏红花	INS	填满[1]	NML	像[W]

ste	thugs dam	vdir	bzhengs	na	bzang	bya	bar
ste	thugs dam	vdi r	bzhengs	na	bzang	bya	bar
LNK	本尊佛	DET LOC	修建[W]	COD	好[W]	做[3]	LNK

bstan	te.
bstan	te
展示[13]	LNK

这个地方就像盛满藏红花的盆子。在此处修建本尊佛，妙啊！如此指点。

ས་གཞི་འདི་མཁར་གཞོང་གུ་གུམ་གྱིས་བཀང་པ་འདྲ་སྟེ་ཐུགས་དམ་འདིར་བཞེངས་ན་བཟང་བྱ་བར་བསྟན་ཏེ།

phyag	mkhar	gyis	sa	bres②	mdzad.	sa gzhi	de	vjag skya
phyag	mkhar	gyis	sa	bres	mdzad	sa gzhi	de	vjag skya
手	杖	INS	地	画[14]	做[W]	地方	DET	白茅草

---

① 应该为vding。

② 应该为bris。

chad	de.	sgung phung	ci	mi	skye	ba	dang.
chad	de	sgung phung	ci	mi	skye	ba	dang
断[1]	LNK	苔草土包	什么	NEG	产生[23]	NML	LNK

用手杖画地，这个地方除了白茅草漫生以外，连苔草土包等什么也不生长。

ཕུག་མཁར་གྱིས་ས་བྲིས་མཛད། ས་གཞི་དེ་འཇགས་རྩྭ་ཅན་དེ། སྐྱུར་ཕུང་ཅི་མི་སྐྱེ་བ་དང་།

skya	gsal	mtho	re	vdug	pavi	steng	du.
skya	gsal	mtho	re	vdug	pa	vi	steng	du
灰白	清楚[W]	高	每	EXI	NML	GEN	上	LOC

snyer stag btsan ldong gzigs	kyis	rtsa mthos	skor	nas.
snyer stag btsan ldong gzigs	kyis	rtsa mtho	s	skor	nas
聂·达赞东思	AGE	高草	INS	环绕[24]	LNK

在这白茫茫荒原上，聂·达赞东思用高的草圈住。

སྐྱ་གསལ་མཐོ་རེ་འདུག་པའི་སྟེང་དུ། སྙེར་སྟག་བཙན་ལྡོང་གཟིགས་ཀྱིས་རྩྭ་མཐོས་སྐོར་ནས།

da	vdir	btsan povi	chibs bres	byed	do	zer.
da	vdi	r	btsan po	vi	chibs bres	byed	do	zer
现在	DET	LOC	赞普	GEN	马棚	做[2]	END	说[W]

说此处可做赞普的马棚！

ད་འདིར་བཙན་པོའི་ཆིབས་བྲེས་བྱེད་དོ་ཟེར།

de	nas	zhang blon	lha khang	rtsigs	pavi	bkav	bgros
de	nas	zhang blon	lha khang	rtsigs	pa	vi	bkav	bgros
DET	ABL	尚伦	佛堂	修筑[4]	NML	GEN	命令	商议[4]

pas.	blon	khri bzang	gi	mchid	nas.
pas	blon	khri bzang	gi	mchid	nas
LNK	臣	赤桑	GEN	话	ABL

此后，尚论们便商讨修筑寺庙的命令。大臣赤桑说。

དེ་ནས་ཞང་བློན་ལྷ་ཁང་རྩིགས་པའི་བཀའ་བགྲོས་པས། བློན་ཁྲི་བཟང་གི་མཆིད་ནས།

rje	gcig	legs	thabs	kyis	ma	mdzad	na	bod	vbangs
rje	gcig	legs	thabs	kyis	ma	mdzad	na	bod	vbangs
王	一	好	方法	AGE	NEG	做[W]	COD	吐蕃	臣民

kha log	nas.	dam pavi	chos	mi	btub.
kha log	nas	dam pa vi	chos	mi	btub
抗议[W]	LNK	圣洁 GEN	法	NEG	适合[W]

大王，不采用一条好方法的话，吐蕃臣民抗议，不适合圣洁的佛法。

རྗེ་གཅིག་ལེགས་ཐབས་ཀྱིས་མ་མཛད་ན་བོད་འབངས་ཁ་ལོག་ནས་དམ་པའི་ཆོས་མི་བཏུབ།

thugs dam	kyang	mi	vgrub	par		gor ma chag	mchi
thugs dam	kyang	mi	vgrub	pa	r	gor ma chag	mchi
本尊佛	也	NEG	完成[23]	NML	OBJ	无疑[W]	EXI

thabs	ji ltar	bya	bar		mol	ba	la.
thabs	ji ltar	bya	ba	r	mol	ba	la
方法	怎样	做[3]	NML	OBJ	商议[W]	NML	LNK

无疑也完不成本尊佛，商议怎样做。

ཐུགས་དམ་ཀྱང་མི་འགྲུབ་པར་གོར་མ་ཆག་མཆི་ཐབས་ཇི་ལྟར་བྱ་བར་མོལ་བ་ལ།

rjevi	bkav	gnyan	pas.	bkav	khrims	dang	bkav	nan
rje vi	bkav	gnyan	pas	bkav	khrims	dang	bkav	nan
王	GEN	命令	凶残[W]	LNK	命令	法	COO	命令 严格

drags tu	gsal	bar	vdem ka	bor	ba	sogs	sa	lkog tu
drags tu	gsal	bar	vdem ka	bor	ba	sogs	sa	lkog tu
太	清楚[W]	LNK	选择	丢弃[14]	NML	等	地	暗地

chad	nas.	bod	vbangs	kun	tshogs	te	bkav	stsal	pa.
chad	nas	bod	vbangs	kun	tshogs	te	bkav	stsal	pa
决定[1]	LNK	吐蕃	臣民	全	召集[W]	LNK	命令	给[W]	NML

王的命令凶残。很明显法令和命令太严格，丢弃选择等。暗地商议，召集吐蕃全体民众颁布命令。

རྗེའི་བཀའ་གཉན་པས། བཀའ་ཁྲིམས་དང་བཀའ་ནན་དྲགས་ཏུ་གསལ་བར་འདེམ་ཀ་བོར་བ་སོགས་ས་ལྐོག་ཏུ་ཆད་ནས་བོད་འབངས་ཀུན་ཚོགས་ཏེ་བཀའ་སྩལ་པ།

第四章 文本语法标注

vdzam gling	na	bod	kyi	rgyal po	mi	che	bod	kyi
vdzam gling	na	bod	kyi	rgyal po	mi	che	bod	kyi
世界	LOC	吐蕃	GEN	王	NEG	大	吐蕃	GEN

rgyal po	nga	las	che	ba	ni	sngar	ma	byung	na.
rgyal po	nga	las	che	ba	ni	sngar	ma	byung	na
王	1sg	COT	大	NML	TOP	前	NEG	来[1]	COD

世界上，吐蕃国王不大。吐蕃国王中，比我更大的先前还没有。

འཛམ་གླིང་ན་བོད་ཀྱི་རྒྱལ་པོ་མི་ཆེ་བོད་ཀྱི་རྒྱལ་པོ་ང་ལས་ཆེ་བ་ནི་སྔར་མ་བྱུང་ན།

nga	la	phyag ris	med	pa.	phyag ris	shig	byed	pas.
nga	la	phyag ris	med	pa	phyag ris	shig	byed	pas
1sg	POS	功勋	EXI:NEG	NML	功勋	一	做[2]	LNK

khyod	bod	vbangs	mdzangs	pa	rnams	gleng	ces	gsungs.
khyod	bod	vbangs	mdzangs	pa	rnams	gleng	ces	gsungs
2sg	吐蕃	臣民	聪慧[W]	NML	pl	谈论[23]	QM	说[14]

我还没有功勋。建立一个功勋，说请你们吐蕃智慧的民众谈论。

ང་ལ་ཕྱག་རིས་མེད་པ། ཕྱག་རིས་ཤིག་བྱེད་པས། ཁྱོད་བོད་འབངས་མཛངས་པ་རྣམས་གླེང་ཅེས་གསུངས།

blon po	khri bzang	langs	nas.	rjevi	bkav	stsal	ni	bdud
blon po	khri bzang	langs	nas	rje vi	bkav	stsal	ni	bdud
臣	赤桑	起[1]	LNK	王 GEN	命令	给[W]	TOP	魔鬼

bas	gnyan.	khrims	kyi	la	rtse	ni	dgongs	las	mtho.
bas	gnyan	khrims	kyi	la	rtse	ni	dgongs	las	mtho
COT	凶残[W]	法	GEN	山	尖顶	TOP	天空	COT	高

大臣赤桑站起来说：国王给的命令呢比魔鬼还凶残；法律的尖峰比天还高。

བློན་པོ་ཁྲི་བཟང་ལངས་ནས། རྗེའི་བཀའ་སྩལ་ནི་བདུད་བས་གཉན། ཁྲིམས་ཀྱི་ལ་རྩེ་ནི་དགོངས་ལས་མཐོ།

phyag rjes	gang	mdzad	pa	dkav lung	zhuvo		mchi.
phyag rjes	gang	mdzad	pa	dkav lung	zhu	vo	mchi
功勋	什么	做[W]	NML	命令	请求[23]	END	说[23]

要建什么功勋，请大王下命令吧！

ཕྱག་རྗེས་གང་མཛད་པ་དཀའ་ལུང་ཞུའོ་ཞེས་མཆི།

rjevi	zhal	nas	nga	mkhar po	zhang po	rgyavi		yul
rje vi	zhal	nas	nga	mkhar po	zhang po	rgya vi		yul
王 GEN	口	ABL	1sg	城堡	舅舅	汉 GEN		地方

mthong	ba	gcig	rtsig	gam.	yang na	shel	gyi	mchod rten
mthong	ba	gcig	rtsig	gam	yang na	shel	gyi	mchod rten
看见[W]	NML	一	修筑[2]	QU	或者	水晶	GEN	供塔

gangs	ri	tsam pa	gcig	rtsig	gam.
gangs	ri	tsam pa	gcig	rtsig	gam
雪	山	点	一	修筑[2]	QU

国王说道：我要修筑一座汉族舅舅的地区能看见的城堡；或者修建一座像雪山那么高的水晶佛塔。

རྗེའི་ཞལ་ནས་ང་མཁར་པོ་ཞང་པོ་རྒྱའི་ཡུལ་མཐོང་བ་གཅིག་རྩིག་གམ། ཡང་ན་ཤེལ་གྱི་མཆོད་རྟེན་གངས་རི་ཙམ་པ་གཅིག་རྩིག་གམ།

yang na	wa lung	grog po	gser phyes		dgang	ngam.	yang na
yang na	wa lung	grog po	gser phye	s	dgang	ngam	yang na
或者	瓦龙	深谷	碎金	INS	填满[3]	QU	或者

khas su ri	gser cha	zangs	kyis	gtum	mam.
khas su ri	gser cha	zangs	kyis	gtum	mam
开苏山	金子	铜	INS	裹缠[3]	QU

或者用碎金填满瓦龙深谷；或者用镀金的铜片把开苏山包裹起来。

ཡང་ན་ཝ་ལུང་གྲོག་པོར་གསེར་ཕྱེས་དགང་ངམ། ཡང་ན་ཁས་སུ་རི་གསེར་ཆ་ཟངས་ཀྱིས་གཏུམ་མམ།

yang na	gtsang po	zangs mavi		sbubs	su	vjug	gam.
yang na	gtsang po	zangs ma	vi	sbubs	su	vjug	gam
或者	河	铜	GEN	管子	ALL	插入[2]	QU

yang na	bkav chuvi		thang	la	khron pa	vdom
yang na	bkav chu	vi	thang	la	khron pa	vdom
或者	呷曲	GEN	平坝	LOC	井	庹

dgu brgya dang dgu bcus		bruvam.		yang na	lha khang	bre
dgu brgya dang dgu bcu	s	bru	vam	yang na	lha khang	bre
九百九十	INS	挖[3]	QU	或者	佛堂	升

tsam	gcig	brtsig	gam.	vdoms	kha	bor	shig	bkav	stsal.
tsam	gcig	brtsig	gam	vdoms	kha	bor	shig	bkav	stsal
点	一	修建[3]	QU	选择		做[4]	PRT	命令	给[W]

或者把河纳入铜管中；或者在呷曲的平坝上挖一眼九百九十庹深的井。或者修筑像升子一样的寺庙。下命令道：请选择吧！

ཡང་ན་གཙང་པོ་ཟངས་མའི་སྦུབས་སུ་འཛུད་གམ། ཡང་ན་བཀའི་ཐང་ལ་ཁོན་པ་འདོར་དགུ་བརྒྱ་དང་དགུ་བཅུ་བསྣུབ་བསྣུབ་རྒྱབ། ཡང་ན་ལྷ་ཁང་བྲེ་ཚམ་གཅིག་བརྩིག་གམ། འདོམས་ཁ་བོར་ཤིག་བཀའ་སྩལ།

rjevi		bkav	lung	che	la	sgrub	dkav	bas.	vdam	kha
rje	vi	bkav	lung	che	la	sgrub	dkav	bas	vdam	kha
王	GEN	教诫		大	LNK	完成[2]	难[W]	LNK	选择	
gang	yang	khas	len	ma	phod.	vbangs	kun	bred		pa	dang.
gang	yang	khas	len	ma	phod	vbangs	kun	bred		pa	dang
什么	也	接受[W]		NEG	AUX	臣民	全	畏惧[W]		NML	LNK

国王教诫大，难以完成，选择什么也不敢接受。全体民众都畏惧。

རྗེའི་བཀའ་ལུང་ཆེ་ལ་སྒྲུབ་དཀའ་བས། འདམ་ཁ་གང་ཡང་ཁས་ལེན་མ་ཕོད། འབངས་ཀུན་བྲེད་པ་དང་།

zhang	nya	bzang	gis	mchid	nas.	rje	ci	lags	mkhar	po	de
zhang	nya	bzang	gis	mchid	nas	rje	ci	lags	mkhar	po	de
尚·聂桑			AGE	话	ABL	王	怎么	COP	城堡		DET
tsam	pa	phran	ni	vjig①.							
tsam	pa	phran	ni	vjig							
点		小	TOP	害怕[W]							

尚聂桑说：王是怎么啦，对这么小的城堡呢害怕。

ཞང་བཟང་གིས་མཆིད་ནས། རྗེ་ཅི་ལགས་མཁར་པོ་དེ་ཙམ་པ་འདི།

ches	na	ni	mi	vbyongs.	shel	rin	po	che	dkav	bas.	sus
ches	na	ni	mi	vbyongs	shel	rin	po	che	dkav	bas	su
大	COD	TOP	NEG	达到[1]	水晶	宝贝			难[W]	LNK	谁

---

① 应该为vjigs。

254 藏文古文献《拔协》文本标注与语法研究

	mchod rten	de	tsam pa	yang	mi	vbyongs.
s	mchod rten	de	tsam pa	yang	mi	vbyongs
AGE	供塔	DET	点	也	NEG	达到[1]

太高呢修不成，水晶宝贝很难得到。谁也无法建造那么高的水晶佛塔。

ཆེས་ནི་མི་འབྱུང་། ཤེལ་རིན་པོ་ཆེ་དགའ་བས་ཤུམ་མཆོད་རྟེན་དེ་ཙམ་པ་ཡང་མི་འབྱུང་།

wa lung	grog po	gser	bas	bye mas		kyang	mi	khengs.
wa lung	grog po	gser	bas	bye ma	s	kyang	mi	khengs
瓦龙	深谷	金	COT	沙	INS	也	NEG	充满[1]

瓦龙河谷，不要说用金子填，就是用沙子也填不满。

ཝ་ལུང་གྲོག་པོ་གསེར་བས་བྱེ་མས་ཀྱང་མི་ཁེངས།

khas su ri	zar khog	tshun chad	zangs	su	song	yang	mi	thums.
khas su ri	zar khog	tshun chad	zangs	su	song	yang	mi	thums
开苏山	洒斜	以下	铜	LOC	去[4]	也	NEG	裹缠[4]

开苏山洒斜以下铜也包裹不了。

ཁས་སུ་རི་ཟར་ཁོག་ཚུན་ཆད་ཟངས་སུ་སོང་ཡང་མི་ཐུམས།

gtsang po	dgun	sbubs	su	chud	kyang	dbyar	chus
gtsang po	dgun	sbubs	su	chud	kyang	dbyar	chu
河	冬天	管子	ALL	进入[W]	也	夏天	水

	vkhyer.
s	vkhyer
INS	携带[23]

藏布江冬天能纳入铜管，但到夏天被大水冲走。

གཙང་པོ་དགུན་སྦུབས་སུ་ཆུད་ཀྱང་དབྱར་ཆུས་འཁྱེར།

sa	vdom	gang	brus	pas	chu	rdol	te	vong	bas
sa	vdom	gang	brus	pas	chu	rdol	te	vong	bas
地	庹	一	挖[14]	LNK	水	穿破[W]	SER	来[23]	LNK

第四章　文本语法标注　255

brur　　　　mi　　　　gtub①.
bru　r　　mi　　gtub
挖[3]　SER　NEG　完[1]
挖一庹地，就要冒水出来，挖不成。

ས་འདོམ་གང་བྲུས་པས་ཆུ་ཐོལ་དེ་བོད་པས་བྲུར་མི་གཏུབ།

lha khang　bre　zhabs　tsam　zhig　bya.　de　las　vos　cang
lha khang　bre　zhabs　tsam　zhig　bya　de　las　vos　cang
佛堂　　　升　脚　　点　　一　　做[3]　DET　COT　适合　什么

gdam　vam　mchis　pas
gdam　vam　mchis　pas
选择　QU　说[1]　LNK
修一座像升子一样的佛堂，有比这更合适的什么选择吗？

ལྷ་ཁང་བྲེ་ཞབས་ཙམ་ཞིག་བྱ། དེ་ལས་འོས་ཅང་འཆིས་པས།

bod　vbangs　kun　g.yar vcham　nas　de　la　vor ches
bod　vbangs　kun　g.yar vcham　nas　de　la　vor che　s
吐蕃　臣民　全　同意[W]　LNK　DET　DAT　感谢　INS
btab　bo.
btab　bo
做[1]　END
吐蕃民众一致同意说：这很好！

བོད་འབངས་ཀུན་གཡར་འཆམ་ནས་དེ་ལ་འོར་ཆེས་བཏབ་བོ།

de　la　blon　ta ra klu gong　chos　la　gnag　pas.　sba lcag
de　la　blon　ta ra klu gong　chos　la　gnag　pas　sba lcag
DET　DAT　臣　达诺鲁恭　　　法　OBJ　仇视[W]　LNK　皮鞭
sa　la　brdabs　te　lha khang　rtsigs　pa　de　chos　yin
sa　la　brdabs　te　lha khang　rtsigs　pa　de　chos　yin
地　LOC　敲打[1]　LNK　佛堂　修筑[4]　NML　DET　法　COP

---

① 应该为gtubs。

256 藏文古文献《拔协》文本标注与语法研究

pas	nga	mi	dgav.	nge	rang	bon	bya	zer	bas.
pas	nga	mi	dgav	nge	rang	bon	bya	zer	bas
LNK	1sg	NEG	喜欢[W]	1sg	自己	苯波教	做[3]	说[W]	LNK

对此，大臣达诺鲁恭仇视佛法。以马鞭敲打地，修寺庙是佛教事物，我不喜欢。我要奉行苯波教！

དེ་ལ་བློན་ཏ་རུ་གྲུ་གོང་ཆོས་ལ་གནག་པས། སྒ་ལྕག་ས་ལ་བརྡབས་ཏེ་ལྷ་ཁང་རྟིགས་པ་དེ་ཆོས་ཡིན་པས་ང་མི་དགའ། ང་རང་བོན་བྱ་ཟེར་བས།

rjevi	zhal	nas	ngavi	bkav	cog	pa	khyod	kyis
rje vi	zhal	nas	nga vi	bkav	cog	pa	khyod	kyis
王	GEN 口	ABL	1sg GEN	命令	断	NML	2sg	AGE

rta ra	byang	du	shugs	cig	ces	pa	dang.
rta ra	byang	du	shugs	cig	ces	pa	dang
达诺	北	ALL	转让[4]	PRT	说[W]	NML	LNK

王说：我的命令把你放逐到达诺北边去！

རྗེའི་ཞལ་ནས་ངའི་བཀའ་ཅོག་པ་ཁྱོད་ཀྱིས་རྟ་ར་བྱང་དུ་ཤུགས་ཅིག་ཅེས་པ་དང་།

vbangs sgab	mi	gnyis	kyis	rtsa thag	btags	te	tsher lcags	kyis
vbangs sgab	mi	gnyis	kyis	rtsa thag	btags	te	tsher lcags	kyis
属下	人	二	AGE	草绳	拴[1]	LNK	刺条	INS

brab	byang	du	byugs①.
brab	byang	du	byugs
鞭打[23]	北	ALL	扔[14]

臣属二人用草绳捆住，用刺条鞭打放逐到北方去了。

འབངས་སྒབ་མི་གཉིས་ཀྱིས་རྩ་ཐག་བཏགས་ཏེ་ཚེར་ལྕགས་ཀྱིས་བྲབ་བྱང་དུ་བྱུགས།

de	la	kun	bred	nas	cang	mi	zer.	de	nas
de	la	kun	bred	nas	cang	mi	zer	de	nas
DET	DAT	全	畏惧[W]	LNK	什么	NEG	说[W]	DET	ABL

lha khang	gi	sa	chog	byas	te.
lha khang	gi	sa	chog	byas	te
佛堂	GEN	土	仪式	做[1]	LNK

---

① 应该为 dbyugs。

对此，全体都害怕，什么也不说。于是，修建寺庙可以动土了。

དེ་ལ་ཀུན་བྲེད་ནས་ཅང་མི་ཟེར། དེ་ནས་ལྷ་ཁང་གི་ས་ཚོག་ཐུབ་ཏེ།

ya rabs	kyi	bu tsha	pha	ma	mes	phyi	tshang	ba	rgyan
ya rabs	kyi	bu tsha	pha	ma	mes	phyi	tshang	ba	rgyan
高贵	GEN	子孙	父	母	祖父	祖母	齐全[W]	NML	饰品

du mas		brgyan	pa	rtnavi		snod	du	bog	gsal.
du ma	s	brgyan	pa	rtna	vi	snod	du	bog	gsal
几	INS	装饰[13]	NML	宝贝	GEN	容器	LOC	香	点燃[W]

la rgyags	smras		thig	then①.	btsan pos		gser	gyi
la rgyags	smra	s	thig	then	btsan po	s	gser	gyi
拉甲玛		AGE	线	拉[13]	赞普	AGE	金	GEN

vbyor vjor	vkhru	gang pa	gcig	thog②	te	sa	brkos	pas.
vbyor vjor	vkhru	gang pa	gcig	thog	te	sa	brkos	pas
锄头	肘	满	一	拿[W]	LNK	地	挖掘[1]	LNK

将父母和祖父母都健在的贵族子弟，用一些饰品打扮起来，在宝贵容器中点上香，由拉甲玛扯线，赞普拿着一把一肘长的金锄头挖土。

ཡ་རབས་ཀྱི་བུ་ཚ་ཕ་མ་མེས་ཕྱི་ཚང་བ་རྒྱན་དུ་མས་བརྒྱན་པ་རཏྣའི་སྣོད་དུ་བོག་གསལ། ལ་རྒྱགས་སྨྲས་ཐིག་ཐེན། བཙན་པོས་གསེར་གྱི་འབྱོར་འཇོར་འཁྲུ་གང་པ་གཅིག་ཐོག་ཏེ་ས་བརྐོས་པས།

gyo dum	dang	sol ba	gseg ma	ni	mi	gdav.	sa	skya	nar ba
gyo dum	dang	sol ba	gseg ma	ni	mi	gdav	sa	skya	nar ba
瓦砾	COO	炭	沙砾	TOP	NEG	EXI	土	灰白	长

gcig	gdav	bas	vjor	bor.
gcig	gdav	bas	vjor	bor
一	EXI	LNK	锄头	丢弃[14]

瓦砾、炭石和沙砾呢没有，只有白灰色的土，于是撂下锄头。

གྱོ་དུམ་དང་སོལ་བ་གསེག་མ་ནི་མི་གདའ། ས་སྐྱ་ནར་བ་གཅིག་གདའ་བས་འཇོར་བོར།

---

① 应该为thon。

② 应该为thogs。

258 藏文古文献《拔协》文本标注与语法研究

der	zhang blon	rigs	bzang	gi	bu tshas	bskos[①]	pas.
de r	zhang blon	rigs	bzang	gi	bu tsha s	bskos	pas
DET DAT	尚伦	类	好[W]	GEN	子孙	AGE 挖[1]	LNK

对此，让那些尚论等贵族的子弟挖。

དེར་ཞང་བློན་རིགས་བཟང་གི་བུ་ཚས་བསྐོས་པས།

nas	dkar mo	phul	do	dang.	vbras	dkar mo	phul	do	ma
nas	dkar mo	phul	do	dang	vbras	dkar mo	phul	do	ma
青稞	白色	纯的	二	PRT	大米	白色	合	二	NEG

vdres	par	byung	bas.
vdres	pa r	byung	bas
夹杂[1]	NML LOC	来[1]	LNK

挖出了一点没有混杂的纯白的青稞和两捧白大米。

ནས་དཀར་མོ་ཕུལ་དོ་དང་། འབྲས་དཀར་མོ་ཕུལ་དོ་མ་འདྲེས་པར་བྱུང་བས།

a ts·rya	dges[②]	te.	pha la	pha la	si ti	si ti	gsungs.
a ts·rya	dges	te	pha la	pha la	si ti	si ti	gsungs
阿杂诺雅	喜欢[W]	LNK	帕拉	帕拉	司底	司底	说[14]

阿杂诺雅非常高兴，说：帕拉、帕拉，司底、司底。

ཨ་ཙརྱ་དགྱེས་ཏེ། ཕ་ལ་ཕ་ལ་སི་ཏི་སི་ཏི་གསུངས།

de	btsan pos	ma	go	ba	lo tstsha ba	la.
de	btsan po s	ma	go	ba	lo tstsha ba	la
DET	赞普 AGE	NEG	理解[W]	NML	译师	DAT

a ts·rya	ci	zer	byas	pas.
a ts·rya	ci	zer	byas	pas
阿杂诺雅	什么	说[W]	做[1]	LNK

赞普听不懂，向译师问道：阿杂诺雅说什么？

དེ་བཙན་པོས་མ་གོ་བོ་ལོ་ཙཚ་བ་ལ། ཨ་ཙརྱ་ཅི་ཟེར་བྱས་པས།

---

① 应该为 brkos。
② 应该为 dgyes。

第四章 文本语法标注 259

lo tststsha ba	na re.	bzang	ngo	bzang	ngo.	vgrub	bo
lo tststsha ba	na re	bzang	ngo	bzang	ngo	vgrub	bo
译师	说[W]	好[W]	END	好[W]	END	完成[23]	END

vgrub	bo	gsungs	zer.	der		mchod rten	chen po
vgrub	bo	gsungs	zer	de	r	mchod rten	chen po
完成[23]	END	说[14]	说[W]	DET	LOC	供塔	大

bzhivi		phur ba	btab.
bzhi	vi	phur ba	btab
四	GEN	橛子	栽植[1]

译师答道：妙，妙！成功了，成功了！在那里打下四座大佛塔的橛子。

ོ་ཚྪ་བ་རེ། བཟང་ངོ་བཟང་ངོ་། འགྲུབ་བོ་འགྲུབ་བོ་གསུངས་ཟེར། དེར་མཆོད་རྟེན་ཆེན་པོ་བཞིའི་ཕུར་བ་བཏབ།

de	nas	btsan pos		slob dpon	lha khang	bzhengs	bar
de	nas	btsan po	s	slob dpon	lha khang	bzhengs	ba
DET	ABL	赞普	AGE	大师	佛堂	修建[W]	NML

	zhu	ba	phul	pas.
r	zhu	ba	phul	pas
OBJ	请求[23]	NML	献给[14]	LNK

之后，赞普请求大师起造佛堂。

དེ་ནས་བཙན་པོས་སློབ་དཔོན་ལྷ་ཁང་བཞེངས་བར་ཞུ་བ་ཕུལ་པས།

slob dpon	gyi	zhal	nas.	rgyal bo	khyod	dang bo	byang chub
slob dpon	gyi	zhal	nas	rgyal bo	khyod	dang bo	byang chub
大师	GEN	口	ABL	国王	2sg	首先	菩提

tu	sems bskyed	bavang		jo mo sgrol ma	yin.
tu	sems bskyed	ba	vang	jo mo sgrol ma	yin
DAT	发心[W]	NML	也	救度母	COP

大师说：国王，最初你是发大乘菩提心者，也是救度母。

སློབ་དཔོན་གྱི་ཞལ་ནས། རྒྱལ་པོ་ཁྱོད་དང་པོ་བྱང་ཆུབ་ཏུ་སེམས་བསྐྱེད་པ་དང་རྗེ་བཙུན་སྒྲོལ་མ་ཡིན།

tha ma	sangs rgyas	tsa na	vang	rdo rjevi		gdan	du	chos
tha ma	sangs rgyas	tsa na	vang	rdo rje	vi	gdan	du	chos
最后	佛陀	时候	也	金刚	GEN	坐垫	LOC	法

260 藏文古文献《拔协》文本标注与语法研究

kyi	vkhor lo	bskor	bar	gsol ba vdebs	pavang
kyi	vkhor lo	bskor	bar	gsol ba vdebs	pa vang
GEN	转轮	转[13]	SER	祈祷[W]	NML 也

jo mo sgrol mas		byed.
jo mo sgrol ma	s	byed
救度母	AGE	做[2]

最后成佛时，在金刚座上的法轮祈祷也由救度母完成。

ཐ་མ་སངས་རྒྱས་ཚེ་ནའང་རྡོ་རྗེའི་གདན་དུ་ཆོས་ཀྱི་འཁོར་ལོ་བསྐོར་བར་གསོལ་བ་འདེབས་པ་ཇོ་མོ་སྒྲོལ་མས་བྱེད།

da lta	rgyal povi		thugs dam	gyi	bar chad	sel	bavang
da lta	rgyal po	vi	thugs dam	gyi	bar chad	sel	ba
现在	国王	GEN	本尊佛	GEN	障碍	消除[2]	NML

	jo mos		byed	pa yin	pas.
vang	jo mo	s	byed	pa yin	pas
也	救度母	AGE	做[2]	REA	LNK

现在，消除国王本尊佛障碍者也是救度母。

ད་ལྟ་རྒྱལ་པོའི་ཐུགས་དམ་གྱི་བར་ཆད་སེལ་བའང་ཇོ་མོ་བྱེད་པ་ཡིན་པས།

sngon	la	rgyal pos		jo movi		sgrub khang	rtsig
sngon	la	rgyal po	s	jo mo	vi	sgrub khang	rtsig
先	LOC	王	AGE	救度母	GEN	修行殿	修筑[2]

shig	par[①]		lung phog.	rgyal pos		kyang	lho	ngos	su
shig	pa	r	lung phog	rgyal po	s	kyang	lho	ngos	su
PRT	NML	OBJ	预言[W]	王	AGE	也	南	面	LOC

aarya pa lovi		khang pa	rtsigs	te.
aarya pa lo	vi	khang pa	rtsigs	te
观世音菩萨	GEN	房子	修建[4]	LNK

请国王先修一座救度母殿吧！国王也在南面修了一座救度母佛殿。

སྔོན་ལ་རྒྱལ་པོས་ཇོ་མོའི་སྒྲུབ་ཁང་རྩིག་ཤིག་པར་ལུང་ཕོག །རྒྱལ་པོས་ཀྱང་ལྷོ་ངོས་སུ་ཨཱརྱ་པ་ལོའི་ཁང་པ་རྩིགས་ཏེ།

---

① 此处的par疑为多余。

thogs phib	legs	ba	dang.	slob dpon	la	khang pa	tshar
thogs phib	legs	ba	dang	slob dpon	la	khang pa	tshar
殿顶	好[W]	NML	LNK	大师	DAT	房子	完[W]

legs	te	lha	ma	mchis	zhus		pas.	btsan pos	
legs	te	lha	ma	mchis	zhus		pas	btsan po	s
好[W]	LNK	佛	NEG	EXI	请求[14]		LNK	赞普	AGE

yo byad	rdogs	bgyid	shig.
yo byad	rdogs	bgyid	shig
用具	准备	做[2]	PRT

盖好殿顶后，对大师说：殿堂修好了，可没有神像。大师说：请赞普准备好用具吧！

ཐོགས་ཕིབ་ལེགས་པ་དང་། སློབ་དཔོན་ལ་ཁང་པ་ཚར་ལེགས་ཏེ་ལྷ་མ་མཆིས་ཞུས་པས། བཙན་པོས་ཡོ་བྱད་རྫོགས་བགྱིད་ཅིག

lha	byed	pa	vong	gis	gsungs	ba	dang.	hen pan dpe har
lha	byed	pa	vong	gis	gsungs	ba	dang	hen pan dpe har
佛	做[2]	NML	来[23]	MOD	说[14]	NML	LNK	韩殷白哈

nas	tshur	rgyu mtshan ma can		bya	ba	mtshon rtsivi	
nas	tshur	rgyu mtshan ma can		bya	ba	mtshon rtsi	vi
ABL	这边	甲参玛坚		叫作[W]	NML	油漆	GEN

skong bu	skor dze	gang	khur.
skong bu	skor dze	gang	khur
罐子	油漆	一	背[W]

塑神像的就来到了！从韩殷白哈来了一个名叫甲参玛坚的人。他背上背着一筐子盛满油漆的罐子。

ལྷ་བྱེད་པ་འོང་གིས་གསུངས་པ་དང་། ཧེན་པན་དཔེ་ཧར་ནས་ཚུར་རྒྱུ་མཚན་མ་ཅན་བྱ་བ་མཚོན་རྩིའི་སྐོང་བུ་སྐོར་རྫེ་གང་ཁུར།

spir	chag pa	gang	lag	du	thog①	ste.	vjim	gzugs	dang	ri mo
spir	chag pa	gang	lag	du	thog	ste	vjim	gzugs	dang	ri mo
笔	束	一	手	LOC	拿[W]	LNK	泥	身形	COO	绘画

---

① 应该为thogs。

262 藏文古文献《拔协》文本标注与语法研究

```
byed      ba       la       vdzam bu gling    na       nga      mkhas      te.
byed      ba       la       vdzam bu gling    na       nga      mkhas      te
做[2]     NML      LOC      世界              LOC      1sg      博学[W]    LNK
```
手里拿着一捆笔，在塑像和绘画方面，世界之上我最强。

ཕྱིར་ཚག་པ་གང་ལག་ཐོག་སྟེ། འཛམ་གླིང་ན་དྲེའི་མོ་བྱེད་པ་འཛོ་བྱིང་ན་ང་མཁས་ཏེ།

```
bod     kyi     btsan bo     lha khang     rtsigs     pavi       lha bzo ba     nga
bod     kyi     btsan bo     lha khang     rtsigs     pa vi      lha bzo ba     nga
吐蕃    GEN     赞普         佛堂          修建[4]    NML GEN   塑神匠         1sg
yin     zer     ba      gcig     byung.
yin     zer     ba      gcig     byung
COP     说[W]   NML     一       来[1]
```
吐蕃赞普盖神殿的工匠是我，一个人来了。

བོད་ཀྱི་བཙན་པོ་ལྷ་ཁང་རྩིགས་པའི་ལྷ་བཟོ་བ་ཡིན་ཟེར་བ་གཅིག་བྱུང་།

```
de      bos     nas     khang par           btsan po    dang     slob dpon    dang
de      bos     nas     khang pa    r       btsan po    dang     slob dpon    dang
DET     叫[1]   LNK     房子        LOC     赞普        COO      大师         COO
bal po     phywa mkhan     dang     bzhi     mol       ba     byas     te.
bal po     phywa mkhan     dang     bzhi     mol       ba     byas     te
尼泊尔     占卜者          COM      四       商议[W]   NML    做[1]    LNK
```
叫他来后，在房子中，赞普、大师以及尼泊尔石匠等四人共同商讨。

དེ་བོས་ནས་ཁང་པར་བཙན་པོ་དང་སློབ་དཔོན་དང་བལ་པོ་ཕྱྭ་མཁན་དང་བཞི་མོལ་བ་བྱས་ཏེ།

```
lha bzo ba      na re.     lha     rgya gar     lugs     su       byavam.
lha bzo ba      na re      lha     rgya gar     lugs     su       bya      vam
塑神匠          说[W]      佛      天竺         模式     RES      做[3]    QU
rgya nag povi                  lugs     su     bya     zer.
rgya nag po      vi           lugs     su     bya     zer
汉地            GEN           模式     RES    做[3]   说[W]
```
雕塑匠说：佛像塑成天竺模式呢，还是汉地模式的？

ལྷ་བཟོ་བ་ན་རེ། ལྷ་རྒྱ་གར་ལུགས་སུ་བྱའམ། རྒྱ་ནག་པོའི་ལུགས་སུ་བྱ་ཟེར།

```
slob dpon    gyi    zhal    nas    bu ddha    rgya dkar por          byon
slob dpon    gyi    zhal    nas    bu ddha    rgya dkar po      r    byon
大师         GEN    口      ABL    佛陀       天竺              ALL  到达[14]

pa yin    pas.    rgya dkar povi          lugs    su    byavo          gsungs.
pa yin    pas     rgya dkar po      vi    lugs    su    bya    vo     gsungs
REA       LNK    天竺              GEN    模式    RES   做[3]   END    说[14]
```

大师说：佛陀在天竺降生，塑成天竺式的吧！

སློབ་དཔོན་གྱི་ཞལ་ནས་བུ་དྡྷ་རྒྱ་དཀར་པོར་བྱོན་པ་ཡིན་པས་རྒྱ་དཀར་པོའི་ལུགས་སུ་བྱའོ་གསུངས།

```
btsan po    na re    slob dpon    latt    nga    bod    nag po    la     dgav
btsan po    na re    slob dpon    latt    nga    bod    nag po    la     dgav
赞普        说[W]    大师         HON    1sg    吐蕃   黑业      OBJ    喜欢[W]

ba    rnams    dad pa    skye    re           ba lags    pas.
ba    rnams    dad pa    skye    re           ba lags    pas
NML   pl       信仰      产生[23] 希望[W]     REA        LNK
```

赞普说道：大师，我希望让吐蕃喜欢黑业者，对佛法产生信仰。

བཙན་པོ་རེ་སློབ་དཔོན་ལྷད་ང་བོད་ནག་པོ་ལ་དགའ་བ་རྣམས་དད་པ་སྐྱེ་རེ་བ་ལགས་པས།

```
lha    bod    kyi    lugs    su    bya    bar         cis            gnang
lha    bod    kyi    lugs    su    bya    ba     r    ci     s       gnang
佛     吐蕃   GEN    模式    RES   做[3]  NML    OBJ  什么   INS     做[W]

byas    pas.    vo na    bod    vbangs    kun    bsdus    shig.    bod    kyi
byas    pas     vo na    bod    vbangs    kun    bsdus    shig     bod    kyi
做[1]   LNK    那么     吐蕃   臣民      全     召集[1]   PRT      吐蕃   GEN

lugs    su    byavo           gsungs.
lugs    su    bya    vo       gsungs
模式    RES   做[3]  END       说[14]
```

把佛做成吐蕃的模式，怎样做！那么召集全体吐蕃民众，塑成吐蕃人模样吧！

ལྷ་བོད་ཀྱི་ལུགས་སུ་བྱ་བར་ཅིས་གནང་བྱས་པས། འོ་ན་བོད་འབངས་ཀུན་བསྡུས་ཤིག བོད་ཀྱི་ལུགས་སུ་བྱའོ་གསུངས།

```
bod    kun    tshogs       pavi           nang    nas.    pho    la     mtshar
bod    kun    tshogs       pa     vi      nang    nas     pho    la     mtshar
吐蕃   全     召集[W]     NML    GEN     里      ABL     男     LOC    漂亮[W]
```

ba   khu stag tshab   la   dpe   byas   te.   gtso bo   a·rya pa lo
ba   khu stag tshab   la   dpe   byas   te   gtso bo   a·rya pa lo
NML   枯达擦   DAT 模型   做[1] LNK   主要   观世音菩萨
kha sar pa nni   bzhengs.
kha sar pa nni   bzhengs
观世音   修建[W]

从召集起来的全体吐蕃民众中，挑出最英俊的男子枯达擦，照着他的模样塑造了二手圣观音。

བོད་ཀུན་ཚོགས་པའི་ནང་ནས་ཕོ་ལ་མཚར་བ་སྟག་ཚབ་ལ་དཔེ་བྱས་ཏེ། གཙོ་བོ་ཨཱརྱ་པ་ལོ་མར་པ་ཉི་བཞེངས།

mo   la   mtshar   ba   lcog ro   bzav   bu chung   la   dpe   byas
mo   la   mtshar   ba   lcog ro   bzav   bu chung   la   dpe   byas
女   LOC   漂亮[W] NML 觉诺   妃子   布琼   DAT 模型   做[1]
te.   lha mo   vod zer can   g'yon   du   byas.   mo   la   mtshar
te   lha mo   vod zer can   g'yon   du   byas   mo   la   mtshar
LNK   天女   沃色坚   左   LOC   做[1]   女   LOC 漂亮[W]
ba   lcog ro   bzav   lha bu sman   la   dpe   byas   te.   sgrol ma
ba   lcog ro   bzav   lha bu sman   la   dpe   byas   te   sgrol ma
NML   觉诺   妃子   拉布门   DAT 模型   做[1] LNK   救度母
g'yas   su   byas.
g'yas   su   byas
右   LOC   做[1]

挑出最美丽的女子觉若妃子布琼，依此做模型。左边塑造了天女沃色坚。
挑出最美丽的女子觉若妃子拉布门，依此做模型，在右边塑造了救度母像。

མོ་ལ་མཚར་རོ་ལྕོག་རོ་བཟའ་བུ་ཆུང་ལ་དཔེ་བྱས་ཏེ། ལྷ་མོ་འོད་ཟེར་ཅན་གཡོན་དུ་བྱས། མོ་ལ་མཚར་བ་ལྕོག་རོ་བཟའ་ལྷ་བུ་སྨན་ལ་དཔེ་བྱས་ཏེ། སྒྲོལ་མ་གཡས་སུ་བྱས།

thag bzang stag leb   la   dpe   byas   te.   a·rya pa lo yi ge drug pa
thag bzang stag leb   la   dpe   byas   te   a·rya pa lo yi ge drug pa
塔桑达勒   DAT 模型   做[1] LNK   六字观音
devi   g'yas   su   byas.   sman g'yas skor   la   dpe   byas
de   vi   g'yas   su   byas   sman g'yas skor   la   dpe   byas
DET   GEN   右   LOC   做[1]   孟耶高   DAT 模型   做[1]

第四章 文本语法标注 265

te.   a·rya pa lo rta mgrin   sgo   srungs   su   byas.
te   a·rya pa lo rta mgrin   sgo   srungs   su   byas
LNK   圣玛鸣菩萨   门   守[4]   RES   做[1]

以塔桑达勒做模样，在右边塑造了六字观音像。依照孟耶高做模样，塑造了圣玛鸣菩萨为守门者。

༄༅། །བག་བཅང་སྨུག་ལེན་ལ་དང་བྱས་ཏེ། ཨཅུ་པ་ལོ་གྱི་དྲུག་པ་དེའི་གཡས་སུ་བྱས། སླན་གཡས་སྒོར་ལ་དང་བྱས་ཏེ། ཨཅུ་པ་ལོ་ཏུ་མགྲིན་སྒོ་སྲུངས་སུ་བྱས།

de   nas   dgu   stong   la   btsan pos   yo byad   sta gon
de   nas   dgu   stong   la   btsan po   s   yo byad   sta gon
DET   ABL   九   千   LOC   赞普   AGE 用具   准备

mdzad   dar   gyi   gab rtse   gnyis   rtsigs   nas.
mdzad   dar   gyi   gab rtse   gnyis   rtsigs   nas
做[W]   丝绸   GEN   坐垫   二   修建[4]   LNK

于是，在当月的二十九，赞普准备好器物，垒起两摞锦缎。

དེ་ནས་དགུ་སྟོང་ལ་བཙན་པོས་ཡོ་བྱད་སྟ་གོན་མཛད་དར་གྱི་གབ་རྩེ་གཉིས་རྩིགས་ནས།

lha khang   la   mngav gsol   zhu   zhing   lha bzo   la   bya dgav
lha khang   la   mngav gsol   zhu   zhing   lha bzo   la   bya dgav
佛堂   LOC   开光[W]   请求[23]   LNK   塑像者   DAT   奖赏

dbul   byas   pa   dang.
dbul   byas   pa   dang
献给[23]   做[1]   NML   LNK

请求在佛堂开光，并赐予塑像者奖赏。

ལྷ་ཁང་ལ་མངའ་གསོལ་ཞུ་ཞིང་ལྷ་བཟོ་ལ་བྱ་དགའ་དབུལ་བྱས་པ་དང་།

lha bzo   gar song   gi   stol   ma   mchis   te.   sprul pa   yin
lha bzo   gar song   gi   stol   ma   mchis   te   sprul pa   yin
塑像者   哪   GEN   失去   NEG   EXI   LNK   化身   COP

par   blta.
pa   r   blta
NML   RES   看[3]

塑师哪里去了，不在。看作是佛的化身。

ལྷ་བཟོ་གར་སོང་གི་སྟོལ་མ་མཆིས་ཏེ། སྤྲུལ་པ་ཡིན་པར་བལྟ།

266 藏文古文献《拔协》文本标注与语法研究

slob dpon	gyis	mchod pa	bsham	du	gsol	te.	dgung
slob dpon	gyis	mchod pa	bsham	du	gsol	te	dgung
大师	AGE	供养	陈列	LOC	献[W]	LNK	天空

smus	pa	dang.	aꞏrya pa lovi		yang thog	nas	vod
smus	pa	dang	aꞏrya pa lo	vi	yang thog	nas	vod
黑暗[W]	NML	LNK	观世音菩萨	GEN	上层	ABL	光

nyi ma	shar	ba	tsam	dkar ba	byung.
nyi ma	shar	ba	tsam	dkar ba	byung
太阳	升起[W]	NML	点	白光	来[1]

大师摆设了供品，夜幕降临了，从观音殿上层发出如旭日东升一样的光辉。

སློབ་དཔོན་གྱིས་མཆོད་པ་བཤམས་དུ་གསོལ་ཏེ། དགུང་སྨུས་པ་དང་། འཕགས་པའི་ཡང་ཐོག་ནས་འོད་ཉི་མ་ཤར་བ་ཙམ་དཀར་བ་བྱུང་།

de	ci	yin	zhus	pas.	de	bod	la	a mi de was
de	ci	yin	zhus	pas	de	bod	la	a mi de wa	s
DET	什么	COP	请求[14]	LNK	DET	吐蕃	LOC	阿弥陀佛	AGE

bod	la	dgongs	pavi		vod	yin	pas.
bod	la	dgongs	pa	vi	vod	yin	pas
吐蕃	DAT	思考[W]	NML	GEN	光	COP	LNK

问道：那是什么？那是吐蕃的阿弥陀佛对吐蕃思念的光辉。

དེ་ཅི་ཡིན་ཞུས་པས། དེ་བོད་ལ་ཨ་མི་དེ་བས་བོད་ལ་དགོངས་པའི་འོད་ཡིན་པས།

rje	a mi de wavi		yang thog	byavo		gsungs	nas.
rje	a mi de wa	vi	yang thog	bya	vo	gsungs	nas
王	阿弥陀佛	GEN	顶	做[3]	END	说[14]	LNK

yang thog	du	a mi de wa	gtso	vkhor	lnga	bzhegs	su	gsol.
yang thog	du	a mi de wa	gtso	vkhor	lnga	bzhegs	su	gsol
上层	LOC	阿弥陀佛	主	随从	五	修建[W]	SER	给[W]

说明天要给阿弥陀佛做顶，在顶上，修建阿弥陀佛五尊神像。

རྗེ་ཨ་མི་དེ་བའི་ཡང་ཐོག་བྱའོ་གསུངས་ནས་ཡང་ཐོག་དུ་ཨ་མི་དེ་བ་གཙོ་འཁོར་ལྔ་བཞེངས་སུ་གསོལ།

第四章 文本语法标注 267

de	nas	rgyal pos		a ts·rya	la	rta mgrin	sgrub	pavi
de	nas	rgyal po	s	a ts·rya	la	rta mgrin	sgrub	pa
DET	ABL	王	AGE	阿杂诺雅	DAT	马鸣	修行[2]	NML

	lung	zhus	nas.	bsgrub	pa	byas	pa	dang.
vi	lung	zhus	nas	bsgrub	pa	byas	pa	dang
GEN	教诫	请求[14]	LNK	修行[3]	NML	做[1]	NML	LNK

之后，国王向阿杂诺雅请教了修习马鸣菩萨的教诫，并完成了。

དེ་ནས་རྒྱལ་པོས་ཨ་ཙརྱ་ལ་རྟ་མགྲིན་སྒྲུབ་པའི་ལུང་ཞུས་ནས། བསྒྲུབ་པ་བྱས་པ་དང་།

zla ba	phyed	nas	ha ya ghi was		nam phyed	na	skad	lan
zla ba	phyed	nas	ha ya ghi wa	s	nam phyed	na	skad	lan
月	半	ABL	马鸣菩萨	AGE	半夜	LOC	说话	次

gsum	bton	pas.	rtse rgod	rnams	kyis	thos	nas.	bred
gsum	bton	pas	rtse rgod	rnams	kyis	thos	nas	bred
三	发出[1]	LNK	仆人	pl	AGE	听说[W]	LNK	畏惧[W]

de	ci	yin	dris	pa	dang
de	ci	yin	dris	pa	dang.
LNK	什么	COP	问[14]	NML	LNK

半月以来，马鸣菩萨在半夜里发出三次叫声。仆人们听见后恐惧，问道：这是什么？

ཟླ་བ་ཕྱེད་ནས་ཧ་ཡ་གྷི་ཝས་ནམ་ཕྱེད་ན་སྐད་ལན་གསུམ་བཏོན་པས། རྩེ་རྒོད་རྣམས་ཀྱིས་ཐོས་ནས་བྲེད་དེ་ཅི་ཡིན་དྲིས་པ་དང་།

a ts·rya	na re	rgyal pos		bsgrubs	pa	mnyes	nas
a ts·rya	na re	rgyal po	s	bsgrubs	pa	mnyes	nas
阿杂诺雅	说[W]	王	AGE	观修[1]	NML	欢喜[W]	LNK

rta mgrin	gyis	rta skad	lan	gsum	bton	pas	vdzam bu gling
rta mgrin	gyis	rta skad	lan	gsum	bton	pas	vdzam bu gling
马鸣	AGE	马鸣	次	三	发出[1]	LNK	世界

gsum	gnyis	su	thos	te.	rgyal povi		chab srid	kyang
gsum	gnyis	su	thos	te	rgyal po	vi	chab srid	kyang
三	二	LOC	听说[W]	LNK	王	GEN	政治	也

de	tsam	mo	gsungs.
de	tsam	mo	gsungs
DET	点	END	说[14]

阿杂诺雅说：是国王修习成功的欢喜，马鸣菩萨发出三声马鸣。世界的三分之二的地区都听到。国王的疆土也会扩展到这么大。

ཨ་ཙརྱ་ནེ་རྒྱལ་པོ་བསྒྲུབས་པ་མཉེས་ནས་ཏ་མགྲིན་གྱིས་ཏ་སྐད་ལན་གསུམ་བཏོན་པས་འཛམ་བུ་གླིང་གསུམ་གཉིས་སུ་ཐོས་ཏེ། རྒྱལ་པོའི་ཆབ་སྲིད་ཀྱང་དེ་ཙམ་མོ་གསུངས།

de	nas	vbrang	bting	bar		zhus	pas.
de	nas	vbrang	bting	ba	r	zhus	pas
DET	ABL	地基	铺垫[1]	NML	OBJ	请求[14]	LNK

此后，请打地基。

དེ་ནས་འབྲང་བཏིང་བར་ཞུས་པས།

a ts·rya	na re	dpal brag dmar bsam yas mi vgyur lhun gyis grub pa	vdi.
a ts·rya	na re	dpal brag dmar bsam yas mi vgyur lhun gyis grub pa	vdi
阿杂诺雅	说[W]	白扎玛尔桑耶米久伦吉珠巴	DET

vdzam bu gling	na	byin che ba.	mdo sde	dang.	vdul ba	dang.
vdzam bu gling	na	byin che ba	mdo sde	dang	vdul ba	dang
世界	LOC	最雄伟	佛经	COO	律藏	COO

mngon pa	dang.	gsang sngags	thams cad	dang	mthun	zhing
mngon pa	dang	gsang sngags	thams cad	dang	mthun	zhing
论藏	COO	密咒	全部	COO	适合[W]	COO

mi	vgal	ba	vgran	gyi	dod	med	pa	cig
mi	vgal	ba	vgran	gyi	dod	med	pa	cig
NEG	违背[W]	NML	比[W]	GEN	匹配	EXI:NEG	NML	一

bgyi	vtshal	gsungs.
bgyi	vtshal	gsungs
做[3]	请求[123]	说[14]

大师阿杂诺雅说：要把这座白扎玛尔桑耶米久伦吉珠巴寺修成符合世界上最威严的经藏、律藏、论藏和密宗规格的、无与伦比的寺庙！

ཨ་ཙརྱ་ནེ་དཔལ་བྲག་དམར་བསམ་ཡས་མི་འགྱུར་ལྷུན་གྱིས་གྲུབ་པ་འདི། འཛམ་བུ་གླིང་ན་བྱིན་ཆེ་བ། མདོ་སྡེ་དང་། འདུལ་བ་དང་། མངོན་པ་དང་། གསང་སྔགས་ཐམས་ཅད་དང་མཐུན་ཞིང་མི་འགལ་བ་འགྲན་གྱི་དོད་མེད་པ་ཅིག་བགྱི་འཚལ་གསུངས།

第四章 文本语法标注

```
a ts·ryas          de    lta bu   mkhyen   nam    zhus       pas.
a ts·rya    s      de    lta bu   mkhyen   nam    zhus       pas
阿杂诺雅    AGE    DET   如       会[W]    QU     请求[14]   LNK
```
问道：阿杂诺雅，如此这样的会吗？

ཨ་ཙཉ་དེ་ལྟ་བུ་མཁྱེན་ནམ་ཞུས་པས།

```
ngas         shes    de    lta bu   cig   o tan spu ri    na    yang    yod.
nga    s     shes    de    lta bu   cig   o tan spu ri    na    yang    yod
1sg    AGE   会[W]   DET   如       一    奥登布山        LOC   也      EXI
```
我能！在奥登布山上也有这样一座寺庙。

ངས་ཤེས་དེ་ལྟ་བུ་ཅིག་ཨོ་ཏན་སྤུ་རི་ན་ཡང་ཡོད།

```
de     ci      vdra     na    sngon    mu stegs   rig vdzin   gyi    sgrub pa pos
de     ci      vdra     na    sngon    mu stegs   rig vdzin   gyi    sgrub pa po
DET    怎么    像[W]    COD   先       外道       持明        GEN    修行者
       ro      bsgrub   grub  pavi              dngos grub   len    pavi
  s    ro      bsgrub   grub  pa       vi       dngos grub   len    pa
AGE    尸体    修行[3]  完成[1] NML    GEN      成就         取[2]  NML
       mtshan rtags    dang    ldan     pa       kun tu       btsal    pas
 vi    mtshan rtags    dang    ldan     pa       kun tu       btsal    pas
GEN    特征           COM     具有[W]  NML      全           OBJ 找[13] LNK
```
那像怎样的呢？从前，有一个外道的修习持明者，要一个具有能拿取'练尸'成就的特征的人。

དེ་ཅི་འདྲ་ན་སྔོན་མུ་སྟེགས་རིག་འཛིན་གྱི་སྒྲུབ་པ་པོས་རོ་བསྒྲུབ་གྲུབ་པའི་དངོས་གྲུབ་ལེན་པའི་མཚན་རྟགས་དང་ལྡན་པ་ཀུན་ཏུ་བཙལ་པས།

```
ma     rnyed     pa     de.    ma ga tavi         dge slong   bsgrub pa povi
ma     rnyed     pa     de     ma ga ta    vi     dge slong   bsgrub pa po
NEG    获得[1]   NML    LNK    马呷甲      GEN    比丘        修行者
                nye gnas    byed    pa     la    tshang   bas
 vi             nye gnas    byed    pa     la    tshang   bas
GEN             门徒        做[2]   NML    OBJ   满足[W]  LNK
```
没找到，找到马呷甲的一个比丘的门徒，非常满意。

མ་རྙེད་པ་དེ། མ་ག་ཏའི་དགེ་སློང་བསྒྲུབ་པ་པོའི་ཉེ་གནས་བྱེད་པ་ལ་ཚང་བས།

de	zhu	bavi	ched	du	slob dpon	la	mnn·ttal
de	zhu	ba vi	ched	du	slob dpon	la	mnn·ttal
DET	请求[23]	NML GEN	目的	PUR	大师	HON	曼陀拉

la	gser	gyi	nye bus	bkrams	pa	yang dang yang du
la	gser	gyi	nye bu s	bkrams	pa	yang dang yang du
DAT	金	GEN	碎 INS	散布[1]	NML	经常

phul	bas.
phul	bas
献给[14]	LNK

为了求取的目的，对大师比丘，用金子碎块散布，经常奉献。

དེ་ཞུ་བའི་ཆེད་དུ་སློབ་དཔོན་ལ་མཎྜལ་ལ་གསེར་གྱི་ཉེ་བུས་བཀྲམས་པ་ཡང་དང་ཡང་དུ་ཕུལ་བས།

dge slong	na re	khyod	la	gdam ngag	vdod	dam	gsungs.
dge slong	na re	khyod	la	gdam ngag	vdod	dam	gsungs
比丘	说[W]	2sg	DAT	教诫	想[W]	QU	说[14]

比丘说：你想要习学教诫吗？

དགེ་སློང་ན་རེ་ཁྱོད་ལ་གདམས་ངག་འདོད་དམ་གསུངས།

rig vdzin	gyis	smras	pa.	khyod	kyi	nye gnas	dpav pavi
rig vdzin	gyis	smras	pa	khyod	kyi	nye gnas	dpav pa vi
持明	AGE	说[1]	NML	2sg	GEN	门徒	英雄 GEN

rtags	can	vdi	zhuvo	zer	des	de	la
rtags	can	vdi	zhu	vo	zer	de s	de	la
特征	者	DET	请求[23]	END	说[W]	DET AGE	DET	DAT

phul	lo.
phul	lo
献给[14]	END

修持明的答：请求把你那个具有英雄特征的侍者赏给我。因此给了他。

རིག་འཛིན་གྱིས་སྨྲས་པ། ཁྱོད་ཀྱི་ཉེ་གནས་དཔའ་བའི་རྟགས་ཅན་འདི་ཞུའོ་ཟེར་དེས་དེ་ལ་ཕུལ་ལོ།

de	nas	bsgrub khang	du	phyin	pa	dang	ro	sog phon
de	nas	bsgrub khang	du	phyin	pa	dang	ro	sog phon
DET	ABL	修炼房	ALL	去[1]	NML	LNK	尸体	捆

tsam	gcig	dkyil vkhor	gyi	steng	na	vdug	go.
tsam	gcig	dkyil vkhor	gyi	steng	na	vdug	go
点	一	坛城	GEN	上	LOC	EXI	END

此后，来到修炼房。像草捆般的一具尸体在坛城上。

དེ་ནས་བསྐུལ་བ་ཁང་དུ་ཕྱིན་པ་དང་རོ་སོག་བོར་ཆས་གཅིག་དཀྱིལ་འཁོར་གྱི་སྟེང་ན་འདུག་གོ

de	la	dge tshul	khyod	ro	la	dpav pavi		rtags	yod
de	la	dge tshul	khyod	ro	la	dpav pa	vi	rtags	yod
DET	DAT	沙弥	2sg	尸体	DAT	英雄	GEN	特征	EXI
pas	ma	vjigs	par		devi	lce	bcod①	cig.
pas	ma	vjigs	pa	r	de vi	lce	bcod	cig
LNK	NEG	害怕[W]	NML	LNK	DET GEN	舌头	割断[2]	PRT

沙弥，你对尸体有威慑的特征。不要害怕，将他的舌头割下来。

དེ་ལ་དགེ་ཚུལ་ཁྱོད་རོ་ལ་དཔའ་པའི་རྟགས་ཡོད་པས་མ་འཇིགས་པར་དེའི་ལྕེ་བཅོད་ཅིག

lce	de	gser	gyi	ral grir		song	ba	dang.	nga
lce	de	gser	gyi	ral gri	r	song	ba	dang	nga
舌头	DET	金	GEN	剑	RES	去[4]	NML	LNK	1sg
la	byin	cig
la	byin	cig
DAT	给[W]	PRT

那舌头会变成金剑，请给我。

ཅེ་དེ་གསེར་གྱི་རལ་གྲིར་སོང་བ་དང་ང་ལ་བྱིན་ཅིག

de	gar	gtad	par		vgro	bar		nus pa
de	gar	gtad	pa	r	vgro	ba	r	nus pa
DET	哪里	交付[13]	NML	LNK	去[23]	NML	LNK	能力
yin	te.
yin	te
COP	LNK

---

① 应该为gcod。

272 藏文古文献《拔协》文本标注与语法研究

用金剑指向哪儿，便可到哪儿去。

དེ་གར་གཏད་པར་འགྲོ་བར་ནུས་པ་ཡིན་ཏེ།

nga	vog min	tu	rig vdzin	bsgrub	du	vgro	ba yin.
nga	vog min	tu	rig vdzin	bsgrub	du	vgro	ba yin.
1sg	色究竟天	ALL	持明	修行[3]	RES	去[23]	REA

我要到色究竟天去修习持明。

ང་འོག་མིན་དུ་རིག་འཛིན་བསྒྲུབ་ཏུ་འགྲོ་བ་ཡིན།

ro	vdi	gser	du	vgro	bas	de	khyod	la	rngan par
ro	vdi	gser	du	vgro	bas	de	khyod	la	rngan pa
尸体	DET	金	RES	去[23]	LNK	DET	2sg	DAT	赏赐

	sbyin	zer	der		des		mnyam par		bzhag
r	sbyin	zer	de	r	de	s	mnyam pa	r	bzhag
OBJ	给[W]	说[W]	DET	DAT	DET	AGE	一起	RES	放置[1]

go.
go
END

这具尸体会变成黄金，把这赏赐给你吧！把它一起放置在那里。

རོ་འདི་གསེར་དུ་འགྲོ་བས་དེ་ཁྱོད་ལ་རྔན་པར་སྦྱིན་ཟེར། དེར་དེས་མཉམ་པར་བཞག་གོ

dge tshul	ro	la	zhon	nas	gris		lce	gcod	du
dge tshul	ro	la	zhon	nas	gri	s	lce	gcod	du
沙弥	尸体	OBJ	骑[2]	LNK	刀	INS	舌头	割断[2]	CAU

bcug	pa	dang.	ro	vgul	zhing	mig	vkhul	kha
bcug	pa	dang	ro	vgul	zhing	mig	vkhul	kha
使[W]	NML	LNK	尸体	动[W]	LNK	眼睛	晃动[W]	口

btab btab byed	pa	dang.
btab btab byed	pa	dang
张合[W]	NML	LNK

沙弥骑在尸体上，用刀子使舌头断。尸体动了，眨着眼，嘴巴也一张一合。

དགེ་ཚུལ་རོ་ལ་ཞོན་ནས་གྲིས་ལྕེ་གཅོད་དུ་བཅུག་པ་དང་། རོ་འགུལ་ཞིང་མིག་འཁུལ་ཁ་བཏབ་བཏབ་བྱེད་པ་དང་།

第四章 文本语法标注 273

lce	dar sham	tsam	cig	byung	ba	ma	zin	no.	lan
lce	dar sham	tsam	cig	byung	ba	ma	zin	no	lan
舌头	绸缎帘子	点	一	来[1]	NML	NEG	抓[W]	END	次

gnyis	su	ma	zin	ba	dang.	da res	lce	ma	chod
gnyis	su	ma	zin	ba	dang	da res	lce	ma	chod
二	LOC	NEG	抓[W]	NML	LNK	这次	舌头	NEG	割断[4]

na	dang po	nged	rang	gnyis	gsod.
na	dang po	nged	rang	gnyis	gsod
COD	首先	1pl	自己	二	杀[2]

舌头像绸缎帘子似的闪动。抓时，没抓住。第二次又没抓住。这次如果割不断舌头的话，首先把咱们俩杀死。

ཅེ་དར་ཤམ་ཚིག་ཅིག་བྱུང་བ་མ་ཟིན་ནོ། ལན་གཉིས་སུ་མ་ཟིན་པ་དང་། ད་རེས་ཅེ་མ་ཆོད་ན་དང་པོ་ངེད་རང་གཉིས་གསོད།

de	nas	stong gsum	srid pa	gsum	gyi	mi	sems can	gsod
de	nas	stong gsum	srid pa	gsum	gyi	mi	sems can	gsod
DET	ABL	三千	世界	三	GEN	人	众生	杀[2]

du	vong	bas.	sgrims	la	chod	cig	zer	ro.
du	vong	bas	sgrims	la	chod	cig	zer	ro
PUR	来[23]	LNK	汇聚[1]	COO	割断[4]	PRT	说[W]	END

然后会杀害三千世界和三界的人和众有情。聚精会神地割断它！

དེ་ནས་སྟོང་གསུམ་སྲིད་པ་གསུམ་གྱི་མི་སེམས་ཅན་གསོད་དུ་འོང་བས། སྒྲིམས་ལ་ཆོད་ཅིག་ཟེར་རོ།

des		ro	dang	kha sprad	nas	sgrims	pa	dang.	lce
de	s	ro	dang	kha sprad	nas	sgrims	pa	dang	lce
DET	AGE	尸体	COM	对接[W]	LNK	汇聚[1]	NML	LNK	舌头

sos		zin	nas	bcad	pas	ral grir		gyur	nas
so	s	zin	nas	bcad	pas	ral gri	r	gyur	nas
牙齿	INS	抓[W]	LNK	断[1]	LNK	剑	RES	变化[14]	LNK

便和尸体嘴对着嘴，聚精会神。用牙齿咬住了舌头，咬断了，变成一把宝剑。

དེས་རོ་དང་ཁ་སྤྲད་ནས་སྒྲིམས་པ་དང་། ཅེ་སོས་ཟིན་ནས་བཅད་པས་རལ་གྲིར་གྱུར་ནས།

274 藏文古文献《拔协》文本标注与语法研究

nam mkhav	la	dbyugs	pas.	nam mkhav	la	dge tshul	vphur
nam mkhav	la	dbyugs	pas	nam mkhav	la	dge tshul	vphur
天空	ALL	扔[14]	LNK	天空	LOC	沙弥	飞[23]

ba	la.	rig vdzin	na re	khyed	nang pa	la	pham	pa
ba	la	rig vdzin	na re	khyed	nang pa	la	pham	pa
NML	LNK	持明	说[W]	2sg	佛法	LOC	输[W]	NML

vong	ba yin.
vong	ba yin.
来[23]	REA

扔向天空，沙弥便飞在空中了。持明者说：在佛法上，你输了！

ནམ་མཁའ་ལ་དབྱུགས་པས། ནམ་མཁའ་ལ་དགེ་ཚུལ་འཕུར་བ་ལ། རིག་འཛིན་ན་རེ་ཁྱེད་ནང་པ་ལ་ཕམ་པ་འོང་བ་ཡིན།

ral gri	ni	nga	dbang	na	da	mar	shog	cig	zer
ral gri	ni	nga	dbang	na	da	mar	shog	cig	zer
剑	TOP	1sg	属于[W]	COD	现在	下	来[W]	PRT	说[W]

ba	la.
ba	la
NML	LNK

剑呢属于我的话，现在快下来。

རལ་གྲི་ནི་ང་དབང་ན་ད་མར་ཤོག་ཅིག་ཟེར་བ་ལ།

de lta	yin	mod	ngas		ltas mo	blta	zer	nas.	ri rab
de lta	yin	mod	nga	s	ltas mo	blta	zer	nas	ri rab
现在	COP	LNK	1sg	AGE	节目	看[3]	说[W]	LNK	须弥山

kyi	khar		song	nas	gling	bzhi	ri rab	nyi zla	dang
kyi	kha	r	song	nas	gling	bzhi	ri rab	nyi zla	dang
GEN	口[顶]	ALL	去[4]	LNK	洲	四	须弥山	日月	COM

bcas	pa	lcog	bzhi	la sogs pa	legs pa		bltas	nas
bcas	pa	lcog	bzhi	la sogs pa	legs pa	r	bltas	nas
制定[1]	NML	峰	四	等等	好	RES	看[1]	LNK

第四章 文本语法标注 275

```
vdzam bu gling    du     gri    dbyugs    pas.
vdzam bu gling    du     gri    dbyugs    pas
世界              ALL    刀    抛掷[14]   LNK
```
现在是，但是，我要先看看风光！飞到须弥山顶。饱览四大洲、须弥山、日月等四峰。然后将剑指向世间。

དེ་ཡིན་མོད་དང་སླུབས་མོ་བལྟར་ཞེར་ནས། དེ་རབ་ཀྱི་བར་སོང་ནས་གླིང་བཞི་དེ་རབ་ནི་ཟླ་དང་བཅས་པ་ཚོང་བཞི་ལ་སོགས་པ་ལེགས་པར་བལྟས་ནས། འཇམ་བུ་གླིང་དུ་གྲི་དབྱུགས་པས།

```
rig vdzin    gyi    drung    du    byung    nas.   ro    la    ngas
rig vdzin    gyi    drung    du    byung    nas    ro    la    nga    s
持明          GEN   前       ALL   来[1]    LNK    尸体   DAT   1sg   AGE
gser    du     sgrub    pa     de     dge tshul    gyis    shig.
gser    du     sgrub    pa     de     dge tshul    gyis    shig
金      RES   完成[2]  NML    DET   沙弥         做[4]    PRT
```
回到持明者跟前，这具尸体，我变成了黄金，沙弥拿去吧！

རིག་འཛིན་གྱི་དྲུང་དུ་བྱུང་ནས། རོ་ལ་ངས་གསེར་དུ་སྒྲུབ་པ་དེ་དགེ་ཚུལ་གྱིས་ཤིག

```
vdi    dge slong    lnga brgyavi      vtsho ba    ldang    ste.    rus pa
vdi    dge slong    lnga brgya    vi   vtsho ba    ldang    ste    rus pa
DET   比丘         五百          GEN   生活       足够[23] LNK    骨头
la     ma     bcad    log vtsho    la    spyad    na    mi    skye.
la     ma     bcad    log vtsho    la    spyod    na    mi    skye
DAT   NEG   断[1]   邪命         DAT   用[24]   COD   NEG  产生[23]
```
它足够供给五百个比丘的生活。不要割着骨头，不正当使用的话，不会再生长了。

འདི་དགེ་སློང་ལྔ་བརྒྱའི་འཚོ་བ་ལྡང་སྟེ། རུས་པ་ལ་མ་བཅད་ལོག་འཚོ་ལ་སྤྱད་ན་མི་སྐྱེ།

```
gzhan du na    nang par       bcad    kyang    nub mo    skye    vong.
gzhan du na    nang par       bcad    kyang    nub mo    skye    vong
或者           第二天清晨    断[1]   又       夜晚      产生[23] 来[23]
zer    nas    ral gri    nam mkhav    la    dbyugs    te    vog min
zer    nas    ral gri    nam mkhav    la    dbyugs    te    vog min
说[W]  LNK   剑        天空         ALL   抛掷[14]  LNK   色究竟天
```

du	song	ngo.
du	song	ngo
ALL	去[4]	END

那么，早晨割了晚上就会长起来。将剑指向天空，到色究竟天去了。

གནས་ནི་ནང་པར་བཅད་ཀྱང་ཤུན་མོ་སྐྱེ་འོང་། ཞེར་ནས་རལ་གྲི་ནམ་མཁའ་ལ་འཕྱུངས་ཏེ་འོག་མིན་དུ་སོང་ངོ་།

dge tshul	des		slob dpon	la	smras	pa	dang.	vo cag
dge tshul	de	s	slob dpon	la	smras	pa	dang	vo cag
沙弥	DET	AGE	大师	DAT	说[1]	NML	LNK	1pl

dge slong	lnga brgyavi		bzhugs sa.	gtsug lag khang	cig	bya
dge slong	lnga brgya	vi	bzhugs sa	gtsug lag khang	cig	bya
比丘	五百	GEN	住地	佛堂	一	做[3]

dgos	pas.
dgos	pas
AUX	LNK

沙弥对大师说，我们五百比丘的住地，需要修建一座佛堂。

དགེ་ཚུལ་དེས་སློབ་དཔོན་ལ་སྨྲས་པ་དང་། བོ་ཅག་དགེ་སློང་ལྔ་བརྒྱའི་བཞུགས་ས། གཙུག་ལག་ཁང་ཅིག་བྱ་དགོས་པས།

mgon po	la	sa gzhi	zhu	bavi		gtor ma	byavo
mgon po	la	sa gzhi	zhu	ba	vi	gtor ma	bya	vo
怙主	DAT	地方	请求[23]	NML	GEN	多玛	做[3]	END

zer	nas.
zer	nas
说[W]	LNK

做了向怙主请求土地的供品。

མགོན་པོ་ལ་ས་གཞི་ཞུ་བའི་གཏོར་མ་བྱས་ཞེར་ནས།

gtor ma	byas	pa	bya rog	gis	khyer	nas.	mtshovi	
gtor ma	byas	pa	bya rog	gis	khyer	nas	mtsho	vi
多玛	做[1]	NML	乌鸦	AGE	携带[14]	LNK	湖	GEN

dkyil	na	devu	gcig	yod	pa	devi		khar	
dkyil	na	devu	gcig	yod	pa	de	vi	kha	r
中间	LOC	小丘	一	EXI	NML	DET	GEN	口[顶]	ALL

第四章 文本语法标注 277

bzhag go.
bzhag go
放置[1] END
所供多玛被乌鸦叼走了。放在海中间的一座小岛的入口处。

གཏོར་མ་བྱམས་པ་བྱ་རོག་གིས་ཁྱེར་ནས། མཚོའི་དཀྱིལ་ན་ཡོད་པའི་གླིང་ཕྲན་གྱི་སྒོ་རུ་བཞག་གོ།

devu	khar	gtsug lag khang	rtsig	pa	devi	dpe
devu	kha	r	gtsug lag khang	rtsig	pa	de	vi	dpe
小丘	口[顶]	LOC	佛堂	修筑[2]	NML	DET	GEN	模型

ri rab	gling bzhi	nyi zla gling	phran	dang	bcas	pa	la
ri rab	gling bzhi	nyi zla gling	phran	dang	bcas	pa	la
须弥山	洲 四	日月 洲	小	PRT	制定[1]	NML	DAT

dpe	byas	te	bzhengs	pa.	o tan po ri	bya	ba yod.
dpe	byas	te	bzhengs	pa	o tan po ri	bya	ba yod
模型	做[1]	LNK	修建[W]	NML	奥登布山	叫作[W]	EXP

在小丘入口修建佛堂的模型，以须弥山、四大洲、日月、小洲等为蓝图。叫做奥登布山。

དེའུ་ཁར་གཙུག་ལག་ཁང་རྩིག་པ་དེའི་དཔེ་རི་རབ་གླིང་བཞི་ཉི་ཟླ་གླིང་ཕྲན་དང་བཅས་པ་ལ་དཔེ་བྱས་ཏེ་བཞེངས་པ། ཨོ་ཏན་པོ་རི་བྱ་བ་ཡོད།

btsan povi	thugs dam	gyi	dpe	de	la	byavo
btsan po	vi	thugs dam	gyi	dpe	de	la	bya
赞普	GEN	本尊佛	GEN	模型	DET	DAT	做[3]

	gsungs.
vo	gsungs
END	说[14]

赞普的寺庙就以此为模型！

བཙན་པོའི་ཐུགས་དམ་གྱི་དཔེ་དེ་ལ་བྱའོ་གསུངས།

de	nas	yos buvi	lo	la.	btsan po	lo	bcu gsum	lon
de	nas	yos bu	vi	lo	la	btsan po	lo	bcu gsum	lon
DET	ABL	兔子	GEN	年	LOC	赞普	年	十三	到达[W]

278 藏文古文献《拔协》文本标注与语法研究

pa	dang.	khas su ri	las	pha vong	shing rta	la	drangs	te.
pa	dang	khas su ri	las	pha vong	shing rta	la	drangs	te
NML	LNK	开苏山	ABL	巨石	马车	LOC	拉[1]	LNK

dbu	rtsevi		rmangs	gting.
dbu	rtse	vi	rmangs	gting
头	尖顶	GEN	基础	铺垫[2]

此后，兔年，赞普年满13岁时，从开苏山用马车拉来巨石，铺设正殿的殿基。

དེ་ནས་ཡོས་བུའི་ལོ་ལ། བཙན་པོ་བཅུ་གསུམ་ལོན་པ་དང་། ཁས་སུ་རི་ལས་འོང་ཞིང་རྟ་ལ་དྲངས་ཏེ། དབུ་རྩེའི་རྨངས་གཏིང་།

sa	yar lung	gad pa thog	nas	blangs.	shing	shug pa	dang	tsnda
sa	yar lung	gad pa thog	nas	blangs	shing	shug pa	dang	tsnda
土	雅隆	改巴陀	ABL	取[1]	树	柏树	COO	檀香

la	byas	legs	pa	dang.
la	byas	legs	pa	dang
INS	做[1]	好[W]	NML	LNK

土从雅隆改巴陀取；用柏树和檀香树做，很好。

ས་ཡར་ལུང་གད་པ་ཐོག་ནས་བླངས། ཤིང་ཤུག་པ་དང་ཙནྡ་ལ་བྱས་ལེགས་པ་དང་།

btsan po	nyal	bavi	rmi lam	du	mi	dkar po	gcig	na re.
btsan po	nyal	ba vi	rmi lam	du	mi	dkar po	gcig	na re
赞普	睡[W]	NML GEN	梦	LOC	人	白色	一	说[W]

rgyal po	khyed	kyi①	lha	ji	lta bu	gcig	la	bya
rgyal po	khyed	kyi	lha	ji	lta bu	gcig	la	bya
王	2sg	AGE	佛	怎样	如	一	OBJ	做[3]

bar		sems	zer.
ba	r	sems	zer
NML	OBJ	想[2]	说[W]

赞普在睡梦中，白人说：国王，你想塑一尊什么样的佛像？

བཙན་པོ་ཉལ་བའི་རྨི་ལམ་དུ་དཀར་པོ་གཅིག་ན་རེ། རྒྱལ་པོ་ཁྱེད་ཀྱི་ལྷ་ཇི་ལྟ་བུ་གཅིག་ལ་བྱ་བར་སེམས་ཟེར།

---

① 应该为kyis。

第四章 文本语法标注 279

de	slob dpon	la	vdri	byas	pa	dang.	de	na re	sa gzhi
de	slob dpon	la	vdri	byas	pa	dang	de	na re	sa gzhi
DET	大师	DAT	问[2]	做[1]	NML	LNK	DET	说[W]	地方

vdi	jo mo sgrol mas		byin gyis brlabs	pa yin.
vdi	jo mo sgrol ma	s	byin gyis brlabs	pa yin
DET	救度母	AGE	加持[W]	REA

这要问问大师！那白人说：此地是圣救度母所加持。

དེ་སློབ་དཔོན་ལ་འདྲི་བྱས་པ་དང་། དེ་ན་རེ་ས་གཞི་འདི་རྗེ་མོ་སྒྲོལ་མས་བྱིན་གྱིས་བརླབས་པ་ཡིན།

sngon	zhabs	kyis	bcadd	pa yin	khas su rivi		rtse	na.
sngon	zhabs	kyis	bcadd	pa yin	khas su ri	vi	rtse	na
先	脚	INS	踏[W]	REA	开苏山	GEN	尖顶	LOC

sshkya thub pa	gtso	vkhor	bcu gsum	bcom ldan vdas	dngos
sshkya thub pa	gtso	vkhor	bcu gsum	bcom ldan vdas	dngos
释迦能者	主	随从	十三	薄迦梵	亲自

gyis	byin gyis brlabs	pa yod.	de	spyan	drangs	la	bgyis	zer.
gyis	byin gyis brlabs	pa yod	de	spyan	drangs	la	bgyis	zer
INS	加持[W]	EXP	DET	HON	请[1]	PUR	做[1]	说[W]

以前，用脚踏过。在开苏山顶上，有释迦能者亲自加持的薄迦梵主从十三尊佛像。请来安放在殿中吧！

སྔོན་ཞབས་ཀྱིས་བཅད་པ་ཡིན། ཁས་སུ་རིའི་རྩེ་ན། ཤཱཀྱ་ཐུབ་པ་གཙོ་འཁོར་བཅུ་གསུམ་བཅོམ་ལྡན་འདས་དངོས་ཀྱིས་བྱིན་གྱིས་བརླབས་པ་ཡོད། དེ་སྤྱན་དྲངས་ལ་བགྱིས་ཟེར།

de	ga	na	yod	ston	dang	byas	pas	ba	dmar mo
de	ga	na	yod	ston	dang	byas	pas	ba	dmar mo
DET	哪里	LOC	EXI	显示[24]	MOD	做[1]	LNK	奶牛	红

vus vdebs pavi		sa	na	yod	zer.
vus vdebs pa	vi	sa	na	yod	zer
牛叫[W]	NML GEN	地	LOC	EXI	说[W]

请指示那些佛像在哪儿？然后去做。答道：在红奶牛哞哞叫的地方。

དེ་ག་ན་ཡོད་སྟོན་དང་བྱས་པས། བ་དམར་མོ་འུས་འདེབས་པའི་ས་ན་ཡོད་ཟེར།

de	phyin	tsa na	lha	bcu dgu	vdug.	dgyes	nas	he he
de	phyin	tsa na	lha	bcu dgu	vdug	dgyes	nas	he he
DET	去[1]	时候	佛	十九	EXI	喜欢[W]	LNK	咳咳

byas	pas.	mnal	sad	pavi		rmi lam	du	red.
byas	pas	mnal	sad	pa	vi	rmi lam	du	red
做[1]	LNK	睡觉	醒[W]	NML	GEN	梦	RES	变

到那里时，有十九尊像。高兴后，"咳咳"起来。醒来时，原来是梦。

དེ་ཕྱིན་ཚ་ན་ལྷ་བཅུ་དགུ་འདུག དགྱེས་ནས་ཧེ་ཧེ་བྱས་པས། མནལ་སད་པའི་རྨི་ལམ་དུ་རེད།

nang par	blon	kham pa	vkhrid	nas	ltar		phyin	pas
nang par	blon	kham pa	vkhrid	nas	lta	r	phyin	pas
第二天清晨	臣	康木巴	带[123]	LNK	看[2]	PUR	去[1]	LNK

cang	med	vdi	na	vdug	pa yin	pa	la	byas	te.
cang	med	vdi	na	vdug	pa yin	pa	la	byas	te
什么	EXI:NEG	DET	LOC	EXI	REA	NML	OBJ	做[1]	LNK

次日清晨领着大臣康木巴去看时。什么也没有。像是在这儿呀！

ནང་པར་བློན་ཁམ་པ་འཁྲིད་ནས་ལྟར་ཕྱིན་པས་ཅང་མེད་འདི་ན་འདུག་པ་ཡིན་པ་ལ་བྱས་ཏེ།

btsan pos		bye ma	la	zhabs sug	byas	pas	nal gu	bya ma
btsan po	s	bye ma	la	zhabs sug	byas	pas	nal gu	bya ma
赞普	AGE	沙	LOC	脚	做[1]	LNK	碧玉	母鸡

lug	tsam	gcig	vdug.
lug	tsam	gcig	vdug
羊	点	一	EXI

赞普用脚踢沙堆，发现了一块碧玉，状似鸡，有绵羊那么大。

བཙན་པོས་བྱེ་མ་ལ་ཞབས་སུག་བྱས་པས་ནལ་གུ་བྱ་མ་ལུག་ཙམ་གཅིག་འདུག

de	bsal	bas	rdovi		sku	rang byung	thevuvi	
de	bsal	bas	rdo	vi	sku	rang byung	thevu	vi
DET	消除[13]	LNK	石头	GEN	身体	天然	章	GEN

rjes	med	pa	gtsug gtor	nag	ldem	pa	spyan
rjes	med	pa	gtsug gtor	nag	ldem	pa	spyan
痕迹	EXI:NEG	NML	冠子	黑	颤抖[W]	NML	眼睛

第四章 文本语法标注

bkra hrig	bavi		byang chub	chen po	gcig	gdav	te
bkra hrig	ba	vi	byang chub	chen po	gcig	gdav	te
闪烁[W]	NML	GEN	菩提	大	一	EXI	LNK

shing rta	la	bzhugs	pa	dang	sa	lan	gcig	g'yos.
shing rta	la	bzhugs	pa	dang	sa	lan	gcig	g'yos
马车	ALL	住[W]	NML	LNK	地	次	一	摇晃[14]

清除干净，石头身，天然、无雕饰的乌黑冠子，颤悠悠状。眼睛灼灼发光的一个大菩提。安放到车上，大地震动了一次。

དེ་བསལ་ནས་རྡོའི་སྐུ་རང་བྱུང་ཞིའི་རྩེ་མེད་པ་གཙོག་གཏོར་ནག་ཉིས་པ་སྤུག་བཅིག་པའི་བྱང་ཆུབ་ཆེན་པོ་གཅིག་གདའ་ཏེ་ཞིང་རྟ་ལ་བཞུགས་པ་དང་ས་ལན་གཅིག་གཡོས།

spyan	drangs	te	shar	sgor		byon	pa	dang	sa	lan
spyan	drangs	te	shar	sgo	r	byon	pa	dang	sa	lan
HON	请[1]	LNK	东	门	ALL	到达[14]	NML	LNK	地	次

gcig	g'yos.
gcig	g'yos
一	摇晃[14]

托运之后，到达东门口。大地震动一次。

སྤྱན་དྲངས་ཏེ་ཤར་སྒོར་བྱོན་པ་དང་ས་ལན་གཅིག་གཡོས།

dri gtsang khang	du	byon	pa	dang	sa	lan	cig	g'yos
dri gtsang khang	du	byon	pa	dang	sa	lan	cig	g'yos
香殿	ALL	到达[14]	NML	LNK	地	次	一	摇晃[14]

dang.
dang
LNK

达到香殿，大地震动了一次。

དྲི་གཙང་ཁང་དུ་བྱོན་པ་དང་ས་ལན་གཅིག་གཡོས།

khri	la	bzhugs	pa	dang	btsan po	dgyes	te.	man tsi
khri	la	bzhugs	pa	dang	btsan po	dgyes	te	man tsi
座位	ALL	坐[W]	NML	LNK	赞普	喜欢[W]	LNK	薄丝

dang   gser ka   gsol.
dang   gser ka   gsol
COO   金水   献[W]

安放在座位上，赞普非常高兴。献上薄丝和金水。

ཁྲི་ལ་བཞག་པ་དང་བཙན་པོ་དགྱེས་སོ། མན་ཙེ་དང་གསེར་ཁ་གསོལ།

phywa mkhan   na re.   btsan povi   khang pa   dang   sbyar
phywa mkhan   na re.   btsan po vi   khang pa   dang   sbyar
占卜者   说[W]   赞普   GEN   房子   COM   按照[13]
na   lha   chung   mchis   nas   vjag ma   la   ras   g'yogs   nas.
na   lha   chung   mchis   nas   vjag ma   la   ras   g'yogs   nas
COD   佛   小   EXI   LNK   茅草   LOC   布   盖[1]   LNK
vdag pa   la   gser   gyi   gyim vbag   lan   bdun   gsol   nas   bzhag.
vdag pa   la   gser   gyi   gyim vbag   lan   bdun   gsol   nas   bzhag
泥   LOC   金   GEN   合金   次   七   献[W]   LNK   放置[1]

石匠说：比照赞普的殿堂的话，佛像太小了。在茅草上，裹上布。在泥上，金子的外面又渡了七次，然后安置好。

ཕྱྭ་མཁན་ན་རེ། བཙན་པོའི་ཁང་པ་དང་སྦྱར་ན་ལྷ་ཆུང་མཆིས་ནས་འཇག་མ་ལ་རས་གཡོགས་ནས། བདག་པ་ལ་གསེར་གྱི་གྱིམ་འབག་ལན་བདུན་གསོལ་ནས་བཞག།

rgyu   rdo   las   byas   pa   bzo   ni   bod   kyi   lugs   su
rgyu   rdo   las   byas   pa   bzo   ni   bod   kyi   lugs   su
材料   石头   ABL   做[1]   NML   样式   TOP   吐蕃   GEN   模式   DAT
byas   te.
byas   te
做[1]   LNK

用石头作料，样式呢，照着吐蕃人的模样做。

རྒྱུ་རྡོ་ལས་བྱས་པ་བཟོ་ནི་བོད་ཀྱི་ལུགས་སུ་བྱས་ཏེ།

g'yas   lho   ngos   kyi   gral   la   byang chub sems dpav
g'yas   lho   ngos   kyi   gral   la   byang chub sems dpav
右   南   面   GEN   排   LOC   菩萨

第四章 文本语法标注 283

nam mkhavi snying po.	rgyal ba byams pa.	thugs rje	chen po
nam mkhavi snying po	rgyal ba byams pa	thugs rje	chen po
虚空藏	弥勒佛	慈悲	大

spyan ras gzigs.	savi snying po.	dgav ba dpal.
spyan ras gzigs	savi snying po	dgav ba dpal
观世音	地藏菩萨	喜吉祥

khro bo khams gsum rnam par rgyal ba	dang	drug.
khro bo khams gsum rnam par rgyal ba	dang	drug
三界尊胜忿怒明王	PRT	六

在右边南面一排上，有菩萨虚空藏、弥勒佛、大慈大悲观世音、地藏菩萨喜吉祥以及三界尊胜忿怒明王等六尊佛像。

གཡས་ཕྱོགས་ཀྱི་གྲལ་ལ་བྱང་ཆུབ་སེམས་དཔའ་ནམ་མཁའི་སྙིང་པོ། རྒྱལ་བ་བྱམས་པ། ཐུགས་རྗེ་ཆེན་པོ་སྤྱན་རས་གཟིགས། སའི་སྙིང་པོ་དགའ་བ་དཔལ། ཁྲོ་བོ་ཁམས་གསུམ་རྣམ་པར་རྒྱལ་བ་དང་དྲུག

byang	ngos	na	kun tu bzang po.	phyag na rdo rje.	vjam dpal.
byang	ngos	na	kun tu bzang po	phyag na rdo rje	vjam dpal
北	面	LOC	普贤	金刚手	文殊

sgrib pa rnam sel.	dge snyen chen po li tsa byi	dri ma med par
sgrib pa rnam sel	dge snyen chen po li tsa byi	dri ma med pa	r
除盖障	大善知识李杂启	无垢	OBJ

grags	pa.
grags	pa
传说[W]	NML

在北面，是传说的普贤菩萨、金刚手、文殊菩萨、除盖障菩萨、大善知识李杂启无垢。

བྱང་ངོས་ན་ཀུན་ཏུ་བཟང་པོ། ཕྱག་ན་རྡོ་རྗེ། འཇམ་དཔལ། སྒྲིབ་པ་རྣམ་སེལ། དགེ་བསྙེན་ཆེན་པོ་ཙ་ཙ་བྱི་དྲི་མ་མེད་པར་གྲགས་པ།

khro bo mi g'yo ba dmar po	dang.	gtso	vkhor	bcu gsum.
khro bo mi g'yo ba dmar po	dang	gtso	vkhor	bcu gsum
赤色忿怒不动明王	COO	主	随从	十三

赤色忿怒不动明王主从十三尊。

ཁྲོ་བོ་མི་གཡོ་བ་དམར་པོ་དང་། གཙོ་འཁོར་བཅུ་གསུམ།

284 藏文古文献《拔协》文本标注与语法研究

gsang ba vdus pa	la	vgrel	pa	brgya rtsa brgyad	yod	pa	las.
gsang ba vdus pa	la	vgrel	pa	brgya rtsa brgyad	yod	pa	las
集密	DAT	解释[2]	NML	一百零八	EXI	NML	LNK

按对集密的解释，则有一百零八尊。

གསང་བ་འདུས་པ་ལ་འགྲེལ་པ་བརྒྱ་རྩ་བརྒྱད་ཡོད་པ་ལས།

slob dpon	sangs rgyas ye shes zhabs	kyi	lugs	lha	bcu dgur
slob dpon	sangs rgyas ye shes zhabs	kyi	lugs	lha	bcu dgu r
大师	桑杰益喜夏	GEN	规定	佛	十九 OBJ

mdzad	pas	drug	ma	bshams	nas	byang chub	chen povi
mdzad	pa s	drug	ma	bshams	nas	byang chub	chen po vi
做[W]	LNK	六	NEG	布置[1]	LNK	菩提	大 GEN

sku	rgyab	du	logs ldeb	ri mor	bris	nas	yod	do.
sku	rgyab	du	logs ldeb	ri mo r	bris	nas	yod	do
身体	后背	LOC	壁面	绘画 LOC	写[14]	SER	EXI	END

按照大师桑吉悦喜夏的规定，做了十九尊神佛。六尊容纳不下，在大菩萨背后的壁面上画着存着。

སློབ་དཔོན་སངས་རྒྱས་ཡེ་ཤེས་ཞབས་ཀྱི་ལུགས་ལྷ་བཅུ་དགུར་མཛད་པས་དྲུག་མ་བཤམས་ནས་བྱང་ཆུབ་ཆེན་པོའི་སྐུ་རྒྱབ་ཏུ་ལོགས་ལྡེབ་རི་མོར་བྲིས་ནས་ཡོད་དོ།།

ste bavi	rgyud ris	ni	sku	gsung	vbyung	bavi
ste ba vi	rgyud ris	ni	sku	gsung	vbyung	ba vi
主要 GEN	传承画	TOP	身	语	来[23]	NML GEN

mdo	bris	lte bavi	kha	phyir	lta	ba	la	mdo sde
mdo	bris	lte ba vi	kha	phyi r	lta	ba	la	mdo sde
经	写[14]	主要 GEN	口	外 ALL	看:[2]	NML	LNK	佛经

pad dkar povi		rgyud ris	bris.
pad dkar po vi		rgyud ris	bris
白莲花	GEN	传承画	写[14]

主要传承呢，画着《身语本末经》。朝外的主要墙壁上画着《白莲花经》传承画。

སྟེ་བའི་རྒྱུད་རིས་ནི་སྐུ་གསུང་འབྱུང་བའི་མདོ་བྲིས་ལྟེ་བའི་ཁ་ཕྱིར་ལྟ་བ་ལ་པད་དཀར་པོའི་རྒྱུད་རིས་བྲིས།

```
kha    nang   ltavi skor khang    la    rin po chevi tog   gi    gzungs   bris.
kha    nang   ltavi skor khang    la    rin po chevi tog   gi    gzungs   bris
口     里    转经殿              LOC   宝顶              GEN   陀罗尼   写[14]
```

门口内的转经殿上画着《宝顶咒》中的传承画；

ཁ་ནང་ལྟ་བའི་སྐོར་ཁང་ལ་རིན་པོ་ཆེའི་ཏོག་གི་གཟུངས་བྲིས།

```
snga    khang    la    rjevi             thugs dam        mdo sde.
snga    khang    la    rje    vi         thugs dam        mdo sde
前      房子     LOC   王     GEN        本尊佛           佛经

dkon mchog sprin      gyi    rgyud ris    vog   khang     gi     chos skyong
dkon mchog sprin      gyi    rgyud ris    vog   khang     gi     chos skyong
宝云经                GEN    传承画       下    房子      GEN    护法

mkhav vgro ma        seng ge    khrivi              ral pa can    la     gtad.
mkhav vgro ma        seng ge    khri   vi           ral pa can    la     gtad
空行母               狮子       座位   GEN          热巴坚        DAT    交付[13]
```

在前殿，照王的本尊经《宝云经》的传承画；下殿的护法空行母狮子座朝向热巴坚。

ཕྱག་ཁང་ལ་རྗེའི་ཐུགས་དམ་མདོ་སྡེ་དགོན་མཆོག་སྤྲིན་གྱི་རྒྱུད་རིས་འོག་ཁང་གི་ཆོས་སྐྱོང་མཁའ་འགྲོ་མ་སེང་གེ་ཁྲིའི་རལ་པ་ཅན་ལ་གཏད།

```
de     nas    bar    khang    gi     shing    gla ba    dang    seng ldan
de     nas    bar    khang    gi     shing    gla ba    dang    seng ldan
DET    ABL    中间   房子     GEN    木料     麝香      COO     檀香
la     byas
la     byas
INS    做[1]
```

然后，在中层殿的木料，用麝香树和紫檀香树做成。

དེ་ནས་བར་ཁང་གི་ཤིང་གླ་བ་དང་སེང་ལྡན་ལ་བྱས།

```
lder bzo    rgyu    ba men    gyi    ko ba.    bzo    rgya nag povi             lugs.
lder bzo    rgyu    ba men    gyi    ko ba     bzo    rgya nag po    vi         lugs
塑像       材料    野黄牛    GEN    牛皮      样式   汉地            GEN        模式
```

gtso bo	dpal	rnam par snang mdzad.		g'yas	na
gtso bo	dpal	rnam par snang mdzad		g'yas	na
主要	吉祥	大日如来		右	LOC

vdas pavi sangs rgyas mar me mdzad.	g'yon	na
vdas pavi sangs rgyas mar me mdzad	g'yon	na
过去佛燃灯	左	LOC

ma byon pavi sangs rgyas byams pa	bzhengs.
ma byon pavi sangs rgyas byams pa	bzhengs
未来佛弥勒	修建[W]

塑像的材料用野黄牛皮，以汉地的模式做模型，主像是大日如来佛；在右边，是过去佛燃灯；在左边，修建的是未来佛弥勒。

ཕྱིར་བཞུ་བ་མེན་གྱི་ཀོ་བ། བཞུ་བག་པོའི་ལུགས། གཙོ་བོ་དཔལ་རྣམ་པར་སྣང་མཛད། གཡས་ན་འདས་པའི་སངས་རྒྱས་མར་མེ་མཛད། གཡོན་ན་མ་བྱོན་པའི་སངས་རྒྱས་བྱམས་པ་བཞེངས།

mdun	na	snang stong gi lha sshkya thub pa.
mdun	na	snang stong gi lha sshkya thub pa
前	LOC	晦日佛释迦能仁

tshes brgyad kyi lha sman gyi bla baidduurya.	nyavi lha snang ba mthav yas.
tshes brgyad kyi lha sman gyi bla baidduurya	nyavi lha snang ba mthav yas
八日佛药王菩萨摆都诺	月中佛无量光

g'yas	g'yon	gyi	byang chub sems dpav.	vkhor	nye	bavi
g'yas	g'yon	gyi	byang chub sems dpav	vkhor	nye	ba
右	左	GEN	菩萨	随从	接近[W]	NML

	sras	brgyad.
vi	sras	brgyad
GEN	弟子	八

余下的，前面是晦日佛释迦能仁、八日佛药王菩萨摆都诺、月中佛无量光；左右两边菩萨是亲近的八大弟子。

མདུན་ན་སྟོང་སྟོང་གི་ལྷ་ཤཱཀྱ་ཐུབ་པ། ཚེས་བརྒྱད་ཀྱི་ལྷ་སྨན་གྱི་བླ་བཻ་ཌཱུརྱ། ཉའི་ལྷ་སྣང་བ་མཐའ་ཡས། གཡས་གཡོན་གྱི་བྱང་ཆུབ་སེམས་དཔའ། འཁོར་ཉེ་བའི་སྲས་བརྒྱད།

第四章 文本语法标注 287

dge snyen chen mo dri ma med par grags pa.
dge snyen chen mo dri ma med par grags pa
大善知识无垢称

byang chub sems dpav dgav bavi dpal.
byang chub sems dpav dgav bavi dpal
喜吉祥菩萨

khro bo kang dang king	zhes	byas	te	rgya nag povi		skad.
khro bo kang dang king	zhes	byas	te	rgya nag po	vi	skad
忿怒护法哼哈	QM	做[1]	LNK	汉地	GEN	话

大善知识无垢称、喜吉祥菩萨，忿怒护法"哼"、"哈"二将，这是汉话的说法。

དགེ་བསྙེན་ཆེན་མོ་དྲི་མ་མེད་པར་གྲགས་པ། བྱང་ཆུབ་སེམས་དཔའ་དགའ་བའི་དཔལ། ཁྲོ་བོ་གང་དང་གིང་ཞེས་བྱས་ཏེ་རྒྱ་ནག་པོའི་སྐད།

don	vog khang	dang	mthun.	kri yavi lha tshogs bco lnga	dang
don	vog khang	dang	mthun	kri yavi lha tshogs bco lnga	dang
作用	后殿	COM	适合[W]	密部事续十五圣会	COM

bstun.
bstun
按照[13]

其作用与后殿一致，与密部事续十五圣会相一致。

དོན་འོག་ཁང་དང་མཐུན། ཀྲི་ཡའི་ལྷ་ཚོགས་བཅོ་ལྔ་དང་བསྟུན།

nang	gi	rgyud ris	yum rgyas pavi gleng gzhivi levu
nang	gi	rgyud ris	yum rgyas pavi gleng gzhivi levu
里	GEN	传承画	十万颂般若经

rgyud ris	su	bris.
rgyud ris	su	bris
传承画	RES	写[14]

里面的像按《广说般若十万颂》前序的传承画来画制。

ནང་གི་རྒྱུད་རིས་ཡུམ་རྒྱས་པའི་གླེང་གཞིའི་ལེའུ་རྒྱུད་རིས་སུ་བྲིས།

gdong	la	rgyal po	chen po	bzhi.	skor khang	kha	phyir
gdong	la	rgyal po	chen po	bzhi	skor khang	kha	phyi r
前	LOC	王	大	四	厢殿	口	外 ALL
blta	la	mchod rten	brgyad pa	mya ngan las vdas			pavi
blta	la	mchod rten	brgyad pa	mya ngan las vdas			pa
看[3]	LNK	供塔	第八	涅槃经			NML
vi	rgyud ris.						
	rgyud ris						
GEN	传承画						

前面的四大天王，厢殿向外的是第八佛塔，按照《涅槃经》的传承画；

གདོང་ལ་རྒྱལ་པོ་ཆེན་པོ་བཞི། སྐོར་ཁང་ཁ་ཕྱིར་བལྟ་ལ་མཆོད་རྟེན་བརྒྱད་པ་མྱ་ངན་ལས་འདས་པའི་རྒྱུད་རིས།

kha	nang	lta	la	mdo sde	sprin	chen povi		rgyud ris.
kha	nang	lta	la	mdo sde	sprin	chen po	vi	rgyud ris
口	里	看[2]	LNK	佛经	云	大	GEN	传承画

朝里看，按《大宝云经》的传承画；

ཁ་ནང་ལྟ་ལ་མདོ་སྡེ་སྤྲིན་ཆེན་པོའི་རྒྱུད་རིས།

snga	khang	phyogs	bcuvi		sangs rgyas	dang.	gshin rjes gshed
snga	khang	phyogs	bcu	vi	sangs rgyas	dang	gshin rjes gshed
前	房子	方	十	GEN	佛陀	COO	大威德
kyi	lha	tshogs	dang.	bsam yas	na	gnas	pavi
kyi	lha	tshogs	dang	bsam yas	na	gnas	pa vi
GEN	佛	召集[W]	LNK	桑耶	LOC	存在[W]	NML GEN
chos skyong	ba	rnams	kyi	vbag.	chos skyong	ba	rgyal po
chos skyong	ba	rnams	kyi	vbag	chos skyong	ba	rgyal po
护法	NML	pl	GEN	画像	护法	NML	王
shing bya can	la	gtad.					
shing bya can	la	gtad					
具木鸟	DAT	交付[13]					

前殿塑造十方来佛像，召集大威德众佛，在桑耶中的护法诸神的画像。中层殿护法神建造的是具木鸟王。

第四章 文本语法标注 289

ཕྱ་ཁང་སྟོགས་བཅུའི་གནས་རྒྱས་དང་། གཉིས་རྗེས་ནེད་ཀྱི་སྟུ་ཚོགས་དང་། བསམ་ཡས་ནས་གནས་པའི་ཆོས་སྐྱོང་ནི་རྣམས་ཀྱི་འབག། ཆོས་སྐྱོང་བ་རྒྱལ་པོ་ཞིང་བྱ་ཅན་ལ་གདད།

de	nas	steng	khang	gi	shing	thams cad	thang ma	dang
de	nas	steng	khang	gi	shing	thams cad	thang ma	dang
DET	ABL	上	房子	GEN	树	全部	松树	COO

gsom	la	byas.	lder bzo	rgyu	ras	dang	vjag ma	bzo
gsom	la	byas	lder bzo	rgyu	ras	dang	vjag ma	bzo
杉树	INS	做[1]	塑像	材料	布	COO	茅草	样式

rgya dkar povi		lugs.
rgya dkar po	vi	lugs
天竺	GEN	模式

然后，上层殿的木料全是用松树和杉树做的。塑像的材料用布和茅草，塑像用天竺模式。

དེ་ནས་སྟེང་ཁང་གི་ཞིང་ཐམས་ཅད་ཐང་མ་དང་གསོམ་ལ་བྱས། ལྡེར་བཟོ་རྒྱུ་རས་དང་འཇག་མ་བཟོ་རྒྱ་དཀར་པོའི་ལུགས།

gtso bo	sangs rgyas	rnam par snang mdzad	kun tu zhal bzhi ngo bo gcig.
gtso bo	sangs rgyas	rnam par snang mdzad	kun tu zhal bzhi ngo bo gcig
主要	佛陀	大日如来	普见四面一性佛

re	re	la	vkhor	gnyis	byang chub sems dpav	nye	bavi
re	re	la	vkhor	gnyis	byang chub sems dpav	nye	ba
每	每	POS	随从	二	菩萨	接近[W]	NML

	sras	brgyad.
vi	sras	brgyad
GEN	弟子	八

主像是大日如来和普见四面一性佛，各有二眷属，菩萨的八大亲近弟子；

གཙོ་བོ་སངས་རྒྱས་རྣམ་པར་སྣང་མཛད་ཀུན་ཏུ་ཞལ་བཞིའི་ངོ་བོ་གཅིག རེ་རེ་ལ་འཁོར་གཉིས་བྱང་ཆུབ་སེམས་དཔའ་ཉེ་བའི་སྲས་བརྒྱད།

nang	gi	lha	tshogs	byang chub sems dpav rdo rje rgyal mtshan
nang	gi	lha	tshogs	byang chub sems dpav rdo rje rgyal mtshan
里	GEN	佛群		菩萨金刚幢

la sogs pa	phyogs	bcu	nas	lhags	pavi	
la sogs pa	phyogs	bcu	nas	lhags	pa	vi
等等	方	十	ABL	到[W]	NML	GEN

byang chub sems dpavi		khro bo mi g'yo ba	bzhi.
byang chub sems dpav	vi	khro bo mi g'yo ba	bzhi
菩萨	GEN	不动忿怒明王	四

phyag na rdo rje	bzhi	te.
phyag na rdo rje	bzhi	te
金刚手	四	DET

召集里面的神菩萨金刚幢等。来自十方的诸菩萨的四个不动忿怒明王、四金刚手，

ནན་གི་ཚོགས་བྱང་ཆུབ་སེམས་དཔའ་རྡོ་རྗེ་རྒྱལ་མཚོག་ལ་སོགས་པ་ཕྱོགས་བཅུ་ནས་ལྷགས་པའི་བྱང་ཆུབ་སེམས་དཔའི་ཁྲོ་བོ་མི་གཡོ་བ་བཞི། ཕྱག་ན་རྡོ་རྗེ་བཞི་སྟེ།

bha tavi		lha tshogs	bzhi bcu zhe gnyis.	rgyud ris	mdo sde sa bcu pa.
bha ta	vi	lha tshogs	bzhi bcu zhe gnyis	rgyud ris	mdo sde sa bcu pa
布达	GEN	神团	四十二	传承画	十地经

chos skyong ba	rgyal po	zangs mavi		bee log can.
chos skyong ba	rgyal po	zangs ma	vi	bee log can
护法者	王	铜	GEN	斗拱

布达的四十二个神团，依《十地经》传承，护法是具红斗拱王。

བྷ་ཏའི་ལྷ་ཚོགས་བཞི་བཅུ་ཞེ་གཉིས། རྒྱུད་རིས་མདོ་སྡེ་ས་བཅུ་པ། ཆོས་སྐྱོང་བ་རྒྱལ་པོ་ཟངས་མའི་བི་ལོག་ཅན།

thog rgya	vphibs	za vog	gi	ris	can	du	phib①.	lcog	bzhi
thog rgya	vphibs	za vog	gi	ris	can	du	phib	lcog	bzhi
屋顶	覆盖物	锦缎	GEN	花纹	者	DAT	盖[W]	峰	四

na	steng	gi	zhing khams	mdangs dgav ba can		gyi
na	steng	gi	zhing khams	mdangs dgav ba can		gyi
LOC	上	GEN	天界	欢颜者		GEN

---

① 应该为vphib。

第四章　文本语法标注　291

sangs rgyas　　dgav bavi dpal.
sangs rgyas　　dgav bavi dpal
佛陀　　　　　喜吉祥

顶棚以锦缎花纹盖着，在四角上，是上天界的欢颜喜吉祥佛。

ཐོག་འཐིབས་ཟ་བོག་གི་རིས་ཅན་དུ་ཕྱོགས་སྟེང་གི་བྱིང་ཁམས་མདངས་དགའ་བའི་ཅན་གྱི་སངས་རྒྱས་དགའ་བའི་དཔལ།

vkhor　byang chub sems dpav　dgav byin　la sogs pavi　　　　rgyud ris bzhi.
vkhor　byang chub sems dpav　dgav byin　la sogs pa　vi　　rgyud ris bzhi
随从　　菩萨　　　　　　　　喜施　　　　等等　　　GEN　传承画　四

眷属是喜施菩萨等四像。

འཁོར་བྱང་ཆུབ་སེམས་དཔའ་དགའ་བྱིན་ལ་སོགས་པའི་རྒྱུད་རིས་བཞི།

devi　　　chos skyong　gnod sbyin　lag　na　rdo rje　gos　sngon can
de　vi　　chos skyong　gnod sbyin　lag　na　rdo rje　gos　sngon can
DET　GEN　护法　　　　夜叉　　　　手　LOC　金刚　　衣服　蓝色者
bzhi　　la　　gtad　　　　vgan vjir　　gser　la　　shel　gyi
bzhi　　la　　gtad　　　　vgan vjir　　gser　la　　shel　gyi
四　　　DAT　交付[13]　　顶饰　　　　金　　LOC　水晶　GEN
tog can　　du　　btsugs.
tog can　　du　　btsugs
顶饰者　　RES　成立[1]

那的护法是手持夜叉的四个蓝衣金刚，金的顶饰上，建立水晶的顶饰。

དེའི་ཆོས་སྐྱོང་གནོད་སྦྱིན་ལག་ན་རྡོ་རྗེ་གོས་སྔོན་ཅན་བཞི་ལ་གཏད་འགན་འཇིར་གསེར་ལ་ཤེལ་གྱི་ཏོག་ཅན་དུ་བཙུགས།

de　nas　vkhor sa　bar pa　rtsigs　te.　thang rtsig khang mig
de　nas　vkhor sa　bar pa　rtsigs　te　thang rtsig khang mig
DET　ABL　转经甬道　间　修建[4]　LNK　平坝　　房子　间
dgus　　skor ba　rtsigs　te.
dgu　s　skor ba　rtsigs　te
九　　INS　圈　　修建[4]　LNK

然后，筑起中间转经甬道；平坝地方盖了九间房屋，以此围绕。

དེ་ནས་འཁོར་ས་བར་པ་རྩིགས་ཏེ། ཐང་རྩིག་ཁང་མིག་དགུས་སྐོར་བ་རྩིགས་ཏེ།

lho	phyogs	rol khang	kluvi		bang mdzod	gsum	chas
lho	phyogs	rol khang	klu	vi	bang mdzod	gsum	chas
南	方	乐器房	龙	GEN	仓库	三	器具

bskang	ste.
bskang	ste
填满[3]	LNK

南边乐器房的龙库三间，放满乐器。

ཚོ་ཚོགས་རོལ་ཁང་ཀླུའི་བང་མཛོད་གསུམ་ཆས་བསྐང་སྟེ།

gnod sbyin	lag	na	dbyug pa	thogs	pa	mched	gsum
gnod sbyin	lag	na	dbyug pa	thogs	pa	mched	gsum
夜叉	手	LOC	棍杖	拿[W]	NML	兄弟	三

la	gtad.
la	gtad
DAT	交付[13]

在夜叉手里，是拿着棍杖的三兄弟。

གནོད་སྦྱིན་ལག་ན་དབྱུག་པ་ཐོགས་པ་མཆེད་གསུམ་ལ་གཏད།

nub	ngos	mdo	rgyud	chos	kyi	bang mdzod	gsum	rgya	dpe
nub	ngos	mdo	rgyud	chos	kyi	bang mdzod	gsum	rgya	dpe
西	面	经	续	法	GEN	仓库	三	天竺	书

bod	dpe	rgya nag	gi	dpevi		glegs bam	rnams	kyis
bod	dpe	rgya nag	gi	dpe	vi	glegs bam	rnams	kyis
吐蕃	书	汉地	GEN	书	GEN	书卷	pl	INS

bkang	ste.
bkang	ste
填满[1]	LNK

西面是经部、续部的三法库，放满天竺、吐蕃和汉地的经卷。

ནུབ་ངོས་མདོ་རྒྱུད་ཆོས་ཀྱི་བང་མཛོད་གསུམ་རྒྱ་དཔེ་བོད་དཔེ་རྒྱ་ནག་གི་དཔེའི་གླེགས་བམ་རྣམས་ཀྱིས་བཀང་སྟེ།

a tsa ra	lag	na	spu gri	thogs	pa	mched	gsum	la
a tsa ra	lag	na	spu gri	thogs	pa	mched	gsum	la
瑜伽咒师	手	LOC	尖刀	拿[W]	NML	兄弟	三	DAT

gtad.	byang	ngos	rin chen	gter	gyi	bang mdzod	gsum.
gtad	byang	ngos	rin chen	gter	gyi	bang mdzod	gsum
交付[13]	北	面	珍宝	矿物	GEN	仓库	三

gser	dngul	zangs	sder so	la sogs pas		bkang	te.
gser	dngul	zangs	sder so	la sogs pa	s	bkang	te
金	银	铜	塑像	等等	INS	填满[1]	LNK

护法神是持刀瑜伽三法友。北边是三间珍宝库，盛满金银铜和塑像等财宝。

ཨ་ཚར་ལགས་ན་སྤྱི་བོགས་པ་མཆེད་གསུམ་ལ་གཏད། བྱང་ངོས་རིན་ཆེན་གཏེར་གྱི་བང་མཛོད་གསུམ། གསེར་དངུལ་ཟངས་སྡེར་སོ་སོགས་པས་བཀང་
སྟེ།

gshin rje	lag	na	be con can	mched	gsum	la	gtad.
gshin rje	lag	na	be con can	mched	gsum	la	gtad
阎罗	手	LOC	持杖者	兄弟	三	DAT	交付[13]

rgyud ris	mdo rgya cher rol pa	bris.		
rgyud ris	mdo rgya cher rol pa	bris		
传承画	大游戏经	写[14]		

护法是持杖阎罗三法友。按《大游戏经》的传承绘制。

གཤིན་རྗེ་ལག་ན་བེ་ཅོན་ཅན་མཆེད་གསུམ་ལ་གཏད། རྒྱུད་རིས་མདོ་རྒྱ་ཆེར་རོལ་པ་བྲིས།

bar	gyi	so rgyongs	la	bskal pa bzang po	vdi	la	sangs rgyas
bar	gyi	so rgyongs	la	bskal pa bzang po	vdi	la	sangs rgyas
中间	GEN	甬道	LOC	贤劫		DET COO	佛陀

stong	vbyung	ba	dang.	de	vog	tu	ngan vgrovi	
stong	vbyung	ba	dang	de	vog	tu	ngan vgro	vi
千	来[23]	NML	LNK	DET	下	LOC	恶趣	GEN

bskal pa	drug cuvi		rjes	la	bskal pa	gnyan po	chen po
bskal pa	drug cu	vi	rjes	la	bskal pa	gnyan po	chen po
劫	六十	GEN	后面	LOC	劫	年波[凶恶]	大

la.	sangs rgyas	khri	vbyung	ba	bris	te.
la	sangs rgyas	khri	vbyung	ba	bris	te
COO	佛陀	万	来[23]	NML	写[14]	LNK

294 藏文古文献《拔协》文本标注与语法研究

此图下面，在画着恶趣六十劫的后面，中间的甬道绘上千佛贤劫万佛出世图。画着大威怖劫和万佛出世图。

བར་གྱི་སོ་སྐྱིལ་ལ་བསྐལ་པ་བཟང་པོ་འདི་ལ་སངས་རྒྱས་སྟོང་འབྱུང་བ་དང་། དེ་འོག་ཏུ་ནན་འབོའི་སྐལ་པ་དྲུག་ཅུའི་རྟེན་ན། བསྐལ་པ་གཞན་པོ་ཆེན་པོ་ལ། སངས་རྒྱས་ཁྲི་འབྱུང་བ་བྲིས་ཏེ།

ma	shong	ba	gru skas	gyi	rtsigs logs	la	bkod	nas
ma	shong	ba	gru skas	gyi	rtsigs logs	la	bkod	nas
NEG	容纳[W]	NML	角梯	GEN	墙壁	LOC	安排[1]	SER

yod	do.
yod	do
EXI	END

画不下的就画在靠楼梯的墙壁上。

མ་ཤོང་པ་གྲུ་སྐས་ཀྱི་རྩིགས་ལོགས་ལ་བཀོད་ནས་ཡོད་དོ།

de	nas	vkhor sa	chen movi	bskor	te.	dpal
de	nas	vkhor sa	chen mo	vi	bskor	te	dpal
DET	ABL	转经甬道	大	GEN	环绕[13]	DET	吉祥

rnam par snang mdzad	ngan song	sbyongs	pavi	dkyil vkhor
rnam par snang mdzad	ngan song	sbyongs	pa	vi	dkyil vkhor
大日来佛	恶趣	保护[4]	NML	GEN	坛城

du	bzhengs	so.
du	bzhengs	so
OBJ	修建[W]	END

外面大甬道的周围，并塑造了吉祥大日如来护恶坛城。

དེ་ནས་འཁོར་ས་ཆེན་མོའི་བསྐོར་ཏེ། དཔལ་རྣམ་པར་སྣང་མཛད་ངན་སོང་སྦྱོངས་པའི་དཀྱིལ་འཁོར་དུ་བཞེངས་སོ།

mdav yab	kyi	ngos	bzhi	la	rdo rje sems dpav	la sogs pa	rigs
mdav yab	kyi	ngos	bzhi	la	rdo rje sems dpav	la sogs pa	rigs
檐子	GEN	面	四	LOC	金刚萨埵	等等	类

bzhivi		lha	rnams	zhal	phyir	blta	ba.
bzhi	vi	lha	rnams	zhal	phyi	r	blta	ba
四	GEN	佛	pl	HON	外	ALL	看[3]	NML

第四章 文本语法标注 295

屋脊的四面，金刚菩萨等四部神众，面皆外向。

མདའ་ཡབ་ཀྱི་ངོས་བཞི་ལ་རྡོ་རྗེ་སེམས་དཔའ་ལ་སོགས་པ་རིགས་བཞིའི་ཞལ་རྣམས་ཞལ་ཕྱིར་བསྟན་པ།

nang	du	mdo stug po	brgyan	pavi	rgyud ris	dang.
nang	du	mdo stug po	brgyan	pa vi	rgyud ris	dang
里	LOC	密严经	装饰[13]	NML GEN	传承画	COO

nor bu bzang pos	dge bavi	bshes gnyen	brgya rtsa bcu gnyis
nor bu bzang po s	dge ba vi	bshes gnyen	brgya rtsa bcu gnyis
诺布桑保 AGE	善 GEN	知识	一百一十二

brten	pa	bris	so.
brten	pa	bris	so
依靠[13]	NML	写[14]	END

里面画上《密严经》的传承画和诺布桑保依靠的一百一十二善知识的画。

དེས་མ་ཁེངས་པ་འཕགས་པ་སྣང་བརྒྱད་ཀྱིས་བཀང་དང་། ནོར་བུ་བཟང་པོས་དགེ་བའི་བཤེས་གཉེན་བརྒྱ་རྩ་བཅུ་གཉིས་བརྟེན་པ་བྲིས་སོ།།

des	ma	khengs	pa	vphags pa snang brgyad	kyis	bkang.
de s	ma	khengs	pa	vphags pa snang brgyad	kyis	bkang
DET INS	NEG	充满[1]	NML	八光明圣者	INS	填满[1]

用此没有填满的地方，以八光明圣者像填充。

དེས་མ་ཁེངས་པ་འཕགས་པ་སྣང་བརྒྱད་ཀྱིས་བཀང་།

chos skyong	kluvi rgyal po a nan ta u li ka	la	gtad	do.
chos skyong	kluvi rgyal po a nan ta u li ka	la	gtad	do
护法	龙王阿南达乌里格	DAT	交付[13]	END

建立的是护法龙王阿南达乌里格。

ཆོས་སྐྱོང་ཀླུའི་རྒྱལ་པོ་ཨ་ནན་ཏ་ཨུ་ལི་ཀ་ལ་གཏད་དོ།།

rgyab	tu	rdo	ring	pdma	can	la	bkav rtsigs	kyi	yi ge
rgyab	tu	rdo	ring	pdma	can	la	bkav rtsigs	kyi	yi ge
后背	LOC	石头	长	莲花	者	LOC	文书	GEN	文字

mdor bsdus	bskod	pa.	steng	du	seng ge	bzhag	nas.
mdor bsdus	bskod	pa	steng	du	seng ge	bzhag	nas
简要	刻[1]	NML	上	LOC	狮子	放置[1]	LNK

296 藏文古文献《拔协》文本标注与语法研究

chos skyong　singh mu le　la　gtad　　do.
chos skyong　singh mu le　la　gtad　　do
护法　　　　狮子画师　　 DAT 交付[13] END

背后的莲花般的石碑上刻着简要的誓文，顶上安放狮子，建立了护法狮子画师。

རྒྱབ་ཏུ་རྡོ་རིང་པདྨ་ཅན་ལ་བཀའ་ཚིགས་ཀྱི་ཡི་གེ་མདོར་བསྡུས་བཀོད་པ། སྟེང་དུ་སེང་གེ་བཞག་ནས། ཆོས་སྐྱོང་སེང་གེ་ལ་གཏད་དོ།།

dbu　 rtsevi　　　 sgo gsum　shes rab kyi pha rol tu phyin pa　rnam par thar
dbu　 rtse vi　　　sgo gsum　shes rab kyi pha rol tu phyin pa　rnam par thar
头　　尖顶 GEN　三门　　　般若波罗密多画卷　　　　　　 解脱[W]

pavi　　　 sgo　 stong pa nyid　　dang.　mtshan ma　 med
pa　 vi　　sgo　 stong pa nyid　　dang　 mtshan ma　 med
NML GEN　门　 空性　　　　　　COO　 本性　　　 EXI:NEG

pa　　dang　 smon pa　med　　　 pavi　　 sgo　gsum　dang
pa　　dang　 smon pa　med　　　 pa　vi　 sgo　gsum　dang
NML　COO　无愿　　 EXI:NEG　NML GEN 门　三　　 COM

bstun.
bstun
按照[13]

首顶的三门是《般若波罗密多》，解脱门、空性和无相门、无愿门等三门相合。

དབུ་རྩེའི་སྒོ་གསུམ་ཤེས་རབ་ཀྱི་ཕ་རོལ་ཏུ་ཕྱིན་པ་རྣམ་པར་ཐར་པའི་སྒོ་སྟོང་པ་ཉིད་དང་། མཚན་མ་མེད་པ་དང་། སྨོན་པ་མེད་པའི་སྒོ་གསུམ་དང་བསྟུན།

rtsigs pa　bskos①　te　 rmangs　gzugs　chu　 khung　vdon.　nang
rtsigs pa　bskos　 te　 rmangs　gzugs　chu　 khung　vdon　 nang
墙壁　　　刻[1]　 LNK 基础　　身形　　水　　洞　　　出来[2] 里

du　　ka　 rmangs　bya.
du　　ka　 rmangs　bya
LOC　柱　 基础　　 做[3]

---

① 应该为brkos。

然后挖墙，墙基留有出水孔，里面安好柱基。

ཅིགས་པ་བསྐོར་ཏེ། རྣམས་གཞགས་རྒྱ་ཁྱུང་འདོན། ནང་དུ་ཀ་རྣམས་བཙུགས།

devi		steng	du	ka ba.	ka bavi		steng	du	ka lo.
de	vi	steng	du	ka ba	ka ba	vi	steng	du	ka lo
DET	GEN	上	LOC	柱子	柱子	GEN	上	LOC	斗拱

devi		steng	du	gdung.	devi		steng	du	phyam
de	vi	steng	du	gdung	de	vi	steng	du	phyam
DET	GEN	上	LOC	梁	DET	GEN	上	LOC	椽子

devi		steng	du	spang leb.
de	vi	steng	du	spang leb
DET	GEN	上	LOC	木板

之上，立柱，柱顶是斗拱，之上，是梁，梁上是椽子，再上是木板。

དེའི་སྟེང་དུ་ཀ་བ། ཀ་བའི་སྟེང་དུ་ཀ་ལོ། དེའི་སྟེང་དུ་གདུང་། དེའི་སྟེང་དུ་ཕྱམ། དེའི་སྟེང་དུ་སྤང་ལེབ།

devi		steng	du	so phag	dgram.	kha	lan kan	gyis	bskor.
de	vi	steng	du	so phag	dgram	kha	lan kan	gyis	bskor
DET	GEN	上	LOC	砖	铺[3]	口	栏杆	INS	环绕[13]

板上铺瓦，前面以栏杆环绕。

དེའི་སྟེང་དུ་སོ་ཕག་བགྲམ། ཁ་ལན་ཀན་གྱིས་བསྐོར།

logs	la	gsum chavi		vog	tu.	sge khung	phyi	rub	la
logs	la	gsum cha	vi	vog	tu	sge khung	phyi	rub	la
面	LOC	三分之一	GEN	下	LOC	窗子	外	收窄	COO

nang	yangs	pa	rgya mtsho	lta bu	bya.
nang	yangs	pa	rgya mtsho	lta bu	bya
里	宽的	NML	大海	如	做[3]

墙壁上的三分之一以下，做了外窄内宽的状似大海一样的窗户。

ལོགས་ལ་གསུམ་ཆའི་འོག་ཏུ། སྒེ་ཁུང་ཕྱི་རུབ་ལ་ནང་ཡངས་པ་རྒྱ་མཚོ་ལྟ་བུ་བྱ།

bya gag	mi	vjug	pavi		phyir	dra ba.	sbrang bu	mi
bya gag	mi	vjug	pa	vi	phyir	dra ba	sbrang bu	mi
鸡鸭	NEG	纳入[2]	NML	GEN	原因	网	昆虫	NEG

vjug	pavi	sgo	glegs	de	rlung	gis	mi	vbyed
vjug	pa vi	sgo	glegs	de	rlung	gis	mi	vbyed
纳入[2]	NML GEN	门	板	DET	风	INS	NEG	开[2]

pavi	phyir	vkhor bstan	bya.
pa vi	phyir	vkhor bstan	bya
NML GEN	原因	门闩	做[3]

为了防止鸡鸭飞入而拦以网；为了防止昆虫飞入而安上门扇；为了风不能开的原因而做门闩。

བྱ་གག་མི་འཇུག་པའི་ཕྱིར་དྲ་བ། སྦྲང་བུ་མི་འཇུག་པའི་ཕྱིར་སྒོ་གླེགས་དེ། རླུང་གིས་མི་འབྱེད་པའི་ཕྱིར་འཁོར་བསྟན་བྱ།

de	vbyed	pavi	dbyu gu	skam kha[①]	bya.	steng	du
de	vbyed	pa vi	dbyu gu	skam kha	bya	steng	du
DET	开[2]	NML GEN	棍子	钳嘴	做[3]	上	ALL

vdzegs	pavi	gru skas	rmang	rdo	la	byas.
vdzegs	pa vi	gru skas	rmang	rdo	la	byas
爬[14]	NML GEN	角梯	根基	石头	RES	做[1]

打开的棍子做插钉，向上爬的梯子的梯基用石头铺设。

དེ་འབྱེད་པའི་དབྱུ་གུ་སྐམ་ཁ་བྱ། སྟེང་དུ་འཛེགས་པའི་གྲུ་སྐས་རྨང་རྡོ་ལ་བྱས།

bar	so phag	steng	shing	las	byas.	vjus	bavi	gdang bu
bar	so phag	steng	shing	las	byas	vjus	ba vi	gdang bu
中间	砖	上	树	ABL	做[1]	抓[14]	NML GEN	梯绳

byas	te	mi	vgul	bavi	lcags	gzer gdub	bya	ba
byas	te	mi	vgul	ba vi	lcags	gzer gdub	bya	ba
做[1]	LNK	NEG	摇动[W]	NML GEN	铁	螺丝垫	做[3]	NML

la sogs pa.	rtsig	pa	vdul ba	dang	bstun	rgyud ris	thams cad
la sogs pa	rtsig	pa	vdul ba	dang	bstun	rgyud ris	thams cad
等等	修[2]	NML	律藏	COM	适应[13]	传承画	全部

mdo sde	dang	bstun.
mdo sde	dang	bstun
佛经	COM	适应[13]

---

① 应该为skam khab。

中间用砖砌，上端用木料，安上扶手，用铁钉钉牢以免摇动等等。修建的形式与律藏的相合；所有壁画传承皆与经藏相符合。

བར་སོ་ཕག་གིས་བྱས་ཤིང་ལས་བྱས་ཏེ་འཇུས་པའི་གདན་ཅུ་ཅི་འགུལ་བའི་སླད་གཟེར་གདབ་བྱ་བ་ལ་སོགས་པ། ཕྱག་པ་འདུལ་བ་དང་བསྟུན་ཅིང་རིས་ཐམས་ཅད་མདོ་སྡེ་དང་བསྟུན།

lder bzo	thams cad	sngags	dang	bstun.	de	ltar	na
lder bzo	thams cad	sngags	dang	bstun	de	ltar	na
塑像	全部	密宗	COM	适应[13]	DET	按照	COD

lder bzo	sgo mo	bdun cu don drug.	mdo brgyud	rgyud ris	bcu
lder bzo	sgo mo	bdun cu don drug	mdo brgyud	rgyud ris	bcu
塑像	门	七十六	经续	传承画	十

bzhi.	ka ba	stong dang rtsa gnyis.	chen mo	sum cu so drug.	sgo
bzhi	ka ba	stong dang rtsa gnyis	chen mo	sum cu so drug	sgo
四	柱子	一千零二	大	三十六	门

chung	bzhi bcu zhe gnyis.	gru skas	chen po	drug.	cong	chen po
chung	bzhi bcu zhe gnyis	gru skas	chen po	drug	cong	chen po
小	四十二	角梯	大	六	钟	大

brgyad.	dar thang	chen po	gsum.	vphan	chen po	brgyad
brgyad	dar thang	chen po	gsum	vphan	chen po	brgyad
八	绢	大	三	幡	大	八

la sogs pa	dang.
la sogs pa	dang
等等	LNK

所有塑像都与密乘所说相符。按此七十六尊佛像，经部续部十四部、柱子一千零二、大门三十六、小门四十二、大梯六、大钟八、大绢画三、大长幡八等等。

ཟེར་བའི་ཐམས་ཅད་སྔགས་དང་བསྟུན། དེ་ལྟར་ན་ལྡེར་བཟོ་བདུན་ཅུ་དོན་དྲུག་མདོ་བརྒྱུད་རྒྱུད་རིས་བཅུ་བཞི། ཀ་བ་སྟོང་དང་རྩ་གཉིས། སྒོ་མོ་ཆེན་པོ་སུམ་ཅུ་སོ་དྲུག གྲུ་སྐས་ཆེན་པོ་དྲུག འཕན་ཆེན་པོ་བརྒྱད་ལ་སོགས་པ་དང་།

mngon pa	dang	bstun	pavi	gling	bzhi	gling	phran
mngon pa	dang	bstun	pa vi	gling	bzhi	gling	phran
论藏	COM	适应[13]	NML GEN	洲	四	洲	小

bcu   gnyis.   nyi zla   dang   bcas   pa   bzhengs   te.
bcu   gnyis   nyi zla   dang   bcas   pa   bzhengs   te
十   二   日月   COM   制定[1] NML   修建[W]   LNK

符合论藏的四大洲和十二小洲，修建了日月殿等。

མཚོན་པ་དང་བསྟུན་པའི་གླིང་བཞི་གླིང་ཕྲན་བཅུ་གཉིས། ཉི་ཟླ་དང་བཅས་པ་བཞེངས་ཏེ།

shar lus vphags po   gling g'yog   dang   bcas   la   dpe   byas   te.
shar lus vphags po   gling g'yog   dang   bcas   la   dpe   byas   te
东胜身   小洲   PRT   等[1]   DAT   模型   做[1]   LNK

以东胜身及其小洲为模型。

ཤར་ལུས་འཕགས་པོ་གླིང་གཡོག་དང་བཅས་པ་ལ་དཔེར་བྱས་ཏེ།

dang po   rnam dag khrims khang gling   zla gam   du   byas   te.
dang po   rnam dag khrims khang gling   zla gam   du   byas   te
首先   清净戒律洲   半月形   RES   做[1]   LNK

lder bzo   sshkya thub pa   gtso   vkhor   lnga   bzhugs.
lder bzo   sshkya thub pa   gtso   vkhor   lnga   bzhugs
塑像   释迦能者   主   随从   五   住[W]

首先修筑了半月形的清净戒律洲，安放了释迦牟尼主眷五尊佛像。

དང་པོ་རྣམ་དག་ཁྲིམས་ཁང་གླིང་ཟླ་གམ་དུ་བྱས་ཏེ། ལྡེར་བཟོ་ཤཱཀྱ་ཐུབ་པ་གཙོ་འཁོར་ལྔ་བཞུགས།

zla vod gzhon nur   bsgyur   pavi   rgyud ris   chos skyong
zla vod gzhon nu   r   bsgyur   pa   vi   rgyud ris   chos skyong
月光童子经   RES   翻译[13] NML   GEN   传承画   护法

dkar po dung gi thor gtsug can.
dkar po dung gi thor gtsug can
具螺髻的白梵天王

按照翻译的《月光童子经》的传承，集全护法。护法是具螺髻的白梵天王。

ཟླ་འོད་གཞོན་ནུར་བསྒྱུར་པའི་རྒྱུད་རིས་ཆོས་སྐྱོང་དཀར་པོ་དུང་གི་ཐོར་གཙུག་ཅན།

lte ba   la   sgo   re.   vkhor sa   la   sgo   gnyis   gnyis   gling   phran
lte ba   la   sgo   re   vkhor sa   la   sgo   gnyis   gnyis   gling   phran
中心   LOC   门   每   转经甬道   LOC   门   二   二   洲   小

```
bcu gnyis po    la    yod  do.
bcu gnyis po    la    yod  do
十二            LOC   EXI  END
```
主殿各有一门,围廊转经处各有二门,小岛有十二个。

ཇྭ་བ་ལ་སྒོར་རེ། འཁོར་ས་ལ་སྒོ་གཉིས་གཉིས་སྒྲིང་ཕྲན་བཅུ་གཉིས་པོ་ལ་ཡོད་དོ།།

```
mkhyen rab vjam dpal gling    na.   vjam dpal  rgyu   ko ba   la    byas
mkhyen rab vjam dpal gling    na    vjam dpal  rgyu   ko ba   la    byas
胜智文殊洲                    LOC   文殊       材料   牛皮    RES   做[1]

pa    gtso  vkhor  bdun.  sgo  bsrung  gshin rje  gnyis.  nang  gi
pa    gtso  vkhor  bdun   sgo  bsrung  gshin rje  gnyis   nang  gi
NML   主    随从   七     门   守护[3]  阎罗       二      里    GEN

lte ba  la    vjam dpal  gyi   sangs rgyas  kyi   zhing  gi    yon tan
lte ba  la    vjam dpal  gyi   sangs rgyas  kyi   zhing  gi    yon tan
主要    LOC   文殊       GEN   佛陀         GEN   田     GEN   功德

bkod    pavi    rgyud ris.
bkod    pa vi   rgyud ris
安排[1]  NML GEN  传承画
```

在胜智文殊洲,是牛皮材料的文殊主眷七尊佛像,门卫是二阎罗。其中主要佛像都是按《大宝积经文殊师利授记会第十五》的传承绘制。

མཁྱེན་རབ་འཇམ་དཔལ་གླིང་ན། འཇམ་དཔལ་རྒྱུ་ཀོ་བ་ལ་གཙོ་འཁོར་བདུན། སྒོ་བསྲུང་གཤིན་རྗེ་གཉིས། ནང་གི་ལྟེ་བ་ལ་འཇམ་དཔལ་གྱི་སངས་རྒྱས་ཀྱི་ཞིང་གི་ཡོན་ཏན་བཀོད་པའི་རྒྱུད་རིས།

```
vog khang    na    phal po chevi         rgyud ris.  sgo mo  che ba  drug.
vog khang    na    phal po che    vi     rgyud ris   sgo mo  che ba  drug
后殿         LOC   华严经         GEN    传承画      门      大      六

chos skyong ba   gshin rje mevi vkhor lo can.  brda sbyor tshad ma gling  na.
chos skyong ba   gshin rje mevi vkhor lo can   brda sbyor tshad ma gling  na
护法者           火轮阎罗                      文字翻译洲                 LOC
```

下殿照《华严经》的传承画,有六座大门,护法神是火轮阎罗,在文字翻译洲。

འོག་ཁང་ན་ཕལ་པོ་ཆེའི་རྒྱུད་རིས། སྒོ་མོ་ཆེ་བ་དྲུག ཆོས་སྐྱོང་བ་གཤིན་རྗེ་མེའི་འཁོར་ལོ་ཅན། བརྡ་སྦྱོར་ཚད་མ་གླིང་ན།

sshkya thub pa	gtso	vkhor	bdun.	lte ba	la	mdo
sshkya thub pa	gtso	vkhor	bdun	lte ba	la	mdo
释迦能者	主	随从	七	主要	LOC	经

rin po che sna tshogs	kyi	rgyud ris.	phyi	btsun pavi	
rin po che sna tshogs	kyi	rgyud ris	phyi	btsun pa	vi
宝焰佛	GEN	传承画	外	僧人	GEN

g'yos khang.	chos skyong	rgyal po	vbrug	gi	rlog pa can.
g'yos khang	chos skyong	rgyal po	vbrug	gi	rlog pa can
灶房	护法	王	龙	GEN	袍子

lhovi gling	sogs	kha	gsum	la.	
lhovi gling	sogs	kha	gsum	la	
南瞻部	等	口	三	LOC	

释迦牟尼主眷七尊佛像，主要照《宝焰佛》的传承。外面是僧人的灶房。护法是穿龙袍的天王。南瞻部三洲的三个入口处。

ཤཱཀྱ་ཐུབ་པ་གཙོ་འཁོར་བདུན། རིན་པོ་མཆེ་རིན་པོ་སྣ་ཚོགས་ཀྱི་རྒྱུད་རིས། ཕྱི་བཙུན་པའི་གཡོས་ཁང་། ཆོས་སྐྱོང་རྒྱལ་པོ་འབྲུག་གི་ཀློག་པ་ཅན། ལྷོའི་གླིང་སོགས་ཁ་གསུམ་ལ།

bdud vdul sngags pa gling	na.	sshkya mu ne	bdud	vdul	lugs ma.
bdud vdul sngags pa gling	na	sshkya mu ne	bdud	vdul	lugs ma
降魔真言洲	LOC	释迦牟尼	魔鬼	驯服[2]	模具

vkhor	lder bzo	bzhi.	lte ba	la	mdo sde sa bcu pa.	vkhor sa	la
vkhor	lder bzo	bzhi	lte ba	la	mdo sde sa bcu pa	vkhor sa	la
随从	塑像	四	主要	LOC	十地经	转经甬道	LOC

gtsug na rin po chevi mdo.	chos skyong ba	dbang phyag ma
gtsug na rin po chevi mdo	chos skyong ba	dbang phyag ma
宝髻菩萨问经	护法者	自在母

nyi shu rtsa brgyad.
nyi shu rtsa brgyad
二十八

在降魔真言洲有释迦牟尼降魔的模具，随从塑像四座。按照《十地经》绘制。围廊转经处按照《宝髻菩萨问经》绘制。护法神是二十八自在母。

第四章 文本语法标注 303

བདུད་འདུལ་ཕྱགས་པ་བྱིང་ན། སྒྱུ་སྦུ་ནི་བདུད་འདུལ་ལུགས་མ། འཁོར་ལྷེར་བཅོ་བཞི། བླ་བ་མདོ་སྡེ་བ་བཅུ་པ། འཁོར་ས་ལ་གཏུགས་ན་རིན་པོ་ཆེའི་མཆོད་རྟེན་པ་དངུལ་ཕྱུགས་མ་ཉི་ཤུ་རྩ་བཅུ།

aʿrya pa lovi	gling na.	kha sar pa nni	gtso vkhor lnga.	steng
aʿrya pa lo vi	gling na	kha sar pa nni	gtso vkhor lnga	steng
观音 GEN	洲 LOC	观世音	主 随从 五	上

na	a mi de wa	gtso vkhor lnga.	glo vbur na	sku gsung thugs
na	a mi de wa	gtso vkhor lnga	glo vbur na	sku gsung thugs
LOC	阿弥陀佛	主 随从 五	凸起处 LOC	身口意

kyi rten.
kyi rten
GEN 所依

在观音洲，有观世音菩萨主眷五尊，上层有阿弥陀佛主眷五尊等佛像，凸起地方是身、语、意所依。

ཨརྩ་པའི་ལྕིང་ན། ཁ་སར་པ་ཅེ་གཙོ་འཁོར་ལྔ། སྟེང་ན་ཨ་མི་དེ་ཝ་གཙོ་འཁོར་ལྔ། གློ་འབུར་ན་སྐུ་གསུང་ཐུགས་ཀྱི་རྟེན།

skuvi	rten	tsnda gyi	rus pa la	gu gul gyi sha.
sku vi	rten	tsnda gyi	rus pa la	gu gul gyi sha
身体 GEN	所依	檀香 GEN	骨头 COO	安息香 GEN 肉

dngul	gyi	lpags pa	g'yogs pavi		rgyal povi
dngul	gyi	lpags pa	g'yogs pa	vi	rgyal po vi
银	GEN	皮	盖[1]	NML	GEN 王 GEN

vdra vbag	gcig.	bla	vbum yum chen mo	gcig.	phra med gyi
vdra vbag	gcig	bla	vbum yum chen mo	gcig	phra med gyi
画像	一	上面	大般若经十万颂	一	镶嵌宝石 GEN

mchod rten	gcig.	rgyud ris	mdo sde za ma tog	bkod pa.	bsevi
mchod rten	gcig	rgyud ris	mdo sde za ma tog	bkod pa	bse
供塔	一	传承画	宝箧经	规划	犀牛

	lha mo	stong rtsa gnyis.
vi	lha mo	stong rtsa gnyis
GEN	天女	一千零二

身依处檀香木为骨，安息香为肉，蒙着白银皮的国王的一张画像，是一部《大般若经十万颂》；意依是一座镶嵌宝石的佛塔，按《宝箧经》的传承规划。犀牛皮做的天女像一千零二位。

སྐུ་རྟེན་ཚནྡན་གྱི་རུས་པ་ལ་གུ་གུལ་གྱི་ཤ། དངུལ་གྱི་ཤགས་པ་གཡོགས་པའི་རྒྱལ་པོའི་འབག་གཅིག་ནི། ཤེར་འབུམ་ཡུམ་ཆེན་མོ་གཅིག། ཐུ་མེད་ཀྱི་མཆོད་རྟེན་གཅིག། ཀྱང་རིས་མངོ་སྦྱི་ར་མ་དོག་བཀོད་པ། བསེའི་ལྷ་མོ་སྟོང་རྩ་གཉིས།

vkhor sa	la	sa bcuvi mdo.	chos skyong ba	drang srong	ta ma ra
vkhor sa	la	sa bcuvi mdo	chos skyong ba	drang srong	ta ma ra
转经甬道	LOC	十地经	护法者	仙人	达玛诺

vkhor	long ba rgyab vbrel	dang	bcas	pa.
vkhor	long ba rgyab vbrel	dang	bcas	pa
随从	龙哇甲斋	PRT	等[W]	NML

围廊转经处按《十地经》绘制，护法是仙人达玛诺及其眷属龙哇甲斋等。

འཕགས་ཡུལ་གྱི་གླིང་ན་ཇོ་བོ་བྱང་ཆུབ་ཆེན་པོ་ལུགས་མ་གཙོ་འཁོར་ལྔ།

rgya gar	gyi	gling	na	jo bo byang chub chen po	lugs ma	gtso
rgya gar	gyi	gling	na	jo bo byang chub chen po	lugs ma	gtso
天竺	GEN	洲	LOC	大菩萨	模式	主

vkhor	lnga.
vkhor	lnga
随从	五

在天竺洲里有大菩萨主眷五尊的铸像。

རྒྱུད་རིས་མགོན་པོ་ཚེ་དཔག་ཏུ་མེད་པ་དང་། འདུལ་བ་རྣམ་པར་དག་པ།

rgyud ris	mgon po tshe dpag tu med pa	dang.	vdul ba rnam par dag pa.
rgyud ris	mgon po tshe dpag tu med pa	dang	vdul ba rnam par dag pa
传承画	怙主无量寿经	COO	清净律

按《怙主无量寿经》和《清净律》的传承绘制。

མདུན་ན་ལོ་ཙ་བ་དཔལ་དུ་མེད་པ་དང་། འདུལ་བ་རྣམ་པར་དག་པ།

mdun	na	lo pnna	sgra bsgyur	bavi	khang pa	gcig
mdun	na	lo pnna	sgra bsgyur	ba	vi	khang pa	gcig
前	LOC	译师班智达	翻译[W]	NML	GEN	房子	一

第四章　文本语法标注　305

la.	sgo	so sor		blta	ba.	chos skyong ba	gnod sbyin
la	sgo	so so	r	blta	ba	chos skyong ba	gnod sbyin
LOC	门	各个	DAT	看[3]	NML	护法者	夜叉

ra thod.	nub kyi gling	zlum po	gsum	la	baiai ro tsa navi gling
ra thod	nub kyi gling	zlum po	gsum	la	baiai ro tsa navi gling
诺陀	西牛贺州	圆形	三	LOC	毗卢遮那洲

na	rnam par snang mdzad	zangs	las	byas	pa.
na	rnam par snang mdzad	zangs	las	byas	pa
LOC	大日如来	铜	ABL	做[1]	NML

前面是一间译师翻译的房屋，各门的看护者，护法神夜叉诺陀。修建三座圆形西牛贺州。在毗卢遮那洲，有红铜铸的大日如来。

༄༅། །མདུན་ན་ལོ་པའི་སྒྲུ་བཟུང་བའི་ཁང་པ་ཞིག་ཡ། སྒོ་སོ་སོར་བལྟ་བ། ཆོས་སྐྱོང་བ་གནོད་སྦྱིན་ར་ཐོད། ནུབ་ཀྱི་གླིང་ཟླུམ་པོ་གསུམ་ལ་བཻ་རོ་ཙ་ནའི་གླིང་། རྣམ་པར་སྣང་མཛད་ཟངས་ལས་བྱས་པ།

vkhor gsang bavi yum bzhi.	rnam par snang mdzad mngon par byang chub pavi
vkhor gsang bavi yum bzhi	rnam par snang mdzad mngon par byang chub pa
随从　秘密佛母四	《毗卢遮那现等觉续》

	rgyud ris.
vi	rgyud ris
GEN	传承画

眷属有秘密四佛母，按《毗卢遮那现等觉续》的传承画。

འཁོར་གསང་བའི་ཡུམ་བཞི། རྣམ་པར་སྣང་མཛད་མངོན་པར་བྱང་ཆུབ་པའི་རྒྱུད་རིས།

chos skyong	gnod sbyin	glang gi mgo can.	byams pa gling	na
chos skyong	gnod sbyin	glang gi mgo can	byams pa gling	na
护法	夜叉	象头	弥勒佛洲	LOC

vphags pa byams pa	gtso	vkhor	bdun.	sgo	srung	gshin rje gshed
vphags pa byams pa	gtso	vkhor	bdun	sgo	srung	gshin rje gshed
圣者弥勒	主	随从	七	门	守护	大威德

gnyis	rgyud ris	mis		mi	dge ba	spyad	pas.
gnyis	rgyud ris	mi	s	mi	dge ba	spyod	pas
二	传承画	人	AGE	NEG	善	用[24]	LNK

306 藏文古文献《拔协》文本标注与语法研究

护法是象头夜叉，在弥勒佛洲有圣者弥勒主眷七尊，守门是大威德二尊，传承人行不善。

ཆོས་སྐྱོང་གནོད་སྦྱིན་གླང་གི་མགོ་ཅན། བྱམས་པ་གླིང་ན་འཕགས་པ་བྱམས་པ་གཙོ་འཁོར་བདུན། སྒོ་བསྲུང་གཤིན་རྗེ་གཤེད་གཉིས། རིགས་མི་དགེ་བ་སྤྱོད་པས།

shshkya thub pavi		bstan pa	mar	vgrib	pa	dang.	tshe lo
shshkya thub pa	vi	bstan pa	mar	vgrib	pa	dang	tshe lo
释迦能者	GEN	佛法	下	减少[W]	NML	LNK	年龄

bcu pa	nas	mis		dge ba	byas	pas	byamspavi		bstan pa
bcu pa	nas	mi	s	dge ba	byas	pas	byams pa	vi	bstan pa
十	ABL	人	AGE	善	做[1]	LNK	慈悲	GEN	佛法

yar	vphel	ba	bris.
yar	vphel	ba	bris
上方	发展[W]	NML	写[14]

而释迦牟尼的佛法衰微，从十岁时，人们行善。记载慈悲的佛法得到弘扬等。

སྣ་ནམ་རྒྱ་ཚ་ལྷ་སྣང་པའི་བསྐུལ་པ་མར་འགྲིབ་པ་དང་། ཆོ་ལོ་བཅུ་པ་ནས་མིས་དགེ་བ་བྱས་པའི་བསྟན་པ་ཡར་འཕེལ་བ་བྲིས།

sna nam rgya tsha lha snang		gis	las dpon po	byed	thabs	dang.
sna nam rgya tsha lha snang		gis	las dpon po	byed	thabs	dang
纳囊・甲擦拉囊		AGE	工头	做[2]	方法	COO

byang chub ltung bshags	kyi	lha	tshogs	bkod.
byang chub ltung bshags	kyi	lha	tshogs	bkod
菩提忏悔经	GEN	佛	团	记录[1]

由纳囊・甲擦拉囊当工头，记录有召集《三聚经》中的群神。

ལྷ་ནམ་རྒྱ་ཚ་ལྷ་སྣང་གིས་ལས་དཔོན་པོ་བྱས་ཐབས་དང་། བྱང་ཆུབ་ལྟུང་བཤགས་ཀྱི་ལྷ་ཚོགས་བཀོད།

chos skyong	mkhav vgro ma	gu gling		gi	gos	can.
chos skyong	mkhav vgro ma	gu gling		gi	gos	can
护法	空行母	金色刺绣绸缎		GEN	衣服	者

bsam gtan gling	na	rnam par snang mdzad	yab	kyi	thugs dam
bsam gtan gling	na	rnam par snang mdzad	yab	kyi	thugs dam
禅定洲	LOC	大日如来	父亲	GEN	本尊佛

第四章　文本语法标注　307

gnyan po	byin	can	rigs	lnga.	vkhor	nyan thos chen po bcu drug
gnyan po	byin	can	rigs	lnga	vkhor	nyan thos chen po bcu drug
年波[凶恶]	力	者	类	五	随从	十六尊阿罗汉

dang	bcas	pa.
dang	bcas	pa
PRT	等[W]	NML

护法是穿金色刺绣绸缎衣的空行母，在禅定洲，有大日来佛父亲的"五种大加持"，随从十六尊阿罗汉等。

ཆོས་སྐྱོང་མཁའ་འགྲོ་མ་གུ་སྦྲིང་གི་གོས་ཅན། བསམ་གཏན་གླིང་ན་རྣམ་པར་སྣང་མཛད་ཡབ་ཀྱི་བྱུགས་དང་གཉན་པོ་བྱིན་ཅན་རིགས་ལྔ། འཁོར་ཉན་ཐོས་ཆེན་པོ་བཅུ་དྲུག་དང་བཅས་པ།

rgyud ris	gser vod dam pa nye vdon	gyi	lugs.	chos skyong ba
rgyud ris	gser vod dam pa nye vdon	gyi	lugs	chos skyong ba
传承画	金光明经	GEN	模式	护法者

rgyal po	tum pavi mgo bo can.	byang	gi	gling	gru bzhi	gsum	las.
rgyal po	tum pavi mgo bo can	byang	gi	gling	gru bzhi	gsum	las
王	具忿怒头	北	GEN	洲	方形	三	ABL

rin chen sna tshogs gling	na	sshkya mu ne	gtso	vkhor	lnga.
rin chen sna tshogs gling	na	sshkya mu ne	gtso	vkhor	lnga
聚宝洲	LOC	释迦牟尼	主	随从	五

rgyud ris	dgav ldan	du	yum	la	bshad	pa.
rgyud ris	dgav ldan	du	yum	la	bshad	pa
传承画	兜率天[甘丹]	LOC	母	DAT	讲[13]	NML

drin lan gsob pavi mdo.
drin lan gsob pavi mdo
报恩经

传承《金光明经》的模式，护法是具忿怒头王，北方三座方形佛殿中，聚宝殿中，有释迦牟尼主眷五尊，传承在兜率天中对母说法的《报恩经》。

བརྒྱུད་རིས་གསེར་འོད་དམ་པ་ཉེ་འདོན་གྱི་ལུགས། ཆོས་སྐྱོང་ནི་རྒྱལ་པོ་ཏུམ་པའི་མགོ་བོ་ཅན། བྱང་གི་གླིང་གྲུ་བཞིའི་གསུམ་ལས། རིན་ཆེན་སྣ་ཚོགས་གླིང་ན་སཱཀྱ་མུ་ནེ་འཁོར་ལྔ། བརྒྱུད་རིས་དགའ་ལྡན་དུ་ཡུམ་ལ་ཆོས་བཤད་པ། དྲིན་ལན་གསོབ་པའི་མདོ།

chos skyong pa	rgyal bo	dbyi yi par ra can.	sems bskyed	byang chub gling	
chos skyong pa	rgyal bo	dbyi yi par ra can	sems bskyed	byang chub gling	
护法者	国王	猞猁掌者	发心[W]	菩提洲	
na	phyag na rdo rjevi pho brang.		ri bo mchog rab	na	phyag na rdo rje.
na	phyag na rdo rjevi pho brang		ri bo mchog rab	na	phyag na rdo rje
LOC	金刚手宫		须弥山	LOC	金刚手
rdo rje	phur pa.	bdud rtsi vkhyil ba	gsum.		
rdo rje	phur pa	bdud rtsi vkhyil ba	gsum		
金刚	楔	甘露漩	三		

护法是具猞猁掌王,在发菩提心洲有金刚手宫。须弥山有金刚手、金刚橛和甘露漩三尊。

ཆོས་སྐྱོང་བ་རྒྱལ་བོ་དབྱི་ཡི་པར་ར་ཅན། སེམས་བསྐྱེད་བྱང་ཆུབ་གླིང་ན་ཕྱག་ན་རྡོ་རྗེའི་ཕོ་བྲང་། རི་བོ་མཆོག་རབ་ན་ཕྱག་ན་རྡོ་རྗེ། རྡོ་རྗེ་ཕུར་པ། བདུད་རྩི་འཁྱིལ་བ་གསུམ།

par chad	bsrung	ba	gsum	gtso bo.	sangs rgyas ma chags pdmavi spyan
par chad	bsrung	ba	gsum	gtso bo	sangs rgyas ma chags pdmavi spyan
障碍	守护[3]	NML	三	主要	无著莲花眼佛
nam mkhav	la	byon	pa	la	byang chub sems dpav
nam mkhav	la	byon	pa	la	byang chub sems dpav
天空	ALL	到达[14]	NML	LNK	菩萨
sgrib pa rnam sel	gyis	zhus	sna ba byas	te	sa bcu pavi
sgrib pa rnam sel	gyis	zhus	sna ba byas	te	sa bcu pa vi
除盖障	AGE	请求[14]	引导[W]	LNK	十地 GEN
byal chub sems dpav	rdo rje snying po		la sogs pa	sems skyed	
byal chub sems dpav	rdo rje snying po		la sogs pa	sems skyed	
菩萨	金刚心要经		等等	发菩提心[W]	
zhu	ba.				
zhu	ba				
请求[23]	NML				

以除障菩萨为首,无著莲花眼佛到达天空,请求宣讲《十地菩萨金刚心要经》等等的塑像。

བར་ཆད་བསྲུང་བ་གསུམ་གཙོ་བོ། སངས་རྒྱས་མ་ཆགས་པད་མའི་སྤྱན་ནམ་མཁའ་ལ་བྱོན་པ་ལ་བྱང་ཆུབ་སེམས་དཔའ་སྒྲིབ་པ་རྣམ་སེལ་གྱིས་ཞུས་ཏེ་ས་བཅུ་པའི་བྱང་ཆུབ་སེམས་དཔའ་རྡོ་རྗེ་སྙིང་པོ་ལ་སོགས་པ་སེམས་བསྐྱེད་ཞུ་བ།

第四章　文本语法标注　309

devi	bar	bar①	na	phyogs	bcuvi		sangs rgyas	de
de vi	bar	bar	na	phyogs	bcu	vi	sangs rgyas	de
DET	GEN	中间	中间	LOC	方	十	GEN	佛陀	DET

la	byin gyis brlab pa	zhe gnyis.	rgyud ris	mdo dkon mchog sprin.
la	byin gyis brlab pa	zhe gnyis	rgyud ris	mdo dkon mchog sprin
DAT	加持[W]	NML 四十二	传承画	宝云经

在这些神像间，有向十方佛请加持像四十二幅，依《宝云经》传承画。

དེའི་བར་བར་ན་ཕྱོགས་བཅུའི་སངས་རྒྱས་དེ་ལ་བྱིན་གྱིས་བརླབ་པ་ཞེ་གཉིས། རྒྱུད་རིས་མདོ་དཀོན་མཆོག་སྤྲིན།

vkhor sa	la	vphags pa	rtag tu ngu	shes rab kyi pha rol tu phyin pa
vkhor sa	la	vphags pa	rtag tu ngu	shes rab kyi pha rol tu phyin pa
转经甬道	LOC	圣者	常啼	般若波罗密多经

vtshol	ba.
vtshol	ba
寻求[2]	NML

转经甬道上是常啼圣者寻求《般若波罗密多经》的画像。

འཁོར་ས་ལ་འཕགས་པ་རྟག་ཏུ་ངུ་ཤེས་རབ་ཀྱི་ཕ་རོལ་ཏུ་ཕྱིན་པ་འཚོལ་བ།

chos skyong	mkhav vgro ma	seng gevi		vgros can.	dkor mdzod
chos skyong	mkhav vgro ma	seng ge	vi	vgros can	dkor mdzod
护法	空行母	狮子	GEN	走者	宝库

dpe har	gling	na	sshkya thub pa	gtso	vkhor dgu.	yab	dang
dpe har	gling	na	sshkya thub pa	gtso	vkhor dgu	yab	dang
白哈尔	洲	LOC	释迦能者	主	随从 九	父亲	COO

sras	mjal	bavi		mdovi		rgyud ris.
sras	mjal	ba	vi	mdo	vi	rgyud ris
儿子	相见[W]	NML	GEN	经	GEN	传承画

护法是空行母狮子走者，白哈宝库殿中有释迦牟尼主眷九尊，按《父子合集经》的传承画。

ཆོས་སྐྱོང་མཁའ་འགྲོ་མ་སེང་གེའི་འགྲོས་ཅན། དཀོར་མཛོད་དཔེ་ཧར་གླིང་ན་ཤཱཀྱ་ཐུབ་པ་གཙོ་འཁོར་དགུ། ཡབ་དང་སྲས་མཇལ་བའི་མདོའི་རྒྱུད་རིས།

---

① 此处的bar疑为多余。

310 藏文古文献《拨协》文本标注与语法研究

glo vbur	rnams	na	bsam yas	vbyongs	pavi		dkor	lhag ma
glo vbur	rnams	na	bsam yas	vbyongs	pa	vi	dkor	lhag ma
突起	pl	LOC	桑耶	达到[1]	NML	GEN	财物	剩余

vdi	na	vdi	yod	kyi	rtsis	yi ge	khram shing	sgrom	gang
vdi	na	vdi	yod	kyi	rtsis	yi ge	khram shing	sgrom	gang
DET	LOC	DET	EXI	GEN	计算	文字	拘牌	盒子	一

devi		bsrung ma	khram khang	gi	rgyal po	phyivi
de	vi	bsrung ma	khram khang	gi	rgyal po	phyi
DET	GEN	护法	权木康	GEN	王	外

vi	chos skyong	dpe har	la	gtad.
vi	chos skyong	dpe har	la	gtad
GEN	护法	白哈尔	DAT	交付[13]

在突起的房屋中，是负责运送桑耶的余下财物，放置何处，如何计算费用等文字材料的护法神权木康王。外面的护法委派给白哈尔。

ལོ་འབར་རྣམས་ན་བསམ་ཡས་འབྱོངས་པའི་དཀོར་ལྷག་མ་འདི་ན་འདི་ཡོད་ཀྱི་རྩིས་ཡི་གེ་ཁྲམ་ཤིང་སྒྲོམ་གང་དེའི་བསྲུང་མ་ཁྲམ་ཁང་གི་རྒྱལ་པོ་ཕྱིའི་ཆོས་སྐྱོང་དཔེ་ཧར་ལ་གཏད།

ykssha gong ma gang ba bzang povi khang pa	na.	sshkya thub pa	gtso
ykssha gong ma gang ba bzang povi khang pa	na	sshkya thub pa	gtso
上雅霞妙满房子	LOC	释迦能者	主

vkhor	lnga.	rgyud ris	bskal pa bzang povi mdo	sangs rgyas
vkhor	lnga	rgyud ris	bskal pa bzang povi mdo	sangs rgyas
随从	五	传承画	贤劫经	佛陀

stong rtsa gnyis.	chos skyong	thang lha gang ba bzang po.	ykssha
stong rtsa gnyis	chos skyong	thang lha gang ba bzang po	ykssha
一千零二	护法	唐拉妙满	雅

vog ma	gnod sbyin	nor bu bzang povi		khang pa	na.	lder bzo
vog ma	gnod sbyin	nor bu bzang po	vi	khang pa	na	lder bzo
下	夜叉	诺布桑保	GEN	房子	LOC	塑像

dang	rgyud ris	mthun.	chos skyong	bsham bu gnod sbyin
dang	rgyud ris	mthun	chos skyong	bsham bu gnod sbyin
COO	传承画	适合[W]	护法	香布妙宝夜叉

nor bu bzang po   la   gtad.
nor bu bzang po   la   gtad
诺布桑保   DAT 交付[13]

在上雅霞妙满殿有释迦牟尼主眷五尊佛像，传承《贤劫经》的一千零二位佛，护法是唐拉妙满；在下雅霞妙宝殿夜叉香诺布桑保的房子中，塑像与传承相符。护法是香布妙宝夜叉诺布桑保。

ཡང་གོང་མ་གདན་བཟང་པོའི་ཞལ་པ་ན། སྒྲུབ་ཐུབ་པ་གཙོ་འཁོར་ལྔ། རྒྱུད་རིམ་བཟངས་པ་བཟང་པོའི་མངོན་གསལ་རྒྱལ་སྲོང་རྩ་གཉིས། ཆོས་སྐྱོང་ཐང་ལྷ་གང་བ་བཟང་པོ། ཡང་འོག་མ་གདན་དཀར་སྦྱིན་ནོར་བུ་བཟང་པོའི་ཁང་པ་ན། ཟྱེར་བཟོ་དང་རྒྱུད་རིམ་མཐུན། ཆོས་སྐྱོང་པཁམས་ཀྱི་འཛིན་སྦྱིན་ནོར་བུ་བཟང་པོ་ལ་གཏད།

de   gnyis nyi ma dang zla ba. shar phyogs kyi   gling dang
de   gnyis nyi ma dang zla ba   shar phyogs kyi   gling dang
DET 二   太阳   COO 月   东   方   GEN 洲   PRT

bcas   pa   kha dog ser po. lho ngos mthing ka baittuurya. byang
bcas   pa   kha dog ser po   lho ngos mthing ka baittuurya   byang
等[W] NML 颜色   黄色   南   面   蓝色   兰琉璃   北

ngos dkar po shel. nub ngos dmar po pdma raa ga.
ngos dkar po shel   nub ngos dmar po pdma raa ga
面   白色   水晶 西 面   红色   红宝石

此二殿为日殿与月殿，东边的洲等是黄颜色，南面的是蓝琉璃色，北面的是白水晶色，西边的是红宝石色。

དེ་གཉིས་ཞི་མ་དང་ཟླ་བ། ཤར་ཕྱོགས་ཀྱི་གླིང་དང་བཅས་པ་དོག་སེར་པོ། ལྷོ་ངོས་མཐིང་ཀ་བཻཌཱུརྱ། བྱང་ངོས་དཀར་པོ་ཤེལ། ནུབ་ངོས་དམར་པོ་པདྨ་རཱ་ག།

logs kyi zhal ba gnyer ma chu gnyer vdra   ba.   thang dkar
logs kyi zhal ba gnyer ma chu gnyer vdra   ba   thang dkar
面   GEN 泥灰   皱纹   水纹   像[W] NML 平坝 白

la   zhal phyivi   rgya mtsho la   dpe   byas pa   yang
la   zhal phyi vi   rgya mtsho la   dpe   byas pa   yang
COO 泥灰 外   GEN 大海   RES 模型 做[1] NML 也

byas so.
byas so
做[1] END

墙壁上泥灰的皱纹像水纹，平的地方用白和灰色刷成外海的样子。

བོགས་ཀྱི་ཞལ་བ་གཞིར་མ་རྒྱ་གཞིར་འདྲ། རང་དཀར་ལ་ཞལ་ཕྱིའི་རྒྱ་མཚོ་ལ་འདྲ་བྱས་པ་ཡང་སོ།།

de	nas	tshang mang ke ru gling	na.	steng	khang	na	slob dpon
de	nas	tshang mang ke ru gling	na	steng	khang	na	slob dpon
DET	ABL	苍茫格如洲	LOC	上	房子	LOC	大师

bho nghi sa twavi		gzims zhal	dang.	ba so lha khang		vog
bho nghi sa twa	vi	gzims zhal	dang	ba so lha khang		vog
菩提萨埵	GEN	寝宫	COO	象牙神殿		下

khang	na	dkar thab.	chos skyong	gnod sbyin	lag	na
khang	na	dkar thab	chos skyong	gnod sbyin	lag	na
房子	LOC	灶房	护法	夜叉	手	LOC

dbyug gu	thogs	pa.
dbyug gu	thogs	pa
木棍	拿[W]	NML

然后在苍茫格如洲的上殿中，是大师菩提萨埵的卧室和象牙神殿，下殿中，有灶房，护法是手持小木棍的夜叉。

དེ་ནས་ཚངས་མང་གེ་རུ་གླིང་ན། སྟེང་ཁང་ན་སློབ་དཔོན་བོ་དྷི་སཏྭའི་གཟིམས་ཞལ་དང་། བ་སོ་ལྷ་ཁང་འོག་ཁང་ན་དཀར་ཐབ། ཆོས་སྐྱོང་གནོད་སྦྱིན་ལག་ན་དབྱུག་གུ་ཐོགས་པ།

dag byed khrus kyi khang pa		na.	khron pa	tsnda	kyis	bkang	ba.
dag byed khrus kyi khang pa		na	khron pa	tsnda	kyis	bkang	ba
清洁沐浴房子		LOC	井	檀香	INS	填满[1]	NML

在清洁沐浴殿里，用檀香木填满井。

དག་བྱེད་ཁྲུས་ཀྱི་ཁང་པ་ན། ཁྲོན་པ་ཙནྡན་གྱིས་བཀང་བ།

vog	so phag	logs	la	rab tu byung	ba	skyo ba	skye	bavi
vog	so phag	logs	la	rab tu byung	ba	skyo ba	skye	ba
下	砖	面	LOC	出家[W]	NML	悲愤	产生[23]	NML

	keng rus	kyi	rnam pa	bris.	chos skyong	gnod sbyin	lag
vi	keng rus	kyi	rnam pa	bris	chos skyong	gnod sbyin	lag
GEN	骷髅	GEN	样子	写[14]	护法	夜叉	手

第四章 文本语法标注 313

na   bum pa   thogs   pa.
na   bum pa   thogs   pa
LOC   瓶子   拿[W]   NML
下面的砖面上，画着心生悲愤的出家者的骷髅。护法是持瓶夜叉。

དགོས་པོ་ཐག་ལོགས་ལ་རབ་ཏུ་བྱུང་བ་སྐྱོ་བའི་གོང་རུས་ཀྱི་རྣམ་པ་བྲིས། ཆོས་སྐྱོང་གནོད་སྦྱིན་ལག་ན་བུམ་པ་ཐོགས་པ།

mthu rtsal klu gling   na   se ba   phung po   la   sbyin sreg   byas
mthu rtsal klu gling   na   se ba   phung po   la   sbyin sreg   byas
威猛龙洲   LOC   蔷薇   堆   LOC   火供   做[1]
pavi   yal ga   brgyad   la   klu   chen po   brgyad   byas.
pa vi   yal ga   brgyad   la   klu   chen po   brgyad   byas
NML   GEN   分枝   八   LOC   龙   大   八   做[1]
在威猛龙殿，蔷薇花丛上烧施的八分枝上有八大龙像。

མཐུ་རྩལ་ཀླུ་གླིང་ན་སེ་བ་ཕུང་པོ་ལ་སྦྱིན་སྲེག་བྱས་པའི་ཡལ་ག་བརྒྱད་ལ་ཀླུ་ཆེན་པོ་བརྒྱད་བྱས།

devi   dbus   su   phyag na rdo rje zhi ba dkar po   vdul
de vi   dbus   su   phyag na rdo rje zhi ba dkar po   vdul
DET   GEN   中心   LOC   白寂金刚手   驯服[2]
byed   du   bzhengs.
byed   du   bzhengs
做[2]   SER   修建[W]
这些像中间，修建了白寂金刚手进行驯服的画像。

དེའི་དབུས་སུ་ཕྱག་ན་རྡོ་རྗེ་ཞི་བ་དཀར་པོ་འདུལ་བྱེད་དུ་བཞེངས།

rgyud ris   nya   dang   sbal pa   dang   chu   srin   la sogs pa   bris.
rgyud ris   nya   dang   sbal pa   dang   chu   srin   la sogs pa   bris
传承画   鱼   COO   鳖   COO   水   虫子   等等   写[14]
传承画有鱼、鳖、摩羯鱼等。

རྒྱུད་རིས་ཉ་དང་སྦལ་པ་དང་ཆུ་སྲིན་ལ་སོགས་པ་བྲིས།

chos skyong   sa bdag gnyan dgu   rang chas   su   yod.
chos skyong   sa bdag gnyan dgu   rang chas   su   yod
护法   年神九地祇   自行   LOC   EXI

护法有自在年神九地祇。

ཆོས་སྐྱོང་བ་བདག་གཉན་དགུ་རང་ཆས་སུ་ཡོད།

nang	chu	shel	gyi	khyab	pa	sus		kyang	blta	bar
nang	chu	shel	gyi	khyab	pa	su	s	kyang	blta	bar
里	水	晶	GEN	遍满[W]	NML	谁	AGE	也	看[3]	SER

sngo mi thog	pa	gcig	mchi.
sngo mi thog	pa	gcig	mchi
不能[W]	NML	一	EXI

殿内放满水晶，但谁都只能看，拿不走。

དེ་ནས་མཆོད་རྟེན་དཀར་པོ་བྱང་ཆུབ་ཆེན་པོའི་མཆོད་རྟེན་ཉན་ཐོས་ཀྱི་ལུགས་དེ་བཞིན་གཤེགས་པའི་གདུང་གིས་བརྒྱན་པ་ཤུད་པུ་བ་མི་རྒྱལ་ཏོ་རེས་ལས་དཔོན་བྱས་ཏེ།

de	nas	mchod rten	dkar po	byang chub	chen povi
de	nas	mchod rten	dkar po	byang chub	chen po	vi
DET	ABL	供塔	白色	菩提	大	GEN

mchod rten	nyan thos	kyi	lugs	de bzhin	gshegs pavi		gdung	gis
mchod rten	nyan thos	kyi	lugs	de bzhin	gshegs pa	vi	gdung	gis
供塔	声闻	GEN	模式	如来佛		GEN	舍利	INS

brgyan	pa	shud pu ba	mi rgyal to res	las dpon	byas	te.
brgyan	pa	shud pu ba	mi rgyal to res	las dpon	byas	te
装饰[13]	NML	许布人	米解浩日	监事	做[1]	LNK

然后，修筑白色如大菩提的佛塔，如声闻的模式，用来佛的舍利装饰，许布人米解浩日为监工。

དེ་ནས་མཆོད་རྟེན་དཀར་པོ་བྱང་ཆུབ་ཆེན་པོའི་མཆོད་རྟེན་ཉན་ཐོས་ཀྱི་ལུགས་དེ་བཞིན་གཤེགས་པའི་གདུང་གིས་བརྒྱན་པ་ཤུད་པུ་བ་མི་རྒྱལ་ཏོ་རེས་ལས་དཔོན་བྱས་ཏེ།

chos skyong ba	gnod sbyin	skar mdav	gtong	ba	la	gtad.
chos skyong ba	gnod sbyin	skar mdav	gtong	ba	la	gtad
护法者	夜叉	流星	做[2]	NML	DAT	交付[13]

护法是掷流星夜叉。

ཆོས་སྐྱོང་བ་གནོད་སྦྱིན་སྐར་མདའ་གཏོང་བ་ལ་གཏད།

第四章 文本语法标注 315

mchod rten	dmar po	chos	kyi	vkhor lo	byang chub sems dpavi
mchod rten	dmar po	chos	kyi	vkhor lo	byang chub sems dpav
供塔	红色	法	GEN	转轮	菩萨

	lugs	pdmas		brgyan	pa.
vi	lugs	pdma	s	brgyan	pa
GEN	模式	莲花	INS	装饰[13]	NML

红色法轮，用菩提萨埵的模型，用莲花装饰。

མཆོད་རྟེན་དམར་པོ་ཆོས་ཀྱི་འཁོར་ལོ་བྱང་ཆུབ་སེམས་དཔའི་ལུགས་པདྨས་བརྒྱན་པ།

sna nam rgya tsha lha nang	gis	bzhengs.	chos skyong ba	gzav mig dmar
sna nam rgya tsha lha nang	gis	bzhengs	chos skyong ba	gzav mig dmar
纳囊·甲擦拉囊	AGE	修建[W]	护法者	火曜星

la	gtad.	mchod rten	nag po	rang	sangs rgyas	kyi	lugs
la	gtad	mchod rten	nag po	rang	sangs rgyas	kyi	lugs
DAT	交付[13]	供塔	黑色	自己	佛陀	GEN	模式

mchod rten	gyis	brgyan	pa.
mchod rten	gyis	brgyan	pa
供塔	INS	装饰[13]	NML

由纳囊·甲擦拉囊修建，护法是火曜星。修筑黑色佛塔，依独觉佛之规矩，用小佛塔装饰。

སྣ་ནམ་རྒྱ་ཚ་ལྷ་ནང་གིས་བཞེངས། ཆོས་སྐྱོང་བ་གཟའ་མིག་དམར་ལ་གཏད། མཆོད་རྟེན་ནག་པོ་རང་སངས་རྒྱས་ཀྱི་ལུགས་མཆོད་རྟེན་གྱིས་བརྒྱན་པ།

ngan lam stag ra klu gong	gis	bzhengs.	chos skyong ba	gnod sbyin
ngan lam stag ra klu gong	gis	bzhengs	chos skyong ba	gnod sbyin
恩兰·达扎鲁宫	AGE	修建[W]	护法者	夜叉

lcags kyi mchu can	la	gtad.
lcags kyi mchu can	la	gtad
铁嘴	DAT	交付[13]

由恩兰·达扎鲁宫修建，护法是铁喙夜叉。

ངན་ལམ་སྟག་ར་ཀླུ་གོང་གིས་བཞེངས། ཆོས་སྐྱོང་བ་གནོད་སྦྱིན་ལྕགས་ཀྱི་མཆུ་ཅན་ལ་གཏད།

316 藏文古文献《拔协》文本标注与语法研究

mchod rten	sngon po	dpal lha las babs pa	de	bzhin	gshegs pavi
mchod rten	sngon po	dpal lha las babs pa	de	bzhin	gshegs pa
供塔	蓝色	吉祥天降		如来	

	lugs.	lha khang	gi	sgo mo	bcu drug	gis	brgyan	pa
vi	lugs	lha khang	gi	sgo mo	bcu drug	gis	brgyan	pa
GEN	模式	佛堂	GEN	门	十六	INS	装饰[13]	NML

mchims vod bzher sprevu chung	gis	bzhengs.
mchims vod bzher sprevu chung	gis	bzhengs
琛木·耶协周琼	AGE	修建[W]

蓝色佛塔，如吉祥天降，依来佛的理论，用佛堂的十六门装饰，由琛木·耶协周琼修建。

མཆོད་རྟེན་སྔོན་པོ་དཔལ་ལྷ་ལས་བབས་པ་དེ་བཞིན་གཤེགས་པའི་ལུགས། ལྷ་ཁང་གི་སྒོ་མོ་བཅུ་དྲུག་གིས་བརྒྱན་པ་མཆིམས་འོད་བཞེར་སྤྲེའུ་ཆུང་གིས་བཞེངས།

chos skyong	gnod sbyin nyi mavi gdong	la	gtad.	devi
chos skyong	gnod sbyin nyi mavi gdong	la	gtad	de vi
护法	太阳面夜叉	DAT	交付[13]	DET GEN

tshe	vdre mo	vod can mas		blon po	rnams	nyal	bavi
tshe	vdre mo	vod can ma	s	blon po	rnams	nyal	ba
时候	魔女	光华女	AGE	臣	pl	睡[W]	NML

	mgo mjug	zlog	pa	la sogs pavi		vtshe ba	mang
vi	mgo mjug	zlog	pa	la sogs pa	vi	vtshe ba	mang
GEN	头脚	翻转[24]	NML	等等	GEN	危害	多

du	byas	nas.
du	byas	nas
RES	做[1]	LNK

护法是太阳面罗刹。这时，魔女光华女多方侵扰那些睡着的头尾颠倒的大臣们的生命。

ཆོས་སྐྱོང་གནོད་སྦྱིན་ཉི་མའི་གདོང་ལ་གཏད། དེའི་ཚེ་འདྲེ་མོ་འོད་ཅན་མས་བློན་པོ་རྣམས་ཉལ་བའི་མགོ་མཇུག་བཟློག་པ་ལ་སོགས་པའི་འཚེ་བ་མང་དུ་བྱས་ནས།

第四章 文本语法标注 317

de	blon	dpon	la	zhus	pa.	byams pavi gling	du
de	blon	dpon	la	zhus	pa	byams pavi gling	du
DET	臣	官	DAT	请求[14]	NML	弥勒佛洲	LOC

mchod rten vod vbar ba	rtsigs	nas	mnan.
mchod rten vod vbar ba	rtsigs	nas	mnan
光焰塔	修建[4]	SER	按压[13]

臣将此情况禀告大师,在弥勒佛殿,修了一座光焰塔以镇压。

དེ་བློན་དཔོན་ལ་ཞུས་པ། བྱམས་པའི་གླིང་དུ་མཆོད་རྟེན་འོད་འབར་བ་རྩིགས་ནས་མནན།

mchod rten	chen po	bzhi	vod vbar ba	dang	lnga.	mchod rten
mchod rten	chen po	bzhi	vod vbar ba	dang	lnga	mchod rten
供塔	大	四	光焰	PRT	五	供塔

dkar po	gnyan	drag	pas	las dpon	shi	nas.
dkar po	gnyan	drag	pas	las dpon	shi	nas
白色	凶残[W]	太	LNK	监事	死[1]	LNK

四座大佛塔,加上光焰塔,共五座佛塔。因白色佛塔极为威严,监工死去。

མཆོད་རྟེན་ཆེན་པོ་བཞི་འོད་འབར་བ་དང་ལྔ། མཆོད་རྟེན་དཀར་པོ་གཉན་དྲག་པས་ལས་དཔོན་ཤི་ནས།

shud pu	khri vbring khong btsan	gyis	rjes	bsams	rtsigs	lags
shud pu	khri vbring khong btsan	gyis	rjes	bsams	rtsigs	lags
许布	赤征孔赞	AGE	后面	想[1]	修建[4]	COP

ba	dang.
ba	dang
NML	LNK

由许布人赤征孔赞继续修建。

ཤུད་པུ་ཁྲི་འབྲིང་ཁོང་བཙན་གྱིས་རྗེས་བསམས་རྩིགས་ལགས་པ་དང་།

nang	rdzongs	ma	mchis	nas	slob dpon	la	zhus	pas.
nang	rdzongs	ma	mchis	nas	slob dpon	la	zhus	pas
里	物品	NEG	EXI	LNK	大师	DAT	请求[14]	LNK

里面没有物品,便向大师请求。

ནང་རྫོངས་མ་མཆིས་ནས་སློབ་དཔོན་ལ་ཞུས་པས།

318 藏文古文献《拔协》文本标注与语法研究

ma ga dhavi	rgyal povi	khab	kyi	sgo	mdun	na.
ma ga dha vi	rgyal po vi	khab	kyi	sgo	mdun	na
摩羯托 GEN	王 GEN	国	GEN	门	前	LOC

nghar tu tsii do	bya	bavi	nang	rgyal po	gzugs	can
nghar tu tsii do	bya	ba vi	nang	rgyal po	gzugs	can
阿都杂多	叫作[W]	NML GEN	里	王	身形	者

snying povi	bskal ba
snying po vi	bskal ba
心 GEN	份子

在摩羯托王舍城的宫门前面，有座叫做阿都杂多的佛塔里，如频婆娑罗王的份子。

མ་ག་དྷའི་རྒྱལ་པོའི་ཁབ་ཀྱི་སྒོ་མདུན་ན། ངྷར་ཏུ་རྩི་དོ་བྱ་བའི་ནང་ན་རྒྱལ་པོ་གཟུགས་ཅན་སྙིང་པོའི་བསྐལ་བ།

de bzhin gshegs pavi	ring bsrel	ma ga dhavi	brevi
de bzhin gshegs pa vi	ring bsrel	ma ga dha vi	bre vi
来佛	GEN 舍利	摩羯托 GEN	升 GEN

khal	gcig	bzhugs	par	grags	so	gsungs	ba	dang.
khal	gcig	bzhugs	pa r	grags	so	gsungs	ba	dang
克	一	待[W]	NML OBJ	传说[W]	END	说[14]	NML	LNK

传说留有来佛的一摩羯托升克舍利。

དེ་བཞིན་གཤེགས་པའི་རིང་བསྲེལ་མ་ག་དྷའི་བྲེའི་ཁལ་གཅིག་བཞུགས་པར་གྲགས་སོ་གསུངས་པ་དང་།

rgyal pos	de	spyan	drangs	pavi	phyir.	bod	kyi
rgyal po s	de	spyan	drangs	pa vi	phyir	bod	kyi
王 AGE	DET	HON	请[1]	NML GEN	原因	吐蕃	GEN

rta	rngog chags	sgas	mnan	pa	gcig	kyang	ma
rta	rngog chags	sga s	mnan	pa	gcig	kyang	ma
马	有鬃毛	马鞍 INS	压[13]	NML	一	也	NEG

lus	par	chad	la	bsdos	te.
lus	pa r	chad	la	bsdos	te
留[W]	NML OBJ	决定[1]	LNK	征集[1]	LNK

国王为了去迎请这些舍利，将吐蕃的成熟能骑的马匹用鞍子压住。决定一

匹也不留地全征集起来。

ཀྱལ་པོས་དེ་སྔུན་དངས་པའི་ཕྱིར། བོད་ཀྱི་ཏ་རོག་ཆགས་སླར་མནན་པ་གཅིག་ཀྱང་མ་ལུས་པར་བཀད་པ་བསྡོས་ཏེ།

vgos kyi phag rir dus btab. slob dpon gyis sa rgyus par
vgos kyi phag ri r dus btab slob dpon gyis sa rgyus pa
郭 GEN 帕日 LOC 时 决定[1] 大师 AGE 向导

mdzad nas. thang vkhob kyi rta pavi dmag drangs
r mdzad nas thang vkhob kyi rta pa vi dmag drangs
RES 做[W] LNK 周边 GEN 骑士 GEN 军队 引[1]

nas dpal mo dpal thang du grangs la btab pas. rta pa
nas dpal mo dpal thang du grangs la btab pas rta pa
LNK 白莫塘 LOC 数目 OBJ 做[1] LNK 骑士

bye ba phrag bcu bzhi byung.
bye ba phrag bcu bzhi byung
一亿四千万 来[1]

约定时间在郭地的帕日集齐，由大师做向导，领着周边的骑士军队，在白莫塘地方点检数量。来了一亿四千万骑士。

འགོས་ཀྱི་ཐག་རིར་དུས་བཏབ། སློབ་དཔོན་ས་རྒྱུས་པར་མཛད་ནས་མཐའ་འཁོབ་ཀྱི་རྟ་པའི་དམག་དྲངས་ནས། དཔལ་མོ་དཔལ་ཐང་དུ་གྲངས་ལ་བཏབ་པས། རྟ་པ་བྱེ་བ་ཕྲག་བཅུ་བཞི་བྱུང་།

rgya gar thang vkhob du rdol ba dang. yul devi
rgya gar thang vkhob du rdol ba dang yul de vi
天竺 周边 ALL 到达[W] NML LNK 地方 DET GEN

rgyal po bred nas mthav vkhob kyi rgyal po devi
rgyal po bred nas mthav vkhob kyi rgyal po de vi
王 畏惧[W] LNK 边远 GEN 王 DET GEN

rta pa vdi vdra na
rta pa vdi vdra na
骑士 DET 像[W] COD

进入天竺境内，当地的国王恐惧，边地国王的骑兵都如此的话，

རྒྱ་གར་འཁོབ་ཏུ་རྡོལ་བ་དང་། ཡུལ་དེའི་རྒྱལ་པོ་བྲེད་ནས་མཐའ་འཁོབ་ཀྱི་རྒྱལ་པོའི་རྟ་པ་འདི་འདྲ་ན།

320 藏文古文献《拔协》文本标注与语法研究

```
dpung bu chung    gi      tshogs   dang.   shing rtavi         tshogs   dang.
dpung bu chung    gi      tshogs   dang    shing rta    vi     tshogs   dang
步兵              GEN     团       COO     马车         GEN    团       COO
glang po chevi            tshogs   ci      vdra     bar               vgyur
glang po che      vi      tshogs   ci      vdra     ba      r         vgyur
大象              GEN     团       什么    像[W]    NML     RES       变化[23]
zer     nas.
zer     nas
说[W]   LNK
```

那么他的步兵、车队和象队又该变得如何呢？

དཕུང་བུ་ཆུང་གི་ཚོགས་དང་། ཤིང་རྟའི་ཚོགས་དང་། གླང་པོ་ཆེའི་ཚོགས་ཅི་འདྲ་བར་འགྱུར་ཟེར་ནས།

```
pho brang    gi      ya lad    la     btsan povi           lham    btags   te.
pho brang    gi      ya lad    la     btsan po    vi       lham    btags   te
宫殿         GEN     门槛      LOC    赞普        GEN      鞋      拴[1]   LNK
devi         vog     nas     phar    vkhor    dang    bcas    pa      vdzul    nas.
de   vi      vog     nas     phar    vkhor    dang    bcas    pa      vdzul    nas
DET  GEN    下      ABL     对面     随从     PRT     等[W]   NML     钻[W]    LNK
```

在王宫的上门栏上挂起赞普的靴子。臣属等从这下面钻到对面。

ཕོ་བྲང་གི་ཡ་ལད་ལ་བཙན་པོའི་ལྷམ་བཏགས་ཏེ། དེའི་འོག་ནས་ཕར་འཁོར་དང་བཅས་པ་འཛུལ་ནས།

```
ngavi        rgyal khab vdi    btsan po    khyod    kyi     zhabs    vog    du
nga   vi     rgyal khab vdi    btsan po    khyod    kyi     zhabs    vog    du
1sg   GEN    国家       DET    赞普        2sg      GEN     脚       下     ALL
vdzul    bas     khyod    kyi     chab srid    byed    de.
vdzul    bas     khyod    kyi     chab srid    byed    de
钻[W]    LNK    2sg      GEN     政治         做[2]   LNK
```

我的这个国家，已纳入赞普您的足下，由您的统治！

ངའི་རྒྱལ་ཁབ་འདི་བཙན་པོ་ཁྱོད་ཀྱི་ཞབས་འོག་དུ་འཛུལ་བས་ཁྱོད་ཀྱི་ཆབ་སྲིད་བྱེད་དེ།

```
bcav    dang    skyes    lo      dam     du      vjal bar            khas blangs    nas
bcav    dang    skyes    lo      dam     du      vjal ba     r       khas blangs    nas
法      COO    礼物     年      法规    LOC    税赋        OBJ     承认[W]        LNK
```

第四章 文本语法标注 321

mngav	vog	tu	vdus	pa lags.
mngav	vog	tu	vdus	pa lags.
统治	下	ALL	聚集[14]	REA

同时答应每年向吐蕃交付纳贡，纳入到统治下。

བཅན་དང་སྙེས་བོ་ནས་ཏུ་འཇལ་བར་ཁས་བླངས་མནའ་འོག་ཏུ་འདུས་པ་ལགས།

de	nas	chu bo	gnggaa	nas	ma ga nghar		dmag drangs
de	nas	chu bo	gnggaa	nas	ma ga ngha	r	dmag drangs
DET	ABL	水	恒河	ABL	摩羯托	ALL	进军[W]

pa	dang.
pa	dang
NML	LNK

于是，从恒河引兵前往摩羯托。

དེ་ནས་ཆུ་བོ་གངྒཱ་ནས་མ་ག་དྷར་དམག་དྲངས་པ་དང་།

ma ga dha ba	rnams	kyis	nor	thams cad	o tan pu rir		bskyal
ma ga dha ba	rnams	kyis	nor	thams cad	o tan pu ri	r	bskyal
摩羯托人	pl	AGE	财物	全部	奥登布山	ALL	送[13]

nas	mi	thams cad	rgya gar	shar	phyogs	su	bros	nas.
nas	mi	thams cad	rgya gar	shar	phyogs	su	bros	nas
LNK	人	全部	天竺	东	方	ALL	逃走[14]	LNK

摩羯托的人们将财物全部运至奥登布山，人全部逃亡到天竺东方去了。

མ་ག་དྷ་བ་རྣམས་ཀྱིས་ནོར་ཐམས་ཅད་ཨོ་ཏན་པུ་རིར་བསྐྱལ་ནས་མི་ཐམས་ཅད་རྒྱ་གར་ཤར་ཕྱོགས་སུ་བྲོས་ནས།

g'yul	sprad	ma	dgos	par	dpal rdo rje gdan	du	byang chub
g'yul	sprad	ma	dgos	par	dpal rdo rje gdan	du	byang chub
战争	争[24]	NEG	AUX	LNK	吉祥金刚座	LOC	菩提

kyi	shing	la	mchod pa	byas	nas	mchod gnas	spyan	drangs
kyi	shing	la	mchod pa	byas	nas	mchod gnas	spyan	drangs
GEN	树	DAT	供养	做[1]	LNK	供养处	HON	请[1]

pavi		phyir	mchod rten	kha	phye	bavi	nang	na
pa	vi	phyir	mchod rten	kha	phye	ba	vi	nang	na
NML	GEN	原因	供塔	口	开[1]	NML	GEN	里	LOC

mtshon chavi	vkhor lovi	dkyil	na	rtnavi	bum pa
mtshon cha vi	vkhor lo vi	dkyil	na	rtna vi	bum pa
武器	GEN 转轮	GEN 中间	LOC	宝贝 GEN	瓶子

vdug pa.	de	sus	kyang	blangs bar	sngo ma thog.
vdug pa	de	su s	kyang	blangs bar	sngo ma thog
EXI NML	DET 谁	AGE	也	取[1]	SER 不能够[W]

无须征战，在吉祥金刚座，向菩提树献了供养，为了邀请供养处，在打开口的佛塔里，在有一武器转轮的中间，有一个宝瓶，谁也不能取。

གསལ་སྙུང་མ་དགོས་པར་དཔལ་རྡོ་རྗེ་གདན་དུ་བྱང་ཆུབ་ཀྱི་ཤིང་ལ་མཆོད་པ་ཕུལ་ནས་མཆོད་གནས་སྤྱན་དྲངས་པའི་ཕྱིར་མཆོད་རྟེན་ཁ་ལ་བའི་ནང་ན་མཚོན་ཆའི་འཁོར་ལོའི་དཀྱིལ་དུ་རྣའི་བུམ་པ་འདུག་པ། དེ་སུས་ཀྱང་བླང་བར་སྔོ་མ་ཐོག།

rgya gar	gyi	rgad bu	gcig	vdug pa	na re.	nga la
rgya gar	gyi	rgad bu	gcig	vdug pa	na re	nga la
天竺	GEN	老 男子	一	EXI NML	说[W]	1sg POS

sngon	gyi	mis	gleng	bavi	lo rgyus	yod.
sngon	gyi	mi s	gleng	ba vi	lo rgyus	yod
先	GEN	人 AGE	谈论[23]	NML GEN	历史	EXI

有一个天竺老人说：我有先前人谈论的历史。

རྒྱ་གར་གྱི་རྒད་བུ་གཅིག་འདུག་པ་ན་རེ། ང་ལ་སྔོན་གྱི་མིས་གླེང་བའི་ལོ་རྒྱུས་ཡོད།

rtse ta	vdivi	byang ngos	na	rdo leb	chen povi	dkyil
rtse ta	vdi vi	byang ngos	na	rdo leb	chen po vi	dkyil
尖顶	DET GEN	北 面	LOC	石板	大 GEN	中间

gyi	bug pa	na.	rnga mavi	thag pa	la	bum pa	btags
gyi	bug pa	na	rnga ma vi	thag pa	la	bum pa	btags
GEN	洞	LOC	尾 GEN	绳子	LOC	瓶子	拴[1]

te	btang	bas.	bum pa	de	chu bo	gnggaar	vbyung
te	btang	bas	bum pa	de	chu bo	gnggaa r	vbyung
LNK	派[1]	LNK	瓶子	DET	水	恒河 ALL	来[23]

在这座塔的北面，一块大石板中间的洞中，在马尾绳子上，拴着一个瓶子，放下去后，那瓶子可到恒水中去。

རྩེ་ཏ་འདིའི་བྱང་ངོས་ན་རྡོ་ལེབ་ཆེན་པོའི་དཀྱིལ་གྱི་བུག་པ་ན། རྔ་མའི་ཐག་པ་ལ་བུམ་པ་བཏགས་ཏེ་བཏང་བས་བུམ་པ་དེ་ཆུ་བོ་གངྒཱར་འབྱུང་།

第四章 文本语法标注

```
de      nas   phar   la    gzhal   bas   rtse ta   dang   sged khar
de      nas   phar   la    gzhal   bas   rtse ta   dang   sged kha    r
DET     ABL   对面   LOC   量[3]   LNK   尖顶      COO    腰间        LOC

thag    mnyam   pa    na.    rdzavi            bar   du   rtswa   shing
thag    mnyam   pa    na     rdza vi           bar   du   rtswa   shing
绳子    相等[W] NML   COD   沼泽    GEN      中间  LOC  草       树

dang   bye mas          bkags①   pas   chu    chad   nas   mtshon chavi
dang   bye ma    s      bkags    pas   chu    chad   nas   mtshon cha
COO    沙        INS    阻塞[1]  LNK   水    断[1]  LNK   武器

       vkhor lo    stod         pa yin   zer    na.    zhes   zer.
vi     vkhor lo    stod         pa yin   zer    na.    zhes   zer
GEN    转轮        停止[24]     REA      说[W]  COD.   QM     说[W]
```

从那儿量到对面，塔底和塔腰上绳子相等的话，在沼泽间，用草木和沙石填满。水流断了，武器轮转就可以停止转动。

དེ་ནས་ཕར་ལ་གཞལ་བས་རྩེ་ཏ་དང་སྒེད་ཁར་ཐག་མཉམ་པ་ན། རྫའི་བར་དུ་རྩྭ་ཤིང་དང་བྱེ་མས་བཀགས་པས་ཆུ་ཆད་ནས་མཚོན་ཆའི་འཁོར་ལོ་སྟོད་པ་ཡིན་ཟེར་ན། ཞེས་ཟེར།

```
de     ji skad    zer    ba     de     ltar    byas    pas    bden par
de     ji skad    zer    ba     de     ltar    byas    pas    bden pa    r
DET    什么话     说[W]  NML   DET    按照    做[1]   LNK    真实       ALL

byung   nas    rtnavi           bum pa    nas   de    bzhin   gshegs pa
byung   nas    rtna    vi       bum pa    nas   de    bzhin   gshegs pa
来[1]   LNK    宝贝    GEN      瓶子      ABL   如来

sshkya thub pavi            ring bsrel    bre    drug    spyan    drangs    nas
sshkya thub pa    vi         ring bsrel    bre    drug    spyan    drangs    nas
释迦能者          GEN       舍利         升      六     HON      请[1]     LNK

rtsa shing    gsal          nas     chu     btang    bas    mtshon chavi
rtsa shing    gsal          nas     chu     btang    bas    mtshon cha    vi
草木          清理[W]       LNK     水      放[1]    LNK    武器          GEN
```

---

① 应该为bkag。

vkhor lo   snga ma   ltar   vkhor   ro.
vkhor lo   snga ma   ltar   vkhor   ro
转轮   从前   按照   转动[W]   END

按照如此说法做，是真实的情况，从宝瓶中取出六升来佛释迦牟尼的舍利，清除掉草木，可以放水，武器轮便如以前一样转动了。

དེ་ལྟར་བྱེར་བ་དེ་ལྟར་བྱས་པས་བདེན་པར་གྱུར་ནས་རྫ་བུམ་བྱ་བ་ནས་བཞིན་གཤེགས་པའི་སྐུ་གདུང་ཕུལ་བའི་རིང་བསྲེལ་བྲེ་དྲུག་བྱུང་ནས་རྩྭ་ཤིང་གསལ་ནས་ཆུ་བཏང་བས་མཚོན་ཆའི་འཁོར་ལོ་སྔ་ལྟར་འཁོར་རོ།

de   nas   tshur   byon   nas   chuvo   gnggaavi   vgram   du
de   nas   tshur   byon   nas   chuvo   gnggaa   vi   vgram   du
DET ABL   对面   到达[14] LNK   水   恒河   GEN   岸边   LOC
bod   kyi   mi   bzhi   bskos   nas.   vdi   tshun chad   bod   kyi
bod   kyi   mi   bzhi   bskos   nas   vdi   tshun chad   bod   kyi
吐蕃 GEN   人   四   任命[1] LNK   DET 以下   吐蕃 GEN
sa bcad   yin   pas   vdir   rdo   ring   bgyis   shig   ces   bkav
sa bcad   yin   pas   vdi   r   rdo   ring   bgyis   shig   ces   bkav
地界   COP LNK   DET   LOC 石头 长   做[1]   PRT   QM   命令
stsal   mi   bzhi pos   bye   khung   du   lcags   kyi   ka ba
stsal   mi   bzhi po   s   bye   khung   du   lcags   kyi   ka ba
给[W]   人   四   AGE   沙   坑   LOC   铁   GEN   柱子
btsugs   te.
btsugs   te
安放[1]   LNK

于是，返回去了。在恒河岸边，委任吐蕃的四人，这以上就是吐蕃的国界。颁布命令：在这里立界碑吧！四人遵命在沙坑中立下了铁柱。

དེ་ནས་ཚུར་བྱོན་ནས་ཆུ་བོ་གངྒའི་འགྲམ་དུ་བོད་ཀྱི་མི་བཞི་བསྐོས་ནས། འདི་ཚུན་ཆད་བོད་ཀྱི་ས་བཅད་ཡིན་པས་འདིར་རྡོ་རིང་བགྱིས་ཤིག་ཅེས་བཀའ་སྩལ་མི་བཞི་པོས་བྱེ་ཁུང་དུ་ལྕགས་ཀྱི་ཀ་བ་བཙུགས་ཏེ།

phyis   bru shavi   dmag   gis   de   gshig   pas.   ma   shigs
phyis   bru sha   vi   dmag   gis   de   gshig   pas   ma   shigs
后来   勃律   GEN   军队   AGE   DET   毁坏[1]   LNK   NEG   毁坏[1]

pas	mes	bzhu	bavi	vphro	yod	do.
pas	me s	bzhu	ba vi	vphro	yod	do
LNK	火 INS	烧[23]	NML GEN	痕迹	EXI	END

后来勃律军要灭此，未能毁掉，被火烧的痕迹还在。

ཕྱིས་བྲུ་ཞའི་དམག་གིས་དེ་གཞིག་པས་མ་ཤེགས་པས་མེ་བཞུ་བའི་འཕྲོ་ཡོད་དོ།

devi	lung phug	na	vjug	mkhan	gyi	mi	bzhi po
de vi	lung phug	na	vjug	mkhan	gyi	mi	bzhi po
DET GEN	龙普	LOC	插入[2]	者	GEN	人	四

phyags pa vbo tra tha gu ravi		rigs	bya	bavi
phyags pa vbo tra tha gu ra vi		rigs	bya	ba vi
恰巴保扎他古热	GEN	类	叫作[W]	NML GEN

grong khyer	chen po	gcig	kyang	yod	do.
grong khyer	chen po	gcig	kyang	yod	do
城镇	大	一	也	EXI	END

被安排在龙普的四个人，形成了叫做保扎他古热族的大村镇。

དེའི་ཡུང་ཕུག་ན་འཇུག་མཁན་གྱི་མི་བཞི་པོ་ཕྱགས་པ་འབོ་ཏྲ་ཐ་གུ་རའི་རིགས་བྱ་བའི་གྲོང་ཁྱེར་ཆེན་པོ་གཅིག་ཀྱང་ཡོད་དོ།

rta	dmag	bod	du	log	pa	shin tu	nyung	bas.	btsan po
rta	dmag	bod	du	log	pa	shin tu	nyung	bas	btsan po
马	军队	吐蕃	ALL	返回[W]	NML	非常	少的	LNK	赞普

la	dris	pas	rgya dkar po	yul	bzang	bas	bsdad	pa min
la	dris	pas	rgya dkar po	yul	bzang	bas	bsdad	pa min
DAT	问[14]	LNK	天竺	地方	好[W]	SER	待[13]	REA:NEG

nam.	phang thang	zer.
nam	phang thang	zer
QU	好	说[W]

回到吐蕃的骑兵人数很少，询问赞普，天竺地方很好，不留下来吗？

རྟ་དམག་བོད་དུ་ལོག་པ་ཤིན་ཏུ་ཉུང་བས་བཙན་པོ་ལ་དྲིས་པས་རྒྱ་དཀར་པོ་ཡུལ་བཟང་བས་བསྡད་པ་མིན་ནམ་ཕང་ཐང་ཟེར།

slob dpon	la	dris	pas.	rgya dkar po	chab	la	vbebs	pavi
slob dpon	la	dris	pas	rgya dkar po	chab	la	vbebs	pa
大师	DAT	问[14]	LNK	天竺	政治	ALL	到[2]	NML

326 藏文古文献《拔协》文本标注与语法研究

	ched	du	btsan pos	sprul pa	byas	pa yin.	dmag
vi	ched	du	btsan po s	sprul pa	byas	pa yin	dmag
GEN	目的	PUR	赞普	AGE 化身	做[1]	REA	军队

dang po	nas	vdi	las	med	gsungs.
dang po	nas	vdi	las	med	gsungs
首先	ABL	DET	COT	EXI:NEG	说[14]

又问大师，为了使天竺归于辖下，赞普做了幻化，最初军队没法与现在比。

བློན་དཔོན་ལ་དྲིས་པས། རྒྱ་གར་པོ་ཆབ་ལ་འབེབས་པའི་ཆེད་དུ་བཙན་པོས་སྤྲུལ་པ་བྱས་པ་ཡིན། དམག་དང་པོ་ནས་འདི་ལས་མེད་གསུངས།

grangs	pas	mi	gcig	kyang	ma	lus	rta	gcig	kyang	ma
grangs	pas	mi	gcig	kyang	ma	lus	rta	gcig	kyang	ma
点数[W]	LNK	人	一	也	NEG	留[W]	马	一	也	NEG

chad	bar	tshang	bas.	btsan po	khri srong lde btsan	sprul pa
chad	bar	tshang	bas	btsan po	khri srong lde btsan	sprul pa
断[1]	LNK	齐全[W]	LNK	赞普	赤松德赞	化身

	grags	so.
r	grags	so
OBJ	传说[W]	END

检点数目，一个人也不少，一匹马也不缺，全部都在。因此，流传赞普是赤松德赞幻化。

གྲངས་པས་མི་གཅིག་ཀྱང་མ་ལུས་རྟ་གཅིག་ཀྱང་མ་ཆད་པར་ཚང་བས། བཙན་པོ་ཁྲི་སྲོང་ལྡེ་བཙན་སྤྲུལ་པར་གྲགས་སོ།།

de	nas	chos	vkhor	du	byon	nas.	ring bsrel	gyi	snod
de	nas	chos	vkhor	du	byon	nas	ring bsrel	gyi	snod
DET	ABL	法	轮	ALL	到达[14]	LNK	舍利	GEN	容器

rtnavi		za ma tog	phrugs	byas	pavi		bar	du.
rtna	vi	za ma tog	phrugs	byas	pa	vi	bar	du
宝贝	GEN	匣子	擦[4]	做[1]	NML	GEN	中间	LOC

ring bsrel	vphel	ba	snyim pa	lhag pa	dag	mchod rten
ring bsrel	vphel	ba	snyim pa	lhag pa	dag	mchod rten
舍利	发展[W]	NML	捧	多余	pl	供塔

第四章 文本语法标注 327

gyi   za ma tog   la   bzhugs.
gyi   za ma tog   la   bzhugs
GEN   匣子   ALL 放在[W]

于是达到法轮，抖动盛舍利的宝盒，舍利便增多了，一捧多放在佛塔的盒中。

དེ་ནས་ཆོས་འཁོར་དུ་ཕྱོན་ནས་རིང་བསྲེལ་གྱི་སྒྲོམ་བདུང་ཙ་མ་ཏོག་ཕྱུགས་བྱས་པའི་བར་དུ། རིང་བསྲེལ་འཕེལ་བ་སྨིན་པ་དག་མཆོད་རྟེན་གྱི་ཟ་མ་ཏོག་ལ་བཞུགས།

mes   kyi   gnyan po   gsang ba   dang.   mes   srong btsan   gyi
mes   kyi   gnyan po   gsang ba   dang   mes   srong btsan   gyi
祖宗 GEN 年波[凶恶] 密咒   COO   祖宗 松赞   GEN

thugs dam   lnga   dang.   yab   kyi   thugs dam   gnyis   kyang   der
thugs dam   lnga   dang   yab   kyi   thugs dam   gnyis   kyang   de
本尊佛   五   PRT   父亲   GEN   本尊佛   二   也   DET

          bzhutt   pas   lhag par   byin rlabs   chevo.
r   bzhutt   pas   lhag par   byin rlabs   che   vo
ALL   放[W]   LNK   特别   加持   大   END

祖宗的玄秘神物、松赞干布的五个本尊佛和父亲的两个本尊佛也放置于此。特别大的加持。

མེས་ཀྱི་གཉན་པོ་གསང་བ་དང་། མེས་སྲོང་བཙན་གྱི་ཐུགས་དམ་ལྔ་དང་། ཡབ་ཀྱི་ཐུགས་དམ་གཉིས་ཀྱང་དེར་བཞུད་པས་ལྷག་པར་བྱིན་རླབས་ཆེ་བོ།

devi   srog shing   khas su rivi   rgyab   na   bal pos
de vi   srog shing   khas su ri   vi   rgyab   na   bal po   s
DET GEN 生命树   开苏山   GEN   后背   LOC   尼泊尔   AGE

bzo   byed   pa   dang.   sang   srog shing   vdzugs   par
bzo   byed   pa   dang   sang   srog shing   vdzugs   pa
样式   做[2] NML   LNK   明天   生命树   树立[2] NML

       chad   byas   te.
r   chad   byas   te
OBJ   决定[1]   做[1]   LNK

这生命树，在开苏山的背后，由尼泊尔人做成，决定第二天树立起生命树。

དེའི་སྲོག་ཤིང་ཁས་སུ་རིའི་རྒྱབ་ན་བལ་པོས་བཟོ་བྱེད་པ་དང་། སང་སྲོག་ཤིང་འཛུགས་པར་ཆད་བྱས་ཏེ།

blon po	rnams	vbrang zhags	dang.	shing rta	la	sta gon
blon po	rnams	vbrang zhags	dang	shing rta	la	sta gon
臣	pl	绳子	COO	马车	DAT	准备

byas	pa	dang.				
byas	pa	dang				
做[1]	NML	LNK				

大臣们都准备绳索和车辆。

བློན་པོ་རྣམས་འབྲང་ཞགས་དང་། ཤིང་རྟ་ལ་སྟ་གོན་བྱས་པ་དང་།

bal pos		kyang	sang	ma	thog[1]	bzo	vphro	la
bal po	s	kyang	sang	ma	thog	bzo	vphro	la
尼泊尔	AGE	也	亮	NEG	距离	工	剩余	ALL

phyin	pa	dang.	srog shing	shul	ha revi		gtor.
phyin	pa	dang	srog shing	shul	ha re	vi	gtor
去[1]	NML	LNK	生命树	痕迹	明显地	GEN	散落[W]

尼泊尔木匠第二天清晨去做剩下的活儿，留有清晰的生命树印迹。

བལ་པོས་ཀྱང་སང་མ་ཐོག་བཟོ་འཕྲོ་ལ་ཕྱིན་པ་དང་། སྲོག་ཤིང་ཤུལ་ཧ་རེའི་གཏོར།

de	rjevi		snyan	du	gsol	bas.	rjes		pho nya
de	rje	vi	snyan	du	gsol	bas	rje	s	pho nya
DET	王	GEN	耳朵	ALL	禀报[W]	LNK	王	AGE	使者

btang	pas.	des		srog shing	btsugs	legs pa	mthong.
btang	pas	de	s	srog shing	btsugs	legs pa	mthong
派[1]	LNK	DET	AGE	生命树	建立[1]	好	看见[W]

便将此事禀报了国王，国王派使者去。他看见生命树已经立在塔里了。

དེ་རྗེའི་སྙན་དུ་གསོལ་བས། རྗེས་ཕོ་ཉ་བཏང་པས། དེས་སྲོག་ཤིང་བཙུགས་ལེགས་པ་མཐོང་།

de	skad	du	snyan	du	gsol	bas.	kun	bsags	te
de	skad	du	snyan	du	gsol	bas	kun	bsags	te
DET	语言	LOC	耳朵	ALL	禀报[W]	LNK	全	聚集[1]	LNK

---

[1] thog 疑为 thag；意为 "距离"，ma+thag 意为 "立即"。

第四章 文本语法标注 329

ngavi vbangs las stobs che ba vdi su yin bya dgav
nga vi vbangs las stobs che ba vdi su yin bya dgav
1sg GEN 臣民 ABL 力量 大 DET 谁 COP 奖赏
che thang du gnang ngo ces pas.
che thang du gnang ngo ces pas
格外 RES 赐[W] END 说[W] LNK
回禀国王后，召集所有的人。我的臣民里面，谁是力气最大的。赐给丰厚的奖赏！

དེ་སྐད་སྨྲ་དུ་གསོལ་བས། ཀུན་བསགས་དེ་འི་འབངས་ལས་སྟོབས་ཆེ་བ་འདི་སུ་ཡིན་བྱ་དགའ་ཆེ་ཐང་དུ་གནང་ངོ་ཅེས་པས།

khas len pa su yang ma mchis. phywa mkhan pa na re vdang
khas len pa su yang ma mchis phywa mkhan pa na re vdang
接受[W] NML 谁 也 NEG EXI 占卜者 说[W] 昨夜
ngavi rmi lam na mi bzhis srog shing btsugs te.
nga vi rmi lam na mi bzhi s srog shing btsugs te
1sg GEN 梦 LOC 人 四 AGE 生命树 建立[1] LNK
承认者谁也没有，占卜者说：昨夜在我的梦中，四个人把生命树立起来了。

ཁས་ལེན་པ་སུ་ཡང་མ་མཆིས། ཕྱྭ་མཁན་པ་ན་རེ་འདང་འི་རྨི་ལམ་ན་མི་བཞིས་སྲོག་ཤིང་བཙུགས་ཏེ།

khyod kyis mchod rten bdun rtsigs pa la vdi legs rab.
khyod kyis mchod rten bdun rtsigs pa la vdi legs rab
2sg AGE 供塔 七 修建[4] NML LOC DET 好[W] 最
你修筑了七座佛塔，这一座为最好。

ཁྱོད་ཀྱིས་མཆོད་རྟེན་བདུན་རྩིགས་པ་ལ་འདི་ལེགས་རབ།

mchod rten vdi vdzam buvi gling na byin che ste. vdi la su
mchod rten vdi vdzam buvi gling na byin che ste vdi la su
供塔 DET 世界 LOC 力 大 LNK DET DAT 谁
phyag dang bskor ba byed pa de yid bzhin du vgrub.
phyag dang bskor ba byed pa de yid bzhin du vgrub
礼节 COM 环绕[13] NML 做[2] NML DET 心 如 RES 完成[23]

这座佛塔在世界上最灵验，对他谁要是敬礼和参拜，会如愿以偿。

མཆོད་རྟེན་འདི་འཛམ་བུའི་གླིང་ན་བྱིན་ཆེ་སྟེ། འདི་ལ་ཕྱག་དང་བསྐོར་བ་བྱེད་པ་ཡིད་བཞིན་དུ་འགྲུབ།

khyod	kyi	bya dgav	vdi	la	bgyis	mchis	nas	gser	gyi
khyod	kyi	bya dgav	vdi	la	bgyis	mchis	nas	gser	gyi
2sg	GEN	奖赏	DET	OBJ	做[1]	说[1]	LNK	金	GEN

ya lad	gcig	byin.
ya lad	gcig	byin
甲胄[块]	一	给[W]

给你这个作为奖赏吧！给一副黄金铠甲。

གཉིད་སད་ཚ་ན་འདི་ལ་བགྲུས་མཆིས་ནས་གསེར་གྱི་ཡ་ལད་གཅིག་བྱིན།

gnyid	sad	tsa na	mi bzhi po	mi	snang.	ya lad	vdi
gnyid	sad	tsa na	mi bzhi po	mi	snang	ya lad	vdi
睡梦	醒[W]	时候	人 四	NEG	出现[W]	甲胄[块]	DET

yin	zer	nas	gser	khrab	gcig	gdav.
yin	zer	nas	gser	khrab	gcig	gdav
COP	说[W]	LNK	金	甲	一	EXI

醒时，四人不见了，铠甲却还在这里。有一副金甲。

གཞིད་སད་ཚ་ན་མི་བཞི་པོ་མི་སྣང་། ཡ་ལད་འདི་ཡིན་ཟེར་ནས་གསེར་ཁྲབ་གཅིག་གདའ།

slob dpon	na re	de	skad	ston pa	de	rgyal po	chen po
slob dpon	na re	de	skad	ston pa	de	rgyal po	chen po
大师	说[W]	DET	说话	大师	DET	王	大

bzhi	yin	pas.
bzhi	yin	pas
四	COP	LNK

大师说，如此，大师是四大天王。

སློབ་དཔོན་ན་རེ་དེ་སྐད་སྟོན་པ་དེ་རྒྱལ་པོ་ཆེན་པོ་བཞི་ཡིན་པས།

dang po	rgyal po	chen po	bzhivi	gzugs	bya	gsungs	nas.
dang po	rgyal po	chen po	bzhi vi	gzugs	bya	gsungs	nas
首先	王	大	四 GEN	身形	做[3]	说[14]	LNK

首先应该塑造四大天王的像!

དང་པོ་རྒྱལ་པོ་ཆེན་པོ་བཞིའི་གཟུགས་བྱ་གསུངས་ནས།

bum pavi		khar		vbag	bzhi	byas	nas	bzhag	go.
bum pa	vi	kha	r	vbag	bzhi	byas	nas	bzhag	go
瓶子	GEN	口	LOC	画像	四	做[1]	SER	放置[1]	END

在瓶口上做了四画像放置。

ཕྱིས་པའི་བར་འབག་བཞི་བྱས་ནས་བཞག་གོ

de	nas	mgon khang	bzhi	nang phugs	na	sshkya mu ne
de	nas	mgon khang	bzhi	nang phugs	na	sshkya mu ne
DET	ABL	护法佛房	四	里头	LOC	释迦牟尼

gtso	vkhor	gsum.
gtso	vkhor	gsum
主	随从	三

之后,在四护法殿的里面,塑造了释迦牟尼主眷三尊佛像。

དེ་ནས་མགོན་ཁང་བཞི་ནང་ཕུགས་ན་ཤཱཀྱ་ཐུབ་པ་འཁོར་གསུམ།

mdo	na	mgon po	gnyis	gnyis.	devi		sgo	dra bar
mdo	na	mgon po	gnyis	gnyis	de	vi	sgo	dra ba
下方	LOC	怙主	二	二	DET	GEN	门	网

	byas	pa.
r	byas	pa
RES	做[1]	NML

外面护法各二;其门做成网。

མདོ་ན་མགོན་པོ་གཉིས་གཉིས། དེའི་སྒོ་དྲ་བར་བྱས་པ།

sgovi		phyi	na	rta babs	dang	bcas.	steng	na	chos
sgo	vi	phyi	na	rta babs	dang	bcas	steng	na	chos
门	GEN	外	LOC	门楼	PRT	等[W]	上	LOC	法

kyi	vkhor lo	gser	las	byas	pa	sha ra na	dang.
kyi	vkhor lo	gser	las	byas	pa	sha ra na	dang
GEN	转轮	金	ABL	做[1]	NML	麋鹿	COO

332 藏文古文献《拔协》文本标注与语法研究

gdugs rgyal mtshan	dang	bcas	pa	bgyis	te.	chos skyong ba
gdugs rgyal mtshan	dang	bcas	pa	bgyis	te	chos skyong ba
伞幢	PRT	等[W]	NML	做[1]	LNK	护法者

rgyal po	bzhi	la	gtad.
rgyal po	bzhi	la	gtad
王	四	DAT	交付[13]

在门外面，是门楼等，殿顶有黄金做转轮、麋鹿、伞幢等。护法是四大天王。

སྒོའི་ཕྱི་ན་ཁ་བབས་དང་བཅས། སྟེང་ན་ཆོས་ཀྱི་འཁོར་ལོ་གཡེར་ཤམ་ཕུར་པ་ར་ན་དང་། གདུགས་རྒྱལ་མཚན་དང་བཅས་པ་བགྱིས་ཏེ། ཆོས་སྐྱོང་བ་རྒྱལ་པོ་བཞི་ལ་གཏད།

lcags	ris	zur	mang	rdo rje	vgros	la	mchod rten
lcags	ris	zur	mang	rdo rje	vgros	la	mchod rten
铁	花纹	角落	多	金刚	弯曲	LOC	供塔

brgya rtsa brgyad	kyi	tshul	du	mkhar	bskor	nas	re	re
brgya rtsa brgyad	kyi	tshul	du	mkhar	bskor	nas	re	re
一百零八	GEN	情况	LOC	城	环绕[13]	LNK	每	每

rang	sangs rgyas	kyi	ring bsrel	re	bzhugs	pas.
rang	sangs rgyas	kyi	ring bsrel	re	bzhugs	pas
自己	佛陀	GEN	舍利	每	待[W]	LNK

铁的花纹多角而弯曲，围绕着一百零八座小佛塔的情况。每座塔里放一粒佛舍利。

ལྕགས་རིས་ཟུར་མང་རྡོ་རྗེ་འགྲོས་ལ་མཆོད་རྟེན་བརྒྱ་རྩ་བརྒྱད་ཀྱི་ཚུལ་དུ་བར་བསྐོར་ནས་རེ་རེ་རང་སངས་རྒྱས་ཀྱི་རིང་བསྲེལ་རེ་བཞུགས་པས།

chos skyong ba	rgyal po	stong sde	bco brgyad	la	gtad.	bsam yas
chos skyong ba	rgyal po	stong sde	bco brgyad	la	gtad	bsam yas
护法者	王	千户	十八	DAT	交付[13]	桑耶

spyivi	chos skyong	dpal mgon nag po	la	gtad.
spyi vi	chos skyong	dpal mgon nag po	la	gtad
总	GEN 护法	吉祥怙主黑天	DAT	交付[13]

护法是十八部王。桑耶寺的总护法是吉祥怙主黑天。

ཆོས་སྐྱོང་བ་རྒྱལ་པོ་སྟོང་སྡེ་བཅོ་བརྒྱད་ལ་གཏད། བསམ་ཡས་སྤྱིའི་ཆོས་སྐྱོང་དཔལ་མགོན་ནག་པོ་ལ་གཏད།

第四章 文本语法标注 333

de	ltar	na	dpal brag dmar	bsam yas	lhun gyis	grub	pa
de	ltar	na	dpal brag dmar	bsam yas	lhun gyis	grub	pa
DET	按照	COD	白扎玛尔	桑耶	天成	完成[1]	NML

gzhi rgya	che	la	spangs①	mtho	ba.	rgyu	bzang	la
gzhi rgya	che	la	spangs	mtho	ba	rgyu	bzang	la
面积	大	COO	高度	高	NML	材料	好	COO

bkod pa	legs pa.	dung phor	gzis	bskang	ba	vdra	ba.
bkod pa	legs pa	dung phor	gzi	s	bskang	ba	vdra	ba
规划	好	白螺碗	天珠	INS	填满[3]	NML	像[W]	NML

如是，吉祥扎马尔桑耶天成寺，寺宇宽广、殿堂巍峨。材料好，规划也好，有如白螺碗里被玛瑙填满。

དེ་ལྟར་ན་དཔལ་བྲག་དམར་བསམ་ཡས་ལྷུན་གྱིས་གྲུབ་པ་གཞི་རྒྱ་ཆེ་ལ་སྤངས་མཐོ་བ། རྒྱུ་བཟང་ལ་བཀོད་པ་ལེགས་པ། དུང་ཕོར་གཟིས་བསྐང་བ་འདྲ་བ་འདུག

rjevi	thugs dam	vbangs	yongs	kyi	mchod gnas.	yos buvi
rje	vi	thugs dam	vbangs	yongs	kyi	mchod gnas	yos bu
王	GEN	本尊佛	臣民	全	GEN	供养处	兔子

	lo	rmangs	bres	nas.	yos buvi		lo	la
vi	lo	rmangs	bres	nas	yos bu	vi	lo	la
GEN	年	基础	铺设[14]	LNK	兔子	GEN	年	LOC

vbyongs	pa lags	so.
vbyongs	pa lags	so
完成[1]	REA	END

君王的本尊和全体百姓的供养处。于是兔年奠基，到兔年修筑完毕。

རྗེའི་ཐུགས་དམ་འབངས་ཡོངས་ཀྱི་མཆོད་གནས་ཡོས་བུའི་ལོ་རྨངས་བྲེས་ནས་ཡོས་བུའི་ལོ་ལ་འབྱོངས་པ་ལགས་སོ།

jo mo	lnga	khab	du	bzhes	pa	las.	mchims bzav lha mo btsan
jo mo	lnga	khab	du	bzhes	pa	las	mchims bzav lha mo btsan
觉姆	五	妃子	RES	娶[W]	NML	LNK	琛木妃拉姆赞

dang.	mkhar chen bzav mtsho rgyal	gnyis	grub	pa	mdzad	pas
dang	mkhar chen bzav mtsho rgyal	gnyis	grub	pa	mdzad	pas
COO	喀钦妃错杰	二	修行[1]	NML	做[W]	LNK

---

① 现为dpang。

phyag ris   med.
phyag ris   med
功勋   EXI:NEG

五位觉姆取为妃子，琛木妃拉姆赞和喀钦妃错杰二人，因修习，无功勋。

ཇོ་མོ་ལྔར་བཞེས་པ་ལས། མཚམས་བཟའ་ལྷ་མོ་བཙན་དང་། མཁར་ཆེན་བཟའ་མཚོ་རྒྱལ་གཉིས་སྒྲུབ་པ་མཛད་པས་ཕྱག་རིས་མེད།

vbro bzav   khri rgyal mang mo btsan   rab tu byung   bavi   mtshan
vbro bzav   khri rgyal mang mo btsan   rab tu byung   ba vi   mtshan
卓妃   赤杰芒姆赞   出家[W]   NML GEN 名字
byang chub rjer   gsol   pavi   phyag ris. dge rgyas   kyi
byang chub rje   r   gsol   pa   vi   phyag ris   dge rgyas   kyi
降秋杰   RES   叫[W] NML GEN   功勋   格杰[遍净] GEN
gtsug lag khang   lags   te.   snang ba mthav yas   gtso bo   mdzad   pa.
gtsug lag khang   lags   te   snang ba mthav yas   gtso bo   mdzad   pa
佛堂   COP   LNK   无量光佛   主要   做[W]   NML

卓妃赤杰芒姆赞出家的名字是降秋杰，禀报功勋，修建了遍净殿。安放以无量光佛为主的神像。

འབྲོ་བཟའ་ཁྲི་རྒྱལ་མང་མོ་བཙན་རབ་ཏུ་བྱུང་བའི་མཚན་བྱང་ཆུབ་རྗེར་གསོལ་བའི་ཕྱག་རིས། དགེ་རྒྱས་ཀྱི་གཙུག་ལག་ཁང་ལགས་ཏེ། སྣང་བ་མཐའ་ཡས་གཙོ་བོ་མཛད་པ།

gtso   vkhor   dgur   mdzad   pa   lugs   stod   du   btab   nas
gtso   vkhor   dgu   r   mdzad   pa   lugs   stod   du   btab   nas
主   随从   九   RES   做[W]   NML   模式   上面   LOC   做[1]   LNK
spyan   drangs   pas   gnyis   chab   la   shor.
spyan   drangs   pas   gnyis   chab   la   shor
HON   请[1]   LNK   二   水   ALL   失去[W]

在上部地方铸成了无量光佛主眷九尊佛像，两尊失落河中。

གཙོ་འཁོར་དགུར་མཛད་པ་གས་སྟོད་དུ་བཏབ་ནས་སྤྱན་དྲངས་པས་གཉིས་ཆབ་ལ་ཤོར།

vkhor   drug po   g'yas   na   rigs   gsum   mgon po.   g'yon   na
vkhor   drug po   g'yas   na   rigs   gsum   mgon po   g'yon   na
随从   六   右   LOC   类   三   怙主   左   LOC

第四章 文本语法标注 335

sangs rgyas   sman   gyi   lha   dang.   sangs rgya   kun tu bzang po.
sangs rgyas   sman   gyi   lha   dang   sangs rgya   kun tu bzang po
佛陀   药   GEN   佛   COO   佛陀   普贤

mi g'yo mgon po   bzhugs   su   gsol.
mi g'yo mgon po   bzhugs   su   gsol
不动怙主   住[W]   SER   禀报[W]

随从六个，右边是三类怙主，左边是药王佛、普贤佛和不动怙主。

འཁོར་དྲུག་པོ་གཡས་ན་རིགས་གསུམ་མགོན་པོ་གཡོན་ན་སངས་རྒྱས་སྨན་གྱི་ལྷ་དང་། སངས་རྒྱས་ཀུན་ཏུ་བཟང་པོ་མི་གཡོ་མགོན་པོ་བཞུགས་སུ་གསོལ།

sras   mi   mngav   pas   pha   ming   gi   vgro   yul   thag
sras   mi   mngav   pas   pha   ming   gi   vgro   yul   thag
儿子   NEG EXI   LNK   父亲 名字   GEN 卓   地方 距离

ring.   phyis   gso   mi   yong   vong   mchi   nas
ring   phyis   gso   mi   yong   vong   mchi   nas
长   后来   修[23]   NEG   来[W]   来[23] 说[23] LNK

lha   lugs mar   mdzad.
lha   lugs ma   r   mdzad
佛   模具   RES   做[W]

因无子，娘家卓地离得又远。今后没有人替我修葺！做成佛像。

སྲས་མི་མངའ་པས་ཕ་མིང་གི་འགྲོ་ཡུལ་ཐག་རིང་། ཕྱིས་གསོ་མི་ཡོང་འོང་མཆི་ནས་ལྷ་ལུགས་མར་མཛད།

rtsigs pa   so phag   zha nyevi   chus   sbyar   zangs   kyi
rtsigs pa   so phag   zha nye   vi   chu s sbyar   zangs   kyi
墙   砖   铅   GEN 水   INS 胶合[13]   铜   GEN

thog   bskal①.
thog   bskal
顶   挂[W]

墙用砖砌，又用铅水胶合；覆盖铜顶。

རྩིག་པ་སོ་ཕག་ཞ་ཉེའི་ཆུས་སྦྱར། ཟངས་ཀྱི་ཐོག་བསྐལ།

---

① 应该为bkal。

336 藏文古文献《拔协》文本标注与语法研究

rol mo	mgrin bzang	bshig	pavi	cong	mching buvi
rol mo	mgrin bzang	bshig	pa vi	cong	mching bu vi
乐器	真桑	毁灭[13]	NML GEN	钟	钦朴 GEN

rdza	la	skyal	ba	de	yin	gsung	cong	btags.
rdza	la	skyal	ba	de	yin	gsung	cong	btags
岩石	ALL	送[2]	NML	DET	COP	说[23]	钟	拴[1]

吩咐把能毁灭真桑的那个钟送到钦朴的沼泽中。

རོལ་མོ་མགྲིན་བཟང་བཤིག་པའི་ཅོང་མཆིང་བུའི་རྫ་ལ་སྐྱལ་བ་དེ་ཡིན་གསུང་ཅོང་བཏགས།

snang bar	rin chen po	che	mar gad.	a mi de bavi
snang ba r	rin chen po	che	mar gad	a mi de ba vi
光 RES	宝物	大	子母绿	阿弥陀佛 GEN

spral bar	vphra btab	po.
spral ba r	vphra btab	po
额头 LOC	镶嵌[W]	END

大宝物子母绿为光源，装饰在阿弥陀佛的额头上。

སྣང་བར་རིན་ཆེན་པོ་ཆེ་མར་གད། ཨ་མི་དེ་བའི་སྤྲལ་བར་འཕྲ་བཏབ་པོ།

jo mo	tshe spong bzav	me tog sgron	la.	sras	mngav	bas
jo mo	tshe spong bzav	me tog sgron	la	sras	mngav	bas
妃子	才崩妃	梅朵准	POS	儿子	EXI	LNK

khams gsum	zangs	khang	gi	gtsug lag khang.	yab	kyi	dbu
khams gsum	zangs	khang	gi	gtsug lag khang	yab	kyi	dbu
三界	铜	房子	GEN	佛堂	父亲	GEN	头

rtse	la	dpe	blang	nas	bzhengs su gsol.
rtse	la	dpe	blang	nas	bzhengs su gsol
尖顶	LOC	模型	取[3]	SER	修建[W]

才崩妃梅朵准有儿子，以父王的正殿为式样，修建了三界铜殿。

ཇོ་མོ་ཚེ་སྤོང་བཟའ་མེ་ཏོག་སྒྲོན་ལ་སྲས་མངའ་བས་ཁམས་གསུམ་ཟངས་ཁང་གི་གཙུག་ལག་ཁང་ཡབ་ཀྱི་དབུ་རྩེ་ལ་དཔེ་བླངས་ནས་བཞེངས་སུ་གསོལ།

pho yong bzav	rgyal mo btsun	rgyal povi	yum	tshe	vphos
pho yong bzav	rgyal mo btsun	rgyal po vi	yum	tshe	vphos
颇雍妃	杰姆尊	王 GEN	母	生	转移[1]

第四章　文本语法标注　337

```
par      slob dpon   gyis    lung bstan   pas.    khab   tu    bzhes   nas
par      slob dpon   gyis    lung bstan   pas     khab   tu    bzhes   nas
LNK      大师        AGE     预言[W]       LNK     妃子   RES   娶[W]   LNK

lan par gsol   bas
lan par gsol   bas
报德[W]         LNK
```

大师预言颇雍妃杰姆尊是国王母后的转世，娶来为妃，报德。

བོ་ཡོང་བཟའ་རྒྱལ་མོ་བཙུན་རྒྱལ་པོའི་ཡུམ་ཆེ་འཕོས་པར་སྡོང་དབོན་གྱིས་ལུང་བསྟན་པས། ཁབ་ཏུ་བཞེས་ནས་ལན་པར་གསོལ་བས།

```
khab   tu    de    la    lha lcam    las    mi    mngav    bas.   lha khang
khab   tu    de    la    lha lcam    las    mi    mngav    bas    lha khang
妃子   DAT   DET   POS   公主        COT    NEG   EXI      LNK    佛堂

nyis thog   tu    gnang   bas    dbu tshal gser khang   rdo rje   dbyings
nyis thog   tu    gnang   bas    dbu tshal gser khang   rdo rje   dbyings
两层        RES   赐[W]   LNK    乌才金殿                金刚      界

kyi    dkyil vkhor   du    bzhengs su gsol.
kyi    dkyil vkhor   du    bzhengs su gsol
GEN    坛城           RES   修建[W]
```

因为只有女儿，而无儿子，修建两层佛殿，修筑了如乌才金殿金刚形状的坛城。

ཁབ་ཏུ་དེ་ལ་ལྷ་ལྕམ་ལས་མི་མངའ་བས། བུ་ཚལ་གཞིག་ཐོག་ཏུ་གནང་བས་དབུ་ཚལ་གསེར་ཁང་རྡོ་རྗེ་དབྱིངས་ཀྱི་དཀྱིལ་འཁོར་དུ་བཞེངས་སུ་གསོལ།

```
lha bzo ba    la    zas    sna    bcu gsum    drangs    pas.    bzo    sna
lha bzo ba    la    zas    sna    bcu gsum    drangs    pas     bzo    sna
塑神匠        DAT   食物   类     十三         请[1]     LNK     样式   类

bcu gsum       byas    te.
bcu gsum       byas    te
十三           做[1]   LNK
```

给塑造神像者供奉了十三种食品。样式也做成十三类。

ལྷ་བཟོ་བ་ལ་ཟས་སྣ་བཅུ་གསུམ་དྲངས་པས། བཟོ་སྣ་བཅུ་གསུམ་བྱས་ཏེ།

338 藏文古文献《拔协》文本标注与语法研究

steng	khang	logs	la	rtsigs pa	med	pa.	nang	na	ka ba
steng	khang	logs	la	rtsigs pa	med	pa	nang	na	ka ba
上	房子	面	LOC	墙壁	EXI:NEG	NML	里	LOC	柱子

med	pa.	gla gor	gyi	sgo	ra dzavi		rgya	dang
med	pa	gla gor	gyi	sgo	ra dza	vi	rgya	dang
EXI:NEG	NML	木腰子	GEN	门	迦那	GEN	王	COO

btsun movi		vbags	thub	pa.
btsun mo	vi	vbags	thub	pa
王妃	GEN	面	遇到[W]	NML

上层神殿墙面上没有墙壁，殿内无柱。木腰子的门，能出迦那国王和王妃的面貌。

སྟེང་ཁང་ལོགས་ལ་རྩིགས་པ་མེད་པ། ནང་ན་ཀ་བ་མེད་པ། གླ་གོར་གྱི་སྒོ་ར་ཛའི་རྒྱ་དང་བཙུན་མོའི་འབགས་ཐུབ་པ།

sa gzhi	rag gan	las	byas	pa.	g·yuvi		gdung ma	la
sa gzhi	rag gan	las	byas	pa	g·yu	vi	gdung ma	la
地方	铜黄	ABL	做[1]	NML	绿松石	GEN	梁	LOC

gser	gyi	rta	rgyugs	pavi		vbur	dod	pa.
gser	gyi	rta	rgyugs	pa	vi	vbur	dod	pa
金	GEN	马	跑[14]	NML	GEN	浮雕	凸现[W]	NML

以红铜做成的地面，在绿松石的梁上，有黄金的跑马浮雕。

ས་གཞི་རག་གན་ལས་བྱས་པ། གཡུའི་གདུང་མ་ལ་གསེར་གྱི་རྟ་རྒྱུགས་པའི་འབུར་དོད་པ།

gzav	chen po	brgyad	kyis	gdung ma	brgyad	vdegs	pa.	mthing
gzav	chen po	brgyad	kyis	gdung ma	brgyad	vdegs	pa	mthing
星耀	大	八	AGE	梁	八	抬[2]	NML	蓝色

gi	rgya phigs	kha	phyir		blta	nang	blta	yod	pa.
gi	rgya phigs	kha	phyi	r	blta	nang	blta	yod	pa
GEN	顶檐	口	外	ALL	看[3]	里	看[3]	RSA	NML

以八大星曜支托八条梁；蔚蓝的顶檐口处向外看和向里看。

གཟའ་ཆེན་པོ་བརྒྱད་ཀྱིས་གདུང་མ་བརྒྱད་འདེགས་པ། མཐིང་གི་རྒྱ་ཕིགས་ཁ་ཕྱིར་བལྟ་ནང་བལྟ་ཡོད་པ།

chu	thams cad	vdril	nas	seng gevi		kha	nas	vbabs[①]
chu	thams cad	vdril	nas	seng ge	vi	kha	nas	vbabs
水	全部	汇集[2]	LNK	狮子	GEN	口	ABL	下[23]
pa	de	rul sbal	gyi	rgyab	tu	vong	ba.	
pa	de	rul sbal	gyi	rgyab	tu	vong	ba	
NML	DET	乌龟	GEN	后背	ALL	来[23]	NML	

所有流水总汇一处, 由狮嘴流出, 又流入乌龟背。

རྒྱ་ཐམས་ཅད་འདྲིལ་ནས་སེང་གེའི་ཁ་ནས་འབབས་པ་དེ་རུལ་སྦལ་གྱི་རྒྱབ་ཏུ་འོང་བ།

sgo	vbyed	bcod	las	gser	gyi	byi	chung	skad	vdon	pa.
sgo	vbyed	bcod	las	gser	gyi	byi	chung	skad	vdon	pa
门	开[2]	割断[2]	ABL	金	GEN	鸟	小	语言	发出[2]	NML

从门开关中, 发出金的小鸟的声音。

སྒོ་འབྱེད་བཅོད་ལས་གསེར་གྱི་བྱི་ཆུང་སྐད་འདོན་པ།

nang	gi	kri yavi		lha tshogs	la	spyi	gdugs	re	dang
nang	gi	kri ya	vi	lha tshogs	la	spyi	gdugs	re	dang
里	GEN	事部	GEN	神团	DAT	总	伞	每	COO
sger	gdugs	re	phib	pa.					
sger	gdugs	re	phib	pa					
各自	伞	每	盖[W]	NML					

殿内事部神团共遮一顶大伞盖, 又分别各遮一顶小伞盖。

ནང་གི་ཁྲི་ཡའི་ལྷ་ཚོགས་ལ་སྤྱི་གདུགས་རེ་དང་སྒེར་གདུགས་རེ་ཕིབ་པ།

mdzad pa	bcu gnyis	vbur	du	dod	pa.	lhavi		bus
mdzad pa	bcu gnyis	vbur	du	dod	pa	lha	vi	bu
行为	十二	浮雕	RES	凸出[W]	NML	佛	GEN	儿子
	khyung	gi	sgo nga[②]	las	bdud rtsivi		chus	
s	khyung	gi	sgo nga	las	bdud rtsi	vi	chu	s
AGE	大鹏	GEN	蛋	ABL	甘露	GEN	水	INS

---

① 应该为vbab。
② 原文此处有两个nga, 根据上下文, 应该保留一个即可。

lha	la	khrus	gsol	ba	ngo	mtshar	ba	gcig
lha	la	khrus	gsol	ba	ngo	mtshar	ba	gcig
佛	OBJ	洗[4]	做[W]	NML	脸面	漂亮[W]	NML	一

bzhengs su gsol.
bzhengs su gsol
修建[W]

十二行为做成浮雕；神子从大鹏蛋中取出甘露水，用它给佛洗浴，修建得非常奇异。

མཛད་པ་བཅུ་གཉིས་འབུར་དུ་དོད་པ། སྲིད་བུས་ཁྱུང་གི་སྒོང་ངས་བདུད་རྩིའི་ཆུས་ལ་ཁྲུས་གསོལ་བ་དེ་མཚར་བ་གཅིག་བཞེངས་སུ་གསོལ།

de	nas	slob dpon	la	mngav gsol	gyi	zhu rten	gser phye
de	nas	slob dpon	la	mngav gsol	gyi	zhu rten	gser phye
DET	ABL	大师	DAT	开光[W]	GEN	随函礼品	碎金

bre	drug	phul	nas	zhus	pas.
bre	drug	phul	nas	zhus	pas
升	六	献给[14]	LNK	请求[14]	LNK

然后，向大师献上开光的礼品六升碎金，请求开光。

དེ་ནས་སློབ་དཔོན་ལ་མངའ་གསོལ་གྱི་ཞུ་རྟེན་གསེར་ཕྱེ་བྲེ་དྲུག་ཕུལ་ནས་ཞུས་པས།

bod	vbangs	mngav ris	thams cad	la	bcav	dang	khral	bsdus
bod	vbangs	mngav ris	thams cad	la	bcav	dang	khral	bsdus
吐蕃	臣民	领地	全部	DAT	法	COO	税	召集[1]

la	yo byad	sta gon	gyis	shig	ces	lung gnang.
la	yo byad	sta gon	gyis	shig	ces	lung gnang
LNK	用具	准备	做[4]	PRT	说[W]	训诫[W]

向吐蕃所有百姓属民收缴差税。训诫说请准备用器吧！

བོད་འབངས་མངའ་རིས་ཐམས་ཅད་ལ་བཅའ་དང་ཁྲལ་བསྡུས་ལ་ཡོ་བྱད་སྟ་གོན་གྱིས་ཤིག་ཅེས་ལུང་གནང་།

slob dpon	ke ru gling	na	mtshams	bcad	nas	sgrub	pa
slob dpon	ke ru gling	na	mtshams	bcad	nas	sgrub	pa
大师	格如洲	LOC	边界	断[1]	LNK	完成[2]	NML

la   bzhugs.
la   bzhugs
LNK   待[W]
然后便到格如洲中闭关修行。

བློ་དཔོན་གི་ད་སྦྱིང་ན་མཚམས་བཅད་ནས་བསྒྲུབ་པ་ལ་བཞུགས།

ba so lha khang   lo   bcu bzhi   na   bzo   tshar.   btsan pos
ba so lha khang   lo   bcu bzhi   na   bzo   tshar   btsan po   s
象牙神殿   年   十四   LOC   做[23] AUX   赞普   AGE
mngav vbangs   kun   bsdus   te   brag dmar   skye bovi
mngav vbangs   kun   bsdus   te   brag dmar   skye bo
属民   全   召集[1]   LNK   扎马尔   众生
                   tshogs   kyis   khengs.
vi   tshogs   kyis   khengs
GEN   团   INS   充满[1]

象牙神殿历时十四年修筑完毕。赞普召集全体吐蕃居民。被扎马尔的众生挤满。

བ་སོ་ལྷ་ཁང་ལོ་བཞི་བཞིན་བཟོ་ཚར། བཙན་པོས་མངའ་འབངས་ཀུན་བསྡུས་ཏེ་བྲག་དམར་སྐྱེ་བོའི་ཚོགས་ཀྱིས་ཁེངས།

slob dpon   ke ru gling   na   mkhar gzhong   me tog   gis   bkang   nas
slob dpon   ke ru gling   na   mkhar gzhong   me tog   gis   bkang   nas
大师   格如洲   LOC   铜盘   花   INS   填满[1] SER
byon   pas   mchod rten   dkar povi   gong   du   byon   pa.
byon   pas   mchod rten   dkar po   vi   gong   du   byon   pa
到达[14]   LNK   供塔   白色   GEN   上   ALL   到达[14] NML

在格如洲中，大师托着盛满鲜花的铜盘到达，到达白色佛塔的前面。

བློ་དཔོན་གི་ད་སྦྱིང་ན་མཁར་གཞོང་མེ་ཏོག་གིས་བཀང་ནས་བྱོན་པས་མཆོད་རྟེན་དཀར་པོའི་གོང་དུ་བྱོན་པ།

btsan pos   vjam dpal rdo rje zhal gsum phyag drug pa   phyag   na
btsan po   s   vjam dpal rdo rje zhal gsum phyag drug pa   phyag   na
赞普   AGE 文殊金刚三面六臂   手   LOC

342 藏文古文献《拔协》文本标注与语法研究

rin po chevi		me tog	thog①	pa	cig	gzigs.
rin po che	vi	me tog	thog	pa	cig	gzigs
宝贝	GEN	花	拿[W]	NML	一	看[W]

赞普看见一尊手中拿着宝花的三面六臂佛。

བཙན་པོས་འཛམ་དཔལ་རྡོ་རྗེ་ཞལ་གསུམ་ཕྱག་དྲུག་པ་ཕྱག་ན་རིན་པོ་ཆེའི་མེ་ཏོག་བོན་པ་གཅིག་གཟིགས།

slob dpon	gyis	ting nge vdzin	gyis	dbu	rtsevi		vog khang
slob dpon	gyis	ting nge vdzin	gyis	dbu	rtse	vi	vog khang
大师	AGE	禅定力	INS	头	尖顶	GEN	后殿

gi	lha	rnams	phyir		spyan	drangs	te.
gi	lha	rnams	phyi	r	spyan	drangs	te
GEN	佛	pl	外	ALL	HON	请[1]	LNK

大师以禅定力，将正殿下层佛殿的神们请到外面。

སློབ་དཔོན་གྱིས་ཏིང་ངེ་འཛིན་གྱིས་དབུ་རྩེའི་འོག་ཁང་གི་ལྷ་རྣམས་ཕྱིར་སྤྱན་དྲངས་ཏེ།

mchod rten	dkar po	la	bskor	ba	byas	te	zhal shar
mchod rten	dkar po	la	bskor	ba	byas	te	zhal shar
供塔	白色	DAT	环绕[13]	NML	做[1]	LNK	口 东

phyogs	su	gzigs	nas	vkhor savi		logs	na	prog zhu
phyogs	su	gzigs	nas	vkhor sa	vi	logs	na	prog zhu
方	ALL	看[W]	LNK	转经甬道	GEN	面	LOC	桂冠

zing nge	bzhugs	pa	la	me tog	gtor.
zing nge	bzhugs	pa	la	me tog	gtor
缤纷	待[W]	NML	DAT	花	撒[W]

绕白色佛塔而行。面向东方，转经甬道的墙面上，向那些戴着缤纷帽盔的众神抛洒鲜花。

མཆོད་རྟེན་དཀར་པོ་ལ་བསྐོར་བ་བྱས་ཏེ་ཞལ་ཤར་ཕྱོགས་སུ་གཟིགས་ནས་འཁོར་སའི་ལོགས་ན་པྲོག་ཞུ་ཟིང་ངེ་བཞུགས་པ་ལ་མེ་ཏོག་གཏོར།

lha	rnams	dus	gcig	tu	nang	du	gshegs	te.	sngar	gyi
lha	rnams	dus	gcig	tu	nang	du	gshegs	te	sngar	gyi
佛	pl	时	一	LOC	里	ALL	去[W]	LNK	前	GEN

---

① 应该为thogs。

第四章 文本语法标注

```
gral    bzhin   du      vkhod.
gral    bzhin   du      vkhod
排      如      RES     坐[W]
```
众神一同走到殿内去了，照先前的排列坐下。

ལྷ་རྣམས་དུས་གཅིག་ཏུ་ནང་དུ་གཤེགས་ཏེ། སྔར་གྱི་གྲལ་བཞིན་དུ་འཁོད།

```
khro bo  gnyis   kyi   rgyab   nas   ye shes   kyi   me   vbar   bas
khro bo  gnyis   kyi   rgyab   nas   ye shes   kyi   me   vbar   bas
忿怒      二     GEN   后背    ABL   智慧      GEN   火   燃烧[W] LNK

sa    tshig    ba    slob dpon    gyis    dri chab gsang    gtor    mdzad
sa    tshig    ba    slob dpon    gyis    dri chab gsang    gtor    mdzad
地    燃[1]    NML   大师        AGE    小便             撒[W]   做[W]

pas    me    shi     bavi      shul    gsor          ma     vtshal.
pas    me    shi     ba vi     shul    gso    r     ma     vtshal
LNK    火    熄灭[1] NML  GEN 痕迹   修[23] OBJ   NEG    找[2]
```
从两位忿怒神的背后，燃起智慧之火，烧了地面，大师解小便浇灭。灭火的维修痕迹不能找到[未恢复]。

ཁྲོ་བོ་གཉིས་ཀྱི་རྒྱབ་ནས་ཡེ་ཤེས་ཀྱི་མེ་འབར་བས་ས་ཚིག་པ་སློབ་དཔོན་གྱིས་དྲི་ཆབ་གསང་གཏོར་མཛད་པས་མེ་ཤི་བའི་ཤུལ་གསོར་མ་འཚལ།

```
btsan pos           me tog    tu     yon     gser    phye     gzhong pa
btsan po   s        me tog    tu     yon     gser    phye     gzhong pa
赞普        AGE     花        LOC   酬谢    金      碎        盘子

gang    phul
gang    phul
一       献给[14]
```
赞普在花中，献给一盘子酬谢碎金。

བཙན་པོས་མེ་ཏོག་ཏུ་ཡོན་གསེར་ཕྱེ་གཞོང་པ་གང་ཕུལ།

```
zhal spro    chen povi         dus   su    phyivi       lcags rivi
zhal spro    chen po   vi      dus   su    phyi  vi     lcags ri    vi
庆典          大       GEN    时    LOC   外    GEN   围墙       GEN
```

344 藏文古文献《拔协》文本标注与语法研究

steng	mchod rten	gyi	bar	thams cad	bzhes pa	dang	thud skyal
steng	mchod rten	gyi	bar	thams cad	bzhes pa	dang	thud skyal
上	供塔	GEN	中间	全部	食品	COO	奶酪

gyis	bkang.
gyis	bkang
INS	填满[1]

在盛大的庆典期间，外面围墙上的佛塔之间，全部用食品与奶酪充满。

ཞལ་སྟོ་ཆེན་པོའི་དུས་སུ་ཕྱིའི་ལྕགས་རིའི་སྦྱིན་མཆོད་རྣམས་ཀྱི་བར་ཐམས་ཅད་བཞེས་པ་དང་ཐུད་སྐྱལ་གྱིས་བཀང་།

de	ltad mo ba	rnams	la	vang	vtshal	bas.	skal ba	gnyis
de	ltad mo ba	rnams	la	vang	vtshal	bas	skal ba	gnyis
DET	观看者	pl	DAT	也	吃[123]	LNK	份子	二

gnyis	gsum	gsum	thob.	skal ba	chad pa	ni	ye	ma	mchis.
gnyis	gsum	gsum	thob	skal ba	chad pa	ni	ye	ma	mchis
二	三	三	获得[1]	份子	缺漏	TOP	根本	NEG	EXI

也供观看者食用，每人可以得到两三份，没有缺漏的。

དེ་ལྟད་མོ་རྣམས་ལའང་འཚལ་བས། སྐལ་བ་གཉིས་གཉིས་གསུམ་གསུམ་ཐོབ། སྐལ་བ་ཆད་པ་ནི་ཡེ་མ་མཆིས།

devi	rjes	la	kun	ltad mo	che thang	re	byed.
de	vi	rjes	la	kun	ltad mo	che thang	re	byed
DET	GEN	后面	LOC	全	节目	格外	每	做[2]

之后，便进行精彩的表演。

དེའི་རྗེས་ལ་ཀུན་ལྟད་མོ་ཆེ་ཐང་རེ་བྱེད།

sman ri	la	lan vgav	brag chung	nyi ma	lde	bavi	drung
sman ri	la	lan vgav	brag chung	nyi ma	lde	ba vi	drung
门日山	LOC	嫩呷	扎琼	太阳	晒[23]	NML GEN	前

du	sha ba	byung	ba	la	zhags pas		bzung
du	sha ba	byung	ba	la	zhags pa	s	bzung
LOC	麋鹿	来[1]	NML	DAT	绳索	INS	抓[1]

nas	khrom	skor.
nas	khrom	skor
LNK	场地	圈[24]

第四章 文本语法标注 345

在门日山，嫩呷、扎琼向阳坡前，出现了麋鹿。用绳索套住，绕场而行。

སྣན་རི་ལ་ལན་འགར་བྲག་ཆུང་ཞི་མ་ལྡེ་བའི་དུང་དུ་ཤ་བ་བྱུང་བ་བ་ཞགས་པས་བཟུང་ནས་ཆོས་སྐོར།

ltad mo	dang povi		byas lugs	vkhor savi		sgo	rgyab
ltad mo	dang po	vi	byas lugs	vkhor sa	vi	sgo	rgyab
节目	第一	GEN	做法	转经甬道	GEN	门	后背

tu	bris	nas	yod	do.
tu	bris	nas	yod	do
LOC	写[14]	SER	EXI	END

第一项表演的情景，就画在围廊的门后而保留。

ཡུད་མོ་དང་པོའི་བྱས་ལུགས་འཁོར་བའི་སྒོ་རྒྱབ་ཏུ་བྲིས་ནས་ཡོད་དོ།

sang	nang par	yang	slob dpon	ke ru gling	nas	mkhar gzhong
sang	nang par	yang	slob dpon	ke ru gling	nas	mkhar gzhong
明天	第二天清晨	也	大师	格如洲	ABL	铜盘

me tog	gis	bkang	nas	byon	pa.
me tog	gis	bkang	nas	byon	pa
花	INS	填满[1]	LNK	到达[14]	NML

第二天清晨，大师又手托盛满鲜花的铜盘从格如洲到达。

སང་ནང་པར་ཡང་སློབ་དཔོན་གྱི་རུ་གླིང་ནས་མཁར་གཞོང་མེ་ཏོག་གིས་བཀང་ནས་བྱོན་པ།

btsan pos		dge slong	rigs	lngavi		dbu	rgyan	can
btsan po	s	dge slong	rigs	lnga	vi	dbu	rgyan	can
赞普	AGE	比丘	类	五	GEN	头	饰品	者

du	gzigs.
du	gzigs
OBJ	看[W]

赞普看见一位头戴五佛冠的比丘。

བཙན་པོས་དགེ་སློང་རིགས་ལྔའི་དབུ་རྒྱན་ཅན་དུ་གཟིགས།

slob dpon	gyis	ting nge vdzin	gyis	dbu	rtse	bar	khang	gi
slob dpon	gyis	ting nge vdzin	gyis	dbu	rtse	bar	khang	gi
大师	AGE	禅定力	INS	头	尖顶	中间	房子	GEN

346 藏文古文献《拔协》文本标注与语法研究

lha   phyir   spyan   drangs   te.
lha   phyi   r   spyan   drangs   te
佛   外   ALL   HON   请[1]   LNK

大师以禅定之力将主殿中层众神请到殿外边。

སྟོན་པོན་གྱིས་ཏིང་ངེ་འཛིན་གྱིས་དབུ་རྩེ་བར་ཁང་གི་ལྷ་ཕྱིར་སྤྱན་དྲངས་ཏེ།

vkhor savi   logs   la   zhal   shar   du   gzigs   pa   la
vkhor sa   vi   logs   la   zhal   shar   du   gzigs   pa   la
转经甬道   GEN   面   LOC   面   东   ALL   看[W]   NML   DAT
me tog   vthor   bas   lha   rnams dus   gcig   la   nang   du
me tog   vthor   bas   lha   rnams dus   gcig   la   nang   du
花   散开[W]   LNK   佛   pl   时   一   LOC   里   ALL
gshegs   te   sngar   gyi   gral   bzhin du   vkhod.
gshegs   te   sngar   gyi   gral   bzhin du   vkhod
去[W]   LNK   前   GEN   排   如   RES   坐[W]

在转经甬道的侧面上，向面向东看者抛洒鲜花后。众神一起回到殿中如先前排次列坐。

འཁོར་ས་ལྡི་ལོགས་ལ་ཞལ་ཤར་དུ་གཟིགས་པ་ལ་མེ་ཏོག་འཐོར་བས་ལྷ་རྣམས་དུས་གཅིག་ལ་ནང་དུ་གཤེགས་ཏེ་སྔར་གྱི་གྲལ་བཞིན་དུ་འཁོད།

btsan pos   gser   phye   gzhong pa gang   yon   du   phul.
btsan po   s   gser   phye   gzhong pa gang   yon   du   phul
赞普   AGE   金   碎   盘子   一   酬金   RES   献给[14]
zhal spro   chen povi   dus   su   ltad mo ba   mtshal dmar   sngar
zhal spro   chen po   vi   dus   su   ltad mo ba   mtshal dmar   sngar
庆典   大   GEN   时   LOC   表演者   生鲜肉食   前
bzhin   du   vtshal   nas.   rjes   la   ltad mo   che thang   re   byed.
bzhin   du   vtshal   nas   rjes   la   ltad mo   che thang   re   byed
如   RES   吃[123] LNK   后面   LOC   节目   格外   每   做[2]

赞普献上一盘碎金作为酬谢，在盛大庆典中，表演者吃和前一天一样的生鲜肉食。之后，便举行精彩表演。

བཙན་པོས་གསེར་ཕྱེ་གཞོང་པ་གང་ཡོན་དུ་ཕུལ། ཞལ་སྤྲོ་ཆེན་པོའི་དུས་སུ་ལྟད་མོ་བ་མཚལ་དམར་སྔར་བཞིན་དུ་འཚལ་ནས། རྗེས་ལ་ལྟད་མོ་ཆེ་ཐང་རེ་བྱེད།

sdog pha	las	rnga mong	bdun	la	zhon	res	byed
sdog pha	las	rnga mong	bdun	la	zhon	res	byed
刀帕	ABL	骆驼	七	OBJ	骑[2]	依次	做[2]

cing	byung.
cing	byung
SIM	来[1]

交换骑着从刀帕来的七只骆驼而来。

ཕྲོག་པ་ལས་ར་མོང་བདུན་ལ་ཞོན་རེས་བྱེད་ཅིང་བྱུང་།

la la	go ru	rgyugs	pavi		steng	na	ral grivi
la la	go ru	rgyugs	pa	vi	steng	na	ral gri vi
一些	马	跑[14]	NML	GEN	上	LOC	剑 GEN

sgo vphen.
sgo vphen
挥舞

有的在奔驰的骆驼上挥舞刀剑。

ལ་ལ་གོ་རུ་རྒྱུགས་པའི་སྟེང་ན་རལ་གྲིའི་སྒོ་འཕེན།

la la	mi	gnyis	gcig	gis	vphan	vphyar	ba	la sogs pa
la la	mi	gnyis	gcig	gis	vphan	vphyar	ba	la sogs pa
一些	人	二	一	AGE	幡	举起[23]	NML	等等

ltad mo		byas lugs	rnams	vkhor savi		sgo
ltad mo	vi	byas lugs	rnams	vkhor sa	vi	sgo
节目	GEN	做法	pl	转经甬道	GEN	门

rgyab	du	bris	so.
rgyab	du	bris	so
后背	LOC	写[14]	END

有的二人举着一幅横幡等，这次表演的情景，也画在围廊的门后。

ལ་ལ་མི་གཉིས་གཅིག་གིས་འཕན་འཕྱར་བ་སོགས་ལྟད་མོ་བྱས་ལུགས་རྣམས་འཁོར་སའི་སྒོ་རྒྱབ་ཏུ་བྲིས་སོ།

yang	slob dpon	ke ru gling	nas	mkhar gzhong	me tog	gis	bkang
yang	slob dpon	ke ru gling	nas	mkhar gzhong	me tog	gis	bkang
又	大师	格如洲	ABL	铜盘	花	INS	填满[1]

348　藏文古文献《拔协》文本标注与语法研究

ba	bsnams	nas	byon	pa	de.	btsan pos		dge slong
ba	bsnams	nas	byon	pa	de	btsan po	s	dge slong
NML	携带[1]	LNK	到达[14]	NML	LNK	赞普		AGE 比丘

vjam dpal	rdo rje	dbu	rgyan	can	gcig	tu	gzigs.
vjam dpal	rdo rje	dbu	rgyan	can	gcig	tu	gzigs
文殊	金刚	头	饰品	者	一	OBJ	看[W]

大师又手托盛满鲜花的铜盘从格如洲走出来。赞普看向了一个带着文殊金刚佛冠的比丘。

ཡང་སློབ་དཔོན་གྱི་ནུ་སྲིང་ནས་མཆོད་གཏོར་ཀྱི་བཀང་བ་བསྣམས་ནས་བྱོན་པ་དེ་བཙན་པོས་དགེ་སློང་འཇམ་དཔལ་རྡོ་རྗེ་དབུ་རྒྱན་ཅན་གཅིག་གཟིགས།

slob dpon	gyis	dbu	rtse	yang thog	gi	lha	rnams
slob dpon	gyis	dbu	rtse	yang thog	gi	lha	rnams
大师	AGE	头	尖顶	上层	GEN	佛	pl

bad smug povi		khar		ting nge vdzin	gyis	spyan	drangs
bad smug po	vi	kha	r	ting nge vdzin	gyis	spyan	drangs
紫红	GEN	口	LOC	禅定力	INS	HON	请[1]

nas	dbu rtse thang	nas	me tog	vthor	lha	rnams	dus	gcig
nas	dbu rtse thang	nas	me tog	vthor	lha	rnams	dus	gcig
LNK	头尖场	ABL	花	散开[W]	佛	pl	时	一

tu	nang	du	gshegs	te	sngar gyi	gral	bzhin	du	vkhod.
tu	nang	du	gshegs	te	sngar gyi	gral	bzhin	du	vkhod
LOC	里	ALL	去[W]	LNK	前 GEN	排	如	RES	坐[W]

大师以禅定力将主殿上层的众神请至紫红女墙边，从主殿堂抛鲜花。众神又一起回到殿中，如前一样排列坐下。

སློབ་དཔོན་གྱིས་དབུ་རྩེ་ཡང་ཐོག་གི་ལྷ་རྣམས་བད་སྨུག་པོའི་ཁར་ཏིང་ངེ་འཛིན་གྱིས་སྤྱན་དྲངས་ནས་དབུ་རྩེ་ཐང་ནས་མེ་ཏོག་འཐོར་ལྷ་རྣམས་དུས་གཅིག་ཏུ་ནང་དུ་གཤེགས་ཏེ་སྔར་གྱི་གྲལ་བཞིན་དུ་འཁོད།

btsan pos		gser	phye	gzhong pa	gang	yon	du	phul.
btsan po	s	gser	phye	gzhong pa	gang	yon	du	phul
赞普	AGE	金	碎	盘子	一	酬金	RES	献给[14]

赞普又向大师奉献一盘子碎金作为酬谢。

བཙན་པོས་གསེར་ཕྱེ་གཞོང་པ་གང་ཡོན་དུ་ཕུལ།

zhal spro   chen movi   dus   su   ltad mo ba   la   mtshal dmar
zhal spro   chen mo   vi   dus   su   ltad mo ba   la   mtshal dmar
庆典   大   GEN   时   LOC   观看者   DAT   生鲜肉食

sngar bzhin du   vtshal.   rjes   la   ltad mo   che thang   re   byed.
sngar bzhin du   vtshal   rjes   la   ltad mo   che thang   re   byed
前   如   RES   吃[123]   后面   LOC   节目   格外   每   做[2]

在盛大庆祝时，如前供给表演者丰盛的饮食。随后，表演精彩的节目。

ཁལ་སྤྲོ་ཆེན་མོའི་དུས་སུ་ལྟད་མོ་བ་ལ་མཚལ་དམར་སྔར་བཞིན་དུ་འཚལ། རྗེས་ལ་ལྟད་མོ་ཆེ་ཐང་རེ་བྱེད།

vjang   rgan po   seng ldan   gyi   gdung ma   bcu gsum   thod pa   la
vjang   rgan po   seng ldan   gyi   gdung ma   bcu gsum   thod pa   la
姜氏   老人   檀香   GEN   梁   十三   额   LOC

btsutt   nas   dbu   rtsevi   thang   la   bang rgyugs   nas   sgovi
btsutt   nas   dbu   rtse   vi   thang   la   bang rgyugs   nas   sgo
安放[1] LNK   头   尖顶   GEN   平坝   LOC   赛跑[W]   LNK   门

         them khar   bor.
vi   them kha   r   bor
GEN   门槛   ALL   丢弃[14]

只见一位姜氏老者，头上安放十三根紫檀木梁，在主殿庭院中疾驰，然后丢弃在门槛边。

འདང་ཅན་པོ་སེང་ལྡན་གྱི་གདུང་མ་བཅུ་གསུམ་ཐོད་པ་ལ་བཙུགས་ནས་དབུ་རྩེའི་ཐང་ལ་བང་རྒྱུགས་ནས་སྒོའི་ཐེམ་ཁར་བོར།

de   re   re   yang   mi   res   ma   theg   pho shing   stags pa
de   re   re   yang   mi   re   s   ma   theg   pho shing   stags pa
DET 每   每   也   人   每   AGE NEG   驮[4] 公树   桦树

mang po   shing   khar   na①   phar   brgyug②   pa   shing   rtse
mang po   shing   kha   r   na   phar   brgyug   pa   shing   rtse
多   树   口   LOC LOC   那边   跑[1]   NML   树   尖顶

---

① 多余。
② 应该为brgyugs。

350 藏文古文献《拔协》文本标注与语法研究

la	sgyu ma mkhan	lus	la	me	vbar	thang shing	la	byi
la	sgyu ma mkhan	lus	la	me	vbar	thang shing	la	byi
LOC	魔术师	身体	LOC	火	燃烧[W]	松木	LOC	鸟

chung	phyang mo	nyug	pa	la sogs pa	byung	ba	ltad mo
chung	phyang mo	nyug	pa	la sogs pa	byung	ba	ltad mo
小	悬垂	伸出[23]	NML	等等	来[1]	NML	节目

tha mavi	byas lugs	kyang	ngo mtshar	bas	vkhor savi
tha ma	vi	byas lugs	kyang	ngo mtshar	bas	vkhor sa	vi
最后	GEN	做法	也	奇异[W]	LNK	转经甬道	GEN

sgovi	rgyab	tu	bris	so.
sgo	vi	rgyab	tu	bris	so
门	GEN	后背	LOC	写[14]	END

那些每一个木梁，一个普通人拿不动。在很多桦木柱上奔驰。树端有一身上燃火的魔术师，松木上悬垂探头小鸟等。最后这些节目也奇异，画在围廊的门后了。

དེ་རེ་རེ་ཡང་མི་རིམས་མ་ཐེག་ཧོ་ཞིང་ཤུག་པ་མང་པོ་ཞིག་ཁར་ན་ཕར་བརྒྱུག་པ་ཞིང་ཆེ་ལ་སྐྱ་མ་མཁན་ལུས་ལ་མེ་འབར་ཐང་ཞིང་ལ་བྱི་ཆུང་ཕྱུང་མོ་ཕུག་པ་

ལ་སོགས་པ་བྱུང་བ་ལྟད་མོ་ཐ་མའི་བྱས་ལུགས་ཀྱང་ངོ་མཚར་བས་འཁོར་ས་འི་སྒོའི་རྒྱབ་ཏུ་བྲིས་སོ།

phyir	slob dpon	bho nghi sa twas	bsam yas	kyi	chos	vkhor
phyir	slob dpon	bho nghi sa twa	s	bsam yas	kyi	chos	vkhor
后	大师	菩提萨埵	AGE	桑耶	GEN	法	轮

ma bu	rnams	la	mngav gsol	lan	brgyad	byas	so.
ma bu	rnams	la	mngav gsol	lan	brgyad	byas	so
主寺与支寺	pl	DAT	开光[W]	次	八	做[1]	END

之后，菩提萨埵大师为桑耶寺的主寺与支寺共举行了八次开光仪式。

ཕྱིར་སློབ་དཔོན་བོ་དྷི་ས་ཏྭས་བསམ་ཡས་ཀྱི་ཆོས་འཁོར་མ་བུ་རྣམས་ལ་མངའ་གསོལ་ལན་བརྒྱད་བྱས་སོ།

lan	bdun	byas	pavi	rten	de	sprul pavi	sku
lan	bdun	byas	pa	vi	rten	de	sprul pa	vi	sku
次	七	做[1]	NML	GEN	所依	DET	化身	GEN	身体

dngos	dang	byin rlabs	vdra	ba yin	no.
dngos	dang	byin rlabs	vdra	ba yin	no
真实	COM	加持	像[W]	REA	END

第四章 文本语法标注 351

做了七次的所依宛如佛真身加持一般。

ལན་བདུན་བྱས་པའི་རྟེན་དེ་སྐུ་པའི་སྐུ་གདོས་དང་བྱིན་རླབས་འད་བ་ཡིན་ནོ།

devi	rjes	la	btsan po	bsil khang	gi	mtsho	nang	du
de vi	rjes	la	btsan po	bsil khang	gi	mtsho	nang	du
DET GEN	后面	LOC	赞普	凉室	GEN	湖	里	LOC

pdmavi	sdong po	skyes	pavi	khar	bzhugs nas.
pdma vi	sdong po	skyes	pa vi	kha r	bzhugs nas
莲花 GEN	茎秆	产生[1]	NML GEN	口 LOC	待[W] LNK

此后，赞普端坐在沐浴殿池中所生的莲花茎秆的口上。

དེའི་རྗེས་ལ་བཙན་པོ་བསིལ་ཁང་གི་མཚོ་ནང་དུ་པདྨའི་སྡོང་པོ་སྐྱེས་པའི་ཁར་བཞུགས་ནས།

thugs dam	gyi	lha khang	vbyongs	pa	la	gzigs	pas	shin tu
thugs dam	gyi	lha khang	vbyongs	pa	la	gzigs	pas	shin tu
本尊佛	GEN	佛堂	达到[1]	NML	OBJ	看[W]	LNK	非常

dgyes	te.
dgyes	te
高兴[W]	LNK

看到本尊寺庙已经完成，极为高兴。

ཐུགས་དམ་གྱི་ལྷ་ཁང་འབྱོངས་པ་ལ་གཟིགས་པས་ཤིན་ཏུ་དགྱེས་ཏེ།

ngavi	dbu rtse	rigs	gsum	vdi	rtsigs	pa	mi	vdra
nga vi	dbu rtse	rigs	gsum	vdi	rtsigs	pa	mi	vdra
1sg GEN	头 尖顶	类	三	DET	修建[4]	NML	NEG	像[W]

skyes	pa	vdra	te	nga	re	dgav.	bya	ba	la sogs pavi
skyes	pa	vdra	te	nga	re	dgav	bya	ba	la sogs pa
产生[1]	NML	像[W]	LNK	1sg	每	喜欢[W]	做[3]	NML	等等

	dgav	glu	bcu gsum	mgur	du	bzhengs	so.
vi	dgav	glu	bcu gsum	mgur	du	bzhengs	so
GEN	喜欢[W]	歌	十三	调子	RES	修建[W]	END

我的这座三种式样的寺庙，不像人工修建，而像天然形成，我心中高兴！完成如此喜歌十三调。

ངའི་དབུ་རྩེ་རིགས་གསུམ་འདི་རྩིགས་པ་མི་འདྲ་སྟེ་རང་རེ་དགའ་བྱ་བ་ལ་སོགས་པའི་དགའ་གླུ་བཅུ་གསུམ་མགུར་དུ་བཞེངས་སོ།

352 藏文古文献《拔协》文本标注与语法研究

blon po   rnams kyis   kyang rang rang gi   che ba   nga rgyal   re
blon po   rnams kyis   kyang rang rang gi   che ba   nga rgyal   re
臣   pl   AGE   也   自己   GEN   大   骄傲   每

glur   blangs   te.   mchims   kyis   nga   che   rgyang grags
glu   r   blangs   te   mchims   kyis   nga   che   rgyang grags
歌   RES   唱[1]   LNK   琛木   AGE   1sg   大   远扬

la sogs pavo.
la sogs pa   vo
等等   END

大臣们也将自己自豪的大事咏之以歌。琛木唱了我尊、誉扬歌等。

བློན་པོ་རྣམས་ཀྱིས་ཀྱང་རང་རང་གི་ཆེ་བ་རྒྱལ་རེ་གླུར་བླངས་ཏེ། མཆིམས་ཀྱིས་ང་ཆེ་རྒྱང་གྲགས་ལ་སོགས་པའོ།།

lo   bcu gnyis kyi   bar   du   skyid   pavi   bro mo   che
lo   bcu gnyis kyi   bar   du   skyid   pa   vi   bro mo   che
年   十二   GEN   中间 LOC 快活[W] NML GEN   舞蹈   大

brdungs. mi   res   glu   re. rta   re   bang   re.   bya   re   skad
brdungs   mi   res   s   glu   re   rta   re   bang   re   bya   re   skad
敲[1]   人   每   AGE   歌   每   马   每   赛跑   每   鸟   每   语言

re   ston   bod   kyi   bde skyid   sngar   dar   bab   lags.
re   ston   bod   kyi   bde skyid   sngar   dar   bab   lags
每   展示[24] 吐蕃 GEN   幸福   前   弘扬[W]   到[1] REA

在十二年之间，跳起幸福击鼓舞蹈，每人唱一首歌。群马驰骋，百鸟啼鸣。从此吐蕃幸福大发展。

ལོ་བཅུ་གཉིས་ཀྱི་བར་དུ་སྐྱིད་པའི་བྲོ་མོ་ཆེ་བརྡུངས། མི་རེས་གླུ་རེ། རྟ་རེ་བང་རེ། བྱ་རེ་སྐད་རེ་སྟོན་བོད་ཀྱི་བདེ་སྐྱིད་སྔར་དར་བབ་ལགས།

devang   dbu   rtsevi   sgo   rgyab   byang   ngos   na
de   vang   dbu   rtse   vi   sgo   rgyab   byang   ngos   na
DET   也   头   尖顶   GEN   门   后背   北   面   LOC

bris   nas   yod   do.
bris   nas   yod   do
写[14] SER   EXI   END

这些场面都画在主殿的门后的北墙上记录保存。

དེ་དང་དབུ་རྩེའི་སྒོ་རྒྱབ་བྱང་ངོས་ན་བྲིས་ནས་ཡོད་དོ།

第四章 文本语法标注

```
dus    der          rje   blon   rnams   rtsed bro   dang   longs spyod   la
dus    de  r        rje   blon   rnams   rtsed bro   dang   longs spyod   la
时     DET LOC      王    臣     pl      跳舞        COO    享受          LOC

yengs         bas.    bsam yas   kyi    rtsigs   rmang   thams cad   byi khung
yengs         bas     bsam yas   kyi    rtsigs   rmang   thams cad   byi khung
悠闲[W]       LNK     桑耶       GEN    墙       根基    全部        鼠洞

du    byas     te.
du    byas     te
RES   做[1]    LNK
```

那时，臣们全都沉浸在欢乐享受之中，桑耶寺的墙基都被挖出鼠洞。

དུས་དེར་རྗེ་བློན་རྣམས་རྩེད་བྲོ་དང་ལོངས་སྤྱོད་ལ་ཡེངས་བས། བསམ་ཡས་ཀྱི་རྩིགས་རྨང་ཐམས་ཅད་བྱི་ཁུང་དུ་བྱས་ཏེ།

```
lha khang   la     mchod   cing   zhabs tog   med        pas   btsan po
lha khang   la     mchod   cing   zhabs tog   med        pas   btsan po
佛堂        LOC    供养    COO    供奉        EXI:NEG    LNK   赞普

thugs   ma    bde.   vbangs   rnams   la     chos   bya     bar
thugs   ma    bde    vbangs   rnams   la     chos   bya     bar
心      NEG   安乐[W] 臣民    pl      DAT    法     做[3]   SER

rigs      so     zhes     gsol      nas.   slob dpon   gyis   rgya gar   gyi
rigs      so     zhes     gsol      nas    slob dpon   gyis   rgya gar   gyi
适合[W]   END    说[W]    禀报[W]   LNK    大师        AGE    天竺       GEN

skad    slob      pas.
skad    slob      pas
语言    教习[2]   LNK
```

佛殿里既无供奉又无人管理，赞普心中不安。应该向百姓宣讲佛法了，由此禀报。大师用天竺语讲授。

ལྷ་ཁང་ལ་མཆོད་ཅིང་ཞབས་ཏོག་མེད་པས་བཙན་པོ་ཐུགས་མ་བདེ། འབངས་རྣམས་ལ་ཆོས་བྱ་བར་རིགས་སོ་ཞེས་གསོལ་ནས། སློབ་དཔོན་གྱིས་རྒྱ་གར་གྱི་སྐད་སློབ་པས།

```
sba gsal snang      dang.   sba khri bzher sang shi ta   dang.   pa dkor na vdod
sba gsal snang      dang    sba khri bzher sang shi ta   dang    pa dkor na vdod
拔·塞囊            COO     拔·赤协桑喜达               COO     八郭纳兑
```

354 藏文古文献《拔协》文本标注与语法研究

kyi	bu	bee ro tsaa na	dang.	mchims a nuvi		bu	sshkya
kyi	bu	bee ro tsaa na	dang	mchims a nu	vi	bu	sshkya
GEN	儿子	毗卢遮那	COO	琛·阿努	GEN	儿子	释迦

dang.	shud pu khong sleb	la sogs pas		skad	lobs.
dang	shud pu khong sleb	la sogs pa	s	skad	lobs
COO	许布空列	等等	AGE	语言	学会[1]

拔·塞囊，拔·赤协桑喜达，八郭纳兑的儿子毗卢遮那，琛·阿努的儿子释迦许布空列等学习语言。

སྣ་གསལ་སྣང་དང་། སྣ་ཁྲི་བཞེར་སང་གི་ཏ་དང་། པ་གོར་ན་འདོན་གྱི་བུ་བཻ་རོ་ཙ་ན་དང་། མཆིམས་ཨ་ནུའི་བུ་ཤྱཀྱ་དང་ཤུད་པུ་ཁོང་སྐྱེབ་ལ་སོགས་པ། སྐད་ལོབས།

mchims long gzigs	la sogs pa	zhang blon	gyi	bu tsha	mang	zhig
mchims long gzigs	la sogs pa	zhang blon	gyi	bu tsha	mang	zhig
琛·隆思	等等	尚伦	GEN	子孙	多	一

snyung	nas	skad	mi	lobs	pas.
snyung	nas	skad	mi	lobs	pas
病[2]	LNK	语言	NEG	学会[1]	LNK

琛·隆思等尚论的众多子侄们有困难，学不会。

མཆིམས་ལོང་གཟིགས་ལ་སོགས་པ་ཞང་བློན་གྱི་བུ་ཚ་མང་ཞིག་སྙུང་ནས་སྐད་མི་ལོབས་པས།

blon po	vgos	rgan	gyi	mchid	nas.	slob dpon	rgan pa	rnams
blon po	vgos	rgan	gyi	mchid	nas.	slob dpon	rgan pa	rnams
臣	郭	老	GEN	话	ABL	大师	老人	pl

la	long	ma	mchis	pas.	a tsa ravi		skad	slab	mi
la	long	ma	mchis	pas	a tsa ra	vi	skad	slab	mi
POS	闲暇	NEG	EXI	LNK	瑜伽师	GEN	话	学习[2]	NEG

kham	pas.	rgan	chos	su	mchi	zhus	pas.
kham	pas	rgan	chos	su	mchi	zhus	pas
适合[W]	LNK	老	法	ALL	去[23]	请示[14]	LNK

大臣郭老头说道：大师，我们老年人活不了多久了，没有闲暇来学习天竺语。请讲老年人能听懂的法！

བློན་པོ་འགོས་རྒན་གྱི་མཆིད་ནས། སློབ་དཔོན་རྒན་པ་རྣམས་ལ་ལོང་མ་མཆིས་པས། ཨ་ཙ་རའི་སྐད་སློབ་མི་ཁམས་པས། རྒན་ཆོས་སུ་མཆི་ཞུས་པས།

第四章 文本语法标注 355

slob dpon	gyis	bod	kyi	a pha	dang	a mavi		skad
slob dpon	gyis	bod	kyi	a pha	dang	a ma	vi	skad
大师	AGE	吐蕃	GEN	阿爸	COO	阿妈	GEN	话

don	thog tu phebs	te.	chos	skad	dang	mthun	par	
don	thog tu phebs	te	chos	skad	dang	mthun	pa	r
意义	交流[W]	LNK	法	语言	COM	适合[W]	NML	OBJ

mkhyen	nas.
mkhyen	nas
知道[W]	LNK

大师领悟到吐蕃人用"阿爸阿妈话"交流佛法的意思,知道也能与佛语相合。

སློབ་དཔོན་གྱིས་བོད་ཀྱི་ཨ་ཕ་དང་ཨ་མའི་སྐད་དོན་ཐོག་ཏུ་ཕེབས་ཏེ། ཆོས་སྐད་དང་མཐུན་པར་མཁྱེན་ནས།

bod	skad	du	chos	bshad	pas	samq skri tavi		skad
bod	skad	du	chos	bshad	pas	samq skri ta	vi	skad
吐蕃	语言	LOC	法	说[13]	LNK	梵语	GEN	语言

slob	ma	dgos.	bod	byang chub sems dpavi		sprul pavi
slob	ma	dgos	bod	byang chub sems dpav	vi	sprul pa
学习[2]	NEG	AUX	吐蕃	菩萨		GEN	化身

	skad	yin	pas.	chos	byar		stub bo	gsungs
vi	skad	yin	pas	chos	bya	r	stub bo	gsungs
GEN	语言	COP	LNK	法	做[3]	SER	能够	说[14]

于是便用吐蕃语宣讲佛法,无须学习梵语了。吐蕃语乃是菩萨化身的语言。完全能用来宣讲佛法。

བོད་སྐད་དུ་ཆོས་བཤད་པས་སཾ་སྐྲི་ཏའི་སྐད་སློབ་མི་དགོས། བོད་བྱང་ཆུབ་སེམས་དཔའི་སྤྲུལ་པའི་སྐད་ཡིན་པས། ཆོས་བྱར་སྟུབ་བོ་གསུངས།

de	nas	lug	lovi		dpyid zla ra bavi		ngo	la.
de	nas	lug	lo	vi	dpyid zla ra ba	vi	ngo	la
DET	ABL	羊	年	GEN	孟春		GEN	面	LOC

slob dpon	gyis	thams cad	yod	par		smra	bavi	
slob dpon	gyis	thams cad	yod	pa	r	smra	ba	vi
大师	AGE	全部	EXI	NML	OBJ	说话[23]	NML	GEN

sde.	dbus pa	bye brag	tu	smra	bavi	dge slong
sde	dbus pa	bye brag	tu	smra	ba vi	dge slong
部	卫藏人	具体	RES	说话[23]	NML GEN	比丘

bcu gnyis	spyan	drangs	nas	bod	skad	sbyang ba	dang.
bcu gnyis	spyan	drangs	nas	bod	skad	sbyong ba	dang
十二	HON	请[1]	LNK	吐蕃	语言	学[3] NML	LNK

之后，在羊年的孟春，大师从天竺请来《说一切有部》经的卫藏人，支持实体分析的十二个比丘，让学习吐蕃语。

དེ་ནས་ལུག་ལོའི་དཔྱིད་ཟླ་ར་བའི་ཚེ་ཞ་ཀུ་སློབ་དཔོན་གྱིས་ཐམས་ཅད་ཡོད་པར་སྨྲ་བའི་སྡེ་དབུས་པ་བྱེ་བྲག་ཏུ་སྨྲ་བའི་དགེ་སློང་བཅུ་གཉིས་སྤྱན་དྲངས་ནས་བོད་སྐད་སྦྱངས་པ་དང་།

btsan povi		zhal	nas	ngavi	blon po	dge slong
btsan po	vi	zhal	nas	nga vi	blon po	dge slong
赞普	GEN	口	ABL	1sg GEN	臣	比丘

med	pas.
med	pas
EXI:NEG	LNK

赞普问道：我的大臣没有比丘，

བཙན་པོའི་ཞལ་ནས་ངའི་བློན་པོ་དགེ་སློང་མེད་པས།

ngavi	zhang blon	rnams	la	de	btub	bam	mi
nga vi	zhang blon	rnams	la	de	btub	bam	mi
1sg GEN	尚伦	pl	DAT	DET	适合[W]	QU	NEG

btub	ces	bkav	stsal	bavi	lan	du.	btub	bam
btub	ces	bkav	stsal	ba vi	lan	du	btub	bam
适合[W]	QM	命令	给[W]	NML GEN	回答	DAT	适合[W]	QU

sad	par	bya	gsungs	nas.
sad	par	bya	gsungs	nas
实验[W]	SER	做[3]	说[14]	LNK

我的尚论等臣属能不能做比丘？对此回答，能不能当比丘，要试试做一下！

ངའི་ཞང་བློན་རྣམས་ལ་དེ་བཏུབ་བམ་མི་བཏུབ་ཅེས་བཀའ་སྩལ་བའི་ལན་དུ། བཏུབ་བམ་སད་པར་བྱ་གསུངས་ནས།

第四章 文本语法标注 357

```
bod         la      dad pa    che ba    vbav khri gzigs     dge slong    byas
bod         la      dad pa    che ba    vbav khri gzigs     dge slong    byas
吐蕃        LOC     信仰      大        拔·赤思              比丘         做[1]
ma thag tu       mngon par shes      pa      dang     ldan      pas.
ma thag tu       mngon par shes      pa      dang     ldan      pas
立即             神通                NML     COM      具有[W]   LNK
```

便立即让吐蕃笃信佛教的拔·赤思做比丘，立即具有了神通。

བོད་ལ་དད་པ་ཆེ་བ་འབའ་ཁྲི་གཟིགས་དགེ་སློང་བྱས་མ་ཐག་ཏུ་མངོན་པར་ཤེས་པ་དང་ལྡན་པས།

```
btsan po      dgyes        te       devi             zhabs     spyi bor       blangs
btsan po      dgyes        te       de vi            zhabs     spyi bo r      blangs
赞普          喜欢[W]      LNK      DET GEN          脚        头顶 ALL       取[1]
nas     khyod    bod      kyi     r·tna     yin     no      ces     bkav     stsal     bas
nas     khyod    bod      kyi     r·tna     yin     no      ces     bkav     stsal     bas
LNK     2sg      吐蕃     GEN     宝贝      COP     END     QM      命令     给[W]     LNK
ming    kyang    vbav rtna     ces     btags       te.
ming    kyang    vbav rtna     ces     btags       te
名字    也       拔·诺登 QM    起名[1]     LNK
```

赞普大喜，把他的脚顶在头上，说你真是吐蕃的宝贝啊！名字也取为拔·诺登。

བཙན་པོ་དགྱེས་ཏེ་དེའི་ཞབས་སྤྱི་བོར་བླངས་ནས་ཁྱོད་བོད་ཀྱི་རཏྣ་ཡིན་ནོ་ཅེས་བཀའ་སྩལ་བས་མིང་ཀྱང་འབའ་རཏྣ་ཅེས་བཏགས་ཏེ།

```
bod     kyi     rab tu byung ba     la       snga ba      de      yin     no.
bod     kyi     rab tu byung ba     la       snga ba      de      yin     no
吐蕃    GEN     出家[W]             NML LOC   早           DET     COP     END
```

吐蕃的出家人中，这是最早的。

བོད་ཀྱི་རབ་ཏུ་བྱུང་བ་ལ་སྔ་བ་དེ་ཡིན་ནོ།

```
btsan po      na re.     slob dpon     ngavi             zhang blon     dad pa can
btsan po      na re      slob dpon     nga vi            zhang blon     dad pa can
赞普          说[W]      大师          1sg GEN           尚伦           信仰者
```

358　藏文古文献《拔协》文本标注与语法研究

da rung	rab tu phyug	cig	ces	gsungs	pas.
da rung	rab tu phyug	cig	ces	gsungs	pas
还	出家[W]	PRT	QM	说[14]	LNK

赞普说：大师，请再让我的具信尚论出家吧！

བཙན་པོ་ན་རེ། སློབ་དཔོན་དབེ་ཞང་བློན་དད་ཅན་ད་དུང་རབ་ཏུ་ཕྱུག་ཅིག་ཅེས་གསུངས་པས།

sad	cig	gsungs	nas	sba gsal snang	dang.
sad	cig	gsungs	nas	sba gsal snang	dang
实验[W]	PRT	说[14]	LNK	拔·塞囊	COO

vbav khri bzher sang shi ta	dang.	pa dkor na vdod	kyi	bu
vbav khri bzher sang shi ta	dang	pa dkor na vdod	kyi	bu
拔·赤协桑喜达	COO	八郭纳兑	GEN	儿子

bee ro tsaa na	dang.	ngan lam rgyal ba mchog yangs	dang.
bee ro tsaa na	dang	ngan lam rgyal ba mchog yangs	dang
毗卢遮那	COO	恩兰·解哇乔央	COO

sma a tsa ra rin chen mchog	dang.	la gsum rgyal bavi byang chub	drug
sma a tsa ra rin chen mchog	dang	la gsum rgyal bavi byang chub	drug
玛·阿杂诺仁钦乔	COO	拉松解哇降秋	六

dge slong	byas	te.
dge slong	byas	te
比丘	做[1]	LNK

试试看！于是便让拔·塞囊、拔·赤协桑喜达、八郭纳兑的儿子毗卢遮那、恩兰·解哇乔央、玛·阿杂诺仁钦乔、拉松解哇降秋等六人出家为比丘。

སད་ཅིག་གསུངས་ནས་སྦ་གསལ་སྣང་དང་། འབའ་ཁྲི་བཞེར་སང་ཤི་ཏ་དང་། པ་གཀོར་ན་འདོད་ཀྱི་བུ་བཻ་རོ་ཙ་ན་དང་། ངན་ལམ་རྒྱལ་བ་མཆོག་དབྱངས་དང་། སྨ་ཨ་ཙ་ར་རིན་ཆེན་མཆོག་དང་། ལ་གསུམ་རྒྱལ་བའི་བྱང་ཆུབ་དྲུག་དགེ་སློང་བྱས་ཏེ།

ming	kyang	ye shes dbang po	dang.	dpal dbyangs	la sogs par	
ming	kyang	ye shes dbang po	dang.	dpal dbyangs	la sogs pa	r
名字	也	耶喜旺保	COO.	白央	等等	RES

btags	nas	sad	mi	drug	rab tu byung.
btags	nas	sad	mi	drug	rab tu byung
起名[1]	LNK	实验[W]	人	六	出家[W]

第四章 文本语法标注 359

名字也为耶喜旺保和白央等等。出家六试人。

ཞིང་ཀུན་ཡི་ཤེས་དབང་པོ་དང་། དཔལ་དབྱངས་ལ་སོགས་པ་བདགས་ནས་སད་མི་དྲུག་རབ་ཏུ་བྱུང་།

btsan povi	zhal	nas	sshkya thub pavi	bstan pa	la
btsan po vi	zhal	nas	sshkya thub pa vi	bstan pa	la
赞普 GEN	口	ABL	释迦能者 GEN	佛法	OBJ

bsgrub	pa	byas	na	rab tu vbyung	dgos	pa yin	pas.
bsgrub	pa	byas	na	rab tu vbyung	dgos	pa yin	pas
修习[3]	NML	做[1]	COD	出家[W]	AUX	REA	LNK

随后，赞普又说：若要修习释迦能者的佛法，需要出家为僧才行。

བཙན་པོའི་ཞལ་ནས་ཤཱཀྱ་ཐུབ་པའི་བསྟན་པ་ལ་བསྒྲུབ་པ་བྱས་ན་རབ་ཏུ་བྱུང་དགོས་པ་ཡིན་པས།

da	btsun mo	srid	ma	zin	pa	dang.	zhang blon	gyi
da	btsun mo	srid	ma	zin	pa	dang	zhang blon	gyi
现在	王妃	轮回	NEG	抓[W]	NML	LNK	尚伦	GEN

bu tsha	dad pa can	thams cad	rab tu byung	cig	ces	gsungs	nas.
bu tsha	dad pa can	thams cad	rab tu byung	cig	ces	gsungs	nas
子孙	信仰者	全部	出家[W]	PRT	QM	说[14]	LNK

现在就让没有轮回（特指没有孩子）的王妃，尚伦的具信子侄们全都出家学佛吧！

ད་བཙུན་མོ་སྲིད་མ་ཟིན་པ་དང་། ཞང་བློན་གྱི་བུ་ཚ་དད་པ་ཅན་ཐམས་ཅད་རབ་ཏུ་བྱུང་ཅིག་ཅེས་གསུངས་ནས།

blon po	rnams	na re	rab tu byung	na	vtsho ba	med	do
blon po	rnams	na re	rab tu byung	na	vtsho ba	med	do
臣	pl	说[W]	出家[W]	COD	生活	EXI:NEG	END

mchis	pas.	btsan po	na re.	nges	vtsho ba	bla	nas
mchis	pas	btsan po	na re	nge s	vtsho ba	bla	nas
说:[1]	LNK	赞普	说[W]	1sg AGE	生活	上面	ABL

sbyar	cig	gsungs.
sbyar	cig	gsungs
提供[13]	PRT	说[14]

大臣们说：若出家，生活没法解决！赞普说：我按照高等生活供给！

བློན་པོ་རྣམས་ན་རེ་རབ་ཏུ་བྱུང་ན་འཚོ་བ་མེད་དོ་མཆིས་པས། བཙན་པོ་ན་རེ་ངེས་འཚོ་བ་བླ་ནས་སྦྱར་ཅིག་གསུངས།

blon po	na re	dmag	dang	khral	ma	byas	na	chad pa
blon po	na re	dmag	dang	khral	ma	byas	na	chad pa
臣	说[W]	军队	COO	税	NEG	做[1]	COD	惩罚

vong	ngo	zer.	de	la	ngas		chab vog	nas	bde
vong	ngo	zer	de	la	nga	s	chab vog	nas	bde
来[23]	END	说[W]	DET	DAT	1sg	AGE	政权下	ABL	安乐

byin	la	dbuvi		mchod gnas	byavo		gsungs.
byin	la	dbu	vi	mchod gnas	bya	vo	gsungs
给[W]	COO	头	GEN	供养处	做[3]	END	说[14]

大臣们说：如果不支兵差，不纳税，会受到惩罚呀！对他们，我以权力给予安乐，我顶礼供养对象。

བློན་པོ་ན་རེ་དམག་དང་ཁྲལ་མ་བྱས་ན་ཆད་པ་འོང་ངོ་ཟེར། དེ་ལ་ངས་ཆབ་འོག་ནས་བདེ་བྱིན་ལ་དབུའི་མཆོད་གནས་བྱའོ་གསུངས།

sde snod gsum	bslab	mi	nus	zer	nas.	de	la	dge ba
sde snod gsum	bslab	mi	nus	zer	nas	de	la	dge ba
三藏	学[3]	NEG	AUX	说[W]	LNK	DET	DAT	好

nyams	dang	spobs	la	spyod	cig	ces	bkav	gnang	ngo.
nyams	dang	spobs	la	spyod	cig	ces	bkav	gnang	ngo
经验	COO	勇气	RES	用[24]	PRT	QM	命令	做[W]	END

没有能力学习三藏。发布命令说：向他们宣讲善行并努力去用。

སྡེ་སྣོད་གསུམ་བསླབ་མི་ནུས་ཟེར་ནས། དེ་ལ་དགེ་བ་ཉམས་དང་སྤོབས་ལ་སྤྱོད་ཅིག་ཅེས་བཀའ་གནང་ངོ་།

de	nas	pra ti ha ti mchod pa	byas	pavi		dus	su	jo mo cen
de	nas	pra ti ha ti mchod pa	byas	pa	vi	dus	su	jo mo cen
DET	ABL	律供日	做[1]	NML	GEN	时	LOC	觉姆大

khri rgyal mang mo btsan		dang.	sru	btsun mo rgyal	la sogs pa
khri rgyal mang mo btsan		dang	sru	btsun mo rgyal	la sogs pa
赤杰芒姆赞		COO	姨母	尊姆杰	等等

rab tu byung	bavi		mkhan po	sba r·tnas		byas.
rab tu byung	ba	vi	mkhan po	sba r·tna	s	byas
出家[W]	NML	GEN	堪布	拔·诺登	AGE	做[1]

spyir   gsum brgya   tsam   rab tu byung   nas.
spyir   gsum brgya   tsam   rab tu byung   nas
总共   三百   点   出家[W]   LNK

于是摆设大的律藏供养的时候，让拔诺登做妃子，赤杰芒姆赞和姨母尊姆杰等做出家堪布。总共约有三百人出家。

དེ་ནས་བུ་ཏི་མཆོད་པ་བྱས་པའི་དུས་སུ་བྲི་མོ་ཆེན་རྒྱལ་མང་མོ་བཙན་དང་། སྦུ་བཙུན་མོ་རྒྱལ་ལ་སོགས་པ་རབ་ཏུ་བྱུང་བའི་མཁན་པོ་རབ་ཏུ་བྱུང་། སྲིད་གསུམ་བརྒྱ་ཚམ་རབ་ཏུ་བྱུང་ནས།

dbu rtsevi   bya vdab   dang.   mchod rten   chen po   bzhivi
dbu   rtse   vi   bya vdab   dang   mchod rten   chen po   bzhi   vi
头   尖顶 GEN   飞檐   COO   供塔   大   四   GEN

rtse mo   lcags   thag   gis   sbrel.   de   la   vphan   mgo   btags
rtse mo   lcags   thag   gis   sbrel   de   la   vphan   mgo   btags
尖端   铁   绳子   INS   连接[W]   DET LOC   幡   头   拴[1]

te   nam mkhav   dar la   gyis.   sa gzhi   gser   phor   dang.   dngul
te   nam mkhav   dar la   gyis   sa gzhi   gser   phor   dang   dngul
LNK   天空   丝绸   做[4]   大地   金   碗   COO   银

phor   gyis   bkang   nas   phul.
phor   gyis   bkang   nas   phul
碗   INS   填满[1]   SER   献给[14]

将主殿的飞檐和四方大佛塔的顶端用铁链连接起来，挂上幡头。天空布满轻丝，大地用金碗和银碗填满。

དབུ་རྩེའི་བྱ་འདབ་དང་། མཆོད་རྟེན་ཆེན་པོ་བཞིའི་རྩེ་མོ་ལྕགས་ཐག་གིས་སྦྲེལ། དེ་ལ་འཕན་མགོ་བཏགས་ཏེ་ནམ་མཁའ་དར་ལ་གྱིས། ས་གཞི་གསེར་ཕོར་དང་། དངུལ་ཕོར་གྱིས་བཀང་ནས་ཕུལ།

bkav shog   chen po   byung   chos   kyi   khrims   bcad   de   nas
bkav shog   chen po   byung   chos   kyi   khrims   bcad   de   nas
命令   大   来[1]   法   GEN   法   断定[1] DET   ABL

pho   mig   mi   dbyung   ba   dang.   mo   sna   mi   bcad
pho   mig   mi   dbyung   ba   dang   mo   sna   mi   bcad
男   眼睛 NEG   拔[3]   NML   LNK   女   鼻   NEG 断[1]

```
pa.   mtshang can    mi    kum    pa.
pa    mtshang can    mi    kum    pa
NML   犯罪者         NEG   死[23]  NML
```
发布大命令，制定佛法律。然后，男人眼不挖，女人鼻子不割，罪者不死。

བཀའ་བོག་ཆེན་པོ་བྱུང་ཆོས་ཀྱི་ཁྲིམས་བཅད་དེ་ནས་ཕོ་མིག་མི་འབྱུང་བ་དང་། མོ་སྣ་མི་བཅད་པ། མཚང་ཅན་མི་བཀུམ་པ།

```
skye ba  thams cad   kyis   rjevi       bkav   nyan   pa.
skye ba  thams cad   kyis   rje   vi    bkav   nyan   pa
人       全部        AGE    王    GEN   命令   听[2]  NML
```
人们全都要听从国王的命令。

སྐྱེ་བ་ཐམས་ཅད་ཀྱིས་རྗེའི་བཀའ་ཉན་པ།

```
rje  vbangs  thams cad  kyis  rab tu byung  ba    dbur        phyung
rje  vbangs  thams cad  kyis  rab tu byung  ba    dbu   r     phyung
王   臣民    全部       AGE   出家[W]       NML   头    LOC   拔出[W]

la   phyag   dang   mchod gnas   bya   ba    de    ltar    bya
la   phyag   dang   mchod gnas   bya   ba    de    ltar    bya
LNK  礼节    COO    供养处        做[3] NML   DET   按照    做[3]

bavi             ched   du    btsan po   yab    sras    dang.   sna    chen po
ba   vi          ched   du    btsan po   yab    sras    dang    sna    chen po
NML  GEN        目的   PUR   赞普       父亲   儿子    COO     类     大

ma   gtogs   pas   bro bor   ro.
ma   gtogs   pas   bro bor   ro
NEG  管辖[W] LNK   赌誓[W]   END
```
军民全体要尊敬僧人并以之为顶礼和供奉的对象。为了做到这些，除赞普父子和重要大臣以外，都要立誓。

རྗེ་འབངས་ཐམས་ཅད་རབ་ཏུ་བྱུང་བར་དབུར་ཕྱུང་ལ་ཕྱག་དང་མཆོད་གནས་བྱ་བར་དེ་ལྟར་བྱ་བའི་ཆེད་དུ་བཙན་པོ་ཡབ་སྲས་དང་སྣ་ཆེན་པོ་མ་གཏོགས་པས་བྲོ་བོར་རོ།།

```
de    nas   rje   blon   kun   chos   bya   bar         mos    nas.
de    nas   rje   blon   kun   chos   bya   ba    r     mos    nas
DET   ABL   王    臣     全    法     做[3] NML   OBJ   愿意[W] LNK
```

全体君臣都同意奉行佛法了。

དེ་ནས་རྗེ་བློན་ཀུན་ཆོས་བྱ་བར་མོས་ནས།

rgyavi		lo tsaa	ni	lo tsaa	chen po	ye shes dbang po.
rgya	vi	lo tsaa	ni	lo tsaa	chen po	ye shes dbang po
天竺	GEN	译师	TOP	译师	大	耶喜旺保

mchan bu	kha che	a nan ta	dang.	rgya me vgos		byas.
mchan bu	kha che	a nan ta	dang	rgya me vgo	s	byas
学徒	克什米尔人	阿难陀	COO	甲·梅果	AGE	做[1]

天竺文翻译是大译师耶喜旺保，学徒由克什米尔的阿难陀和甲·梅果充当。

རྒྱའི་བོ་ནུ་ནི་བོ་ནུ་ཆེན་པོ་ཡེ་ཤེས་དབང་པོ། མཆན་བུ་ཁ་ཆེ་ཨ་ནན་ཏ་དང་། རྒྱ་མེ་འགོས་བྱས།

rgya nag povi		lo tsaa	ni	bran ka legs ko	dang.	lta lung klu gong
rgya nag po	vi	lo tsaa	ni	bran ka legs ko	dang	lha lung klu gong
汉地	GEN	译师	TOP	禅呷来高	COO	拉龙鲁功

dang.	vgo vgom dmul gong	gsum.	devi		mchan bu	mkhan bu
dang	vgo vgom dmul gong	gsum	de	vi	mchan bu	mkhan bu
COO	郭高木莫功	三	DET	GEN	注释	弟子

khyung po tse tse	la sogs pas		byas.
khyung po tse tse	la sogs pa	s	byas
琼保·孜孜	等等	AGE	做[1]

汉文译师禅呷来高、拉龙鲁功和郭高木莫功等三人的翻译弟子由琼保孜孜等做。

རྒྱ་ནག་པོའི་ལོ་ཙཱ་ནི་བྲན་ཀ་ལེགས་ཀོའོ་དང་། ལྷ་ལུང་ཀླུ་གོང་དང་། འགོ་འགོམ་དམུལ་གོང་གསུམ། དེའི་མཆན་བུ་མཁན་བུ་ཁྱུང་པོ་ཙེ་ཙེ་ལ་སོགས་པས་བྱས།

rgyavi		haa shang	ma zhang me skol	spyan	drangs	nas
rgya	vi	haa shang	ma zhang me skol	spyan	drangs	nas
汉	GEN	和尚	玛香麦郭	HON	请[1]	LNK

rgya nag povi		chos	bsgyur.	rgya dkar povi		chos	gang
rgya nag po	vi	chos	bsgyur	rgya dkar po	vi	chos	gang
汉地	GEN	法	翻译[13]	天竺	GEN	法	一

364 藏文古文献《拔协》文本标注与语法研究

bsgyur	ba	yang.	rtsa bavi		sde	bzhi	gnas	pa	la.
bsgyur	ba	yang	rtsa ba	vi	sde	bzhi	gnas	pa	la
翻译[13]	NML	也	根本	GEN	部	四	存在[W]	NML	LNK

请来汉地和尚玛香麦郭翻译汉地佛经。也翻译天竺的一部佛经,存有根本四部。

རྒྱའི་ཧྭ་ཤང་མ་ཞང་མེ་སྐོག་སྤྱན་དྲངས་ནས་རྒྱ་ནག་པོའི་ཆོས་བསྒྱུར། རྒྱ་དཀར་པོའི་ཆོས་གང་བསྒྱར་བ་ཡང་། རྩ་བའི་སྡེ་བཞི་གནས་པ་ལ།

phal chen pavi		sde pa.	gnas brtan pavi		sde pa.
phal chen pa	vi	sde pa	gnas brtan pa	vi	sde pa
大众	GEN	部	上座	GEN	部

mang pos bskur bavi sde	gsum.	sha	la	yangs	pas	bod	la
mang pos bskur bavi sde	gsum	sha	la	yangs	pas	bod	la
正量部	三	肉	DAT	宽[W]	LNK	吐蕃	LOC

mi	vtshal	bar		mkhyen	nas	ma	bsgyur.
mi	vtshal	ba	r	mkhyen	nas	ma	bsgyur
NEG	适合[123]	NML	OBJ	认识[W]	LNK	NEG	翻译[13]

大众部的经、上座部的经和正量部经三部。对肉方面的戒律较宽,认为对吐蕃不适宜,不翻译。

ཕལ་ཆེན་པའི་སྡེ་པ། གནས་བརྟན་པའི་སྡེ་པ། མང་པོས་བསྐུར་བའི་སྡེ་གསུམ། ཤ་ལ་ཡངས་པས་བོད་ལ་མི་འཚལ་བར་མཁྱེན་ནས་མ་བསྒྱུར།

dang po	lung	sde	bzhi po	bsgyur	de	nas
dang po	lung	sde	bzhi po	bsgyur	de	nas
首先	佛理	经	四	翻译[13]	DET	ABL

rtsa bavi lung nyi shu pa		dang.	gang povi rtogs pa brjod pa		nyung ba
rtsa bavi lung nyi shu pa		dang	gang povi rtogs pa brjod pa		nyung ba
二十根本教诫		COO	撰集百缘经		少的

bsgyur.	mngon par nyos kyi ka sha	bsgyur.
bsgyur	mngon par nyos kyi ka sha	bsgyur
翻译[13]	阿毗达摩之声闻俱舍	翻译[13]

首先翻译了《四部教》,然后翻译了少量的《二十根本教诫》和《撰集百缘经》,翻译了《阿毗达摩之声闻俱舍》。

དང་པོ་ལུང་སྡེ་བཞི་པོ་བསྒྱུར་དེ་ནས་རྩ་བའི་ལུང་ཉི་ཤུ་པ་དང་། གང་པོའི་རྟོགས་པ་བརྗོད་པ་ཉུང་བ་བསྒྱུར། མངོན་པར་ཉོས་ཀྱི་ཀ་ཤ་བསྒྱུར།

第四章　文本语法标注　365

yo ga	mu stegs	byed	dge ba	la	bzud	pavi		ched
yo ga	mu stegs	byed	dge ba	la	bzud	pa	vi	ched
瑜伽	外道	做[2]	好	ALL	放进[1]	NML	GEN	目的

du	gtsang sme	med	par		bstan	pa	chos	gzhung
du	gtsang sme	med	pa	r	bstan	pa	chos	gzhung
PUR	静秽	EXI:NEG	NML	OBJ	展示[13]	NML	法	理论

ji ltar ba	ma	rtogs	te.
ji ltar ba	ma	rtogs	te
怎样	NEG	理解[W]	LNK

为了招引外道为善的目的，不分静秽宣讲，佛理怎样不理解。

ཡོ་ག་མུ་སྟེགས་བྱེད་དགེ་བ་ལ་བཟུད་པའི་ཆེད་དུ་གཙང་སྨེ་མེད་པར་བསྟན་པ་ཆོས་གཞུང་ཇི་ལྟར་བ་མ་རྟོགས་ཏེ།

log	par	vjal	bavi		rtog par		rgyur[①]	pas
log	par	vjal	ba	vi	rtog pa	r	rgyur	pas
返回[W]	LNK	量[W]	NML	GEN	考察	RES	变成[23]	LNK

bod	la	mi	vtshal	bas	ma	bsgyur.
bod	la	mi	vtshal	bas	ma	bsgyur
吐蕃	LOC	NEG	适合[123]	LNK	NEG	翻译[13]

变成断灭邪见的理解，在吐蕃不适合而未译。

བོད་པར་འཇལ་བའི་རྟོག་པར་གྱུར་པས་བོད་ལ་མི་འཚལ་བས་མ་བསྒྱུར།

kri ya	bram ze	dge ba	la	gzhugs	pavi		don	du
kri ya	bram ze	dge ba	la	gzhugs	pa	vi	don	du
事部	婆罗门	好	ALL	加入[1]	NML	GEN	事情	PUR

gsungs	te.
gsungs	te
说[14]	LNK

《事部》使婆罗门变好的目的而说法。

ཀྲི་ཡ་བྲམ་ཟེ་དགེ་བ་ལ་གཞུགས་པའི་དོན་དུ་གསུངས་ཏེ།

---

① rgyur应该为vgyur。

366 藏文古文献《拔协》文本标注与语法研究

bod	gtsang sbra	chung	bas	ma	bsgyur.	a nu sme bag can	la
bod	gtsang sbra	chung	bas	ma	bsgyur	a nu sme bag can	la
吐蕃	清洁	小	LNK	NEG	翻译[13]	阿努瑜伽	OBJ

bstan	pa	bod	rnam rtog	che	bas	ma	bsgyur.
bstan	pa	bod	rnam rtog	che	bas	ma	bsgyur
展示[13]	NML	吐蕃	避忌	大	LNK	NEG	翻译[13]

吐蕃清洁业小而不译，宣讲《阿努瑜伽》，吐蕃忌讳大而不译。

བོད་གཙང་སྦྲ་ཆུང་བས་མ་བསྒྱུར། ཨ་ནུ་སྨེ་བག་ཅན་ལ་བསྟན་པ་བོད་རྣམ་རྟོག་ཆེ་བས་མ་བསྒྱུར།

u pa ya	bod	la	ran	par	mkhyen	nas
u pa ya	bod	la	ran	pa	r	mkhyen	nas
行部	吐蕃	LOC	适合[W]	NML	OBJ	知道[W]	LNK

ye shes dbang pos	gsol	nas	bsgyur.	mdo sde	dang
ye shes dbang po	s	gsol	nas	bsgyur	mdo sde	dang
耶喜旺保	AGE	禀报[W]	LNK	翻译[13]	佛经	COO

gzungs	rgya gar	yul	du	ma	lus	pa	tsam	btsan povi
gzungs	rgya gar	yul	du	ma	lus	pa	tsam	btsan po	vi
陀罗尼	天竺	地方	LOC	NEG	留[W]	NML	点	赞普	GEN

thugs	la	bcags	pa	tsam	bsgyur.
thugs	la	bcags	pa	tsam	bsgyur
心	OBJ	触摸[1]	NML	点	翻译[13]

知道《行部》适合于吐蕃，耶喜旺保禀报后翻译。在天竺地方留下的佛经和秘咒几乎无遗漏，能触动赞普内心，因此都翻译了。

ཀྱུ་པ་ཡ་བོད་ལ་རན་པར་མཁྱེན་ནས་ཡེ་ཤེས་དབང་པོས་གསོལ་ནས་བསྒྱུར། མདོ་སྡེ་དང་གཟུངས་རྒྱ་གར་ཡུལ་དུ་མ་ལུས་པ་ཙམ་བཙན་པོའི་ཐུགས་ལ་བཅགས་པ་ཙམ་བསྒྱུར།

de	nas	btsan po	na re	ye shes dbang po.	rgya	dang	rgya dkar
de	nas	btsan po	na re	ye shes dbang po	rgya	dang	rgya dkar
DET	ABL	赞普	说[W]	耶喜旺保	汉	COO	天竺

gyi	bhar ma.	theg pa	chen povi	chos	kyi	dpe	phal cher.
gyi	bhar ma	theg pa	chen po	vi	chos	kyi	dpe	phal cher
GEN	经	乘	大	GEN	法	GEN	书	大多数

第四章　文本语法标注

```
dpal shrii    na len tra    na    yod  pa   de   mes        tshig.
dpal shrii    na len tra    na    yod  pa   de   me  s      tshig
吉祥          那兰陀         LOC   EXI  NML  DET  火   INS    烧[1]
```
此后，赞普说：耶喜旺保把汉和天竺的大乘大部分经典放在吉祥那兰陀寺，被火烧了。

དེ་ནས་བཙན་པོ་ན་རེ་ཡེ་ཤེས་དབང་པོས་རྒྱ་དང་རྒྱ་གར་གྱི་ཐེག་ཆེན་གྱི་གསུང་རབ་ཕལ་ཆེར་དཔལ་སྲི་ན་ལེན་ཏྲ་ན་ཡོད་པ་མེས་ཚིག

```
devi        dpe      da lta   rgya nag   na     tshang    bar   yod    pa
de   vi     dpe      da lta   rgya nag   na     tshang    bar   yod    pa
DET  GEN    书       现在      汉地       LOC    齐全[W]   SER   EXI    NML

shas   shig     ma     vgyur      pa       ngavi           yid    la     bcags
shas   shig     ma     vgyur      pa       nga vi          yid    la     bcags
部分   一       NEG    翻译[23]   NML      1sg  GEN        心     LOC    难过[1]

so     gsungs.     devi          tshe    gus pa    yod    pa     kun    gyis
so     gsungs      de    vi      tshe    gus pa    yod    pa     kun    gyis
END    说[14]      DET   GEN     时候    尊敬      EXI    NML    全     AGE

bkav    rnyed      tshad    bsgyur      ro.
bkav    rnyed      tshad    bsgyur      ro
教言    获得[1]    度量     翻译[13]    END
```
它的经书在汉地尚有全套，一部分尚未翻译，我心中觉得很遗憾！此时，凡敬信佛法者把所找到的都翻译了。

དེའི་དཔེ་ད་ལྟ་རྒྱ་ནག་ན་ཚང་བར་ཡོད་པ་ཤས་ཤིག་མ་འགྱུར་པའི་ཡིད་ལ་བཅགས་སོ་གསུངས། དེའི་ཚེ་གུས་པ་ཡོད་པ་ཀུན་གྱིས་བཀའ་རྙེད་ཚད་བསྒྱུར་རོ།

```
de    nas    bla     chen mo     nas     vtsho ba     sbyar.      ke ru gling
de    nas    bla     chen mo     nas     vtsho ba     sbyar       ke ru gling
DET   ABL    上面    大          ABL     生活         提供[13]    格如洲

du       g'yos mal        byas       te.
du       g'yos mal        byas       te
LOC      锅台             做[1]      LNK
```
于是，以高等水平供给生活，在格如洲安置锅台。

དེ་ནས་བླ་ཆེན་མོ་ནས་འཚོ་བ་སྦྱར། གེ་རུ་གླིང་དུ་གཡོས་མལ་བྱས་ཏེ།

rab tu byung	ba	gsum brgya	la	zas	sna	bcu gsum	vdren.
rab tu byung	ba	gsum brgya	la	zas	sna	bcu gsum	vdren
出家[W]	NML	三百	DAT	食物	类	十三	请[2]

devi	las dpon	jo mo	byang chub rjes	mdzad
de vi	las dpon	jo mo	byang chub rje s	mdzad
DET GEN	监事	妃子	降秋杰 AGE	做[W]

gdan non byas	pa	dang.	rgyas pa	bam po	re	la	shog dril
gdan non byas	pa	dang	rgyas pa	bam po	re	la	shog dril
就职[W]	NML	LNK	大般若经	卷	每	DAT	纸卷

re	byas	nas	vbum	tshar	re	sgrogs.
re	byas	nas	vbum	tshar	re	sgrogs
每	做[1]	LNK	十万	完[W]	每	宣读[4]

向三百出家人供应十三种食品，监事由妃子降秋杰就职。《大般若经》读完一卷即卷成一个纸卷，完成十万卷，通读了一遍。

རབ་ཏུ་བྱུང་བ་གསུམ་བརྒྱ་ལ་ཟས་སྣ་བཅུ་གསུམ་འདྲེན། དེའི་ལས་དཔོན་ཇོ་མོ་བྱང་ཆུབ་རྗེས་མཛད་གདན་ནོན་བྱས་པ་དང་། རྒྱས་པ་བམ་པོ་རེ་ལ་ཤོག་དྲིལ་རེ་བྱས་ནས་འབུམ་ཚར་རེ་སྒྲོགས།

dus	der	blon po	vgos	kyis	mchid	nas	lha chos
dus	de r	blon po	vgos	kyis	mchid	nas	lha chos
时	DET LOC	臣	郭	AGE	话	ABL	佛法

ni	rgyas	par	mdzad.
ni	rgyas	par	mdzad
TOP	发展[1]	SER	做[W]

这时，郭大臣说道：佛法兴旺起来。

དུས་དེར་བློན་པོ་འགོས་ཀྱིས་མཆིད་ནས་ལྷ་ཆོས་ནི་རྒྱས་པར་མཛད།

da	skye bo	mi	chos	kyi	lo rgyus	ci	gnang	mchis	nas
da	skye bo	mi	chos	kyi	lo rgyus	ci	gnang	mchis	nas
现在	男子	人	法	GEN	历史	什么	做[W]	RSA	LNK

rjevi	gdung rabs	dang.	vbangs	kyi	sa bcad	dang.	bla rabs
rje vi	gdung rabs	dang	vbangs	kyi	sa bcad	dang	bla rabs
王 GEN	世系	COO	臣民	GEN	地位	COO	贵族

第四章　文本语法标注　369

```
dkon mchog gsum    la      phyag  dang   zhe sa  dang.
dkon mchog gsum    la      phyag  dang   zhe sa  dang
三宝              DAT     礼节   COO    敬语    COO
```

对人世间的事情如何办？将王统世系、臣民等级、对贵族及三宝的敬礼和尊称。

དགྲ་བོ་མི་ཚོས་ཀྱི་བོ་རྒྱལ་ཚེ་གཏམ་མཚམས་ནས་རྗེའི་གདུང་རབས་དང་། འབངས་ཀྱི་ས་བཅད་དང་། སྐུ་རབས་དགོ་མཆོག་གསུམ་ལ་ཕྱག་དང་ཞེ་ས་དང་།

```
gtam   dang   lo rgyus  dang.  dge   dang   yig tshangs  ji ltar  yin
gtam   dang   lo rgyus  dang   dge   dang   yig tshangs  ji ltar  yin
话     COO    历史      COO    好    COO    褒文         怎样     COP

lugs   rgyas  par    gnang   ngo.
lugs   rgyas  par    gnang   ngo
理论   发展[1] SER   做[W]   END
```

传说和历史、十善与封文等等是怎样的情况，详细地做了规定。

གཏམ་དང་ལོ་རྒྱུས་དང་། དགེ་དང་ཡིག་ཚངས་ཇི་ལྟར་ཡིན་ལུགས་རྒྱས་པར་གནང་ངོ་།

```
devi         dus    su     mkhan po   pho brang    rim    dguvi
de vi        dus    su     mkhan po   pho brang    rim    dgu  vi
DET GEN      时     LOC    堪布        宫殿         层次   九    GEN

vog khang    du     go rus        dbu   la    phra ba    rgyab  te
vog khang    du     go ru    s    dbu   la    phra ba    rgyab  te
后殿          LOC    马      AGE  头    LOC   踢         做[2]   LNK

zhal chems   ye shes dbang po     la    bzhag    te    sku    gshegs.
zhal chems   ye shes dbang po     la    bzhag    te    sku    gshegs
遗嘱          耶喜旺保              ALL   放置[1]  LNK   HON    死[W]
```

那时，堪布在第九进宫的下殿被公马踢伤头部，把遗嘱放到耶喜旺保处，然后逝世了。

དེའི་དུས་སུ་མཁན་པོ་ཕོ་བྲང་རིམ་དགུའི་འོག་ཁང་དུ་གོ་རུས་དབུ་ལ་ཕྲ་བ་རྒྱབ་ཏེ་ཞལ་ཆེམས་ཡེ་ཤེས་དབང་པོ་ལ་བཞག་སྟེ་སྐུ་གཤེགས།

```
devi         pur khang    has po rivi         rgyab    du     bzhugs
de vi        pur khang    has po ri   vi      rgyab    du     bzhugs
DET GEN      灵堂         亥保山      GEN     后背     LOC    保留[W]
```

mchod rten　　gcig　　kyang　　bzhengs.
mchod rten　　gcig　　kyang　　bzhengs
供塔　　　　一　　　　也　　　　修建[W]
他的灵堂修在亥保山背后，还建造了一座佛塔。

དེའི་ཕྱིར་ཞང་ཉུས་པོ་རིའི་རྒྱབ་ཏུ་བཞུགས་ནས་མཆོད་རྟེན་གཅིག་ཀྱང་བཞེངས།

der　　　　btsan pos　　　　ye shes dbang po　　ring lugs　　su　　bskos.
de　r　　　btsan po　s　　　ye shes dbang po　　ring lugs　　su　　bskos
DET DAT　　赞普　　　　AGE 耶喜旺保　　　　宗师　　　　RES 任命[1]
之后，赞普委任耶喜旺保为宗师。

དེར་བཙན་པོས་ཡེ་ཤེས་དབང་པོ་རིང་ལུགས་སུ་བསྐོས།

vdug pa　　yang　　blavi　　　　gong　　du　　bton.　　rab tu byung　　ba
vdug pa　　yang　　bla　vi　　　gong　　du　　bton　　 rab tu byung　　ba
地位　　　　也　　　上面 GEN　　顶　　 LOC　取出[1]　 出家[W]　　　NML

mang　　bas　　chos grwavi　　　　slob dpon　　dang.　　nya mavi
mang　　bas　　chos grwa　vi　　　slob dpon　　dang　　 nya ma　vi
多[W]　　LNK　经院　　　　GEN　　大师　　　　COO　　　女尼　　　GEN

slob dpon　　bskos.
slob dpon　　bskos
大师　　　　 任命[1]
地位也高高在上，由于僧人众多，分别委任了佛经班的宗教师和女尼班的亲教师。

འདུག་པ་ཡང་བླའི་གོང་དུ་བཏོན། རབ་ཏུ་བྱུང་བ་མང་བས་ཆོས་གྲྭའི་སློབ་དཔོན་དང་། ཉ་མའི་སློབ་དཔོན་བསྐོས།

na bzav　　mang　　ba　　la　　vphan　　gyis　　sbyor.
na bzav　　mang　　ba　　la　　vphan　　gyis　　sbyor
衣服　　　 多[W]　NML　DAT　 幡　　　　INS　　 组合[24]
很多的衣服用幡绸做。

ན་བཟའ་མང་བ་ལ་འཕན་གྱིས་སྦྱོར།

第四章 文本语法标注 371

ring lugs	la	zla ba	re	khal	bdun cu.	chos grwavi		slob dpon
ring lugs	la	zla ba	re	khal	bdun cu	chos grwa	vi	slob dpon
宗师	DAT	月	每	克	七十	经院	GEN	大师

la	sum cu rtsa lnga.	chos slob pa	la	bcu gnyis	thang①	du	bcad②.
la	sum cu rtsa lnga	chos slob pa	la	bcu gnyis	thang	du	bcad
DAT	三十五	学法僧徒	DAT	十二	整	RES	断定[1]

每月给宗师七十克，给佛经班亲教师三十五克，给学法僧徒平均十二克。

རིང་ལུགས་ལ་ཟླ་བ་རེ་ཁལ་བདུན་ཅུ། ཆོས་གྲྭའི་སློབ་དཔོན་ལ་སུམ་ཅུ་རྩ་ལྔ། ཆོས་སློབ་པ་ལ་བཅུ་གཉིས་ཐང་དུ་བཅད།

slad kyis	ye shes dbang po	mngon shes	dang	ldan	pas.
slad kyis	ye shes dbang po	mngon shes	dang	ldan	pas
今后	耶喜旺保	神通	COM	具有[W]	LNK

后来，耶喜旺保修得神通。

སླད་ཀྱིས་ཡེ་ཤེས་དབང་པོ་མངོན་ཤེས་དང་ལྡན་པས།

dkon mchog	gi	rten	yun	du	gnas	pavi		ched
dkon mchog	gi	rten	yun	du	gnas	pa	vi	ched
至宝	GEN	所依	时间	LOC	存在[W]	NML	GEN	目的

du.	dkon mchog	gi	rten	la	vbangs	mi	khyim	brgya.
du	dkon mchog	gi	rten	la	vbangs	mi	khyim	brgya
PUR	至宝	GEN	所依	DAT	臣民	人	家	百

ban de	re	la	vbangs	mi	khyim	gsum③	du	bcad.
ban de	re	la	vbangs	mi	khyim	gsum	du	bcad
沙弥	每	DAT	臣民	人	家	三	RES	设定[1]

为使三宝所依长久住世的目的，给至宝所依百户民众；每个沙弥三家民户供养。

དགོན་མཆོག་གི་རྟེན་ཡུན་དུ་གནས་པའི་ཆེད་དུ། དགོན་མཆོག་གི་རྟེན་ལ་འབངས་མི་ཁྱིམ་བརྒྱ། བན་དེ་རེ་ལ་འབངས་མི་ཁྱིམ་གསུམ་དུ་བཅད།

---

① 应该为tham。
② bcad应该为bcas。
③ 在原文中有两个gsum。

vbangs	lha ris pa	la	bla	nas	dbang	mi	bya	bar chad
vbangs	lha ris pa	la	bla	nas	dbang	mi	bya	bar chad
臣民	贵族	DAT	上面	ABL	权力	NEG	做[3]	决断[W]

nas.	dbang	dge vdun	la①	bskur	nas.
nas	dbang	dge vdun	la	bskur	nas
LNK	权力	僧人	DAT	送[13]	LNK

并决定不给贵族出身者特权,权力归于佛教比丘。

འབངས་ལྷ་རིས་པ་ལ་བླ་ནས་དབང་མི་བྱ་བར་ཆད་ནས་དབང་དགེ་འདུན་ལ་བསྐུར་ནས།

nyang ting nge vdzin	la sogs pa	ye shes dbang po	la	mi	nyan
nyang ting nge vdzin	la sogs pa	ye shes dbang po	la	mi	nyan
娘·丁埃僧	等等	耶喜旺保	DAT	NEG	听[2]

pa	kun	mi mchi dgu mchi	bas.
pa	kun	mi mchi dgu mchi	bas
NML	全	传谣[W]	LNK

娘·丁埃僧等人,对耶喜旺保不满,都散布谣言。

ཉང་ཏིང་ངེ་འཛིན་ལ་སོགས་པ་ཡེ་ཤེས་དབང་པོ་ལ་མི་ཉན་པ་ཀུན་མི་མཆི་དགུ་མཆི་བས།

ye shes dbang po	bros	nas	lho brag	mkhar chu btsan	gyi
ye shes dbang po	bros	nas	lho brag	mkhar chu btsan	gyi
耶喜旺保	逃走[14]	LNK	洛扎	喀尔丘赞	GEN

brag phug	tu	song.
brag phug	tu	song
岩洞	ALL	去[4]

耶喜旺保逃跑了,到洛扎的喀尔丘赞的岩洞中去了。

ཡེ་ཤེས་དབང་པོ་བྲོས་ནས་ལྷོ་བྲག་མཁར་ཆུ་བཙན་གྱི་བྲག་ཕུག་ཏུ་སོང་།

stag	la	ga sha	bskal②	sba zam	gtsugs	te.	sgom	pavi
stag	la	ga sha	bskal	sba zam	gtsugs	te	sgom	pa
肩颈	LOC	绊胸索	挂[W]	藤桥	树立[1]	LNK	修行[2]	NML

---

① 原文为ya,疑为la。
② 应该为bkal。

第四章 文本语法标注 373

lus	la	bya	sa	rdo	la	bab	pa	ltar	babs.
vi	lus	la	bya	sa	rdo	la	bab	pa	ltar	babs
GEN	身体	ALL	鸟	土	石头	ALL	到[1]	NML	按照	到[1]

颈胸套上法绳，洞外修了藤桥。鸟儿落到修行的身体，就像落到土石上一样。

སྐྱག་ལ་ག་བཀྲལ་ནུ་ཐམ་ཟམ་གཙུགས་ཏེ། སྐྱོམ་པའི་ལུས་ལ་བྱ་རྡོ་ལ་བབས་པ་ལྟར་བབས།

khrims	grogs	la	bya	nyer	yang	mi	gtub[1].	devi
khrims	grogs	la	bya	nyer	yang	mi	gtub	de	vi
法	帮手	DAT	鸟	接近	也	NEG	可以[1]	DET	GEN
vog	tu	dpal dbyangs	ring lugs	su	bskos	pas.
vog	tu	dpal dbyangs	ring lugs	su	bskos	pas
下	LOC	白央	宗师	RES	任命[1]	LNK

对法友，鸟儿却不敢接近。此后，委派白央为堪布。

ཁྲིམས་གྲོགས་ལ་བྱ་ཉེར་ཡང་མི་གཏུབ། དེའི་འོག་ཏུ་དཔལ་དབྱངས་རིང་ལུགས་སུ་བསྐོས་པས།

rgyavi	haa shang	ma haa ya na	bya	ba	byung	nas.
rgya	vi	haa shang	ma haa ya na	bya	ba	byung	nas
汉	GEN	和尚	摩诃衍那	叫作[W]	NML	来[1]	LNK

一个汉和尚，名叫摩诃衍那来了。

རྒྱའི་ཧཱ་ཤང་མ་ཧཱ་ཡ་ན་བྱ་བ་བྱུང་ནས།

lus ngag	gi	chos spyod	dge ba	byas	pas	sangs
lus ngag	gi	chos spyod	dge ba	byas	pas	sangs
身语	GEN	法行	好	做[1]	LNK	佛
mi	rgya.
mi	rgya
NEG	发展[23]

修行身语好的法行，不发展成佛。

ལུས་ངག་གི་ཆོས་སྤྱོད་དགེ་བ་བྱས་པས་སངས་མི་རྒྱ།

---

① 应该为btubs。

374 藏文古文献《拔协》文本标注与语法研究

```
dran pa     med         cing    yid    la    mi    byed   pa    sgom
dran pa     med         cing    yid    la    mi    byed   pa    sgom
思念        EXI:NEG     COO     心     LOC   NEG   做[2]  NML   修行[2]
pas    sangs   rgya        zer    nas.
pas    sangs   rgya        zer    nas
LNK    佛     发展[23]    说[W]  LNK
```
说：无思念，心中空无地修行才能成佛。

དན་པ་མེད་ཅིང་ཡིད་ལ་མི་བྱེད་པ་སྒོམ་པས་སངས་རྒྱ་ཟེར་ནས།

```
sgom      bslab    pas     bod     rim     gyis    khovi          chos     la
sgom      bslab    pas     bod     rim     gyis    kho    vi      chos     la
修行[2]   教[3]    LNK    吐蕃    层次    INS     3sg    GEN     法       OBJ
slob.     bsam yas     la      mchod pa     vphro bcad.    slob gnyer    dang
slob      bsam yas     la      mchod pa     vphro bcad     slob gnyer    dang
学习[2]   桑耶         LOC    供养         断[W]          求法          COO
lus ngag    gi      vphro bcad.
lus ngag    gi      vphro bcad
身语        GEN    断[W]
```
教人如此修法，吐蕃都学习他的法。因此，桑耶寺断了供养。求法与修身语善行的也停止了。

སློབ་བསླབ་པས། བོད་རིམ་གྱིས་ཁོའི་ཆོས་ལ་སློབ། བསམ་ཡས་ལ་མཆོད་པ་འཕྲོ་བཅད། སློབ་གཉེར་དང་ལུས་ངག་གི་འཕྲོ་བཅད།

```
sba r·tna    dang.    bee ro tsa na    dang.    vbav dpal dbyangs    la sogs pa
sba r·tna    dang     bee ro tsa na    dang     vbav dpal dbyangs    la sogs pa
拔·诺登      COO     毗卢遮那         COO     巴·白央              等等
nyung    shas    cig    slob dpon    bho nghi sa twavi        chos    slob.
nyung    shas    cig    slob dpon    bho nghi sa twa    vi    chos    slob
少的     部分    一     大师         菩提萨埵           GEN   法      学习[2]
```
拔·诺登、毗卢遮那、巴·白央等少数几人学习大师菩提萨埵的佛法。

སྦ་ར་ཏྣ་དང་། བེ་རོ་ཙ་ན་དང་། འབའ་དཔལ་དབྱངས་ལ་སོགས་པ་ཉུང་ཤས་ཅིག་སློབ་དཔོན་བོ་དྷི་ས་ཏྭའི་ཆོས་སློབ།

```
lta ba    ma     mthun    nas    brtsod    par              gyur
lta ba    ma     mthun    nas    brtsod    pa       r       gyur
见解      NEG    适合[W]  LNK   争论[W]   NML     RES    变化[14]
```

见解不和，引起争论。

ལྟ་བ་མཐུན་ནས་བརྩོད་པར་གྱུར།

gsung rab rin po chevi bang mdzod			du.	ston min	dang.	rtsen min
gsung rab rin po chevi bang mdzod			du	ston min	dang	rtsen min
圣言宝论			LOC	顿门	COO	渐门

rgya	skad	yin	pas	bod	skad	du	cig bcar ba	dang
rgya	skad	yin	pas	bod	skad	du	cig bcar ba	dang
汉	语言	COP	LNK	吐蕃	语言	LOC	吉加尔哇	COO

rim gyis pa	bya	ba yin	gsungs.
rim gyis pa	bya	ba yin	gsungs
日目吉巴	叫做:[W]	REA	说[14]

在《圣言宝论》中，汉语称为顿门和渐门。在吐蕃语言中，称吉加尔哇和日目吉巴。

གཙང་རབ་རིན་པོ་ཆེའི་བང་མཛོད་དུ། སྟོན་མིན་དང་། རྩེན་མིན་རྒྱ་སྐད་ཡིན་པས་བོད་སྐད་དུ་ཅིག་བཅར་བ་དང་རིམ་གྱིས་པ་བྱ་བ་ཡིན་གསུངས།

btsan pos		rgyavi	ston	pavi		chos	vdi
btsan po	s	rgya vi	ston	pa	vi	chos	vdi
赞普	AGE	汉 GEN	展示[24]	NML GEN		法	DET

min	nam byas	pas.	ston min pa	bya	bar		grags.
min	nam byas	pas	ston min pa	bya	ba	r	grags
COP:NEG	QU 做[1]	LNK	顿门派	叫作[W]	NML	RES	传说[W]

赞普说：汉和尚宣讲之法是佛法吗？称之为顿悟派。

བཙན་པོས་རྒྱའི་སྟོན་པའི་ཆོས་འདི་མིན་ནམ་བྱས་པས། སྟོན་མིན་པ་བྱ་བར་གྲགས།

drang srong bzod pas		lus	la	me	spar	nas	mchod
drang srong bzod pa	s	lus	la	me	spar	nas	mchod
章松索巴	AGE	身体	LOC	火	点燃[13]	LNK	供养[W]

par	phul	nas.	sems can	la	brtse	bavi
pa	r	phul	nas	sems can	la	brtse	ba vi
NML	OBJ	献给[14]	LNK	众生	OBJ	慈悲[W]	NML GEN

sgo	nas	tshogs bsags	pa	gal che	byas	pas.
sgo	nas	tshogs bsags	pa	gal che	byas	pas
门	ABL	积德[W]	NML	重要	做[1]	LNK

376 藏文古文献《拔协》文本标注与语法研究

章松索巴在身上点火，以为供奉。和对众生慈悲积福德，哪个重要？

དུང་སྲོང་བཙན་པོས་ཀྱུན་ལ་མི་སྨྲ་ནས་མཆོད་པར་ཕུལ་ནས། སེམས་ཅན་ལ་བརྩེ་བའི་སྐོ་ནས་ཚོགས་བསགས་པ་གལ་ཆེ་ཞུས་པས།

btsan po	na re.	lus	la	me	spar	bavi	rtse ba	de
btsan po	na re	lus	la	me	spar	ba vi	rtse ba	de
赞普	说[W]	身体	LOC	火	点燃[13]	NML GEN	慈悲	DET

yang	chos	min	nam	byas	pas.	rtsen min par	grags.
yang	chos	min	nam	byas	pas	rtsen min pa r	grags
也	法	COP:NEG	QU	做[1]	LNK	渐门派	RES 传说[W]

赞普说：在身体上点火而施慈悲，这也不是佛法吧？称之为渐门派。

བཙན་པོ་ན་རེ། ཀྱུན་ལ་མི་སྨྲ་བའི་བཙུན་པ་དེ་ཡང་ཆོས་མིན་ནམ་བྱས་པས། ཅེན་མིན་པར་གྲགས།

lta ba	dang	spyod pa	vdzom	pavi	chos	yin	pas.
lta ba	dang	spyod pa	vdzom	pa vi	chos	yin	pas
观	COO	行为	汇聚[23]	NML GEN	法	COP	LNK

是观和行具备的法。

ལྟ་བ་དང་སྤྱོད་པ་འཛོམ་པའི་ཆོས་ཡིན་པས།

chos	rtsen min pavi		chos	ltar	yin	byas	pas.
chos	rtsen min pa	vi	chos	ltar	yin	byas	pas
法	渐门派	GEN	法	按照	COP	做[1]	LNK

佛法按照渐门派的法一样做。

ཆོས་ཅེན་མིན་པའི་ཆོས་ལྟར་ཡིན་བྱས་པས།

ston min pa	yid	chad	pa	ltar	byas	nas.	myang sha mis
ston min pa	yid	chad	pa	ltar	byas	nas	myang sha mi
顿门派	心	断[1]	NML	按照	做[1]	LNK	娘·夏米

	rang	gi	sha	bcad.
s	rang	gi	sha	bcad
AGE	自己	GEN	肉	断[1]

顿门派灰心丧气，娘·夏米割下自己的肉。

སྟོན་མིན་པ་ཡིད་ཆད་པ་ལྟར་བྱས་ནས། མྱང་ཤ་མིས་རང་གི་ཤ་བཅད།

第四章 文本语法标注

rngog rin po che	dang	mnyal bi mas		rang	gi
rngog rin po che	dang	mnyal bi ma	s	rang	gi
俄仁保切	COO	聂·毕玛		AGE	自己	GEN

pho mtshan	brdungs.
pho mtshan	brdungs
男性生殖器	敲[1]

俄仁保切和聂·毕玛敲击自己的男性生殖器。

རྔོག་རིན་པོ་ཆེ་དང་མཉལ་བི་མས་རང་གི་ཕོ་མཚན་བརྡུངས།

rgyavi	ston pas		rang	gi	mgo	la	me	btang.
rgya	vi	ston pa	s	rang	gi	mgo	la	me	btang
汉	GEN	大师	AGE	自己	GEN	头	LOC	火	放[1]

汉和尚在自己头上点火。

རྒྱའི་སྟོན་པས་རང་གི་མགོ་ལ་མེ་བཏང་།

gzhan	rnams	chu gri	re	gtsugs	nas	rtsen min pa	til le	bsad
gzhan	rnams	chu gri	re	gtsugs	nas	rtsen min pa	til le	bsad
他人	pl	匕首	每	插[1]	LNK	渐门派	全部	杀[1]

nged	kyang	vkhrul	pavi		ngos	su	mchivo		zer.
nged	kyang	vkhrul	pa	vi	ngos	su	mchi	vo	zer
1pl	也	混乱[W]	NML	GEN	面	ALL	去[23]	END	说[W]

别的一些人拿匕首刺杀全部渐门派的人。我们也要去混乱的一面了吧！

གཞན་རྣམས་ཀྱི་རེ་གཙུགས་ནས་རྩེན་མིན་པ་ཐིལ་ལེ་བསད་ནས་ངེད་ཀྱང་འཁྲུལ་པའི་ངོས་སུ་མཆིའོ་ཟེར།

de	btsan povi		snyan	du	snyad[①]	pas	ji ltar	bya
de	btsan po	vi	snyan	du	snyad	pas	ji ltar	bya
DET	赞普	GEN	耳朵	ALL	禀报[13]	LNK	怎样	做[3]

ba	la	ma	shes	de.
ba	la	ma	shes	de
NML	OBJ	NEG	知道[W]	LNK

把这些禀报给赞普，不知道怎么做。

དེ་བཙན་པོའི་སྙན་དུ་སྙད་པས་ཇི་ལྟར་བྱ་བ་ལ་མ་ཤེས་དེ།

---

① 应该为 bsnyad。

378 藏文古文献《拔协》文本标注与语法研究

ban de	ston min	g'yon bskor.	de	ye shes dbang po	la	zhu
ban de	ston min	g'yon bskor.	de	ye shes dbang po	la	zhu
沙弥	顿门	偏袒[W]	DET	耶喜旺保	DAT	请求[23]

bavi.	vbod	mi	mar	btang	bas	ma	khugs
ba vi	vbod	mi	mar	btang	bas	ma	khugs
NML GEN	叫[23]	人	下	派[1]	LNK	NEG	召来[1]

nas	blon po	kham pa	btang	te.
nas	blon po	kham pa	btang	te
LNK	臣	康木巴	派[1]	LNK

佛教徒偏袒顿门派，向耶喜旺保禀报情况。叫人过来，未能请来。派去大臣康木巴。

བན་དེ་སྟོན་མིན་གཡོན་བསྐོར། དེ་ཡེ་ཤེས་དབང་པོ་ལ་ཞུ་བའི། འབོད་མི་མར་བཏང་བས་མ་ཁུགས་ནས་བློན་པོ་ཁམ་པ་བཏང་སྟེ།

khyod	kyis	ye shes dbang po	spyan	drangs	na	zangs	chen po
khyod	kyis	ye shes dbang po	spyan	drangs	na	zangs	chen po
2sg	AGE	耶喜旺保	HON	请[1]	COD	铜	大

bya dgar	byin.
bya dgav r	byin
奖赏 RES	给[W]

你去请耶喜旺保来的话，赐大铜章饰作奖赏。

ཁྱོད་ཀྱིས་ཡེ་ཤེས་དབང་པོ་སྤྱན་དྲངས་ན་ཟངས་ཆེན་པོ་བྱ་དགར་བྱིན།

ma	khugs	na	bsad	do	ces	bkav	bsgos	nas.
ma	khugs	na	bsad	do	ces	bkav	bsgos	nas
NEG	召来[1]	COD	杀[1]	END	QM	命令	任命[1]	LNK

btsan pos	sgrom bu	skur	nas	btang	ngo.
btsan po s	sgrom bu	skur	nas	btang	ngo
赞普 AGE	盒子	送[24]	LNK	派[1]	END

颁布命令说如果请不来，杀死！赞普让送去信函。

མ་ཁུགས་ན་བསད་དོ་ཅེས་བཀའ་བསྒོས་ནས། བཙན་པོས་སྒྲོམ་བུ་སྐུར་ནས་བཏང་ངོ་།

kham pas	brag phug	su	phyin	bkavi	sgrom bu
kham pa s	brag phug	su	phyin	bkav vi	sgrom bu
康木巴 AGE	岩洞	ALL	去[1]	命令 GEN	盒子

nang	du	skur	nas.
nang	du	skur	nas
里	ALL	送[24]	LNK

康木巴去了岩洞，将王命信函传进洞里去。

ཁམས་པས་བྲག་ཕུག་སུ་ཕྱིན་བཀའི་སྒྲོམ་བུ་ནང་དུ་སྐུར་ནས།

nang	du	mchi	bar	ci	gnang	zhus	pas.
nang	du	mchi	bar	ci	gnang	zhus	pas
里	ALL	去[23]	LNK	什么	做[W]	请求[14]	LNK

请求说无论如何也要进洞去。

ནང་དུ་མཆི་བར་ཅི་གནང་ཞུས་པས།

mchi	bar	gnang	ste.	zhal	mjal	nas	bdag	ngos
mchi	bar	gnang	ste	zhal	mjal	nas	bdag	ngos
去[23]	SER	做[W]	LNK	HON	相见[W]	LNK	1sg	面

gtsugs	te	byon	na	bya dgav	vang	gnang.
gtsugs	te	byon	na	bya dgav	vang	gnang
建立[1]	LNK	到达[14]	COD	奖赏	也	惠赐[W]

允许进入相见，看我的情面而前去的话，也赐奖赏。

མཆི་བར་གནང་སྟེ། ཞལ་མཇལ་ནས་བདག་དངོས་གཙུགས་ཏེ་བྱོན་ན་བྱ་དགའ་ཡང་གནང་།

ma	byon	na	bdag	vgum	pas.	bdag	brag	la
ma	byon	na	bdag	vgum	pas	bdag	brag	la
NEG	到达[14]	COD	1sg	死[W]	LNK	1sg	岩石	ALL

mchongs	te	vgum	mo	zhes	byas	pas.
mchongs	te	vgum	mo	zhes	byas	pas
跳[14]	LNK	死[W]	END	说[W]	做[1]	LNK

如果不肯前往，我就要死，不如我跳崖而死。

མ་བྱོན་ན་བདག་འགུམ་པས། བདག་བྲག་ལ་མཆོངས་ཏེ་འགུམ་མོ་ཞེས་བྱས་པས།

380 藏文古文献《拔协》文本标注与语法研究

vdir	bar chad	kyi	bdud	chen po	zhig	vongs	te.
vdi r	bar chad	kyi	bdud	chen po	zhig	vongs	te
DET LOC	障碍	GEN	魔鬼	大	一	来[1]	LNK

对此，来了一个障碍的大魔鬼。

འདིར་བར་ཆད་ཀྱི་བདུད་ཆེན་པོ་ཞིག་འོངས་ཏེ།

khyod	kyi	srog	vdon	gsungs	nas	nga	vong	gi	rta
khyod	kyi	srog	vdon	gsungs	nas	nga	vong	gi	rta
2sg	GEN	生命	取出[2]	讲述[14]	LNK	1sg	来[23]	GEN	马

ded	la	shog	bya	bavi		vphrin	skur	kham pa
ded	la	shog	bya	ba	vi	vphrin	skur	kham pa
驱使[4]	SER	来[W]	做[3]	NML	GEN	信息	送[24]	康木巴

dgav	ches	nas	pho brang	du	btsan povi		snyan	du
dgav	ches	nas	pho brang	du	btsan po	vi	snyan	du
喜欢[W]	太	LNK	宫殿	LOC	赞普	GEN	耳朵	ALL

gsol	bas	bya dgav	gnang	nas
gsol	bas	bya dgav	gnang	nas
禀报[W]	LNK	奖赏	惠赐[W]	LNK

我要救你的性命，用我赶来的马匹送信。康木巴大喜，在王宫中，回禀赞普。赐给奖赏。

ཁྱོད་ཀྱི་སྲོག་འདོན་གསུངས་ནས་ང་འོང་གི་རྟ་དེད་ལ་ཤོག་བྱ་བའི་འཕྲིན་སྐུར་ཁམས་པ་དགའ་ཆེས་ནས་ཕོ་བྲང་དུ་བཙན་པོའི་སྙན་དུ་གསོལ་བས་བྱ་དགའ་གནང་ནས།

go ru	bcu drug	ded	nas	ye shes dbang po	spyan	drangs	te.
go ru	bcu drug	ded	nas	ye shes dbang po	spyan	drangs	te
马	十六	驱使[4]	LNK	耶喜旺保	HON	请[1]	LNK

赶着十六匹马，请回耶喜旺保。

གོ་རུ་བཅུ་དྲུག་དེད་ནས་ཡེ་ཤེས་དབང་པོ་སྤྱན་དྲངས་ཏེ།

pho brang	du	btsan po	la	phyag	bzhes	nas.
pho brang	du	btsan po	la	phyag	bzhes	nas
宫殿	LOC	赞普	DAT	礼节	采取[W]	LNK

第四章 文本语法标注

在宫殿中向赞普顶礼。

བོ་བྲང་དུ་བཙན་པོ་ལ་ཕྱག་བཞེས་ནས།

btsan pos	btsun pa	vkhrug	pavi		lo rgyus	zhib
btsan po s	btsun pa	vkhrug	pa	vi	lo rgyus	zhib
赞普 AGE	僧人	混乱[W]	NML	GEN	历史	细致

tu	gsungs	pas.	ye shes dbang po	na re.	de	la	bdag
tu	gsungs	pas	ye shes dbang po	na re	de	la	bdag
RES	说[14]	LNK	耶喜旺保	说[W]	DET	DAT	1sg

dgug	mi	tshal.
dgug	mi	tshal
召引[13]	NEG	AUX

赞普详细地说了僧人混乱的事情。耶喜旺保说：为此事，不需招我前来。

བཙན་པོས་བཙུན་པ་འཁྲུག་པའི་ལོ་རྒྱུས་ཞིབ་ཏུ་གསུངས་པས། ཡེ་ཤེས་དབང་པོ་ན་རེ། དེ་ལ་བདག་དགུག་མི་ཚལ།

mkhan po	bho nghi sa twavi	zhal chems	gdog.	bdag	sgom
mkhan po	bho nghi stwa vi	zhal chems	gdog	bdag	sgom
堪布	菩提萨埵 GEN	遗嘱	EXI	1sg	修行[2]

pavi	bar chad	ma	byas	na	tshe ring.	btsan po
pa vi	bar chad	ma	byas	na	tshe ring	btsan po
NML GEN	障碍	NEG	做[1]	COD	生 长[W]	赞普

yang	sku tshe	ring	la.
yang	sku tshe	ring	la
也	生命	长[W]	LNK

菩提萨埵大师曾有遗言。我不做修行的障碍的话，我会长寿。赞普也会长寿。

མཁན་པོ་བྷོ་དྷི་སཏྭའི་ཞལ་ཆེམས་གདོག། བདག་སྒོམ་པའི་བར་ཆད་མ་བྱས་ན་ཚེ་རིང་། བཙན་པོ་ཡང་སྐུ་ཚེ་རིང་ལ།

dam pavi	chos	kyang	vphags pa byams pa	ma	byon
dam pa vi	chos	kyang	vphags pa byams pa	ma	byon
圣洁 GEN	法	也	圣者弥勒	NEG	到达[14]

382 藏文古文献《拔协》文本标注与语法研究

pavi	bar	du	gnas	pa yin pa	la.	bod	la
pa vi	bar	du	gnas	pa yin pa	la	bod	la
NML GEN	中间	LOC	存在[W]	REA NML LNK		吐蕃	LOC

skal pa	ma	mchis.
skal pa	ma	mchis
份子	NEG	EXI

圣洁的佛法也没有到和存在于达圣者弥勒。吐蕃不存在福分。

དག་པའི་ཆོས་ཀྱང་འཕགས་པ་བྱམས་པ་མ་མཆོན་པའི་བར་དུ་གནས་པ་ཡིན་པ་ལ། བོད་ལ་སྐལ་པ་མ་མཆིས།

mkhan po	mdav①	khar	vdi	skad	ces	gsungs	te.
mkhan po	mdav	kha r	vdi	skad	ces	gsungs	te
堪布	死[23]	时候 LOC	DET	说话	QM	说[14]	LNK

大师临终时说的这些话。

མཁན་པོ་མདའ་ཁར་འདི་སྐད་ཅེས་གསུངས་ཏེ།

sangs rgyas	kyi	chos	gang	dar	ba	der.	mu tegs
sangs rgyas	kyi	chos	gang	dar	ba	de r	mu tegs
佛陀	GEN	法	哪里	弘扬[W]	NML	DET LOC	外道

kyis	rgol	bavi	dgra	de	vgran	du	vong
kyis	rgol	ba vi	dgra	de	vgran	du	vong
AGE	反对[24]	NML GEN	敌人	DET	比[W]	SER	来[23]

ba yin	te.
ba yin	te
REA	LNK

在佛法兴盛的地方,外道论敌前来竞争。

སངས་རྒྱས་ཀྱི་ཆོས་གང་དར་བ་དེར། མུ་སྟེགས་ཀྱིས་རྒོལ་བའི་དགྲ་དེ་འགྲན་དུ་འོང་བ་ཡིན་ཏེ།

bod	yul	du	lnga brgyavi		tha mar	gyur	pas
bod	yul	du	lnga brgya	vi	tha ma r	gyur	pas
吐蕃	地方	LOC	五百	GEN	最后	RES	变化[14] LNK

---

① 应该为vdav。

第四章 文本语法标注 383

sangs rgyas	kyi	chos	dar	kyang	mu tegs	kyi	rgol
sangs rgyas	kyi	chos	dar	kyang	mu tegs	kyi	rgol
佛陀	GEN	法	弘扬[W]	也	外道	GEN	反对[24]

ba	ni	mi	vong	na.
ba	ni	mi	vong	na
NML	TOP	NEG	来[23]	COD

在吐蕃地方，变成了五百年的最后。佛法虽盛，但外道的论敌没有来。

བོད་ཡུལ་དུ་ལྔ་བརྒྱའི་ཐ་མར་གྱུར་པས་སངས་རྒྱས་ཀྱི་ཆོས་དར་ཀྱང་མུ་སྟེགས་ཀྱི་རྒོལ་བ་ནི་མི་འོང་ན།

nang pa	sangs rgyas pa	nang	lta ba	ma	mthun	nas	brtsod
nang pa	sangs rgyas pa	nang	lta ba	ma	mthun	nas	brtsod
内道	佛教徒	里	见解	NEG	亲睦[W]	LNK	争论[W]

par	vgyur	bas	de	tsa na	ngavi		slob ma
pa r	vgyur	bas	de	tsa na	nga vi		slob ma
NML	RES 变化[23]	LNK	DET	时候	1sg GEN		弟子

ka ma la shi la	bya	ba	pnntti ta	chung	ba	gcig
ka ma la shi la	bya	ba	pnntti ta	chung	ba	gcig
呷玛拉喜拉	叫作[W]	NML	班智达	小	NML	一

bal yul	na	yod	de	khug	la	chos	gyi	brtsod
bal yul	na	yod	de	khug	la	chos	gyi	brtsod
尼泊尔地方	LOC	EXI	DET	召来[4]	LNK	法	GEN	争论[W]

pavi	shags vdebs	su	chub	cig.
pa vi	shags vdebs	su	chub	cig
NML GEN	辩手	ALL	参加[W]	PRT

佛教徒内部见解不和，变成争论。那时，我的弟子叫呷玛拉喜拉，在尼泊尔的一个小班智达。召他来，让参加佛法辩论。

ནང་པ་སངས་རྒྱས་པ་ནང་ལྟ་བ་མ་མཐུན་ནས་བརྩོད་པར་འགྱུར་བས་དེ་ཚ་ན་ངའི་སློབ་མ་ཀ་མ་ལ་ཤཱི་ལ་བྱ་བ་པཎྜི་ཏ་ཆུང་བ་གཅིག་བལ་ཡུལ་ན་ཡོད་དེ་ཁུག་ལ་ཆོས་ཀྱི་བརྩོད་པའི་ཤགས་འདེབས་སུ་ཆུབ་ཅིག

brtsod	pa	chos	phyogs	su	vdum par		vgyur	gsungs.
brtsod	pa	chos	phyogs	su	vdum pa	r	vgyur	gsungs
争论[W]	NML	法	方	LOC	调停		RES 变化[23]	说[14]

384 藏文古文献《拔协》文本标注与语法研究

zhes	gsol	nas.	btsan pos		ka ma la	spyan	vdren
zhes	gsol	nas	btsan po	s	ka ma la	spyan	vdren
QM	禀报[W]	LNK	赞普	AGE	呷玛拉	HON	请[2]

pavi		pho nya	btang	ba	dang.
pa	vi	pho nya	btang	ba	dang
NML	GEN	使者	派[1]	NML	LNK

将争论调解平息而纳入佛法。如此禀报。赞普派出呷玛拉作为使者前去召请。

བཙན་པ་ཆོས་ཕྱོགས་སུ་འདུམ་པར་འགྱུར་གསུངས། ཞེས་གསོལ་ནས་བཙན་པོ་ཀ་མ་ལ་སྤྱན་འདྲེན་པའི་ཕོ་ཉ་བཏང་བ་དང་།

ston pa yum rgyas pa		spyan	drangs	te	bsam gtan gling	du	sgo
ston pa yum rgyas pa		spyan	drangs	te	bsam gtan gling	du	sgo
大般若经		HON	请[1]	LNK	禅定洲	LOC	门

bstams	nas	zla ba	bzhivi		bar	du	shags	slob.
bstams	nas	zla ba	bzhi	vi	bar	du	shags	slob
关闭[1]	LNK	月	四	GEN	中间	LOC	争论	学习[2]

请来《大般若经》，在禅定洲关起门来，在四个月间学习辩论。

སྟོན་པ་ཡུམ་རྒྱས་པ་སྤྱན་དྲངས་ཏེ་བསམ་གཏན་གླིང་དུ་སྒོ་བཙམས་ནས་ཟླ་བ་བཞིའི་བར་དུ་ཤགས་སློབ།

mdo dgongs pa nges par vgrel pa		sdog	pas	vgrel	cing	vdi
mdo dgongs pa nges par vgrel pa		sdog	pas	vgrel	cing	vdi
解深密经疏		卷起[2]	LNK	解释[2]	LNK	DET

chos	min	mchis	nas	vbor.
chos	min	mchis	nas	vbor
法	COP:NEG	说[1]	LNK	丢掉[23]

卷起《解深密经疏》，这不是佛法，扔掉了。

མདོ་དགོངས་པ་ངེས་པར་འགྲེལ་པ་སྡོགས་འགྲེལ་ཅིང་འདི་ཆོས་མིན་མཆིས་ནས་འབོར།

devi		bar	du	ye shes dbang pos		mkhan po	dang
de	vi	bar	du	ye shes dbang po	s	mkhan po	dang
DET	GEN	中间	LOC	耶喜旺保	AGE	堪布	COO

第四章 文本语法标注

haa shang	gnyis	kyi	lta ba	dang	dgongs pa	ji ltar	yin	pa.
haa shang	gnyis	kyi	lta ba	dang	dgongs pa	ji ltar	yin	pa
和尚	二	GEN	见解	COO	心愿	怎样	COP	NML

btsan povi		snyan	du	gsol	btsan povi		dgongs pa
btsan po	vi	snyan	du	gsol	btsan po	vi	dgongs pa
赞普	GEN	耳朵	ALL	禀报[W]	赞普	GEN	心愿

grol	nas	dges①	che	ste.
grol	nas	dges	che	ste
解开[W]	LNK	喜欢[W]	大	LNK

这期间，耶喜旺保向赞普禀报了堪布与和尚二人的观点和思想是怎么样的情况。赞普解开心结，很高兴。

དེའི་བར་དུ་ཡེ་ཤེས་དབང་པོས་མཁན་པོ་དང་ཧ་ཤང་གཉིས་ཀྱི་ལྟ་བ་དང་དགོངས་པ་ཇི་ལྟར་ཡིན་པ། བཙན་པོའི་སྙན་དུ་གསོལ་བས་བཙན་པོ་དགོངས་པ་གྲོལ་ནས་དགེས་ཆེ་སྟེ།

ye shes dbang povi		zhabs	phyag	vtshal	zhing	khyod
ye shes dbang po	vi	zhabs	phyag	vtshal	zhing	khyod
耶喜旺保	GEN	脚	敬礼	做[123]	SIM	2sg

ngavi		a ts·ryavo		ces	yang yang	gsungs.
nga	vi	a ts·rya	vo	ces	yang yang	gsungs
1sg	GEN	阿杂诺雅	END	说[W]	反复	说[14]

向耶喜旺保行顶足之礼。一再说：你就是我的亲教师啊！

ཡེ་ཤེས་དབང་པོའི་ཞབས་ལ་ཕྱག་འཚལ་ཞིང་ཁྱོད་ང་འི་ཨ་ཙརྱོ་ཞེས་ཡང་ཡང་གསུངས།

dus	phyis	ka ma la	klung tshugs	su	byon	zhes	pho nya ba
dus	phyis	ka ma la	klung tshugs	su	byon	zhes	pho nya ba
时	后来	呷玛拉	隆促	ALL	到达[14]	说[W]	使者

byung	ba	dang.	rje	blon	yongs	chab	khar		bsu
byung	ba	dang	rje	blon	yongs	chab	kha	r	bsu
来[1]	NML	LNK	王	臣	全	河	口	ALL	迎接[23]

---

① 应该为dgyes。

ba	la	phyin	pas.			
ba	la	phyin	pas			
NML	PUR	去[1]	LNK			

此后，使者来说：呷玛拉已到达隆促地方。君臣便全都到河边去迎接。

དུས་ཕྱིས་ཀ་མ་ལ་སྐྱུང་ཚུགས་སུ་ཕྱིན་ཞེས་པོ་ཉ་བ་བྱུང་བ་དང་། རྗེ་བློན་ཡོངས་ཚང་མར་བསུ་བ་ཕྱིན་པས།

haa shang	vkhor	dang	bcas	pa	yang	chab
haa shang	vkhor	dang	bcas	pa	yang	chab
和尚	随从	PRT	等[W]	NML	也	河
khar		byon.				
kha r		byon				
口 ALL		到达[14]				

和尚和随从等也都一齐来到河边。

ཧཱ་ཤང་འཁོར་དང་བཅས་པ་ཡང་ཆབ་བྱོན།

ka ma la	chab	pha ga	nas.	rgyavi		pnntti ta	la	sgra
ka ma la	chab	pha ga	nas	rgya	vi	pnntti ta	la	sgra
呷玛拉	河	对岸	ABL	汉	GEN	班智达	DAT	声音
rtsod	dri	gsungs	nas	phyag shing		dbu	la	lan gsum
rtsod	dri	gsungs	nas	chags shing		dbu	la	lan gsum
争论	问[3]	说[14]	LNK	手杖		头	LOC	次 三
bskor	bas.							
bskor	bas							
环绕[13]	LNK							

呷玛拉在河对岸说：向汉地班智达争论声明的学识。用手杖绕头三周。

ཀ་མ་ལ་ཆབ་ཕ་ག་ནས་རྒྱའི་པཎྜི་ཏ་ལ་སྒྲ་རྩོད་དྲི་གསུངས་ནས་ཕྱག་ཤིང་དབུ་ལ་ལན་གསུམ་བསྐོར་བས།

haa shang	chab	tshur ga	nas	ber	gyi	thu ba	gnyis	nas
haa shang	chab	tshur ga	nas	ber	gyi	thu ba	gnyis	nas
和尚	河	这边	ABL	斗篷	GEN	袍襟	二	ABL

bzung	nas	sprug.	de	lan	btab	gnyis kas		go
bzung	nas	sprug	de	lan	btab	gnyis ka	s	go
抓[1]	LNK	抖动[23]	LNK	答案	做[1]	二	AGE	理解[W]

bar	vjigs po	gcig	vdug	go	gsungs.
bar	vjigs po	gcig	vdug	go	gsungs
LNK	恐惧	一	EXI	END	说[14]

和尚在河这岸以手抓两袍之襟抖动作答。二者领悟，是个恐惧的人物。

དེ་ནས་ཆུ་ཚུར་ག་ནས་ཕྱི་ལུ་བ་གཉིས་ནས་བཟུང་ནས་སྤྲུག དེ་ལན་བཏབ་གཉིས་ཀས་གོ་བར་འཇིགས་པོ་གཅིག་འདུག་གོ་གསུངས།

de	nas	byang chub	gling	du	seng	khri	bcas	te.
de	nas	byang chub	gling	du	seng	khri	bcas	te
DET	ABL	菩提	洲	LOC	狮子	座位	制定[1]	LNK

btsan po	gung	la	bzhugs	nas.	ston rtsen	shags	gdab	par
btsan po	gung	la	bzhugs	nas	ston rtsen	shags	gdab	par
赞普	中间	LOC	坐[W]	LNK	顿渐		争论	做[3]	SER

byas	nas.
byas	nas
做[1]	LNK

随后，在菩提洲摆设狮子座。赞普坐在中间。让顿门和渐门两派进行辩论。

དེ་ནས་བྱང་ཆུབ་གླིང་དུ་སེང་ཁྲི་བཅས་ཏེ། བཙན་པོ་གུང་ལ་བཞུགས་ནས། སྟོན་རྩེན་ཤགས་གདབ་པར་བྱས་ནས།

haa shang	g'yas	gral	tu	bzhugs	ste.	vkhor	jo mo byang chub rje
haa shang	g'yas	gral	tu	bzhugs	ste	vkhor	jo mo byang chub rje
和尚	右	排	LOC	坐[W]	LNK	随从	觉姆降秋杰

dang	sru yang dag	dang.	ban de lang ka	la sogs pa	gral
dang	sru yang dag	dang	ban de lang ka	la sogs pa	gral
COO	苏央达	COO	彭德朗呷	等等	排

ring po	byung.
ring po	byung
长	来[1]

和尚坐在右边，随从弟子有觉姆降秋杰、苏央达、彭德朗呷等排成一长排。

དེ་ནས་གཡས་གྲལ་དུ་བཞུགས་ཏེ། འཁོར་ཇོ་མོ་བྱང་ཆུབ་རྗེ་དང་སྲུ་ཡང་དག་དང་། བན་དེ་ལང་ཀ་ལ་སོགས་པ་གྲལ་རིང་པོ་བྱུང་།

388　藏文古文献《拔协》文本标注与语法研究

```
a ts·rya      ka ma la    g·yon    gral    du    bzhugs    te.    vkhor    dpal dbyangs
a ts·rya      ka ma la    g·yon    gral    du    bzhugs    te     vkhor    dpal dbyangs
阿杂诺雅      呷玛拉      左       排      LOC   坐[W]     LNK   随从     白央

dang.    bee ro tsa na      dang.    rtna    la sogs pa    nyung    shas    cig    byung
dang     bee ro tsa na      dang     rtna    la sogs pa    nyung    shas    cig    byung
COO     毗卢遮那          COO     诺登    等等         少的      部分    一     来[1]
```

亲教师呷玛拉坐在左边，随从弟子白央、毗卢遮那、诺登等来了少数几个人。

ཨ་ཙརྱ་ཀ་མ་ལ་གཡོན་གྲལ་དུ་བཞུགས་ཏེ། འཁོར་དཔལ་དབྱངས་དང་། བེ་རོ་ཙ་ན་དང་། རཏྣ་ལ་སོགས་པ་ཉུང་ཤས་ཅིག་བྱུང་།

```
btsan pos           ston rtsen      re revi              phyag    tu     me tog
btsan po    s       ston rtsen      re re     vi         phyag    tu     me tog
赞普        AGE     顿渐           每每      GEN       手       LOC    花

dkar povi           phreng ba       re    re    phul        te.
dkar po     vi      phreng ba       re    re    phul        te
白色        GEN     串             每    每    献给[14]    LNK
```

赞普向顿门和渐门两派每人手中给一串白色花环。

བཀའ་སྩལ་བ། ངའི་མངའ་རིས་བོད་ཀྱི་རྒྱལ་ཁམས་འདིར། བོད་ཐམས་ཅད་རིལ་ནག་པོའི་དགྱེས་པ་རེ་ཕུལ་ཏེ།

```
bkav    stsal    ba.        ngavi          mngav ris    bod    kyi    rgyal khams
bkav    stsal    ba         nga    vi      mngav ris    bod    kyi    rgyal khams
命令    给[W]   NML        1sg    GEN    领地        吐蕃    GEN   王土

vdir.            bod      thams cad    ril       nag po    la      dgav    bavi
vdi     r        bod      thams cad    ril       nag po    la      dgav    ba
DET    LOC     吐蕃     全部         全部     黑业     OBJ    喜欢[W]  NML

                dus     su.        za hor      gyi    rgyal povi         bu
vi              dus     su         za hor      gyi    rgyal po    vi     bu
GEN            时      LOC       撒霍尔      GEN   王         GEN    儿子

bho nghi sa twa        spyan    drangs    nas.
bho nghi sa twa        spyan    drangs    nas
菩提萨埵              HON      请[1]    LNK
```

下令道：在我统辖的吐蕃境内，在吐蕃全部都喜信黑业的时候，请来了撒

第四章 文本语法标注 389

霍尔国王之子菩提萨埵。

བགད་སྟུལ་བ། འདི་མངའ་རིས་བོད་ཀྱི་རྒྱལ་ཁམས་འདིར། བོད་འབངས་ཅད་རིས་ནག་པོ་དགའ་བའི་དུས་སུ། ཟ་ཧོར་གྱི་རྒྱལ་པོའི་བུ་བྱོ་དྷི་ས་ཏྭ་བྱུང་དངས་ནས།

bod	vbangs	nyung	shas	cig	chos	la	bkod.	dad pa can
bod	vbangs	nyung	shas	cig	chos	la	bkod	dad pa can
吐蕃	臣民	少的	部分	一	法	DAT	安排[1]	信仰者
kha cig	rab tu byung.
kha cig	rab tu byung
一些	出家[W]

安排一少部分吐蕃臣民信奉佛法。一些信仰佛教者出家为僧。

བོད་འབངས་ཞུང་ཤས་ཅིག་ཆོས་ལ་བཀོད། དད་པ་ཅན་ཁ་གཅིག་རབ་ཏུ་བྱུང་།

dkon mchog gsum	gyi	rten	btsugs	pavi	skabs	su
dkon mchog gsum	gyi	rten	btsugs	pa	vi	skabs	su
三宝	GEN	所依	建立[1]	NML	GEN	时期	LOC
rgya nag povi	haa shang	ma haa ya na	byon	pas	bod
rgya nag po	vi	haa shang	ma haa ya na	byon	pas	bod
汉地	GEN	和尚	摩诃衍那	到达[14]	LNK	吐蕃
kyi	btsun pa	phal cher	de	la	slob	par	gyur.
kyi	btsun pa	phal cher	de	la	slob	pa	r	gyur
GEN	僧人	大多数	DET	OBJ	学习[2]	NML	RES	变化[14]

在修建三宝依的时候，汉地的和尚摩诃衍那来了，吐蕃的大部分僧人转而向他学法。

དཀོན་མཆོག་གསུམ་གྱི་རྟེན་བཙུགས་པའི་སྐབས་སུ་རྒྱ་ནག་པོའི་ཧཱ་ཤང་མ་ཧཱ་ཡ་ན་བྱོན་པས་བོད་ཀྱི་བཙུན་པ་ཕལ་ཆེར་དེ་ལ་སློབ་པར་གྱུར།

bho nghis twavi	slob mar	gyur	pa	nyung	shas
bho nghis twa	vi	slob ma	r	gyur	pa	nyung	shas
菩提萨埵	GEN	弟子	RES	变化[14]	NML	少的	部分
tsam	slob	tu	ma	btub	nas.
tsam	slob	tu	ma	btub	nas
点	学习[2]	SER	NEG	适合[W]	LNK

变成菩提萨埵的弟子的人一小部分不学习。

སྟོན་རྩེན་དུ་སྐྱོན་མར་གྱུར་པ་ལ་ཞུང་ཁས་ཅམ་སློབ་ཏུ་མ་གཏུབ་ནས།

ston rtsen	du	chad.	de	gnyis	ma	mthun	nas	brtsod
ston rtsen	du	chad	de	gnyis	ma	mthun	nas	brtsod
顿渐	RES	断[1]	DET	二	NEG	和好[W]	LNK	争论[W]
par	gyur	pa	la.	ngas		zhal	tshar	bcad
par	gyur	pa	la	nga	s	zhal	tshar	bcad
SER	变化[14]	NML	LNK	1sg	AGE	HON	完[W]	断[1]
pas	ma	rangs	nas.					
pas	ma	rangs	nas					
LNK	NEG	喜欢[W]	LNK					

分裂为顿门、渐门两派。二者观点不合，变成争论。我虽仲裁，不高兴。

སྙན་ཤ་མི་དང་། རྔོག་གཞིས་མ་མཉེན་ནས་བརྫོད་པར་གྱུར་པ་ལ་ངས་ཞལ་ཚར་བཅད་པས་མ་རངས་ནས།

myang sha mi	dang.	rngog	dang.	rnyas	rang	gi	lus	la
myang sha mi	dang	rngog	dang	rnyas	rang	gi	lus	la
娘·夏米	COO	鄂	COO	聂	自己	GEN	身体	LOC
na tsha	bskyed.	haa shang	me vgos	rang	gi	lus	la	me
na tsha	bskyed	haa shang	me vgos	rang	gi	lus	la	me
病	产生[13]	和尚	梅郭	自己	GEN	身体	LOC	火
btang	bas.							
btang	bas							
放[1]	LNK							

娘·夏米、鄂和聂对自己身体加害。梅郭和尚在自己身上放火。

བཙན་པོ་མེ་དང་། རྟོག་དང་། རྙས་རང་གི་ལུས་ལ་ན་ཚ་བསྐྱེད། ཧ་ཤང་མེ་འགོས་རང་གི་ལུས་ལ་བཏང་བས།

btsan pos		g'yon	skor.	da		bho nghi stwavi	
btsan po	s	g'yon	skor	da		bho nghi stwa	vi
赞普	AGE	偏袒[W]	环绕[24]	现在		菩提萨埵	GEN

第四章 文本语法标注 391

vkhor   ka ma la shi la   yin   pas.
vkhor   ka ma la shi la   yin   pas
随从   呷玛拉喜拉   COP   LNK
赞普偏袒。如今，菩提萨埵的弟子是呷玛拉喜拉。

བཙན་པོས་གཡོན་བློན། ད་ཀྲོ་ཧྲི་ས་ཏྭའི་འཁོར་ཀ་མ་ལ་ཤི་ལ་ཡིན་པས།

khyed   shags   su   gyis   la   su   gtan tshig bzang ba de   la
khyed   shags   su   gyis   la   su   gtan tshig bzang ba de   la
2sg   争论   OBJ   做[4] LNK 谁   理由   好   DET DAT
su   ngan   pa   des   nga rgyal   ma   byed   par   me tog
su   ngan   pa   de   s   nga rgyal   ma   byed   par   me tog
谁   坏   NML   DET AGE   骄傲   NEG   做[2] LNK   花
phul   cig   ces   bkav   stsal.
phul   cig   ces   bkav   stsal
献给[14] PRT   QM   命令   给[W]
你们进行辩论。谁理由好和谁理由坏都不要骄傲。向对方敬献鲜花。

ཁྱེད་བགས་སུ་གྱིས་ལ་སུ་གཏན་ཚིག་བཟང་བ་དེ་ལ་སུ་ངན་པ་དེས་ང་རྒྱལ་མ་བྱེད་པར་མེ་ཏོག་ཕུལ་ཅིག་ཅེས་བཀའ་སྩལ།

de   la   haa shang   na re.   nga   gzhi   la   snga   bas.   ngas.
de   la   haa shang   na re   nga   gzhi   la   snga   bas   nga
DET   DAT   和尚   说[W]   1sg   基地   LOC   前   LNK   1sg
              drivam   lan   gdab   gsungs.
s   dri   vam   lan   gdab   gsungs
AGE   问[3] QU   回答   做[3]   说[14]
这时，和尚说：我先来此地，我发问还是作答？

དེ་ལ་ཧཱ་ཤང་ན་རེ། ང་གཞི་ལ་སྔ་བས། ངས་དྲི་བའམ་ལན་གདབ་གསུངས།

ka ma lavi   zhal   nas.   khyod   kyi   dgongs pa   ltar   shags
ka ma la vi   zhal   nas   khyod   kyi   dgongs pa   ltar   shags
呷玛拉   GEN   口   ABL   2sg   GEN   心愿   按照   争论
thob   cig   gsungs   pa   dang.
thob   cig   gsungs   pa   dang
得到[1] PRT   说[14]   NML   LNK

呷玛拉答道：按照你的意愿进行辩论吧！

ག་ལའི་ཞལ་ནས་ཁྱོད་ཀྱི་དགོངས་པ་བཞིན་དཔག་བཤད་ཅིག་གསུངས་པ་དང་།

haa shang	na re.	thams cad	sems	kyi	rnam par	
haa shang	na re	thams cad	sems	kyi	rnam pa	r
和尚	说[W]	全部	心	GEN	形相	OBJ

rtog	pas	bskyed	pa.		
rtog	pas	bskyed	pa		
考察[24]	LNK	产生[13]	NML		

和尚说道：一切法，考察意念有觉后产生。

དེ་གང་ན་རེ། ཐམས་ཅད་སེམས་ཀྱི་རྣམ་པར་རྟོག་པས་བསྐྱེད་པ།

dgav	mi	dgavi		dbang	gis.	las	dge	mi	dges
dgav	mi	dgav	vi	dbang	gis	las	dge	mi	dges
喜欢[W]	NEG	喜欢[W]	GEN	原因	INS	业	好	NEG	喜欢[W]

mtho ris	dang	ngan song	gis	vbras bu	myong	zhing
mtho ris	dang	ngan song	gis	vbras bu	myong	zhing
善趣	COO	恶趣	INS	果实	经受[2]	LNK

vkhor ba	na	vkhor	te.	
vkhor ba	na	vkhor	te	
轮回	LOC	转动[W]	LNK	

因喜爱与不喜爱之根作善业与不善业。从而受善趣与恶趣的果报，而流转于轮回。

དགའ་མི་དགའི་དབང་གིས་ལས་དགེ་མི་དགེས་མཐོ་རིས་དང་ངན་སོང་གིས་འབྲས་བུ་མྱོང་ཞིང་འཁོར་བ་ན་འཁོར་ཏེ།

gang	zhig	ci	lavang		mi	sems	ci	la	yang
gang	zhig	ci	la	vang	mi	sems	ci	la	yang
什么	一	什么	OBJ	也	NEG	想[2]	什么	OBJ	也

yid	la	mi	byed	pa	de	vkhor ba	las	yongs su
yid	la	mi	byed	pa	de	vkhor ba	las	yongs su
心	LOC	NEG	做[2]	NML	DET	轮回	ABL	全部

thar	bar	vgyur	ro.	de lta bas na	ci	yang
thar	ba r	vgyur	ro	de lta bas na	ci	yang
解脱[W]	NML RES	变化[23]	END	由此	什么	也

mi	bsam	mo.
mi	bsam	mo
NEG	想[3]	END

对任何事物都不想，也不做。变得从轮回中全部解脱。由此，什么也无想。

གང་ཞིག་ཅི་ལའང་མི་སེམས་ཅི་ལའང་ཡིད་ལ་མི་བྱེད་པ་དེ་འཁོར་བ་ལས་ཡོངས་སུ་ཐར་བར་འགྱུར་རོ། དེ་བས་ན་ཅི་ཡང་མི་བསམ་མོ།

sbyin pa	la sogs pavi	chos	bcu	spyod pa	ni.	skye bo
sbyin pa	la sogs pa vi	chos	bcu	spyod pa	ni	skye bo
布施	等等 GEN	法	十	行为	TOP	男子

dge bavi	vphro	med	pa	blo	zhan pa	dbang po
dge ba vi	vphro	med	pa	blo	zhan pa	dbang po
好 GEN	剩余	EXI:NEG	NML	心	差	慧根

stul ba	rnams	la	bstan	pa yin.
stul ba	rnams	la	bstan	pa yin
愚钝	pl	DAT	展示[13]	REA

所谓布施等十善法之行，是针对无福报、心知愚钝和具纯根的人所宣示的。

སྦྱིན་པ་ལ་སོགས་པའི་ཆོས་བཅུ་སྤྱོད་པ་ནི། སྐྱེ་བོ་དགེ་བའི་འཕྲོ་མེད་པ་བློ་ཞན་པ་དབང་པོ་རྟུལ་བ་རྣམས་ལ་བསྟན་པ་ཡིན།

sngon	blo	sbyangs	pa	dbang po	rnon pa	dag la.	sprin	dkar
sngon	blo	sbyangs	pa	dbang po	rnon pa	dag la	sprin	dkar
先	心	学习[1]	NML	慧根	锐利	pl DAT	云	光

nag	gang	gis	nyi ma	sgrib	pa	ltar	dge sdig	gnyis kas
nag	gang	gis	nyi ma	sgrib	pa	ltar	dge sdig	gnyis ka
黑	一	INS	太阳	遮蔽[2]	NML	按照	善恶	二

	sgrib	pas.
s	sgrib	pas
INS	遮蔽[2]	LNK

先为聪敏和具慧根的人宣示，好像以黑云白云遮蔽太阳一样，善恶二者都会遮蔽。

སྔོན་བློ་ལྡངས་པ་དབང་པོ་རྣོན་པོ་དག་ལ། བྱིན་དཀར་ནག་གིས་ཉི་མ་སྒྲིབ་པ་ལྟར་དགེ་སྡིག་གཉིས་ཀ་སྒྲིབ་པས།

ci	yang	mi	sems	mi	rtog.	mi	dpyod	pa
ci	yang	mi	sems	mi	rtog	mi	dpyod	pa
什么	也	NEG	想[2]	NEG	考察[24]	NEG	行为[24]	NML

ni	mi	dmigs	pavo.		
ni	mi	dmigs	pa	vo	
TOP	NEG	专注[W]	NML	END	

无所思念、无所观察、无所行动不专注。

ཅིག་ཡང་མི་སེམས་མི་རྟོག། མི་སྤྱོད་པ་ནི་དེ་དབུགས་པ་འོ།

gcig car	vjug	pa	ni	sa bcu pa	dang	vdravo		gsungs.
gcig car	vjug	pa	ni	sa bcu pa	dang	vdra	vo	gsungs
同时	插入[2]	NML	TOP	十地	COM	像[W]	END	说[14]

顿悟者实与十地相等。

གཅིག་ཅར་འཇུག་པ་ནི་ས་བཅུ་པ་དང་འདྲ་འོ་གསུངས།

a ts·rya	ka ma las		smras	pa.	de	ltar	ci	yang	mi
a ts·rya	ka ma la	s	smras	pa	de	ltar	ci	yang	mi
阿杂诺雅	呷玛拉	AGE	说[1]	NML	DET	按照	什么	也	NEG

sems	zer	ba	de	ni	so sor		rtogs	pavi
sems	zer	ba	de	ni	so so	r	rtogs	pa vi
想[2]	说[W]	NML	DET	TOP	各个	DAT	理解[W]	NML GEN

shes rab	spangs	pa yin	no.
shes rab	spangs	pa yin	no
智慧	放弃[1]	REA	END

亲教师呷玛拉反驳道：若如此，什么也不思念。那就是放弃了别区分智。

ཨ་ཙརྱ་ཀ་མ་ལས་སྨྲས་པ། དེ་ལྟར་ཅི་ཡང་མི་སེམས་ཟེར་བ་དེ་ནི་སོ་སོར་རྟོགས་པའི་ཤེས་རབ་སྤངས་པ་ཡིན་ནོ།

第四章 文本语法标注 395

yang dag pavi		ye shes	kyi	rtsa ba	ni.	so sor	
yang dag pa	vi	ye shes	kyi	rtsa ba	ni	so so	r
正确	GEN	智慧	GEN	根本	TOP	各个	DAT

rtogs	pavi		shes rab	yin	pas.	de	spangs	pavi
rtogs	pa	vi	shes rab	yin	pas	de	spangs	pa
理解[W]	NML	GEN	智慧	COP	LNK	DET	放弃[1]	NML

	vjig rten	las	vdas	pavi		shes rab	kyang
vi	vjig rten	las	vdas	pa	vi	shes rab	kyang
GEN	世间	ABL	过去[1]	NML	GEN	智慧	也

spangs	pa yin	no.
spangs	pa yin	no
放弃[1]	REA	END

正确的智慧之根本，就是别区分智。从这世间放弃也就是放弃了过去的智慧。

ཡང་དག་པའི་ཡེ་ཤེས་ཀྱི་རྩ་བ་ནི། སོ་སོར་རྟོགས་པའི་ཤེས་རབ་ཡིན་པས། དེ་སྤངས་པས་འཇིག་རྟེན་ལས་འདས་པའི་ཤེས་རབ་ཀྱང་སྤངས་པ་ཡིན་ནོ།།

so sor	rtog	pavi		shes rab	med	par	rnal vbyor pa
so so	r	rtog	pa	vi	shes rab	med	par	rnal vbyor pa
各个	DAT	考察[24]	NML	GEN	智慧	EXI:NEG	LNK	瑜伽师

thabs	gang	gis	rnam par		mi	rtog	pa	la	gnas.
thabs	gang	gis	rnam par	r	mi	rtog	pa	la	gnas
方法	什么	INS	形相	DAT	NEG	考察[24]	NML	LNK	存在[W]

若无别区分智，则瑜伽师以何方对不同形态区别。

སོ་སོར་རྟོག་པའི་ཤེས་རབ་མེད་པར་རྣལ་འབྱོར་པ་ཐབས་གང་གིས་རྣམ་པར་མི་རྟོག་པ་ལ་གནས།

gal te	chos	thams cad	dran pa	med	cing	yid	la	byed
gal te	chos	thams cad	dran pa	med	cing	yid	la	byed
如果	法	全部	思念	EXI:NEG	LNK	心	LOC	做[2]

pa med	pa yin	na.	nyams	su	myong	ba	thams cad	mi
pa med	pa yin	na	nyams	su	myong	ba	thams cad	mi
EXP:NEG	REA	COD	经验	LOC	经受[2]	NML	全部	NEG

396 藏文古文献《拔协》文本标注与语法研究

dran	cing	yid	la	bya	bar	mi	nus	so.
dran	cing	yid	la	bya	bar	mi	nus	so
思念[W]	LNK	心	LOC	做[3]	SER	NEG	能[W]	END

如果对一切法皆无所念、不作意的话。则一些修习体验也都无所思念、不作意。

གལ་ཏེ་ཆོས་ཐམས་ཅད་དྲན་པ་མེད་ཅིང་ཡིད་ལ་བྱེད་པ་མེད་པ་ཡིན་ན། ཉམས་སུ་མྱོང་བ་ཐམས་ཅད་མི་དྲན་ཅིང་ཡིད་ལ་བྱ་བར་མི་ནུས་སོ།

gal	te	bdag	gis	chos	bstan	par	mi	bya	yid	la
gal	te	bdag	gis	chos	bstan	par	mi	bya	yid	la
如果		1sg	AGE	法	显示[13]	SER	NEG	做[3]	心	LOC
mi	byavo		snyam	na.	de	shin tu		dran pa	yid	
mi	bya	vo	snyam	na	de	shin tu		dran pa	yid	
NEG	做[3]	END	想[W]	COD	DET	非常		思念	心	
la	byas	par		vgyur	ro.					
la	byas	pa	r	vgyur	ro					
LOC	做[1]	NML	RES	变化[23]	END					

假如我不宣示诸法，心也不作意的话，变成十分思念。

གལ་ཏེ་བདག་གིས་ཆོས་བསྟན་པར་མི་བྱ་ཡིད་ལ་མི་བྱའོ་སྙམ་ན། དེ་ཤིན་ཏུ་དྲན་པ་ཡིད་ལ་བྱས་པར་འགྱུར་རོ།།

dran pa	dang	yid	la	bya ba	med	pa	tsam po	la	bya
dran pa	dang	yid	la	bya ba	med	pa	tsam po	la	bya
思念	COO	心	LOC	事情	EXI:NEG	NML	一点	OBJ	做[3]
ba	skad	du	bya	na	de	gnyis	spyad	dgos	te.
ba	skad	du	bya	na	de	gnyis	spyod	dgos	te
NML	说话	LOC	做[3]	COD	DET	二	用[24]	AUX	LNK

在思念和心中，不做一点事情。要实现这些的话，需两方面来观察。

དྲན་པ་དང་ཡིད་ལ་བྱ་མེད་པ་ཙམ་པོ་ལ་བྱ་བ་སྐད་དུ་བྱ་ན་དེ་གཉིས་སྤྱད་དགོས་ཏེ།

med	pa	ni	rgyur	mi	rung.	dran pa	med	pa
med	pa	ni	rgyur	mi	rung	dran pa	med	pa
EXI:NEG	NML	TOP	变成[23]	NEG	AUX	思念	EXI:NEG	NML

第四章 文本语法标注

tsam	gyis	rnam par	mi	rtog	par	gyur	na.
tsam	gyis	rnam pa r	mi	rtog	pa r	gyur	na
点	INS	形相	DAT NEG	考察[24]	NML RES	变化[14]	COD

没有不能变化的。若无思念，则无了悟。

མེད་པའི་ཕྱིར་མི་རུང་། དྲན་པ་མེད་པ་ཙམ་གྱིས་རྣམ་པར་མི་རྟོག་པར་གྱུར་ན།

brgyal	ba	dang	vbog	pavi		dus	suvang
brgyal	ba	dang	vbog	pa	vi	dus su	vang
昏迷[W]	NML	COO	倒下[23]	NML	GEN	时 LOC	也

dran par		med	par	rnam par		mi	rtog
dran pa	r	med	par	rnam pa	r	mi	rtog
思念	LOC	EXI:NEG	LNK	形相	DAT	NEG	考察[24]

par	vgyur	ro.
pa r	vgyur	ro
NML RES	变化[23]	END

如同闷绝、风邪昏迷之际也无思念，无了悟一样。

བརྒྱལ་བ་དང་འབོག་པའི་དུས་སུ་འང་དྲན་པར་མེད་པར་རྣམ་པར་མི་རྟོག་པར་འགྱུར་རོ།།

yang dag pavi		so sor		rtog	pa med	pa	rnams
yang dag pa	vi	so so	r	rtog	pa med	pa	rnams
正确	GEN	各个	DAT	考察[24]	EXP:NEG	NML	pl

mi	rtog	par	vjug	pavi	thabs	med	do.
mi	rtog	pa r	vjug	pa vi	thabs	med	do
NEG	考察[24]	NML ALL	纳入[2]	NML GEN	方法	EXI:NEG	END

若无正分别智之人，则更无入无分别之方便。

ཡང་དག་པའི་སོ་སོར་རྟོག་པ་མེད་པ་རྣམས་མི་རྟོག་པར་འཇུག་པའི་ཐབས་མེད་དོ།

dran po	tsam po	bkag	kyang	yang dag pavi		so so	
dran po	tsam po	bkag	kyang	yang dag pa	vi	so so	r
念想	一点	阻拦[1]	也	正确	GEN	各个	DAT

rtog	pa med	na	chos	thams cad	ngo bo	nyid	med
rtog	pa med	na	chos	thams cad	ngo bo	nyid	med
考察[24]	EXP:NEG	COD	法	全部	本质	性	EXI:NEG

```
pa       la      ji ltar   vjug     nus.
pa       la      ji ltar   vjug     nus
NML     ALL     怎样      纳入[2]   AUX
```

虽然断灭念心，也若无正分别智的话，怎么能进入一切诸法皆无自信的悟境？

དན་པོ་ཆམ་པོ་བཀག་ཀྱང་ཡང་དག་པའི་སོ་སོར་རྟོག་པ་མེད་ན་ཆོས་ཐམས་ཅད་དོ་བོ་ཉིད་མེད་པ་ལ་ཇི་ལྟར་འཇུག་ནུས།

```
stong pa nyid   ma    rtogs    par    sgrib pa   spangs   par
stong pa nyid   ma    rtogs    par    sgrib pa   spangs   pa      r
空性            NEG   理解[W]  LNK    蔽障        放弃[1]  NML    RES
mi      vgyur    ba       kho navo.
mi      vgyur    ba       kho na       vo
NEG    变化[23] NML     仅仅         END
```

不理解'空性'之意。也就不能断除诸障。

སྟོང་པ་ཉིད་མ་རྟོགས་པར་སྒྲིབ་པ་སྤངས་པར་མི་འགྱུར་བ་ཁོ་ན་འོ་ན།

```
stong pa nyid   ma    rtogs    kyang   dran pa   med       pas      thar
stong pa nyid   ma    rtogs    kyang   dran pa   med       pas      thar
空性            NEG   理解[W]  也      思念       EXI:NEG  LNK     解脱[W]
par       vgyur      na.      khams gong mavi           lha     thams cad
pa   r    vgyur      na       khams gong ma     vi      lha     thams cad
NML RES   变化[23]   COD     天界                GEN    佛      全部
thar        par          vgyur      ro.
thar        pa     r     vgyur      ro
解脱[W]     NML   RES   变化[23]   END
```

无所思念而变得解脱的话，也不了解空性。天界的全部佛变得解脱。

སྟོང་པ་ཉིད་ཀྱང་དྲན་པ་མེད་པས་ཐར་པར་འགྱུར་ན། ཁམས་གོང་མའི་ལྷ་ཐམས་ཅད་ཐར་པར་འགྱུར་རོ།

```
dran pa    cang    med      pavi     roongs pas            ni
dran pa    cang    med      pa       roongs pa     s       ni
思念       什么    EXI:NEG  NML      愚钝          AGE    TOP
```

第四章 文本语法标注

rnal vbyor	du	ji ltar	vgyur.	de	ni	glen pavam	
rnal vbyor	du	ji ltar	vgyur	de	ni	glen pa	vam
瑜伽	RES	怎样	变化[23]	DET	TOP	愚人	QU

gnyid log pa	dang	vdravo.	
gnyid log pa	dang	vdra	vo
昏睡者	COM	像[W]	END

毫无思念之愚者如何能为瑜伽？好像愚人和昏睡者一样。

དོན་པ་ཅང་མེད་པའི་རྨོངས་པས་ནི་རྣལ་འབྱོར་དུ་ཇི་ལྟར་འགྱུར། དེ་ནི་གླེན་པའམ་གཉིད་ལོག་པ་དང་འདྲའོ།།

de bas na	yang dag pavi		so sor		rtog	pavi	
de bas na	yang dag pa	vi	so so	r	rtog	pa	vi
因此	正确	GEN	各个	DAT	考察[24]	NML	GEN

shes rab	kyis	phyin ci log	gi	snang ba	rgyang sring	pa yin	no.
shes rab	kyis	phyin ci log	gi	snang ba	rgyang sring	pa yin	no
智慧	INS	悖逆	GEN	感觉	远离[W]	REA	END

因之，要以正智方能断除颠倒错乱等邪见。

དེ་བས་ན་ཡང་དག་པའི་སོ་སོར་རྟོག་པའི་ཤེས་རབ་ཀྱིས་ཕྱིན་ཅི་ལོག་གི་སྣང་བ་རྒྱང་སྲིང་པ་ཡིན་ནོ།

de bas na	dran	bzhin	du	mi	dran	byar	mi
de bas na	dran	bzhin	du	mi	dran	bya r	mi
因此	思念[W]	如	LOC	NEG	思念[W]	做[3]	SER	NEG

rung	ngo.
rung	ngo
可以[W]	END

所以，已在思念中，却说不思念。

དེ་བས་ན་དྲན་བཞིན་དུ་མི་དྲན་བྱར་མི་རུང་ངོ་།

dran pa	dang	yid	la	byed	pa med	pas	sngon	gyi
dran pa	dang	yid	la	byed	pa med	pas	sngon	gyi
思念	COO	心	LOC	做[2]	EXP:NEG	LNK	先	GEN

gnas	rjes	su	dran pa	dang.	thams cad		mkhyen
gnas	rjes	su	dran pa	dang	thams cad		mkhyen
地方	痕迹	LOC	思念	COO	全部		知道[W]

par   ji ltar   vgyur.
pa   r   ji ltar   vgyur
NML   RES   怎样   变化[23]

在思念和心里没有完成，怎能成就宿住念通。

དན་པ་དང་ཡིད་ལ་བྱེད་པ་མེད་པས་སྟོན་གྱི་གནས་རྗེས་སུ་དན་པ་དང་། ཐམས་ཅད་མཁྱེན་པར་ཇི་ལྟར་འགྱུར།

nyon mongs pa   yang   ji ltar   spongs   de bas na   yang dag pavi
nyon mongs pa   yang   ji ltar   spongs   de bas na   yang dag pa   vi
烦恼   也   怎样   抛弃[4]   因此   正确   GEN

so sor   rtog   pavi   shes rab   kyi   don   nges par
so so   r   rtog   pa   vi   shes rab   kyi   don   nges par
各个   DAT 考察[24] NML   GEN   智慧   GEN   事情   一定

rtog   pavi   rnal vbyor pas.   dus   gsum   phyi nang
rtog   pa   vi   rnal vbyor pa   s   dus   gsum   phyi nang
考察[24] NML   GEN   瑜伽师   AGE   时   三   内外

thams cad   stong par   rtogs   pas
thams cad   stong pa   r   rtogs   pas
全部   空   RES   理解[W]   LNK

怎能抛弃烦恼？所以，用正智现证真理的瑜伽师，都是了悟内外、三时一切皆空。

ཉོན་མོངས་པ་ཡང་ཇི་ལྟར་སྤོངས་དེ་བས་ན་ཡང་དག་པའི་སོ་སོར་རྟོག་པའི་ཤེས་རབ་ཀྱི་དོན་ངེས་པར་རྟོག་པའི་རྣལ་འབྱོར་པས། དུས་གསུམ་ཕྱི་ནང་ཐམས་ཅད་སྟོང་པར་རྟོགས་པས།

rtog   pa   nye   bar   zhi   nas.   lta ba   ngan pa
rtog   pa   nye   bar   zhi   nas   lta ba   ngan pa
悟[24]   NML   接近[W] LNK   平静[W] LNK   见解   坏的

thams cad   spangs   te.   de   bstan   nas   thabs   dang
thams cad   spangs   te   de   bstan   nas   thabs   dang
全部   放弃[1]   LNK   DET   显示[13]   LNK   方法   COO

shes rab   la   mkhas   pas.
shes rab   la   mkhas   pas
智慧   DAT   精通[W]   LNK

第四章　文本语法标注　401

平息接近分别，抛弃全部的恶见。依次，精通方法与智慧。

རྟོག་པ་ཉེ་བར་ཞི་ནས། ལྟ་བ་ངན་པ་ཐམས་ཅད་སྤངས་ཏེ། དེ་བཞིན་ནས་ཐབས་དང་ཤེས་རབ་ལ་མཁས་པས།

sgrib pa	thams cad	gsal	nas	sangs rgyas	kyi	chos
sgrib pa	thams cad	gsal	nas	sangs rgyas	kyi	chos
蔽障	全部	清理[W]	LNK	佛陀	GEN	法

thams cad	thob	par	vgyur	ro.	zhes	gsungs	so.
thams cad	thob	pa	r	vgyur	ro	zhes	gsungs	so
全部	获得[1]	NML	RES	变化[23]	END	QM	说[14]	END

消除所有障蔽，获得全部的佛法，如此说。

སྲིབ་པ་ཐམས་ཅད་གསལ་ནས་སངས་རྒྱས་ཀྱི་ཆོས་ཐམས་ཅད་ཐོབ་པར་འགྱུར་རོ། ཞེས་གསུངས་སོ།

btsan povi		zhal	nas	khyed	ston rtsen	shags	gang
btsan po	vi	zhal	nas	khyed	ston rtsen	shags	gang
赞普	GEN	口	ABL	2sg	顿门与渐门	争论	什么

rgyal	bavi		vkhor	kun	kyang	mchid	shags
rgyal	ba	vi	vkhor	kun	kyang	mchid	shags
胜利[W]	NML	GEN	随从	全	也	话	争论

thob	cig	ces	bkav	stsal	pas.
thob	cig	ces	bkav	stsal	pas
获得[1]	PRT	QM	命令	给[W]	LNK

赞普下令：你等顿门、渐门二派善辩之徒众皆集于此，都发言辩论吧！

བཙན་པོའི་ཞལ་ནས་ཁྱེད་སྟོན་རྩེན་བགགས་གང་རྒྱལ་བའི་འཁོར་ཀུན་ཀྱང་མཆིད་ཤགས་ཐོབ་ཅིག་ཅེས་བཀའ་སྩལ་པས།

sang shivi		mchid	nas.	rgyavi		ltar	na	cig car
sang shi	vi	mchid	nas	rgya	vi	ltar	na	cig car
桑喜	GEN	话	ABL	汉	GEN	按照	COD	同时

vjug	cing	rim gyis	sbyongs	mchis	na.	pha rol	du	phyin
vjug	cing	rim gyis	sbyongs	mchis	na	pha rol	du	phyin
纳入[2]	SIM	逐渐	学习[4]	RSA	COD	彼岸	ALL	去[1]

pa	drug	vdzin	pa ma mchis	pavi		slad	du.	sbyin par
pa	drug	vdzin	pa ma mchis	pa	vi	slad	du	sbyin pa
NML	六	抓[2]	EXP:NEG	NML	GEN	今后	LOC	布施

	ming	btags	kyi	khams	btang	nas.	yongs su	vdzin
r	ming	btags	kyi	khams	btang	nas	yongs su	vdzin
DAT	名字	起名[1]	GEN	界	派[1]	LNK	全部	抓[2]

pa med	na	sbyin pa	btang	ba yin.
pa med	na	sbyin pa	btang	ba yin.
EXP:NEG	COD	布施	派[1]	REA

桑喜便说：若如汉僧所说取顿悟而舍渐悟，达到彼岸，无执六度，立施舍之名而舍三界，实则，若无执则为舍。

མང་ཞིའི་མཆོད་ནས། རྒྱའི་ཤློང་ན་ཅིག་ཅར་འཇུག་ཅིང་རིམ་གྱིས་སྤྱོང་མཆོག་ན། ཕ་རོལ་ཏུ་ཕྱིན་པ་དྲུག་འཛིན་པ་མ་མཆིས་པའི་སྦྱིན། སྤྱིན་པར་མེད་བདགས་ཀྱི། ཁམས་བཏང་ནས། ཡོངས་སུ་འཛིན་པ་མེད་ན་སྦྱིན་པ་བཏང་བ་ཡིན།

sgo	gsum	chags sdang	bkag	na	tshul khrims	yin.	khro ba
sgo	gsum	chags sdang	bkag	na	tshul khrims	yin	khro ba
门	三	爱憎	阻拦[1]	COD	戒律	COP	嗔怒

med	na	bzod	pavi		mchog legs.	le lo	vdor
med	na	bzod	pa	vi	mchog legs	le lo	vdor
EXI:NEG	COD	忍受[W]	NML	GEN	上乘	怠惰者	抛弃[2]

ba	la	brtson vgrus	su	btags.
ba	la	brtson vgrus	su	btags
NML	DAT	勤奋	ALL	拴[1]

阻断三门的贪求则是戒律。无嗔怒则为忍之上乘，弃怠惰者名精进。

སྒོ་གསུམ་ཆགས་སྡང་བཀག་ན་ཚུལ་ཁྲིམས་ཡིན། ཁྲོ་བ་མེད་ན་བཟོད་པའི་མཆོག་ལེགས། ལེ་ལོ་འདོར་བ་ལ་བརྩོན་འགྲུས་སུ་བཏགས།

sems	la	g'yeng		ba ma mchis	na	bsam gtan.
sems	la	g'yeng		ba ma mchis	na	bsam gtan
心	LOC	散乱[W]		EXP:NEG	COD	禅定[W]

心不散乱则为禅定。

སེམས་ལ་གཡེང་བ་མ་མཆིས་ན་བསམ་གཏན།

chos	dang	rang	spyivi		mtshan nyid	shes	na
chos	dang	rang	spyi	vi	mtshan nyid	shes	na
法	COO	自己	总	GEN	性相	知道[W]	COD

第四章 文本语法标注

```
shes rab     yin.
shes rab     yin
智慧         COP
```
知道佛法和自己总的性相的话则为智慧。

ཆོས་དང་རང་སྤྱིའི་མཚན་ཉིད་ཤེས་ན་ཤེས་རབ་ཡིན།

```
ston pa   vdas   nas   ring   zhig   du    lta ba   ma    mthun
ston pa   vdas   nas   ring   zhig   du    lta ba   ma    mthun
大师       死[1]  LNK   期间    一     LOC   见解     NEG   相合[W]

pa ma mchis.
pa ma mchis
EXP:NEG
```
佛祖去世后的一段时间内，没有不相同的观点。

སྟོན་པ་འདས་ནས་རིང་ཞིག་དུ་ལྟ་བ་མ་མཐུན་པ་མ་མཆིས།

```
slad   nas   dbu ma rnam gsum      mi     mthun    ste.   ston min
slad   nas   dbu ma rnam gsum      mi     mthun    ste    ston min
今后   ABL   中观三派                NEG    和好[W]  LNK    顿门

cig car    du     vjug      mchis    te.    ma     mjal     ma
cig car    du     vjug      mchis    te     ma     mjal     ma
同时       ALL    纳入[2]    RSA      LNK    NEG    相见[W]   NEG

rtogs      pas    de     ltar      gyur.
rtogs      pas    de     ltar      gyur
理解[W]    LNK    DET    按照      变化[14]
```
之后，中观之三派不合，而有顿悟之论出。不相见不理解而变成如此。

སླད་ནས་དབུ་མ་རྣམ་གསུམ་མི་མཐུན་སྟེ། སྟོན་མིན་ཅིག་ཅར་དུ་འཇུག་མཆིས་ཏེ། མ་མཇལ་མ་རྟོགས་པས་དེ་ལྟར་གྱུར།

```
vjug          sgo    tha dad    kyang    sangs rgyas    par         gcig.
vjug          sgo    tha dad    kyang    sangs rgyas    pa     r    gcig
插入[2]       门      不同       但        佛陀          NML    DAT   一

vbras buvang                gcig    ces    don    gyi    spyi    mthun
vbras bu       vang         gcig    ces    don    gyi    spyi    mthun
果实           也           一      说[W]   事情   GEN    总      和好[W]
```

pa	skad	smra	ba.
pa	skad	smra	ba
NML	语言	说话[23]	NML

虽则方法各异，而成佛则相同，结果也一样。所说的事情总体是相合的。

འདྲག་བློ་བ་དང་ཀུན་སངས་རྒྱས་པར་གཅིག་འདྲ་བྱུང་གཅིག་ཅེས་དོན་གྱི་སྐྱི་མཐུན་པ་སྐད་སྨྲ་བ།

dpal dbyangs	kyis	smras	pa	gcig car	vjug	bya	ba	vdi
dpal dbyangs	kyis	smras	pa	gcig car	vjug	bya	ba	vdi
白央	AGE	说[1]	NML	同时	插入[2]	做[3]	NML	DET

dang.	rim gyis	vjug	bya	ba	vdi	gnyis	dpyad
dang	rim gyis	vjug	bya	ba	vdi	gnyis	dpyad
COO	逐渐	插入[2]	叫做[W]	NML	DET	二	用[13]

dgos	te.
dgos	te
AUX	LNK

白央说道：对所称顿悟与渐悟二派，须予考察。

དཔལ་དབྱངས་ཀྱིས་སྨྲས་པ་གཅིག་ཅར་འཇུག་བྱ་བ་འདི་དང་། རིམ་གྱིས་འཇུག་བྱ་བ་འདི་གཉིས་དཔྱད་དགོས་ཏེ།

rim gyis	vjug	na	rgyu	ma	mchis	pas	de	dang	mi
rim gyis	vjug	na	rgyu	ma	mchis	pas	de	dang	mi
逐渐	插入[2]	COD	原因	NEG	EXI	LNK	DET	COM	NEG

vdra.	cig car	vjug	na	khyed	da rung	ci	byed.
vdra	cig car	vjug	na	khyed	da rung	ci	byed
像[W]	同时	插入[2]	COD	2sg	还	怎么	做[2]

渐悟的话，原因不存在。与之相反，若说顿时可悟，那么，你还有什么可做的呢？

རིམ་གྱིས་འཇུག་ན་རྒྱུ་མ་མཆིས་པས་དེ་དང་མི་འདྲ། ཅིག་ཅར་འཇུག་ན་ཁྱེད་དུ་རུང་ཅི་བྱེད།

dang po	nas	sangs	rgyas	na	ci	nyes	de bas na	ri	la
dang po	nas	sangs	rgyas	na	ci	nyes	de bas na	ri	la
首先	ABL	佛	发展[1]	COD	什么	坏处	因此	山	ALL

vdzeg	pa	gom pa	res		vdzeg	pa	dkav	ste.
vdzeg	pa	gom pa	re	s	vdzeg	pa	dkav	ste
爬[23]	NML	步伐	每	INS	爬[23]	NML	难[W]	LNK

首先能发展成佛的话，有什么坏处？因此，修佛比如登山，每一步都很难。

དང་པོ་ནས་སངས་རྒྱས་ཉིད་ཅེས་དེ་བས་དེ་ལ་འཛེག་པ་གོམ་པ་རེས་འཛེག་པ་དཀའ་སྟེ།

gom pa	gcig	gis	sgrod	mi	nus	pa	ltar	sa	dang po
gom pa	gcig	gis	sgrod	mi	nus	pa	ltar	sa	dang po
步伐	一	INS	走[24]	NEG	AUX	NML	按照	地	第一

thob	pa	yang	dkav	na	thams cad	mkhyen	pa
thob	pa	yang	dkav	na	thams cad	mkhyen	pa
获得[1]	NML	也	难[W]	COD	全部	知道[W]	NML

lta ci smos.
lta ci smos
何须说[W]

不能一步登上，获得第一地也很困难的话，更何须说知道全部！

གོམ་པ་གཅིག་གིས་བགྲོད་མི་ནུས་པ་ལྟར་ས་དང་པོ་ཐོབ་པ་ཡང་དཀའ་ན་ཐམས་ཅད་མཁྱེན་པ་ལྟ་ཅི་སྨོས།

khyed	la	lung bstan	pavi		khungs	dgos.
khyed	la	lung bstan	pa	vi	khungs	dgos
2sg	POS	授记	NML	GEN	源头	要[W]

你需要有经典根据才行。

ཁྱེད་ལ་ལུང་བསྟན་པའི་ཁུངས་དགོས།

ston rtsen	mi	vdra	te.	nged	rtsen min pa	gsung rab	kun
ston rtsen	mi	vdra	te	nged	rtsen min pa	gsung rab	kun
顿门与渐门	NEG	像[W]	LNK	1pl	渐门派	佛经	全

bslab.	shes rab rnam pa gsum	la	brten	don	ma	nor	shes.
bslab	shes rab rnam pa gsum	la	brten	don	ma	nor	shes
学[3]	三慧	DAT	依靠[13]	事情	NEG	错[W]	知道[W]

顿、渐二门派不相同。我渐悟派尽读佛经，依持三慧。理解正确之意。

སྟོན་རྩེན་མི་འདྲ་སྟེ། ངེད་རྩེན་མིན་པ་གསུང་རབ་ཀུན་བསླབ། ཤེས་རབ་རྣམ་པ་གསུམ་ལ་བརྟེན་དོན་མ་ནོར་ཤེས།

406 藏文古文献《拔协》文本标注与语法研究

chos spyod	bcu	la	bslab.	bsgoms	pas	sa	dang po	la
chos spyod	bcu	la	bslab	bsgoms	pas	sa	dang po	la
法行	十	OBJ	学[3]	观修[1]	LNK	地	第一	DAT

bzod	pa	yang	thob.	yang dag par		skyon
bzod	pa	yang	thob	yang dag pa	r	skyon
忍受[W]	NML	也	获得[1]	正确	COO	错误

med	par	yang	vjug.
med	pa	r	yang	vjug
EXI:NEG	NML	ALL	也	插入[2]

实践十法行，修习而获第一地之忍。进入正确和无误的境地。

ཆོས་སྤྱོད་བཅུ་ལ་བསླབ། བསྒོམས་པས་ས་དང་པོ་ལ་བཟོད་པ་ཡང་ཐོབ། ཡང་དག་པར་སྐྱོན་མེད་པར་ཡང་འཇུག

de	nas	sa	dgu pa	yang dag pavi		shes rab	kyis	rim par
de	nas	sa	dgu pa	yang dag pa	vi	shes rab	kyis	rim pa
DET	ABL	地	第九	正确	GEN	智慧	INS	全部

	sbyangs	pha rol	du	phyin	pa	bcu	la	bslab.
r	sbyangs	pha rol	du	phyin	pa	bcu	la	bslab
OBJ	学习[1]	彼岸	ALL	去[1]	NML	十	OBJ	学[3]

从而以九地正确之智慧学习全部，学习十波罗蜜多。

དེ་ནས་ས་དགུ་པ་ཡང་དག་པའི་ཤེས་རབ་ཀྱིས་རིམ་པར་སྦྱངས་ཕ་རོལ་ཏུ་ཕྱིན་པ་བཅུ་ལ་བསླབ།

rgyud	sbyangs	tshogs	gnyis	rdzogs	nas	sangs rgyas	mnyes
rgyud	sbyangs	tshogs	gnyis	rdzogs	nas	sangs rgyas	mnyes
续	除[1]	资粮	二	圆满[W]	LNK	佛陀	欢喜[W]

lags	na.	khyed	ltar	tshogs	ma	bsags	blo
lags	na	khyed	ltar	tshogs	ma	bsags	blo
COP	COD	2sg	按照	资粮	NEG	聚集[1]	心

ma	sbyangs	par.
ma	sbyangs	par
NEG	学习[1]	LNK

断续积聚二资粮，喜欢佛教的话，如你所说，不集资粮，不弃烦恼。

རྒྱུད་སྦྱངས་ཚོགས་གཉིས་རྫོགས་ནས་སངས་རྒྱས་མཉེས་ལགས་ན། ཁྱེད་ལྟར་ཚོགས་མ་བསགས་བློ་མ་སྦྱངས་པར།

第四章　文本语法标注　407

vjig rten	gyi	bya ba	yang	mi	shes	na.	thams cad
vjig rten	gyi	bya ba	yang	mi	shes	na	thams cad
世界	GEN	事情	也	NEG	知道[W]	COD	全部

mkhyen	pavi		rig pa	dang	shes bya	thams cad	la
mkhyen	pa	vi	rig pa	dang	shes bya	thams cad	la
知道[W]	NML	GEN	智慧	COO	知识	全部	ALL

vjug	par		ji ltar	vgyur.
vjug	pa	r	ji ltar	vgyur
插入[2]	NML	RES	怎样	变化[23]

连世间之事也不知，怎么能变得进入全知的智慧与知识？

འཇིག་རྟེན་གྱི་བྱ་བ་ཡང་མི་ཤེས་ན། ཐམས་ཅད་མཁྱེན་པའི་རིག་པ་དང་ཤེས་བྱ་ཐམས་ཅད་ལ་འཇུག་པར་ཇི་ལྟར་འགྱུར།

ji ltar	tshogs	ma	bsags	par		ci	yang	ma	byas
ji ltar	tshogs	ma	bsags	pa	r	ci	yang	ma	byas
怎样	资粮	NEG	聚集[1]	NML	DAT	什么	也	NEG	做[1]

na	gum	nas	zan	yang	mi	myong	na.	ltogs	te
na	gum	nas	zan	yang	mi	myong	na	ltogs	te
COD	死[W]	LNK	供食	也	NEG	尝试[2]	COD	饿[W]	SER

vchi	na	sangs rgyas	rang	gzhan	gyi	phun sum tshogs
vchi	na	sangs rgyas	rang	gzhan	gyi	phun sum tshogs
死[23]	COD	佛陀	自己	他人	GEN	齐全[W]

pa	devi		rgyu	ci	las	grub.
pa	de	vi	rgyu	ci	las	grub
NML	DET	GEN	原因	什么	ABL	完成[1]

如此不集资粮，什么也不做的话，死后也不得食，因饥而死，成佛与自他圆满之因，何从而成？

ཇི་ལྟར་ཚོགས་མ་བསགས་པར་ཅི་ཡང་མ་བྱས་ན། གུམ་ནས་ཟན་ཡང་མི་མྱོང་ན་ལྟོགས་ཏེ་འཆི་ན། སངས་རྒྱས་རང་གཞན་གྱི་ཕུན་སུམ་ཚོགས་པ་དེའི་རྒྱུ་ཅི་ལས་གྲུབ།

stong pa	gcig pus		rang	la	yang	mi	phan	na
stong pa	gcig pu	s	rang	la	yang	mi	phan	na
空	单一	INS	自己	DAT	也	NEG	利益[W]	COD

gzhan	gyi	don	lta ga la	vgrub.
gzhan	gyi	don	lta ga la	vgrub
他人	GEN	事情	怎么可能	完成[23]

单一的空性使自己无益，对别人的事情也完不成。

རྟོང་པ་གཅིག་ཕུལ་རང་ལ་ཡང་མི་ཕན་ན་གཞན་གྱི་དོན་ལྟ་ག་ལ་འགྲུབ།

khungs	med	cing	thabs	shes	ya	bral	bavi	chos
khungs	med	cing	thabs	shes	ya	bral	ba	vi	chos
源头	EXI:NEG	COO	方法	智慧	只	分散[1]	NML	GEN	法

kyis	sangs rgyas	la	skur	pa	btab	te	bslus	pa yin.
kyis	sangs rgyas	la	skur	pa	btab	te	bslus	pa yin
INS	佛陀	DAT	减损[24]	NML	做[1]	LNK	欺骗[1]	REA

用无依据、脱离方法的佛法污蔑佛祖，实在是欺骗！

ཁུངས་མེད་ཅིང་ཐབས་ཤེས་ཡ་བྲལ་བའི་ཆོས་ཀྱིས་སངས་རྒྱས་ལ་སྐུར་པ་བཏབ་ཏེ་བསླུས་པ་ཡིན།

byang chub sems dpav	ni	sems can	gyi	don	du	sems bskyed
byang chub sems dpav	ni	sems can	gyi	don	du	sems bskyed
菩萨	TOP	众生	GEN	事情	PUR	发心[W]

nas	sems can	gyi	don	lhur	byas	nas.
nas	sems can	gyi	don	lhur	byas	nas
LNK	众生	GEN	事情	努力	做[1]	LNK

菩萨呢，因众生的事情而发心，努力做众生的事情。

བྱང་ཆུབ་སེམས་དཔའ་ནི་སེམས་ཅན་གྱི་དོན་དུ་སེམས་བསྐྱེད་ནས་སེམས་ཅན་གྱི་དོན་ལྷུར་བྱས་ནས།

tshogs bsags	nas	thabs	thams cad	la	mkhas	par	bslab.
tshogs bsags	nas	thabs	thams cad	la	mkhas	pa	r	bslab
积德[W]	LNK	方法	全部	DAT	精通[W]	NML	OBJ	学[3]

集资粮，精通一切方法。

ཚོགས་བསགས་ནས་ཐབས་ཐམས་ཅད་ལ་མཁས་པར་བསླབ།

shes rab rnam pa gsum		la	blo	sbyangs.	ye shes	kyi
shes rab rnam pa gsum		la	blo	sbyangs	ye shes	kyi
三慧		DAT	心	学习[1]	智慧	GEN

tshogs bsags.	sgrib pa	rnam pa	gnyis	sbyangs.
tshogs bsags	sgrib pa	rnam pa	gnyis	sbyangs
积德	蔽障	形相	二	减损[1]

学习三慧，集智慧资粮，消除二障。

ཤེས་རབ་རྣམ་པ་གསུམ་ལ་བློ་སྦྱངས། ཡེ་ཤེས་ཀྱི་ཚོགས་བསགས། སྒྲིབ་པ་རྣམ་པ་གཉིས་སྦྱངས།

blovi	dri ma	thams cad	spangs	nas	mthu	rdzogs
blo vi	dri ma	thams cad	spangs	nas	mthu	rdzogs
心 GEN	垢污	全部	放弃[1]	LNK	法力	圆满[W]

pa	dang	sangs	rgyas	nas.
pa	dang	sangs	rgyas	nas
NML	LNK	佛	发展	LNK

清扫一切慧垢，法力具备而成佛陀。

བློའི་དྲི་མ་ཐམས་ཅད་སྤངས་ནས་མཐུ་ཚོགས་པ་དང་སངས་རྒྱས་ནས།

sems can	thams cad	sangs rgyas	kyi	sa	la	vgod	par
sems can	thams cad	sangs rgyas	kyi	sa	la	vgod	par
众生	全部	佛陀	GEN	地	LOC	安置[2]	SER

mdzad	pavi	vphrin las	vkhor ba	ma	stongs	kyi	bar
mdzad	pa vi	vphrin las	vkhor ba	ma	stongs	kyi	bar
做[W]	NML GEN	事务	轮回	NEG	空[W]	GEN	中间

du	lhun gyis grub	pa yin	par	lung	du ma	nas	gsungs	so.
du	lhun gyis grub	pa yin	par	lung	du ma	nas	gsungs	so
LOC	天成 完成[1]	REA	LNK	佛理	几	ABL	说[14]	END

在轮回未空的期间内，从事于超度一切有情皆入佛界的事业。在很多经典中都是如此说的。

སེམས་ཅན་ཐམས་ཅད་སངས་རྒྱས་ཀྱི་ས་ལ་འགོད་པར་མཛད་པའི་འཕྲིན་ལས་འཁོར་བ་མ་སྟོངས་ཀྱི་བར་དུ་ལྷུན་གྱིས་གྲུབ་པ་ཡིན་པར་ལུང་དུ་མ་ནས་གསུངས་སོ།

ci	yang	mi	sems	pa	ni	sgo nga	dang	vdravo.
ci	yang	mi	sems	pa	ni	sgo nga	dang	vdra vo
什么	也	NEG	想[2]	NML	TOP	蛋	COM	像[W] END

什么也不思念，实如混沌蛋卵。

ཅི་ཡང་མི་སེམས་པ་ནི་སྒོང་ང་དང་འདྲོ།

ma	brtag	par	gom pa	dor	kyang	rtags ba sal	ste
ma	brtag	par	gom pa	dor	kyang	rtags ba sal	ste
NEG	考察[3]	LNK	步伐	抛弃[W]	也	特征 清除[W]	LNK

chos	ga la	rtogs.	de bas na	mdo sde	che	chung	zhib par
chos	ga la	rtogs	de bas na	mdo sde	che	chung	zhib pa
法	哪里	理解[W]	因此	佛经	大	小	细致

	bslab.
r	bslab
RES	学[3]

不观察而迈步行走，失去印记而何从悟法？因此，仔细学习大小一切经典。

མ་བཏགས་པར་གོམ་པ་དོར་ཀྱང་རྟགས་པ་གསལ་སྟེ་ཆོས་ག་ལ་རྟོགས། དེ་བས་ན་མདོ་སྡེ་ཆེ་ཆུང་ཞིབ་པར་བསླབ།

zhi gnas	dang	lhag mthong	dben par		yid	la	byas	rtogs
zhi gnas	dang	lhag mthong	dben pa	r	yid	la	byas	rtogs
修止	COO	胜观	僻静处	LOC	心	LOC	做[1]	理解[W]

pa	yid	la	myong	ba	shar.
pa	yid	la	myong	ba	shar
NML	心	LOC	经受[2]	NML	出现[W]

心作定、观、寂、悟感受。

ཞི་གནས་དང་ལྷག་མཐོང་དབེན་པར་ཡིད་ལ་བྱས་རྟོགས་པ་ཡིད་ལ་མྱོང་བ་ཤར།

de	ltar	rtogs	pavi		don	du	tshogs bsags	shing.
de	ltar	rtogs	pa	vi	don	du	tshogs bsags	shing
DET	按照	理解[W]	NML	GEN	事情	PUR	积德[W]	LNK

为获如此了悟，须集资粮。

དེ་ལྟར་རྟོགས་པའི་དོན་དུ་ཚོགས་བསགས་ཤིང་།

第四章 文本语法标注 411

```
sems    ji      lta bu   ni     sgyu ma   lta bu   ste    don    dam
sems    ji      lta bu   ni     sgyu ma   lta bu   ste    don    dam
心      怎样    如       TOP    幻化      如       LNK    事情   圣洁[W]
par     de      ma       skyes  par       rtogs    te.
pa    r de      ma       skyes  par       rtogs    te
NML   DAT DET  NEG      产生[1] LNK      理解[W]  LNK
```
如此的心如幻化一样,并正确无误地了达一切法

སེམས་ཇི་ལྟ་བུ་ནི་སྒྱུ་མ་ལྟ་བུ་སྟེ། དོན་དམ་པར་དེ་མ་སྐྱེས་པར་རྟོགས་ཏེ།

```
chos    thams cad   chu shing   gi     snying po   lta bur         ma
chos    thams cad   chu shing   gi     snying po   lta bu    r     ma
法      全部        芭蕉树      GEN    心          如        MAN   NEG
bcos    par         rtogs       na     dus         gsum      mi    dmigs
bcos    pa    r     rtogs       na     dus         gsum      mi    dmigs
修改[13] NML  DAT   理解[W]     COD    时         三        NEG   专注[W]
par     gyur        te.
pa    r gyur        te
NML   RES 变化[14] LNK
```
全部的佛法如芭蕉树的心(果实)一样,不做修饰的理解。变成不专注三时。

ཆོས་ཐམས་ཅད་ཆུ་ཤིང་གི་སྙིང་པོ་ལྟ་བུར་མ་བཅོས་པར་རྟོགས་ན་དུས་གསུམ་མི་དམིགས་པར་འགྱུར་ཏེ།

```
chos    dang    gang zag    la     bdag    ma     mchis    te.    bying   rgod
chos    dang    gang zag    la     bdag    ma     mchis    te     bying   rgod
法      COO     众生        LOC    1sg     NEG    EXI      LNK    昏沉    掉举
ma      mchis   par    zung vbrel    du     ngang gis    vjug    pa lags   te.
ma      mchis   par    zung vbrel    du     ngang gis    vjug    pa lags   te
NEG     EXI     LNK    结合          ALL    自然        进入[2]  REA      LNK
```
在佛法和众生中如无我之境,不散乱,定、慧结合而努力入道。

ཆོས་དང་གང་ཟག་ལ་བདག་མ་མཆིས་ཏེ། བྱིང་རྒོད་མ་མཆིས་པར་ཟུང་འབྲེལ་དུ་ངང་གིས་འཇུག་པ་ལགས་ཏེ།

412 藏文古文献《拔协》文本标注与语法研究

sgom	pavang	de	ltar	lags	ces	vchi	ba	dang.
sgom	pa	vang	de	ltar	lags	ces	vchi	ba	dang
观修[2]	NML	也	DET	按照	COP	说[W]	EXI	NML	LNK

ston min pas	shags	lan	smra	bar	ma	nus	te.
ston min pa s	shags	lan	smra	bar	ma	nus	te
顿悟派	AGE	争论	回答	说话[23]	SER	NEG	能[W]	LNK

me tog	gtor	nas	pham	blangs	so.
me tog	gtor	nas	pham	blangs	so
花	撒[W]	LNK	输[W]	取[1]	END

也就是修习。如此说了以后，顿悟派没有能答辩的。撒花而认输。

བསྒོམ་པ་དང་དེ་ལྟར་ལགས་ཅེས་བཅད་པ་དང་། སྟོན་མིན་པས་ཤགས་ལན་སྨྲ་བར་མ་ནུས་ཏེ། མེ་ཏོག་གཏོར་ནས་ཕམ་བླངས་སོ།

de	nas	btsan povi	zhal	nas	haa shang	gi	chos
de	nas	btsan po vi	zhal	nas	haa shang	gi	chos
DET	ABL	赞普	GEN	口	ABL	和尚	GEN	法

gcig cag	vjug	mchi	pa	des		chos spyod	bcu	la
gcig cag	vjug	mchi	pa	de	s	chos spyod	bcu	la
顿时	进入[2]	去[23]	NML	DET	AGE	法行	十	DAT

skyon	bkal.
skyon	bkal
错误	悬挂[1]

于是赞普说：和尚所说的顿悟之法有害于十法行。

དེ་ནས་བཙན་པོའི་ཞལ་ནས་ཧ་ཤང་གི་ཆོས་གཅིག་ཅག་འཇུག་མཆི་པ་དེས་ཆོས་སྤྱོད་བཅུ་ལ་སྐྱོན་བཀལ།

sems	ni	bying.	tshogs	ni	mi	gsog.
sems	ni	bying	tshogs	ni	mi	gsog
心	TOP	昏沉	资粮	TOP	NEG	聚集[2]

心呢，昏沉，资粮呢，不聚集。

སེམས་ནི་བྱིང་། ཚོགས་ནི་མི་བསོག

gzhan	gyi	blo	sbyongs	vphro bcad	pas	chos	kyang	nub
gzhan	gyi	blo	sbyongs	vphro bcad	pas	chos	kyang	nub
他人	GEN	心	学习[4]	打断[W]	LNK	法	也	沉[W]

par	gyur	bas.	vphro chod	la	khyod	rang
pa r	gyur	bas	vphro chod	la	khyod	rang
NML	RES 变化[14]	LNK	打断[W]	LNK	2sg	自己

bsgoms	shig.
bsgoms	shig
观修[1]	PRT

打断别人学习的心，佛法也变得灭绝。打断后，你自己去修习吧！

གཞན་གྱི་བློ་སྦྱོངས་འཕྲོ་བཅད་པས་ཆོས་ཀྱང་ཉུབ་པར་གྱུར་བས། འཕྲོ་ཆོད་ལ་ཁྱོད་རང་བསྒོམས་ཤིག

deng	slan chad	lta ba	na ga dzu navi		lta ba	bzung.
deng	slan chad	lta ba	na ga dzu na	vi	lta ba	bzung
现在	今后	见解	龙树	GEN	见解	抓[1]

从今以后，见解中，要遵循龙树的见解。

དེང་སླན་ཆད་ལྟ་བ་ནཱ་གཱརྫུ་ནའི་ལྟ་བ་བཟུང་།

spyod pa	pha rol	du	phyin	pa	drug	la	bgyis	la
spyod pa	pha rol	du	phyin	pa	drug	la	bgyis	la
行为	彼岸	ALL	去[1]	NML	六	RES	做[1]	LNK

chos spyod	bcu	nyams	su	blang.	sgom	pa
chos spyod	bcu	nyams	su	blang	sgom	pa
法行	十	经验	RES	取[3]	修行[2]	NML

shes rab rnam gsum	la	bgyis.
shes rab rnam gsum	la	bgyis
三慧	RES	做[1]

行为按照六度行事，实践十法行。要依三慧而修习。

སྤྱོད་པ་རོལ་ཏུ་ཕྱིན་པ་དྲུག་ལ་བགྱིས་ལ་ཆོས་སྤྱོད་བཅུ་ཉམས་སུ་བླང་། བསྒོམ་པ་ཤེས་རབ་རྣམ་གསུམ་ལ་བགྱིས།

blo	sbyongs	la	thabs shes	zung	du	vbrel	bar	bsgoms.
blo	sbyongs	la	thabs shes	zung	du	vbrel	bar	bsgoms
心	学习[4]	COO	方便智慧	双	RES	连接[W]	LNK	观修[1]

修心要方便、智慧双运。

བློ་སྦྱོངས་ལ་ཐབས་ཤེས་ཟུང་དུ་འབྲེལ་བར་བསྒོམས།

414 藏文古文献《拔协》文本标注与语法研究

da	slan chad	ngavi		bod	kyi	vbangs	rje	blon	gang
da	slan chad	nga	vi	bod	kyi	vbangs	rje	blon	gang
现在	今后	1sg	GEN	吐蕃	GEN	臣民	王	臣	谁

dang	gang	chos	bya ba	rnams	kyis.	bod	thang khob	du
dang	gang	chos	bya ba	rnams	kyis	bod	thang khob	du
COO	谁	法	事情	pl	AGE	吐蕃	边地	RES

gyur	pa	dang.	rig pa	blun	zhing	rang	dgav
gyur	pa	dang	rig pa	blun	zhing	rang	dgav
变化[14]	NML	LNK	天资	愚昧[W]	LNK	自己	喜欢[W]

ba	mang	ste.
ba	mang	ste
NML	多[W]	LNK

今后，我吐蕃之百姓王臣不论何人，凡信佛法者，因我吐蕃地处边鄙，民智愚昧，多所偏好。

དསླན་ཆད་ངའི་བོད་ཀྱི་འབངས་རྗེ་བློན་གང་དང་གང་ཆོས་བྱ་བ་རྣམས་ཀྱིས། བོད་ཐང་ཁོབ་དུ་གྱུར་པ་དང་། རིག་པ་བླུན་ཞིང་རང་དགའ་བ་མང་སྟེ།

chos	rtogs	par	dkav	zhing	zab	par		gyur	pas.
chos	rtogs	par	dkav	zhing	zab	pa	r	gyur	pas
法	理解[W]	SER	难[W]	LNK	深[W]	NML	RES	变化[14]	LNK

佛法变得深奥而难解。

ཆོས་རྟོགས་པར་དཀའ་ཞིང་ཟབ་པར་གྱུར་པས།

rgya dkar	gyi	mkhas par		rab tu	grags	pa.	rgyal pos
rgya dkar	gyi	mkhas pa	r	rab tu	grags	pa	rgyal po
天竺	GEN	学者	LOC	最	著名[W]	NML	王

	spyan	drangs	te.	lo tsaa	mkhas pas		gtan la phab
s	spyan	drangs	te	lo tsaa	mkhas pa	s	gtan la phab
AGE	HON	请[1]	LNK	译师	学者	AGE	决定[W]

pa	de	la	vjug	par	byavo.	
pa	de	la	vjug	par	bya	vo
NML	DET	ALL	进入[2]	SER	做[3]	END

第四章 文本语法标注 415

天竺著名学者非常著名，国王请来，学习大师制定的佛法。

རྒྱ་གར་གྱི་མཁས་པ་རབ་ཏུ་གྲགས་པ། རྒྱལ་པོས་སྤྱན་དྲངས་ཏེ། ལོ་ཙཱ་མཁས་པས་གཏན་ལ་འབེབས་པར་བྱེད།

rgyal pos		yon bdag	ma	byas	lo tsaa	mkhas pas
rgyal po	s	yon bdag	ma	byas	lo tsaa	mkhas pa	s
王	AGE	施主	NEG	做[1]	译师	学者	AGE

gtan	la	ma	phab	pavi		chos	gang	la	yang
gtan	la	ma	phab	pa	vi	chos	gang	la	yang
一定	LOC	NEG	降[1]	NML	GEN	法	什么	ALL	也

vjug	par	mi	bya	bar.
vjug	par	mi	bya	bar
进入[2]	SER	NEG	做[3]	LNK

国王不做施主。译师未决定的任何佛法，都不得学习！

རྒྱལ་པོ་ཡོན་བདག་མ་བྱས་ལོ་ཙཱ་མཁས་པས་གཏན་ལ་མ་ཕབ་པའི་ཆོས་གང་ལ་ཡང་འཇུག་པར་མི་བྱ་བར།

bkav	nan	drag tu	gsal	nas.	bkav tshigs	kyi	yi ge
bkav	nan	drag tu	gsal	nas	bkav tshigs	kyi	yi ge
命令	严格	太	清楚[W]	LNK	文书	GEN	文字

zhib mo	ni	gsum	du	mchis	te.	gcig	bsevi
zhib mo	ni	gsum	du	mchis	te	gcig	bse	vi
细致	TOP	三	RES	EXI	LNK	一	犀牛	GEN

sgrom bur		gsal	nas.	kha	la	lcags	gsal	nas
sgrom bu	r	gsal	nas	kha	la	lcags	gsal	nas
盒子	LOC	清楚[W]	LNK	口	LOC	铁	清楚[W]	LNK

rjevi		phyag sbal	na	mchis	te.
rje	vi	phyag sbal	na	mchis	te
王	GEN	文库	LOC	EXI	LNK

明确严厉法令。并将法令详文写成三份。一份放在犀牛皮匣中，锁起来。存入国王的仓库里。

བཀའ་ནན་དྲག་ཏུ་གསལ་ནས། བཀའ་ཚིགས་ཀྱི་ཡི་གེ་ཞིབ་མོ་ནི་གསུམ་དུ་མཆིས་ཏེ། གཅིག་བསེའི་སྒྲོམ་བུར་གསལ་ནས། ཁ་ལ་ལྕགས་གསལ་ནས་རྗེའི་མཆེད་དེ།
སྦལ་ན་མཆིས་ཏེ།

416 藏文古文献《拔协》文本标注与语法研究

gnod sbyin	dam rgya	nag po	la	btad①	che long	gcig
gnod sbyin	dam rgya	nag po	la	btad	che long	gcig
夜叉	法令	黑	DAT	交付[13]	提要	一

zhang blon	rnams	la	yang dag par	byas.
zhang blon	rnams	la	yang dag pa	r	byas
尚伦	pl	DAT	正确	RES	做[1]

以黑令夜叉为护法神。一份提要，对尚伦们宣布。

གནོད་སྦྱིན་དམ་རྒྱ་པོ་ལ་བཏད་ཆེ་ལོང་གཅིག་ཞང་བློན་རྣམས་ལ་ཡང་དག་པར་བྱས།

de	nas	haa shang	ma haa ya na	gtsug lag khang	gcig	bzhengs
de	nas	haa shang	ma haa ya na	gtsug lag khang	gcig	bzhengs
DET	ABL	和尚	摩诃衍那	佛堂	一	修建[W]

nas	slar	rgya nag	tu	gshegs.	btsan povi	thugs dgongs
nas	slar	rgya nag	tu	gshegs	btsan po	vi	thugs dgongs
LNK	又	汉地	ALL	去[W]	赞普	GEN	思想

grub	nas.
grub	nas
完成[1]	LNK

之后，摩诃衍那修筑了一座寺庙，然后返回内地去了。赞普完成心愿。

དེ་ནས་ཧ་ཤང་མ་ཧཱ་ཡ་ན་གཙུག་ལག་ཁང་གཅིག་བཞེངས་ནས་སླར་རྒྱ་ནག་ཏུ་གཤེགས། བཙན་པོའི་ཐུགས་དགོངས་གྲུབ་ནས།

tshong vdus	su	bad rngam pavi	lha khang	bzhengs	nas.
tshong vdus	su	bad rngam pa	vi	lha khang	bzhengs	nas
市场	LOC	庄严	GEN	佛堂	修建[W]	LNK

在集市处修建一座庄严的佛寺。

ཚོང་འདུས་སུ་བད་རྔམ་པའི་ལྷ་ཁང་བཞེངས་ནས།

dgav ston	mdzad pavi	dus	su.	bod	vbangs	thams cad
dgav ston	mdzad pa	vi	dus	su	bod	vbangs	thams cad
庆祝	做[W]	NML	GEN	时	LOC	吐蕃	臣民	全部

---

① 应该为gtad。

第四章 文本语法标注 417

tshogs   pa   dang.
tshogs   pa   dang
召集[W]   NML   LNK
在落成庆祝时，吐蕃臣民都召集起来。

དགའ་སྟོན་མཛད་པའི་དུས་སུ། བོད་འབངས་ཐམས་ཅད་ཚོགས་པ་དང་།

vbangs   thams cad   chos   la   bzung   cing   chos   mi   byar
vbangs   thams cad   chos   la   bzung   cing   chos   mi   bya   r
臣民   全部   法   OBJ   抓[1]   LNK   法   NEG   做[3] SER
mi   rung   bavi   phyir.   dbus   mthav   thams cad   du
mi   rung   ba   vi   phyir.   dbus   mthav   thams cad   du
NEG   可以[W] NML GEN   原因   中心   边境   全部   LOC
slob dpon   bskos.
slob dpon   bskos
大师   任命[1]
为了使全部臣民信服佛法，不信服不行的目的，在全部的中心、边区地方委任佛法大师。

འབངས་ཐམས་ཅད་ཆོས་ལ་འཛིན་ཅིང་ཆོས་མི་བྱར་མི་རུང་བའི་ཕྱིར། དབུས་མཐའ་ཐམས་ཅད་དུ་སློབ་དཔོན་བསྐོས།

zhang blon   gyi   bu tsha   dang   btsun mo   thams cad   ka pa li
zhang blon   gyi   bu tsha   dang   btsun mo   thams cad   ka pa li
尚伦   GEN   子孙   COO   王妃   全部   头盖骨
re   thog①   nas   dhar ma   bslab   tu   bcug.
re   thog   nas   dhar ma   bslab   tu   bcug
每   拿[W]   LNK   佛经   学[3]   CAU   使[W]
使尚伦等贵族大臣的子弟和王妃全部手捧经书而习学佛法。

ཞང་བློན་གྱི་བུ་ཚ་དང་བཙུན་མོ་ཐམས་ཅད་ཀ་པ་ལི་རེ་ཐོག་ནས་དྷར་མ་བསླབ་ཏུ་བཅུག

slob dpon   ka ma la shi la   la   chos   thams cad   thos   bsam   gyis
slob dpon   ka ma la shi la   la   chos   thams cad   thos   bsam   gyis
大师   呷玛拉喜拉   DAT   法   全部   听   想   INS

---

① 应该为thogs。

418 藏文古文献《拔协》文本标注与语法研究

bdag	med	par		gtan la phob	pavi		chos	de
bdag	med	pa	r	gtan la phob	pa	vi	chos	de
1sg	EXI:NEG	NML	OBJ	决定[W]	NML	GEN	法	DET

ji ltar	lags	pa	yi ger		bkod	pa	zhus	pas.
ji ltar	lags	pa	yi ge	r	bkod	pa	zhus	pas
怎样	COP	NML	文字	RES	记录[1]	NML	请求[14]	LNK

向大师呷玛拉喜拉请求道：确定了全部佛法是闻思而无我的佛法，到底是怎么回事？请大师写成文字。

སློབ་དཔོན་ཀ་མ་ལ་ཤཱི་ལ་ལ་ཆོས་ཐམས་ཅད་ཆོས་བདགམེད་པར་གཏན་ལ་ཕབ་པའི་ཆོས་དེ་ཇི་ལྟར་ལགས་པ་ཞིག་ཡི་གེར་བཀོད་པ་ཞུས་པས།

sgom	rim pa	dang po	brtsams	nas	btsan po	la	gnang
sgom	rim pa	dang po	brtsams	nas	btsan po	la	gnang
修行[2]	层次	第一	著[1]	LNK	赞普	DAT	做[W]

编撰了《第一修行次第》交给赞普。

སྒོམ་རིམ་པ་དང་པོ་བརྩམས་ནས་བཙན་པོ་ལ་གནང་།

btsan pos		gzigs	pas	don	dgongs	nas	dges	te.
btsan po	s	gzigs	pas	don	dgongs	nas	dges	te
赞普	AGE	看[W]	LNK	事情	思考[W]	LNK	喜欢[W]	LNK

赞普看后，明白了意思，非常高兴。

བཙན་པོས་གཟིགས་པས་དོན་དགོངས་ནས་དགེས་ཏེ།

devi		don	gdan	gcig	gi	thog	tu	bsgom	na	ji ltar
de	vi	don	gdan	gcig	gi	thog	tu	bsgom	na	ji ltar
DET	GEN	事情	坐垫	一	GEN	上	LOC	修行[3]	COD	怎样

sgom	zhus	pas.
sgom	zhus	pas
修行[2]	请求[14]	LNK

如在主要之点上修行的话，应该如何去做？

དེའི་དོན་གདན་གཅིག་གི་ཐོག་ཏུ་བསྒོམ་ན་ཇི་ལྟར་སྒོམ་ཞུས་པས།

第四章 文本语法标注 419

sgom	rim	bar pa	brtsams	nas	gnang.	de	ltar	sgom
sgom	rim	bar pa	brtsams	nas	gnang	de	ltar	sgom
修行[2]	层次	中间	著[1]	LNK	做[W]	DET	按照	修行[2]

pas	de	la	vbras bu	ji	lta bu	mchi	zhus	pas.
pas	de	la	vbras bu	ji	lta bu	mchi	zhus	pas
LNK	DET	DAT	果实	怎样	如	EXI	请求[14]	LNK

编撰《第二修行次第》交给赞普，照此修行。对此有什么样的结果。

བསྒོམ་རིམ་བར་པ་བརྩམས་ནས་གནང་། དེ་ལྟར་བསྒོམ་པས་དེ་ལ་འབྲས་བུ་ཇི་ལྟ་བུ་མཆི་ཞུས་པ།

sgom	rim	tha ma	brtsams	nas	vbras bu	bstan	pavi
sgom	rim	tha ma	brtsams	nas	vbras bu	bstan	pa
修行[2]	层次	最后	著[1]	LNK	结果	展示[13]	NML

vi	zhar	la	haa shang	gi	lta ba	nor	ba	de
vi	zhar	la	haa shang	gi	lta ba	nor	ba	de
GEN	顺便	LOC	和尚	GEN	见解	错[W]	NML	DET

sun phyung	nas	gnang	de	la	shin tu	dges	pas.
sun phyung	nas	gnang	de	la	shin tu	dges	pas
反驳[W]	LNK	做[W]	DET	DAT	非常	喜欢[W]	LNK

又编撰了《第三修行次第》。在展示结果的同时，批驳了和尚的错误观点。对此做法，非常满意。

བསྒོམ་རིམ་ཐ་མ་བརྩམས་ནས་འབྲས་བུ་བསྟན་པའི་ཞར་ལ་ཧྭ་ཤང་གི་ལྟ་བ་ནོར་བ་དེ་སུན་ཕྱུང་ནས་གནང་དེ་ལ་ཤིན་ཏུ་དགེས་པས།

devi	don	vgrel	du	bho nghi sa twavi	dgongs pa	la
de vi	don	vgrel	du	bho nghi sa twa vi	dgongs pa	la
DET GEN	事情	解释	LOC	菩提萨埵 GEN	心愿	DAT

brtsed[1]	pa	rgol	ba	byung	bar	dogs	pavi
brtsed	pa	rgol	ba	byung	ba r	dogs	pa
争论[1]	NML	反对[24]	NML	来[1]	NML OBJ	担心[W]	NML

vi	don	du	lung	dang	rigs pa	vgrel	bar	dbu ma snang ba
GEN	原因	DAT	佛理	COO	理论	解释[2]	LNK	中观明经

———————
① 应该为 brtsod。

420 藏文古文献《拔协》文本标注与语法研究

rtsam[①] nas gnang.
rtsam   nas gnang
著[3]   SER 做[W]

担心在所著本释中出现渐门派反对菩提萨埵的思想。对经与论解释，写成《中观明经》后颁布。

དེའི་དགོན་འགྱེད་དུ་སློབ་དཔོན་དཔོན་གཡོགས་པ་ལ་བརྩེད་པ་ཆོས་པ་བྱུང་བར་དགོངས་པའི་དོན་དུ་ཡུང་དང་རིགས་པ་འགྲེལ་བར་དབུ་མ་སྣང་བ་ཅེས་ནས་གནང་།

de   nas   chos vkhor gyi   rkyen ris   brgya lnga bcu   bla   nas
de   nas   chos vkhor gyi   rkyen ris   brgya lnga bcu   bla   nas
DET   ABL   转轮   GEN   费用   一百五十   上面   ABL

gnang te.
gnang te
做[W] LNK

于是，给予佛寺费用，每年一百五十克。

དེ་ནས་ཆོས་འཁོར་གྱི་རྐྱེན་རིས་བརྒྱ་ལྔ་བཅུ་བླ་ནས་གནང་ཏེ།

ring lugs   la   lo   re   la   nas   khal   bdun cu rtsa lnga.
ring lugs   la   lo   re   la   nas   khal   bdun cu rtsa lnga
宗师   DAT   年   每   LOC   青稞   克   七十五

na bzav   dgu   phrug   re.   spos   mar   srang   stong gcig brgyad.
na bzav   dgu   phrug   re   spos   mar   srang   stong gcig brgyad
衣服   九   肘   每   香   酥油   两   一千零八

chibs   vog thegs pa   re.   shog gu   ldeb   bzhi   snag tsha   yug
chibs   vog thegs pa   re   shog gu   ldeb   bzhi   snag tsha   yug
坐骑   雄壮的   每   纸   叠   四   墨汁   匹

gsum   lan tshwa   zas   len.
gsum   lan tshwa   zas   len
三   盐   食物   取[2]

给宗师每年七十五克青稞，衣料每个给九肘，香、酥油一千零八两，能乘骑的马一匹，纸四叠，墨汁三匹，够吃的盐。

---

① 正字法形式为brtsam。

第四章 文本语法标注

རིང་ལུགས་ལ་བོ་རེ་ནས་ཁལ་བདུན་ཅུ་ཚ་ལྔ། ན་བཟའ་དུག་ཕྲུག་རེ། སྦོས་མར་སྲང་སྟོང་གཅིག་བཅུད། ཆིབས་དོས་ཐེགས་པ་རེ། དོག་གུ་ཐེབ་བཞི། ཕྱུག་ཚོ་ཡུག་གསུམ། ལན་ཚྭ་ཐབས་ཞིག

vphying phuvi	sgom	chen	nyi shu rtsa lnga	la	nas	khal
vphying phu vi	sgom	chen	nyi shu rtsa lnga	la	nas	khal
钦朴	GEN	修行[2]	大	二十五	DAT	青稞	克

lnga bcu rtsa lnga lnga.	sbos	mar	srang	brgyad brgya brgyad brgya.
lnga bcu rtsa lnga lnga	sbos	mar	srang	brgyad brgya brgyad brgya
五十五		香	酥油	两	八百八百

chibs pa	re re.	na bzav	drug	phrug	re re.
chibs pa	re re	na bzav	drug	phrug	re re
马	每每	衣服	六	肘	每每

给钦朴的二十五个大修行者，青稞五十五克，香、酥油八百两，马一匹，衣料每人六肘。

འབྱུང་ཕྱུའི་སློབ་ཆེན་ཉི་ཤུ་ཚ་ལྔ་ལ་ནས་ཁལ་ལྔ་བཅུ་ཚ་ལྔ་ལྔ། སྦོས་མར་སྲང་བརྒྱད་བརྒྱ་བརྒྱད། ཆིབས་པ་རེ་རེ། ན་བཟའ་དྲུག་ཕྲུག་རེ་རེ།

chos gravi	slob dpon	du	bsgo	ba	bcu gsum	la
chos gra vi	slob dpon	du	bsgo	ba	bcu gsum	la
学经班	GEN	大师	RES	任命[3]	NML	十三	DAT

nas	khal	lnga bcu rtsa lnga lnga.	na bzav	drug	phrug	re re.	spos
nas	khal	lnga bcu rtsa lnga lnga	na bzav	drug	phrug	re re	spos
青稞	克	五十五	衣服	六	肘	每每	香

mar	srang	brgyad brgya brgyad brgya.	mtshams	kyi	ban de
mar	srang	brgyad brgya brgyad brgya	mtshams	kyi	ban de
酥油	两	八百八百	边界	GEN	沙弥

rang ga ma	rnams	la	gang zag	re re	la	nas	khal	brgyad.
rang ga ma	rnams	la	gang zag	re re	la	nas	khal	brgyad
普通	pl	DAT	众生	每每	DAT	青稞	克	八

被委任为学经班大师的十三人，青稞五十五驮，衣料每人六肘，香、酥油八百两。对边地的沙弥，普通的众生，每人给青稞八克。

ཆོས་གྲའི་སློབ་དཔོན་དུ་བསྐོ་བ་བཅུ་གསུམ་ལ་ནས་ཁལ་ལྔ་བཅུ་ཚ་ལྔ། ན་བཟའ་དྲུག་ཕྲུག་རེ་རེ། སྦོས་མར་སྲང་བརྒྱད་བརྒྱ་བརྒྱད། མཚམས་ཀྱི་བན་དེ་རང་ག་མ་རྣམས་ལ་གང་ཟག་རེ་རེ་ལ་ནས་ཁལ་བརྒྱད།

shog	ldeb	gnyis	snag tsha	yug	re.	slob gnyer	ba	nyi shu rtsa lnga
shog	ldeb	gnyis	snag tshá	yug	re	slob gnyer	ba	nyi shu rtsa lnga
纸	张	二	墨汁	匹	每	求法	者	二十五

la.	re	re	la	nas	khal	nyi shu rtsa lnga lnga.	gos	sum
la	re	re	la	nas	khal	nyi shu rtsa lnga lnga	gos	sum
DAT	每	每	DAT	青稞	克	二十五	衣服	三

phrug	re re.	rgyun	du	gnang	nas	lha	chos	dar	bar
phrug	re re	rgyun	du	gnang	nas	lha	chos	dar	bar
肘	每每	平时	LOC	做[W]	LNK	佛	法	弘扬[W]	LNK

mdzad	pas	rje	bkav drin	che ba	lags.
mdzad	pas	rje	bkav drin	che ba	lags
做[W]	LNK	王	恩情	大	COP

纸两张，墨汁一竹筒；对二十五个学经人员，每人给以二十五克青稞，衣料三肘。按时赐予。使弘扬佛法。王的恩泽大！

ཤོག་ལྡེབ་གཉིས། སྣག་ཚ་ཡུག་རེ། སློབ་གཉེར་བ་ཉི་ཤུ་རྩ་ལྔ། རེ་རེ་ལ་ནས་ཁལ་ཉི་ཤུ་རྩ་ལྔ་ལྔ། གོས་སུམ་ཕྲུག་རེ་རེ། རྒྱུན་དུ་གནང་ནས་ལྷ་ཆོས་དར་བར་མཛད་པས་རྗེ་བཀའ་དྲིན་ཆེ་བ་ལགས།

slad kyis	btsan po	slob dpon	pdma smbha wavi		chos	kyi
slad kyis	btsan po	slob dpon	pdma smbha wa	vi	chos	kyi
后来	赞普	大师	白玛桑布哇	GEN	法	GEN

vphro lus pa	la	thugs	ma	tshim	nas	bee ro tsa na
vphro lus pa	la	thugs	ma	tshim	nas	bee ro tsa na
剩余的	DAT	心	NEG	满足[W]	LNK	毗卢遮那

dang	gtsang btsun legs grub	vtshol	du	btang.
dang	gtsang btsun legs grub	vtshol	du	btang
COO	藏尊勒珠	找[2]	SER	派[1]

后来，赞普对白玛桑布哇的佛法的遗漏难以满足，乃派毗卢遮那和藏尊勒珠前去求取。

སླད་ཀྱིས་བཙན་པོ་སློབ་དཔོན་པདྨ་སམྦྷའི་ཆོས་ཀྱི་འཕྲོ་ལུས་པ་ལ་ཐུགས་མ་ཚིམ་ནས་བཻ་རོ་ཙ་ན་དང་གཙང་བཙུན་ལེགས་གྲུབ་འཚོལ་དུ་བཏང་།

slar	log	pa	la	pnntti ta	ma	byon	pas	blo ba
slar	log	pa	la	pnntti ta	ma	byon	pas	blo ba
又	返回[W]	NML	LNK	班智达	NEG	到达[14]	LNK	心

第四章 文本语法标注 423

ma	mchis	te.	rgyavi		snyan khravi		dbang	du
ma	mchis	te	rgya	vi	snyan khra	vi	dbang	du
NEG	EXI	LNK	天竺	GEN	挑拨	GEN	原因	PUR

thal	nas.	bee ro tsa na	tsha ba rong	du	skrad.
thal	nas	bee ro tsa na	tsha ba rong	du	skrad
去[W]	LNK	毗卢遮那	擦哇戎	ALL	驱赶[1]

二人回来了，未能请得班智达，心中不高兴。听信天竺的挑拨的原因，驱赶毗卢遮那到擦哇戎了。

སྔར་ལོག་པ་ལ་པཎྜི་ཏ་མ་ཕྱོན་པས་བློ་མ་མཆེས་ཏེ། རྒྱའི་སྙན་ཁྲའི་དབང་དུ་ཐལ་ནས་བཻ་རོ་ཙ་ན་ཚ་བ་རོང་དུ་སྐྲད།

ka ma la shi la		mu tegs	kyis	gshed ma	btang	nas	nub mo
ka ma la shi la		mu tegs	kyis	gshed ma	btang	nas	nub mo
呷玛拉喜拉		外道	AGE	行刑者	派[1]	LNK	夜晚

sgra bsgyur	gyi	khang par		gzims mal	du	mkhal ma
sgra bsgyur	gyi	khang pa	r	gzims mal	du	mkhal ma
译师	GEN	房子	LOC	寝宫	LOC	腰子

snyer	nas	bskrongs.
snyer	nas	bskrongs
皱[W]	SER	去世[W]

呷玛拉喜拉夜晚睡在译师的房中被外道派来的刺客捏挤腰子而害死。

ཀ་མ་ལ་ཤི་ལ་ཧེ་གས་ཀྱིས་གཤེད་མ་བཏང་ནས་ནུབ་མོ་སྒྲ་བསྒྱུར་གྱི་ཁང་པར་གཟིམས་མལ་དུ་མཁལ་མ་སྙེར་ནས་བསྐྲོངས།

ye shes dbang po	vdav	khar.		btsan povi		pham phabs
ye shes dbang po	vdav	kha	r	btsan po	vi	pham phabs
耶喜旺保	死[23]	口	LOC	赞普	GEN	残羹剩饭

vbras chan	gsol	nas.	de	slan chad	khams	kyi	zas
vbras chan	gsol	nas	de	slan chad	khams	kyi	zas
大米饭	做[吃][W]	LNK	DET	今后	界	GEN	食物

spangs	so	ting nge vdzin	dang	chos	kyi	zas	dang
spangs	so	ting nge vdzin	dang	chos	kyi	zas	dang
放弃[1]	END	禅定力	COO	法	GEN	食物	COM

424 藏文古文献《拔协》文本标注与语法研究

brjevo		ces	gsungs	nas	grongs	pavi		dus	su
brje	vo	ces	gsungs	nas	grongs	pa	vi	dus	su
交换[3]	END	QM	说[14]	LNK	死亡[1]	NML	GEN	时	LOC

nam mkhav	las	sgra	byung.
nam mkhav	las	sgra	byung
天空	ABL	声音	发出[1]

耶喜旺保死的时候，请求吃赞普剩的米饭。今后要断绝人间烟火，以禅定力和佛法食物交换。说完死去的时候，天空发出声音。

ཡེ་ཤེས་དབང་པོ་འདས་ཁར། བཙན་པོའི་ཕབས་ཐབས་འབྲེག་ཅན་གསོལ་ནས། དེ་སླན་ཅད་ཁམས་ཀྱི་ཟས་སྤངས་ཤོ་དྲིང་དེ་འཛིན་དང་ཆོས་ཀྱི་ཟས་དང་བརྗེའོ་ཅེས་གསུངས་ནས་གྲོངས་པའི་དུས་སུ་ནམ་མཁའ་ལས་སྒྲ་བྱུང་།

bya	thams cad	gdung bavi		skad	vdon.	gdung khang
bya	thams cad	gdung ba	vi	skad	vdon	gdung khang
鸟	全部	悲哀	GEN	语言	发出[2]	坟墓

khas su rivi		mar	snar	rtsigs	na	legs	bya ba	byung.
khas su ri	vi	mar	snar	rtsigs	na	legs	bya ba	byung
开苏山	GEN	下	拖长	修建[4]	COD	好	事情	发出[1]

全部的鸟都发出悲哀的声音，最好将坟墓修建在开苏山下。

བྱ་ཐམས་ཅད་གདུང་བའི་སྐད་འདོན། གདུང་ཁང་ཁས་སུ་རིའི་མར་སྣར་རྩིགས་ན་ལེགས་བྱ་བ་བྱུང་།

ye shes dbang povi		bu mo	spyan ras gzigs	kyis	phavi	
ye shes dbang po	vi	bu mo	spyan ras gzigs	kyis	pha	vi
耶喜旺保	GEN	女孩	坚诺西	AGE	父亲	GEN

mchod rten	gyi	rtsa	na	mchod rten	rtsigs	pavi		sa
mchod rten	gyi	rtsa	na	mchod rten	rtsigs	pa	vi	sa
供塔	GEN	附近	LOC	供塔	修建[4]	NML	GEN	地

klus	bstan	devi		rdo	la	rgya yig	byung.
klu	s	bstan	de	vi	rdo	la	rgya yig	byung
龙	AGE	指示[13]	DET	GEN	石头	LOC	汉文	来[1]

耶喜旺保的女儿坚诺西在父亲的佛塔附近修建了一座佛塔，是龙所指点的。佛塔的石头上现出汉文来。

ཡེ་ཤེས་དབང་པོའི་བུ་མོ་སྤྱན་རས་གཟིགས་ཀྱིས་ཕའི་མཆོད་རྟེན་གྱི་རྩ་ན་མཆོད་རྟེན་རྩིགས་པའི་ས་ཀླུས་བསྟན་དེའི་རྡོ་ལ་རྒྱ་ཡིག་བྱུང་།

第四章　文本语法标注　425

mchod rten	de	la	lha mo	gsum	skor ba	byed	cing.	su
mchod rten	de	la	lha mo	gsum	skor ba	byed	cing	su
供塔	DET	DAT	天女	三	圈	做[2]	LNK	谁

bde ba can	du	vgro	des		mchod rten	brgya rtsa brgyad
bde ba can	du	vgro	de	s	mchod rten	brgya rtsa brgyad
极乐世界	ALL	去[23]	DET	AGE	供塔	一百零八

vdi	la	skor ba	bgyis	shig	zer	ba	dang.
vdi	la	skor ba	bgyis	shig	zer	ba	dang
DET	DAT	圈	做[1]	PRT	说[W]	NML	LNK

有三个仙女围绕这座塔转圈。谁要想去极乐世界，谁就须绕行此一百零八座佛塔！

མཆོད་རྟེན་དེ་ལ་ལྷ་མོ་གསུམ་སྐོར་བ་བྱེད་ཅིང་། སུ་བདེ་བ་ཅན་དུ་འགྲོ་བ་དེས་མཆོད་རྟེན་བརྒྱ་རྩ་བརྒྱད་འདི་ལ་སྐོར་བ་བགྱིས་ཤིག་ཟེར་བ་དང་།

btsan po	na re	a ts·ryavi		gsungs	dang	sbyar	na.
btsan po	na re	a ts·rya	vi	gsungs	dang	sbyar	na
赞普	说[W]	阿杂诺雅	GEN	说[14]	COM	按照[13]	COD

kho bovi		tshe	kyang	ring por		mi	thub	ces
kho bo	vi	tshe	kyang	ring po	r	mi	thub	ces
1sg	GEN	生命	也	长	RES	NEG	AUX	说[W]

thugs	ngan	mdzad	nas.
thugs	ngan	mdzad	nas
心	坏	做[W]	LNK

赞普说按照阿杂诺雅所说的话，我的寿命也不会长久，心中十分忧愁。

བཙན་པོ་ན་རེ་ཨ་ཙརྱའི་གསུངས་དང་སྦྱར་ན། ཁོ་བོའི་ཚེ་ཀྱང་རིང་པོར་མི་ཐུབ་ཅེས་ཐུགས་ངན་མཛད་ནས།

rjevi	thugs	las	chung ngu	la	gzhol bar bzhed		nas
rje vi	thugs	las	chung ngu	la	gzhol bar bzhed		nas
王	GEN	心	ABL	小	DAT	倾斜[W]	LNK

pnntti ta	spyan	vdren	du	btang	bas.	a ts·rya	bi ma mi tra
pnntti ta	spyan	vdren	du	btang	bas	a ts·rya	bi ma mi tra
班智达	HON	请[2]	CAU	派[1]	LNK	阿杂诺雅	毕玛米扎

byon   nas.
byon   nas
到达[14]   LNK

王心中照料国政，派人去请班智达。请来阿杂诺雅毕玛米扎。

རྗེའི་ཐུགས་ལས་རྒྱུད་དུ་གཞོལ་བར་བཞེད་ནས་པཎྡི་ཏ་སྤྱན་འདྲེན་དུ་བཏང་བས། ཨ་ཙརྱ་པི་མ་མི་ཏྲ་སྤྱོན་ནས།

slob dpon   pdma smbha wavi   chos   vphro   zhus
slob dpon   pdma smbha wa   vi   chos   vphro   zhus
大师   白玛桑布哇   GEN   法   剩余   请求[14]

nas.   sgom   mdzad   par   bzhed   nas.
nas   sgom   mdzad   pa   r   bzhed   nas
LNK   修行[2] 做[W]   NML   OBJ 主张[W] LNK

请求讲授白玛桑布哇没有讲完的佛法。主张遵照修习。

སློབ་དཔོན་པདྨ་སམྦྷའི་ཆོས་འཕྲོ་ཞུས་ནས། སྒོམ་མཛད་པར་བཞེད་ནས།

sras   mu ne btsan po   la   chab srid   vbogs   pa   dang.
sras   mu ne btsan po   la   chab srid   vbogs   pa   dang
儿子   牟尼赞普   DAT   政治   赐[2]   NML   LNK

将国家政事委任给王子牟尼赞普。

སྲས་མུ་ནེ་བཙན་པོ་ལ་ཆབ་སྲིད་འབོགས་པ་དང་།

blon po   zhang   dbu rings   btsan po   la   bsko   bavi
blon po   zhang   dbu rings   btsan po   la   bsko   ba   vi
臣   舅舅   乌仁   赞普   DAT   任命[3] NML GEN

gros   dbu rtsevi   bar   khang   gi   rnga khang   na   byed
gros   dbu rtse   vi   bar   khang   gi   rnga khang   na   byed
商量   头   尖顶 GEN 中间 房子   GEN   鼓室   LOC   做[2]

cing   bzhugs   pa   jo mo   me tog sgron   gyis   mthong   te.   thugs
cing   bzhugs   pa   jo mo   me tog sgron   gyis   mthong   te   thugs
SER   坐[W]   NML   妃子   梅朵准   AGE   看见[W] LNK   心

btum[1]　pas　dwags　vtshal　nas.
btum　pas　dwags　vtshal　nas
包[1]　LNK　怀疑[W]　找[123]　LNK

大臣尚·乌仁商量向赞普委任，到主殿中层的鼓室中去坐着。王妃梅朵准看见了，怀疑他是去和赞普商量。

བློན་པོ་ཞང་དབུ་རིངས་བཙན་པོ་ལ་བསྐོ་བའི་གྲོས་དབུ་རྫིའི་བར་ཁང་ན་ཁང་ན་བྱེད་ཅིང་བཞུགས་པ་ལ་རྩེ་མོ་མེ་ཏོག་སྒྲོན་གྱིས་མཐོང་ཏེ། ཐུགས་བཏུམས་པས་དོགས་འཚལ་ནས།

chab srid　snam snang ba　la　gter　ba　nges　snyam　te.
chab srid　snam snang ba　la　gter　ba　nges　snyam　te
政治　　纳囊氏　　　　DAT　给[W]　NML　确定[W]　想[W]　LNK

mu tig btsan po　la　gsol　bas.
mu tig btsan po　la　gsol　bas
牟笛赞普　　　　DAT　禀报[W]　LNK

心想确定把政权交付给纳囊氏，禀报给牟笛赞普。

ཆབ་སྲིད་སྣམ་སྣང་བ་ལ་གཏེར་བ་ངེས་སྙམ་ཏེ། མུ་ཏིག་བཙན་པོ་ལ་གསོལ་བས།

lha　sras　kyis　dbu rings　sgo　bar　chu gris　　gsal
lha　sras　kyis　dbu rings　sgo　bar　chu gri　s　gsal
佛　儿子　AGE　乌仁　　　门　中间　匕首　　INS　清理[W]

nas　bkum.
nas　bkum
SER　死[1]

王子就赶到门口用匕首把乌仁杀死了。

ལྷ་སྲས་ཀྱིས་དབུ་རིངས་སྒོ་བར་ཆུ་གྲིས་གསལ་ནས་བཀུམ།

yab　na re　btsan bzher　gar　song　ces　bya　ba　dang.
yab　na re　btsan bzher　gar　song　ces　bya　ba　dang
父亲　说[W]　赞协　　　哪里　去[4]　QM　做[3]　NML　LNK

父王问：赞协到哪里去了？

ཡབ་ན་རེ་བཙན་བཞེར་གར་སོང་ཞེས་བྱ་བ་དང་།

---

① 应该为btums。

428 藏文古文献《拔协》文本标注与语法研究

gri	khrag	can	bor		nas.	dbu ring	rgyang	ring bar	
gri	khrag	can	bor		nas	dbu ring	rgyang	ring ba	r
刀	血	者	丢弃[14]		LNK	乌仁	距离	远	ALL

song	ces	nas	bar	khang	du	bros.
song	ces	nas	bar	khang	du	bros
去[4]	说[W]	LNK	中间	房子	ALL	逃走[14]

丢掉带血的刀，乌仁到很远的地方去了。说完逃到中层殿堂去了。

གྲི་ཁྲག་ཅན་བོར་ནས། དབུ་རིང་རྒྱང་རིང་བར་སོང་ཞེས་ནས་བར་ཁང་དུ་བྲོས།

rjevi		thugs dam	vgyangs	nas.	dbyar	chu	byung	bar	
rje	vi	thugs dam	vgyangs	nas	dbyar	chu	byung	ba	
王	GEN	本尊佛	推迟[1]	LNK	夏天	水	来[1]	NML	

	dogs	nas	thugs	ma	bde	nas.	blon	vdzangs
r	dogs	nas	thugs	ma	bde	nas	blon	vdzangs
OBJ	担心[W]	LNK	心	NEG	安乐[W]	LNK	臣	聪慧[W]

pa	kun	gros	byas	nas.	blon po	vgos	kyis	zhal che
pa	kun	gros	byas	nas	blon po	vgos	kyis	zhal che
NML	全	商量	做[1]	LNK	臣	郭	AGE	判决

dgav	gsum	du	bcad.
dgav	gsum	du	bcad
喜欢[W]	三	RER	断[1]

赞普延迟本尊佛，担心发生夏水[坏事]，心里不安。与所有贤智的大臣们商议。大臣郭作出了使三方面都喜欢的判决。

རྗེའི་ཐུགས་དམ་འགྱངས་ནས། དབྱར་ཆུ་བྱུང་བར་དོགས་ནས་ཐུགས་མ་བདེ་ནས། བློན་འཛངས་པ་ཀུན་གྲོས་བྱས་ནས། བློན་པོ་འགོས་ཀྱིས་ཞལ་ཆེ་དགའ་གསུམ་དུ་བཅད།

chab srid	mu ne btsan po	la	mngav	bar	bgyi	gsungs	nas.
chab srid	mu ne btsan po	la	mngav	bar	bgyi	gsungs	nas
政治	牟尼赞普	DAT	统治	SER	做[3]	说[14]	LNK

zhang	la	stong	lam	phrag	gang	chod	rgyal bu	mon
zhang	la	stong	lam	phrag	gang	chod	rgyal bu	mon
尚	DAT	千	路	边界	一	割断[4]	王子	门地

du   bcug   zer   ba   bcad.
du   bcug   zer   ba   bcad
ALL 使[W] 说[W] NML 断[1]

委任牟尼赞普以国政。给尚家族一日路程方圆的土地，使王子放逐到门地以示惩罚。

ཅབ་སྲིད་མུ་ནེ་བཙན་པོ་ལ་མངའ་བར་བགྱི་གསུངས་ནས། ཞང་ལ་སྟོང་ལམ་ཕྲག་གང་ཆོད་རྒྱལ་བུ་མོན་དུ་བཙུགས་ཟེར་བ་བཅད།

thun tshang skar ma   mdzad   nas   gtad.   yab   zung dkar   du
thun tshang skar ma   mdzad   nas   gtad   yab   zung dkar   du
附件文书   做[W]   LNK   交付[13] 父亲   松呷尔   ALL

sgom   du   gshegs   so.
sgom   du   gshegs   so
修行[2] SER   去[W]   END

写成附件后交付。父王便到松呷修习禅定去了。

ཐུན་ཚང་སྐར་མ་མཛད་ནས་གཏད། ཡབ་ཟུང་དཀར་དུ་སྒོམ་དུ་གཤེགས་སོ།

btsan povi   bkav tshigs   kyi   yi ge   zhib mo   gsum   las.
btsan po   vi   bkav tshigs   kyi   yi ge   zhib mo   gsum   las
赞普   GEN   文书   GEN   文字   细致   三   ABL

gcig   lha sa   na   yod.   gcig   khams   su   khyer   gcig   rjevi
gcig   lha sa   na   yod   gcig   khams   su   khyer   gcig   rje
一   拉萨   LOC EXI   一   康区   ALL 携带[14]   一   王

       phyag sbal   na   mchis   so.
vi   phyag sbal   na   mchis   so
GEN   仓库   LOC   EXI   END

关于赞普历史的详细文字共有三份，一份存在拉萨，一份送到康区，一份保存在王库中。

བཙན་པོའི་བཀའ་ཚིགས་ཀྱི་ཡི་གེ་ཞིབ་མོ་གསུམ་ལས། གཅིག་ལྷ་ས་ན་ཡོད། གཅིག་ཁམས་སུ་ཁྱེར། གཅིག་རྗེའི་ཕྱག་སྦལ་ན་མཆིས་སོ།

词汇附录

拉丁/藏文/频率	中译	拉丁/藏文/频率	中译
a a{ཨ་ཨ}[1]	啊	ba so lha khang{བ་སོ་ལྷ་ཁང}[2]	象牙神殿
a ma{ཨ་མ}[1]	阿妈	ba yin{བ་ཡིན}[7]	REA
a mi de ba{ཨ་མི་དེ་བ}[1]	阿弥陀佛	ba yod{བ་ཡོད}[6]	EXP
a mi de wa{ཨ་མི་དེ་བ}[4]	阿弥陀佛	bab{བབ}[9]	到，下
a nan ta{ཨ་ནན་ཏ}[4]	阿难陀	babs{བབས}[3]	到，下
a nu sme bag can{ཨ་ནུ་སྨེ་བག་ཅན}[1]	阿努瑜伽	bad rngam pa{བད་རྔམ་པ}[1]	庄严
		bad rngam po{བད་རྔམ་པོ}[1]	庄严
a pa{ཨ་པ}[1]	啊呀	bad smug po{བད་སྨུག་པོ}[1]	紫红
a pha{ཨ་ཕ}[1]	阿爸	bag{བག}[2]	面具，愿望
a tsa ra{ཨ་ཙ་ར}[2]	瑜伽咒师, 瑜伽师	bag re{བག་རེ}[4]	微稍
a ts·rya{ཨ་ཙརྱ}[34]	阿杂诺雅	baiai ro tsa navi gling{བཻ་རོ་ཙ་ནའི་གླིང}[1]	毗卢遮那洲
aarya pa lo{ཨཱརྱ་པ་ལོ}[3]	观世音菩萨		
ag tshoms can{ཨག་ཚོམས་ཅན}[1]	胡须者	baittuurya{བཻཌཱུརྱ}[1]	兰琉璃
a·rya pa lo{ཨཱརྱ་པ་ལོ}[3]	观世音菩萨, 观音	bal{བལ}[2]	尼泊尔
a·rya pa lo rta mgrin{ཨཱརྱ་པ་ལོ་རྟ་མགྲིན}[1]	圣玛鸣菩萨	bal bo{བལ་བོ}[1]	尼泊尔
		bal po{བལ་པོ}[6]	尼泊尔
a·rya pa lo yi ge drug pa{ཨཱརྱ་པ་ལོ་ཡི་གེ་དྲུག་པ}[1]	六字观音	bal rje{བལ་རྗེ}[4]	尼泊尔王
		bal skal{བལ་སྐལ}[1]	分量
ba{བ}[403]	NML，SER，奶牛	bal yul{བལ་ཡུལ}[11]	尼泊尔地方
ba gdav{བ་གདའ}[1]	EXP	bam{བམ}[3]	QU
ba lags{བ་ལགས}[1]	REA	bam po{བམ་པོ}[3]	卷
ba lam klag{བ་ལམ་ཀླག}[1]	拔拉木腊	ban de{བན་དེ}[3]	沙弥
ba ma lags{བ་མ་ལགས}[1]	REA:NEG	ban chen po{བན་ཆེན་པོ}[3]	钵阐布
ba ma mchis{བ་མ་མཆིས}[1]	EXP:NEG	ban chen po dpal gyi yon tan{བན་ཆེན་པོ་དཔལ་གྱི་ཡོན་ཏན}[1]	钵阐布·白吉云登
ba med{བ་མེད}[3]	EXP:NEG		
ba men{བ་མེན}[1]	野黄牛	ban de lang ka{བན་དེ་ལང་ཀ}[1]	彭德朗呷
ba min{བ་མིན}[1]	REA:NEG	bang{བང}[1]	赛跑

拉丁/藏文/频率	中译	拉丁/藏文/频率	中译
bang chen{བང་ཆེན་}[2]	信使	bcu gnyis po{བཅུ་གཉིས་པོ་}[1]	十二
bang mdzod{བང་མཛོད་}[3]	仓库	bcu gsum{བཅུ་གསུམ་}[11]	十三
bang rgyugs{བང་རྒྱུགས་}[1]	赛跑	bcu pa{བཅུ་པ་}[1]	十
bang so{བང་སོ་}[4]	坟墓	bcug{བཅུག་}[23]	使，放
bangs so{བངས་སོ་}[1]	坟墓	bcum mo{བཅུམ་མོ་}[1]	绝莫
bar{བར་}[86]	SER, LNK, 中间	bcus{བཅུས་}[1]	扭曲
bar chad{བར་ཆད་}[11]	决断，障碍	bdag{བདག་}[17]	1SG, 主人
bar dpang{བར་དཔང་}[1]	中间人	bde{བདེ་}[11]	安乐，请安
bar pa{བར་པ་}[1]	间	bde ba{བདེ་བ་}[5]	安乐，平安
bas{བས་}[181]	LNK, COT, SER, 完	bde ba can{བདེ་བ་ཅན་}[1]	极乐世界
	关，断，断定，设定，厘定	bde skyid{བདེ་སྐྱིད་}[3]	幸福
bcad{བཅད་}[29]		bden{བདེན་}[10]	真实
bcadd{བཅད་}[1]	踏	bden pa{བདེན་པ་}[1]	真实
bcag{བཅག་}[1]	违背	bdog{བདོག་}[1]	EXI
bcags{བཅགས་}[7]	置放，碎，破碎，触摸，难过，践履	bdud{བདུད་}[5]	魔鬼
	制定，等，连同，	bdud rtsi{བདུད་རྩི་}[1]	甘露
bcas{བཅས་}[21]	设定	bdud rtsi vkhyil ba{བདུད་རྩི་འཁྱིལ་བ་}[1]	甘露漩
bcav{བཅའ་}[3]	法	bdud vdul sngags pa gling{བདུད་འདུལ་སྔགས་པ་གླིང་}[1]	降魔真言洲
bcings{བཅིངས་}[3]	系	bdun{བདུན་}[12]	七
bco brgyad{བཅོ་བརྒྱད་}[5]	十八	bdun cu{བདུན་ཅུ་}[1]	七十
bco brgyad po{བཅོ་བརྒྱད་པོ་}[1]	十八	bdun cu don drug{བདུན་ཅུ་དོན་དྲུག་}[1]	七十六
bco lnga{བཅོ་ལྔ་}[1]	十五	bdun cu rtsa lnga{བདུན་ཅུ་རྩ་ལྔ་}[1]	七十五
bcod{བཅོད་}[3]	割断	be brum{བེ་བྲུམ་}[1]	草样
bcol{བཅོལ་}[1]	放弃	be con can{བེ་ཅོན་ཅན་}[1]	持杖者
bcom ldan sems dpav{བཅོམ་ལྡན་སེམས་དཔའ་}[1]	金刚菩萨	bee log can{བེའུ་ལོག་ཅན་}[1]	斗拱
bcom ldan vdas{བཅོམ་ལྡན་འདས་}[3]	薄迦梵	bee ro tsa na{བེ་རོ་ཙ་ན་}[4]	毗卢遮那
bcos{བཅོས་}[4]	修改	bee ro tsaa na{བེ་རོ་ཙཱ་ན་}[2]	毗卢遮那
bcos ka{བཅོས་ཀ་}[1]	改造	ber{བེར་}[7]	斗篷
bcos ma{བཅོས་མ་}[1]	伪造	bgegs srin{བགེགས་སྲིན་}[1]	鬼神
bcu{བཅུ་}[15]	十	bgres po{བགྲེས་པོ་}[1]	老人
bcu bdun{བཅུ་བདུན་}[2]	十七	bgros{བགྲོས་}[2]	商议
bcu bzhi{བཅུ་བཞི་}[2]	十四	bgyi{བགྱི་}[14]	做
bcu dgu{བཅུ་དགུ་}[2]	十九	bgyid{བགྱིད་}[9]	做
bcu drug{བཅུ་དྲུག་}[3]	十六	bgyis{བགྱིས་}[27]	做
bcu gnyis{བཅུ་གཉིས་}[8]	十二	bha ta{བྷ་ཏ་}[1]	布达
		bhar ma{བྷར་མ་}[1]	经

词汇附录 431

拉丁/藏文/频率	中译	拉丁/藏文/频率	中译
bhee sha ra ma nni {བྷེ་ཤ་ར་མ་ནནི}[1]	拜夏日玛尼	bla ma{བླ་མ}[2]	上面，喇嘛
		bla rabs{བླ་རབས}[1]	贵族
bhig ksshu{བྷིག་ཀྵུ}[1]	比丘	bla vog{བླ་འོག}[3]	上下
bho nghi sa twa{བྷོ་ངྷི་ས་ཏྭ}[10]	菩提萨埵	blan{བླན}[1]	嫩
bho nghi s·twa{བྷོ་ངྷི་ས་ཏྭ}[3]	菩提萨埵	blan ye shes shes rab {བླན་ཡེ་ཤེས་ཤེས་རབ}[1]	嫩·耶喜协热
bho nghis twa{བྷོ་ངྷིས་ཏྭ}[2]	菩提萨埵		
bi ma mi tra{བི་མ་མི་ཏྲ}[1]	毕玛米扎	blang{བླང}[5]	取
bkab{བཀབ}[3]	覆盖	blangs{བླངས}[14]	取，唱
bkag{བཀག}[3]	阻拦	blo{བློ}[10]	心
bkags{བཀགས}[1]	阻塞	blo ba{བློ་བ}[4]	心
bkal{བཀལ}[4]	悬挂，命令	blo gros{བློ་གྲོས}[1]	洛卓
bkang{བཀང}[13]	填满	blon{བློན}[45]	臣
bkav{བཀའ}[59]	命令	blon po{བློན་པོ}[37]	臣
bkav chad{བཀའ་ཆད}[1]	惩罚	blor mi bshong{བློར་མི་འབཤོང}[1]	不喜欢
bkav chems{བཀའ་ཆེམས}[1]	遗言	blta{བལྟ}[12]	看
bkav chu{བཀའ་ཆུ}[2]	呷曲	blta ba{བལྟ་བ}[1]	看
bkav drin{བཀའ་དྲིན}[8]	恩情	blta cha{བལྟ་ཆ}[2]	混乱
bkav gtsigs{བཀའ་གཙིགས}[1]	盟书	blta spyod{བལྟ་སྤྱོད}[1]	见行
bkav lung{བཀའ་ལུང}[2]	教诫	bltams{བལྟམས}[1]	诞生
bkav rtsigs{བཀའ་རྩིགས}[1]	文书	bltas{བལྟས}[13]	看
bkav shog{བཀའ་ཤོག}[1]	命令	bltas mkhan{བལྟས་མཁན}[2]	占卜者
bkav tshig{བཀའ་ཚིག}[1]	文书	blug{བླུག}[1]	填
bkav tshigs{བཀའ་ཚིགས}[2]	文书	blun{བླུན}[1]	愚昧
bkav tsig{བཀའ་ཚིག}[1]	文书	bo{བོ}[3]	END
bklags{བཀླགས}[1]	读	bo dhi sa twa{བོ་དྷི་ས་ཏྭ}[1]	菩提萨埵
bkod{བཀོད}[11]	安排，记录	bod{བོད}[137]	吐蕃
bkod pa{བཀོད་པ}[3]	规划	bog{བོག}[1]	香
bkra{བཀྲ}[2]	好	boms{བོམས}[1]	叫
bkra hrig{བཀྲ་ཧྲིག}[1]	闪烁	bon{བོན}[15]	苯波教
bkra shis{བཀྲ་ཤིས}[3]	吉祥	bon po{བོན་པོ}[3]	苯波教徒
bkrams{བཀྲམས}[1]	散布	bong bu{བོང་བུ}[1]	驴
bkren phyug{བཀྲེན་ཕྱུག}[3]	贫富	bor{བོར}[12]	丢弃，丢掉，做
bkrogs{བཀྲོགས}[2]	杀死	bos{བོས}[3]	叫
bkrongs{བཀྲོངས}[1]	杀死	brab{བྲབ}[1]	鞭打
bkug{བཀུག}[2]	召唤	brad{བྲད}[1]	害怕
bkum{བཀུམ}[5]	死	brag{བྲག}[5]	岩石
bla{བླ}[12]	上面	brag chung{བྲག་ཆུང}[1]	扎琼
bla chen po dge ba rab gsal {བླ་ཆེན་པོ་དགེ་བ་རབ་གསལ}[1]	拉钦布格哇热赛	brag dmar{བྲག་དམར}[13]	扎马尔
		brag phug{བྲག་ཕུག}[3]	岩洞
bla gab{བླ་གབ}[1]	遮盖	bral{བྲལ}[1]	分散

拉丁/藏文/频率	中译	拉丁/藏文/频率	中译
bram ze {བྲམ་ཟེ་}[3]	婆罗门	brngan {བརྔན་}[1]	贿赂
bran ka legs ko {བྲན་ཀ་ལེགས་ཀོ་}[1]	禅呷来高	brnyed {བརྙེད་}[1]	找
bran ka mu lo ko sha {བྲན་ཀ་མུ་ལོ་ཀོ་ཤ་}[1]	神呷·木勒郭霞	bro {བྲོ་}[1]	跳舞
		bro bor {བྲོ་བོར་}[1]	赌誓
brang {བྲང་}[2]	北，胸	bro mo {བྲོ་མོ་}[1]	舞蹈
brda {བརྡ་}[2]	信号	bros {བྲོས་}[7]	逃走
brda sbyor tshad ma gling {བརྡ་སྦྱོར་ཚད་མ་གླིང་}[1]	文字翻译洲	brtag {བརྟག་}[2]	考察
		brtags {བརྟགས་}[1]	寻思
brdabs {བརྡབས་}[1]	敲打	brtan pa {བརྟན་པ་}[1]	稳定，常
brdung {བརྡུང་}[1]	敲打	brten {བརྟེན་}[4]	依靠
brdungs {བརྡུངས་}[7]	敲打	brtogs {བརྟོགས་}[1]	理解
brdzangs {བརྫངས་}[1]	派遣	brtsad {བརྩད་}[1]	争论
brdzong {བརྫོང་}[1]	送	brtsams {བརྩམས་}[3]	著
bre {བྲེ་}[8]	升	brtse {བརྩེ་}[2]	玩，慈悲
bre thag can {བྲེ་ཐག་ཅན་}[1]	有索网	brtsed {བརྩེད་}[1]	争论
bred {བྲེད་}[4]	畏惧	brtsegs {བརྩེགས་}[2]	修建
bregs {བྲེགས་}[1]	剃	brtses {བརྩེས་}[1]	玩
brel {བྲེལ་}[3]	连接	brtsig {བརྩིག་}[1]	修建
bres {བྲེས་}[4]	铺设，画	brtsigs {བརྩིགས་}[2]	修建
brgya {བརྒྱ་}[2]	百	brtsod {བརྩོད་}[6]	争论
brgya byin {བརྒྱ་བྱིན་}[1]	帝释天	brtson vgrus {བརྩོན་འགྲུས་}[1]	勤奋
brgya lnga bcu {བརྒྱ་ལྔ་བཅུ་}[1]	一百五十	brtul {བརྟུལ་}[2]	驯服
brgya pa {བརྒྱ་པ་}[1]	百	bru {བྲུ་}[2]	挖
brgya rtsa bcu gnyis {བརྒྱ་རྩ་བཅུ་གཉིས་}[1]	一百一十二	bru sha {བྲུ་ཤ་}[1]	勃律
		brus {བྲུས་}[2]	挖
brgya rtsa brgyad {བརྒྱ་རྩ་བརྒྱད་}[5]	一百零八	bsad {བསད་}[8]	杀
		bsags {བསགས་}[3]	聚集
brgyad {བརྒྱད་}[11]	八	bsal {བསལ་}[2]	消除
brgyad bcu cha {བརྒྱད་བཅུ་ཆ་}[1]	百分之八十	bsam {བསམ་}[7]	想
brgyad brgya brgyad {བརྒྱད་བརྒྱ་བརྒྱད་}[2]	八百八百	bsam gtan {བསམ་གཏན་}[1]	禅定
		bsam gtan gling {བསམ་གཏན་གླིང་}[2]	禅定洲
brgyad pa {བརྒྱད་པ་}[1]	第八		
brgyal {བརྒྱལ་}[1]	昏迷	bsam yas {བསམ་ཡས་}[13]	桑耶
brgyan {བརྒྱན་}[8]	装饰，饰品	bsams {བསམས་}[4]	想
brgyug {བརྒྱུག་}[1]	跑	bsdad {བསྡད་}[3]	待
brid {བྲིད་}[1]	欺哄	bsdos {བསྡོས་}[1]	征集
brims {བྲིམས་}[1]	散发	bsdus {བསྡུས་}[8]	召集，概括
bris {བྲིས་}[31]	写	bse {བསེ་}[3]	犀牛
brje {བརྗེ་}[1]	交换	bse rags {བསེ་རགས་}[1]	损耗鬼
brkos {བརྐོས་}[1]	挖掘	bsgo {བསྒོ་}[5]	吩咐，任命

拉丁/藏文/频率	中译	拉丁/藏文/频率	中译
bsgom{བསྒོམ}[2]	修行	bskrongs{བསྐྲོངས}[1]	去世
bsgoms{བསྒོམས}[5]	修行	bskum{བསྐུམ}[2]	弄碎，准备
bsgos{བསྒོས}[2]	任命	bskur{བསྐུར}[14]	送
bsgrags{བསྒྲགས}[1]	宣布	bskyal{བསྐྱལ}[6]	送
bsgrub{བསྒྲུབ}[7]	修行，完成	bskyed{བསྐྱེད}[5]	扩大，产生
bsgrub khang{བསྒྲུབ་ཁང}[1]	修炼房	bskyur{བསྐྱུར}[2]	抛出
bsgrub pa po{བསྒྲུབ་པ་པོ}[1]	修行者	bslab{བསླབ}[13]	教，学
bsgrubs{བསྒྲུབས}[3]	完成，观修	bslang{བསླང}[1]	复活
bsgyur{བསྒྱུར}[19]	翻译	bslob{བསློབ}[2]	学
bshad{བཤད}[13]	讲，说	bslu{བསླུ}[1]	欺骗
bsham{བཤམ}[1]	陈列	bslus{བསླུས}[1]	欺骗
bsham bu gnod sbyin{བཤམ་བུ་གནོད་སྦྱིན}[1]	香布妙宝夜叉	bsnams{བསྣམས}[2]	携带
bshams{བཤམས}[1]	布置	bsnol{བསྣོལ}[1]	交叉
bshas{བཤས}[1]	宰杀	bsnub{བསྣུབ}[1]	毁灭
bshes gnyen{བཤེས་གཉེན}[6]	知识	bsnubs{བསྣུབས}[5]	毁灭
bshibs{བཤིབས}[1]	遮护	bsnyad{བསྙད}[4]	借口
bshig{བཤིག}[7]	毁灭，破坏	bsnyed{བསྙེད}[1]	找
bshod{བཤོད}[3]	说	bsnyen gnas{བསྙེན་གནས}[1]	斋戒
bshor{བཤོར}[1]	逃	bsnyen par rdzogs pa{བསྙེན་པར་རྫོགས་པ}[1]	具足戒
bshos{བཤོས}[1]	食物	bsnyes{བསྙེས}[1]	获得
bshos gsol{བཤོས་གསོལ}[1]	供食	bsod nams{བསོད་ནམས}[1]	福运
bshug{བཤུག}[1]	流放	bsog{བསོག}[1]	集聚
bshugs{བཤུགས}[4]	乞讨，赶，出让	bsrun{བསྲུན}[1]	驯服
bshums{བཤུམས}[3]	哭	bsrung{བསྲུང}[2]	守护
bsil khang{བསིལ་ཁང}[1]	凉室	bsrung ma{བསྲུང་མ}[1]	护法
bskal{བསྐལ}[2]	挂	bsrungs{བསྲུངས}[2]	守护
bskal ba{བསྐལ་བ}[2]	份子	bstams{བསྟམས}[1]	关闭
bskal pa{བསྐལ་པ}[2]	劫	bstan{བསྟན}[12]	指示，展示，显示
bskal pa bzang po{བསྐལ་པ་བཟང་པོ}[1]	贤劫	bstan ma{བསྟན་མ}[1]	女神
bskal pa bzang povi mdo{བསྐལ་པ་བཟང་པོའི་མདོ}[1]	贤劫经	bstan pa{བསྟན་པ}[6]	佛法
bskang{བསྐང}[2]	填满	bstod{བསྟོད}[1]	安放
bsko{བསྐོ}[2]	任命	bston{བསྟོན}[1]	留
bskod{བསྐོད}[1]	刻	bstul{བསྟུལ}[1]	降伏
bskor{བསྐོར}[12]	环绕，转	bstun{བསྟུན}[14]	按照，适应
bskor gsum{བསྐོར་གསུམ}[1]	三围	bsu{བསུ}[2]	迎接
bskos{བསྐོས}[26]	任命，挖，雕刻	btab{བཏབ}[21]	做，栽植，决定
bskrad{བསྐྲད}[1]	流放	btab btab byed{བཏབ་བཏབ་བྱེད}[1]	张合
		btabs{བཏབས}[1]	拍打
		btad{བཏད}[1]	交付

拉丁/藏文/频率	中译	拉丁/藏文/频率	中译
btags{བཏགས}[20]	起名，拴	bu tshal pho rang ba {ཕུ་ཚལ་ཕོ་རང་བ}[1]	布才波让哇
btags vphan{བཏགས་འཕན}[1]	经幡	bud med{བུད་མེད}[2]	女人
btang{བཏང}[46]	派，做，放，成为，使	bug pa{བུག་པ}[2]	洞
bteg{བཏེག}[2]	举	bum pa{བུམ་པ}[8]	瓶子
bting{བཏིང}[1]	铺垫	bum sangs{བུམ་སངས}[1]	布桑
bton{བཏོན}[4]	取出，发出	bum sangs dbang po {བུམ་སངས་དབང་པོ}[2]	布桑旺保
btsal{བཙལ}[8]	找，做		
btsan{བཙན}[2]	凶猛	bya{བྱ}[147]	做，叫作，鸟，鸡
btsan bo{བཙན་བོ}[1]	赞普	bya ba{བྱ་བ}[9]	事情
btsan bzher{བཙན་བཞེར}[1]	赞协	bya dgar{བྱ་དགར}[1]	赏赐
btsan pa{བཙན་པ}[1]	僧人	bya dgav{བྱ་དགའ}[16]	奖赏
btsan po{བཙན་པོ}[150]	赞普	bya gag{བྱ་གག}[1]	鸡鸭
btsan thang{བཙན་ཐང}[1]	赞唐	bya lud{བྱ་ལུད}[1]	鸟粪
btsas{བཙས}[1]	降生	bya ma{བྱ་མ}[2]	母鸡
btsav{བཙའ}[1]	降生	bya phu{བྱ་ཕུ}[1]	诿罪
btsav can{བཙའ་ཅན}[1]	生锈的	bya rgod{བྱ་རྒོད}[3]	老鹰
btso lnga{བཙོ་ལྔ}[1]	十五	bya rog{བྱ་རོག}[1]	乌鸦
btsos{བཙོས}[2]	煮	bya vdab{བྱ་འདབ}[3]	飞檐
btsugs{བཙུགས}[11]	建立，成立，安放，树立，插	bya vtshang{བྱ་འཚང}[1]	鸟巢
		byabs{བྱབས}[1]	扫除
btsun ba{བཙུན་བ}[1]	僧人	byad{བྱད}[6]	面貌，诅咒
btsun gzugs{བཙུན་གཟུགས}[1]	僧衣	byal chub sems dpav {བྱལ་ཆུབ་སེམས་དཔའ}[1]	菩萨
btsun mo{བཙུན་མོ}[6]	王妃		
btsun mo rgyal{བཙུན་མོ་རྒྱལ}[1]	尊姆杰	byams{བྱམས}[2]	慈悲
btsun pa{བཙུན་པ}[15]	僧人	byams pa{བྱམས་པ}[7]	慈悲，米勒佛
btsun rgyud{བཙུན་རྒྱུད}[1]	戒僧	byams pa gling{བྱམས་པ་གླིང}[1]	弥勒佛洲
btsutt{བཙུཏཏ}[1]	安放	byams pavi gling {བྱམས་པའི་གླིང}[1]	弥勒佛洲
btub{བཏུབ}[11]	适合，可以，割做，到达，雕刻，碰上，适合		
btug{བཏུག}[5]		byan mo{བྱན་མོ}[1]	女厨师
		byang{བྱང}[10]	北
btug bcom{བཏུག་བཅོམ}[2]	崩塌	byang bu{བྱང་བུ}[1]	牌匾
btum{བཏུམ}[1]	包	byang chub{བྱང་ཆུབ}[9]	菩提
bu{བུ}[35]	儿子，男子	byang chub gling {བྱང་ཆུབ་གླིང}[1]	菩提洲
bu chung{བུ་ཆུང}[6]	布琼	byang chub lam sgron {བྱང་ཆུབ་ལམ་སྒྲོན}[1]	菩提道灯论
bu ddha{བུ་དྡྷ}[1]	佛陀		
bu mo{བུ་མོ}[4]	女孩	byang chub ltung bshags {བྱང་ཆུབ་ལྟུང་བཤགས}[1]	菩提忏悔经
bu ngha{བུ་ངྷ}[1]	布阿		
bu tsha{བུ་ཚ}[10]	子孙	byang chub rje{བྱང་ཆུབ་རྗེ}[2]	降秋杰

拉丁/藏文/频率	中译	拉丁/藏文/频率	中译
byang chub sems dpav {བྱང་ཆུབ་སེམས་དཔའ་}[17]	菩萨	bzang ba{བཟང་བ་}[2]	好
		bzang bo{བཟང་བོ་}[1]	好
byang chub sems dpav dgav bavi dpal {བྱང་ཆུབ་སེམས་དཔའ་དགའ་བའི་དཔལ་}[1]	菩萨	bzang po{བཟང་པོ་}[12]	好
		bzav{བཟའ་}[2]	妃子
		bzhag{བཞག་}[17]	放置
byang chub sems dpav rdo rje rgyal mtshan {བྱང་ཆུབ་སེམས་དཔའ་རྡོ་རྗེ་རྒྱལ་མཚན་}[1]	菩萨金刚幢	bzhed{བཞེད་}[3]	承认，主张，想
		bzhegs{བཞེགས་}[1]	修建
		bzhengs{བཞེངས་}[30]	修建
byang chub vod{བྱང་ཆུབ་འོད་}[3]	降丘卧	bzhengs su gsol {བཞེངས་སུ་གསོལ་}[10]	修建
byang snam{བྱང་སྣམ་}[1]	羌纳木		
byang thang{བྱང་ཐང་}[2]	羌塘	bzhes{བཞེས་}[20]	到达，考虑，拿，拿起，娶，采取
byar dkar{བྱར་དཀར་}[1]	恰呷		
byas{བྱས་}[210]	做	bzhes pa{བཞེས་པ་}[1]	食品
byas lugs{བྱས་ལུགས་}[3]	做法	bzhi{བཞི་}[46]	四
bye{བྱེ་}[6]	沙，升	bzhi bcu zhe gnyis {བཞི་བཅུ་ཞེ་གཉིས་}[2]	四十二
bye ba phrag bcu bzhi {བྱེ་བ་ཕྲག་བཅུ་བཞི་}[1]	一亿四千万		
		bzhi po{བཞི་པོ་}[4]	四
bye brag{བྱེ་བྲག་}[1]	具体	bzhi stengs{བཞི་སྟེངས་}[2]	喜登
bye dams{བྱེ་དམས་}[1]	沙泥	bzhin{བཞིན་}[33]	如，正在
bye ma{བྱེ་མ་}[8]	沙	bzhu{བཞུ་}[1]	烧
byed{བྱེད་}[85]	做	bzhud{བཞུད་}[4]	启程，离去
byi{བྱི་}[3]	鸟，擦除	bzhug{བཞུག་}[1]	待
byi khung{བྱི་ཁུང་}[1]	鼠洞	bzhugs{བཞུགས་}[37]	待，在，住，坐，放在，保留
byil byil{བྱིལ་བྱིལ་}[1]	摩抚状		
byin{བྱིན་}[10]	给，力	bzhugs sa{བཞུགས་ས་}[1]	住地
byin che ba{བྱིན་ཆེ་བ་}[1]	最雄伟	bzhutt{བཞུཏྟ་}[2]	待，放
byin gyis brlab{བྱིན་གྱིས་བརླབ་}[1]	加持	bzhutt khang{བཞུཏྟ་ཁང་}[1]	住处
byin gyis brlabs {བྱིན་གྱིས་བརླབས་}[2]	加持	bzlog{བཟློག་}[5]	翻转，翻
		bzlog.{བཟློག}[1]	翻转
byin rlabs{བྱིན་རླབས་}[3]	加持	bzo{བཟོ་}[12]	样式，做
bying{བྱིང་}[2]	昏沉	bzo bo{བཟོ་བོ་}[4]	工匠
byis pa{བྱིས་པ་}[2]	婴孩	bzo gra{བཟོ་གྲ་}[1]	作坊
byivu{བྱིའུ་}[1]	小鸟	bzod{བཟོད་}[2]	忍受
byon{བྱོན་}[40]	到达	bzud{བཟུད་}[1]	放进
byugs{བྱུགས་}[4]	扔，涂封，涂饰，涂抹	bzung{བཟུང་}[7]	抓
		cag{ཅག་}[2]	pl，块
		can{ཅན་}[17]	者
byung{བྱུང་}[88]	出现，来，发出，获得，成为	cang{ཅང་}[8]	什么
		cang bzang{ཅང་བཟང་}[1]	姜桑
bzan{བཟན་}[1]	草料		
bzang{བཟང་}[22]	好	ce re{ཅེ་རེ་}[1]	凝视貌

拉丁/藏文/频率	中译	拉丁/藏文/频率	中译
ces{ཅེས་}[60]	QM, 说	chod{ཆོད་}[5]	割断
cha med{ཆ་མེད་}[1]	不清楚	chog{ཆོག་}[5]	可以
chab{ཆབ་}[14]	政权, 政治, 河, 水	chos{ཆོས་}[203]	法
		chos gos{ཆོས་གོས་}[1]	佛衣
chab srid{ཆབ་སྲིད་}[17]	政权, 政治	chos gra{ཆོས་གྲ་}[1]	学经班
chab vog{ཆབ་འོག་}[1]	政权下	chos grwa{ཆོས་གྲྭ་}[2]	经院
chad{ཆད་}[37]	决定, 断, 决断, 惩罚	chos lugs{ཆོས་ལུགས་}[2]	法理
		chos skyong{ཆོས་སྐྱོང་}[19]	护法
chad lta{ཆད་ལྟ་}[1]	断见	chos skyong ba{ཆོས་སྐྱོང་བ་}[11]	护法者
chad pa{ཆད་པ་}[5]	惩罚, 缺漏	chos skyong pa{ཆོས་སྐྱོང་པ་}[1]	护法者
chag brel{ཆག་བྲེལ་}[1]	停止	chos slob pa{ཆོས་སློབ་པ་}[1]	学法者
chag pa{ཆག་པ་}[1]	束	chos spyod{ཆོས་སྤྱོད་}[4]	法行
chags{ཆགས་}[5]	灾难, 形成, 留	chos vbyung{ཆོས་འབྱུང་}[1]	法源
chags sdang{ཆགས་སྡང་}[2]	爱憎	chos vkhor{ཆོས་འཁོར་}[3]	转轮, 法轮
chags shing{ཆགས་ཤིང་}[1]	手杖	chu{ཆུ་}[41]	水
cham{ཆམ་}[1]	和谐	chu bo{ཆུ་བོ་}[3]	水
cham la btang{ཆམ་ལ་བཏང་}[1]	晃动	chu gnyer{ཆུ་གཉེར་}[1]	水纹
cham la phab{ཆམ་ལ་ཕབ་}[1]	击败	chu gri{ཆུ་གྲི་}[2]	匕首
chang{ཆང་}[2]	酒	chu klung{ཆུ་ཀླུང་}[1]	曲隆
char{ཆར་}[1]	雨	chu mig{ཆུ་མིག་}[1]	泉水
chas{ཆས་}[2]	器具	chu shing{ཆུ་ཤིང་}[1]	芭蕉树
che{ཆེ་}[63]	大	chub{ཆུབ་}[1]	参加
che ba{ཆེ་བ་}[13]	大	chud{ཆུད་}[4]	用, 掌握, 进入
che long{ཆེ་ལོང་}[2]	提要	chug{ཆུག་}[1]	插入
che thang{ཆེ་ཐང་}[6]	格外	chung{ཆུང་}[15]	小
ched{ཆེད་}[9]	目的	chung ba{ཆུང་བ་}[1]	小
chen{ཆེན་}[4]	大	chung ma{ཆུང་མ་}[1]	小
chen mo{ཆེན་མོ་}[6]	大	chung ngu{ཆུང་ངུ་}[4]	小
chen po{ཆེན་པོ་}[58]	大	chung ngur{ཆུང་ངུར་}[1]	小
chen po rgyal ba{ཆེན་པོ་རྒྱལ་བ་}[1]	钦布杰哇	chung pa{ཆུང་པ་}[1]	小
ches{ཆེས་}[2]	大、太	chuvo{ཆུའོ་}[1]	水
chib pa{ཆིབ་པ་}[1]	仔细	ci{ཅི་}[44]	什么, 怎么
chibs{ཆིབས་}[3]	坐骑	ci dgar{ཅི་དགར་}[1]	纵情
chibs bres{ཆིབས་བྲེས་}[1]	马棚	ci tsug{ཅི་ཙུག་}[1]	怎样
chibs kha{ཆིབས་ཁ་}[1]	马首	cig{ཅིག་}[59]	MOD, 一, PRT
chibs pa{ཆིབས་པ་}[1]	马	cig bcar ba{ཅིག་བཅར་བ་}[1]	吉加尔哇
cho ga{ཆོ་ག་}[2]	仪式	cig car{ཅིག་ཅར་}[3]	同时
cho nges{ཆོ་ངེས་}[1]	哀号	cing{ཅིང་}[28]	LNK, SER, COO
cho rigs{ཆོ་རིགས་}[1]	门第	cog{ཅོག་}[1]	全部
cho vphrul{ཆོ་འཕྲུལ་}[1]	神变	cog{ཅོག་}[1]	断

拉丁/藏文/频率	中译	拉丁/藏文/频率	中译
cog ro kluvi rgyal mtshan {ཅོག་རོ་ཀླུའི་རྒྱལ་མཚན་}[1]	觉诺·鲁益坚赞	dar dkar{དར་དཀར་}[4]	白绸
		dar gur{དར་གུར་}[1]	绸帐
cog ro skyes bzang rgyal {ཅོག་རོ་སྐྱེས་བཟང་རྒྱལ་}[1]	觉诺·结桑杰	dar khang{དར་ཁང་}[2]	达尔康
		dar la{དར་ལ་}[1]	丝绸
cog ro smon lam vbar {ཅོག་རོ་སྨོན་ལམ་འབར་}[1]	焦拉·孟拉巴	dar phan{དར་ཕན་}[1]	旗幡
		dar rtse{དར་རྩེ་}[1]	打箭炉
cong{ཅོང་}[5]	钟	dar sham{དར་ཤམ་}[1]	绸缎帘子
cong lung{ཅོང་ལུང་}[1]	窘隆	dar thang{དར་ཐང་}[1]	绢
da{ད་}[27]	现在	dar tshag sgong gseg{དར་ཚགས་སྒོང་གསེག་}[1]	达擦贡赛
da dung{ད་དུང་}[1]	还		
da lta{ད་ལྟ་}[5]	现在	dar tshan{དར་ཚན་}[1]	旗队
da na shi la{ད་ན་ཤི་ལ་}[1]	达塔纳喜拉	dar zab{དར་ཟབ་}[1]	绸缎
da res{ད་རེས་}[1]	这次	dbang{དབང་}[17]	权力，属于，原因，灌顶
da ring{ད་རིང་}[1]	今天		
da rung{ད་རུང་}[5]	还	dbang phyag ma{དབང་ཕྱག་མ་}[1]	自在母
da ste{ད་སྟེ་}[2]	现在	dbang phyug tshul khrims{དབང་ཕྱུག་ཚུལ་ཁྲིམས་}[1]	旺丘促赤
daa na shii la{ད་ན་ཤིའི་ལ་}[1]	达那喜拉		
dad{དད་}[1]	信仰	dbang po{དབང་པོ་}[3]	布桑旺保，慧根
dad pa{དད་པ་}[13]	信仰	dben pa{དབེན་པ་}[2]	僻静处
dad pa can{དད་པ་ཅན་}[6]	信仰者	dbon{དབོན་}[8]	子孙，侄子
dag{དག་}[9]	pl, 洗净, 正确	dbu{དབུ་}[33]	头
dag byed khrus kyi khang pa{དག་བྱེད་ཁྲུས་ཀྱི་ཁང་པ་}[1]	清洁沐浴房子	dbu ma rnam gsum{དབུ་མ་རྣམ་གསུམ་}[1]	中观三派
dag pa{དག་པ་}[2]	真正的	dbu ma snang ba{དབུ་མ་སྣང་བ་}[1]	中观明经
dal{དལ་}[1]	缓慢	dbu rgyan{དབུ་རྒྱན་}[1]	乌仗
dam{དམ་}[13]	END, QU, 法规, 圣洁	dbu ring{དབུ་རིང་}[1]	乌仁
		dbu rings{དབུ་རིངས་}[2]	乌仁
dam ba{དམ་བ་}[1]	圣洁, 正	dbu rtse thang{དབུ་རྩེ་ཐང་}[2]	头尖场, 正殿院
dam pa{དམ་པ་}[12]	圣洁, 正	dbu skra{དབུ་སྐྲ་}[1]	头发
dam rgya{དམ་རྒྱ་}[1]	法令	dbu tshal{དབུ་ཚལ་}[1]	吾采
dam rgyu nag po{དམ་རྒྱུ་ནག་པོ་}[1]	护法黑印	dbu tshal gser khang{དབུ་ཚལ་གསེར་ཁང་}[1]	乌才金殿
dam vog{དམ་འོག་}[8]	降服		
dan tig shel{དན་ཏིག་ཤེལ་}[1]	坦笛协	dbugs{དབུགས་}[1]	气
dang{དང་}[487]	COO, LNK, COM, COT, MOD	dbul{དབུལ་}[1]	献给
		dbus{དབུས་}[11]	中心, 卫
dang bo{དང་བོ་}[1]	首先, 第一	dbus pa{དབུས་པ་}[1]	卫藏人
dang po{དང་པོ་}[16]	首先, 第一	dbyar{དབྱར་}[4]	夏天
dar{དར་}[14]	弘扬, 丝绸	dbyes{དབྱེས་}[1]	广度
dar bar byas{དར་བར་བྱས་}[1]	宣布	dbyi yi par ra can{དབྱི་ཡི་པར་ར་ཅན་}[1]	猞猁掌者

拉丁/藏文/频率	中译	拉丁/藏文/频率	中译
dbyings {དབྱིངས་}[1]	界	dge snyen chen mo dri ma med par grags pa {དགེ་བསྙེན་ཆེན་མོ་དྲི་མ་མེད་པར་གྲགས་པ་}[1]	大善知识无垢称
dbyu gu {དབྱུ་གུ་}[1]	棍子		
dbyug gu {དབྱུག་གུ་}[1]	木棍		
dbyug pa {དབྱུག་པ་}[1]	棍杖	dge snyen chen po li tsa byi {དགེ་བསྙེན་ཆེན་པོ་ལི་ཙ་བྱི་}[1]	大善知识李杂启
dbyugs {དབྱུགས་}[3]	扔，抛掷		
dbyung {དབྱུང་}[2]	来，拔	dge tshul {དགེ་ཚུལ་}[7]	沙弥
de {དེ་}[484]	DET，LNK	dge vdun {དགེ་འདུན་}[3]	僧人
de ba pha la {དེ་བ་ཕ་ལ་}[1]	德哇帕拉	dge yig {དགེ་ཡིག་}[1]	功勋
de bas na {དེ་བས་ན་}[5]	因此	dges {དགེས་}[6]	喜欢
de bzhin gshegs pa {དེ་བཞིན་གཤེགས་པ་}[6]	来佛	dgon pa {དགོན་པ་}[2]	寺庙
		dgong {དགོང་}[1]	晚
de lta {དེ་ལྟ་}[1]	现在	dgongs {དགོངས་}[8]	想，思考，天空
de lta bas na {དེ་ལྟ་བས་ན་}[1]	由此	dgongs pa {དགོངས་པ་}[14]	心愿，心思
de tsug {དེ་ཙུག་}[1]	如此	dgos {དགོས་}[18]	AUX，要
de tsugs {དེ་ཙུགས་}[1]	这样	dgra {དགྲ་}[1]	敌人
ded {དེད་}[4]	驱使，赶	dgra bcom {དགྲ་བཅོམ་}[1]	阿罗汉
deng {དེང་}[1]	现在	dgram {དགྲམ་}[1]	铺
deng babs {དེང་བབས་}[1]	登柏	dgu {དགུ་}[14]	九
deng vphabs {དེང་འཕབས་}[2]	登坡	dgu brgya dang dgu bcu {དགུ་བརྒྱ་དང་དགུ་བཅུ་}[1]	九百九十
devu {དེའུ་}[2]	小丘		
dgang {དགང་}[1]	填满	dgu pa {དགུ་པ་}[2]	第九
dgar re {དགར་རེ་}[1]	喜欢	dgug {དགུག་}[2]	召引
dgav {དགའ་}[35]	喜欢，高兴	dgum {དགུམ་}[1]	杀
dgav ba dpal {དགའ་བ་དཔལ་}[1]	喜吉祥	dgun {དགུན་}[1]	冬天
dgav bavi dpal {དགའ་བའི་དཔལ་}[1]	喜吉祥	dgung {དགུང་}[2]	天空，中间
dgav byin {དགའ་བྱིན་}[1]	喜施	dgung lo {དགུང་ལོ་}[4]	年
dgav ldan {དགའ་ལྡན་}[甘丹]	兜率天	dgyel {དགྱེལ་}[1]	推毁
dgav mo sna {དགའ་མོ་སྣ་}[1]	呷莫纳	dgyes {དགྱེས་}[5]	欢喜，喜欢，高兴
dgav ston {དགའ་སྟོན་}[2]	庆祝	dhar ma {དྷར་མ་}[3]	佛经
dge {དགེ་}[6]	善，好	dkag {དཀག་}[1]	阻挡
dge ba {དགེ་བ་}[13]	善，好	dkar {དཀར་}[4]	白，光，喜爱
dge ba bcu {དགེ་བ་བཅུ་}[3]	十善	dkar ba {དཀར་བ་}[1]	白光
dge ba rab gsal {དགེ་བ་རབ་གསལ་}[1]	格哇热赛	dkar khung {དཀར་ཁུང་}[1]	窗子
		dkar mo {དཀར་མོ་}[3]	白色
dge ba yon tan {དགེ་བ་ཡོན་ཏན་}[1]	呷哇云登	dkar po {དཀར་པོ་}[11]	白色，善者，白业
dge rgyas {དགེ་རྒྱས་}[2]	格杰[遍净]	dkar po dung gi thor gtsug can {དཀར་པོ་དུང་གི་ཐོར་གཙུག་ཅན་}[1]	具螺髻的白梵天王
dge sdig {དགེ་སྡིག་}[1]	善恶		
dge slong {དགེ་སློང་}[25]	比丘	dkar thab {དཀར་ཐབ་}[1]	灶房
dge snyen {དགེ་བསྙེན་}[1]	居士	dkav {དཀའ་}[6]	难

拉丁/藏文/频率	中译	拉丁/藏文/频率	中译
dkav lung{བཀའ་ལུང་}[1]	命令	dog{དོག}[2]	限制
dkav sgrom{བཀའ་སྒྲོམ་}[1]	信函	dogs{དོགས}[3]	担心
dkon gnyer{དཀོན་གཉེར}[1]	庙祝	dol{དོལ}[1]	妥
dkon mchog{དཀོན་མཆོག}[4]	至宝	dol thang{དོལ་ཐང་}[1]	朵塘
dkon mchog gsum {དཀོན་མཆོག་གསུམ}[2]	三宝	don{དོན}[19]	事情，意义，意思
		dong{དོང་}[2]	洞
dkon mchog sprin {དཀོན་མཆོག་སྤྲིན}[1]	宝云经	dor{དོར}[1]	抛弃
		dpag tshad{དཔག་ཚད}[2]	拔才
dkon nor{དཀོན་ནོར}[1]	财物	dpal{དཔལ}[3]	吉祥
dkor{དཀོར}[3]	财物	dpal brag dmar{དཔལ་བྲག་དམར}[2]	白扎玛尔
dkor mdzod{དཀོར་མཛོད}[2]	宝库	dpal brag dmar bsam yas mi vgyur lhun gyis grub pa{དཔལ་བྲག་དམར་བསམ་ཡས་མི་འགྱུར་ལྷུན་གྱིས་གྲུབ་པ}[2]	白扎玛尔桑耶米久伦吉珠巴
dkrongs{དཀྲོངས}[1]	被杀		
dkyil{དཀྱིལ}[3]	中间		
dkyil vkhor{དཀྱིལ་འཁོར}[6]	坛城	dpal chu bo ri{དཔལ་ཆུ་བོ་རི}[1]	吉祥邱卧山
dkyus{དཀྱུས}[2]	正文	dpal dbyangs{དཔལ་དབྱངས}[4]	白央
dmag{དམག}[13]	军队	dpal gyi{དཔལ་གྱི}[1]	白吉
dmag drangs{དམག་དྲངས}[2]	进军	dpal gyi ngang tshul can {དཔལ་གྱི་ངང་ཚུལ་ཅན}[1]	白吉昂促坚
dmangs{དམངས}[2]	群众		
dmar{དམར}[4]	红	dpal gyi rdo rje{དཔལ་གྱི་རྡོ་རྗེ}[9]	白吉多杰
dmar mo{དམར་མོ}[1]	红，红色	dpal lha las babs pa {དཔལ་ལྷ་ལས་བབས་པ}[1]	吉祥天降
dmar po{དམར་པོ}[4]	红，红色		
dmar po ri{དམར་པོ་རི}[2]	红山	dpal mgon po nag po{དཔལ་མགོན་པོ་ནག་པོ}[1]	吉祥怙主黑天
dmar sshkya mu ne {ཤཱཀྱ་མུ་ནེ}[1]	玛·释迦牟尼		
		dpal mo dpal thang {དཔལ་མོ་དཔལ་ཐང}[1]	白莫塘
dmar thab{དམར་ཐབ}[1]	血战		
dme ru{དམེ་རུ}[1]	麦荣	dpal rdo rje gdan {དཔལ་རྡོ་རྗེ་གདན}[1]	吉祥金刚座
dmigs{དམིགས}[2]	专注		
dmod{དམོད}[1]	咒骂	dpal shrii{དཔལ་ཤྲཱི}[1]	吉祥
dmyal ba{དམྱལ་བ}[1]	地狱	dpang{དཔང}[1]	凭证
dngos{དངོས}[2]	真实，亲自	dpangs po{དཔངས་པོ}[1]	证人
dngos grub{དངོས་གྲུབ}[1]	成就	dpav bo{དཔའ་བོ}[1]	英雄
dngos po{དངོས་པོ}[1]	物体	dpav pa{དཔའ་པ}[2]	英雄
dngos su{དངོས་སུ}[3]	实际上，亲自	dpe{དཔེ}[24]	例，模型，书
dngul{དངུལ}[10]	银	dpe cha{དཔེ་ཆ}[2]	经书
dngul bya vkhum bu can {དངུལ་བྱ་འཁུམ་བུ་ཅན}[1]	欧甲苦布坚	dpe har{དཔེ་ཧར}[4]	白哈尔
		dpon{དཔོན}[3]	官，首领
do{དོ}[27]	END，二	dpral{དཔྲལ}[1]	额头
do cog{དོ་ཅོག}[1]	所有	dpral ba{དཔྲལ་བ}[1]	额头
do ker{དོ་ཀེར}[1]	顶髻	dpung bu chung{དཔུང་བུ་ཆུང}[1]	步兵
dod{དོད}[3]	匹配，凸现，凸出	dpung pa{དཔུང་པ}[1]	肩

拉丁/藏文/频率	中译	拉丁/藏文/频率	中译
dpya{དཔྱ}[1]	差税	drug{དྲུག}[15]	六
dpyad{དཔྱད}[1]	用	drug cu{དྲུག་ཅུ}[1]	六十
dpyid{དཔྱིད}[1]	春天	drug po{དྲུག་པོ}[1]	六
dpyid zla{དཔྱིད་ཟླ}[1]	孟春月	drung{དྲུང}[9]	前
dpyid zla ra ba{དཔྱིད་ཟླ་ར་བ}[1]	孟春		RES, ALL, PUR,
dpyod{དཔྱོད}[1]	行为	du{དུ}[447]	OBJ, LOC, CAU,
dra{དྲ}[1]	网		DAT, SER, LNK,
dra ba{དྲ་བ}[4]	网		LOC, INS
drad{དྲད}[1]	拖	du ma{དུ་མ}[3]	几
drag{དྲག}[4]	太	dum tshugs{དུམ་ཚུགས}[1]	都促
drag mo{དྲག་མོ}[1]	非常	dung phor{དུང་ཕོར}[1]	白螺碗
drag tu{དྲག་ཏུ}[1]	太	dus{དུས}[55]	时
drags tu{དྲགས་ཏུ}[1]	太	dus vkhor{དུས་འཁོར}[1]	时轮
dran{དྲན}[3]	思念	dwags{དྭགས}[1]	怀疑
dran pa{དྲན་པ}[10]	思念	e{ཨེ}[1]	唉
dran po ba{དྲན་པོ་བ}[1]	念想	eg bcu{ཨེག་བཅུ}[1]	艾久
drang{དྲང}[2]	请	eg cu{ཨེག་ཅུ}[2]	艾久
drang don{དྲང་དོན}[1]	不了义	ga{ག}[3]	哪里
drang srong{དྲང་སྲོང}[1]	仙人	ga dzu na{ག་ཛུ་ན}[1]	龙树
drang srong bzod pa{དྲང་སྲོང་བཟོད་པ}[1]	章松索巴	ga la{ག་ལ}[1]	哪里
		ga sha{ག་ཤ}[2]	绊胸索
drang srong srin bu sna{དྲང་སྲོང་སྲིན་བུ་སྣ}[1]	昌松森布纳	gab rtse{གབ་རྩེ}[2]	易经，坐垫
		gad pa thog{གད་པ་ཐོག}[1]	改巴陀
drang srong sring bu sna{དྲང་སྲོང་སྲིང་བུ་སྣ}[1]	昌松森布纳	gal che{གལ་ཆེ}[1]	重要
		gal ta{གལ་ཏ}[1]	开达
drangs{དྲངས}[47]	拉，引，迎请	gal te{གལ་ཏེ}[2]	如果
dre mo{དྲེ་མོ}[1]	魔妇	gam{གམ}[5]	QU
drengs{དྲེངས}[1]	提	gan{གན}[1]	黄
drevu{དྲེའུ}[4]	骡子	gan po{གན་པོ}[1]	小官吏
dri{དྲི}[3]	问	gang{གང}[36]	一，什么，何，哪
dri chab gsang{དྲི་ཆབ་གསང}[1]	小便		填满
dri gtsang khang{དྲི་གཙང་ཁང}[1]	香殿	gang pa{གང་པ}[2]	满
dri ma{དྲི་མ}[1]	垢污	gang povi rtogs pa brjod pa{གང་པོའི་རྟོགས་པ་བརྗོད་པ}[1]	撰集百缘经
dri ma med pa{དྲི་མ་མེད་པ}[1]	无垢		
dril bu{དྲིལ་བུ}[1]	铃子	gang zag{གང་ཟག}[3]	众生，补特伽罗
drin lan gsob pavi mdo{དྲིན་ལན་གསོབ་པའི་མདོ}[1]	报恩经	gangs{གངས}[4]	雪
		gangs ti se{གངས་ཏི་སེ}[1]	冈底斯
dris{དྲིས}[18]	问	gar{གར}[9]	哪里，舞
drongs{དྲོངས}[5]	请	gar song{གར་སོང}[1]	哪
drud{དྲུད}[1]	拖		

拉丁/藏文/频率	中译	拉丁/藏文/频率	中译
gas{གས་}[2]	裂	gla ba{གླ་བ་}[3]	拉哇，麝香，麋鹿
gcags{གཅགས་}[2]	置放，理解	gla go zho zha{གླ་གོ་ཞོ་ཞ་}[1]	木腰子树
gcan gzan{གཅན་གཟན་}[1]	猛兽	gla gor{གླ་གོར་}[1]	木腰子
gcen{གཅེན་}[1]	兄	glag mdav{གླག་མདའ་}[1]	拉德寺
gces{གཅེས་}[1]	珍爱	glang gi mgo can{གླང་གི་མགོ་ཅན་}[1]	象头
gcig{གཅིག་}[145]	一, PRT		
gcig car{གཅིག་ཅར་}[2]	同时	glang mjing yon{གླང་མཇིང་ཡོན་}[1]	朗景云
gcig pa{གཅིག་པ་}[1]	一		
gcig pu{གཅིག་པུ་}[2]	单一	glang po{གླང་པོ་}[3]	象
gco ro bzav{གཅོ་རོ་བཟའ་}[1]	觉如妃	glang po che{གླང་པོ་ཆེ་}[1]	大象
gcod{གཅོད་}[2]	割断	glang po sna{གླང་པོ་སྣ་}[1]	象鼻山
gcung{གཅུང་}[3]	弟	glang sna gru tshugs{གླང་སྣ་གྲུ་ཚུགས་}[1]	朗纳竹促
gdab{གདབ་}[3]	做		
gdam{གདམ་}[1]	选择	glegs{གླེགས་}[1]	板
gdam ngag{གདམ་ངག་}[8]	教诫	glegs bam{གླེགས་བམ་}[4]	书卷
gdams ngag{གདམས་ངག་}[1]	教诫	glen pa{གླེན་པ་}[1]	愚人
gdan{གདན་}[4]	坐垫	gleng{གླེང་}[17]	谈论
gdan non byas{གདན་ནོན་བྱས་}[1]	就职	gleng lengs{གླེང་ལེངས་}[1]	谈论
gdang bu{གདང་བུ་}[1]	梯绳	glengs{གླེངས་}[1]	谈论
gdav{གདའ་}[13]	EXI	gling{གླིང་}[14]	洲，谈论
gdeng{གདེང་}[2]	确信	gling g·yog{གླིང་གཡོག་}[1]	小洲
gdengs{གདེངས་}[1]	指	glo ba{གློ་བ་}[6]	肺
gdog{གདོག་}[1]	EXI	glo vbur{གློ་འབུར་}[4]	凸起处，墙外房间
gdon{གདོན་}[3]	邪魔	glog{གློག་}[1]	电
gdong{གདོང་}[5]	脸，洞，前	glu{གླུ་}[5]	歌
gdug pa{གདུག་པ་}[3]	凶恶	gnag{གནག་}[5]	仇视
gdug pa can{གདུག་པ་ཅན་}[2]	凶恶者	gnam{གནམ་}[5]	天空
gdugs{གདུགས་}[3]	伞	gnan{གནན་}[1]	压
gdugs rgyal mtshan{གདུགས་རྒྱལ་མཚན་}[1]	伞幢	gnang{གནང་}[41]	做，给，惠赐
		gnas{གནས་}[10]	存在，地方
gdul{གདུལ་}[3]	驯服，教化	gnas brtan pa{གནས་བརྟན་པ་}[1]	上座
gdung{གདུང་}[3]	主体，梁	gnas gzhi{གནས་གཞི་}[2]	基地
gdung ba{གདུང་བ་}[1]	悲哀	gnas mchog{གནས་མཆོག་}[1]	圣境
gdung khang{གདུང་ཁང་}[1]	坟墓	gnggaa{གངྒཱ་}[3]	恒河
gdung ma{གདུང་མ་}[3]	梁	gnod pa{གནོད་པ་}[8]	灾害
gdung rabs{གདུང་རབས་}[1]	世系	gnod sbyin{གནོད་སྦྱིན་}[17]	夜叉
gi{གི་}[118]	GEN, AGE	gnod sbyin nyi mavi gdong{གནོད་སྦྱིན་ཉི་མའི་གདོང་}[1]	太阳面夜叉
gi vdug{གི་འདུག་}[1]	DUR		
gin{གིན་}[1]	SIM	gnon{གནོན་}[1]	压
gis{གིས་}[62]	INS, AGE, MOD		

拉丁/藏文/频率	中译	拉丁/藏文/频率	中译
gnyags dznyaa na ku ma ra{གཉགས་རྫྙཱ་ན་ཀུ་མཱ་ར}[1]	聂·杂纳古玛诺	grangs{གྲངས}[2]	数目，点数
gnyags khri bzang {གཉགས་ཁྲི་བཟང}[1]	娘·赤桑	gren{གྲེན}[1]	掉下
		gri{གྲི}[5]	刀
gnyan{གཉན}[4]	凶残	grib bse sgrom{གྲིབ་བསེ་སྒྲོམ}[1]	止斯卓
gnyan po{གཉན་པོ}[3]	年波	grims{གྲིམས}[1]	分配
gnye bo{གཉེ་བོ}[1]	信使	grir vgum{གྲིར་འགུམ}[1]	暴死
gnyen po{གཉེན་པོ}[1]	山神	gro{གྲོ}[2]	食物
gnyen zla{གཉེན་ཟླ}[1]	亲家	gro thab{གྲོ་ཐབ}[1]	放面粉
gnyer bcum{གཉེར་བཅུམ}[1]	款待	grog po{གྲོག་པོ}[2]	深谷
gnyer ma{གཉེར་མ}[1]	皱纹	grogs{གྲོགས}[4]	帮手
gnyer pa{གཉེར་པ}[1]	管理人员	grogs po{གྲོགས་པོ}[1]	朋友
		grol{གྲོལ}[3]	解开
gnyer stag btsan ldong gzigs{གཉེར་སྟག་བཙན་ལྡོང་གཟིགས}[1]	聂·达赞东思	grong{གྲོང}[1]	村镇
		grong khyer{གྲོང་ཁྱེར}[2]	城镇
gnyid{གཉིད}[1]	睡梦	grongs{གྲོངས}[3]	死亡
gnyid log pa{གཉིད་ལོག་པ}[1]	昏睡者	gros{གྲོས}[12]	商量，商议
gnyis{གཉིས}[70]	二	gru bzhi{གྲུ་བཞི}[1]	方形
gnyis ka{གཉིས་ཀ}[2]	二	gru mer{གྲུ་མེར}[1]	竹梅
gnyis pa{གཉིས་པ}[2]	第二	gru mer ye shes vbyung gnas{གྲུ་མེར་ཡེ་ཤེས་འབྱུང་གནས}[1]	楚麦·耶喜琼耐
go{གོ}[27]	听，理解，END		
go ba{གོ་བ}[2]	理解	gru skas{གྲུ་སྐས}[3]	角梯
go ru{གོ་རུ}[7]	马	grub{གྲུབ}[19]	完成，修行
gom{གོམ}[1]	修行	grub thob{གྲུབ་ཐོབ}[1]	成就
gom pa{གོམ་པ}[3]	步伐	grum{གྲུམ}[3]	珠
gon{གོན}[4]	穿	grum mes{གྲུམ་མེས}[1]	楚麦
gong{གོང}[5]	顶，上	grum ye shes o rgyan mtshan{གྲུམ་ཡེ་ཤེས་ཨོ་རྒྱན་མཚན}[1]	珠·耶喜坚珠
gong ba can{གོང་བ་ཅན}[1]	衣领者		
gong bu dme ru{གོང་བུ་དམེ་རུ}[3]	贡布麦如	grum ye shes rgyal mtshan{གྲུམ་ཡེ་ཤེས་རྒྱལ་མཚན}[2]	珠·耶喜坚赞
gor{གོར}[1]	用处		
gor ma chag{གོར་མ་ཆག}[2]	无疑	grungs{གྲུངས}[1]	死
gos{གོས}[10]	衣服	grwa{གྲྭ}[1]	部门
gos hrul{གོས་ཧྲུལ}[1]	破衣服	gsad{གསད}[5]	杀
gos re ba{གོས་རེ་བ}[1]	黑牛毛毡	gsal{གསལ}[13]	清楚，点燃，清理
gra{གྲ}[1]	扎	gsal snang{གསལ་སྣང}[27]	塞囊
gra ba{གྲ་བ}[1]	沙弥	gsan{གསན}[2]	听
grags{གྲགས}[24]	传说，传播，叫，据说，著名，公认	gsang{གསང}[1]	秘密
		gsang ba{གསང་བ}[2]	密咒
gral{གྲལ}[7]	排	gsang ba phyag rgya can {གསང་བ་ཕྱག་རྒྱ་ཅན}[1]	桑哇恰甲坚
gram pa{གྲམ་པ}[1]	河滩		
grang{གྲང}[1]	冷		

拉丁/藏文/频率	中译	拉丁/藏文/频率	中译
gsang ba vdus pa {གསང་བ་འདུས་པ་}[1]	集密	gsol{གསོལ་}[51]	做，禀报，叫作，献，给
gsang bavi yum bzhi {གསང་བའི་ཡུམ་བཞི་}[1]	秘密佛母四	gsol ba vdebs{གསོལ་བ་འདེབས་}[1]	祈祷
		gsom{གསོམ་}[1]	杉树
gsang bcav{གསང་བཅའ་}[1]	私税	gsos{གསོས་}[2]	医治，补足
gsang sngags{གསང་སྔགས་}[5]	密咒	gsum{གསུམ་}[76]	三
gsar{གསར་}[2]	新	gsum brgya{གསུམ་བརྒྱ་}[2]	三百
gseg ma{གསེག་མ་}[1]	沙砾	gsum brgya pa{གསུམ་བརྒྱ་པ་}[1]	三百
gseg shang{གསེག་ཤང་}[2]	禅杖	gsum cha{གསུམ་ཆ་}[1]	三分之一
gser{གསེར་}[42]	金	gsum ka{གསུམ་ཀ་}[2]	三
gser cha{གསེར་ཆ་}[1]	金子	gsum po{གསུམ་པོ་}[2]	三
gser chu{གསེར་ཆུ་}[1]	金水	gsung{གསུང་}[7]	说，讲
gser ka{གསེར་ཀ་}[1]	金水	gsung rab{གསུང་རབ་}[2]	佛经
gser phye{གསེར་ཕྱེ་}[2]	碎金	gsung rab rin po chevi bang mdzod{གསུང་རབ་རིན་པོ་ཆེའི་བང་མཛོད་}[1]	圣言宝论
gser thang sha ba can {གསེར་ཐང་ཤ་བ་ཅན་}[1]	斯唐辖哇坚	gsungs{གསུངས་}[100]	说，讲述
gser vod dam pa nye vdon{གསེར་འོད་དམ་པ་ཉེ་འདོན་}[1]	金光明经	gsungs rab{གསུངས་རབ་}[2]	经典
gser vod dam pavi mdo{གསེར་འོད་དམ་པའི་མདོ་}[1]	金光明经	gtad{གཏད་}[34]	交给，交付，拿，委托，朝
		gtad par byas{གཏད་པར་བྱས་}[1]	交予
gshav{གཤའ་}[1]	披肩	gtam{གཏམ་}[4]	话
gshav ma{གཤའ་མ་}[1]	真正	gtan{གཏན་}[2]	一定
gshed ma{གཤེད་མ་}[1]	行刑者	gtan du{གཏན་དུ་}[1]	一定
gshed mi{གཤེད་མི་}[1]	刺客	gtan la phab{གཏན་ལ་ཕབ་}[3]	决定
gshegs{གཤེགས་}[12]	死，去	gtan la phob{གཏན་ལ་ཕོབ་}[2]	决定，确定
gshig{གཤིག་}[7]	灭，毁坏	gtan tshig{གཏན་ཚིག་}[4]	逻辑，理由
gshin{གཤིན་}[1]	死者	gtan tshigs smra ba {གཏན་ཚིགས་སྨྲ་བ་}[1]	逻辑学
gshin rje{གཤིན་རྗེ་}[2]	阎罗		
gshin rje gshed{གཤིན་རྗེ་གཤེད་}[1]	大威德	gtang rag{གཏང་རག་}[1]	供养
gshin rje mevi vkhor lo can{གཤིན་རྗེ་མེའི་འཁོར་ལོ་ཅན་}[1]	火轮阎罗	gter{གཏེར་}[2]	矿物，给
		gting{གཏིང་}[4]	底，铺垫
gshin rjes gshed{གཤིན་རྗེས་གཤེད་}[1]	大威德	gtod{གཏོད་}[2]	开创，委托
		gtogs{གཏོགས་}[2]	管辖
gshog{གཤོག་}[1]	翅膀	gtol{གཏོལ་}[1]	迟疑
gshol{གཤོལ་}[1]	犁	gtong{གཏོང་}[3]	做
gsil{གསིལ་}[1]	清洗	gtor{གཏོར་}[6]	撒，散落
gso{གསོ་}[7]	修，补足	gtor ma{གཏོར་མ་}[3]	多玛
gsod{གསོད་}[8]	杀	gtsang{གཙང་}[4]	后藏
gsod mi{གསོད་མི་}[1]	杀手	gtsang btsun legs grub {གཙང་བཙུན་ལེགས་གྲུབ་}[1]	藏尊勒珠
gsog{གསོག་}[1]	聚集		

拉丁/藏文/频率	中译	拉丁/藏文/频率	中译
gtsang khang {གཙང་ཁང་}[3]	佛堂	gyur{འགྱུར་}[21]	成为，变化
gtsang ma {གཙང་མ་}[1]	藏玛	gzav{གཟའ་}[1]	星耀
gtsang po{གཙང་པོ་}[3]	河	gzav mig dmar{གཟའ་མིག་དམར་}[1]	火曜星
gtsang sbra{གཙང་སྦྲ་}[1]	清洁	gzed{གཟེད་}[1]	击
gtsang sme{གཙང་སྨེ་}[1]	静秽	gzengs{གཟེངས་}[1]	高度
gtso{གཙོ་}[16]	主	gzer gdub{གཟེར་གདུབ་}[1]	螺丝垫
gtso bo{གཙོ་བོ་}[9]	主要	gzhal{གཞལ་}[2]	量，评比
gtsug{གཙུག་}[1]	经典	gzhan{གཞན་}[18]	他人，其他
gtsug gtor{གཙུག་གཏོར་}[1]	冠子	gzhan du na{གཞན་དུ་ན་}[1]	或者
gtsug lag{གཙུག་ལག་}[5]	经典	gzhi{གཞི་}[2]	基地
gtsug lag khang {གཙུག་ལག་ཁང་}[21]	佛堂	gzhi mo{གཞི་མོ་}[1]	平地
		gzhi rgya{གཞི་རྒྱ་}[1]	面积
gtsug na rin po chevi mdo{གཙུག་ན་རིན་པོ་ཆེའི་མདོ་}[1]	宝髻菩萨问经	gzhig{གཞིག་}[3]	废弃，分析
		gzhol bar bzhed {གཞོལ་བར་བཞེད་}[1]	倾斜
gtsug phud can{གཙུག་ཕུད་ཅན་}[1]	留发髻者	gzhong{གཞོང་}[1]	盆
gtsugs{གཙུགས་}[3]	树立，插，建立	gzhong pa{གཞོང་པ་}[5]	盘子，雄巴
gtub{གཏུབ་}[2]	完	gzhu{གཞུ་}[4]	弓
gtum{གཏུམ་}[1]	裹缠	gzhug{གཞུག་}[2]	让，放进
gu dog{གུ་དོག་}[1]	褊狭	gzhugs{གཞུགས་}[1]	加入
gu gling{གུ་གླིང་}[1]	金色刺绣绸缎	gzhung{གཞུང་}[3]	理论
gu gul{གུ་གུལ་}[1]	安息香	gzi{གཟི་}[1]	天珠
gu gul thul{གུ་གུལ་ཐུལ་}[1]	蜷缩	gzi chen{གཟི་ཆེན་}[1]	思钦
gu gum{གུ་གུམ་}[1]	藏红花	gzigs{གཟིགས་}[18]	看
gu zu{གུ་ཟུ་}[1]	斗篷	gzim mal{གཟིམ་མལ་}[1]	寝宫
gum{གུམ་}[12]	死	gzims{གཟིམས་}[1]	睡
gung{གུང་}[1]	中间	gzims mal{གཟིམས་མལ་}[2]	寝宫
gus{གུས་}[1]	恭敬	gzims mal ba{གཟིམས་མལ་བ་}[1]	侍寝官
gus pa{གུས་པ་}[1]	尊敬	gzims zhal{གཟིམས་ཞལ་}[1]	寝宫
gyen{གྱེན་}[1]	翻腾	gzir{གཟིར་}[1]	逼迫
gyi{གྱི་}[157]	GEN	gzir gzir{གཟིར་གཟིར་}[1]	逼迫
gyim phag{གྱིམ་ཕག་}[1]	金钯	gzu{གཟུ་}[1]	插入
gyim shang ong jo{གྱིམ་ཤང་འོང་ཇོ་}[1]	金城公主	gzu ba{གཟུ་བ་}[1]	杆
gyim vbag{གྱིམ་འབག་}[1]	合金	gzugs{གཟུགས་}[11]	身形
gyis{གྱིས་}[84]	AGE, INS, 做	gzung{གཟུང་}[4]	保留，抓
gyo dum{གྱོ་དུམ་}[1]	瓦砾	gzungs{གཟུངས་}[2]	陀罗尼
gyod ka{གྱོད་ཀ་}[1]	纠纷	gzus{གཟུས་}[1]	苏
gyod kha{གྱོད་ཁ་}[1]	忏悔	gzus rdo rje rgyal mtshan {གཟུས་རྡོ་རྗེ་རྒྱལ་མཚན་}[1]	苏·多吉坚赞
gyon{གྱོན་}[2]	穿		
gyong po{གྱོང་པོ་}[1]	执拗	g·yar vcham{གཡར་འཆམ་}[1]	同意

拉丁/藏文/频率	中译	拉丁/藏文/频率	中译
g·yas{གཡས་}[8]	右	jo bo{ཇོ་བོ་}[3]	大菩提，大哥
g·yeng{གཡེང་}[1]	散乱	jo bo byang chub chen po {ཇོ་བོ་བྱང་ཆུབ་ཆེན་པོ་}[1]	大菩萨
g·yo dge ba vbyung gnas {གཡོ་དགེ་བ་འབྱུང་གནས་}[1]	约·格外琼耐	jo mo{ཇོ་མོ་}[10]	妃子，救度母，觉姆
g·yo dge bavi vbyung gnas{གཡོ་དགེ་བའི་འབྱུང་གནས་}[1]	约·格外琼耐	jo mo byang chub rje {ཇོ་མོ་བྱང་ཆུབ་རྗེ་}[1]	觉姆降秋杰
g·yo dge vbyung{གཡོ་དགེ་འབྱུང་}[1]	约·格琼	jo mo cen{ཇོ་མོ་ཅན་}[1]	觉姆大
g·yogs{གཡོགས་}[3]	盖	jo mo sgrol ma{ཇོ་མོ་སྒྲོལ་མ་}[3]	救度母
g·yon{གཡོན་}[8]	左，偏袒	ju bzhag{རྗུ་བཞག་}[1]	风水堪舆
g·yon bskor{གཡོན་བསྐོར་}[1]	偏袒	ju zhag{རྗུ་ཞག་}[5]	星算学
g·yon pa{གཡོན་པ་}[1]	左边	ka{ཀ་}[2]	柱
g·yos{གཡོས་}[3]	摇晃	ka ba{ཀ་བ་}[8]	柱子
g·yos khang{གཡོས་ཁང་}[1]	灶房	ka ba dpal rtsegs {ཀ་བ་དཔལ་བརྩེགས་}[1]	噶哇白泽
g·yos mal{གཡོས་མལ་}[1]	锅台	ka ca{ཀ་ཅ་}[1]	东西
g·yu{གཡུ་}[1]	绿松石	ka chu{ཀ་ཆུ་}[1]	呷曲
g·yu ru{གཡུ་རུ་}[1]	玉如	ka lo{ཀ་ལོ་}[1]	斗拱
g·yul{གཡུལ་}[1]	战争	ka ma la{ཀ་མ་ལ་}[6]	呷玛拉
g·yung drung{གཡུང་དྲུང་}[1]	雍仲	ka ma la shi la{ཀ་མ་ལ་ཤི་ལ་}[4]	呷玛拉喜拉
g·yung drung can {གཡུང་དྲུང་ཅན་}[1]	雍仲章饰	ka pa li{ཀ་པ་ལི་}[1]	头盖骨
g·yuv ruvi lam rgyag {གཡའ་རུའི་ལམ་རྒྱག་}[1]	玉、如旅店	kavu shu{ཀའུ་ཤུ་}[1]	姑休
ha re{ཧ་རེ་}[2]	明显地	ke ru gling{ཀེ་རུ་གླིང་}[5]	格如洲
ha ya ghi wa{ཧ་ཡ་གྷི་ཝ་}[1]	马鸣菩萨	keng rus{ཀེང་རུས་}[1]	骷髅
haa shang{ཧཱ་ཤང་}[28]	和尚	kevu levu{ཀེའུ་ལེའུ་}[2]	格吾柳
hal po ri{ཧལ་པོ་རི་}[1]	亥保山	kha{ཁ་}[27]	地方，时候，口
han{ཧན་}[1]	汗	kha blon{ཁ་བློན་}[1]	地方长官
has po ri{ཧས་པོ་རི་}[1]	亥保山	kha che{ཁ་ཆེ་}[4]	克什米尔人，克什米尔
he he{ཧེ་ཧེ་}[1]	咳咳	kha cig{ཁ་ཅིག་}[9]	一些
hen pan dpe har {ཧེན་པན་དཔེ་ཧར་}[1]	韩般白哈	kha dod{ཁ་དོད་}[1]	边地
hral{ཧྲལ་}[1]	扯开	kha dog{ཁ་དོག་}[1]	颜色
hur bya{ཧུར་བྱ་}[2]	乎尔加	kha gcig{ཁ་གཅིག་}[2]	一部分
hwan phan{ཧྭན་ཕན་}[1]	乾盘	kha log{ཁ་ལོག་}[3]	反悔，抗议
ja skyogs{ཇ་སྐྱོགས་}[1]	茶杓	kha ning{ཁ་ནིང་}[2]	去年
je mtho{ཇེ་མཐོ་}[1]	越高	kha phye utpa la{ཁ་ཕྱེ་ཨུཏྤ་ལ་}[1]	卡切吾达拉
ji{ཇི་}[4]	怎样	kha sang{ཁ་སང་}[1]	昨天
ji ltar{ཇི་ལྟར་}[15]	怎样	kha sar pa nni{ཁ་སར་པ་ནྣི་}[2]	观世音
ji skad{ཇི་སྐད་}[1]	什么话	kha sprad{ཁ་སྤྲད་}[1]	对接
		kha vdzin{ཁ་འཛིན་}[2]	助手

词汇附录 447

拉丁/藏文/频率	中译	拉丁/藏文/频率	中译
khab{ཁབ}[10]	妃子，国	khri dar ma vu dum btsan {ཁྲི་དར་མ་འུ་དུམ་བཙན}[1]	赤达尔玛乌都赞
khad dpon{ཁད་དཔོན}[2]	理财官	khri gtsug lde btsan {ཁྲི་གཙུག་ལྡེ་བཙན}[2]	赤祖德赞
khad kyis{ཁད་ཀྱིས}[1]	慢慢	khri lde gtsug btsan {ཁྲི་ལྡེ་གཙུག་བཙན}[1]	赤德祖赞
khag cig{ཁག་ཅིག}[1]	一些	khri lte srong btsan {ཁྲི་ལྟེ་སྲོང་བཙན}[1]	赤德松赞
khal{ཁལ}[10]	克，驮，锅	khri phrag{ཁྲི་ཕྲག}[1]	一万
kham{ཁམ}[1]	适合	khri phyed gsum stong ba {ཁྲི་ཕྱེད་གསུམ་སྟོང་བ}[1]	般若二万五千颂
kham pa{ཁམ་པ}[4]	康木巴	khri rgyal mang mo btsan {ཁྲི་རྒྱལ་མང་མོ་བཙན}[2]	赤杰芒姆赞
khams{ཁམས}[11]	康区，界，健康	khri srong lde btsan {ཁྲི་སྲོང་ལྡེ་བཙན}[4]	赤松德赞
khams bco brgyad {ཁམས་བཅོ་བརྒྱད}[1]	十八界	khri vbring khong btsan {ཁྲི་འབྲིང་ཁོང་བཙན}[1]	赤征孔赞
khams gong ma{ཁམས་གོང་མ}[1]	天界	khri vphang{ཁྲི་འཕང}[1]	官级
khams gsum{ཁམས་གསུམ}[2]	三界，康松	khrid{ཁྲིད}[2]	带领
khang{ཁང}[19]	房子	khrims{ཁྲིམས}[28]	法
khang pa{ཁང་པ}[10]	房子	khro ba{ཁྲོ་བ}[1]	嗔怒
khar rje{ཁར་རྗེ}[1]	运气	khro bo{ཁྲོ་བོ}[1]	忿怒
khas blang{ཁས་བླང}[1]	答应	khro bo kang dang king	忿怒护法哼哈
khas blangs{ཁས་བླངས}[2]	听取，承认	khro bo khams gsum rnam par rgyal ba{ཁྲོ་བོ་ཁམས་གསུམ་རྣམ་པར་རྒྱལ་བ}[1]	三界尊胜忿怒明王
khas len{ཁས་ལེན}[2]	接受		
khas long{ཁས་ལོང}[1]	承认	khro bo mi g'yo ba {ཁྲོ་བོ་མི་གཡོ་བ}[1]	不动忿怒明王
khas po ri{ཁས་པོ་རི}[1]	开保山		
khas sar pa{ཁས་སར་པ}[1]	观世音	khro bo mi g'yo ba dmar po{ཁྲོ་བོ་མི་གཡོ་བ་དམར་པོ}[1]	赤色忿怒不动明王
khas su ri{ཁས་སུ་རི}[8]	开苏山		
khe grags{ཁེ་གྲགས}[1]	名利	khro le{ཁྲོ་ལེ}[1]	吵铃铃
khen khang{ཁེན་ཁང}[1]	坎室	khrod{ཁྲོད}[2]	里，中
khengs{ཁེངས}[4]	充满	khrom{ཁྲོམ}[1]	场地
kho{ཁོ}[5]	3sg	khrom pa skye{ཁྲོམ་པ་སྐྱེ}[1]	冲巴解
kho bo{ཁོ་བོ}[7]	1sg	khron pa{ཁྲོན་པ}[2]	井
kho na{ཁོ་ན}[3]	仅仅	khros{ཁྲོས}[5]	怒
khrab{ཁྲབ}[1]	甲	khrus{ཁྲུས}[2]	洗
khrag{ཁྲག}[1]	血	khu rngog vbrom gsum {ཁུ་རྔོག་འབྲོམ་གསུམ}[1]	库、鄂、仲
khral{ཁྲལ}[2]	税		
khram khang{ཁྲམ་ཁང}[1]	权木康王		
khram shing{ཁྲམ་ཤིང}[1]	拘牌		
khre thag chad{ཁྲེ་ཐག་ཆད}[1]	腐烂		
khri{ཁྲི}[7]	万，座位，赤		
khri btsun{ཁྲི་བཙུན}[1]	赤尊		
khri bzang{ཁྲི་བཟང}[8]	赤桑		
khri dar ma gcig dum {ཁྲི་དར་མ་གཅིག་དུམ}[1]	赤达玛乌都		

448 藏文古文献《拔协》文本标注与语法研究

拉丁/藏文/频率	中译	拉丁/藏文/频率	中译
khu stag tshab{ཁུ་སྟག་ཚབ}[1]	枯达擦	ko ba{ཀོ་བ}[4]	牛皮
khug{ཁུག}[1]	召来	kong co{ཀོང་ཅོ}[2]	公主
khugs{ཁུགས}[2]	召来	kong rtse{ཀོང་རྩེ}[1]	公子
khung{ཁུང}[6]	洞，坑	kri ya{ཀྲི་ཡ}[2]	事部
khungs{ཁུངས}[6]	源头	kri yavi lha tshogs bco lnga{ཀྲི་ཡའི་ལྷ་ཚོགས་བཅོ་ལྔ}[1]	密部事续十五圣会
khur{ཁུར}[2]	背，带		
khyab{ཁྱབ}[3]	遍满，传布	krol{ཀྲོལ}[1]	解开
khyad{ཁྱད}[2]	差别	kum{ཀུམ}[1]	死
khyad par{ཁྱད་པར}[1]	特别	kun{ཀུན}[77]	全
khyad par du{ཁྱད་པར་དུ}[2]	特别，格外	kun dgav ra ba{ཀུན་དགའ་ར་བ}[1]	索呷诺哇
khyed{ཁྱེད}[14]	2sg	kun tu bzang po{ཀུན་ཏུ་བཟང་པོ}[2]	普贤
khyed rang{ཁྱེད་རང}[1]	2sg		
khyer{ཁྱེར}[8]	携带	kun tu zhal bzhi ngo bo gcig{ཀུན་ཏུ་ཞལ་བཞི་ངོ་བོ་གཅིག}[1]	普见四面一性佛
khyi{ཁྱི}[1]	狗		
khyim{ཁྱིམ}[5]	家	kya zhing{ཀྱ་ཞིང}[1]	驻锡
khyim pa{ཁྱིམ་པ}[2]	家	kyang{ཀྱང}[75]	也，又，但
khyo{ཁྱོ}[1]	把	kyavi{ཀྱའི}[1]	也
khyod{ཁྱོད}[57]	2sg	kye ma{ཀྱེ་མ}[1]	啊呀
khyogs{ཁྱོགས}[1]	乘具	kyi{ཀྱི}[248]	GEN，AGE
khyor{ཁྱོར}[2]	把	kyin{ཀྱིན}[3]	SIM
khyung{ཁྱུང}[2]	大鹏	kying{ཀྱིང}[1]	也
khyung po dum gtsugs{ཁྱུང་པོ་དུམ་གཙུགས}[1]	琼保·都促	kyis{ཀྱིས}[84]	AGE，INS
khyung po dum tshugs{ཁྱུང་པོ་དུམ་ཚུགས}[1]	琼保·都促	la{ལ}[816]	DAT，LOC，COO，OBJ，POS，LNK，ALL，PUR，RES，HON，SER，山
khyung po tse tse{ཁྱུང་པོ་ཙེ་ཙེ}[3]	琼保·孜孜		
kim{ཀིམ}[2]	吉木	la gsum rgyal bavi byang chub{ལ་གསུམ་རྒྱལ་བའི་བྱང་ཆུབ}[1]	拉松解哇降秋
klag{ཀླག}[2]	皮，读		
klags{ཀླགས}[3]	读	la kha{ལ་ཁ}[1]	山口
klog{ཀློག}[3]	读	la la{ལ་ལ}[24]	一些，有的
klu{ཀླུ}[16]	龙	la nye{ལ་ཉེ}[2]	征兆
klu mes{ཀླུ་མེས}[7]	鲁梅	la rgyags smra{ལ་རྒྱགས་སྨྲ}[1]	拉甲玛
klu mes shes rab tshul khrims{ཀླུ་མེས་ཤེས་རབ་ཚུལ་ཁྲིམས}[2]	鲁梅·协热促赤	la sogs{ལ་སོགས}[1]	等等
		la sogs pa{ལ་སོགས་པ}[50]	等等
klu mthong bavi dug can{ཀླུ་མཐོང་བའི་དུག་ཅན}[1]	通歪毒坚龙王	la thod{ལ་ཐོད}[3]	头巾
		lag{ལག}[10]	手
klung tshang{ཀླུང་ཚང}[1]	隆仓	lag bde{ལག་བདེ}[1]	巧手
klung tshugs{ཀླུང་ཚུགས}[1]	隆促	lag pa{ལག་པ}[1]	手
kluvi rgyal po a nan ta u li ka{ཀླུའི་རྒྱལ་པོ་ཨ་ནན་ཏ་ཨུ་ལི་ཀ}[1]	龙王阿南达乌里格	lag ris{ལག་རིས}[1]	手纹

拉丁/藏文/频率	中译	拉丁/藏文/频率	中译
lags{ལགས་}[16]	COP，REA	lde mig{ལྡེ་མིག་}[5]	钥匙
lam{ལམ་}[8]	路途，QU	ldeb{ལྡེབ་}[2]	叠，张
lan{ལན་}[35]	报应，次，回答，答案	ldem{ལྡེམ་}[1]	颤抖
		ldem mer{ལྡེམ་མེར་}[1]	摇动
lan kan{ལན་ཀན་}[1]	栏杆	lder bzo{ལྡེར་བཟོ་}[9]	塑像
lan par gsol{ལན་པར་གསོལ་}[1]	报德	lder tsho{ལྡེར་ཚོ་}[3]	泥像
lan tshwa{ལན་ཚྭ་}[1]	盐	lding khang{ལྡིང་ཁང་}[1]	凉亭
lan vgav{ལན་འགའ་}[1]	嫩呷	le lo{ལེ་ལོ་}[1]	怠惰者
lang vgro snang ra{ལང་འགྲོ་སྣང་ར་}[3]	朗·桌囊诺	le tshe{ལེ་ཚེ་}[1]	零碎
		legs{ལེགས་}[15]	好，COP
langs{ལངས་}[3]	起	legs mo{ལེགས་མོ་}[1]	好
		legs pa{ལེགས་པ་}[9]	英俊，好
las{ལས་}[59]	COT，COM，ABL，LNK，SER，缘分，业，事务	len{ལེན་}[17]	唱，取，回信
		levu tshe skyang{ལེའུ་ཚེ་སྐྱང་}[4]	柳采姜
las dpon{ལས་དཔོན་}[4]	监事	lha{ལྷ་}[81]	佛，神，天
las dpon po{ལས་དཔོན་པོ་}[1]	工头	lha btsun pa byang chub vod{ལྷ་བཙུན་པ་བྱང་ཆུབ་འོད་}[1]	拉尊巴降丘卧
las mi{ལས་མི་}[1]	事务人员	lha bu sman{ལྷ་བུ་སྨན་}[1]	拉布门
las skar ma sha stam{ལས་སྐར་མ་ཤ་སྟམ་}[1]	勒呷玛辖达木	lha bzo{ལྷ་བཟོ་}[2]	塑像者
		lha bzo ba{ལྷ་བཟོ་བ་}[3]	塑神匠
latt{ལཏྟ་}[1]	HON	lha chen grub{ལྷ་ཆེན་གྲུབ་}[1]	拉钦珠
lcags{ལྕགས་}[16]	铁	lha chos{ལྷ་ཆོས་}[9]	佛法
lcags ka ri{ལྕགས་ཀ་རི་}[1]	加呷山	lha dkon mchog gsum{ལྷ་དཀོན་མཆོག་གསུམ་}[1]	三宝
lcags kyi mchu can{ལྕགས་ཀྱི་མཆུ་ཅན་}[1]	铁嘴	lha khang{ལྷ་ཁང་}[37]	佛堂
lcags kyi srog pa tsa{ལྕགས་ཀྱི་སྲོག་པ་ཙ་}[1]	驾吉索巴杂	lha lcam{ལྷ་ལྕམ་}[1]	公主
lcags ra smug po{ལྕགས་ར་སྨུག་པོ་}[1]	加诺木莫	lha lung{ལྷ་ལུང་}[2]	拉隆
		lha lung klu gong{ལྷ་ལུང་ཀླུ་གོང་}[1]	拉龙鲁功
lcags ri{ལྕགས་རི་}[1]	围墙		
lcang lo{ལྕང་ལོ་}[1]	辫子	lha ma srin{ལྷ་མ་སྲིན་}[1]	魔鬼
lce{ལྕེ་}[6]	舌头	lha mo{ལྷ་མོ་}[4]	天女
lcog{ལྕོག་}[2]	峰	lha rdzing bang rdzing{ལྷ་རྫིང་བང་རྫིང་}[1]	天池邦池
lcog la smon na lam vbar{ལྕོག་ལ་སྨོན་ན་ལམ་འབར་}[1]	焦拉·孟兰巴	lha ris{ལྷ་རིས་}[2]	贵族
lcog ro{ལྕོག་རོ་}[3]	觉诺	lha ris pa{ལྷ་རིས་པ་}[1]	贵族
lcog ro lha lon{ལྕོག་རོ་ལྷ་ལོན་}[1]	觉诺拉伦	lha ris rgav{ལྷ་རིས་རྒའ་}[1]	拉日呷
lcong{ལྕོང་}[1]	钟	lha rje{ལྷ་རྗེ་}[1]	拉杰
ldan{ལྡན་}[5]	面颊，具有	lha sa{ལྷ་ས་}[12]	拉萨
ldang{ལྡང་}[1]	足够	lha sras gtsang ma{ལྷ་སྲས་གཙང་མ་}[3]	拉色藏玛
lde{ལྡེ་}[3]	德，晒		

拉丁/藏文/频率	中译	拉丁/藏文/频率	中译
lha tshogs{ལྷ་ཚོགས་}[2]	神团	lnga bcu rtsa lnga lnga {ལྔ་བཅུ་རྩ་ལྔ་}[2]	五十五
lhag{ལྷག་}[3]	余	lnga brgya{ལྔ་བརྒྱ་}[7]	五百
lhag ma{ལྷག་མ་}[4]	剩余的	lnga po{ལྔ་པོ་}[1]	五
lhag mthong{ལྷག་མཐོང་}[1]	胜观	lo{ལོ་}[34]	年，岁，END，庄稼，洛
lhag pa{ལྷག་པ་}[1]	多余		
lhag par{ལྷག་པར་}[1]	特别	lo hi ta{ལོ་ཧི་ཏ་}[1]	洛黑达
lhags{ལྷགས་}[1]	到	lo ma{ལོ་མ་}[1]	树叶
lham{ལྷམ་}[5]	鞋	lo pnna{ལོ་པནྣ་}[3]	译师班智达
lhan pa{ལྷན་པ་}[2]	补丁	lo rgyus{ལོ་རྒྱུས་}[6]	历史
lho{ལྷོ་}[7]	南	lo rgyus can{ལོ་རྒྱུས་ཅན་}[1]	历史者
lho brag{ལྷོ་བྲག་}[2]	洛扎	lo śte gu gong{ལོ་སྟེ་གུ་གོང་}[1]	罗德古纳巩
lho nub{ལྷོ་ནུབ་}[2]	西南	lo śte gu sna gong {ལོ་སྟེ་གུ་སྣ་གོང་}[1]	罗德古纳巩
lhod{ལྷོད་}[2]	松		
lhovi gling{ལྷོའི་གླིང་}[1]	南瞻部	lo śton rdo rje dbang phyug{ལོ་སྟོན་རྡོ་རྗེ་དབང་ཕྱུག་}[1]	洛敦·多吉旺秋
lhun gyis{ལྷུན་གྱིས་}[4]	天成		
lhur{ལྷུར་}[1]	努力	lo tsaa{ལོ་ཙཱ་}[8]	翻译，译师
li{ལི་}[1]	李域	lo tsaa ba{ལོ་ཙཱ་བ་}[2]	译师
li gser gzung{ལི་གསེར་གཟུང་}[1]	李·赛松	lo tśtsha{ལོ་ཚྪ་}[3]	翻译
li gser tog{ལི་གསེར་ཏོག་}[1]	李·赛道	lo tśtsha ba{ལོ་ཚྪ་བ་}[2]	译师
li gser vod{ལི་གསེར་འོད་}[1]	李·赛悦	lobs{ལོབས་}[2]	学会
li khri bzher lang mig ser {ལི་ཁྲི་བཞེར་ལང་མིག་སེར་}[1]	李赤协朗米色	log{ལོག་}[4]	返回
		log smra ba{ལོག་སྨྲ་བ་}[2]	邪说
li rje{ལི་རྗེ་}[3]	李域君主	log vtsho{ལོག་འཚོ་}[1]	邪命
li spyod pavi rgyal po {ལི་སྤྱོད་པའི་རྒྱལ་པོ་}[4]	李·觉白杰布	logs{ལོགས་}[6]	面
		logs ldeb{ལོགས་ལྡེབ་}[1]	壁面
li yul{ལི་ཡུལ་}[3]	李域，于阗	lon{ལོན་}[7]	到达
ling ba{ལིང་བ་}[1]	整块	long{ལོང་}[1]	闲暇
lings{ལིངས་}[1]	打猎	long ba rgyab vbrel {ལོང་བ་རྒྱབ་འབྲེལ་}[1]	龙哇甲斋
ljang mo khri btsun {ལྗང་མོ་ཁྲི་བཙུན་}[1]	降姆赤尊		
		longs spyod{ལོངས་སྤྱོད་}[2]	享受
ljang pa{ལྗང་པ་}[1]	幼苗	lpags pa{ལྤགས་པ་}[1]	皮
ljang tsha lha dbon {ལྗང་ཚ་ལྷ་དབོན་}[1]	降擦拉温	lta{ལྟ་}[4]	看
		lta ba{ལྟ་བ་}[15]	见解
lkog{ལྐོག་}[2]	偷偷地	lta bu{ལྟ་བུ་}[12]	如
lkog du{ལྐོག་དུ་}[1]	暗地	lta ci smos{ལྟ་ཅི་སྨོས་}[1]	何须说
lkog tu{ལྐོག་ཏུ་}[2]	暗地	lta ga la{ལྟ་ག་ལ་}[1]	怎么可能
lnga{ལྔ་}[32]	五	ltab ma dgu tsag can {ལྟབ་མ་དགུ་ཚག་ཅན་}[1]	达玛古杂坚
lnga bcu{ལྔ་བཅུ་}[2]	五十		
lnga bcu rtsa gcig {ལྔ་བཅུ་རྩ་གཅིག་}[1]	五十一	ltad mo{ལྟད་མོ་}[6]	节目

拉丁/藏文/频率	中译	拉丁/藏文/频率	中译
ltad mo ba{ལྟད་མོ་བ}[3]	观看者，表演者	ma ga ta{མ་ག་ཏ}[1]	马呷甲
ltag{ལྟག}[1]	后颈	ma haa bho dhi{མ་ཧཱ་བྷོ་དྷི}[1]	大菩提
ltag khung{ལྟག་ཁུང}[1]	后颈	ma haa ya na{མ་ཧཱ་ཡ་ན}[3]	摩诃衍那
ltag pa{ལྟག་པ}[2]	后颈	ma lag{མ་ལག}[1]	系统
ltam{ལྟམས}[1]	诞生	ma lce rang{མ་ལྕེ་རང}[1]	马结让
ltam bu ra{ལྟམ་བུ་ར}[1]	琵琶	ma le bsho{མ་ལེ་བཤོ}[1]	玛勒晓
ltar{ལྟར}[37]	按照	ma nyes pa{མ་ཉེས་པ}[1]	无危害物
ltas{ལྟས}[1]	征兆	ma rgyud{མ་རྒྱུད}[1]	传承
ltas mo{ལྟས་མོ}[1]	节目	ma sa{མ་ས}[1]	马撒
ltas ngan{ལྟས་ངན}[2]	凶兆	ma thag{མ་ཐག}[1]	刚
lte ba{ལྟེ་བ}[5]	主要，中心	ma thag tu{མ་ཐག་ཏུ}[4]	立即
lte ba can{ལྟེ་བ་ཅན}[1]	德哇坚	ma vongs pa{མ་འོངས་པ}[2]	未来
lte khung{ལྟེ་ཁུང}[1]	肚脐	ma zhang{མ་ཞང}[4]	玛降
lto{ལྟོ}[1]	肚子	ma zhang me sko l{མ་ཞང་མེ་སྐོ}[1]	玛香麦郭
ltog{ལྟོག}[1]	饿		
ltog pa{ལྟོག་པ}[1]	饥饿	mal{མལ}[2]	床
ltogs{ལྟོགས}[2]	饿	mam{མམ}[1]	QU
ltong{ལྟོང}[1]	扣	man{མན}[2]	以下
ltos{ལྟོས}[1]	看	man chad{མན་ཆད}[3]	以下
lug{ལུག}[2]	羊	man ngag{མན་ངག}[1]	秘诀
lugs{ལུགས}[19]	模式，规定，理论	man ngag lta bavi vphreng ba{མན་ངག་ལྟ་བའི་འཕྲེང་བ}[1]	秘诀见地蔓
lugs ma{ལུགས་མ}[4]	模式，模具		
lung{ལུང}[16]	佛理，预言，法，命令，教诫	man tsi{མན་ཙི}[1]	薄丝
		mang{མང}[19]	多，芒
lung bstan{ལུང་བསྟན}[5]	授记，预言	mang ba{མང་བ}[2]	多
lung bstan pa{ལུང་བསྟན་པ}[1]	授记	mang po{མང་པོ}[13]	多
lung gnang{ལུང་གནང}[1]	训诫	mang pos bskur bavi sde{མང་པོས་བསྐུར་བའི་སྡེ}[1]	正量部
lung phog{ལུང་ཕོག}[2]	预言		
lung phug{ལུང་ཕུག}[1]	龙普	mang rab{མང་རབ}[1]	许多
lung vtshal{ལུང་འཚལ}[1]	预言	mang yul{མང་ཡུལ}[15]	芒域
lus{ལུས}[22]	留，身体	mar{མར}[19]	下，酥油
lus ngag{ལུས་ངག}[2]	身语	mar gad{མར་གད}[1]	子母绿
ma{མ}[214]	NEG，母	mar me{མར་མེ}[2]	酥油灯
ma bu{མ་བུ}[1]	主寺与支寺	mas yar{མས་ཡར}[1]	下部
ma byon pavi sangs rgyas byams pa{མ་བྱོན་པའི་སངས་རྒྱས་བྱམས་པ}[1]	未来佛弥勒	mchad{མཆད}[1]	去
		mchad pa{མཆད་པ}[1]	坟地
		mchan{མཆན}[1]	注释
ma ga da chad{མ་ག་ད་ཆད}[1]	宝经	mchan bu{མཆན་བུ}[3]	学徒，注释
ma ga dha{མ་ག་དྷ}[5]	摩羯托	mchan par{མཆན་པར}[1]	注释
ma ga dha ba{མ་ག་དྷ་བ}[1]	摩羯托人	mched{མཆེད}[4]	兄弟

词汇附录 451

拉丁/藏文/频率	中译	拉丁/藏文/频率	中译
mchi{མཆི}[50]	去，来，EXI	mdo dgongs pa nges par vgrel pa{མདོ་དགོངས་པ་ངེས་པར་འགྲེལ་པ}[1]	解深密经疏
mchi ma{མཆི་མ}[1]	眼泪，说		
mchid{མཆིད}[14]	话，口	mdo dkon mchog sprin{མདོ་དཀོན་མཆོག་སྤྲིན}[1]	宝云经
mchim phu{མཆིམ་ཕུ}[1]	清浦		
mchims{མཆིམས}[1]	琛木	mdo khams{མདོ་ཁམས}[1]	多康
mchims a nu{མཆིམས་ཨ་ནུ}[1]	琛·阿努	mdo rgya cher rol pa{མདོ་རྒྱ་ཆེར་རོལ་པ}[1]	大游戏经
mchims bzav lha mo btsan{མཆིམས་བཟའ་ལྷ་མོ་བཙན}[1]	琛木妃拉姆赞	mdo sde{མདོ་སྡེ}[9]	佛经
mchims long gzigs{མཆིམས་ལོང་གཟིགས}[1]	琛·隆思	mdo sde las rnam par vbyed pa{མདོ་སྡེ་ལས་རྣམ་པར་འབྱེད་པ}[1]	分别经
mchims me lha{མཆིམས་མེ་ལྷ}[1]	齐木·麦拉	mdo sde sa bcu pa{མདོ་སྡེ་ས་བཅུ་པ}[2]	十地经
mchims vod bzher sprevu chung{མཆིམས་འོད་བཞེར་སྤྲེའུ་ཆུང}[1]	琛木·耶协周琼	mdo sde za ma tog{མདོ་སྡེ་ཟ་མ་ཏོག}[1]	宝箧经
mching bu{མཆིང་བུ}[1]	钦朴	mdo smad{མདོ་སྨད}[2]	多麦
mching phu{མཆིང་ཕུ}[3]	钦朴	mdo stug po{མདོ་སྟུག་པོ}[1]	密严经
mchis{མཆིས}[63]	去，RSA，EXI	mdo za ma tog{མདོ་ཟ་མ་ཏོག}[1]	匣子
mchis mal{མཆིས་མལ}[1]	床	mdor bsdus{མདོར་བསྡུས}[1]	简要
mchod{མཆོད}[7]	供养	mdun{མདུན}[10]	前
mchod ba{མཆོད་པ}[2]	供养	mdun pa{མདུན་པ}[3]	前面，居所
mchod gnas{མཆོད་གནས}[9]	供养处	mdun pa che ba{མདུན་པ་ཆེ་བ}[1]	大臣
mchod pa{མཆོད་པ}[16]	供养	mdun pa chung ngur{མདུན་པ་ཆུང་ངུར}[1]	小吏
mchod rdzas{མཆོད་རྫས}[5]	供养物资		
mchod rten{མཆོད་རྟེན}[38]	供塔	mdzad{མཛད}[67]	做
mchod rten vod vbar ba{མཆོད་རྟེན་འོད་འབར་བ}[1]	光焰塔	mdzad pa{མཛད་པ}[1]	行为
mchog legs{མཆོག་ལེགས}[1]	上乘	mdzangs{མཛངས}[3]	聪慧
mchog tu{མཆོག་ཏུ}[1]	上乘	mdze{མཛེ}[1]	麻风病
mchong{མཆོང}[1]	跳	mdzes{མཛེས}[1]	英俊
mchongs{མཆོངས}[2]	跳	mdzod{མཛོད}[4]	仓库，做，俱舍论
mchu{མཆུ}[3]	嘴唇	mdzod mkhan{མཛོད་མཁན}[1]	左堪
mchu sbrang{མཆུ་སྦྲང}[1]	笛子	mdzub ker byas{མཛུབ་ཀེར་བྱས}[1]	指
mchu sngo{མཆུ་སྔོ}[1]	诽谤	mdzub ker byed{མཛུབ་ཀེར་བྱེད}[1]	指
mdang{མདང}[1]	昨夜	mdzub mo{མཛུབ་མོ}[3]	手指头
mdangs dgav ba can{མདངས་དགའ་བ་ཅན}[1]	欢颜者	me{མེ}[10]	火
		me btsav{མེ་བཙའ}[1]	火灸
mdav{མདའ}[9]	箭，死	me lha{མེ་ལྷ}[1]	火神
mdav gzhu{མདའ་གཞུ}[1]	弓箭	me long{མེ་ལོང}[3]	镜子
mdav yab{མདའ་ཡབ}[1]	檐子	me ro{མེ་རོ}[2]	余烬
mdo{མདོ}[12]	经，下方	me stag{མེ་སྟག}[1]	火星
mdo brgyud{མདོ་བརྒྱུད}[1]	经续	me tog{མེ་ཏོག}[11]	花

拉丁/藏文/频率	中译	拉丁/藏文/频率	中译
me tog sgron{མེ་ཏོག་སྒྲོན་}[2]	梅朵准	mkhal ma{མཁལ་མ་}[1]	腰子
me vgos{མེ་འགོས་}[1]	梅郭	mkhan{མཁན་}[10]	者
me yar{མེ་ཡར་}[1]	麦雅	mkhan bu{མཁན་བུ་}[3]	弟子
med{མེད་}[63]	EXI:NEG, RSA:NEG	mkhan po{མཁན་པོ་}[18]	堪布
		mkhan rgyud{མཁན་རྒྱུད་}[1]	戒师
men{མེན་}[1]	NEG	mkhan slob{མཁན་སློབ་}[1]	师徒
mes{མེས་}[30]	祖宗，祖父	mkhar{མཁར་}[4]	城，杖
mes po{མེས་པོ་}[1]	祖宗	mkhar brag{མཁར་བྲག་}[3]	卡尔扎
mgo{མགོ་}[6]	头	mkhar chen bzav mtsho rgyal{མཁར་ཆེན་བཟའ་མཚོ་རྒྱལ་}[1]	喀钦妃错杰
mgo bo{མགོ་བོ་}[1]	头		
mgo devu shan{མགོ་དེའུ་ཤན་}[1]	五台山	mkhar chu btsan{མཁར་ཆུ་བཙན་}[1]	喀尔丘赞
mgo mjug{མགོ་མཇུག་}[1]	头脚		
mgo rgod{མགོ་རྒོད་}[1]	逞凶	mkhar gzhong{མཁར་གཞོང་}[3]	铜盘
mgon khang{མགོན་ཁང་}[1]	护法佛房	mkhar nag{མཁར་ནག་}[1]	喀纳
mgon po{མགོན་པོ་}[5]	怙主	mkhar po{མཁར་པོ་}[2]	城堡
mgon po tshe dpag tu med pa{མགོན་པོ་ཚེ་དཔག་ཏུ་མེད་པ་}[1]	怙主无量寿	mkhas{མཁས་}[10]	博学，精通，擅长
		mkhas pa{མཁས་པ་}[17]	专家，学者，智者，精通
mgos{མགོས་}[3]	郭		
mgos khri bzang{མགོས་ཁྲི་བཟང་}[1]	郭·赤桑	mkhav vgro ma{མཁའ་འགྲོ་མ་}[4]	空行母
		mkhyen{མཁྱེན་}[8]	认识，会，知道
mgrin bzang{མགྲིན་བཟང་}[1]	真桑	mkhyen rab vjam dpal gling{མཁྱེན་རབ་འཇམ་དཔལ་གླིང་}[1]	胜智文殊洲
mgron bu{མགྲོན་བུ་}[1]	旅客		
mgron po{མགྲོན་པོ་}[1]	旅客	mnal{མནལ་}[1]	睡觉
mgur{མགུར་}[1]	调子	mnan{མནན་}[7]	按压
mi{མི་}[248]	人，NEG	mnav{མནའ་}[1]	誓言
mi bya dgu bya{མི་བྱ་དགུ་བྱ་}[1]	胡作非为	mngar{མངར་}[1]	领土
mi g·yo mgon po{མི་གཡོ་མགོན་པོ་}[1]	不动怙主	mngav{མངའ་}[7]	统治，EXI
		mngav bdag{མངའ་བདག་}[2]	领主
mi mchi dgu mchi{མི་མཆི་དགུ་མཆི་}[1]	传谣	mngav gsol{མངའ་གསོལ་}[5]	开光
		mngav ris{མངའ་རིས་}[9]	领地，阿里
mi rgyal to res{མི་རྒྱལ་ཏོ་རེས་}[1]	米解浩日	mngav thang{མངའ་ཐང་}[3]	权力
mi tshang{མི་ཚང་}[1]	人家	mngav vbangs{མངའ་འབངས་}[1]	属民
mig{མིག་}[5]	眼睛，间	mng·ga lamq{མངྒ་ལམ྄་}[1]	吉祥
mig log byas{མིག་ལོག་བྱས་}[1]	翻眼	mngon{མངོན་}[1]	显现
min{མིན་}[5]	COP:NEG	mngon byang chub{མངོན་བྱང་ཆུབ་}[1]	菩萨
ming{མིང་}[15]	名字		
ming sring{མིང་སྲིང་}[1]	兄妹	mngon pa{མངོན་པ་}[2]	论藏
mjal{མཇལ་}[9]	相见	mngon pa mdzod{མངོན་པ་མཛོད་}[1]	俱舍论
mjing pa{མཇིང་པ་}[1]	脖颈		
mjug ma{མཇུག་མ་}[1]	尾巴		

拉丁/藏文/频率	中译	拉丁/藏文/频率	中译
mngon par nyos kyi ka sha{མངོན་པར་ཉོས་ཀྱི་ཀ་ཤ་}[1]	阿毗达摩之声闻俱舍	mtshan{མཚན་}[1]	名字
mngon par shes{མངོན་པར་ཤེས་}[1]	神通	mtshan ma{མཚན་མ་}[2]	本性
mngon shes{མངོན་ཤེས་}[2]	神通	mtshan mo{མཚན་མོ་}[1]	晚上
mngon shes can{མངོན་ཤེས་ཅན་}[1]	神通者	mtshan nyid{མཚན་ཉིད་}[1]	性相
mngon sum{མངོན་སུམ་}[1]	真实	mtshan rtags{མཚན་རྟགས་}[1]	特征
mnn·ttal{མནྟལ་}[1]	曼陀罗	mtshang can{མཚང་ཅན་}[2]	犯罪者
mnos{མནོས་}[2]	取	mtshar{མཚར་}[5]	漂亮
mnyal bi ma{མཉལ་བི་མ་}[1]	聂·毕玛	mtsho{མཚོ་}[7]	湖
mnyam{མཉམ་}[6]	相等	mtsho mo{མཚོ་མོ་}[1]	湖
mnyam pa{མཉམ་པ་}[1]	一起	mtsho mo vgur{མཚོ་མོ་འགུར་}[1]	错莫古
mnyes{མཉེས་}[3]	欢喜	mtsho vkhor ma{མཚོ་འཁོར་མ་}[1]	考玛湖
mo{མོ་}[13]	END，3sg，女	mtshon{མཚོན་}[1]	武器
mo ma{མོ་མ་}[1]	女巫	mtshon cha{མཚོན་ཆ་}[4]	武器
mod{མོད་}[1]	LNK	mtshon rtsi{མཚོན་རྩི་}[1]	油漆
mol{མོལ་}[7]	商议	mu dzu dge ba vbar{མུ་ཛུ་དགེ་བ་འབར་}[1]	孟祖格哇巴
mol gtam{མོལ་གཏམ་}[1]	商议	mu ge{མུ་གེ་}[3]	饥荒
mon{མོན་}[4]	门地	mu ne btsan po{མུ་ནེ་བཙན་པོ་}[4]	牟尼赞普
mos{མོས་}[2]	商量，愿意	mu steg pa{མུ་སྟེག་པ་}[1]	外道
mthav{མཐའ་}[7]	最后，边地，边境	mu stegs{མུ་སྟེགས་}[4]	外道
mthav khob{མཐའ་ཁོབ་}[2]	边陲	mu tegs{མུ་ཏེགས་}[3]	外道
mthav vkhob{མཐའ་འཁོབ་}[1]	边远	mu tig{མུ་ཏིག་}[3]	珍珠
mtheb{མཐེབ་}[1]	扣子	mu tig btsan po{མུ་ཏིག་བཙན་པོ་}[2]	牟笛赞普
mthing{མཐིང་}[1]	蓝色	mun dza dge ba rtsal{མུན་ཛ་དགེ་བ་རྩལ་}[1]	孟祖格哇宰
mthing ka{མཐིང་ཀ་}[1]	蓝色	mun dzu dpal vbar{མུན་ཛུ་དཔལ་འབར་}[1]	孟祖拜巴
mtho{མཚོ་}[4]	高	mya ngan{མྱ་ངན་}[2]	悲痛
mtho ris{མཐོ་རིས་}[2]	善趣	mya ngan las vdas{མྱ་ངན་ལས་འདས་}[2]	涅槃经，涅槃
mtho rtsig{མཐོ་རྩིག་}[1]	立碑	myang{མྱང་}[1]	娘氏
mtho tshams{མཐོ་ཚམས་}[1]	侵害	myang mtshams pa rin chen{མྱང་མཚམས་པ་རིན་ཆེན་}[1]	娘擦巴仁钦
mtho vtshams{མཐོ་འཚམས་}[1]	侵害	myang ro{མྱང་རོ་}[2]	娘诺
mthon po{མཐོན་པོ་}[1]	高	myang ros kong{མྱང་རོས་ཀོང་}[1]	娘·茹巩
mthong{མཐོང་}[20]	看见	myang sha mi{མྱང་ཤ་མི་}[2]	娘·夏米
mthu{མཐུ་}[5]	法力，有法力	myong{མྱོང་}[4]	经受，尝试
mthu can{མཐུ་ཅན་}[1]	法力高强者	myur{མྱུར་}[2]	迅速
mthu rtsal klu gling{མཐུ་རྩལ་ཀླུ་གླིང་}[1]	威猛龙洲	na{ན་}[325]	LOC，COD，ALL，POS，沼泽，年龄
mthun{མཐུན་}[15]	适合，相同，亲睦，和好		
mtshal dmar{མཚལ་དམར་}[2]	生鲜肉食		
mtshams{མཚམས་}[4]	边界		

拉丁/藏文/频率	中译	拉丁/藏文/频率	中译
na bun{ན་བུན་}[2]	雾霭	ngan lam rgyal ba mchog yangs{ངན་ལམ་རྒྱལ་བ་མཆོག་ཡངས་}[1]	恩兰·解哇乔央
na bzav{ན་བཟའ་}[6]	衣服		
na ga dzu na{ན་གཛུ་ན་}[1]	龙树	ngan lam stag ra klu gong {ངན་ལམ་སྟག་ར་ཀླུ་གོང་}[1]	恩兰·达扎鲁宫
na len tra{ན་ལེན་ཏྲ་}[1]	那兰陀		
na re{ན་རེ་}[85]	说	ngan pa{ངན་པ་}[3]	坏的，坏人
na tsha{ན་ཚ་}[1]	病	ngan song{ངན་སོང་}[3]	恶趣
nad{ནད་}[6]	病	ngan vgro{ངན་འགྲོ་}[1]	恶趣
nag{ནག་}[7]	黑	ngang gis{ངང་གིས་}[1]	自然
nag mo{ནག་མོ་}[1]	黑的	ngang tshul ma{ངང་ཚུལ་མ་}[1]	昂促玛
nag pa{ནག་པ་}[1]	黑色	nge{ངེ་}[3]	1sg
nag po{ནག་པོ་}[16]	黑业，黑色，黑	nge zhig{ངེ་ཞིག་}[1]	悄悄
nags{ནགས་}[1]	森林	nged{ངེད་}[15]	1pl
nal bshams{ནལ་བཤམས་}[1]	私通	nges{ངེས་}[9]	确定
nal gu{ནལ་གུ་}[1]	碧玉	nges par{ངེས་པར་}[1]	一定
nam{ནམ་}[10]	QU	nghar tu tsii do{ངྷར་ཏུ་རྩིའི་དོ་}[1]	阿都杂多
nam mkhav{ནམ་མཁའ་}[10]	天空	nghi pam ka ra{ངྷི་པམ་ཀ་ར་}[1]	黑巴呷诺
nam mkhavi snying po {ནམ་མཁའི་སྙིང་པོ་}[1]	虚空藏	ngo{ངོ་}[17]	END，脸面
		ngo bo{ངོ་བོ་}[2]	本质
nam phyed{ནམ་ཕྱེད་}[4]	半夜	ngo bshang{ངོ་བཤང་}[1]	鼓钹
nan{ནན་}[2]	严格	ngo chen{ངོ་ཆེན་}[1]	大面子
nan cher{ནན་ཆེར་}[2]	非常	ngo mtshar{ངོ་མཚར་}[1]	奇异
nang{ནང་}[41]	里，内	ngo shes{ངོ་ཤེས་}[1]	认识
nang cha{ནང་ཆ་}[1]	内脏	ngos{ངོས་}[16]	面
nang chen{ནང་ཆེན་}[1]	侍卫长	ngur{ངུར་}[1]	赤黄
nang pa{ནང་པ་}[2]	佛法，内道	ni{ནི་}[68]	TOP
nang par{ནང་པར་}[9]	第二天清晨	no{ནོ་}[18]	END
nang phugs{ནང་ཕུགས་}[1]	里头	nogs{ནོགས་}[1]	错
nar{ནར་}[1]	长	nongs{ནོངས་}[3]	错
nar ba{ནར་བ་}[1]	长	nor{ནོར་}[9]	错，财物
nar nar{ནར་ནར་}[1]	长条形的	nor bu bzang po {ནོར་བུ་བཟང་པོ་}[3]	诺布桑保
nas{ནས་}[799]	LNK，ABL，SER，青稞	nub{ནུབ་}[10]	晚上，西，沉，灭
ne ne mo{ནེ་ནེ་མོ་}[3]	祖奶奶	nub kyi gling{ནུབ་ཀྱི་གླིང་}[1]	西牛贺州
ne ral{ནེ་རལ་}[1]	纳热	nub mo{ནུབ་མོ་}[2]	夜晚
nga{ང་}[140]	1sg	nub phyogs{ནུབ་ཕྱོགས་}[3]	西方
nga rgyal{ང་རྒྱལ་}[2]	骄傲	nus{ནུས་}[10]	能，AUX
ngam{ངམ་}[7]	QU	nus pa{ནུས་པ་}[3]	能力
ngam bshod{ངམ་བཤོད་}[2]	昂许	nya{ཉ་}[3]	鱼
ngam bu{ངམ་བུ་}[1]	1sg	nya ma{ཉ་མ་}[1]	女尼
ngan{ངན་}[12]	坏	nyal{ཉལ་}[4]	睡

拉丁/藏文/频率	中译	拉丁/藏文/频率	中译
nyams{ཉམས་}[8]	经验，衰败	ong jo{ཨོང་ཇོ་}[9]	公主
nyan{ཉན་}[4]	听	pa{པ་}[671]	NML，者，SER，LNK
nyan thos{ཉན་ཐོས་}[1]	声闻		
nyan thos chen po bcu drug{ཉན་ཐོས་ཆེན་པོ་བཅུ་དྲུག་}[1]	十六尊阿罗汉	pa dkor na vdod{པ་དཀོར་ན་འདོད་}[1]	八郭纳兑
nyang sha mi{ཉང་ཤ་མི་}[1]	娘·夏米	pa dkor na vdod{པ་དཀོར་ན་འདོད་}[4]	八郭纳兑
nyang ting nge vdzin{ཉང་ཏིང་ངེ་འཛིན་}[1]	娘·丁埃僧	pa lags{པ་ལགས་}[3]	REA
nyavi lha snang ba mthav yas{ཉའི་ལྷ་སྣང་བ་མཐའ་ཡས་}[1]	月中佛无量光	pa lam rlags na{པ་ལམ་རླགས་ན་}[1]	巴拉木腊
		pa ma mchis{པ་མ་མཆིས་}[3]	EXP:NEG
nye{ཉེ་}[7]	接近	pa ma yin{པ་མ་ཡིན་}[1]	REA:NEG
nye bu{ཉེ་བུ་}[1]	碎	pa med{པ་མེད་}[6]	EXP:NEG
nye gnas{ཉེ་གནས་}[3]	门徒	pa mi vdug{པ་མི་འདུག་}[1]	EXP:NEG
nyen{ཉེན་}[1]	危险	pa min{པ་མིན་}[1]	REA:NEG
nyer{ཉེར་}[1]	接近	pa nntti{པ་ནྣྟི་}[1]	班智达
nyes{ཉེས་}[5]	危害，坏处，错误	pa yin{པ་ཡིན་}[21]	REA
nyes po{ཉེས་པོ་}[1]	危害	pa yod{པ་ཡོད་}[2]	EXP
nyi ma{ཉི་མ་}[9]	尼玛，太阳	pad dkar po{པད་དཀར་པོ་}[1]	白莲花
nyi shu{ཉི་ཤུ་}[1]	二十	pags{པགས་}[1]	皮子
nyi shu rtsa brgyad{ཉི་ཤུ་རྩ་བརྒྱད་}[1]	二十八	pang{པང་}[2]	怀抱
		pann ddi ta{པནྣ་ཌྜི་ཏ་}[1]	班智达
nyi shu rtsa gcig{ཉི་ཤུ་རྩ་གཅིག་}[4]	二十一	par{པར་}[60]	SER，LNK
nyi shu rtsa lnga{ཉི་ཤུ་རྩ་ལྔ་}[2]	二十五	par chad{པར་ཆད་}[1]	障碍
nyi shu rtsa lnga lnga{ཉི་ཤུ་རྩ་ལྔ་ལྔ་}[1]	二十五	pas{པས་}[341]	LNK，SER
		pdma{པདྨ་}[10]	白玛，莲花
nyi tshe ba{ཉི་ཚེ་བ་}[1]	孤独	pdma raa ga{པདྨ་རཱ་ག་}[1]	红宝石
nyi zla{ཉི་ཟླ་}[4]	日月	pdma sa bha wa{པདྨ་ས་བྷ་ཝ་}[1]	白玛桑布哇
nyid{ཉིད་}[2]	性	pdma smbha wa{པདྨ་སྨྦྷ་ཝ་}[4]	白玛桑布哇
nyin{ཉིན་}[1]	天	pdma vbyung gnas{པདྨ་འབྱུང་གནས་}[2]	白玛琼耐
nyin lam{ཉིན་ལམ་}[2]	路程		
nyin mo{ཉིན་མོ་}[1]	白天	pdmas bha wa{པདྨས་བྷ་ཝ་}[1]	白玛桑布哇
nying slob{ཉིང་སློབ་}[1]	徒孙	pe tse{པེ་ཙེ་}[1]	白泽
nyis thog{ཉིས་ཐོག་}[1]	两层	pha{པ་}[10]	父亲
nyon mongs pa{ཉོན་མོངས་པ་}[1]	烦恼	pha ba dgo dgo{པ་བ་དགོ་དགོ་}[2]	马勃
nyug{ཉུག་}[1]	伸出	pha bong{པ་བོང་}[3]	大石头
nyung{ཉུང་}[6]	少的	pha ga{པ་ག་}[1]	对岸
nyung ba{ཉུང་བ་}[1]	少的	pha gi{པ་གི་}[3]	DET
o tan po ri{ཨོ་ཏན་པོ་རི་}[1]	奥登布山	pha la{པ་ལ་}[2]	帕拉
o tan pu ri{ཨོ་ཏན་པུ་རི་}[1]	奥登布山	pha rol{པ་རོལ་}[4]	彼岸
o tan spu ri{ཨོ་ཏན་སྤུ་རི་}[1]	奥登布山	pha tshan{པ་ཚན་}[1]	亲属

词汇附录 457

拉丁/藏文/频率	中译	拉丁/藏文/频率	中译
pha vong{པ་བོང་}[3]	巨石	phra men{ཕྲ་མེན་}[3]	嵌花
pha yul{པ་ཡུལ་}[3]	家乡	phrad{ཕྲད་}[2]	相遇
phab{པབ་}[7]	降，到	phrag{ཕྲག་}[1]	边界
phabs{པབས་}[1]	降	phral{ཕྲལ་}[2]	分离
phag ri{པག་རི་}[2]	帕日	phran{ཕྲན་}[4]	小
phal chen pa{ཕལ་ཆེན་པ་}[1]	大众	phreng ba{ཕྲེང་བ་}[1]	串
phal cher{ཕལ་ཆེར་}[4]	大多数	phrug{ཕྲུག་}[5]	肘，孩子
phal po che{ཕལ་པོ་ཆེ་}[2]	华严经	phrugs{ཕྲུགས་}[1]	擦
pham{ཕམ་}[4]	输	phu{ཕུ་}[1]	谷口
pham phabs{ཕམ་པབས་}[1]	残羹剩饭	phu thung{ཕུ་ཐུང་}[2]	袖子
phan{ཕན་}[6]	利益	phub{ཕུབ་}[1]	架起
phan gdags{ཕན་གདགས་}[1]	获利	phud{ཕུད་}[6]	脱，开始部分
phan pa{ཕན་པ་}[1]	利益	phud rabs{ཕུད་རབས་}[1]	记载
phang thang{ཕང་ཐང་}[1]	好	phug bevu{ཕུག་བེའུ་}[1]	贝吾
phar{ཕར་}[7]	对面，对边	phul{ཕུལ་}[63]	献，合
phar kha{ཕར་ཁ་}[1]	对岸	phul so{ཕུལ་སོ་}[1]	丕索
phar vgro tshur vgro{ཕར་འགྲོ་ཚུར་འགྲོ་}[1]	走来走去	phun sum tshogs{ཕུན་སུམ་ཚོགས་}[1]	齐全
phebs{ཕེབས་}[3]	到	phung{ཕུང་}[1]	衰亡
phib{ཕིབ་}[2]	盖	phung bar{ཕུང་བར་}[1]	衰亡
pho{ཕོ་}[4]	男，倒	phung par{ཕུང་པར་}[2]	衰亡
pho brang{ཕོ་བྲང་}[21]	宫殿	phung phung{ཕུང་ཕུང་}[1]	气冲冲
pho mtshan{ཕོ་མཚན་}[1]	男性生殖器	phung po{ཕུང་པོ་}[1]	堆
pho nya{ཕོ་ཉ་}[24]	使者	phur{ཕུར་}[1]	橛
pho nya ba{ཕོ་ཉ་བ་}[11]	使者	phur ba{ཕུར་བ་}[1]	橛子
pho rang{ཕོ་རང་}[2]	孤零零	phur bu vbum sde{ཕུར་བུ་འབུམ་སྡེ་}[1]	十万橛部
pho shing{ཕོ་ཤིང་}[1]	公树		
pho yong bzav{ཕོ་ཡོང་བཟའ་}[5]	颇雍妃	phur pa{ཕུར་པ་}[2]	橛
pho yongs bzav{ཕོ་ཡོངས་བཟའ་}[1]	颇雍妃	phya mkhan{ཕྱ་མཁན་}[2]	占卜者，工匠
phob{ཕོབ་}[5]	到达，降下	phyag{ཕྱག་}[46]	HON，手，礼节
phod{ཕོད་}[4]	AUX	phyag na rdo rje{ཕྱག་ན་རྡོ་རྗེ་}[3]	金刚手
phog{ཕོག་}[4]	给付，遭受，赐，下降	phyag na rdo rje zhi ba dkar po{ཕྱག་ན་རྡོ་རྗེ་ཞི་བ་དཀར་པོ་}[1]	白寂金刚手
phog ron{ཕོག་རོན་}[1]	鸽子	phyag na rdo rjevi pho brang{ཕྱག་ན་རྡོ་རྗེའི་ཕོ་བྲང་}[1]	金刚手宫
phogs{ཕོགས་}[1]	获取		
phor{ཕོར་}[2]	碗	phyag pa{ཕྱག་པ་}[1]	HON
phor pa{ཕོར་པ་}[1]	碗	phyag rgya{ཕྱག་རྒྱ་}[1]	手印
phor tshang{ཕོར་ཚང་}[1]	乌鸦窝	phyag ris{ཕྱག་རིས་}[4]	功勋
phra ba{ཕྲ་བ་}[1]	踢	phyag rjes{ཕྱག་རྗེས་}[2]	功勋
phra med{ཕྲ་མེད་}[1]	镶嵌宝石	phyag rten{ཕྱག་རྟེན་}[2]	礼物

拉丁/藏文/频率	中译	拉丁/藏文/频率	中译
phyag sbal{ཕྱག་སྦལ་}[3]	文库，仓库		OBJ, LOC, DAT,
phyag sprin{ཕྱག་སྤྲིན་}[2]	仆从，属民	r{ར་}[429]	RES, ALL, SER,
phyag tshang{ཕྱག་ཚང་}[1]	厨师		PUR, LNK, COO
phyags pa vbo tra tha gu ra{ཕྱགས་པ་འབོ་ཏྲ་ཐ་གུ་ར་}[1]	恰巴保扎他古热	ra{ར་}[3]	羊
		ra ba{ར་བ་}[1]	范围
phyam{ཕྱམ་}[1]	椽子	ra dza{ར་ཛ་}[1]	迦那
phyang mo{ཕྱང་མོ་}[1]	悬垂	ra ma{ར་མ་}[1]	可靠
phye{ཕྱེ་}[15]	开，碎，粉末状	ra mo che{ར་མོ་ཆེ་}[3]	小昭寺
phye thang{ཕྱེ་ཐང་}[1]	适当	ra rdzi{ར་རྫི་}[2]	牧童
phyed{ཕྱེད་}[1]	半	ra sa{ར་ས་}[8]	大昭寺
phyi{ཕྱི་}[25]	后，外，祖母	ra slag{ར་སླག་}[2]	羊皮袍
phyi da{ཕྱི་ད་}[1]	外围	ra thod{ར་ཐོད་}[1]	诺陀
phyi ma{ཕྱི་མ་}[4]	来世，后来，后	ra zlar{ར་ཟླར་}[1]	追捕
phyi nang{ཕྱི་ནང་}[1]	内外	rab{རབ་}[2]	最
phyi tshul{ཕྱི་ཚུལ་}[1]	表面	rab byung{རབ་བྱུང་}[4]	僧人
phyi vphrad{ཕྱི་འཕྲད་}[1]	后面	rab gsal{རབ་གསལ་}[2]	热赛
phyin{ཕྱིན་}[21]	去	rab she tshul khrims vbyung gnas{རབ་ཤེས་ཚུལ་ཁྲིམས་འབྱུང་གནས་}[1]	热喜·促赤琼耐
phyin chad{ཕྱིན་ཆད་}[1]	以后		
phyin ci log{ཕྱིན་ཅི་ལོག་}[1]	悖逆	rab tu{རབ་ཏུ་}[1]	最
phyir{ཕྱིར་}[18]	原因，又，后，外	rab tu byung{རབ་ཏུ་བྱུང་}[33]	出家
phyir klag can{ཕྱིར་ཀླག་ཅན་}[2]	小题大做者，期拉坚	rab tu dbyung{རབ་ཏུ་དབྱུང་}[1]	出家人
		rab tu phyug{རབ་ཏུ་ཕྱུག་}[1]	出家
phyis{ཕྱིས་}[13]	此后，后来，以后	rab tu vbyung{རབ་ཏུ་འབྱུང་}[2]	出家
phyogs{ཕྱོགས་}[14]	方	rabs{རབས་}[4]	宗系，代
phyug{ཕྱུག་}[2]	富裕	rag{རག་}[4]	铜，热
phyug pa{ཕྱུག་པ་}[1]	富裕	rag shi{རག་ཤི་}[1]	热喜
phyugs{ཕྱུགས་}[2]	牧业	ral ba can{རལ་བ་ཅན་}[1]	日巴坚
phyung{ཕྱུང་}[3]	拔出，挖出	ral gri{རལ་གྲི་}[8]	剑
phywa mkhan{ཕྱྭ་མཁན་}[2]	占卜者，工匠	ral gu{རལ་གུ་}[1]	缠头巾
phywa mkhan pa{ཕྱྭ་མཁན་པ་}[1]	占卜者，工匠	ral pa{རལ་པ་}[1]	发辫
pi wamq{པི་ཝཾ་}[1]	琵琶	ral pa can{རལ་པ་ཅན་}[3]	热巴坚
pnntti ta{འཛྷ་ཏི་}[11]	班智达	ram{རམ་}[1]	QU
po{པོ་}[2]	END	ram bu{རམ་བུ་}[2]	助歌
po ti{པོ་ཏི་}[2]	经书	ran{རན་}[4]	适合，到，AUX
pra ti ha ti mchod pa{པྲ་ཏི་ཧ་ཏི་མཆོད་པ་}[1]	律供日	rang{རང་}[32]	自己
prog zhu{པྲོག་ཞུ་}[1]	桂冠	rang byung{རང་བྱུང་}[1]	天然
pu ti{པུ་ཏི་}[1]	经书	rang chas{རང་ཆས་}[1]	自行
pur khang{པུར་ཁང་}[1]	灵堂	rang ga ma{རང་ག་མ་}[1]	普通
		rang rang{རང་རང་}[1]	自己

拉丁/藏文/频率	中译	拉丁/藏文/频率	中译
rangs{རངས་}[1]	喜欢	rgas{རྒས་}[2]	老，衰老
ras{རས་}[3]	布	rgod{རྒོད་}[1]	掉举
rde vu shan{རྡེ་བུ་ཤན་}[1]	五台山	rgol{རྒོལ་}[4]	反对
rdo{རྡོ་}[19]	石头	rgun{རྒུན་}[1]	冬天
rdo bzo{རྡོ་བཟོ་}[2]	石匠	rgya{རྒྱ་}[78]	汉，天竺，范围，
rdo leb{རྡོ་ལེབ་}[1]	石板		王，发展，面积
rdo mkhan{རྡོ་མཁན་}[2]	石匠	rgya btsun vgrus seng ge{རྒྱ་བཙུན་འགྲུས་སེང་གེ་}[1]	甲·尊珠僧格
rdo rje{རྡོ་རྗེ་}[10]	金刚	rgya che{རྒྱ་ཆེ་}[2]	广大，范围大
rdo rje gcod pa{རྡོ་རྗེ་གཅོད་པ་}[1]	金刚经	rgya chen po{རྒྱ་ཆེན་པོ་}[1]	广大
rdo rje sems dpav{རྡོ་རྗེ་སེམས་དཔའ་}[1]	金刚萨埵	rgya dkar{རྒྱ་དཀར་}[3]	天竺
rdo rje snying po{རྡོ་རྗེ་སྙིང་པོ་}[1]	金刚心要经	rgya dkar nag{རྒྱ་དཀར་ནག་}[1]	天竺和汉地
rdog po{རྡོག་པོ་}[1]	团	rgya dkar po{རྒྱ་དཀར་པོ་}[10]	天竺
rdogs{རྡོགས་}[1]	准备	rgya gar{རྒྱ་གར་}[22]	天竺
rdol{རྡོལ་}[2]	穿破，到达	rgya me vgo{རྒྱ་མེ་འགོ་}[1]	甲·梅果
rdza{རྫ་}[7]	沼泽，罐，岩石	rgya mes mgo{རྒྱ་མེས་མགོ་}[2]	甲·梅果
rdza gog{རྫ་གོག་}[1]	陶罐	rgya mtsho{རྒྱ་མཚོ་}[3]	大海
rdzangs{རྫངས་}[1]	派遣	rgya nag{རྒྱ་ནག་}[8]	汉地
rdzas{རྫས་}[2]	物资	rgya nag po{རྒྱ་ནག་པོ་}[10]	汉地
rdzing{རྫིང་}[2]	池塘	rgya phibs{རྒྱ་ཕིབས་}[4]	屋顶
rdzing gong{རྫིང་གོང་}[1]	池塘	rgya phigs{རྒྱ་ཕིགས་}[1]	顶檐
rdzings{རྫིངས་}[2]	木筏	rgya phrug{རྒྱ་ཕྲུག་}[2]	甲楚
rdzogs{རྫོགས་}[3]	圆满，完毕	rgya phrug gar mkhan{རྒྱ་ཕྲུག་གར་མཁན་}[3]	甲楚呷堪
rdzong{རྫོང་}[1]	派遣		
rdzongs{རྫོངས་}[2]	物品	rgya rje{རྒྱ་རྗེ་}[1]	汉王
rdzu vphrul{རྫུ་འཕྲུལ་}[1]	神变	rgya sar sgang{རྒྱ་སར་སྒང་}[1]	甲萨冈
rdzun{རྫུན་}[1]	谎言	rgya sde{རྒྱ་སྡེ་}[1]	甲德
re{རེ་}[60]	每，希望	rgya stag ra mo che{རྒྱ་སྟག་ར་མོ་ཆེ་}[1]	广虎山羊大
re re{རེ་རེ་}[5]	每每		
re shig{རེ་ཞིག་}[1]	一时	rgya tsha{རྒྱ་ཚ་}[1]	外甥
red{རེད་}[1]	变	rgya vdul ba vdzin pa{རྒྱ་འདུལ་བ་འཛིན་པ་}[1]	甲都哇增巴
reg{རེག་}[2]	剃头，触摸		
rengs{རེངས་}[1]	硬化	rgya yig{རྒྱ་ཡིག་}[1]	汉文
res{རེས་}[1]	依次	rgya yul{རྒྱ་ཡུལ་}[7]	汉地，天竺
rgad{རྒད་}[2]	老	rgyab{རྒྱབ་}[21]	后背，打，做
rgad po{རྒད་པོ་}[1]	老人	rgyag{རྒྱག་}[1]	抛射
rgan{རྒན་}[6]	老	rgyags phye{རྒྱགས་ཕྱེ་}[1]	干粮
rgan mo{རྒན་མོ་}[1]	老婆婆	rgyal{རྒྱལ་}[8]	王，胜利
rgan pa{རྒན་པ་}[1]	老人	rgyal ba byams pa{རྒྱལ་བ་བྱམས་པ་}[1]	弥勒佛
rgan po{རྒན་པོ་}[3]	老人，老		

拉丁/藏文/频率	中译	拉丁/藏文/频率	中译
rgyal bo{རྒྱལ་པོ་}[4]	国王	rig{རིག}[1]	智慧
rgyal bu{རྒྱལ་བུ་}[31]	王子	rig pa{རིག་པ་}[4]	智慧，天资
rgyal khab{རྒྱལ་ཁབ་}[1]	国家	rig vdzin{རིག་འཛིན་}[5]	持明
rgyal khams{རྒྱལ་ཁམས་}[6]	王土	rigs{རིགས}[17]	类，适合
rgyal lug blangs{རྒྱལ་ལུག་བླངས་}[1]	杰鲁朗	rigs pa{རིགས་པ་}[1]	理论
rgyal mo{རྒྱལ་མོ་}[1]	女王	ril{རིལ}[2]	全部
rgyal mo btsun{རྒྱལ་མོ་བཙུན་}[2]	杰姆尊	ril po{རིལ་པོ་}[1]	全部
rgyal mtshan{རྒྱལ་མཚན་}[1]	胜幢	rim{རིམ}[4]	层次
rgyal po{རྒྱལ་པོ་}[79]	王，国王	rim ca{རིམ་ཅ}[1]	逐次
rgyal srid{རྒྱལ་སྲིད་}[2]	国政	rim gro{རིམ་གྲོ་}[7]	禳解，供奉
rgyan{རྒྱན}[7]	饰品	rim gyis{རིམ་གྱིས}[3]	逐渐
rgyan srung{རྒྱན་སྲུང་}[1]	看护	rim gyis pa{རིམ་གྱིས་པ་}[1]	日日吉巴
rgyang{རྒྱང}[1]	距离	rim pa{རིམ་པ་}[5]	层次，全部
rgyang grags{རྒྱང་གྲགས}[1]	远扬	rin chen{རིན་ཆེན་}[1]	珍宝
rgyang ngo{རྒྱང་ངོ་}[1]	远远	rin chen bzang po {རིན་ཆེན་བཟང་པོ་}[1]	仁钦桑布
rgyang phrag{རྒྱང་ཕྲག་}[2]	江叉	rin chen po{རིན་ཆེན་པོ་}[1]	宝物
rgyang sring{རྒྱང་སྲིང་}[1]	远离	rin chen sna tshogs gling {རིན་ཆེན་སྣ་ཚོགས་གླིང་}[1]	聚宝洲
rgyas{རྒྱས}[6]	发展	rin po che{རིན་པོ་ཆེ་}[3]	宝贝
rgyas btab{རྒྱས་བཏབ་}[1]	密封	rin po che sna tshogs {རིན་པོ་ཆེ་སྣ་ཚོགས}[1]	宝焰佛
rgyas pa{རྒྱས་པ་}[1]	大般若经		
rgyu{རྒྱུ}[14]	走，材料，原因，NML，路途	rin po chevi tog{རིན་པོ་ཆེའི་ཏོག}[1]	宝顶
rgyu mtshan ma can {རྒྱུ་མཚན་མ་ཅན}[1]	甲参玛坚	ring{རིང}[23]	期间，长
rgyud{རྒྱུད}[13]	流，续，跑	ring ba{རིང་བ་}[1]	远
rgyud ris{རྒྱུད་རིས}[28]	传承画	ring bsrel{རིང་བསྲེལ}[5]	舍利
rgyud tshod{རྒྱུད་ཚོད}[1]	程度	ring lugs{རིང་ལུགས}[4]	宗师
rgyug{རྒྱུག}[1]	跑	ring po{རིང་པོ་}[2]	长
rgyugs{རྒྱུགས}[3]	跑	ris{རིས}[2]	花纹
rgyun{རྒྱུན}[3]	平时，流	rje{རྗེ}[98]	王
rgyun ma chad{རྒྱུན་མ་ཆད}[2]	不断	rje rgyal{རྗེ་རྒྱལ}[1]	国王
rgyur{རྒྱུར}[2]	变成	rjed tho{རྗེད་ཐོ}[1]	日记
ri{རི}[15]	山	rjen{རྗེན}[1]	赤
ri bo mchog rab{རི་བོ་མཆོག་རབ}[1]	须弥山	rjes{རྗེས}[18]	后面，痕迹
ri dwags{རི་དྭགས}[1]	野兽	rjes vbrel{རྗེས་འབྲེལ}[1]	追随者
ri mgo{རི་མགོ}[1]	山顶	rkang{རྐང}[1]	脚
ri mo{རི་མོ}[5]	绘画	rkang lag{རྐང་ལག}[1]	手脚
ri nag{རི་ནག}[1]	日纳	rkang pa{རྐང་པ}[2]	脚
ri rab{རི་རབ}[5]	须弥山	rkos{རྐོས}[1]	挖
rib cha{རིབ་ཆ}[1]	门框	rku{རྐུ}[1]	偷盗

拉丁/藏文/频率	中译	拉丁/藏文/频率	中译
rkus{རྐུས}[1]	偷	rngog chags{རྔོག་ཆགས}[1]	有鬃毛
rkyen{རྐྱེན}[3]	因，报酬	rngog rin po che{རྔོག་རིན་པོ་ཆེ}[1]	俄仁保切
rkyen ris{རྐྱེན་རིས}[2]	条件，费用	rno{རྣོ}[1]	锋利
rlog pa{རློག་པ}[1]	袍子	rno ba{རྣོ་བ}[1]	聪慧
rlung{རླུང}[4]	风	rnon pa{རྣོན་པ}[1]	锐利
rlung vtshub{རླུང་འཚུབ}[1]	龙促	rnyas{རྙས}[1]	聂
rlung vtshubs{རླུང་འཚུབས}[1]	龙促	rnyed{རྙེད}[6]	找到，获得
rma bya{རྨ་བྱ}[1]	孔雀	rnying pa{རྙིང་པ}[1]	旧
rmang{རྨང}[7]	基础	ro{རོ}[22]	END，尸体
rmangs{རྨངས}[5]	基础	ro ngan{རོ་ངན}[1]	凶狠
rmi lam{རྨི་ལམ}[5]	梦	rol{རོལ}[1]	犁沟
rmis{རྨིས}[1]	做梦	rol khang{རོལ་ཁང}[1]	乐器房
rmon pa{རྨོན་པ}[1]	耕作	rol mo{རོལ་མོ}[3]	乐器
rmongs{རྨོངས}[1]	愚钝	rta{རྟ}[16]	马
rnal vbyor{རྣལ་འབྱོར}[1]	瑜伽	rta babs{རྟ་བབས}[1]	门楼
rnal vbyor pa{རྣལ་འབྱོར་པ}[2]	瑜伽师	rta mgrin{རྟ་མགྲིན}[2]	马鸣
rnam{རྣམ}[1]	pl	rta pa{རྟ་པ}[6]	骑士
rnam dag khrims khang gling{རྣམ་དག་ཁྲིམས་ཁང་གླིང}[1]	清净戒律洲	rta ra{རྟ་ར}[1]	达诺
		rta skad{རྟ་སྐད}[2]	马鸣
rnam pa{རྣམ་པ}[7]	样子，形相	rtag tu{རྟག་ཏུ}[1]	经常
rnam par snang mdzad{རྣམ་པར་སྣང་མཛད}[5]	大日如来佛	rtag tu ngu{རྟག་ཏུ་ངུ}[1]	常啼
		rtags{རྟགས}[9]	特征
rnam par snang mdzad mngon par byang chub pa{རྣམ་པར་སྣང་མཛད་མངོན་པར་བྱང་ཆུབ་པ}[1]	大日如来佛	rtags ba{རྟགས་བ}[1]	特征
		rteb nyal byas{རྟེབ་ཉལ་བྱས}[1]	卧伏
		rten{རྟེན}[15]	所依
rnam par thar{རྣམ་པར་ཐར}[1]	解脱	rten vbrel{རྟེན་འབྲེལ}[1]	征兆
rnam rtog{རྣམ་རྟོག}[1]	避忌	rten vbrel bcu gnyis{རྟེན་འབྲེལ་བཅུ་གཉིས}[1]	十二缘起
rnam snang bzav{རྣམ་སྣང་བཟའ}[1]	纳囊妃子	r·tna{རཏྣ}[9]	宝贝，诺登
rnam te dkar po{རྣམ་ཏེ་དཀར་པོ}[1]	纳木德呷布	rtog{རྟོག}[17]	考察，悟
rnam vbyor{རྣམ་འབྱོར}[1]	瑜伽	rtog pa{རྟོག་པ}[1]	考察
rnam vphrul{རྣམ་འཕྲུལ}[1]	转化	rtogs{རྟོགས}[14]	理解
rnams{རྣམས}[64]	pl	rtsa{རྩ}[1]	附近
rnga{རྔ}[1]	鼓	rtsa ba{རྩ་བ}[2]	根本
rnga bshang{རྔ་བཤང}[1]	鼓钹	rtsa bavi lung nyi shu pa{རྩ་བའི་ལུང་ཉི་ཤུ་པ}[1]	二十根本教诫
rnga khang{རྔ་ཁང}[2]	鼓室		
rnga ma{རྔ་མ}[1]	尾	rtsa bshad{རྩ་བཤད}[1]	解说
rnga mong{རྔ་མོང}[1]	骆驼	rtsa mtho{རྩ་མཐོ}[1]	高草
rngan pa{རྔན་པ}[1]	赏赐	rtsa shing{རྩ་ཤིང}[1]	草木
rngog{རྔོག}[1]	鄂	rtsa thag{རྩ་ཐག}[1]	草绳

拉丁/藏文/频率	中译	拉丁/藏文/频率	中译
rtsa vgrel{རྩ་འགྲེལ}[3]	原著和释文	sa bcu pa{ས་བཅུ་པ}[2]	十地
rtsam{རྩམ}[1]	著	sa bcuvi mdo{ས་བཅུའི་མདོ}[1]	十地经
rtse{རྩེ}[24]	尖顶	sa bdag gnyan dgu {ས་བདག་གཉན་དགུ}[1]	年神九地祇
rtse ba{རྩེ་བ}[1]	慈悲		
rtse bro{རྩེ་བྲོ}[1]	歌舞	sa dpyad{ས་དཔྱད}[1]	地形
rtse mo{རྩེ་མོ}[2]	尖端	sa gzhi{ས་གཞི}[7]	地方，大地
rtse rgod{རྩེ་རྒོད}[1]	仆人	sa lu ljang pa{ས་ལུ་ལྗང་པ}[1]	佛说稻秆经
rtse ta{རྩེ་ཏ}[2]	尖顶	sa ra mi ta{ས་ར་མི་ཏ}[1]	萨诺米达
rtsed{རྩེད}[1]	玩	sa rgyus pa{ས་རྒྱུས་པ}[1]	向导
rtsed bro{རྩེད་བྲོ}[1]	跳舞	sa spyad{ས་སྤྱད}[2]	地形
rtsed zla{རྩེད་ཟླ}[2]	游伴	sa sros{ས་སྲོས}[3]	天黑
rtsen min{རྩེན་མིན}[1]	渐门	sa thems{ས་ཐེམས}[1]	沙坑
rtsen min pa{རྩེན་མིན་པ}[4]	渐门派	sad{སད}[12]	觉醒，实验，霜
rtsi{རྩི}[1]	计算	sal{སལ}[1]	清除
rtsig{རྩིག}[14]	修筑，墙	sam{སམ}[8]	QU
rtsig pa{རྩིག་པ}[1]	墙	samq skri ta{སམྐྲི་ཏ}[1]	梵语
rtsigs{རྩིགས}[31]	墙，修筑	sang{སང}[8]	明天
rtsigs logs{རྩིགས་ལོགས}[1]	墙壁	sang phod{སང་ཕོད}[2]	明年
rtsigs mkhan{རྩིགས་མཁན}[1]	泥瓦匠	sang shi{སང་ཤི}[14]	桑喜
rtsigs pa{རྩིགས་པ}[4]	墙壁，墙	sangs{སངས}[5]	第二天清晨，佛
rtsing{རྩིང}[1]	粗鲁	sangs rgya{སངས་རྒྱ}[2]	佛陀
rtsis{རྩིས}[4]	计算，准备	sangs rgyas{སངས་རྒྱས}[28]	佛陀
rtsis pa{རྩིས་པ}[1]	历算者	sangs rgyas gsang ba {སངས་རྒྱས་གསང་བ}[1]	桑吉桑哇
rtsod{རྩོད}[2]	争论		
rtsod pa{རྩོད་པ}[1]	争论	sangs rgyas ma chags pdmavi spyan{སངས་རྒྱས་མ་ཆགས་པདྨའི་སྤྱན}[1]	无著莲花眼佛
rtswa{རྩྭ}[2]	草		
ru{རུ}[2]	LOC	sangs rgyas pa{སངས་རྒྱས་པ}[1]	佛教徒
ru bzhi{རུ་བཞི}[1]	四如	sangs rgyas vod srung {སངས་རྒྱས་འོད་སྲུང}[1]	迦叶佛
ru yong bzav{རུ་ཡོང་བཟའ}[1]	茹雍王妃		
rub{རུབ}[1]	收窄	sangs rgyas ye shes zhabs{སངས་རྒྱས་ཡེ་ཤེས་ཞབས}[1]	桑杰益喜夏
rul{རུལ}[1]	烂		
rul ma{རུལ་མ}[1]	粪	sangs rgyas zhi ba{སངས་རྒྱས་ཞི་བ}[1]	桑吉喜哇
rul sbal{རུལ་སྦལ}[1]	乌龟		
rung{རུང}[16]	AUX，可以	sangs shi{སངས་ཤི}[2]	桑喜
rungs{རུངས}[1]	驯服	savi snying po{ས་འི་སྙིང་པོ}[1]	地藏菩萨
rus pa{རུས་པ}[3]	尸首，骨头	sba{སྦ}[5]	拔氏，巴
rwa{ར}[1]	角	sba bzhed{སྦ་བཞེད}[5]	拔协
s{-ས}[279]	AGE，INS	sba gsal snang{སྦ་གསལ་སྣང}[7]	拔·塞囊
sa{ས}[33]	地，土	sba khri bzher sang shi ta{སྦ་ཁྲི་བཞེར་སང་ཤི་ཏ}[1]	拔·赤协桑喜达
sa bcad{ས་བཅད}[2]	地界，地位		

拉丁/藏文/频率	中译	拉丁/藏文/频率	中译
sba lcag{སྦ་ལྕག}[1]	皮鞭	sdo ba{སྡོ་བ}[1]	危害
sba mang rje lha lod {སྦ་མང་རྗེ་ལྷ་ལོད}[1]	巴·芒吉拉鲁	sdod{སྡོད}[5]	停止，待，住
		sdog{སྡོག}[1]	卷起
sba rgyal tho re{སྦ་རྒྱལ་ཐོ་རེ}[1]	巴·杰脱热	sdog pa{སྡོག་པ}[1]	翻转
sba sba r·tna{རཏྣ}[3]	拔·诺登	sdog pha{སྡོག་པ}[1]	刀帕
sba se{སྦ་སེ}[1]	巴斯	sdom pa{སྡོམ་པ}[14]	戒律
sba sgom snang{སྦ་སྒོམ་སྣང}[1]	巴·郭囊	sdom pa med pa{སྡོམ་པ་མེད་པ}[1]	刀巴买巴
sba zam{སྦ་ཟམ}[1]	藤桥	sdong{སྡོང}[1]	联合
sbal pa{སྦལ་པ}[1]	鳖	sdong po{སྡོང་པོ}[1]	茎秆
sbas{སྦས}[12]	隐匿，白氏	sdud{སྡུད}[1]	收
sbos{སྦོས}[2]	肿胀，香	sdug{སྡུག}[1]	悲痛
sbrang bu{སྦྲང་བུ}[1]	昆虫	sdug pa{སྡུག་པ}[2]	美丽
sbrang rgya ra legs gzigs {སྦྲང་རྒྱ་ར་ལེགས་གཟིགས}[1]	章·加诺勒思	se ba{སེ་བ}[1]	蔷薇
		sel{སེལ}[3]	消除
sbrel{སྦྲེལ}[2]	连接	sems{སེམས}[12]	心，想
sbrul{སྦྲུལ}[1]	蛇	sems bskyed{སེམས་བསྐྱེད}[6]	发心
sbubs{སྦུབས}[2]	管子	sems can{སེམས་ཅན}[9]	众生
sbyangs{སྦྱངས}[8]	学习，除，减损，修养	sems skyed{སེམས་སྐྱེད}[2]	发心，发菩提心
		sen mo{སེན་མོ}[1]	指甲
sbyar{སྦྱར}[16]	按照，胶合，提供	seng{སེང}[3]	狮子
sbyi bo{སྦྱི་བོ}[1]	头顶	seng ge{སེང་གེ}[7]	狮子
sbyin{སྦྱིན}[8]	赐，给	seng ldan{སེང་ལྡན}[2]	檀香
sbyin bdag{སྦྱིན་བདག}[1]	施主	seng vgo lha lung gzigs {སེང་འགོ་ལྷ་ལུང་གཟིགས}[4]	僧郭·拉龙思
sbyin pa{སྦྱིན་པ}[4]	布施		
sbyin sreg{སྦྱིན་སྲེག}[3]	火供	ser{སེར}[1]	黄
sbyin sregs{སྦྱིན་སྲེགས}[1]	火供	ser ba{སེར་བ}[1]	冰雹
sbyong{སྦྱོང}[1]	学	ser chags{སེར་ཆགས}[1]	僧人
sbyongs{སྦྱོངས}[4]	保护，学习	ser kha{སེར་ཁ}[1]	缝隙
sbyor{སྦྱོར}[3]	供养，组合	ser po{སེར་པོ}[3]	黄色
sde{སྡེ}[3]	部，经	sga{སྒ}[1]	马鞍
sde pa{སྡེ་པ}[2]	部	sgab{སྒབ}[1]	下部
sde snod gsum{སྡེ་སྣོད་གསུམ}[1]	三藏	sgal tshig{སྒལ་ཚིགས}[1]	脊椎骨
sdeb{སྡེབ}[1]	连接	sge khung{སྒེ་ཁུང}[1]	窗子
sder{སྡེར}[1]	盘子	sged kha{སྒེད་ཁ}[1]	腰间
sder so{སྡེར་སོ}[1]	塑像	sger{སྒེར}[1]	各自
sdig{སྡིག}[7]	罪孽	sgo{སྒོ}[44]	门，任命
sdig pa{སྡིག་པ}[2]	罪孽	sgo gsum{སྒོ་གསུམ}[1]	三门
sdig po{སྡིག་པོ}[1]	罪孽	sgo mo{སྒོ་མོ}[3]	门
sdings{སྡིངས}[1]	铺垫	sgo nga{སྒོ་ང}[2]	蛋
sditt{སྡིཏྟ}[1]	斥骂	sgo vphen{སྒོ་འཕེན}[1]	挥舞

词汇附录 463

拉丁/藏文/频率	中译	拉丁/藏文/频率	中译
sgom{སྒོམ}[23]	修行，观修	shags{ཤགས}[10]	裂缝，争论
sgom lung{སྒོམ་ལུང}[1]	修法	shags gdab{ཤགས་གདབ}[1]	惩罚
sgos{སྒོས}[1]	特别	shags vdebs{ཤགས་འདེབས}[3]	辩手
sgra{སྒྲ}[6]	声音，语言	sham bu{ཤམ་བུ}[1]	香保
sgra bsgyur{སྒྲ་བསྒྱུར}[4]	翻译，译师	sham pho{ཤམ་ཕོ}[1]	香保
sgreng chos{སྒྲེང་ཆོས}[1]	特别的法	sham po{ཤམ་པོ}[1]	香保
sgrib{སྒྲིབ}[3]	遮蔽，蔽障	sham thabs{ཤམ་ཐབས}[2]	禅裙
sgrib pa{སྒྲིབ་པ}[3]	蔽障	shan ta ra ksshi ta{ཤན་ཏ་ར་ཀྵི་ཏ}[2]	显达诺吉达
sgrib pa rnam sel{སྒྲིབ་པ་རྣམ་སེལ}[2]	除盖障	shan ta rksshi ta{ཤན་ཏ་རྐྵི་ཏ}[3]	显达诺吉达
sgril{སྒྲིལ}[2]	缠绕	shar{ཤར}[11]	东，升起，出现
sgrims{སྒྲིམས}[2]	汇聚	shar lus vphags po{ཤར་ལུས་འཕགས་པོ}[1]	东胜身
sgro{སྒྲོ}[2]	羽毛	shas{ཤས}[6]	部分
sgro ma vdzu shri{སྒྲོ་མ་འཛུ་ཤྲི}[1]	卓·门宗喜日	shel{ཤེལ}[6]	水晶，协
sgro ma vdzu shrii{སྒྲོ་མ་འཛུ་ཤྲཱི}[1]	卓·门宗喜日	shes{ཤེས}[24]	知道，AUX，会，智慧
sgrod{སྒྲོད}[1]	走	shes bya{ཤེས་བྱ}[1]	知识
sgrog ga{སྒྲོག་ག}[1]	带子	shes rab{ཤེས་རབ}[12]	智慧
sgrogs{སྒྲོགས}[1]	宣读	shes rab kyi pha rol tu phyin pa{ཤེས་རབ་ཀྱི་ཕ་རོལ་ཏུ་ཕྱིན་པ}[2]	般若波罗密多经
sgrol ma{སྒྲོལ་མ}[2]	救度母	shes rab rnam gsum{ཤེས་རབ་རྣམ་གསུམ}[1]	三慧
sgrom{སྒྲོམ}[5]	盒子	shes rab rnam pa gsum{ཤེས་རབ་རྣམ་པ་གསུམ}[2]	三慧
sgrom bu{སྒྲོམ་བུ}[10]	盒子	shi{ཤི}[8]	死，熄灭
sgrovu{སྒྲོའུ}[1]	坏蛋	shi ba mi{ཤི་བ་མི}[1]	死人
sgrub{སྒྲུབ}[9]	完成，修行	shi kha{ཤི་ཁ}[1]	死时
sgrub khang{སྒྲུབ་ཁང}[1]	修行殿	shi ku la{ཤི་ཀུ་ལ}[1]	喜古山
sgrub pa po{སྒྲུབ་པ་པོ}[1]	修行者	shig{ཤིག}[21]	PRT，一
sgu vbrum{སྒུ་འབྲུམ}[1]	葡萄	shigs{ཤིགས}[1]	毁坏
sgul{སྒུལ}[1]	动	shin tu{ཤིན་ཏུ}[16]	非常
sgung phabs{སྒུང་ཕབས}[1]	大雪	shing{ཤིང}[18]	COO，SER，LNK，SIM，树，木料，林木
sgung phung{སྒུང་ཕུང}[1]	苔草土包	shing bya can{ཤིང་བྱ་ཅན}[1]	具木鸟
sgyu ma{སྒྱུ་མ}[1]	幻化	shing bzo{ཤིང་བཟོ}[1]	木匠
sgyu ma mkhan{སྒྱུ་མ་མཁན}[1]	魔术师	shing bzo ba{ཤིང་བཟོ་བ}[1]	木匠
sha{ཤ}[8]	肉	shing rta{ཤིང་རྟ}[5]	马车
sha ba{ཤ་བ}[1]	麋鹿	shis{ཤིས}[3]	吉祥
sha po{ཤ་པོ}[1]	牡鹿		
sha ra na{ཤ་ར་ན}[1]	麋鹿		
sha ri ram{ཤ་རི་རམ}[1]	舍利		
sha stag{ཤ་སྟག}[1]	全部		
sha tshugs{ཤ་ཚུགས}[2]	形体		
shag rgod{ཤག་རྒོད}[1]	责骂		

拉丁/藏文/频率	中译	拉丁/藏文/频率	中译
shog{ཤོག}[7]	来，纸	ske rag{སྐེ་རག}[1]	腰带
shog dril{ཤོག་དྲིལ}[1]	纸卷	ske rags{སྐེ་རགས}[1]	腰带
shog gu{ཤོག་གུ}[1]	纸	sked pa{སྐེད་པ}[2]	腰
shong{ཤོང}[2]	容纳	skoms gsol{སྐོམས་གསོལ}[1]	解渴
shor{ཤོར}[9]	失去	skong{སྐོང}[1]	填
shri btsan po{ཤྲི་བཙན་པོ}[3]	吉祥赞普	skong bu{སྐོང་བུ}[1]	罐子
shri na len hra{ཤྲི་ན་ལེན་ཧྲ}[1]	吉祥那兰陀寺	skor{སྐོར}[5]	委派，圈，环绕
shrii na len tra bo nghi{ཤྲཱི་ན་ལེན་ཏྲ་བོ་གྷི}[1]	室利那嫩扎布笛哈	skor ba{སྐོར་བ}[5]	圈
		skor dze{སྐོར་རྫེ}[1]	油漆
sshkya{ཤཀྱ}[1]	释迦	skor khang{སྐོར་ཁང}[1]	厢殿
sshkya mu ne{ཤཀྱ་མུ་ནེ}[13]	释迦牟尼	skos{སྐོས}[1]	任命
sshkya thub pa{ཤཀྱ་ཐུབ་པ}[8]	释迦能者	skra{སྐྲ}[1]	头发
shud pu{ཤུད་པུ}[1]	许布	skrad{སྐྲད}[3]	驱赶
shud pu ba{ཤུད་པུ་བ}[1]	许布人	skrongs{སྐྲོངས}[1]	死
shud pu khong sleb{ཤུད་པུ་ཁོང་སླེབ}[1]	许布空列	sku{སྐུ}[48]	身体，佛像，HON
		sku glud{སྐུ་གླུད}[1]	替身
shug pa{ཤུག་པ}[1]	柏树	sku gsung thugs{སྐུ་གསུང་ཐུགས}[2]	身口意
shugs{ཤུགས}[3]	赶，转让	sku la rdo{སྐུ་ལ་རྡོ}[1]	进犯
shul{ཤུལ}[6]	路途，痕迹	sku ngas lte chung{སྐུ་ངས་ལྟེ་ཆུང}[1]	古艾德琼
shwo la{ཤྭོ་ལ}[1]	宽心		
si ti{སི་ཏི}[2]	司底	sku nyams{སྐུ་ཉམས}[1]	高雅的
singh mu le{སིངྒ་མུ་ལེ}[1]	狮子画师	sku tshab{སྐུ་ཚབ}[1]	替身
sjangs{སྗངས}[1]	填满	sku tshe{སྐུ་ཚེ}[6]	生命
skabs{སྐབས}[3]	时期	skum{སྐུམ}[2]	死，杀死
skad{སྐད}[40]	话，语言，声音，据说，说话	skur{སྐུར}[8]	送，减损，交给
		skya{སྐྱ}[2]	灰白
skag sna{སྐག་སྣ}[1]	险要处	skya btsun{སྐྱ་བཙུན}[1]	僧侣民众
skal{སྐལ}[1]	挂	skya nar ba{སྐྱ་ནར་བ}[1]	清亮亮
skal ba{སྐལ་བ}[2]	份子	skyal{སྐྱལ}[7]	送
skal pa{སྐལ་པ}[2]	份子	skyang vgal{སྐྱང་འགལ}[1]	对耳草
skam{སྐམ}[1]	干枯	skyangs{སྐྱངས}[1]	培养
skam bu{སྐམ་བུ}[1]	干枯	skyavo bzang zang{སྐྱཝོ་བཟང་ཟང}[1]	甲卧桑桑
skam kha{སྐམ་ཁ}[1]	钳嘴		
skar{སྐར}[1]	星	skye{སྐྱེ}[10]	产生，生
skar chung{སྐར་ཆུང}[4]	呷琼	skye ba{སྐྱེ་བ}[5]	人，一生，人世，人生
skar ma{སྐར་མ}[2]	星星		
skar ma sha tam{སྐར་མ་ཤ་ཏམ}[2]	呷玛辖达木	skye bo{སྐྱེ་བོ}[8]	众生，男子
skar mdav{སྐར་མདའ}[1]	流星	skye bu{སྐྱེ་བུ}[1]	吉布
ske{སྐེ}[1]	颏	skyed{སྐྱེད}[2]	举行，产生
ske nyag{སྐེ་ཉག}[1]	灾难	skyel{སྐྱེལ}[1]	送

拉丁/藏文/频率	中译	拉丁/藏文/频率	中译
skyel ma{སྐྱེལ་མ་}[1]	护送者	sman{སྨན་}[2]	药
skyel mi{སྐྱེལ་མི་}[2]	护送者	sman g'yas skor {སྨན་གཡས་སྐོར་}[1]	孟耶高
skyen ris bcad{སྐྱེན་རིས་བཅད་}[1]	金日戒	sman pa{སྨན་པ་}[1]	医生
skyes{སྐྱེས་}[24]	礼物，产生，产	sman ri{སྨན་རི་}[1]	门日山
skyes bzang{སྐྱེས་བཟང་}[1]	吉桑	smon lam{སྨོན་ལམ་}[1]	祈祷
skyevu ldem bu can {སྐྱེའུ་ལྡེམ་བུ་ཅན་}[1]	吉乌德布坚	smon pa{སྨོན་པ་}[1]	无愿
skyid{སྐྱིད་}[3]	快活	smon{སྨོན་}[1]	行愿
skyid shod shong ma ra {སྐྱིད་ཤོད་ཤོང་མ་ར་}[1]	吉雪雄玛诺	smra{སྨྲ་}[14]	说
		smras{སྨྲས་}[11]	说
skyigs{སྐྱིགས་}[1]	皮	smrig{སྨྲིག་}[1]	紫色
skyo ba{སྐྱོ་བ་}[1]	悲愤	smus{སྨུས་}[1]	黑暗
skyogs gad pa stengs pa {སྐྱོགས་གད་པ་སྟེངས་པ་}[1]	觉·格巴登巴	smyo{སྨྱོ་}[1]	疯
		smyon{སྨྱོན་}[2]	疯
skyol{སྐྱོལ་}[3]	送，带	sna{སྣ་}[9]	鼻，类
skyon{སྐྱོན་}[8]	罪行，错误，骑	sna ba byas{སྣ་བ་བྱས་}[1]	引导
skyong{སྐྱོང་}[3]	治理，保卫	sna blangs{སྣ་བླངས་}[1]	接待
skyong skyong byas {སྐྱོང་སྐྱོང་བྱས་}[1]	伸直	sna gtad par bya {སྣ་གཏད་པར་བྱ་}[1]	投靠
skyos{སྐྱོས་}[1]	运送	sna la{སྣ་ལ་}[1]	各种
sla{སླ་}[1]	容易	sna nam{སྣ་ནམ་}[1]	纳囊
slab{སླབ་}[1]	学习	sna nam rgya tsha lha nang {སྣ་ནམ་རྒྱ་ཚ་ལྷ་ནང་}[1]	纳囊·甲擦拉囊
slad{སླད་}[3]	原因，今后		
slad cha{སླད་ཆ་}[1]	今后	sna nam rgya tsha lha snang{སྣ་ནམ་རྒྱ་ཚ་ལྷ་སྣང་}[1]	纳囊·甲擦拉囊
slad chad{སླད་ཆད་}[1]	今后		
slad kyis{སླད་ཀྱིས་}[13]	今后，后来，此后	sna nam thog rje thang la vbar{སྣ་ནམ་ཐོག་རྗེ་ཐང་ལ་འབར་}[1]	纳囊·陶杰唐拉巴
slan chad{སླན་ཆད་}[4]	今后		
slang{སླང་}[1]	发起	sna nam ye shes sde {སྣ་ནམ་ཡེ་ཤེས་སྡེ་}[1]	纳那·耶喜德
slar{སླར་}[19]	又，今后		
sleb{སླེབ་}[1]	来	sna snam rdo rje dbang phyug{སྣ་སྣམ་རྡོ་རྗེ་དབང་ཕྱུག་}[1]	纳那·多吉旺丘
slob{སློབ་}[8]	教习，学习		
slob bsnyen{སློབ་བསྙེན་}[1]	经书	sna tshogs{སྣ་ཚོགས་}[2]	各种
slob dpon{སློབ་དཔོན་}[74]	大师	snag tsha{སྣག་ཚ་}[2]	墨汁
slob gnyer{སློབ་གཉེར་}[2]	求法	snam{སྣམ་}[1]	氆氇
slob ma{སློབ་མ་}[4]	弟子	snam phyi{སྣམ་ཕྱི་}[1]	管家
sma a tsa ra rin chen mchog{སྨ་ཨ་ཙ་ར་རིན་ཆེན་མཆོག་}[1]	玛·阿杂诺仁钦乔	snam snang{སྣམ་སྣང་}[2]	纳囊
		snam snang ba{སྣམ་སྣང་བ་}[1]	纳囊氏
sma byan rin po che {སྨ་བྱན་རིན་པོ་ཆེ་}[1]	玛坚·仁布切	snam snang pa{སྣམ་སྣང་པ་}[3]	纳囊氏
		snang{སྣང་}[3]	出现
smad{སྨད་}[5]	下部	snang ba{སྣང་བ་}[2]	光，感觉

拉丁/藏文/频率	中译	拉丁/藏文/频率	中译
snang ba mthav yas {སྣང་བ་མཐའ་ཡས་}[1]	无量光佛	snye mo thod dkar {སྙེ་མོ་ཐོད་དཀར་}[1]	聂姆脱呷
snang chen po{སྣང་ཆེན་པོ་}[1]	囊钦保	snyel{སྙེལ་}[1]	记住
snang stong gi lha sshkya thub pa{སྣང་སྟོང་གི་ལྷ་ཤཱཀྱ་ཐུབ་པ་}[1]	晬日佛释迦能仁	snyer{སྙེར་}[1]	皱
snar{སྣར་}[1]	拖长	snyer btag btsan ldong gzigs{སྙེར་བཏག་བཙན་ལྡོང་གཟིགས་}[1]	聂·达赞东思
snga{སྔ་}[6]	前	snyer sta btsan ldong gzigs{སྙེར་སྟ་བཙན་ལྡོང་གཟིགས་}[1]	聂·达赞东思
snga ba{སྔ་བ་}[2]	早	snyer stag btsan ldong gzigs{སྙེར་སྟག་བཙན་ལྡོང་གཟིགས་}[1]	聂·达赞东思
snga dro{སྔ་དྲོ་}[2]	早上	snyes{སྙེས་}[1]	依靠
snga log phyi log{སྔ་ལོག་ཕྱི་ལོག་}[1]	前后颠倒	snyim pa{སྙིམ་པ་}[2]	捧
snga ma{སྔ་མ་}[2]	从前	snying{སྙིང་}[3]	心
snga rol{སྔ་རོལ་}[1]	前面	snying drung{སྙིང་དྲུང་}[1]	宁钟
snga sngo{སྔ་སྔོ་}[1]	野菜	snying po{སྙིང་པོ་}[2]	心
sngags{སྔགས་}[10]	咒语，密宗	snying rje{སྙིང་རྗེ་}[3]	可怜，慈悲
sngags pa{སྔགས་པ་}[1]	咒师	snyo smyo{སྙོ་སྨྱོ་}[1]	疯
sngan chad{སྔན་ཆད་}[1]	以前	snyun{སྙུན་}[2]	病
sngar{སྔར་}[13]	前	snyun smed pa{སྙུན་སྨེད་པ་}[1]	问候
sngas pa{སྔས་པ་}[1]	早	snyung{སྙུང་}[1]	病
sngo{སྔོ་}[1]	绿色	so{སོ་}[52]	END，牙齿
sngo ma thog{སྔོ་མ་ཐོག་}[2]	不能	so cog{སོ་ཅོག་}[1]	所有
sngo mi thog{སྔོ་མི་ཐོག་}[1]	不能	so nag thang chen {སོ་ནག་ཐང་ཆེན་}[1]	索那唐钦
sngo thog{སྔོ་ཐོག་}[3]	能够，约束	so phag{སོ་ཕག་}[5]	砖
sngog{སྔོག་}[1]	敖	so rgyongs{སོ་རྒྱོངས་}[1]	甬道
sngog byang chub vbyung gnas{སྔོག་བྱང་ཆུབ་འབྱུང་གནས་}[1]	敖·降秋琼耐	so so{སོ་སོ་}[12]	各个
sngon{སྔོན་}[21]	先	sob{སོབ་}[1]	替补
sngon can{སྔོན་ཅན་}[1]	蓝色者	sog phon{སོག་ཕོན་}[1]	捆
sngon chad{སྔོན་ཆད་}[1]	以前	sogs{སོགས་}[4]	等
sngon po{སྔོན་པོ་}[1]	蓝色	sol ba{སོལ་བ་}[2]	炭
sngun{སྔུན་}[1]	首先	son{སོན་}[11]	到达，到
snod{སྣོད་}[3]	容器	song{སོང་}[23]	去
snub{སྣུབ་}[1]	毁灭	spa gro mon{སྤ་གྲོ་མོན་}[1]	把卓门
snub babs shing{སྣུབ་བབས་ཤིང་}[1]	努·波兴	spa ra{སྤ་ར་}[1]	把
snubs{སྣུབས་}[3]	努	spa ral na ma{སྤ་རལ་ན་མ་}[1]	巴日纳玛
snyad{སྙད་}[1]	禀报	spang{སྤང་}[2]	怀抱
snyam{སྙམ་}[10]	想	spang bzang{སྤང་བཟང་}[1]	帮桑
snyan{སྙན་}[25]	耳朵	spang leb{སྤང་ལེབ་}[1]	木板
snyan khra{སྙན་ཁྲ་}[1]	挑拨	spangs{སྤངས་}[9]	堆积，高度，放弃
snyan phra{སྙན་ཕྲ་}[2]	逸言		

拉丁/藏文/频率	中译	拉丁/藏文/频率	中译
spangs kong phyag stong pa yongs su rgyas pa rtogs pa chen po{སྤངས་ཀོང་ཕྱག་སྟོང་པ་ཡོངས་སུ་རྒྱས་པ་རྟོགས་པ་ཆེན་པོ་}[1]	诸佛菩萨名称经	spyug{སྤྱུག་}[1]	流放
		sran ma{སྲན་མ་}[2]	豆子
		srang{སྲང་}[9]	两
spar{སྤར་}[2]	点燃	sras{སྲས་}[33]	儿,弟子
spar ba{སྤར་བ་}[1]	把	sras mo{སྲས་མོ་}[2]	女儿
spel{སྤེལ་}[3]	发展	sreg{སྲེག་}[1]	烧
spir{སྤིར་}[1]	笔	srid{སྲིད་}[6]	轮回,政体,可能
spobs{སྤོབས་}[2]	敢,勇气	srid pa{སྲིད་པ་}[1]	世界
spongs{སྤོངས་}[1]	抛弃	srin{སྲིན་}[2]	虫子,鬼怪
spos{སྤོས་}[7]	香	srin bu{སྲིན་བུ་}[1]	虫子
spra bstan{སྤྲ་བསྟན་}[1]	圆光	srin po{སྲིན་པོ་}[1]	魔
spra phab{སྤྲ་ཕབ་}[1]	圆光	srog{སྲོག་}[4]	生命
spra se na pa{སྤྲ་སེ་ན་པ་}[1]	观察圆光者	srog shing{སྲོག་ཤིང་}[5]	生命树
spra stan{སྤྲ་སྟན་}[1]	圆光	srol{སྲོལ་}[4]	规定,炭
sprad{སྤྲད་}[1]	争	srong btsan{སྲོང་བཙན་}[5]	松赞
spral ba{སྤྲལ་བ་}[1]	额头	srong btsan po{སྲོང་བཙན་པོ་}[1]	松赞
sprang{སྤྲང་}[1]	乞讨	srong nge{སྲོང་ངེ་}[2]	松埃
sprang chas{སྤྲང་ཆས་}[1]	丐装	sru{སྲུ་}[1]	姨母
sprevu{སྤྲེའུ་}[1]	猴子	sru yang dag{སྲུ་ཡང་དག་}[1]	苏央达
sprin{སྤྲིན་}[4]	云	srun{སྲུན་}[1]	温顺
sprin gseb{སྤྲིན་གསེབ་}[1]	云间	srung{སྲུང་}[2]	守护
sprod{སྤྲོད་}[1]	交给	srungs{སྲུངས་}[1]	守
sprug{སྤྲུག་}[1]	抖动	sta gon{སྟ་གོན་}[3]	准备
sprul pa{སྤྲུལ་པ་}[13]	化身	sta na{སྟ་ན་}[1]	达纳
spu{སྤུ་}[2]	毛	stag{སྟག་}[5]	肩颈,老虎
spu gri{སྤུ་གྲི་}[1]	尖刀	stag btsan ldong gzig{སྟག་བཙན་ལྡོང་གཟིག་}[1]	达赞东思
spun po can{སྤུན་པོ་ཅན་}[1]	宾布坚	stag la{སྟག་ལ་}[1]	达拉
spus mo{སྤུས་མོ་}[1]	膝盖	stag ra{སྟག་ར་}[1]	达诺
spyad{སྤྱད་}[1]	运用	stag ra klu kong{སྟག་ར་ཀླུ་ཀོང་}[1]	达诺鲁恭
spyan{སྤྱན་}[54]	HON,眼睛	stags pa{སྟགས་པ་}[1]	桦树
spyan pa{སྤྱན་པ་}[2]	监察	ste{སྟེ་}[46]	LNK,SER,DET
spyan ras gzigs{སྤྱན་རས་གཟིགས་}[2]	观世音,坚诺西	ste ba{སྟེ་བ་}[1]	主要
spyang{སྤྱང་}[1]	狼	sten khang{སྟེན་ཁང་}[1]	寺庙
spyang lag{སྤྱང་ལག་}[1]	国库	steng{སྟེང་}[26]	上
spyi{སྤྱི་}[4]	总	ster{སྟེར་}[5]	给
spyi bo{སྤྱི་བོ་}[3]	头顶	stibs{སྟིབས་}[1]	笼罩
spyir{སྤྱིར་}[1]	总共	stobs{སྟོབས་}[1]	力量
spyod{སྤྱོད་}[8]	用,行为	stobs las{སྟོབས་ལས་}[2]	精气,勇气
spyod pa{སྤྱོད་པ་}[16]	行为	stod{སྟོད་}[7]	上面,停止,交付

拉丁/藏文/频率	中译	拉丁/藏文/频率	中译
stod lung{སྟོད་ལུང་}[1]	堆龙	sum cu rtsa gnyis {སུམ་ཅུ་རྩ་གཉིས་}[2]	三十二
stol{སྟོལ་}[1]	失去		
ston{སྟོན་}[6]	展示，显示	sum cu rtsa lnga{སུམ་ཅུ་རྩ་ལྔ་}[1]	三十五
ston khang{སྟོན་ཁང་}[1]	顿庙	sum cu so drug{སུམ་ཅུ་སོ་དྲུག}[1]	三十六
ston min{སྟོན་མིན་}[3]	顿门	sum pa{སུམ་པ་}[1]	松巴
ston min pa{སྟོན་མིན་པ་}[3]	顿门派，顿悟派	sum pa ye shes blo gros {སུམ་པ་ཡེ་ཤེས་བློ་གྲོས་}[1]	松巴·耶喜洛卓
ston mo{སྟོན་མོ་}[1]	宴会		
ston pa{སྟོན་པ་}[8]	大师	sun phyung{སུན་ཕྱུང་}[1]	反驳
ston pa yum rgyas pa {སྟོན་པ་ཡུམ་རྒྱས་པ་}[1]	大般若经	sun vdon{སུན་འདོན་}[1]	错误
		ta dzi na mi tra{ཊ་ཛི་ན་མི་ཏྲ་}[1]	达孜那米扎
ston rtsen{སྟོན་རྩེན་}[5]	顿渐，顿门与渐门	ta ma ra{ཏ་མ་ར་}[1]	达玛诺
ston zla{སྟོན་ཟླ་}[1]	秋月	ta phan{ཏ་ཕན་}[1]	达盆
stong{སྟོང་}[8]	千，空	ta ra klu gong{ཏ་ར་ཀླུ་གོང་}[1]	达诺鲁恭
stong dang rtsa gnyis {སྟོང་དང་རྩ་གཉིས་}[1]	一千零二	te{ཏེ་}[218]	LNK，DET，SER
		te bor{ཏེ་བོར་}[1]	非常
stong gcig brgyad {སྟོང་གཅིག་བརྒྱད་}[1]	一千零八	tha chung{ཐ་ཆུང་}[1]	最后
		tha dad{ཐ་དད་}[1]	不同
stong gsum{སྟོང་གསུམ་}[1]	三千	tha ma{ཐ་མ་}[7]	最后
stong pa{སྟོང་པ་}[3]	空	tha mal pa{ཐ་མལ་པ་}[1]	一般的
stong pa nyid{སྟོང་པ་ཉིད་}[4]	空性	tha na{ཐ་ན་}[1]	最后
stong rtsa gnyis{སྟོང་རྩ་གཉིས་}[2]	一千零二	thabs{ཐབས་}[21]	方法，方便
stong sang{སྟོང་སང་}[1]	空旷	thabs byas{ཐབས་བྱས་}[1]	办法
stong sde{སྟོང་སྡེ་}[2]	千户	thabs shes{ཐབས་ཤེས་}[1]	方便智慧
stongs{སྟོངས་}[2]	空旷，空	thag{ཐག}[9]	距离，绳子
stsal{སྩལ་}[37]	给	thag pa{ཐག་པ་}[3]	绳子
stsol{སྩོལ་}[1]	给	thag bzang stag leb {ཐག་བཟང་སྟག་ལེབ་}[1]	塔桑达勒
stub bo{སྟུབ་བོ་}[1]	能够		
stul ba{སྟུལ་བ་}[1]	愚钝	thal{ཐལ་}[2]	直接，去
su{སུ་}[146]	ALL，RES，LOC.，OBJ，DAT，PUR，谁	thal mo{ཐལ་མོ་}[1]	手掌
		thal pa{ཐལ་པ་}[1]	马勃灰
		thal rgya{ཐལ་རྒྱ་}[1]	灰土
su ru ru{སུ་རུ་རུ་}[1]	索如如	tham mtshal{ཐམ་མཚལ་}[1]	印泥
sub{སུབ་}[1]	堵塞	thams{ཐམས་}[2]	洞
subs{སུབས་}[1]	封闭	thams cad{ཐམས་ཅད་}[73]	全部
sug las{སུག་ལས་}[2]	使命	thams thams{ཐམས་ཐམས་}[1]	嗒嗒
sum{སུམ་}[1]	三	than mo rdo ring{ཐན་མོ་རྡོ་རིང་}[1]	谭莫多仁
sum brgya{སུམ་བརྒྱ་}[1]	三百	thang{ཐང་}[6]	平坝，整
sum brgya drug cu {སུམ་བརྒྱ་དྲུག་ཅུ་}[1]	三百六十	thang chad{ཐང་ཆད་}[2]	疲倦
		thang khob{ཐང་ཁོབ་}[1]	边地
sum cu{སུམ་ཅུ་}[3]	三十	thang lha{ཐང་ལྷ་}[3]	唐拉

拉丁/藏文/频率	中译	拉丁/藏文/频率	中译
thang lha gang ba bzang po{ཐང་ལྷ་གང་བ་བཟང་པོ་}[1]	唐拉妙满	thugs dam{ཐུགས་དམ་}[23]	本尊佛
thang ma{ཐང་མ་}[1]	松树	thugs dgongs{ཐུགས་དགོངས་}[2]	心思，思想
thang rtsig{ཐང་རྩིག་}[1]	平坝	thugs rje{ཐུགས་རྗེ་}[1]	慈悲
thang shing{ཐང་ཤིང་}[1]	松木	thugs vkhrig{ཐུགས་འཁྲིག་}[1]	担心
thang vkhob{ཐང་འཁོབ་}[2]	周边	thul{ཐུལ་}[1]	驯服
thar{ཐར་}[5]	解脱	thul pa{ཐུལ་པ་}[1]	衣服
thar pa{ཐར་པ་}[1]	解脱	thums{ཐུམས་}[1]	裹缠
the pa{ཐེ་པ་}[1]	太巴	thun tshang skar ma{ཐུན་ཚང་སྐར་མ་}[2]	附件文书
theb{ཐེབ་}[1]	拉		
thebs{ཐེབས་}[1]	得到	thung{ཐུང་}[3]	短
theg{ཐེག་}[3]	承载，驮	til le{ཐིལ་ལེ་}[1]	全部
theg chen{ཐེག་ཆེན་}[1]	大乘	ting nge vdzin{ཏིང་ངེ་འཛིན་}[4]	禅定力
theg pa{ཐེག་པ་}[3]	乘	to{ཏོ་}[1]	END
thegs{ཐེགས་}[1]	抬	tog can{ཏོག་ཅན་}[1]	顶饰者
them kha{ཐེམ་ཁ་}[2]	门槛	trevu{ཏྲེའུ་}[1]	骡子
then{ཐེན་}[2]	拉	tril li li{ཏྲིལ་ལི་ལི་}[1]	紧紧地
thevu{ཐེའུ་}[1]	章	tsa na{ཙ་ན་}[26]	时候
thig{ཐིག་}[1]	线	tsam{ཙམ་}[39]	点
thing shog{ཐིང་ཤོག་}[1]	蓝纸	tsam du{ཙམ་དུ་}[1]	仅仅
tho{ཐོ་}[1]	托	tsam pa{ཙམ་པ་}[4]	点
tho ba sga{ཐོ་བ་སྒ་}[1]	脱巴那	tsam po{ཙམ་པོ་}[2]	一点
thob{ཐོབ་}[7]	获得，得到	tsan po{ཙན་པོ་}[1]	赞普
thod pa{ཐོད་པ་}[1]	额	tsha ba{ཚ་བ་}[1]	热
thog{ཐོག་}[14]	雷，拿，碍，顶，上	tsha ba rong{ཚ་བ་རོང་}[1]	擦哇戎
thog rgya{ཐོག་རྒྱ་}[1]	屋顶	tsha rag{ཚ་རག་}[1]	放火焰
thog tu phebs{ཐོག་ཏུ་ཕེབས་}[1]	交流	tshad{ཚད་}[3]	热，度量
thogs{ཐོགས་}[8]	拿，遵守	tshad ma{ཚད་མ་}[1]	度量
thogs phib{ཐོགས་ཕིབ་}[1]	殿顶	tshad pa{ཚད་པ་}[1]	热
thon{ཐོན་}[3]	出来	tshal{ཚལ་}[4]	园林，AUX
thong{ཐོང་}[4]	让来，抛弃，犁	tshal nags{ཚལ་ནགས་}[1]	园林
thongs{ཐོངས་}[1]	让来	tshang{ཚང་}[5]	齐全，满足
thos{ཐོས་}[10]	听说，听	tshang mang ke ru gling{ཚང་མང་ཀེ་རུ་གླིང་}[1]	苍茫格如洲
thu ba{ཐུ་བ་}[1]	袍襟	tshangs pa{ཚངས་པ་}[2]	梵天
thu bo{ཐུ་བོ་}[1]	首要	tshar{ཚར་}[5]	完，AUX
thu le{ཐུ་ལེ་}[1]	随意	tshe{ཚེ་}[20]	时候，生，生命
thub{ཐུབ་}[5]	AUX，能，遇到	tshe bgyi{ཚེ་བགྱི་}[1]	祭奠
thud skyal{ཐུད་སྐྱལ་}[1]	奶酪	tshe lo{ཚེ་ལོ་}[1]	年龄
thug{ཐུག་}[1]	遇到	tshe mi{ཚེ་མི་}[2]	采米
thugs{ཐུགས་}[19]	心	tshe spong bzav{ཚེ་སྤོང་བཟའ་}[1]	才崩妃

词汇附录 471

拉丁/藏文/频率	中译	拉丁/藏文/频率	中译
tsher lcags{ཚེར་ལྕགས}[1]	刺条	u pa si ka{ཨུ་པ་སི་ཀ}[1]	居士
tshes{ཚེས}[2]	日	u pa ya{ཨུ་པ་ཡ}[1]	行部
tshes brgyad kyi lha sman gyi bla baidduurya{ཚེས་བརྒྱད་ཀྱི་ལྷ་སྨན་གྱི་བླ་བཻཌཱུརྱ}[1]	八日佛药王菩萨摆都诺	u rgyan{ཨུ་རྒྱན}[4]	乌仗
		vam{ཝཾ}[10]	QU
		vang{ཝང}[32]	也
tshes spong bzav{ཚེས་སྤོང་བཟའ}[2]	才崩妃	vbabs{འབབས}[1]	下
		vbag{འབག}[6]	画像
tshig{ཚིག}[3]	词，烧	vbags{འབགས}[2]	面，玷污
tshigs{ཚིགས}[1]	季	vbal{འབལ}[1]	白
tshim{ཚིམ}[1]	满足	vban po{འབན་པོ}[1]	秘密
tshis{ཚིས}[6]	帮助，生计	vban vdzi ba{འབན་འཛི་བ}[1]	密宗传人
tsho{ཚོ}[2]	pl	vbangs{འབངས}[52]	臣民
tshogs{ཚོགས}[19]	召集，群，团，资粮	vbangs sgab{འབངས་སྒབ}[1]	属下
		vbar{འབར}[4]	燃烧
tshogs bsags{ཚོགས་བསགས}[4]	积德	vbav devu{འབའ་དེའུ}[3]	马窦
tshong{ཚོང}[3]	商业，市场，聪	vbav dpal dbyangs{འབའ་དཔལ་དབྱངས}[1]	巴·白央
tshong khe shes rab seng ge{ཚོང་ཁེ་ཤེས་རབ་སེང་གེ}[1]	聪开·协热僧格	vbav khri bzher sang shi ta{འབའ་ཁྲི་བཞེར་སང་ཤི་ཏ}[1]	拔·赤协桑喜达
tshong pa{ཚོང་པ}[2]	商人	vbav khri gzigs{འབའ་ཁྲི་གཟིགས}[1]	拔·赤思
tshong vdus{ཚོང་འདུས}[2]	集市，市场		
tshor{ཚོར}[1]	知道	vbav lha gzigs{འབའ་ལྷ་གཟིགས}[1]	拔·拉思
tshud{ཚུད}[3]	进入	vbav rtna{འབའ་རཏྣ}[1]	拔·诺登
tshugs{ཚུགས}[3]	建立	vbav sang shi{འབའ་སང་ཤི}[1]	拔·桑喜
tshul{ཚུལ}[6]	情况	vbebs{འབེབས}[2]	降下，到
tshul khrims{ཚུལ་ཁྲིམས}[1]	戒律	vbel gtam{འབེལ་གཏམ}[1]	漫谈
tshul khrims rgyal ba{ཚུལ་ཁྲིམས་རྒྱལ་བ}[1]	促赤解哇	vbod{འབོད}[2]	叫
		vbog{འབོག}[1]	倒下
tshul vjug{ཚུལ་འཇུག}[1]	形式	vbogs{འབོགས}[1]	赐
tshun chad{ཚུན་ཆད}[4]	以下	vbor{འབོར}[2]	丢掉
tshur{ཚུར}[4]	这边，对面	vbrang{འབྲང}[1]	地基
tshur ga{ཚུར་ག}[1]	这边	vbrang rgya ra legs gzigs{འབྲང་རྒྱ་ར་ལེགས་གཟིགས}[1]	章·加诺勒思
tsnda{ཙནྡ}[4]	檀香		
tswa{ཙྭ}[1]	锈	vbrang zhags{འབྲང་ཞགས}[1]	绳子
ttaa pa{ཊཱ་པ}[1]	杂巴	vbrangs{འབྲངས}[1]	跟着
tu{ཏུ}[55]	DAT, LOC, RES, ALL, OBJ, SER, CAU	vbras{འབྲས}[3]	大米
		vbras bu{འབྲས་བུ}[5]	果实，结果
		vbras chan{འབྲས་ཆན}[1]	大米饭
tum pavi mgo bo can{ཏུམ་པའི་མགོ་བོ་ཅན}[1]	具忿怒头	vbrel{འབྲེལ}[2]	连接

拉丁/藏文/频率	中译	拉丁/藏文/频率	中译
vbreng{འབྲེང་}[1]	跟着	vdang{འདང་}[1]	昨夜
vbreng ba{འབྲེང་བ་}[1]	皮条	vdas{འདས་}[5]	过去，死
vbreng pa{འབྲེང་པ་}[2]	皮子	vdas pavi sangs rgyas mar me mdzad{འདས་པའི་སངས་རྒྱས་མར་མེ་མཛད་}[1]	过去佛燃灯
vbrengs{འབྲེངས་}[1]	跟随		
vbri ka ma la shi la{འབྲི་ཀ་མ་ལ་ཤི་ལ་}[1]	支呷玛拉喜拉	vdav{འདའ་}[1]	死
vbring{འབྲིང་}[1]	郑	vdegs{འདེགས་}[1]	抬
vbring po{འབྲིང་པོ་}[1]	中间	vdem ka{འདེམ་ཀ་}[1]	选择
vbring ye shes yon tan{འབྲིང་ཡེ་ཤེས་ཡོན་ཏན་}[1]	郑·耶喜云登	vdi{འདི་}[117]	DET
		vding{འདིང་}[1]	铺垫
vbro bzav{འབྲོ་བཟའ་}[1]	卓妃	vdings{འདིངས་}[1]	铺垫
vbro bzav ma mo lha rgyal{འབྲོ་བཟའ་མ་མོ་ལྷ་རྒྱལ་}[1]	卓妃玛莫拉吉	vdod{འདོད་}[8]	喜欢，想
		vdog{འདོག་}[1]	拴
vbro khri gzung{འབྲོ་ཁྲི་གཟུང་}[1]	卓·赤松	vdogs{འདོགས་}[3]	拴
vbrog sa{འབྲོག་ས་}[1]	牧场	vdom{འདོམ་}[3]	庹
vbrom shing{འབྲོམ་ཤིང་}[1]	卓木兴	vdoms kha{འདོམས་ཁ་}[1]	选择
vbrug{འབྲུག་}[2]	雷，龙	vdon{འདོན་}[6]	出来，发出，取出，念诵
vbul{འབུལ་}[9]	献给		
vbum{འབུམ་}[1]	十万	vdor{འདོར་}[1]	抛弃
vbum yum chen mo{འབུམ་ཡུམ་ཆེན་མོ་}[1]	大般若经十万颂	vdra{འདྲ་}[57]	像
		vdra vbag{འདྲ་འབག་}[1]	画像
vbur{འབུར་}[2]	浮雕	vdre{འདྲེ་}[1]	魔鬼
vbyed{འབྱེད་}[3]	开	vdre mo{འདྲེ་མོ་}[1]	魔女
vbyin{འབྱིན་}[1]	来	vdre srin{འདྲེ་སྲིན་}[5]	鬼神
vbyon{འབྱོན་}[1]	达到	vdre tsher{འདྲེ་ཚེར་}[1]	荆棘
vbyongs{འབྱོངས་}[7]	达到，完成	vdren{འདྲེན་}[5]	请
vbyor{འབྱོར་}[1]	到达	vdres{འདྲེས་}[1]	夹杂
vbyor vjor{འབྱོར་འཇོར་}[1]	锄头	vdri{འདྲི་}[1]	问
vbyung{འབྱུང་}[16]	来，成为	vdril{འདྲིལ་}[1]	汇集
vchad{འཆད་}[6]	决定，断，停	vdrongs{འདྲོངས་}[1]	请
vcham{འཆམ་}[1]	同意	vdu{འདུ་}[2]	结合，聚集
vchas{འཆས་}[1]	吃	vdug{འདུག་}[39]	EXI, RSA
vchav{འཆའ་}[1]	宣布	vdug pa{འདུག་པ་}[1]	地位
vchi{འཆི་}[4]	EXI, 死	vdul{འདུལ་}[9]	教化，驯服，降服
vchibs phad{འཆིབས་ཕད་}[1]	期排	vdul ba{འདུལ་བ་}[4]	律藏，律经
vching phu{འཆིང་ཕུ་}[1]	钦朴	vdul ba rnam par dag pa{འདུལ་བ་རྣམ་པར་དག་པ་}[1]	清净律
vdag pa{འདག་པ་}[2]	泥		
vdag sbyar{འདག་སྦྱར་}[1]	抹泥	vdul ba vod ldan{འདུལ་བ་འོད་ལྡན་}[1]	堵哇卧顿
vdam{འདམ་}[1]	泥		
vdam kha{འདམ་ཁ་}[1]	选择	vdul bskal{འདུལ་བསྐལ་}[1]	所教化者

拉丁/藏文/频率	中译	拉丁/藏文/频率	中译
vdul skal{འདུལ་སྐལ་}[1]	所教化者	vgros{འགྲོས་}[1]	弯曲
vdum pa{འདུམ་པ་}[1]	调停	vgros can{འགྲོས་ཅན་}[1]	走者
vdums{འདུམས་}[1]	和解	vgrub{འགྲུབ་}[8]	完成
vdur{འདུར་}[2]	超度	vgul{འགུལ་}[3]	摇动，动
vdus{འདུས་}[8]	聚集，会合	vgum{འགུམ་}[2]	死
vdzab{འཛབ་}[1]	咒语	vgyangs{འགྱངས་}[1]	推迟
vdzab khung{འཛབ་ཁུང་}[1]	咒洞	vgyel{འགྱེལ་}[1]	推毁
vdzam bu gling{འཛམ་བུ་གླིང་}[8]	世界	vgyur{འགྱུར་}[21]	变化，成为，翻译
vdzam buvi gling{འཛམ་བུའི་གླིང་}[1]	世界	vi{འི་}[975]	GEN，NML
		vjag ma{འཇག་མ་}[2]	茅草
vdzam gling{འཛམ་གླིང་}[3]	世界	vjag skya{འཇག་སྐྱ་}[1]	白茅草
vdzam pa lha{འཛམ་པ་ལྷ་}[1]	赞巴神	vjal{འཇལ་}[2]	相见，量
vdzangs{འཛངས་}[2]	聪慧	vjal ba{འཇལ་བ་}[1]	税赋
vdzeg{འཛེག་}[3]	爬	vjam{འཇམ་}[2]	平静
vdzegs{འཛེགས་}[1]	爬	vjam dpal{འཇམ་དཔལ་}[4]	文殊
vdzin{འཛིན་}[6]	抓	vjam dpal rdo rje zhal gsum	
vdzom{འཛོམ་}[1]	汇聚	phyag drug pa{འཇམ་དཔལ་རྡོ་རྗེ་ཞལ་གསུམ་ཕྱག་དྲུག་པ་}[1]	文殊金刚三面六臂
vdzugs{འཛུགས་}[1]	树立		
vdzul{འཛུལ་}[3]	钻	vjam dum{འཇམ་དུམ་}[1]	和谐
vgal{འགལ་}[3]	违背	vjang{འཇང་}[1]	姜氏
vgan vjir{འགན་འཇིར་}[1]	顶饰	vjig{འཇིག་}[1]	害怕
vgar{འགར་}[1]	噶尔	vjig nyen{འཇིག་གཉེན་}[1]	危机
vgav{འགའ་}[1]	几个	vjig rten{འཇིག་རྟེན་}[4]	世间
vgav re{འགའ་རེ་}[2]	一些	vjigs{འཇིགས་}[2]	害怕
vgengs{འགེངས་}[1]	充满	vjigs po{འཇིགས་པོ་}[1]	恐惧
vgo dpon{འགོ་དཔོན་}[2]	总领，领导	vjim{འཇིམ་}[4]	泥
vgo vgom dmul gong{འགོ་འགོམ་དམུལ་གོང་}[1]	郭高木莫功	vjim pa{འཇིམ་པ་}[1]	泥
		vjor{འཇོར་}[1]	锄头
vgod{འགོད་}[5]	安置，安排	vju{འཇུ་}[1]	居地
vgos{འགོས་}[5]	郭	vjug{འཇུག་}[21]	插入，纳入，让，进入
vgram{འགྲམ་}[2]	岸边		
vgran{འགྲན་}[5]	比	vjus{འཇུས་}[2]	抓，擒
vgran bzang{འགྲན་བཟང་}[1]	真桑	vkhod{འཁོད་}[3]	坐
vgran zla{འགྲན་ཟླ་}[1]	匹敌	vkhol{འཁོལ་}[1]	沸腾
vgrel{འགྲེལ་}[5]	解释	vkhor{འཁོར་}[36]	随从，转动，轮
vgrib{འགྲིབ་}[1]	减少	vkhor ba{འཁོར་བ་}[3]	轮回
vgrim{འགྲིམ་}[1]	游走	vkhor bstan{འཁོར་བསྟན་}[1]	门日
vgrin bzang{འགྲིན་བཟང་}[5]	真桑	vkhor lo{འཁོར་ལོ་}[7]	转轮
vgro{འགྲོ་}[18]	去，卓	vkhor sa{འཁོར་ས་}[14]	周边，转经甬道
vgron po{འགྲོན་པོ་}[1]	客人	vkhrid{འཁྲིད་}[5]	带

拉丁/藏文/频率	中译	拉丁/藏文/频率	中译
vkhrol{འཁྲོལ}[1]	弹奏	vphags pa snang brgyad {འཕགས་པ་སྣང་བརྒྱད}[1]	八光明圣者
vkhru{འཁྲུ}[2]	洗，肘		
vkhrud{འཁྲུད}[1]	动	vphags pa vjam dpal {འཕགས་པ་འཇམ་དཔལ}[1]	圣文殊
vkhrug{འཁྲུག}[2]	混乱		
vkhrugs pa{འཁྲུགས་པ}[1]	乱	vphan{འཕན}[4]	幡
vkhrul{འཁྲུལ}[5]	混乱	vphan yul{འཕན་ཡུལ}[2]	彭波，彭域
vkhrul bsnyems{འཁྲུལ་བསྙེམས}[1]	错误	vphang{འཕང}[1]	抛
vkhrul ma{འཁྲུལ་མ}[1]	错误	vphang thang{འཕང་ཐང}[4]	旁塘
vkhul{འཁུལ}[2]	驯服，晃动	vphangs{འཕངས}[2]	发射，可惜
vkhun{འཁུན}[1]	抱怨	vphel{འཕེལ}[8]	发展
vkhur{འཁུར}[1]	带	vphen{འཕེན}[3]	发射
vkhyams khra bo{འཁྱམས་ཁྲ་བོ}[1]	围墙	vphibs{འཕིབས}[1]	覆盖物
vkhyar{འཁྱར}[1]	流传	vphos{འཕོས}[1]	转移
vkhyer{འཁྱེར}[3]	携带	vphra btab{འཕྲ་བཏབ}[1]	镶嵌
vo{ཨོ}[47]	END	vphrad{འཕྲད}[1]	相遇
vo cag{ཨོ་ཅག}[4]	1pl	vphral{འཕྲལ}[1]	分离
vo na{ཨོ་ན}[8]	那么	vphral du{འཕྲལ་དུ}[1]	立即
vo thang{ཨོ་ཐང}[1]	窝塘	vphrang{འཕྲང}[8]	狭路
vo yug{ཨོ་ཡུག}[1]	沃尤	vphreng{འཕྲེང}[1]	串
vod{འོད}[3]	光	vphrin{འཕྲིན}[1]	信息
vod can ma{འོད་ཅན་མ}[1]	光华女	vphrin las{འཕྲིན་ལས}[1]	事务
vod ldan{འོད་ལྡན}[2]	光明律	vphro{འཕྲོ}[8]	过程，后来，剩余，痕迹
vod vbar ba{འོད་འབར་བ}[1]	光焰		
vod zer can{འོད་ཟེར་ཅན}[1]	沃色坚	vphro bcad{འཕྲོ་བཅད}[3]	断，打断
vog{འོག}[24]	下	vphro chod{འཕྲོ་ཆོད}[1]	打断
vog khang{འོག་ཁང}[5]	后殿，一层	vphro lus pa{འཕྲོ་ལུས་པ}[2]	剩余的
vog ma{འོག་མ}[2]	下	vphrogs{འཕྲོགས}[1]	抢夺
vog min{འོག་མིན}[3]	色究竟天	vphrul{འཕྲུལ}[3]	幻化
vog thegs pa{འོག་ཐེགས་པ}[1]	雄壮的	vphrul chung{འཕྲུལ་ཆུང}[1]	初琼
vom bu tshal{འོམ་བུ་ཚལ}[3]	翁布园	vphrul vkhor{འཕྲུལ་འཁོར}[1]	机器
von cang devu{འོན་ཅང་དེའུ}[1]	温姜德乌	vphung{འཕུང}[1]	衰亡
von kyang{འོན་ཀྱང}[4]	但是	vphur{འཕུར}[3]	飞
vong{འོང}[50]	来，合适	vphyar{འཕྱར}[2]	举起
vongs{འོངས}[20]	来	vphying phu{འཕྱིང་ཕུ}[1]	钦朴
vor che{འོར་ཆེ}[2]	感恩，感谢	vthab{འཐབ}[1]	战斗
vos{འོས}[2]	适合	vthor{འཐོར}[2]	散开
vphags{འཕགས}[1]	上等	vthud{འཐུད}[1]	接续
vphags pa{འཕགས་པ}[3]	圣者，庄严	vthung{འཐུང}[2]	喝
vphags pa byams pa {འཕགས་པ་བྱམས་པ}[2]	圣者弥勒	vtshal{འཚལ}[25]	AUX, 做, 请求, 找, 需要, 吃, 适合

拉丁/藏文/频率	中译	拉丁/藏文/频率	中译
vtshal ma{འཚལ་མ་}[1]	焰食	ye shes{ཡེ་ཤེས་}[4]	智慧
vtshe{འཚེ་}[1]	危害	ye shes dbang po	
vtshe ba{འཚེ་བ་}[2]	危害	{ཡེ་ཤེས་དབང་པོ་}[18]	耶喜旺保
vtsho{འཚོ་}[3]	生活，放牧	ye shes g·yung drung	
vtsho ba{འཚོ་བ་}[8]	生活，干粮	{ཡེ་ཤེས་གཡུང་དྲུང་}[1]	耶喜尤钟
vtsho bzher snyan legs pa	错协念勒巴	yengs{ཡེངས་}[1]	悠闲
{འཚོ་བཞེར་སྙན་ལེགས་པ་}[1]		yer pa{ཡེར་པ་}[1]	耶巴
vtshol{འཚོལ་}[5]	找，寻求	yer pa ba rang{ཡེར་པ་བ་རང་}[1]	耶巴巴让
vus vdebs{འུས་འདེབས་}[1]	牛叫	yi{ཡི་}[5]	GEN，PRT
wa lung{ཝ་ལུང་}[2]	瓦龙	yi dam{ཡི་དམ་}[1]	本尊
ya{ཡ་}[2]	只	yi ge{ཡི་གེ་}[21]	文字
ya gzher{ཡ་གཞེར་}[1]	雅协	yi ge ba{ཡི་གེ་བ་}[1]	文书
ya gzher nag po	雅协纳布	yibs{ཡིབས་}[1]	隐藏
{ཡ་གཞེར་ནག་པོ་}[1]		yid{ཡིད་}[15]	心
ya lad{ཡ་ལད་}[块]	门槛，甲胄	yid ches{ཡིད་ཆེས་}[3]	相信
ya ma sha{ཡ་མ་ཤ་}[1]	惊奇	yig chung{ཡིག་ཆུང་}[2]	小字
ya rabs{ཡ་རབས་}[2]	高贵	yig sna{ཡིག་སྣ་}[1]	注释
yab{ཡབ་}[33]	父亲	yig tshangs{ཡིག་ཚངས་}[1]	褒文
yab mes{ཡབ་མེས་}[1]	祖宗	yin{ཡིན་}[69]	COP
yags{ཡགས་}[2]	好	yin vdug{ཡིན་འདུག་}[1]	RSA
yags mo{ཡགས་མོ་}[1]	好	yis{ཡིས་}[2]	LNK，AGE
yal ga{ཡལ་ག་}[2]	分枝	ykssha gong ma gang ba	
yan{ཡན་}[1]	遗失	bzang povi khang pa{ཡཀྴ་གོང་	上雅霞妙满房子
yan chad{ཡན་ཆད་}[2]	以上	མ་གང་བ་བཟང་པོའི་ཁང་པ་}[1]	
yang{ཡང་}[69]	也，又	ykssha{ཡཀྴ་}[1]	雅
yang dag pa{ཡང་དག་པ་}[9]	正确	yo{ཡོ་}[6]	歪曲
yang dang yang du	经常	yo byad{ཡོ་བྱད་}[5]	用具
{ཡང་དང་ཡང་དུ་}[1]		yo ga{ཡོ་ག་}[1]	瑜伽
yang gong{ཡང་གོང་}[1]	雅贡人	yo ga lha dges can	谣呷拉该坚
yang na{ཡང་ན་}[8]	或者	{ཡོ་ག་ལྷ་དགེས་ཅན་}[1]	
yang thog{ཡང་ཐོག་}[4]	上层，顶	yod{ཡོད་}[54]	EXI，RSA
yang yang{ཡང་ཡང་}[1]	反复	yol ba{ཡོལ་བ་}[3]	幔帐
yangs{ཡངས་}[4]	宽的，全	yon{ཡོན་}[6]	左，酬金，酬谢
yar{ཡར་}[12]	上方	yon bdag{ཡོན་བདག་}[1]	施主
yar lung{ཡར་ལུང་}[3]	雅隆	yon bu{ཡོན་བུ་}[1]	云布
yar lung me sna{ཡར་ལུང་མེ་སྣ་}[1]	雅隆买纳	yon phul{ཡོན་ཕུལ་}[1]	供养
yar vbrog sba tshal	羊卓巴园	yon tan{ཡོན་ཏན་}[2]	功德，知识
{ཡར་འབྲོག་སྦ་ཚལ་}[1]		yong{ཡོང་}[2]	来
yas mar{ཡས་མར་}[1]	上部	yongs{ཡོངས་}[7]	全
ye{ཡེ་}[1]	根本	yongs su{ཡོངས་སུ་}[2]	全部

词汇附录 475

拉丁/藏文/频率	中译	拉丁/藏文/频率	中译
yos bu{ཡོས་བུ་}[6]	兔子	zhal chems{ཞལ་ཆེམས་}[3]	遗嘱
yos zan{ཡོས་ཟན་}[1]	食物	zhal spro{ཞལ་སྤྲོ་}[4]	庆典
yu ba{ཡུ་བ་}[1]	柄	zhan{ཞན་}[1]	差
yug{ཡུག་}[7]	匹	zhan pa{ཞན་པ་}[1]	差
yul{ཡུལ་}[40]	地方，家乡	zhang{ཞང་}[12]	舅舅，降
yum{ཡུམ་}[3]	母	zhang blon{ཞང་བློན་}[26]	尚伦
yum rgyas pavi gleng gzhivi levu{ཡུམ་རྒྱས་པའི་གླེང་གཞིའི་ལེའུ་}[1]	十万颂般若经	zhang lcang grum{ཞང་ལྕང་གྲུམ་}[1]	尚姜珠
yun{ཡུན་}[6]	时间	zhang ma zhang{ཞང་མ་ཞང་}[12]	尚·玛降
yungs kar{ཡུངས་དཀར་}[2]	白芥菜籽	zhang nya bzang{ཞང་ཉ་བཟང་}[9]	尚·聂桑
yur{ཡུར་}[2]	水渠	zhang po{ཞང་པོ་}[2]	舅舅
yur gra{ཡུར་གྲ་}[1]	锄草	zhang zhung{ཞང་ཞུང་}[1]	象雄
za{ཟ་}[4]	吃	zhar{ཞར་}[1]	顺便
za hor{ཟ་ཧོར་}[6]	撒霍尔	zhe gnyis{ཞེ་གཉིས་}[1]	四十二
za ma tog{ཟ་མ་ཏོག་}[2]	匣子	zhe sa{ཞེ་ས་}[4]	敬礼，敬语
za vog{ཟ་འོག་}[2]	锦缎	zhe vdod{ཞེ་འདོད་}[1]	偏见
za vphro{ཟ་འཕྲོ་}[1]	剩食	zhes{ཞེས་}[64]	QM，说，称
zab{ཟབ་}[2]	深	zhi{ཞི་}[2]	平静
zad{ཟད་}[1]	耗尽	zhi gnas{ཞི་གནས་}[1]	修止
zan{ཟན་}[6]	供食	zhib{ཞིབ་}[8]	细致
zan skal{ཟན་སྐལ་}[1]	食份	zhib mo{ཞིབ་མོ་}[4]	细致
zangs{ཟངས་}[11]	铜	zhig{ཞིག་}[15]	一，平息
zangs ma{ཟངས་མ་}[2]	铜	zhig ral{ཞིག་རལ་}[2]	败坏
zar khog{ཟར་ཁོག་}[1]	洒斜	zhing{ཞིང་}[18]	SER，姓氏，田，LNK，COO，SIM
zas{ཟས་}[8]	食物	zhing khams{ཞིང་ཁམས་}[1]	天界
zer{ཟེར་}[143]	说	zhing pa{ཞིང་པ་}[2]	农民
zha nye{ཞ་ཉེ་}[1]	铅	zho{ཞོ་}[1]	钱
zhabs{ཞབས་}[10]	脚	zhog{ཞོག་}[1]	放置
zhabs btags ma{ཞབས་བཏགས་མ་}[3]	增补合集，母本	zhon{ཞོན་}[2]	骑
zhabs sug{ཞབས་སུག་}[1]	脚	zhu{ཞུ་}[16]	请求，融化
zhabs tog{ཞབས་ཏོག་}[5]	供奉	zhu rten{ཞུ་རྟེན་}[3]	随函礼品
zhabs tshugs{ཞབས་ཚུགས་}[1]	驻足	zhugs{ཞུགས་}[2]	纳入
zhabs vbring pa{ཞབས་འབྲིང་པ་}[1]	侍奉	zhus{ཞུས་}[34]	请
zhag{ཞག་}[3]	天	zhwa{ཞྭ་}[3]	帽子
zhags pa{ཞགས་པ་}[1]	绳索	zin{ཟིན་}[8]	抓，完
zhal{ཞལ་}[55]	HON，口，脸，面，容貌，泥灰	zing nge{ཟིང་ངེ་}[2]	缤纷
zhal ba{ཞལ་བ་}[1]	泥灰	zings po sna tshogs can{ཟིངས་པོ་སྣ་ཚོགས་ཅན་}[1]	僧布那错坚
zhal che{ཞལ་ཆེ་}[1]	判决	zla{ཟླ་}[1]	月

拉丁/藏文/频率	中译
zla ba{ཟླ་བ་}[13]	月
zla gam{ཟླ་གམ་}[1]	半月形
zla vod gzhon nu {ཟླ་འོད་གཞོན་ནུ་}[1]	月光童子
zlog{ཟློག་}[2]	翻转
zlum po{ཟླུམ་པོ་}[1]	圆形
zo ri{ཟོ་རི་}[1]	小木桶
zos{ཟོས་}[1]	吃
zung{ཟུང་}[3]	双
zung dkar{ཟུང་དཀར་}[2]	松呷尔
zung mkhar{ཟུང་མཁར་}[1]	松喀
zung vbrel{ཟུང་འབྲེལ་}[1]	结合
zur{ཟུར་}[1]	角落
zur phud skyang bu {ཟུར་ཕུད་སྐྱང་བུ་}[2]	苏蒲羌布

后　　记

　　这本书终于要交稿了，但我还是战战兢兢，主要原因是担心书中错误过多，贻笑大方，唯恐误导读者。对我来说，写一本藏文古文献专书语法研究，似乎是一个巨大的挑战，也是我以前不曾想过的一件事情。

　　自工作以来，我一直从事藏语语料库和计算语言学研究，研究精力集中在现代藏文文本分词、词性句法标注方面。但是在研究现代藏文标注中，经常会遇到一些字词的标注难以确定，急需了解这些字词的古今形式和意义变化。于是开始慢慢收集和整理藏文古文献文本资料，建立藏文古文献典型文本的全文检索语料库，并经常在标注现代文本时作为备查资料。

　　2011年左右，江荻研究员的一名博士研究生梁金宝对古藏文文献研究感兴趣，江老师也欣然同意金宝与我合作。借此机会，我们构建了一批藏文古文献全文数据，并开展古文献文本分词和标注研究。后来我利用业余时间，不断整理一些文献，其中就包括《拔协》增补本。在整理中以莱比锡标注系统为基础，结合藏文实际增补了一些标注符号。标注过程延续了多年，最终形成了整部文献的标注材料。我标注的目的是制作古藏文分词、标注训练语料，以便逐步开展古藏文自动分词和词性标注研究。但我的同事张军看到这些材料后，认为非常有价值，希望我能申请课题，研究出版。我抱着试一试的态度申报了课题，未意料到获得了社科基金后续资助项目的支持，在此也感谢各位评委专家们中肯的批评和建议。

　　课题立项后，我反复核实文本中的各种标注符号的合理性，同时也聘请古藏文专家审读一些疑难字、词、句的标注和解释。其中扎巴军乃教授先后对全文标注和词汇对照表进行细致的审核和修改，提出了很多建设性意见。在此诚挚感谢扎巴军乃教授的艰辛付出。

　　另外，本书标注研究基于佟锦华、黄布凡译注的《拔协》增补本，二位先生的全文翻译是我们标注研究的重要参考。意译行的文字是在参考原译文的基础上修改的，以便和直译行保持大体一致，这样处理不免使意译行的文字读起来有些生硬，这都归咎于我们处理不当，与前辈学者无关。如果没有二位先生的翻译文本，本书全文标注会更加困难，在此衷心感谢前辈学者的奠基之作，后学者的点滴成绩都获益于他们臂膀的托举之力。

江荻老师一直鼓励我既要开展现代藏文计算语言学研究，也要关注古代藏语、藏文和藏语方言研究，这样才能融会贯通地了解和理解藏语、藏文，也才能真正做好现代藏文文本各个层次的标注研究。遵循老师的教诲，我开始关注古藏语、古文献和藏语方言研究，而这本书就算是对藏文古文献研究的一点成绩。

值得提出的是，在本次标注材料的基础上，我们构建了藏文古文献的自动标注模型，虽然自动标注模型标注的准确率还不算高，但已经大大减少了纯人工标注的工作量，极大地推动了古藏文语法标注语料库的建设进程。本想把全文标注材料全部出版，但是内容太多，出版经费有限，曾试图制作光盘一起出版，但涉及诸多实际问题，一时不好解决。因此文本标注未放原文增补部分的材料。我们已经制作了数据库，在数据库中隔行对照增加了藏文行，方便能直接看藏文的读者，所有的材料后续将以网络数据库的形式供给读者使用。

最后，感谢所有关注、关心该项研究的领导、老师、同事和朋友。

作 者
2020年5月